| 종교교과교육과 종교교과교재론 |

고병철

박문사

| 종교교과교육과 종교교과교재론 |

약 10년 전부터 대학교에 출강해서 교직 과목을 강의하는 사람이 있다. 주요 강의 과목은 '종교교과교육론'과 '종교교과교재 연구 및 지도법'이다. 그렇지만 학기마다 강의 시간에 학부생과 함께 읽을 만한 연구서나 교재가 없어 씁쓸함을 경험하고 있다. 여러 고민 끝에 이 사람은 '종교교과교육론'을 위해 『한국 중등학교의 종교교과교육론』(박문사, 2012)을 출판한다. 그리고 '종교교과교재 연구 및 지도법'을 위한 책 출판을 다시 기획한다.

바로 필자의 이야기이다. 『한국 중등학교의 종교교과교육론』이 '종교교과교육론'을 위한 기획물이라면, 이 책은 '종교교과교재 연구 및 지도법'을 위한 기획물이다. 이 책에는 교육학계의 교과교육론을 토대로 전개한 종교 교과교육의 학문 정체성, 종교 교과교재(종교 교육과정과 종교 교과서)의 내용 분석, 종교 교과교육의 진행과 종교 교과교재의 제작·편찬에 필요한 방향성 등에 관한 논의가 담겨 있다. 앞으로 후속 연구뿐 아니라 정부가 종교 교육과정을 만들고, 연구자나 출판사가 종교 교과교재를 편찬할 때 이 책이 기여할 수 있기를 기대해본다.

이 책의 내용을 관통하는 주장은 두 가지이다. 하나는 교과교육과 교과교재에 관한 교육학계의 이론을 종교 교과교육과 종교 교과교재 분석에 적용할 필요가 있다는 주장이다. 여기서 교육학계의 이론은 교육 목표의 설정과 진술, 교육 내용의 선정 기준과 조직 원리에 관한 이론, 그리고 교수학습 방법과 동기유발 이론 등을 말한다.

다른 하나는 종교 교과교육의 학문 정체성을 정립해야 종교 교과교육뿐 아니라 종교 교과교재의 분석과 편찬이 제대로 이루어질 수 있다는 주장이다. 이 주장을 펼치기 위해 이 책에는 종교 교과교육의 학문 정체성, 종교 교과교재 분석, 종교 교과교재의 구성 방향에 관한 세 가지 이야기가 포함되어 있다.

되돌아보면, 이 책의 기획은 다양한 인연으로 가능했다고 할 수 있다. 직접적인 인연은 필자에게 교직 강의를 맡겨주신 한신대학교 종교문화학과의 여러 선생님이다. 물론 더 직접적인 인연은 강의에 동참하여 함께 고생하며 스승제자동료의 역할을 맡아준 학생들이다. 다음으로는, 필자에게 교육학을 알게 해준 강남대학교 교육학과의 여러 스승, 그리고 종교학을 알게 해준 한국학중앙연구원의 여러 스승과 선후배 동료이다. 이 원고를 꼼꼼히 읽고 조언해준 방옥자 선생에게 고마움을 전한다. 마지막으로는, 필자의 뒤에서 늘 든든하게 힘을 실어주면서 스스로의 삶을 가꾸고 있는 아내 김인숙, 딸 고은빈, 아들 고재윤이다.

그 외에 돌아가신 부모, 멀고도 가까운 형제, 그리고 교계나 학계에서 만난 여러 지인 등을 포함해서 소중한 인연은 정말 많다. 지면의 한계상 모든 인연을 언급하지 못하지만 이들에게 고마움을 전하고 싶다. 특히 출판을 허락해준 박문사의 윤석현 대표이사, 그리고 출판을 위해 고생한 박문사 가족은 소중한 인연이다.

어떤 환경에 있든지 주어진 생이 다하는 순간까지, 이런 모든 인연의 소중함을 기억하려고 한다. 우리의 삶은 누군가를 의심하거나 무시하거나 끌어내려야만 지탱될 수 있는 그런 가벼운 삶이 아니다. 가능한 한 인연의 소중함을 간직하는 것이 인간의 도리(道理)라면, 그 인연들이 '하고 싶고 할 수 있는 것'을 '잘 할 수 있도록 도와주는' 삶의 태도가 필요하지 않을까 싶다. 이런 삶의 태도가 가득한 세상을 상상해본다. 이런 세상을 위해 종교와 교육의 만남이 더욱 필요한지도 모른다.

2014년 8월 첫 번째 날에

| 종교교과교육과 종교교과교재론 |

차례

I. 들어가면서

| 종교교과교육과 종교교과교재론 |

1. 연구의 배경

1 교과교육의 제도적 정비 : 제4차 교육과정 이후

우리는 초등학교 6년, 중학교 3년에 걸쳐 의무교육을 받고 있다. 이 교육은 국가가 교육조건을 정비해서 국민에게 일정 기간의 교육을 받도록 강제하는 국민기초교육이자 무료 서비스 형태의 교육이다. 반드시 의무교육과 무상교육이 동일한 것은 아니지만, 한국의 경우는 의무교육이 무상교육으로 제도화되어 있다.

의무교육은 언제부터 시작되었을까? 그 역사는 길지 않다. 초등학교 의무교육의 근거는 1948년에 제정된 <헌법> 제16조이다.[1] 중학교 의무교육의 근거는 1972년에 제정된 <헌법> 제27조('법률이 정하는 교육을 받게 할 의무')와 1984년에 제정된 <교육법> 제8조('3년의 중등교육을 받을 권리')이다.[2] 고등학교 교육은 2014년 현재까지 의무교육이나 무상교육이 아니다. 그렇지만 앞으로 무상교육의 범위를 고등학교로 확대하는 정책이

---

1) <대한민국헌법>(헌법 제1호, 제정・시행 1948.7.17.) 제16조. 초등교육기관 명칭은 1996년부터 <교육법>(법률 제5069호, 일부개정 1995.12.29.)에 따라 국민학교에서 초등학교로 변경되었다.
2) <대한민국헌법>(헌법 제8호, 전문개정・시행 1972.12.27.) 제27조 ②항; <교육법>(법률 제3739호, 일부개정 1984.8.2. 시행 1985.3.1.) 제8조(의무교육) ①-④항, 제8조의2(중등교육에 대한 의무교육).

시행된다면 고등학교 교육도 의무교육이 될 수 있다.

의무교육은 법적 근거를 가지고 있다. 교육에 관한 권리와 의무는 현행 <헌법> 제31조에 규정되어 있다. 그 조항에 따르면, 모든 국민은 '능력에 따라 균등하게 교육을 받을 권리'(①항)와 '그 보호하는 자녀에게 적어도 초등교육과 법률이 정하는 교육을 받게 할 의무'를 갖는다(②항). 그리고 의무교육은 무상으로 이루어져야 하고(③항), 학교교육 및 평생교육을 포함한 교육제도와 그 운영, 교육재정 및 교원의 지위에 관한 기본적인 사항은 법률로 정해져야 한다(⑥항).[3]

현행 <교육기본법> 제8조에도 6년의 초등교육과 3년의 중등교육이 의무교육이고, 모든 국민이 의무교육을 받을 권리를 가진다고 명시되어 있다. 이런 의무교육의 내용은 <초 · 중등교육법> 제12조에서 제16조 사이에 좀 더 구체적으로 명시되어 있다.[4]

국가는 법적 근거에 따라 학교교육(schooling)[5]을 제도적으로 관리하고 있다. 이런 관리는 국가가 '교육 목표와 내용, 그리고 학습 연한과 학습시간 배당 등이 포함된 종합적인 교육 계획', 즉 교육과정(curriculum)을 확정 · 고시하고, 교사가 공인 교육 기관 또는 시설에서 이 교육과정을 구현하는 방식으로 이루어지고 있다.

국가가 제도적으로 관리하고 있는 학교교육의 핵심은 무엇일까? 학교교육이 국가 교육과정을 구현하는 교육으로 여겨지고 있다는 점을 고려할 때 바로 교육과정이라고 할 수 있다. 그런데 국가 교육과정이 교과 중심으로 구성되어 있다는 점을 고려하면, 교육과정에서 핵심은 교과교육이라고

---

3) <대한민국헌법>(헌법 제10호, 전부개정 1987.10.29. 시행 1988.2.25.) 제32조.
4) <교육기본법>(법률 제11690호, 타법개정 · 시행 2013.3.23.) 제8조(의무교육) ①항, ②항; <초 · 중등교육법>(법률 제12338호, 일부개정 2014.1.28. 시행 2014.4.29.) 제12조-제16조.
5) 학교교육은 유치원 · 초등학교 · 중등학교 · 대학 교육을 총칭하며, 형식교육(formal education)과 동의어로 쓰인다.

볼 수 있다. 교육과정이 교과 중심이라는 점은 2013년 12월에 개정 고시된 '초・중등학교 교육과정 총론'의 '편제와 시간 배당 기준'에서 확인할 수 있다.6)

<표 1> 초등학교 교육과정의 편제와 시간 배당 기준

구 분			1~2학년	3~4학년	5~6학년
교 과 (군)		국어	국어 448	408	408
		사회/도덕	수학 256	272	272
		수학		272	272
		과학/실과	바른 생활 128	204	340
		체육	슬기로운 생활 192	204	204
		예술(음악/미술)		272	272
		영어	즐거운 생활 384	136	204
창의적 체험활동 (자율・동아리・봉사・진로 활동)			272	204	204
학년군별 총 수업시간 수			1,680	1,972	2,176

<표 2> 중학교 교육과정의 편제와 시간 배당 기준

구 분		1~3학년
교 과 (군)	국어	442
	사회(역사 포함) / 도덕	510
	수학	374
	과학/기술・가정	646
	체육	272
	예술(음악 / 미술)	272
	영어	340
	선택	204
창의적 체험활동 (자율・동아리・봉사・진로 활동)		306
총 수업시간 수		3,366

6) 교육과학기술부, 《초・중등학교 교육과정(교육과학기술부 고시 제2012-31호, 2012.12.13)【별책 1】 총론 일부 개정》(<교육부 제 2013-7호>), 3-5쪽, 6-15쪽.

앞의 표를 보면, 초등학교와 중학교 교육과정이 교과(군)와 창의적 체험
활동으로 편성되어 있지만, 수업 시수의 대부분이 교과에 배정된 것을 볼
수 있다. 수업 시수에서 창의적 체험활동이 차지하는 비율을 보면 초등학
교는 약 9~16%, 중학교는 약 9%에 불과하다.

고등학교 교육과정도 교과(군)와 창의적 체험활동으로 편성되어 있지
만, 많은 수업 시수가 교과에 배정되고 있다. 교육과정에 명시된 일반 고등
학교와 특수목적 고등학교, 그리고 특성화 고등학교와 산업수요맞춤형 고
등학교의 편제와 시간 배당 기준은 다음과 같다.[7]

<표 3> 일반 고등학교(자율고 포함)와
특수목적 고등학교의 편제와 시간 배당 기준

교과 영역		교과(군)	필수 이수 단위	학교 자율 과정
교과(군)	기초	국어	10	학생의 적성과 진로를 고려하여 편성
		수학	10	
		영어	10	
	탐구	사회 (역사/도덕 포함)	10	
		과학	10	
	체육 · 예술	체육	10	
		예술 (음악/미술)	10(5)	
	생활 · 교양	기술 · 가정/제2외국어/한문/교양	16(12)	
소 계			86(77)	94(103)
창의적 체험활동 (자율 · 동아리 · 봉사 · 진로 활동)			24(408시간)	
총 이수 단위			204	

---

7) 위의 글, 6-15쪽. 표와 관련하여, "일반 고등학교(자율 고교 포함)와 특수 목적
고교의 경우에 "① ( )안의 숫자는 특수 목적 고등학교와 자율형 사립고등학교가
이수할 것을 권장한다. ②기초 교과 이수단위가 교과 총 이수단위의 50%를 초과
하지 않도록 한다. 단, 자율형 사립고등학교의 경우에는 이 규정을 권장한다."

<표 4> 특성화 고등학교와 산업수요 맞춤형 고등학교의 편제와 시간 배당 기준

		교과 영역	교과(군)	필수 이수 단위	학교 자율 과정
교과 (군)	보통 교과	기초	국어	25	학생의 적성·진로와 산업계 수요를 고려하여 편성 (29)
			수학		
			영어		
		탐구	사회(역사/도덕 포함)	15	
			과학		
		체육·예술	체육	10	
			예술(음악/미술)	5	
		생활·교양	기술·가정/제2외국어/한문/교양	10	
			소 계	65	
	전문 교과		농생명 산업, 공업, 상업 정보, 수산·해운, 가사·실업 등	86	
창의적 체험활동 (자율·동아리·봉사·진로 활동)				24(408시간)	
총 이수 단위				204	

이상의 내용을 종합해보면, 초등학교에서 고등학교까지 학교교육의 핵심은 교과교육이라고 할 수 있다. 그리고 교육과정의 영어 표현인 커리큘럼(curriculum)이 종래에 '교과과정'으로 번역되어 1950년대와 1960년대에 법률 용어로 사용된 현상을 보더라도[8] 교육과정과 교과과정이 동일하다는 인식 또는 교육과정에서 교과가 차지하는 비중을 알 수 있다.

그렇지만 한국 사회에서 교과교육이 초기부터 관심을 받았던 것은 아니다. '교과교육 영역'이 교사 양성을 위한 교직과정에 처음 포함된 것도 제4차 교육과정(1981-1987) 시기인 1983년 10월부터이다. 1950년대부터 교육과정이 교과 중심으로 구성되었음에도, 교과교육이 교사 양성 교육에 포

---

8) <교과과정연구위원회직제>(문교부령 제16호, 제정·시행 1951.3.30.); <국민학교교과과정>(문교부령 제44호, 제정·시행 1955.8.1.); <중학교교과과정>(문교부령 제45호, 제정·시행 1955.8.1.); <고등학교및사범학교교과과정>(문교부령 제46호, 제정·시행 1955.8.1.); <교육과정령>(문교부령 제181호, 제정 1967.4.15. 시행 1968.3.1.) 등.

함된 시기는 비교적 최근이었던 셈이다.

구체적으로, 1983년 10월에 <교원자격검정령시행규칙>이 개정·시행되면서 교직과정의 세부 영역은 '역사·사회·철학, 심리학, 교육 내용 및 방법, 과목지도법, 교육실습'에서 '교직이론, 교과교육, 교육실습'으로 전환되었다. 여기서 교과교육 영역은 '교과교육론', '교과교재 연구 및 지도법', '기타 교과교육에 관한 과목'으로 구성되었다.9) 따라서 1983년 10월 이후부터는 교과교육 영역에 속한 과목을 이수해야만 교사 자격증을 획득할 수 있게 되었다.

정부도 1983년 10월을 전후하여, 교과교육 전문가의 양성 방침을 발표한 바 있다. 당시의 교원양성대학과 별도로 '한국교원대학교'를 설립하여 초등학교·중학교와 고등학교 교사를 분리·양성하고, 교직의무복무연한을 바꾸고, '교육의 질적인 고도화'를 위해 '교과교육전문가(교육대학 및 사범대학 교수)'를 양성한다는 것이 주요 내용이다.10)

교육학계나 현직 교사도 교과교육 제도가 정비되면서 1983년 이후부터 교과교육에 관심을 기울이기 시작하였다. 그 결과, 1980년대 중반부터 교과교육 관련 저서가 출판되었고, 1988년경부터 현직 교사 중심으로 구성된 교과연구회 모임도 활성화되기 시작하였다. 약 10년 뒤인 1999년 2월에 교육부가 전국의 유치원과 초·중·고 교사를 대상으로 '교과교육연구회' 계획서를 공모했을 때 신청서가 5,000여 점이 넘게 접수되었다는 점은 이런 모임의 활성화 현상을 보여주고 있다.11)

---

9) <교원자격검정령시행규칙>(문교부령 제519호, 일부개정·시행 1983.10.5.) 제12조(교직과정의 과목과 이수학점 등).
10) 「初·中, 高校 敎師 분리 양성」, 『동아일보』, 1983.11.19; 「敎師養成의 과정」, 『동아일보』, 1983.11.21. 대학교 개교기념식은 1985년 10월이었다(「全 대통령, 교육은 民族 융성의 原動力」, 『경향신문』, 1985.10.31.).
11) 「활발한 교과모임…준비된 선생님들」, 『한겨레』, 1999.06.21.22면.

② 종교교과교육의 제도적 변화 : 제4차 교육과정 이후

1983년 10월의 <교원자격검정령시행규칙> 개정·시행은 종교교과교육에 어떤 변화를 주었을까? 가장 큰 변화는 종교교사의 제도적 인정이라고 할 수 있다. 대학에 종교 교직과정이 만들어지고, 종교교사 지망생이 종교 교직과정을 마치면 '교육(종교)'이라고 표시된 중등학교 1급 및 2급 정교사 자격증을 받을 수 있는 상황이 처음으로 만들어진 것이다.[12]

종교교사의 제도적 인정은 당시까지 종교교과교재의 발간, 종교수업 등이 제도적으로 정착되지 않았던 상황, 그리고 중학교와 고등학교의 종교교육이 사회문제로 부각된 상황이 어떤 식으로든 변화될 가능성을 암시하고 있다.[13] 왜냐하면 종교교사가 정식 교원이라면 논리적으로 종교교사가 가르칠 종교교과도 공식 교과, 종교수업도 공식 수업이 되어야 했기 때문이다.

1983년 10월부터 종교교사를 정식 교원으로 인정한 배경은 무엇일까? 그 배경은 제4차 교육과정의 자유선택교과 영역에 종교교과가 포함된 것에서 찾을 수 있다. 문교부가 제4차 교육과정에서 종교교과를 자유선택교과로 인정하면서 그 내용을 <교원자격검정령시행규칙>에 반영하였기 때문이다.

---

12) <교원자격검정령시행규칙>(문교부령 제519호, 일부개정·시행 1983.10.5,) 제2조(자격증의 서식 및 표시과목) 별표 1(중등학교·특수학교교사자격증표시과목). 당시 교육학, 심리, 행정, 시청각, 공학 교사 자격증의 표기 방식도 '교육(교육학)·교육(심리)·교육(행정)·교육(시청각)·교육(공학)'이다.
13) 종교교육 문제는 1974년의 고교평준화 제도 도입 직후보다 제4차 교육과정 이후부터 종교교과교육의 제도적 정착 과정에서 종교학계의 주목을 받기 시작하였다. 종교교과교육은 제5차, 제6차, 제7차 교육과정에서도 여전히 사회적 담론의 대상이 되었다. 그 담론의 중심 주제는 종교교과교육의 방향과 성격, 또는 종교교과교육과 도덕교육·인성교육의 연계 등이었다. 이런 논의는 제7차 교육과정 이후 최근까지 지속되고 있다.

제4차 교육과정에 종교교과가 포함되고, 1983년 10월에 <교원자격검정령시행규칙>이 개정되면서부터 종교교사 지망생에게도 교과교육의 전문성이 요구되었다고 할 수 있다. 종교교사 지망생도 1983년 이후부터 교과교육 영역에 속한 '종교교과교육론'과 '종교교과교재 연구 및 지도법'을 필수 과목으로 이수해야 했다. 그리고 종교교사 자격증이 없던 현직 종교교사는 종교교과를 2단위의 교양선택교과[14]로 설정한 제5차 교육과정(1987-1992) 시기, 구체적으로 1990년부터 자격 연수를 받아 종교2급 정교사 자격증을 획득해야 했다.[15] 자격 연수 프로그램은 교육부가 당시 무자격 종교교사의 교원자격 취득을 위해 임시로 마련한 제도적 장치였다.

이처럼 제4차 교육과정 이후 종교교과교육이 제도적으로 정비되면서 종교학계도 1980년대부터 종교교육에 관심을 갖기 시작하였다. 예를 들어, 제4차 교육과정 시기에는 종교교육이 '종교문화교육'이나 '종교일반교육'이어야 한다는 주장이 나온 바 있다.[16] 그리고 제5차 교육과정 시기에는 '종교과학적 입장의 종교교육', '초종파적 기구를 통한 종교 교육과정의 검토와 종교교육의 이론적 체계화'가 필요하다는 주장이 제기된 바 있다.[17]

종교교육에 관한 관심과 연구는 제6차 교육과정(1992-1997) 시기부터 다양해진 편이다. 1995년에 한국종교교육학회가 창립되고 학술지(『종교

---

14) 종교교과는 제6차 교육과정(1992-1997)에서부터 제7차 교육과정(1997-2007, 2007년 개정, 2009년 개정, 2011년 개정)까지 4단위의 교양선택교과이다.

15) 종교교사 자격연수는 제6차 교육과정에 이어 제7차 교육과정 시기에도 지속되었다. 제7차 교육과정 시기인 2000년부터는 종교2급 정교사를 대상으로 종교1급 정교사 자격 연수가 진행되었다.

16) 윤이흠, 「종교 다원문화 속에서의 종교교육」, 『종교연구』 2, 1986; 정진홍, 「공교육과 종교교육: 초·중·고교 도덕교육과정 개발과의 관련에서」, 『종교연구』 2, 1986.

17) 이은봉, 「학교에서의 종교교육의 필요성」, 『학문과 종교』(국제크리스찬교수협의회 편), 도서출판 주류, 1987; 김종서, 「종교교육 실태분석-종교교육의 이론적 체계화」, 『철학 종교사상의 제문제』(한국정신문화연구원 편) 6, 한국정신문화연구원, 1990.

교육학연구』)의 발간이 시작되었기 때문이다. 특히 제7차 교육과정(1997-2007) 시기부터는, '공교육으로서 종교교육의 지속적인 확대와 정교화'라는 기존의 전망처럼,[18] 종래에 비해 '공교육' 차원에서 종교교육을 조명하는 논의도 이루어지고 있다.[19]

　종교교육에 관한 선행연구에서 '종교교과교육론'과 '종교교과교재 연구 및 지도법'에 대한 관심, 특히 교과교육론과 연계하여 종교교과교육이나 종교교과교재를 조명한 연구는 미진한 편이다. 그 이유는 종교학과 교육학을 병행하는 연구자가 많지 않기 때문이라고 할 수 있다. 다행히 교과교육론과 종교교과교육의 연계에 대해서는 2012년에 발간된『한국 중등학교의 종교교과교육론』으로 논의의 출발점이 마련되었지만,[20] 후자에 관한 연구는 거의 이루어지지 않고 있다. 그러다 보니 종교교과서 내용의 편향성 문제, 종교교과교재 분석을 위한 종교교과연구회 모임의 비활성화 문제 등도 여전히 해결되지 않고 있다.

　종교교육에 관한 연구가 활성화되려면 교과교육론과 연계하여 종교교과교육이나 종교교과교재를 조명하는 연구가 중요하다. 종교교과교재가 종교교과교육을 위한 것이고, 종교교과교육이 학교교육의 일환이며, 학교교육이 교과교육론과 밀접하게 연관되어 있기 때문이다. 종교교과교육이 학교교육의 일환이라는 점에서 앞으로 이런 연관성에 주목한 연구가 활성화되기를, 그리고 이 연구가 종교교과교재 연구를 위한 논의의 출발점이 되기를 기대해 본다.

---

18) 김종서, 「한국 종교교육의 과제와 전망」, 『종교학연구』 20, 2001, 36-38쪽.
19) 김귀성, 「공교육에서 종교교육의 개념모형 탐색」, 『종교교육학연구』 21, 2005; 구본만, 「공교육에서 가톨릭 학교의 종교교육 방향 모색」, 『기독교교육정보』 30, 2011; 한미라, 「공교육에서 개신교학교 종교교육의 희생」, 『기독교교육정보』 30, 2011; 박헌욱, 「일본의 공교육에 있어서 기독교교육의 의의와 역할」, 『기독교교육논총』 12, 2006 등.
20) 고병철, 『한국 중등학교의 종교교과교육론』, 박문사, 2012.

2. 연구의 목적과 주요 내용

이 연구의 목적은 교육학계의 교과교육론과 연계하여 종교교과교육에 관한 논의의 틀을 마련하고 종교교과교재를 분석·성찰한 후, 종교교과교재의 구성 방향을 제시하는 데에 있다. 이 연구가 필요한 이유는 무엇일까? 여러 이유가 있겠지만, 종교교육 문제가 1970년대 이후 사회적·정책적·교육적 측면에서 이슈가 되고 있다는 점,[21] 다문화사회로 진입하면서 다종교 상황이 더 복잡해지고 있다는 점, 종교교육에서 종교교과교육과 종교교과교재가 중요하다는 점 등으로 압축할 수 있다. 이런 설명에는 국가에서 종교교과를 공인했음에도 종교교육이 우리 사회에서 지속적으로 이슈가 되는 현실을 개선하기 위해 종교교과교육론의 틀을 검토하고 종교교과교재를 분석·성찰해야 한다는 논리가 들어 있다.

종교교과교육론의 틀을 마련하고 종교교과교재의 구성 방향을 제시하기 위해 우리가 관심을 기울일 부분은 크게 세 가지이다. 첫 번째는 교육학계의 교과교육론을 토대로 종교교과교육론의 틀을 만드는 일이다. 두 번째는 종교 교육과정, 종교교과교육을 위한 교수·학습 방법, 종교교과서 등의 내용을 분석하는 일이다. 세 번째는 종교교과교육의 진행 방향과

---

21) 「宗教교육 싫어도 받는 폐단, 中學無試驗入學 또 하나의 問題點」, 『동아일보』, 1971.03.10.6면; 「平準化로 빛바랜 宗立학교 建學이념, 宗敎교육 復活 추진」, 『동아일보』, 1980.05.12.5면; 「종교교육 편향 벗을까」, 『한겨레』, 1993.02.14.9면.

종교교과교재의 구성 방향을 제시하는 일이다.

이런 관심을 토대로 이 연구의 내용도 세 부분으로 구성되어 있다. 첫 번째는 교과교육에 관한 교육학계의 논의를 살펴보고 그 내용을 적용하여 종교교과교육의 학문정체성을 탐색하는 부분이다. 두 번째는 종교교과교재의 편찬 정보와 내용을 분석하는 부분이다. 세 번째는 종교교과교육의 진행 방향과 종교교과교재의 구성 방향을 제시하는 부분이다.

구체적으로, 제Ⅱ장에서는 교과교육의 제도사적 흐름과 학문정체성 논쟁, 교과교육론의 핵심 내용인 교육 목표의 설정·진술과 교육 내용의 선정·조직에 관한 이론을 검토하고 있다. 그리고 이 내용을 토대로 종교교과교육의 학문정체성을 제시하고 있다. 특히 종교교과교육이 종교학이나 교육학과 차이를 보이는 여러 지점을 토대로 '종교교과교육학'이라는 종교교과교육의 학문정체성을 제시하고 있다.

제Ⅲ장에서는 종교교과교재의 핵심인 종교 교육과정과 종교교과서의 내용을 분석하고 있다. 구체적으로, 종교 교육과정의 분석 부분에서는 국가 교육과정의 제·개정 주체와 종교 교육과정의 역사적 흐름을 검토한 후 제6차 종교 교육과정부터 2011년 종교학 교육과정까지의 주요 내용이 다루어지고 있다. 그리고 종교교과의 교수·학습 방법에 관한 서술 내용을 검토하고 있다. 교과서의 분석 부분에서는 교과서 제도와 심사제도와 종교교과서의 발행 상황을 검토한 후 종교교과서의 편찬 정보와 내용을 분석하고 있다. 검토 대상 교과서는 개신교계(한국기독교학교연맹, 대한예수교장로회총회교육부), 천주교(가톨릭교육재단협의회), 불교계(불교교육연합회, 대한불교진각종 교재편찬위원회), 신종교계(세계기독교통일신령협회, 원불교 교육부)에서 발간한 고등학교용 종교교과서이다.22)

---

22) 제칠일안식일예수재림교 한국연합회교육부에서 발간한 종교교과서가 있지만 발행 연도가 오래되어 분석 대상에서 제외하였다. 그리고 교사용 지침서의 경우는 불교교육연구위원회, 세계평화통일가정연합, 가톨릭교육재단협의회, 한

제IV장에서는 종교교과교재의 구성 방향을 제시하고 있다. 방향 설정을 위해 검토하는 내용은 다종교·다문화사회의 함의, 종교교과의 공공성·교양교육·통합성, 그리고 교과교육 이론의 반영과 소통이라는 측면이다. 이런 내용에는 다종교·다문화사회의 함의, 종교교과의 공공성·교양교육·통합성, 그리고 교과교육 이론을 반영하여 종교교과교육과 종교교과교재에 소통 가능성이 높아져야 한다는 주장이 담겨 있다.

이 연구를 이해하기 위해서는 몇 가지 용어에 익숙해질 필요가 있다. 교육과정(curriculum), 교과교육(education by subject), 교과교재(subject matter), 교과서(textbook), 교사용 지도서(teacher's manual), 교과용도서(curriculum books) 등이 여기에 해당한다. 여기서 교육과정은 <초·중등교육법>이나 <교육과정심의회 규정>, 교과서(국정도서·검정도서·인정도서), 지도서, 교과용도서 등은 <교과용도서에 관한 규정> 등에 명시된 법률 용어이다.[23)]

구체적으로, 교육과정은 넓게 보면 학교교육을 위한 종합 계획, 좁게 보면 교과 중심의 학교교육 계획을 말한다. 교과교육은 학교교육을 위해 학문 분야나 학습 주제 등 일정한 기준으로 분류·선별·조직한 교육 내용(교과)을 가르치는 교육을 말한다. 교과교재는 교과교육을 수행하기 위한 제반 자료를 말한다. 이 교과교재 가운데 핵심은 교과서이다. 교과서는 교과교육을 위해 편찬·공인된 자료이기 때문이다. 그렇지만 국가 교육과정도 교과교육에서 활용될 수 있으므로 주요 교과교재가 될 수 있다. 교과용도서는 학교교육을 위한 학생용·교사용 서책·음반·영상 및 전자저

국기독교학교연맹, 대한예수교장로회 등에서 발간한 것이 있지만, 대체로 교과서의 내용을 보완하거나 관련 자료를 첨가한 수준이므로 분석 대상에서 제외하였다.

23) <초·중등교육법>(법률 제12338호, 일부개정 2014.1.28. 시행 2014.4.29.) 23조(교육과정 등); <교육과정심의회 규정>(대통령령 제24423호, 타법개정·시행 2013.3.23.); <교과용도서에 관한 규정>(대통령령 제25185호, 일부개정·시행 2014.2.18.).

작물 등 교과서와 지도서를 합친 용어이다.24)

우리는 이런 용어를 '다양한 음식 재료 가운데 일부를 선택하여 종류별로 요리를 만들고, 별개의 그릇에 담아 밥상 위에 올려놓고 함께 먹는 행위'에 비유할 수 있다. 여기서 '다양한 음식 재료'는 뒤섞여 있는 교육 내용(educational content), '종류별 요리'는 선별된 개별 교과, '별개의 그릇'은 교과서를 포함한 교과교재, '밥상'은 교육과정, 그리고 '밥상에 둘러 앉아 음식을 나누는 행위'는 교과교육에 해당한다고 할 수 있다.

다시 말해, 종교교과는 '학교교육을 위해 분류·선별·조직한 종교 관련 내용의 묶음', 종교교과교재는 '종교교과교육을 위한 제반 자료', 종교교과서는 '종교교과교육을 위해 편찬·공인된 교과교재'라고 할 수 있다. 그리고 종교교과교육은 '학교교육을 위해 분류·선별·조직한 종교 관련 내용이 담긴 교과교재를 활용하여 교수·학습을 하는 활동'이라고 할 수 있다.25)

---

24) <교과용도서에 관한 규정>(대통령령 제25185호, 일부개정·시행 2014.2.18.) 제2조.

25) 다만, 종교교과교육이 종교교육 개념에 포함되기도 한다. 종교교육은 학교교육을 위해 미리 계획된 종교교과교육(수업)과 종교 활동, 그리고 학교교육을 위해 계획되지 않았지만 학습자가 겪는 종교 경험을 포괄하는 개념이기 때문이다. 전자를 명시적·표면적 교육과정(manifested curriculum), 후자를 잠재적 교육과정(latent curriculum)이라고 한다.

3. 선행 연구의 경향

최근까지 종교교과교육의 틀을 마련하고 종교교과교재의 구성 방향을 모색한 연구는 보이지 않지만, 이 연구를 위해서는 교과교육론, 종교교과교육론, 종교교과교재, 다종교·다문화사회와 종교교육의 연관성 등에 관한 선행연구를 확인할 필요가 있다. 이런 선행연구는 종교교과교육론과 종교교과교재론에 교육학계의 교과교육론을 반영하는 데에, 그리고 종교교과교육과 종교교과교재의 새로운 방향을 설정하는 데에 도움이 되기 때문이다.

그 동안 교과교육론에 관한 연구는 교육학자가 담당해 왔고,[26] 저서보다 논문 형태의 연구가 많은 편이다.[27] 종교교과교육에 관한 연구[28]와

---

26) 주요 저서로는 『교과교육론』(정인석, 교육출판사, 1987), 『교과교육론』(김경배 외, 학지사, 2001), 『교과교육론』(배장오, 서현사, 2005), 『교과교육론』(김진규, 학이당, 2009), 『교과교육론』(임채식 외 3인, 태영출판사, 2008), 『교과교육론』(권영례, 양서원, 2010), 『교과교육론』(추정훈, 청목출판사, 2010), 『교과교육론』(가영희 외 3인, 동문사, 2011), 『교육학 교과교육론 성찰: 교육학 고등학교 교양 교과목으로 적절한가』(신창호, 서현사, 2013), 『도덕 교과 교육학』(노희정, 한국학술정보, 2013) 등이 있다.
27) 주요 논문으로는 「교과교육론 과목의 연계성 개발에 관한 연구」(손태근, 『교육논총』 6, 1986), 「교과교육론」(김순애·최용섭, 『교육연구』 14, 1992), 「'교과교육론'의 내용과 교수방법의 질적 개선을 위한 종합적 연구」(류완영 외 6인, 『교육과정연구』 15-2, 1997), 「교과교육론 서설(I)」(오경종, 『논문집』 28, 1999), 「교과교육론 서설(II)」(오경종, 『논문집』 30, 2001), 「교과별 지식이론을 통한 교과교육 이론화 방안의 서설적 연구」(강현석, 『교육과학연구』 35-2, 2004), 「교과

종교교과교재에 관한 연구29)는 종교학 영역보다 신학·교학 영역에서 이루어진 편이다. 다종교·다문화사회와 종교교육의 연관성에 관한 연구는 많지 않지만, 특정 종교 연구자나 종교학자의 관심을 받고 있다.30) 특정 종교 연구자는 종교가 다문화사회에 어떻게 적응해야 하는지, 종교학자는 종교가 왜 그런 모습을 보이는지에 주목하고 있다.

종교교과교재 가운데, 교과서에 관한 연구는 1990년대부터 시작되었다고 할 수 있다. 특히 1991년에 교과서와 교육매체 연구를 위해 국제협회

서 분석 및 개선 방안」(이원일·박이득, 『교과교육 활성화 방안 연구』 4-1, 2005), 「교과교육학의 학문 위상과 현 단계 도전 과업」(박인기, 『교과교육학연구』 10-1, 2006), 「교과교육학의 위상과 교원양성대학의 구조」(김영석, 『사회과교육연구』 15-2, 2008), 「교과교육론 서설」(김승호, 『교육과정연구』 27-3, 2009)과 「통합교과와 교과교육론의 공통과제」(김승호, 『초등교육연구』 22-4, 2009), 「교과내용학: 도덕성에서의 정서의 역할에 관한 칸트(Kant)의 관점의 문제점」(박재주, 『윤리교육연구』 30, 2013) 등이 있다.

28) 신학·교학 분야에서 나온 주요 연구는 『21세기의 종교교과교육』(교목협의회, 한국기독교학교연맹교목협의회, 1999), 종교교과에 대한 교육실습과 관련된 「'종교' 교과 교육실습 지도 방안에 관한 연구」(장화선, 『기독교교육연구』 10-2, 1999)와 「'종교'교과 교육실습 지도방안에 관한 연구(II)」(장화선, 『신학지평』 12, 2000), 「종교교과를 위한 새로운 교수·학습 설계 모형 탐구」(김선아, 『기독교교육정보』 24, 2009) 등이다. 그리고 종교학 분야에서 나온 주요 연구는 「중등학교 종교교과의 교수·학습 방식」(고병철, 『교육연구』 43, 2008), 「종립사학과 종교교과교육의 공공성과 자율성」(고병철, 『정신문화연구』 32-4, 2009) 등이다.

29) 먼저, 종교교과교재에 관한 신학·교학 분야의 관심은 이 연구 주제가 석사학위논문 주제로 자주 활용된다는 점에서 확인할 수 있다. 다음으로, 종교학자의 주요 연구는 「제7차 교육과정과 종교교과서 개발」(김귀성, 『종교연구』 28, 2002), 「현대 한국 고등학교의 종교교과서 연구」(김종서, 『종교학연구』 26, 2007) 등이다.

30) 특정 종교 연구자의 관심은 「다종교 상황 하에서 기독교학교의 '종교과목'」(홍정근, 『교육교회』 201, 1993), 종교학자의 관심은 「종교 다원문화 속에서의 종교교육」(윤이흠, 『종교연구』 2, 1986), 「세계종교 교수법을 통한 다문화 종교교육」(안신, 『종교교육학연구』 30, 2009), 「국가 교육과정 내의 다문화교육과 '종교'교과교육-다문화사회와 다종교사회의 연관성과 함의를 중심으로-」(고병철, 『종교연구』 61, 2010) 등에서 확인할 수 있다.

(IARTEM)[31]가 설립되고 그 이듬해에 한국교과서연구재단(비영리법인)이 설립된 것은 교과서의 질적 향상을 위한 제도적·정책적 연구의 계기가 되었다.[32] 한국종교교육학회에서는 2006년 5월에 '종교계 학교와 종교교재 - 종교교육학적 분석과 평가',[33] 2010년 11월에 '종교교사 양성과정과 종교교재연구 및 지도법',[34] 2011년 11월에 '새로운 교육과정과 중등학교 종교교육 교과서 개발'[35]이라는 주제로 학술대회를 개최하여 종교교과서의 내용이나 제도에 관심을 보이고 있다.

종교교과서가 아니라 다른 교과서의 종교 서술 내용을 분석한 경우도 나타나고 있다. 여기서 다른 교과서는 역사 교과서,[36] 초등학교 교과서

---

31) IARTEM(http://www.iartem.org/). IARTEM은 International Association for Research on Textbooks and Educational Media의 약자이다.

32) 한국교과서연구재단 (http://www.textbook.ac/index.jsp).

33) 『종교교육학연구』 제22집(2006)에 게재된 당시의 발표 논문은 다음과 같다. 조은하, 「개신교 종립학교의 종교교과서 분석」, 『종교교육학연구』 22, 2006; 고원국, 「원불교 종립학교 종교교재의 분석과 평가」, 『종교교육학연구』 22, 2006; 김귀성, 「'종교' 교재 개발의 과제와 전망」, 『종교교육학연구』 22, 2006; 이재일, 「통일교 종립학교의 종교교과서 분석과 평가」, 『종교교육학연구』 22, 2006 등.

34) 2010년 당시에 발표된 세부 연구 주제는 'The Role of Religion in Contemporary Education'(Marteen Peter Meijer), '종교학교 종교교재의 구성과 활용에 관한 연구'(박범석), '종교교과 수업모형에 따른 수업사례연구'(이재일), '종립학교 종교교육의 다원적 접근'(윤재근), '종교과 교수-학습 원리와 교수법 사례'(김귀성), '종교교재의 영성지향 평가 모형'(손원영) 등이다.

35) 한국종교교육학회, ≪새로운 교육과정과 중등학교 종교교육 교과서 개발≫ (2011년도 추계학술대회), 2011. 당시에 다루어진 연구 주제는 '종교교과서 개발의 현황과 과제'(신광철), '종교교과서 인정제도의 변화와 종교교과서 개발'(김재영), '종교교과서 개발과 종교과 교육과정'(이근호), 그리고 '가톨릭 중등학교 종교교과서 개발'(김남희), '불교 중등학교 종교교과서 개발'(이학주), '통일교 중등학교 종교교과서 개발'(이재일), '원불교 중등학교 종교교과서 개발'(김귀성), '개신교 중등학교 종교교과서 개발'(이대길) 등이었다.

36) 역사 교과서 분석 사례로는 서울신학대학교 성결교회역사연구소의 2008년 3월 세미나(주제: 한국 기독교와 역사교과서)의 '한국 근·현대사 교과서의 기독교 서술의 문제점'(박명수), 현대기독교역사연구소의 2009년 4월 세미나(주제: 한국 역사교과서에 나타난 종교서술의 문제점)의 '중·고등학교 한국사 교

일반, 세계사 교과서 등을 말한다.[37] 비교적 최근인 2014년에도 초·중·고등학교 도덕·윤리 교과서의 종교 서술 내용을 분석하는 세미나가 개최된 바 있다.[38] 교과서의 내용 분석이 특정 종교의 입장에서 이루어질 때는 특정 종교에 관한 서술이 부족하다는 식의 호교론적인 주장이 나타나기도 한다.

최근까지 선행연구의 경향을 정리하면 다음과 같다. 우선, 교과교육론 관련 저서는 대체로 교과와 교과교육 개념의 정의, 교과교육의 목적, 교과 내용의 선정과 조직, 교수·학습 방법과 평가 등으로 구성되어 있어 교과교육에 관한 논의 구조를 보여주고 있다. 따라서 교과교육에 관한 논의 구조를 파악하는 데에 도움이 될 수 있다. 그렇지만 대체로 대학의 강의 교재로 출간되고 있어, 개설서 수준의 내용을 담고 있다는 한계를 보이고 있다.

교과교육론에 관한 논문 형태의 연구는 2009년의 논문 제목에 '서설'이라는 표현이 있을 정도로 미진한 편이다.[39] 그리고 교과교육론을 교육과정이나 개별 교과에 관한 '교육방법론'으로 인식하는 경향이 있어, 대체로

과서에 나타나는 종교서술의 문제점: 비교종교학의 관점에서'(유요한), '한국 고등학교 국사 교과서에 나타난 개신교서술의 문제점'(박명수) 등이 있다.

37) 역사 교과서 외의 교과서 분석 사례로는 「한국개신교 교육과정에서의 한국사 교육」(손원영, 『종교교육학연구』 24, 2007), 「국민(초등)학교 교과서에 나타난 개신교 서술의 문제와 개선안」(백종구, 『한국교회사학회지』 25, 2009), 「교과서에 나타난 종교에 관한 서술의 적합성 연구」(이재일, 『통일신학연구』 1, 1996) 등이 있다. 그리고 「세계사 교과서에서 주류 담론의 한계: 이슬람의 재현에 대한 분석」(주재홍, 『교육과정연구』 25-2, 2007)도 이런 사례에 해당한다.

38) 2014년 6월 14일에는 불교사회연구소·불광연구원이 '초·중·고 윤리교과서의 불교 서술체재와 내용'이라는 주제로 공동학술세미나를 개최한 바 있다. 이 세미나에서는 '초등학교 도덕교과서의 불교서술 체재와 내용'(이철주), '중학교 윤리교과서의 불교서술 체재와 내용'(신희정), '고등학교 윤리교과서의 불교서술 체재와 내용'(이철훈), '윤리교과서 체재에 대한 불교윤리적 비판과 대안'(박병기)이라는 글이 발표되었다.

39) 김승호, 「교과교육론 서설」, 『교육과정연구』 27-3, 2009, 84-85쪽.

교과교육의 학문정체성을 보여주지 못하고 있다. 예를 들어, 아직까지 '교과교육론, 교과교육학, 교과내용학40)'이라는 용어가 혼용되는 현상은 교과교육의 학문정체성이 명확하게 정립되어 있지 않다는 것을 시사한다. 이런 학문의 현실은 앞으로 교과교육에 관한 연구가 활성화될 때 개선될 수 있을 것으로 보인다.

둘째, 종교교과교육에 관한 연구에서는 주로 종교교과교육을 위한 교육실습, 교수·학습방식, 종교교과교육의 위상 등이 다루어지고 있다. 그렇지만 종교교과교육에 학문적 관심을 가진 연구자가 적어 연구 성과는 미진한 편이다. 종교교과교육론이 종교교과교재론의 배경이라는 점을 고려한다면, 앞으로 종교교과교육에 관한 논의를 확장시킬 수 있는 연구가 필요하다고 할 수 있다.

셋째, 종교교과교재에 관한 연구는 학교 현장과 직결되어 학계뿐 아니라 현직 종교교사의 관심을 받고 있다. 주요 연구 경향은 종교별 교과교재의 문제를 지적하고 대안을 제시하려는 경향, 특정 종교의 입장에서 교과서의 종교 서술 내용을 검토하려는 경향으로 구분될 수 있다. 이런 경향을 볼 때, 앞으로 필요한 부분은 교과교육론과 연계하여 종교별 종교교과교재를 비교하는 연구, 그리고 종교교과서의 내용을 검토하기 전에 연구자에게 전제된 특정 종교적 입장을 성찰하는 태도라고 할 수 있다.

특히 종교교과교재에 관한 연구가 활성화되려면 다양한 문제의식이 필

---

40) 박상선, 「초등 사회과에서 교과 목표달성을 위한 교과내용학의 역할 - 경제영역을 중심으로」, 『초등사회과교육』 11, 1999; 서영미, 「교과내용학으로서의 영어학과 영어 교육학의 연계성 연구」, 『영어학 연구』 7, 2002. 한편, '교과내용학'과 '교과교육학'은 법률에서도 사용된다. <교육공무원 임용후보자 선정경쟁시험규칙>(교육인적자원부령 제914호, 일부개정 2007.10.1, 시행 2008.9.1. / 교육과학기술부령 제169호, 일부개정 2012.12.28, 시행 2013.9.1.) 제7조(시험의 방법). 교육공무원 임용후보자 선정경쟁시험 가운데 제1차 시험(선택형 필기시험)에서는 '교육학과 전공(교과내용학과 교과교육학)'을 평가한 점에서 확인할 수 있다.

요하다. 마이클 애플(Michael W. Apple)이 교과서의 '공적 지식'을 정치학 문제로 분석한 연구,[41] 그 후 존 아이시트(John Issitt)가 '교과서의 정의, 저작 계통(literary lineage), 집필 의도, 지식 이데올로기와 구성, 그리고 지식의 교육적 수동성(pedagogical passivity)과 정치학의 문제' 등을 교과서 연구의 쟁점으로 제시한 부분[42]에서 이런 문제의식을 찾아볼 수 있다. 1990년대 이후, 교육학계의 주요 주제인 교과서 내용의 비중립성 문제, 교과서의 내용·발행·사용을 포함한 교과서 정책과 권력 관계 문제, 교과서 정책의 지역별·문화권별 차이와 비교 문제 등에서도 여러 문제의식을 확인할 수 있다.[43]

넷째, 다종교·다문화사회의 함의와 종교교과교육의 연관성에 관한 연구는 찾아보기 어려운 편이다. 현재까지의 선행연구에는 종교교과에 다종교·다문화사회의 함의를 반영해야 한다는 주장이 실려 있다.[44] 다종교·다문화 상황이 점차 복잡해질 것이라는 점을 고려한다면, 다종교·다문화 사회의 함의를 세밀하게 분석하여 종교교과교육이나 종교교과교재의 구성 방향과 연결시키는 연구는 앞으로 중요하다고 할 수 있다.

---

41) Michael W. Apple, *The Politics of the textbook*, New York: Routledge, 1991; Michael W. Apple, *Official knowledge: Democratic education in a conservative age*, New York: Routledge, 1993 등. ; 마이클 W.애플, 『학교지식의 정치학 - 보수주의시대의 민주적 교육』(박부권 외 옮김), 우리교육, 2001; 마이클 W. 애플 외, 『문화 정치학과 교육』(김미숙 외 옮김), 우리교육, 2004; 마이클 W. 애플, 제프 위티, 나가오 아키오 지음, 『비판적 교육학과 공교육의 미래 - 신자유주의 교육개혁을 재검토한다』(정영애 외 옮김), 원미사, 2011 등.
42) John Issitt, "Reflections on the study of textbooks," *History of Education* 33-6, 2004, pp.684-691.
43) 이길상, 「교과서 제도 국제비교」, 『중등교육연구』 57-2, 2009; 김덕근, 「교과서 정책 국제 비교 연구」, 『교육행정학연구』 30-1, 2012 등.
44) 고병철, 「국가 교육과정 내의 다문화교육과 '종교'교과교육 - 다문화사회와 다종교사회의 연관성과 함의를 중심으로」, 『종교연구』 61, 2010.

II. 교과교육론과 종교교과교육학

| 종교교과교육과 종교교과교재론 |

1. 교과교육의 제도사적 전환과
학문정체성

1 교과교육의 제도사적 전환

한국에서 교과교육에 관한 논의는 언제부터 왜 시작되었을까? 일제 강점기에도 교과교육과 관련된 연구회 활동이 있었지만,[1] 교과교육에 관한 본격적인 논의는 해방 이후부터 이루어졌다고 할 수 있다. 그렇지만 교과교육에 관한 초기의 논의는 교육의 본질과 다른 현상과의 차이를 묻는 학문적 요구보다 현실적 요구에서 시작된 교육학의 경우와 마찬가지로,[2] 주로 교사 양성이라는 현실적인 문제를 해소하기 위한 것이었다.

정부의 교사 양성 정책은 1960년대부터 본격화되었다고 할 수 있다. 문교부는 국민학교 교원을 양성하기 위해 1961년 12월에 전국 18개 사범학교 가운데 10개 사범학교를 2년제 교육대학으로 승격하여 각 도에 1개교

---

1) 교과교육에 관한 관심은 일제강점기에도 있었다. 예를 들어, 조선총독부가 1922년 2월에 사범학교 규정을 제정한 후에 일본인 초등교원 양성기관이었던 조선총독부사범학교(설치: 1921.4.)를 개편한 관립 경성사범학교(개설: 1922.4.1.)와 부속학교의 교직원이 조선 초등교육의 제반 사항에 관한 연구 조사 목적으로 조직한 조선초등교육연구회의 활동이 여기에 해당한다(관립 경성사범학교는 광복 이후 경성사범대학, 1946년에 서울대학교 사범대학으로 개편되었다. 김성학, "서구 교육학 도입과정 연구", 연세대학교 박사학위논문, 1996.).
2) 장상호, 「당신은 교육학자인가?」, 『교육원리연구』 10-2, 2005, 5쪽.

씩 설치하고, 그로 인해 폐지되는 사범학교의 부속 또는 병설 국민·중·고등학교를 점차 국립에서 도립·시립·군립으로 이관하는 정책을 발표한 바 있다.[3] 이 정책의 근거는 1961년 9월에 제정·시행된 <교육에 관한 임시특례법> 제6조였다.[4]

교사 양성 정책은 교사의 수를 증가시켜, 교과교육에 관한 교사의 관심을 높이는 효과로 이어질 수 있었다. 당시까지 교사의 주요 역할은 교과교육을 잘 해야 하는 것으로 인식되었기 때문이다. 그 후, 제도사적 측면에서 보면, 교과교육의 역사에는 세 차례의 전환 지점이 있다. 이런 지점은 1964년, 1983년, 2007년의 변화이다. 그 내용을 구체적으로 보면 다음과 같다.

첫 번째는 제3공화국(1961-1972)이 제2차 교육과정(1963-1973)을 고시한 이듬해인 1964년이다. 1964년은 1953년 10월부터 시행된 <교육공무원자격검정령>이 폐지되고,[5] <교원자격검정령>과 동법 <시행규칙>이 제정·시행된 해이다.[6] 당시 <시행규칙>에 따르면, 교사 자격은 무시험검정이나 시험검정으로 취득할 수 있었다. 그리고 교직과정을 설치하려는 대학은 교직과정 담당 전임교원(최소 2인 이상)과 교육실습을 위한 병설 또는 협력 고등학교·중학교·특수학교·국민학교 또는 유치원이라는 두 가지 조건을 갖추어 '교직과정설치신청서'를 제출해야 했다(제11조). 이 과정을 거쳐 승인된 당시 교직과정의 세부 영역, 과목, 이수학점은 다음과 같다(제12조).[7]

---

3) 「10個의 師範校, 敎育大學으로」, 『동아일보』, 1961.12.08. 1962년 3월부터 발족 대상인 교육대학은 서울대학교교육대, 인천교육대, 공주교육대, 전북대학교교육대, 전남대학교교육대, 경북대학교교육대, 부산대학교교육대, 춘천교육대, 제주대교육과이다.

4) <교육에관한임시특례법>(법률 제708호, 제정·시행 1961.9.1.). 제6조(교육대학) ①, ②항.

5) <교육공무원자격검정령>(대통령령 제824호, 제정·시행 1953.10.22.).

6) <교원자격검정령>(대통령령 제1649호, 제정·시행 1964.2.26.); <교원자격검정령시행세칙>(문교부령 제143호, 제정·시행 1964. 4.16.)

<표 5> 교직과정의 영역·과목과 이수학점(1964.4.16.)

	세부 영역	과목	소요이수학점
1964.4.16.	역사·사회·철학적 영역	교육원리, 교육사, 교육사회학, 교육철학, 교육제도 등	6학점 이상
	심리학적 영역	교육심리, 아동발달, 청년발달, 학습심리, 정신위생 등	4학점 이상
	교육 내용 및 방법 영역	교육과정, 학습지도, 생활지도, 학급관리, 교육측정평가 등	6학점 이상
	각과지도법		2학점 이상
	교육실습		4학점 (6주)

또한, 1964년은 <교원자격검정령>뿐 아니라 <교원연수령>이 제정·시행되면서 교원교육 체계가 정비되기 시작한 해이기도 하다. <교육연수령>은 제1차 교육과정(1954-1963)의 시행 직전인 1953년 4월에 제정·시행된 <교육공무원법>이 1963년 12월에 개정되면서 신설된 제39조('교육공무원을 위한 연수기관의 설치와 운영')에 근거하여 제정되었다.[8] 따라서 <교원연수령>의 주요 내용은 교육공무원의 재교육과 연수를 위해 문교부장관 소속 하에 초등교원연수원, 중등교원연수원, 교육행정연수원을 설치하여(제2조) 교육공무원이 일반연수·특수연수·교육행정연수를 받을 수 있도록 한다는 것이었다(제3조).[9]

그렇지만 교원연수 정책은 국민학교의 졸업자 비율과 중학교 입학자 비율이 증가하면서 발생한 당시의 중등교원 부족 현상을 해소할 수 없었다. 따라서 문교부는 중등교원의 부족 현상을 해소하고, 사범대학에서 양성하지 못하는 일부 학과의 교원을 확보하기 위해 1969년 2월에 14개 대

7) <교원자격검정령시행세칙>(문교부령 제143호, 제정·시행 1964. 4.16.). 이수과목은 각 영역의 과목 가운데 2개 과목 이상을 선택하여 과목당 2학점 이상으로 하되 총계 25학점이상을 이수해야 한다(제12조).

8) <교육공무원법>(법률 제285호, 제정·시행 1953.4.18.) 제4조(교사의 자격); <교육공무원법>(법률 제1463호, 전문개정 1963.12.5., 시행 1964.1.1.) 제39조.

9) <교원연수령>(대통령령 제1642호, 제정 1964.2.21.) 제3조 ②항.

학 31개 학과(정원 850명) 등에 교직과정을 설치하는 정책을 시행하였다.[10) 교직과정을 사범대학뿐 아니라 일반대학에도 설치하도록 확대한 문교부의 정책은 교사의 수를 늘려, 결과적으로 교사가 교과교육에 관심을 갖는 계기가 되었다.

두 번째는 제5공화국(1980-1988)이 제4차 교육과정(1981-1987)을 고시한 이후인 1983년이다. 1983년에는 <교원자격검정령> 제20조 제2항[11)에 근거하여 <교원자격검정령시행규칙>이 개정되면서 교직과정에 처음으로 '교과교육'이 포함되었다. 그로 말미암아 1983년 이전에 '역사·사회·철학, 심리학, 교육 내용 및 방법, 과목지도법, 교육실습'으로 구성되었던 교직과정의 내용은 '교직이론, 교과교육, 교육실습'으로 바뀌었다. 이런 변화는 1964년부터 지속된 교육실습 부분을 제외하면, 교직과정 영역이 이론(교직이론)과 방법(교과교육)으로 양분되었음을 의미한다. 1982년 6월과 1983년 10월의 <교원자격검정령시행규칙>을 대조하면 이 변화를 확인할 수 있다.[12)

---

10) 「일반대학에 教職과정」, 『경향신문』, 1969.03.28. 이 조치는 1969년도 신입생과 2학년생까지 적용되었다.
11) <교원자격검정령>(대통령령 제11141호, 타법개정 및 시행 1983.6.9.) 제20조(교직과정) ②항.
12) <교원자격검정령시행규칙>(문교부령 제507호, 전부개정 및 시행 1982.6.23.) 제12조; <교원자격검정령시행규칙>(문교부령 제519호, 일부개정 및 시행 1983. 10.5.) 제12조(교직과정의 과목과 이수학점 등).

<표 6> 교직과정의 영역·과목과 이수학점의 변화 대조(1983년 10월 이전과 이후)

	영역	과목	소요이수최저학점
1982. 6.23.	역사·사회·철학	교육원리, 교육사, 학교와 지역사회, 중등교육론, 교사론 및 유아교육개론 중 3과목 이상	6학점
	심리학	교육심리 및 발달심리 중 1과목 이상	2학점
	교육 내용 및 방법	교육과정, 학습지도, 생활지도, 교육평가 및 유아교육과정 중 1과목 이상	2학점
	과목지도법	각 과목	2학점
	교육실습 (양호교사 교직과정의 경우에는 제외)	각 과목	2학점(4주)
1983. 10.5	교직이론	교육학개론, 교육철학 및 교육사, 교육과정 및 교육평가, 교육방법 및 교육공학, 교육심리, 교육사회, 교육행정 및 교육경영, 기타 교직이론에 관한 과목	대학-14학점 이상(7과목 이상) 전문대학-10학점 이상(5과목이상)
	교과교육 (양호교사/ 사서교사 교직과정 경우를 제외)	교과교육론, 교과교재 연구 및 지도법, 기타 교과교육에 관한 과목	- 4학점 이상(2과목 이상) - 대학/ 전문대학 동일
	교육실습 (양호교사/사서교사 교직과정 경우에는 실무실습으로 함)	교육실습	- 2학점 - 대학/전문대학 동일

　　1964년의 <교원자격검정령>에 '교직과정의 최초 출현'이라는 의미를 부여한다면, 1983년의 개정 <교원자격검정령>에는 '교직과정 내 교과교육 영역의 신설'이라는 의미를 부여할 수 있다. 1983년의 변화는 20년 이상 유지되었고, 따라서 2009년 이전까지(2008학년도 이전 입학자, 2010학년도 이전 편입학자 포함)까지 교직과정은 '교직이론, 교과교육, 교육실습'의 세 영역으로 구성되었다. 이 가운데 교과교육 영역은 '교과교육론, 교과교재 연구 및 지도법, 기타 교과교육에 관한 과목'으로 구성되었고, 교사 지망생은 교과교육 영역에서 2과목 이상(4학점 이상)을 이수해야 했다.

　　1983년의 제도 변화가 가능했던 이유는 무엇일까? 그 이유는 교육학자나 교과교육 담당자가 '교과교육의 이론과 연구과제' 등 교과교육 관련 주제로 학술대회를 개최하는 등 다양한 경로를 통해 교과교육을 제도에 편입시키려는 의도를 관철시켰기 때문이다.[13]

1983년의 제도 변화는 교육학 영역에도 영향을 미쳤다고 할 수 있다. 예를 들어, 1980년대 후반에는 서울대와 교원대에 박사과정이 설치되는 등 교과교육에 관한 연구의 가치와 중요성이 인식되었고, 교과교육 연구를 위한 행정적·재정적 지원도 확대되었다.[14] 1992년 4월에는 전국적인 연구 공동체를 구성하여 체계적으로 교과교육을 연구하고, 연구결과를 각 학교에 보급하여 교과교육의 질을 개선하고 교원 양성 교육과 교원 연수의 효과를 높이기 위해 한국교원대학교 교육연구원 산하에 교과교육공동연구소가 개소되었다. 이 연구소는 교육부의 지원을 받아 설립된 것으로, 설립 초기부터 교육부나 한국학술진흥재단과 공동 연구를 진행하였다. 주력 사업은 초·중등 교과교육과 교육과정에 관한 각종 학술대회의 개최와 체계적·종합적인 연구였다.

또한, 1996년 5월에는 약 70여 명의 교과교육학 전공 교수가 서울대학교에서 '한국교과교육학회'를 창립하였다. 이 학회는 1990년대 초부터 교과교육학 연구에 관심을 지닌 여러 학자가 서울사대 교과교육학 전공 교수를 주축으로 여러 차례의 모임을 갖고 교과교육의 발전과 학문적 연구를 위해 논의한 결과였다고 할 수 있다. 이 학회는 교과교육의 발전을 위해 정부에 '교육정책을 교과교육 중시 정책으로 전환할 것, 교과교육 중심의 학교 조직 및 운영, 교과교육 발전 기반 확충을 위한 집중 투자' 등 세 가지 사항을 담은 정책 건의서를 제출하기도 하였다.[15]

---

13) 「教育學 세미나, 忠南大教育大學院」, 『매일경제』, 1981.12.17; 「敎科교육 세미나, 忠南大교육大學院」, 『매일경제』, 1982.01.19.
14) 정태범, 「교과교육학의 개념적 모형」, 『교원교육』 1-1, 한국교원대학교 교육연구원, 1985 참조.
15) 박영목, 「교과 교육학의 학문적 발전 방향과 과제」, 『교육연구논총』 20, 홍익대

세 번째는 노무현 정부(2003-2008)가 제7차 교육과정을 처음 개정(2007-2009)한 2007년이다. 2007년은 <교원자격검정령>과 동법 <시행규칙>의 개정·시행으로 교직과정에 큰 변화가 일어난 해이다. 주요 변화로는 교직과정의 이수 학점이 20학점에서 22학점 이상으로 증가되고, 그 안에서 교육실습 영역의 이수 학점이 2학점에서 4학점 이상으로 확대되었다는 점을 들 수 있다. 그렇지만 가장 큰 변화는 교직과정의 영역이 '교직이론, 교과교육, 교육실습'에서 '교직이론 및 교직소양, 교육실습'으로 양분·재구성되었다는,[16) 즉 교직과정에서 기존의 교과교육 영역을 제외시키고 교직소양(4학점 이상) 영역을 새로 편입시킨 것이다. 2007년 10월과 2007년 12월에 시행된 <교원자격검정령시행규칙>을 대조하면 이 변화를 확인할 수 있다.[17)

<표 7> 교직과정의 영역·과목과 이수학점의 변화 대조(2007년 12월 이전과 이후)

	영역	과목	소요이수최저학점
2007. 10.26	교직이론	교육학개론, 교육철학 및 교육사, 교육과정 및 교육평가, 교육방법 및 교육공학, 교육심리, 교육사회, 교육행정 및 교육경영, 기타 교직이론에 관한 과목	대학:14학점 이상(7과목 이상) / 전문대학: 10학점 이상(5과목이상)
	교과교육(양호교사/사서교사 교직과정 경우를 제외)	교과교육론, 교과교재 연구 및 지도법, '논리 및 논술에 관한 과목', 그 밖의 교과교육에 관한 과목	- 4학점 이상(2과목 이상): 대학/전문대학 동일
	교육실습	교육실습 (양호/사서교사 교직과정에는 실무실습)	- 2학점(4주): 대학/전문대학 동일

교육연구소, 2003, 37쪽.
16) <교원자격검정령>(대통령령 제20455호, 일부개정·시행 2007.12.20.); <교원자격검정령 시행규칙>(교육인적자원부령 제922호, 일부개정·시행 2007.12.31.)
17) <교원자격검정령시행규칙>(교육인적자원부령 제916호, 일부개정·시행 2007.10.26.) 제12조 관련 별표 3(교직과정의 이수과목과 학점); <교원자격검정령 시행규칙>(교육인적자원부령 제922호, 일부개정·시행 2007.12.31.) 제12조 ①항 관련 별표3(자격종별 전공과목 및 교직과목의 무시험검정 합격기준)

	영역	과목	소요이수최저학점
2007.12.31	전공과목	유치원 정교사 (2급)	기본이수과목 21학점(7과목) 이상 포함, 교과교육 영역 8학점(3과목) 이상 포함	50학점 이상
		초등학교 정교사 (2급)	교과교육 및 교과내용 영역 50학점 이상, 기본이수과목 21학점(7과목) 이상 포함	50학점 이상
		중등학교 정교사 (2급)	표시과목별 기본이수과목 21학점(7과목) 이상 포함, 표시과목별 교과교육 영역 8학점(3과목) 이상 포함	50학점 이상
		특수학교 정교사 (2급)	-특수교육 관련 42학점 이상 : 기본이수과목 21학점(7과목) 이상 포함 -유아교육(유치원), 초등교육(초등), 표시과목(중등) 관련 38학점 이상 : 기본이수과목 21학점(7과목) 이상 포함, 교과교육 영역 8학점(3과목) 이상 포함	80학점 이상 ※교육대학원은 특수교육 관련 30학점 이상(기본이수과목 21학점, 7과목 이상 포함)
		보건·영양·사서·전문상담교사(2급)	-직무관련영역 50학점 이상 -기본이수과목 21학점(7과목) 이상 포함	50학점 이상
	교직과목	교직이론/교직소양	**18학점 이상** **(교직소양 4학점 이상 포함)**	**22학점 이상**
		교육실습	**4학점 이상** **(교육봉사활동 2학점 내 포함 가능)**	

    2007년 12월의 이런 변화가 대학 현장에 어떻게 반영되었을까? 2007년 12월의 <교원자격검정령시행규칙>이 적용된 2009년도 이후의 입학자는 '교과교육론, 교과교재연구 및 지도법, 논리 및 논술에 관한 교육' 등의 과목을 교과교육 영역이 아니라 전공과목 영역에서, 그리고 4학점(2과목)이 아니라 8학점(3과목) 이상 이수해야 했고, '교직이론·교직소양·교육실습' 영역으로 구성된 교직과정을 이수해야 했다.[18] 2009년도 입학자부

---

18) 교육부, 『2014학년도 교원자격검정 실무편람』, 교육부 교원복지연수과, 2014, 74쪽. 4년제 대학의 중등교원을 기준으로 했을 때, 교직과목의 이수기준은 2008학년도 입학자까지 20학점 이상, 2009학년도 입학자부터 22학점 이상이다. 그리고 교직과목의 영역별 구성은 2008학년도 입학자까지 '교직이론(14학점 이상, 7과목 이상), 교과교육(4학점 이상), 교육실습(2학점 이상)'이고, 2009-2012학년도 입학자는 '교직이론(14학점 이상, 7과목 이상), 교직소양(4학점 이상), 교육실습(4학점 이상)', 2013학년도 입학자부터 '교직이론(12학점 이상, 6과목

터 학점과 과목 수가 늘어난 이유는 1999년 1월부터 '논리 및 논술에 관한 교육' 과목이 교과교육 영역에 포함되었기 때문이다.[19]

2007년 12월의 변화, 즉 교직소양 영역의 신설이 곧 교과교육 영역의 소멸을 의미한 것은 아니다. 교과교육 영역이 교직과정에서 전공 영역으로 옮겨졌기 때문이다. 즉 중등학교 정교사(2급)가 되기 위해 이수해야 할 전공과목이 '기본이수과목과 교과교육 영역'으로 나누어진 것이다. 예를 들어, 종교학 정교사 2급 자격증을 취득하려면 교직과목에서 22학점 이상, 그리고 전공과목에서 최소한 표시과목별 기본이수과목 21학점(7과목)과 교과교육 영역 8학점(3과목)을 포함하여 50학점 이상을 취득해야 했다.[20]

또한, 교과교육 영역에 속한 과목이 전공 영역으로 옮겨졌다고 해도, 이런 과목의 기본교수요목의 취지가 달라진 것은 아니다. 예를 들어, 2009 학년도에도 '교과교육론'의 취지는 교과교육의 역사적 배경, 교과교육의 목표, 중고등학교 교육과정의 분석 등 교과교육 전반에 관하여 연구하되, 수업의 실제 부분에 중점을 두는 것이다. '교과교재연구 및 지도법'의 취지는 교과의 성격, 중고등학교 교재의 분석, 수업안의 작성, 교수방법 등 교과지도의 실제 경험을 쌓게 하는 것이다. '논리 및 논술에 관한 교육'의 취지는 각 교과별 특성에 부합되는 논리적 사고의 근본 법칙 및 논술에

이상), 교직소양(6학점 이상), 교육실습(4학점 이상)'이다. 이 가운데 교직소양은 2009-2012학년도 입학자의 경우에 '교직실무(2학점), 특수교육학개론(2학점)', 2013학년도 입학자 이후의 경우에 '교직실무(2학점), 특수교육학개론(2학점), 학교폭력의 예방 및 대책(2학점)'으로 확대되었다. 교육실습은 2008학년도 입학자까지 수업실습·참관실습·실무실습 등을 포함하여 2학점 이상이었으나 2009-2012학년도 입학자부터 2013학년도 이후 입학자까지 모두 '학교현장실습(2학점, 수업실습·참관실습·실무실습 등), 교육봉사활동(2학점, P/F제 가능)'으로 확대되었다(같은 책, 75-80쪽.).

19) <교원자격검정령시행규칙>(교육부령 제736호, 일부개정 및 시행 1999.1.29.) 제12조(별표 3).

20) <교원자격검정령 시행규칙>(교육과학기술부령 제104호, 일부개정 2011.04.04.) 제12조(전공과목 및 교직과목의 이수기준과 학점 등) 별표 3.

관한 교육에 역점을 두는 것이다. 그리고 '기타 교과교육 영역'은 각 교과별 특성에 부합되는 교수법, 교육과정, 평가방법 등에 관한 이론과 실제를 학습하는 것이다.[21] 그렇지만 이런 내용은 2006년도의 취지 설명과 별반 달라진 것이 없다.[22] 2013학년도부터 교과교육 영역이 교직과정에서 빠지면서 이런 과목의 교수요목에 관한 설명이 없어졌지만 그 내용은 대동소이할 것으로 보인다.

지금까지 해방 이후부터 현재까지 교과교육의 제도사적 흐름을 세 가지 전환 지점으로 구분하여 살펴보았는데, 이런 흐름을 다음과 같이 평가할 수 있다. 첫째, 제3공화국 시기인 1964년에는 교직과정 제도가 정착될 수 있는 계기가 마련되었다고 할 수 있다. 이 제도의 근거는 당시에 제정·시행된 <교원자격검정령>과 동법 <시행규칙>, <교원연수령> 등이었다.

둘째, 1983년에는 교직과정에 교과교육 영역이 포함되어 교과교육에 주목하는 계기가 마련되었다고 할 수 있다. 당시 교직과정에 새로 편입된 교과교육 영역은 기존의 교육 방법과 교재 지도법을 하나의 범주로 묶은 것이다. 따라서 1983년부터 2007년까지 교직과정의 세부 영역은 크게 교육 이론(교직이론)과 교육 방법(교과교육)으로 구성될 수 있었고, 교과교육에 속한 과목은 '교과교육론', '교과교재 연구 및 지도법', '논리 및 논술에 관한 교육(1999년 1월 이후)', '기타 교과교육에 관한 과목' 등으로 유지될 수 있었다.

셋째, 2007년 12월에는 교과교육 영역이 교직과정에서 전공과목으로 이관되어 교과교육의 학문정체성에 관한 관심을 높이는 계기가 마련되었다고 할 수 있다. 교과교육 영역이 전공과목으로 편입되었다는 것은 단순히 방법론이 아니라 하나의 학문으로 인정받았다는 주장, 또는 교직과정에서

---

21) 교육과학기술부, 『2009년도 교원자격검정 실무편람』, 2009(3월), 61-62쪽; 교육과학기술부, 『2011년도 교원자격검정 실무편람』, 2011(3월), 62쪽.
22) 교육인적자원부, 『2006년도 교원자격검정 실무편람』, 2006, 45쪽.

제외되어 오히려 그 위상이 약화되었다는 주장을 모두 가능하게 만들기 때문이다.

② 교과교육의 탐구 영역과 정체성 논쟁

(1) 교과교육의 주요 탐구 영역 : 방법론

교육학계에서 교과교육은 어떤 문제를 탐구하는 학문 영역으로 인식되고 있을까? 이 질문에 답변하려면 교과교육 관련 저서의 내용을 살펴볼 필요가 있다. 논문에 비해 저서에는 가능한 한 많은, 그리고 좀 더 다양한 문제를 다루려는 경향이 담겨 있기 때문이다. 교과교육론 교재로 활용되는 여러 저서의 목차를 정리하면 다음과 같다.[23]

<표 8> '교과교육론'의 주요 내용(1)

장	절
제1장 교과교육이란 무엇인가	제1절 학교와 교과교육, 제2절 교과교육학의 본질(발달, 성격, 교과교육학과 일반교육학), 제3절 교과교육학의 탐구내용(교과 이해, 교과 정당화, 교과 운영 원리)
제2장 교과란 무엇인가	제1절 교과의 본질(교과의 정의, 특성, 교과와 지식), 제2절 교과의 분류(교과 분류 기준, 우리나라의 교과 분류, 학문적 특성에 　　　의한 분류), 제3절 교과의 발달(서양의 교과 발달. 우리나라의 교과 변천)
제3장 교과교육의 목적	제1절 개별 교과교육의 목적, 제2절 교과교육의 정당화(외재적, 내재적), 제3절 교육과정 이론들의 교과교육 목적(교과중심, 경험중심, 학문중심, 통 　　　합 교육과정의 목적)
제4장 교과내용의 선정	제1절 내용선정의 기준(내용선전의 일반원리, 내재적·외재적 기준, 유용성), 제2절 유용한 지식(생활, 지적 능력의 개발에 유용한 지식, 교육과정 사회학 　　　자의 지식), 제3절 내재적 가치를 지니는 지식(브루너의 지식의 구조, 피터즈와 허스트 　　　의 지식의 형식)

---

23) 김경배·김재건·이홍숙,『교과교육론』, 학지사, 2005(2005년 1판 5쇄, 2001년
　　1판 1쇄).

장	절
제5장 교과내용의 조직	제1절 조직의 일반원리(계속성, 계열성, 통합성, 수준별 조직), 제2절 논리적 조직과 심리적 조직, 제3절 교과의 통합적 조직(의미, 역사적 배경, 유형), 제4절 단원의 구성(개념, 유형)
제6장 교과교육에서의 교수·학습방법	제1절 교과와 교수-학습방법과의 관계, 제2절 탐구식 수업, 제3절 토의학습, 제4절 역할놀이와 시뮬레이션, 제5절 시범, 제6절 설명식 수업
제7장 교과교육의 평가	제1절 평가의 기능, 제2절 평가의 종류, 제3절 평가를 위한 수업목표 진술, 제4절 평가문항의 제작, 제5절 수행평가, 제6절 평가도구의 조건(타당도, 신뢰도, 객관도)

위의 표를 보면, 교과교육론의 내용은 크게 교과교육과 교과에 관한 정의와 분류(제1장), 교과교육을 위한 방법론(제2장-제7장)으로 구분될 수 있다. 그 가운데 많은 내용을 차지하는 부분은 방법론이다. 이는 연구자에 따라 다소 차이가 있겠지만, 교과교육론의 핵심이 '교과를 가르치고 배우는 데에 필요한 방법론에 있다는 인식 경향'을 보여주고 있다.

다른 교과교육 관련 저서에도 방법론을 중시하는 경향이 나타나고 있다. 이 경향은, 2000년대 중반 이후, 배장오(2005), 임채식·이경희·임은숙·신순식(2008), 김진규(2009), 권영례(2010), 추정훈(2010), 가영희·성낙돈·김수현·장청옥(2011) 등이 발간한 저서의 목차에서 확인할 수 있다. 이런 저서의 제목에는 '교과교육론'이라는 표현이 포함되어 있다.[24]

---

24) 위의 책; 배장오, 『교과교육론』, 서현사, 2005; 임채식·이경희·임은숙·신순식, 『교과교육론』, 태영출판사, 2008; 김진규, 『교과교육론』, 학이당, 2009; 권영례, 『교과교육론』, 양서원, 2010; 추정훈, 『교과교육론』, 청목출판사, 2010; 가영희·성낙돈·김수현·장청옥 공저, 『교과교육론』, 동문사, 2011.

<표 9> '교과교육론'의 주요 내용(2)

구분	김경배 외 (2005)	배장오 (2005)	임채식 외 (2008)	김진규 (2009)	권영례 (2010)	추정훈 (2010)	가영희 외 (2011)
교과교육	1.교과교육이란 무엇인가	1부 교과교육의 이해 1.교과와 교과교육학 2.교과교육과 교사 3.교과교육과 매체 4.교과교육학의 발전방향	1.교과교육의 본질	1.교과의 이해 2.교과교육의 이해 3.현행 교과교육과정의 이해		1.교과에 대한 이해 2.교과교육의 이해	1.교과교육론에 대한 이해
교과교육방법론	2.교과란 무엇인가 3.교과교육의 목적 4.교과내용의 선정 5.교과내용의 조직 6.교과교육에서의 교수·학습방법 7.교과교육의 평가	2부 교육의 과정과 교과교육 5.교육 목표의 설정과 교과교육 6.교육 내용의 선정, 조직과 교과교육 7.교수 학습활동과 교과교육 8.학습 결과의 평가와 교과교육	2.교수-학습체계 3.교수-학습기술 4.유아교육기관과 환경 5.교수-학습활동의 실제 6.체계적인 교수학습을 위한 교수매체 7.교수-학습활동 평가	4.교과학습지도의 실제 5.교과 교육방법의 본질 6.교과의 형성과정 7.교과내용의 조직	1.교수-학습의 기초 2.교수의 역할과 교수-학습방법 3.학습환경 4.학습활동의 계획과 운영 5.교수-학습활동 6.평가	3.교과교육의 목적 4.교과내용의 선정과 조직 5.교과교육의 교수학습 방법 6.교과교육의 평가	2.교과에 대한 이해 3.교과의 발달 4.교육과정 5.교과지도계획 6.교과교육과 교수이론 7.교과교육과 교수학습방법 8.교과교육과 교사
기타		3부 제7차 교육과정과 교과교육 *9-11장 생략 4부 교수, 학습지도안의 실제	8.교육실습의 실체	8.보육의 이해 9.유아교육의 이해 10.교육실습 11.교과교육의 제 문제		7.실기교과 교육의 방법론	9.교과교육의 실제

위의 표를 보면, 여러 저서의 내용은 교과와 교과교육에 관한 소개, 교과교육의 필요 목적, 내용의 선정과 조직, 교수·학습 방법과 평가, 실제의 적용 등 다양하다. 그렇지만 이 내용은 크게 교과교육에 관한 이해와 방법

론으로 구분될 수 있다. 여기서 방법론은 교과교육의 목적, 내용의 선정과 조직, 교수·학습 방법과 평가, 실제 등을 포괄하는 표현이다.

그렇다면 최근의 교과교육 관련 저서에서도 교과교육은 하나의 학문이 아니라 방법론으로 인식되고 있다고 할 수 있다. 여러 저서의 내용이 '교육 목적·목표, 내용의 선정과 조직, 교수·학습 방법, 평가' 등 방법론 차원에 머물고 있기 때문이다. 게다가, 여러 저서의 앞부분에 있는 '교과교육에 관한 이해' 부분도 방법론을 설명하기 위해 도입된 것이라고 본다면 방법론의 중시 경향은 더 높다고 할 수 있다. 이런 면을 볼 때 교육학계에서는 아직까지 교과교육을 학문이라기보다 방법론으로 이해하는 경향이 강하다고 평가할 수 있다.

(2) 교과교육의 학문정체성 논의 : 방법학에서 내용학으로

① 1983년 이후의 교과교육 : 방법학 vs 내용학

1983년 이후부터 교과교육의 제도화가 시작되었지만, 교육학계에서 교과교육에 관한 연구의 필요성은 1970년대 전후부터 제시되었다고 할 수 있다. 이 내용은 정범모가 1968년에 '교육을 인간행동형(型)의 계획적인 변화'로 규정한『교육과 교육학』에서 확인할 수 있다. 이 책에는 학과 전문가가 해당 학과의 교육 이론 연구에 관심이 없고, 교육학자가 일반 이론에만 분망하고 있다는 현실 비판, 그리고 각 교과의 '교육학 내지 교육이론'의 연구 필요성이 제시되고 있다.[25]

첫째, 연구해야 할 이유를 생각해 보자. 실제의 교육은 반드시 교과내용을 갖는다. 따라서 실제에서의 요청은 일반이론보다 각과 이론(各科理論)의 요청이 더 크다. 그런데, 보통 각과 교육이론은 야릇한 망각지대에 놓여 있다는 것을 지적하지 않을 수 없다. 일반적으로 **학과 전문가들은 그 학과의 교육이론의**

---

25) 정범모,『교육과 교육학』, 배영사, 1993, 301-304쪽(1968년 초판, 1976년 개정, 1993년 중판).

연구에는 관심이 없는 편이다. … 반면, 교육학도들은 대개 일반이론 특히 주변학의 일반이론에만 분망하고 있을 뿐, 어떤 교과의 교육이론에 대한 관심도 없고, 그런 교육이론을 연구하기에 필요한 최소의 교과지식이 부족하기도 하다. 따라서 교과 전문학자는 교육학을 空論이라고 나무라는 사이에 실은 그 학과의 교육 이론을 포기하고 있고, 교육학자는 학과 전문학자들을 교육적으로 무식하다고 나무라는 사이에 실은 한 교과의 교육에 관해서는 이론적이고 실제적이고 유용한 제안을 할 줄 모른다. 각과 교육이론은 양자에 의해서 다 망각·포기당하고 있는 셈이다. 그런데 **교육은 대부분 어떤 교과를 통해서 진행되고 있다.**[26)]   (강조-필자)

1983년에도 교사의 질적 전환이 필요하다거나, 교과교육 전문가와 교육행정 전문가가 필요하다는 주장이 제기된 바 있다.[27)] 그렇지만 교육학계에서 교과교육에 관한 논의가 다양해진 시기는 교과교육의 제도화가 시작된 1983년 이후였다. 그만큼 제도적으로 '교과교육' 영역이 '교직과정'에 신설된 1983년의 변화는 교과교육학의 역사에서 중요한 지점이라고 할 수 있다.

1983년 이후 교과교육 관련 논의가 다양해진 것은 1980년대 중반 이후부터 교과교육에 관한 저서의 수가 많아졌다는 점에서 확인할 수 있다. 예를 들어, 당시에 손태근(1986), 정인석(1987), 곽병선(1988) 등이 각각 '교과교육론'과 '교과교육원리'라는 표현이 담긴 제목의 저서를 발간하였다. 쉐퍼드와 레건(G. D. Shepherd & W. B. Ragan)의 저서도 번역되었다.[28)] 물론 1970년대에도 이런 종류의 저서가 있었지만,[29)] 1980년대에 비해 발

---

26) 위의 책, 302-303쪽.
27) 「敎師養成의 과정」, 『동아일보』, 1983.11.21. 이 주장에는 1960년대 이후 고등학교와 대학의 양이 급속히 많아지면서 사범학교나 사범대학에서 예비 교사의 수가 부족한 1980년대 상황이 반영되어 있다.
28) 손태근, 『敎科敎育論』, 志成文化社, 1986; 정인석, 『(新刊)敎科敎育論』, 敎育出版社, 1987; 곽병선 外, 『敎科敎育原理』, 甲乙出版社, 1988; Gene D. Shepherd & William B. Ragan, 『初等敎科敎育論』(송용의 역), 星苑社, 1988.
29) 정원식·정범모·이응백·박한식·강우철·이원순·이찬·정연태·윤양석

간 규모는 작은 편이다.

1980년대 중반부터 교과교육 전공의 박사과정이 국내 대학에 설치된 것도 교과교육 관련 논의를 다양하게 만드는 배경이 되었다고 할 수 있다. 박사과정의 설치는 학계에서 교과교육을 하나의 학문으로 인정했다는 것을 의미하기 때문이다. 교과교육 관련 박사 학위자는 1990년대를 전후한 시점부터 배출되기 시작하였다.[30]

1980년대 중반 이후, 교과교육을 위한 교사모임도 활발해졌다고 할 수 있다. 예를 들어, 1988년 3월에는 '국어교육을 위한 교사들의 모임'이 창립되었다. 그 직후에는 역사, 농업, 영어 등과 관련된 교과교사모임이 결성되었다. 동년 6월에는 '국어교육을 위한 교사들의 모임'에서 교육전문지 <교과교육>(발행: 푸른나무)이 창간되기도 하였다. 동년 12월에는 국어, 역사, 초등 기술 등 과목별 초·중·고교 교사모임의 연합체인 교과교사모임연합에서 당시 교과서와 제5차 교육과정 개편에 담긴 반통일적 이데올로기를 분석하는 심포지엄을 개최하기도 하였다.[31]

이런 변화에도 불구하고, 교과교육에 관한 연구는 1990년대 이전까지 체계적·이론적으로 이루어지지 못했다는 평가를 받고 있다. 게다가, 1980년대 후반에 서울대와 교원대에 박사과정이 설치되는 등 교과교육 연구의 가치와 중요성이 인식되고 행정적·재정적 지원이 확대되었을 때도 교과교육 연구의 주류가 교과의 목표와 내용 구조, 교재, 교수, 평가

· 나현성·이맹성·박태식·현기순, 『교과교육전서』, 한국능력개발사, 1975; 신세호, 『교과교육평가의 실제』, 교육과학사, 1977.

30) 박인기, 「교과교육학의 학문 위상과 현 단계 도전 과업」, 『교과교육학연구』 10-1, 2006, 262쪽. 박인기는 그로부터 15년 동안의 지속과 변화의 흐름을 '실용주의적 전문화' 과정으로 규정하며, 교과교육이 '학문'이라기보다 교과를 가르치는 교사를 잘 길러 내기 위해서 가르치는 내용의 실체로서 인식되어 왔다고 본다.

31) 「민족·인간중심 윤리교육 필요」, 『한겨레』, 1988.06.17; 「교과別教師모임 활발」, 『동아일보』, 1988.10.14; 「교과교사모임 주최 '통일교육 심포지엄'」, 『한겨레』, 1988.12.04.

등을 핵심 요소로 삼는 '방법 중심 교과교육학'이었다고 지적되고 있다.[32) 이런 지적은 교과교육이 1990년대 이전까지 하나의 학문이 아니라 단순히 방법론을 가르치는 수준에 머물러 있었다는 비판이다.

그렇다면 교육학계에서 교과교육을 학문으로 조명하기 시작한 시기는 언제부터일까? 1990년대부터였다고 할 수 있다. 예를 들어, 1990년대에는 1992년에 한국교원대학교 부설 교과교육공동연구소가 설립되었고, 1996년에 '한국교과교육학회'가 창립되었으며, '내용 중심적 교과교육학'이라는 표현이 유행하기 시작하였다. 여기서 '내용 중심적 교과교육학'이라는 표현은 교과교육이 해당 교과의 내용적·설명적·교육적 이해 영역을 모두 포괄한다는 것을 의미한다.[33)

교과교육 관련 저서의 종류나 규모도 1990년대 중반부터 다양해지고 확대되었다. 예를 들어, 1997년에는 한국교원대학교 부설 교과교육공동연구소에서 '교과교육 연구 실태조사'를 진행했고, 교육부도 대창고등학교 등 '교과교육 연구중심학교'를 운영하였다. '유아 교과교육'이나 '컴퓨터 교과교육', '각과 지도(各科 指導)를 위한 교과교육' 등 개별 과목의 교과교육에 관한 저서도 발간되었다. 그리고 1998년에는 '교원양성대학의 교과교육학 교재 개발 연구', '교과교육을 통한 인성교육 방안' 등의 연구가 진행되었고, '열린 교과교육'과 '통합교과교육' 등의 표현도 등장하였다.[34)

---

32) 정태범, 앞의 글, 3-15쪽.
33) 박영목, 앞의 글, 26쪽.
34) 권건일 외, 『(교과교육과)실기교육방법의 이해』, 문음사, 1996; 한국교원대학교 부설교과교육공동연구소 편, 『교과교육 연구 실태 조사 연구』, 한국교원대학교부설교과교육공동연구소, 1997; 대창고등학교 편, 『('97 교과 교육 연구 중심 학교운영을 위한)성취 수준별 이동 수업의 효율적인 방법 연구』, 대창고등학교, 1997; 푸른솔편집부 편저, 『교과교육론』, 푸른솔, 1997; 방인옥 외, 『유아 교과 교육론』, 창지사, 1997; 전국열린교실연구응용학회 편, 『열린 교과 교육 연구』, 열린교실, 1997; 유한구, 『(초등학교) 통합교과 교육론』, 교육과학사, 1998; 한국교원대학교부설교과교육공동연구소 편, 『교원양성대학의 교과교육학 교재 개발 연구』, 한국교원대학교부설교과교육공동연구소, 1998; 한국교원

그리고 1990년대에는 교과교육론뿐 아니라 교과교육학이라는 표현도 저서 제목으로 등장하기 시작하였다.[35] 이런 현상은 손태근(1991), 권영례 (1994), 푸른솔편집부(1995) 등이 '교과교육론'을 출간하고, 서울교육대학 국어과교육교재편찬위원회(1991), 이돈희(1994), 광주교육대학교초등교육연구소(1995) 등이 저서와 보고서에 '교과교육학'을 포함시킨 데에서 확인할 수 있다.[36]

② 학문(내용학)으로서의 교과교육학: 교과학

1983년 이후, 특히 1990년대의 교과교육 연구에서 주목할 부분은 교과교육을 하나의 '학문'으로 보려는 경향이다. 이런 경향에서는 기존의 교과교육이 교과의 내용과 방법을 구분한 후 방법론에 일차적 관심을 갖는 '교육 방법 중심적 교과교육학'이었다고 비판하고 있다.[37] 이런 비판은, 교과교육을 '학문'이라고 할 때 그 탐구 영역에 관한 합의가 이루어지지 않았을지라도, 교과교육의 현실을 진단하고 미래를 성찰하는 계기가 되고 있다.

그렇다면 교과교육을 학문으로 보는 경향이 생긴 이유는 무엇일까? 그

대학교부설교과교육공동연구소 편,『교과교육을 통한 인성교육 방안』, 한국교원대학교부설교과교육공동연구소, 1998; 이태욱,『컴퓨터 교과교육학』, 형설출판사, 1998; 엄주정,『各科指導를 위한 교과교육론』, 載東文化社, 1988 등.

35) 김두성·주호수,「교과 교육학의 발전 방안 모색-교원양성을 중심으로」,『초등교육학연구』6-1, 1998, 91-110쪽.

36) 손태근,『교과교육론』, 자유출판사, 1991; 서울교육대학 국어과교육교재편찬위원회 편,『국어과 교과교육학』, 교학연구사, 1991; 권영례,『교과교육론』, 양서원, 1994; 이돈희 외,『교과교육학 탐구』, 교육과학사, 1994; 푸른솔편집부 편저, 『교과교육론』, 푸른솔, 1995; 광주교육대학교초등교육연구소 편, ≪21세기를 대비한 초등 교과 교육학의 정립과 교수학습방법의 탐색≫, 광주교육대학교, 1995; 연세대학교 교육연구소 편, ≪교육의 경쟁력 제고를 위한 교과교육의 진단과 개혁과제≫, 연세대학교 교육연구소, 1995.

37) 이돈희,「교과학의 성격과 교사의 전문성 -세계화, 정보화의 시대에 임하여」, 『교육·생활과학논총-교육연구편』, 창간호, 1998, 92쪽.

와 관련하여, 곽병선(1987)은 교과가 배경학문뿐 아니라 사회적·문화적·역사적 요인과 같은 복합적 요인으로 성립한다는 가설, 그리고 교과가 일단 학교의 교육과정에 편입되면 그 지위를 강화하는 쪽으로 움직인다는 가설을 검증한 바 있다. 이는 학교 교육과정에 편입된 교과를 매개로 하는 공동체가 그 교과의 기득권을 유지하기 위해 실용적 가치보다 학문적 가치를 앞세우는 학문 지향적 전문화의 경향을 띠고, 사회의 합법적 권위 체제에 결부시키는 지식의 관료화 현상이 나타나면서 교과의 지위가 향상된다는 주장이다.[38]

교과교육학이 학문이 되어야 한다는 입장은 1990년대 전후에 구체화되었다고 할 수 있다. 그와 관련하여, 이돈희(1994)는 '교과학을 만들자'는 주장을 제기한 바 있다.[39] 그리고 교과를 개별적 교과(=단위 교과)와 통칭적 교과로 구분하고, 개별적 교과는 통합·분리·생성·폐기할 수 있으므로 개별적 교과보다 통칭적 교과 개념을 활용하여 교과교육학의 새로운 가능성을 탐색해야 한다고 주장한 바 있다.[40]

최성욱(1996)은 교과(대상)보다 교육(매개 활동)을 본위로 삼아야 한다는 교육 본위 교과교육학의 가능성을 주장하고 있다. 이 내용은 교과교육에 관한 당시의 학문적 논의를 구체적으로 소개하고 있어, 자세히 살펴볼 필요가 있다. 최성욱은 교과교육학의 위상과 과제를 다음과 같이 제시하고 있다.

> 학문의 장구한 역사를 놓고 볼 때, **교과교육학은 이제 막 출범하는 신생학문의 하나이다.** 따라서 현 단계에서 교과교육학은 **학문으로서의 토대를 확립하**

---

38) 곽병선,「교과에 대한 한 설명적 모형의 탐색」,『한국교육』14-2, 1987, 159-173쪽.
39) 이돈희,「사회과교육의 성격과 지향」,『교과교육학탐구』, 교육과학사, 1994. 이 무렵, 이돈희는 서울대학교 사범대학 교수로 재직하면서, 대통령자문 교육개혁위원회 위원(1994-1998)과 한국교육개발원 원장(1995~1998) 등의 직책을 수행한 바 있다. 이는 교육학계에서 발언의 여파가 컸다는 것을 시사한다.
40) 이돈희 외, 앞의 책, 15-16쪽.

는 데 필요한 고유의 탐구대상을 설정하고 탐구양식을 갖추는 문제가 **중요하다**. 기존의 학문들이 탐구하지 않았거나 명료화하지 못한 문제가 있음을 확인하고 이를 타당한 절차와 방법에 의해 입증해 나가는 과제를 해결해야 비로소 학문의 대열에 들 수 있다. 그런데 지금까지 검토한 바에 의하면, **교과교육학 분야에서는 이러한 학문의 정체성 문제를 상대적으로 소홀히 취급**하고 있으며, 그 결과 **학문적 토대의 취약성을 노출하고 있는 것으로 보인다.** 우리는 앞에서 그 이유가 탐구하려는 대상으로서 **교과교육의 속성을 새롭게 파악하기 위한 개념과 이론을 창출하는 데 힘을 기울이기보다는 기성학문들에 의존하는 방식을 채택한 데서 기인한다.**41)   (강조-필자)

위의 인용문은 당시까지 교과교육학에 관한 논의가 내용과 방법으로 구분되어 전체적·종합적으로 이론화되지 못한 현실을 지적하고 있다. 이런 현실은 기존의 교과교육론에 있는 세 가지 가정 때문에 만들어진다고 한다. 첫째, 교과교육이 교과와 교육의 고유의 성질을 유지한 물리적 결합이 아니라 고유한 성질을 잃어버린 화학적 결합이라는 가정이다. 둘째, 교과와 교육을 내용과 방법으로 구분하면서 교육방법을 중시해야 한다는 가정이다. 셋째, 교과교육이 개별 교과내용학(기초학문)과 교수·학습의 지식·기술을 제공하는 교육학(응용학문)의 결합, 여러 학문이 함께 관여한 종합학문, 교수·학습의 실천에 도움을 주는 실천지향적인 학문이라는 가정이다.42)

---

41) 최성욱, 「교과교육학 논의의 반성적 이해와 대안적 접근 -교육본위 교과교육학의 가능성 검토」, 『교육원리연구』 1-1, 서울대학교 교육원리연구회, 1996, 80쪽.
42) 위의 글, 54-56쪽. 최성욱은 이런 가정이 교과교육의 고유한 속성을 제대로 반영하지 못하고 있다고 비판하고 있다. 우선, 교과교육이 교과와 교육의 중간 영역, 교과와 교육이 각각 내용과 방법이라는 가정은 교과와 교육을 별개의 실체로 구분하여 두 요소(교과와 교육)로 성립된 교과교육의 전체 맥락을 놓치고 있으므로 '탈맥락적'이라고 지적하고 있다. 다음으로, 기초학문과 응용학문의 결합이라는 가정에 대해서는 교과와 교육을 별개 영역으로 연구하는 학문들의 혼합을 의미한다는, 종합학문이라는 가정에 대해서는 통합의 구심점이 분명하지 않다는 문제를 제기하고 있다. 또한, 최성욱은 교과교육의 절차화를 핵심으로 간주하는 경향에 대해서도 교과교육의 목표·내용·방법에 관한 체

당시의 교과교육학 연구에 대해서는 두 가지 문제가 제기되고 있다. 하나는 내용에 역사적·철학적·사회과학적 설명, 즉 내용에 관한 이차원적 이해가 간과되었다는 문제이다. 다른 하나는 '교육이 교과(경험)를 전달하는 수단'이라는 관점에서 교육을 교과의 가치 실현 방법으로만 본다는 문제이다. 이런 문제는 교과교육을 '교육(매개 활동)을 통해 교과(대상)를 매개하는 과정'으로 이해할 때 교육과 교과가 서로의 의미와 역할을 대신할 수 없고, 어느 편을 본위로 삼느냐에 따라 수단과 목적의 위치가 달라지고, 교과와 교육이 각 특성을 해치지 않으면서 호혜적으로 기여하는 '가치공립적 관계'에 있다는 관점에서 제시되고 있다.[43]

　이런 문제 제기는 교과교육학의 논의 범위를 확장해야 한다는 주장으로 이어지고 있다. 구체적으로, 그 주장은 교과교육학에서 교과 내용 영역(내용적 논의영역), 교과에 관한 설명적 이해 영역(설명적 논의영역), 교과와 관한 교육적 이해 영역(교육적 논의영역)이 함께 논의되어야 한다는 내용이다.[44]

　교과교육의 학문정체성 논의에서 주목할 부분은 1997년 12월에 한국교육개발원에서 이돈희를 연구책임자, 박순경을 공동연구자로 진행한 교과교육학에 관한 연구 용역이다. 이 연구 결과는 ≪교과학 기초 연구≫, ≪수

　계적인 지식을 수립하고 그 실천을 처방하고 개선하려는 데 관심을 두는 교육과정 분야의 이론적 작업과 중첩된다고 지적하고 있다(같은 글, 53-54쪽, 56-57쪽.).
43) 위의 글, 57-66쪽.
44) 위의 글, 59쪽. 또한, 최성욱은 교과교육학의 탐구 주제로서 교과 가치론, 교과 구성론, 교과교육 활동론, 교사 교육론 등도 제시하고 있다. 교과 가치론은 학문적 지식(내용)과 생활경험에 '교육적 변용'을 가하여 추출된 교과내용, 교과 구성론은 경험내용(=교과)을 교육의 원리에 맞게 조직하고 조성하는 과정을 체계적으로 논의하는 것, 교과교육 활동론은 교과전문가나 교과교육학자가 아니라 교과교육 종사자인 교사와 학생의 활동 자체를 논의하는 것, 교사 교육론은 교과·교육·교과교육 활동 등 교과교육의 제 측면에 관한 이론적·실천적 능력을 육성하는 것을 의미한다(같은 글, 73-75쪽).

학교과학 연구》, 《미술교과학 연구》, 《기술교과학 연구》, 《사회과
교과학 연구》, 《도덕교과학 연구》, 《과학교과학 연구》, 《영어교과
학 연구》, 《국어교과학 연구》, 《음악교과학 연구》, 《체육교과학 연
구》 등 '교과학 연구 총서' 시리즈로 발간되어 적지 않은 파장을 일으킨
바 있다.

이 가운데 이돈희·박순경의 《교과학 기초 연구》[45])는 '교과교육학이
하나의 독자적인 학문으로 체계화될 수 있다는 전제' 하에 개별 교과를
포괄하는 '통칭적 교과 입장'에서 '교과학'을 주장한 최초의 연구물이라고
할 수 있다. 이 연구보고서는 우선, 교과교육학의 현실을 '방법론적 처방
과 기술'에 의존하고 있다고 진단하고 있다. 그 내용은 다음과 같다.

> 현재의 교과교육학의 학문적 양상을 보다 정밀하게 진단해 보면, 그것은 이
> 미 지적된 여러 가지 이유들로 말미암아 '**교육방법** 측면에 치우쳐' 있다. 주어
> 진 내용을 가르치고 배우도록 하는 일에 관한 처방적이고도 기술적인 원리가
> 곧 교과교육학의 요체이자 전부인 것으로 인식되어 온 것이다. 그것은 '**무엇을,
> 왜 가르쳐야 하는가**'라는 교육 내용에 관한 근본적인 질문보다는 '**어떻게 가르
> 칠 것인가**'라는 교육방법에 일차적으로 관심을 두고 있기 때문이다. **방법 중심
> 적 교과교육학**에서는 교과 내용과 지도 방법이 맞물려 있는 부분을 교과교육
> 학 영역으로 규정한다. 여기서 지적해야 할 것은 교육학과 해당 분야의 기초
> 과학(학문)의 산술적인 합이 곧 교사양성 과정의 전부이고, 그 중의 한 부분이
> 교과교육학이라는 잘못된 인식이다. 즉, 지금까지 **교과교육학은 기초 학문과
> 교육학의 화학적 반응을 거친 화합물이 아닌, 혼합물로 이해되어 온 것이다.**[46])
> (강조-필자)

---

45) 이돈희·박순경, 《교과학 기초 연구》, 한국교육개발원연구보고서 RR97-16
　　(교과학 연구총서 1), 1997. 연구 내용은 서론(Ⅰ)과 결론(Ⅶ)을 제외하면 교과
　　학의 필요성(Ⅱ), 교과학의 학문적 성격과 구조(Ⅲ), 교과의 내용론적 이해(Ⅳ),
　　교과의 메타적 이해(Ⅴ), 교과의 교육론적 이해(Ⅵ) 등 다섯 부분이었다. 그 가
　　운데 Ⅳ장·Ⅴ장·Ⅵ장은 교과학을 구성하는 내용 요소에 해당된다.
46) 위의 글, 2쪽.

구체적으로, 기존의 교과교육학은 '교과 지도'에 지침과 원리를 제공하는 '방법 중심적 교과교육학' 또는 '협의의 교과교육학'이며, 네 가지 특징을 갖고 있다고 한다. 첫 번째는 교육학과 기초학문의 산술적 종합을 전제로 한다는 것이다. 두 번째는 교과교육을 교육목적의 실현 수단으로 정의한다는 것이다. 세 번째는 지식(=교육 내용)과 그 지식이 유용한 지식이되도록 가르치는 방법(=교육학)을 통한 실천적 효율성 또는 실천적 교육학을 강조한다는 것이다. 네 번째는 교육 목적의 달성을 위한 실천을 강조하여 실증주의적·경험주의적 관점에서 이론화된다는 것이다.47) 또한, 기존의 교과교육학이 교육 목표, 내용 선정과 조직, 교수·학습 방법, 평가로이어지는 교육과정학의 내용을 반복한다고 비판하고 있다. 이런 비판은교과교육학의 논의 범위가 '협의의 교육과정'을 범례로 삼는 박제화 수준을 탈피하여 확대되어야 한다는 맥락에서 제시되고 있다.48)

특히 교과교육학의 현실을 '교과교육의 핵심을 방법론적 처방과 기술에 두고 있다.'고 진단한 것은 기존의 교과교육이 교과교육의 학문정체성의 확립과 교사 전문성의 제고에 장애가 된다는 주장, 교과교육학이 '방법 중심적 교과교육학'의 범주를 포함하면서도 그보다 확충된 '내용 중심적 교과교육학'이 되어야 한다는 주장으로 이어지고 있다. 여기서 내용 중심적 교과교육학은 교과 내용의 이해와 방법적 원리를 별개로 보지 않고양자에 균형적 관심을 부여하는 교과교육학을 의미하고 있다. 교과교육학의 무게 중심을 '방법'에서 '내용' 차원으로 옮기는 것이 아니라 무게 중심을 방법과 내용에 같이 두어 균형을 맞추어야 한다는 것이다.49)

그렇다면 ≪교과학 기초 연구≫에서 주장한 교과교육의 학문적 위상정립 방안은 무엇일까? 두 가지가 제시되고 있다. 첫 번째는 '방법 중심적

---

47) 위의 글, 5-10쪽.
48) 위의 글, 10-14쪽.
49) 위의 글, 2-3쪽, 15쪽.

교과교육학'의 범주보다 더 넓은 '내용 중심적 교과교육학'을 수용하자는 것이다. 여기서 내용 중심적 교과교육의 핵심은 '학자와 학습자의 연결'에 관한 메타 이론적 성격이라고 한다. 두 번째는 내용 중심적 교과교육학의 개념 틀로 '교과학'을 제시하는 것이다.50) 교과교육학에서 '교육'을 뺀 이유는 이미 '교과' 개념에 조직된 지식이나 경험 단위인 '교육'의 의미가 내포되어 있다는 판단 때문이다.51)

이런 교과학의 기본 영역은 무엇일까? 그것은 교과 내용에 관한 이해, 교과에 관한 메타적 이해, 교육론적 이해, 그리고 세 영역의 상호 연관성이다. 이 가운데 교과 내용에 관한 이해는 교과에 주어진 내적 구조와 성격을 이해한다는 면에서 일차원적 이해에, 메타적 이해는 교과에 관한 역사적·철학적·사회과학적 이해라는 면에서 이차원적 이해에 해당한다. 그리고 교육론적 이해는 '협의의 교과교육학'의 주요 관심인 방법적 원리에 관한 이해를 말한다. 따라서 교과학은 교과 내용, 메타적 관점의 설명(역사, 발달의 사회문화적 배경 등), 교수 행위와 관련된 교육원리(목적, 내용, 방법 등)라는 세 영역이 연관된 것이라고 할 수 있다.52)

교과학의 세 영역 가운데 가장 강조되는 내용은 교과에 관한 '다양한 맥락의 이해 또는 설명적·메타적 이해'이다. 그 이유는 메타적 이해가 강조될 때 기존 교과교육학의 한계를 극복할 수 있다고 보기 때문이다.53) 메타적 이해는 '기존 지식을 수용할 뿐 아니라 이를 소재로 보다 높은 수준의 지적 구조물을 형성해 내는 일', '교과의 본질에 대한 반추적(反芻的) 이해', '교육이라는 창을 통해 본 교과의 존재 양태를 그려보는 것', '교사

---

50) 위의 글, 15-16쪽.
51) 이돈희, 「교과학의 성격과 교사의 전문성 -세계화, 정보화의 시대에 임하여」, 92-93쪽. 이런 이차적 이해의 강조는 혼합물에 비유된 교과교육을 화합물로 바꾸기 위한 노력에 비유되고 있다.
52) 위의 글, 94-95쪽.
53) 이돈희·박순경, 앞의 글, 18-19쪽, 24-32쪽.

의 전문성과 관련하여 가르치는 활동(teaching)의 전문적 본질을 재구명하기 위한 노력의 한 가지' 등으로 표현되고 있다.[54] 메타적 이해를 위한 연구과제로 다음과 같은 내용이 제시되고 있다.

> 메타적 이해를 위한 연구 과제로는 주로 ①교과에 대한 메타이론적 연구(예컨대 교과에 관한 역사적, 철학적, 사회문화적 연구, 그리고 교과 학습과 관련된 인간의 심리적-기능적 발달에 관한 연구 등)와 ②교과의 생활 관련적 이해를 위한 연구(예컨대 개별 교과와 산업, 사회, 진로, 예술, 기술공학 등에 관한 연구), 그리고 ③개별 교과와 타교과와의 관계에 관한 연구 등을 들 수 있다. 결국 메타적 이해는 교과와 관련된 지식의 외연을 폭넓게 설정해 줌으로써 해당 교과와 관련된 이론, 원리, 그리고 아이디어가 생성되는 타당한 정보원이 무엇인지 정의하게 된다. **교과에 대한 메타적 이해는 철학적, 역사적, 심리적, 사회적 기초로서의 지식 영역을 포함하며, 때로 문화적, 정치적, 혹은 경제적 기초는 사회적 기초의 일부분으로서 혹은 거기에서 분리된 부분으로서 포함되기도 한다.** 개별 교과 분야에서 이러한 기초들에 대해 심도있게 분석하고 논의하려는 시도는 아직 미흡한 것으로 평가된다.[55]　　　(번호, 강조-필자)

교과에 대한 메타적 이해에는 교과의 맥락성을 부각시킨다는 특징이 있다. 따라서 메타적 이해의 강조는 교사 전문성의 방향 개선으로도 이어질 수 있다. 교과에 관해 메타적 이해를 하려면 교사는 교육 방법이나 내용 이해뿐 아니라 교과의 배경이 되는 지식이나 학문, 그와 관련된 메타이론적 측면과 일상생활 세계의 교과 관련 측면에 관한 인식 능력까지 갖추어야 하기 때문이다.[56] 나아가 이런 교사의 전문성 변화는 학습자의 교육

---

54) 위의 글, 18-19쪽, 64-65쪽.
55) 위의 글, 18-19쪽, 67-68쪽. 메타적 이해와 관련하여, 철학적 측면에서는 지식의 범주와 지식관, 교과의 가치 재고, 교과에 대한 포스트모더니즘적 논평 등이 제시된다. 교과 성립의 사회역사적 배경 측면에서는 교과에 대한 지식사회학적 비판, 교과의 성립과 발달에 대한 국내외 사회역사적 이해 등이 제시된다. 그리고 심리학적 측면에서는 논리와 심리의 관계 재고, 교수-학습에 대한 구성주의적 접근 등이 제시된다(같은 글, 18-19쪽, 69-93쪽.).
56) 위의 글, 116-117쪽.

경험에도 영향을 줄 수 있다. 메타적 이해를 갖춘 교사는 지식 전달 기능보다 지식의 평가·선택·조직·응용·개발, 그리고 도덕성·사회성·예술성 등에 관심을 갖고 학습 내용을 선정·조직하기 때문이다. 또한, 교과에 관한 포괄적·체계적 지식을 갖추어 교과 내용의 전달을 강조하기보다 교과를 통해 세계를 보거나 삶의 의미와 가치에 접근하는 데에 관심을 두기 때문이다.[57]

교과교육학의 개념 틀로 제시된 교과학의 특징은 무엇일까? 세 가지가 제시되고 있다. 첫 번째는 성격상 기초학문이라기보다 가치의 창조나 실현을 특징으로 삼는 응용학문이라는 점이다. 두 번째는 독자적·자족적인 개별 학문이라기보다 학제적 연구(인문학적·사회과학적 연구 등)를 통해 교과의 내용과 구성에 관한 이해, 그 내용의 탐구와 학습에 관련된 교육 원리 등을 도출·종합하는 종합학문이라는 점이다. 이는 교사 양성 과정에도 교과학만 필요한 것이 아니라는 것을 의미한다.[58] 세 번째는 구체적인 교육활동이라는 실천적·실용적 상황과 연결되는 실천원리의 학문이라는 점이다. 메타적 이해 차원에서 실천원리에도 교과와 관련된 다층위적 명제에 관한 고도의 이론적·포괄적 이해가 포함되고 있다.[59]

이상에서 교과교육을 분과학문으로 만들려는 시도였던 1990년대 교과교육학이나 교과학 관련 논의를 살펴보았는데, 이런 시도는 2000년대에도 지속되고 있다. 장상호(2005)는 분과학문의 세 가지 조건인 '고유한 사실이나 현상을 포착하는 개념체제, 그것을 검증하는 탐구방법론의 적절성, 개념체제와 방법론에 동조하는 학문공동체' 가운데 첫 번째와 두 번째 조건이 본질이라고 지적하면서, 교과교육학이 자율적 학문이 되려면 '교육

---

57) 이돈희, 「교과학의 성격과 교사의 전문성 -세계화, 정보화의 시대에 임하여」, 96-100쪽. 이돈희는 이런 현실의 변화를 국제 사회의 개방과 경쟁을 포함한 세계화의 실현 차원에서 설명하고 있다.
58) 위의 글, 95-96쪽.
59) 이돈희·박순경, 앞의 글, 23-24쪽, 119-120쪽.

학적 환원(educational reduction)'을 강조해야 한다고 주장하고 있다. 여기서 고유한 개념체제는 다른 학문의 개념이나 이론으로 설명할 수 없는 측면을 설명할 수 있는 고유한 시각과 관점이 전제된 개념체제를, 탐구방법의 적절성은 서로 공유되는 방법을 얼마나 적절하게 활용하는가를 의미하고 있다.[60]

박순경(2001)은 기존의 교과교육학이 기초학문(내용)과 교과교육학(방법)을 구분한 후, 방법적·처방적·기술적 원리에 일차적 관심을 두면서 교과교육을 교과 지식과 교수 방법의 산술적 합으로 인식했다고 비판하고 있다. 그리고 교과의 배경학문을 연구하면 교과교육의 방향이 정해진다는 '전문과학주의', 해당 학자가 교과 교육과정과 일반 교수 원리를 제시하면 교과교육학이 구체적인 교수 기술을 연구해야 한다는 '기술주의'에도 내용과 방법을 분리하는 관점이 전제되어 있다고 비판하고 있다. 그리고 이런 비판을 통해 '교과가 교육의 맥락에서 다루어지는 지식과 경험을 의미하고, 교육이 가르칠 내용을 전제'하므로 교과와 교육이 개념적으로 구분될 뿐 분리될 수 없는 '결합체'라는 주장을 펼치고 있다.[61]

그리고 교과교육학을 분과학문으로 정립하기 위해 방법 중심 교과교육학을 내용 중심 교과교육학으로 통합시키는 '교과학'을 제안하고 있다. 교과학의 영역으로는 이돈희의 주장과 마찬가지로 교과 내용 영역, 교과에

---

60) 장상호, 앞의 글, 5쪽, 32-34쪽; 최성욱, 「교과교육학의 학문적 조건과 실과교육」, 『실과교육연구』 16-4, 2010, 3-5쪽. 장상호의 주장은 교육학이 첫째·둘째 조건이 아니라 '셋째 조건만 충족되고 있는 기이한 역사를 지니고 있다'는 점을 비판하면서 사태를 되돌려야 한다는 맥락 속에 나온 것이다. 교육학이 학구적인 고민보다 '공립학교의 도입과 이에 따른 교사의 양성'이라는 실제 업무, 그리고 대학총장들이 종합대학의 확장정책의 일환으로 교사양성기관을 대학에 편입·신설하면서 중시되었다는 지적이다(같은 글, 5쪽, 32쪽). 교육학적 환원은 세계의 인식에서 선택과 배제가 교육을 중심으로 이루어지는 것을 의미한다(같은 글, 33-34쪽).

61) 박순경, 「교과교육학 논의에 대한 반성적 고찰」, 『교과교육학신론』(허경철·이화진·박순경·소경희·조덕주), 문음사, 2001, 13-16쪽.

관한 설명적 또는 메타적 이해 영역, 교과교육의 실천을 위한 교육학적 이해 영역의 세 가지를 제안하고 있다. 또한, 교과학이 교과 내용의 일차적 이해보다 이차적 이해로 확장될 때 기존 교과교육학의 한계를 극복할 수 있다는 입장에서 두 번째와 세 번째 영역을 강조해야 한다고 주장하고 있다.[62]

박영목(2003)은 교과별 교과교육학이 이론적 체계가 잡힌 학문 분야로 인정받을 수준에 이르지 못했다고 진단하고, 교과교육학이 학문정체성을 확립하려면 연구 대상과 목표와 영역의 명확한 정립, 개별 교과교육학의 각 영역별 이론을 체계적으로 개발하려면 그 특성을 고려한 연구 방법의 정립이 시급하다고 주장한 바 있다. 이 주장은 교과교육학 개념을 방법 중심의 탐구에서 교과의 내용과 방법을 포괄하는 교과 지식의 탐구로 전환해야 한다는 내용이다.[63]

교과교육학의 개념 전환을 위해서는 세 가지 과제를 제시하고 있다. 첫째, 교과교육학이 교과내용학의 배경학문에 관한 지식 학습 방법을 언급하는 정도가 아니라 배경학문을 '○○교육학'으로 인식해야 한다는 것이다. 둘째, '교과교육학=교과 성립의 배경학문+(일반)교육학'이라는 틀을 불식하고 교과교육학의 학문정체성을 확보하려면 사범대학의 '○○교육과' 명칭을 '○○교육학과'로 바꾸어 교육의 관점에서 교과내용을 연구하는 문화를 정착시켜야 한다는 것이다. 셋째, 학문적 폐쇄성·배타성·대립성을 타파하고 일반 교육학자와 교과내용학자 등과 함께 학제적 연구를 수행해야 한다는 것이다.[64]

박인기(2006)는 교과교육학이 생존을 위해 '보편의 지식·기능의 교육적 변용, 기존의 토대(인접) 학문으로의 환원 거부, 교과교육학 내용·방

---

62) 위의 책, 29-36쪽.
63) 박영목, 앞의 글, 28쪽, 30쪽, 38쪽.
64) 위의 글, 25-39쪽.

법 연구의 학제성'이라는 세 가지 속성을 가지고 있지만 학문성에 대한 도전과 과제를 해소하여 학문적 위상을 재정립해야 한다고 지적하고 있다.[65] 이는 교과교육학이 '교과교육의 담당 주체가 굳이 교과교육학일 필요가 없다.'는 도전에 대해 '교수학적 변환을 거친 지식'이 교육적으로 더 의미 있고 유용하다는 점을 증명해야 하고, 응용학문이지만 현상 처방을 위한 기계적 응용 수준이 아니라 '응용의 문법'을 개발·정립하여 배경학문에 종속되지 않아야 하고, 내용학이나 교육학과 갖는 상호성과 차원이 다른 학제성을 학문 토양으로 삼아 자기 영역을 메타적으로 인지하고 대상화하는 이론화 과정을 지속해야 하며,[66] 이를 위해 1980년대 중반에 했던 '학문다움'에 대한 고민을 지속해야 한다는 주장이다.[67]

김영석(2008)은 교과교육학(교과 교수방법)과 교과내용학이 별개가 아니고, 배경학문과 교과교육학이 모(母)학문과 파생학문의 관계가 아니고, '개별 교과교육학의 영역을 인정하되 교과의 배경학문을 포함하지 않는 범위 내의 교과교육학'이 필요하다고 지적하고 있다.[68] 그리고 교과교육학의 위상이 정립하려면 '전문과학주의와 기술주의의 포기, 국가주도의 획일적 교육과정과 교과서 체제의 유연성, 교과교육학과 배경학문 사이에 적절한 관계 설정'이라는 세 가지 과제를 해소해야 한다고 주장하

---

65) 박인기, 앞의 글, 261-278쪽.
66) 위의 글, 261-265쪽.
67) 위의 글, 275-278쪽.
68) 김영석, 「교과교육학의 위상과 교원양성대학의 구조」, 『사회과교육연구』 15-2, 2008, 24-27쪽. 특히 교과교육학의 위상은 배경학문과 어떤 관계를 맺느냐에 따라 달라진다고 지적하고 있다. 예를 들어, 지리교육학은 지리학의 성과를 소재로 활용한다는 점에서 지리학과 밀접한 관계가 있지만 지리학과 연구 대상이 다르고, 대상에 대한 접근 방법이 다르기 때문에 지리학에서 파생되었다는 주장은 잘못된 것이라는 지적이다(같은 글, 27쪽). 관련 내용은 森分孝治, 「敎科敎育の硏究」, 『敎科敎育學 I』(廣島大學敎科敎育學硏究會 編), 1986, pp.173-212 참조. 森分孝治 교수는 오사카 산교대학교(大阪産業大學) 교양부(敎養部) 소속으로 주로 지리역사교육법과 사회과교육법에 관심을 두고 있다.

고 있다.[69)

최성욱(2010)에 분과학문의 입지를 강화하기 위해 '기초학문과 응용학문의 결합, 학제적 연구를 통한 종합학문, 교과교육의 개선을 위한 실천지향적 학문, 국가 요구에 부응하기 위한 관변학문'이라는 교과교육학의 네 가지 전제를 비판하고 있다. 그 이유는 다음과 같다. 첫 번째 전제는 결합방식이나 결합에 따른 개념체제와 탐구방법에 대한 논증 없이 '모학문의 의존이 당연하다는 고정관념'을 강화한다. 두 번째 전제는 학제적 연구를 '문제 제기와 해결방식의 종합'이 아니라 개별 학문을 종합한 학문으로 오인하게 하여 분과학문임을 포기하게 만든다. 세 번째 전제는 고유한 개념체제와 탐구방법보다 실천을 중시하여 분과학문의 토대를 미흡하게 만든다. 네 번째 전제는 보편 지식의 창출보다 제도 유지를 위해 외부의 봉사활동을 강조하여 학문의 진로를 위협한다. 이런 비판은 교과교육학 분야에서 현행 학문적 성격을 변호하는 경향이 획기적으로 변하지 않는 한, 교과교육학의 분과학문적 입지가 더 위태로워진다는 전망으로 이어지고 있다.[70)

③ 교과교육론의 구도 변화

지금까지의 논의를 종합해보면, 1980년대까지 교과교육은 개별 교과 내용과 교육학 방법론(목표·내용·교수·평가)의 이분법 속에서 대체로 후자에 해당하는 것으로 여겨졌다고 할 수 있다. 이는 교과교육이 '해당 교과의 지식을 교육학의 지식을 활용하여 가르치도록 하는 일종의 방법론'이라는 인식이다. 동시에 교과교육이 '학문'이 아니라 개별 교과와 일

---

69) 위의 글, 23-35쪽.
70) 최성욱, 앞의 글, 8-17쪽. 최성욱은 두 번째 전제에 대해, '통합교과' 혹은 '통합교과'라는 용어도 그 안에 범주상 구별되는 이질적 내용들이 각 고유성을 유지하고 있어 재고의 여지가 있다고 본다(같은 글, 10-11쪽).

반 교육학을 혼합시킨 실천 영역이라는 인식이다. 이러한 인식 구도를 그림으로 표현하면 다음과 같다.

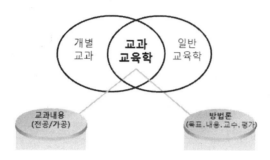

<그림 1> 교과교육의 인식 : 비(非)학문 - 방법학

그에 비해 1983년부터 교직과정에 교과교육 영역이 신설되고 교과교육 전공자가 늘면서 이런 인식 경향은 비판에 직면했다고 할 수 있다. 교과교육이 단순히 가르치기 위한 기술이나 방법 중심의 실천 영역이 아니라 분과학문의 자격을 갖추었다거나, 그 자격을 갖추기 위해 노력해야 한다는 주장이 점차 제기되었기 때문이다. 교과교육을 분과학문이라고 주장할 때 그 핵심은 교과 내용의 교육학적 변환을 포함한 '메타적 또는 이차적 이해'에 있었다. 이러한 인식 구도를 그림으로 표현하면 다음과 같다.

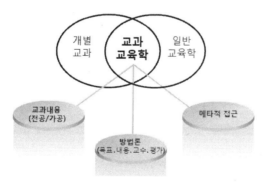

<그림 2> 교과교육학의 인식 : 학문 - 내용학

그렇지만 교과교육에 관한 인식 구도의 변화에도 불구하고, 두 가지 문제가 지속되고 있다. 첫 번째는 교과교육의 학문정체성을 정립하기 위해 강조한 메타적 이해에 관한 연구가 아직까지 활발하지 않다는 문제이다. 두 번째는 교과교육의 학문정체성 논쟁에도 불구하고, 교과교육의 주요 내용이 교육 목표의 설정, 교육 내용의 선정과 조직, 교수·학습 방법, 교육 평가 등을 다루는 '교육과정학'의 내용과 여전히 중첩되어 있다는 문제이다. 앞으로 교과교육의 학문정체성 논쟁의 활성화를 위해서는 이런 문제에 관한 연구가 필요할 것으로 보인다.

2. 교육 목표의 설정과 진술

1 교육 목표의 설정

(1) 교육의 지향성 : 목적·목표·지침

중등교육은 중등학교라는 특정 공간에서 정해진 시간에 일정 자격을 갖춘 교사와 학생이 만나 모종의 관계를 형성하며 변화하는 장(場)이다. 눈에 보이거나 보이지 않는 행동 변화에 주목하는 행동주의 교육 개념을 굳이 적용하지 않더라도 이런 만남은 변화를 전제로 하고 있다. 그리고 이런 변화의 달성 정도가 교육의 '성공' 또는 '실패'로 표현되기도 한다.

학교교육의 변화 지향성을 표현하는 용어는 '목적(aim)'이다. 교육학에 서는 교육 목적을 내재적 목적과 외재적 목적으로 구분하고 있다. 그리고 대체로 내재적 목적을 중시하는 경향을 보이고 있다. 이런 경향은 다음의 인용문에서 확인할 수 있다.

> 많은 교육학자들과 교사들은 **내재적 목적이 우선시되기를 기대**하고 있다. 이것은 가치의 서열 때문만은 아니다. 더욱 중요한 이유는 내재적 목적은 학습 자를 평생토록 교육받도록 해준다는 데 있다. 외재적 목적은 강력한 추진력을 주지만 그것이 달성되면 탐구에 대한 열정이 쉽게 사려져 버린다. … 대학을 다녔던 많은 주부들, 직장인들이 탐구욕을 잃고 방황하거나 잡기와 놀이에 몰 두하게 되는 것은 외재적 목적을 위해 대학생활을 했기 때문이다. **교육의 내재 적 목적을 끈질기게 추구한 사람들에게 외재적 목적이 부수적으로 실현되는**

것이 바람직하다. 젊은이가 지적, 도덕적, 미적 가치들을 획득했을 때 훌륭한
배우자도 얻고, 취업도 되고 명예도 주어지는 것이 바람직한 것이다. 불행하게
도 우리 사회는 이러한 형태의 가치배분이 이루어지지 않고 있다.[71]

(강조-필자)

학교교육의 변화 지향성을 표현하는 다른 용어는 '목표(goal)'이다. 목
표는 목적이라는 용어와 혼용되기도 한다. 예를 들어, 교육 목표가 교육적
행위의 방향을 정할 뿐 아니라 교육의 성과 측정 척도를 마련하는 일, 사
회에서 가치 정향(定向)의 동질성을 유지·강화하거나 파괴하는 역할, 교
육자에게 자의식을 제공하고 사회적 위신을 고양하는 일, 일반인이 교육
자의 활동을 통제하지 못하도록 차폐(遮蔽)하는 일에 기여한다고 했을
때,[72] 이 내용은 교육의 목적 개념에도 거의 그대로 적용될 수 있다.

'지침(objectives)'도 학교교육의 변화 지향성을 표현하는 용어이다. 현행
국가 교육과정의 내용 구성 체계도 '국가 교육과정의 구성 방향, 학교급별
교육 목표, 교육과정의 편성 지침'으로 구분되어 있다. 지침은 'educational
objectives'를 교육 지침이 아니라 '교육 목표'로 번역하는 식으로 목표라는
용어와 혼용되기도 한다. 예를 들어, 블룸(Benjamin S. Bloom, 1913-99)의 저
서인 '*Taxonomy of Educational Objectives*'도 『교육목표분류학』, 메이거(Robert
F. Mager)의 저서인 '*Preparing Instructional Objectives*'도 『수업목표 준비』, 그
리고 그론런드(Norman E. Gronlund)의 저서인 '*Stating Behavioral Objectives
for Classroom Instruction*'도 『행동적 수업목표』로 번역되고 있다.

그렇지만 목적과 목표, 목표와 지침이 항상 혼용되는 것은 아니다. 일반
적으로 목적은 목표의 상위 범주, 목표는 목적의 하위 범주, 목표는 다시
지침의 상위 범주로 인식되고 있다. 구체적으로 목적은 '학교의 목적은

---

71) 윤정일·신득렬·이성호·이용남·허형, 『교육의 이해』, 학지사, 1997, 28쪽.
72) 안정수, 「교육목표의 개념·목적·기능」, 『경희대학교 교육문제연구소 논문집』
17, 2001, 97-101쪽.

학생이 민주적 생활에 효과적으로 참여할 수 있도록 돕는 것'이라는 표현처럼 어떤 그룹이 교육적 가치관을 밝히는 선언, 목표는 '과목의 목표는 학생에게 사회혁명의 원인을 이해시키는 것'처럼 의도의 구체적인 표현, 그리고 지침은 교육을 받은 후에 학생이 갖게 될 능력을 구체적으로 밝히는 것으로 설명되고 있다.[73] 이렇게 본다면, 목적은 교육의 가치관이나 방향, 목표는 교육의 의도, 지침은 교육 결과로 학생이 갖게 될 능력을 제시하는 것으로 이해할 수 있다. 물론 어떤 설명이든지 목적, 목표, 지침에 변화 지향성이 담겨 있다는 점을 공유하고 있다. 이 글에서는 문맥상 목적, 목표, 지침의 구분이 필요한 경우가 아니라면, 목적과 지침의 의미를 포함한 '목표'라는 표현을 사용하여 가독성을 높이고자 한다.

(2) 교육 목표의 설정 : 타일러의 이론을 중심으로

학교교육에서 교육 목표는 어떻게 도출될 수 있을까? 이에 관한 논의는 타일러(Ralph. W. Tyler, 1902-1994)의 이론에서 크게 벗어나지 않는다. 타일러는 1927년에 시카고대학에서 박사학위를 취득한 후 1949년에 『교육과정과 수업의 기본원리들(Basic Principles of Curriculum and Instruction)』을 출판하고, <1965년 초중등교육법(the Elementary and Secondary Education Act of 1965)>의 제정에 관여한, 그리고 주로 평가 분야(the field of assessment and evaluation)에서 활동한 인물이다.

특히 1949년에 발간된 『교육과정과 수업의 기본원리들』은 교육과정과 수업 설계 부분에서 중요한 고전으로 간주되고 있다. 한국에서도 국가 교

---

73) 엘리어트 아이즈너, 『교육적 상상력 - 교육과정의 구성과 평가』(이해명 옮김), 단국대학교출판부, 1999, 170-171쪽. 아이즈너에 따르면, 목적(aims)에서 목표 (goals), 다시 지침(objective)이 도출되고 그에 따라 교육과정이 설계된다는 일반적인 견해는 행위 이전에 목표가 설정되어야 있어야 한다는 사고방식이다 (같은 책, 170-171쪽). 아이즈너는 행위 이전에 목표 설정이 반드시 필요하다는 입장을 비판하는 것이다.

육과정을 만들 때 이 책에 담긴 타일러의 이론이 수용되고 있다. 이런 점을 고려하여, 이 책을 중심으로 교육 목표의 도출 이론을 구체적으로 살펴보면 다음과 같다.

『교육과정과 수업의 기본 원리들』의 목차를 보면 타일러가 가진 다섯 가지 문제의식을 알 수 있다. 첫 번째는 학교가 달성할 교육 목적(educational purposes)이 무엇인가이다. 두 번째는 이런 목표(objectives) 달성을 위해 학습 경험(learning experiences)이 어떻게 선택되어야 하는가이다. 세 번째는 효과적인 수업(effective instruction)을 위해 학습 경험이 어떻게 조직되어야 하는가이다. 네 번째는 학습 경험의 효과성(effectiveness of earning experiences)이 어떻게 평가되어야 하는가이다. 다섯 번째는 학교나 대학 관계자가 어떻게 교육과정을 구성해야 하는가(curriculum building)이다.[74]

이런 문제의식에는 교과과정이나 학습지도[수업] 계획을 세울 때 '교육 목표의 설정, 학습 경험의 선정·조직, 평가'라는 요소를 고려해야 한다는 주장이 담겨 있다. 또한, 학습지도 계획이 교육을 위한 하나의 수단이고, 교육 목표가 교재의 선택, 내용의 선정, 학습지도 절차의 개발, 시험이나 평가 준비를 위한 준거이고, 교육과정이 교육 목표의 달성에 필요한 수단이라는 전제가 담겨 있다. 즉 학습 경험이 교육 목표의 달성을 위해 선택·조직되는 수단이라는 관점이라고 할 수 있다. 실제로 타일러의 주요 관심은 '교육 목표를 체계적으로 연구할 수 있는 길'에 있었고, 주요 결론도 교육 목표를 판단하기 위해 '종합적인 교육 철학의 문제'와 여러 정보나 지식 등의 기본 자료를 활용해야 한다는 것이었다.[75]

타일러가 교육과정이나 수업에서 교육 목표를 중시한 이유는 무엇일

---

74) R. W. Tyler, *Basic Principles of Curriculum and Instruction*, Chicago: The University of Chicago Press, 1969. 이 책의 목차는 이러한 다섯 가지의 질문으로 구성되어 있다.
75) *Ibid.*, pp.3-5.

까? 바로 타일러의 교육관 때문이다. 타일러는 교육을 '인간의 행동 패턴을 변화시키는 과정'으로 정의하고 있다. 여기서 말하는 행동에는 사고(thinking), 느낌(feeling), 드러난 행위(overt action)가 모두 포함되어 있다. 게다가, 타일러는 교육 목표를 교육 기관이 학생에게 일으키려는 '행동의 변화(the kinds of changes in behavior)'로 보고 있다. 즉 교육 목표를 '교육의 종착점(educational ends)', '학습 결과(results to be achieved from learning)'로 보고 있는 것이다.76)

타일러의 교육관에서는 행동의 변화인 교육 목표 설정에 도움이 되는 정보나 지식 자료의 도출 문제가 중시되고 있다. 타일러는 '목표 설정에 도움이 되는 정보를 어떤 자료에서 도출할 것인가'라는 문제를 제기하면서 당시 교육학계의 논쟁 구도를 진보주의, 본질주의, 사회학, 교육철학으로 구분한 바 있다.77) 타일러에 따르면, 진보주의자(progressives)는 아동이 갖고 있는 흥미·문제·목표 등을 파악하기 위해 '아동에 관한 연구'를, 본질주의자(essentialists)는 축적된 문화유산과 그에 관한 학습을 중시하고 있다. 사회학자는 학교를 젊은이가 당면한 생활문제에 효과적으로 대처하도록 돕는 기관으로 간주하고 현대 사회를 분석하여 교육 목표를 도출할 수 있는 정보를 찾고 있다. 그리고 교육철학자는 교육을 통해 세대 간에 전승된 생활의 가치에 주목하고 학교의 목표를 기본 가치의 전달로 보고 있다.

타일러는 교육 목표를 설정할 때 일차적 자료를 어디에서 도출해야 하는가의 문제에 대해 진보주의자가 '아동 연구', 본질주의자가 '문화유산 분석', 사회학자가 '동시대의 생활문제 분석', 교육철학자가 '교육철학 분석'을 제시하고 있다고 정리하고 있다. 그리고 타일러는 이런 논쟁 가운데 하나의 입장만을 취하지 않는다. 본질주의자와 진보주의자의 논쟁, 교과

---

76) *Ibid.*, pp.5-6, p.37.
77) *Ibid.*, pp.4-5.

전문가와 아동 심리학자의 논쟁, 여러 그룹 사이의 논쟁이 모두 교육 목표의 설정에 충분한 가치가 있다고 보기 때문이다.

타일러의 입장은 '학습자의 행동 변화'를 위해 교육 목표의 설정이 중요하므로 여러 정보원(source)을 신중히 고려해야 한다는 것으로 정리할 수 있다. 실제로 당시의 여러 논쟁은 타일러에게 교육 목표의 도출을 위한 정보원이 되고 있다. 타일러가 당시의 주요 논쟁을 통해 수용한 부분은 다음과 같은 도표로 정리되고 있다.[78]

<표 10> 교육 목표설정의 과정

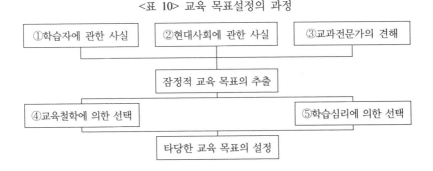

위의 표에 따르면, 교육 목표를 설정할 때 다섯 가지 자료가 필요하다고 할 수 있다. 첫 번째는 학습자 연구이다. 여기서 타일러가 교육 목표의 도출 방법으로 주목한 부분은 사회적 차원에서 '학습자의 현 상태와 수용 가능한 규범 사이의 간극', 개인적 차원에서 긴장상태와 평형상태의 간극을 의미하는 '필요(need)'이다. 교육의 문제를 학습자의 행위가 사회적으로 수용될 수 있고 동시에 학습자가 긴장에서 벗어날 수 있도록 그 필요를 충족시키는 문제로 보고 있는 것이다. 또한, 진보주의 교육이론에서 강조한 흥미(interest)도 교육 목표의 도출 방법으로 주목하고 있다. 다만, 타일러는 현재의 흥미 자체보다 흥미를 적절하게 수정해야 하고, 흥미를 확대하

---

78) 이종승, 「교육목표의 분류체계와 진술방식」, 『교육발전논총』 11-1, 1990, 36쪽.

여 학습 이후에도 자기 학습이 가능해야 한다는 점에 초점을 두고 있다.[79]

두 번째는 학교 외부의 생활 연구이다. 타일러는 학습 내용을 끊임없는 사회 변화에 맞추어 응용할 수 있을 때 학습 전이(transfer of training)가 용이하다는 점에 주목하고 있다. 그렇지만 이런 입장은 많은 사람의 행동이라고 해서 학생에게 가르칠 수 없다는 비판, 끊임없이 변화하는 사회에서 현실 문제의 해결을 강조하면 미래의 문제를 해결할 수 없다는 본질주의자의 비판, 아동이 동시대의 사회 문제나 성인의 과제에 큰 흥미나 관심을 갖지 않는다는 진보주의자의 비판에 직면하기도 한다. 이런 비판에 대해 타일러는 교육 목표를 도출할 때 교육철학, 문제해결의 기본 원리, 아동의 필요·흥미 등과 함께 고려한다면 동시대의 사회 문제도 교육 목표의 도출에 유용하다고 주장하고 있다.[80]

세 번째는 교과 전공자(subject specialists)가 제시하는 목표 연구이다. 타일러는 교과 전공자가 해당 분야에 상당한 지식을 갖고 있고, 그 교과가 인간에게 어떤 이득을 주는지를 충분히 경험했다고 본다. 따라서 교과 전공자가 제시한 목표 연구를 중시하고 있다. 다만, 교과 전공자가 '학습자가 최종적으로 대학의 전공학자가 될 것'이라고 예상하기보다 보통의 젊은이나 시민이 될 것이라고 예상하는 것이 교육 목표의 설정에 유용하다고 제안하고 있다.[81]

네 번째는 철학의 활용이다. 타일러에 따르면, 학교의 교육적 또는 사회적 철학이나 가치관은 학습자 연구, 학교 외부의 사회생활 연구, 교과 전공

---

79) R. W. Tyler, *Op. cit.*, pp.7-12. 타일러는 학습자에 대한 연구 자료를 해석할 때 학교교육을 통해 달성될 수 있는 것과 다른 사회기관을 통해 달성될 수 있는 것을 구별해야 한다고 지적한다. 학생의 필요를 기초로 하여 교육 목적을 도출할 때 그것이 학교교육과 관련된 것인지 아닌지를 혼돈하지 말아야 한다는 것이다(*Ibid.*, p.15.)

80) *Ibid.*, pp.16-25.

81) *Ibid.*, pp.25-33.

자가 제시한 목표 연구 등 이질적인 목표 도출 자료를 통합할 때 그 중요도가 낮거나 모순된 것을 제거하는 첫 번째 기준이다. 그리고 교육철학은 교육받은 사람이 현재 사회를 인정하고 적응할 것인지 개혁할 것인지를 결정하는 요소이다. 학교에서 양자를 포괄하더라도 무게 중심을 어디에 두느냐에 따라 교육 목표는 다르게 설정될 수 있다. 또한, 교육철학은 사회 계층의 차이에 따라 교육을 다르게 할 것인지 아니면 모든 아동에게 똑같이 보통의 민주 교육을 시행할 것인지, 그리고 일반 시민 교육을 목표로 할 것인지 아니면 구체적인 직업 교육을 목표로 할 것인지 등을 결정하는 요소이다.[82]

다섯 번째는 학습심리학의 활용이다. 타일러는 교육 목표가 '학습 결과'이므로 그 목표가 학습의 내적 조건과 일치하지 않으면 가치가 없다고 보고 있다. 나아가 학습심리학이 달성 가능한 목표와 불가능한 목표를 구분하는 데에 기여한다고 보고 있다. 이는 학습심리학이 목표 달성에 효과적인 연령 수준과 목표 도달 시간 등을 파악할 때 학년별 목표설정(grade-placement)을 가능하게 해준다는 주장이다.[83]

타일러는 이 다섯 가지 자료를 토대로 교육 목표를 도출해야 한다는 주장에 그치지 않고, 목표의 진술이 학습 경험의 선정이나 교수 방법의 선택에 도움이 되어야 한다는 주장도 하고 있다. 그리고 가장 효과적인 목표 진술 방법은 학생에게 가르치려는 '행동'과 이 행동이 활용될 수 있는 '실제 영역이나 내용'이 어떤 것인지를 밝히는 것이라고 주장하고 있다. 따라서 교육 목표를 진술할 때 교사의 수업 계획을 설명하거나, 수업 시간에 다룰 교과 내용을 나열하거나, 행동목표를 일반화시켜 진술하는 것은 타일러의 입장에서 적절하지 않다고 할 수 있다. 이런 목표 진술은 학생의 행동에 가져올 변화보다 교사의 역할 수행을 강조하고 있거나, 학

---

82) *Ibid.*, pp.33-37.
83) *Ibid.*, pp.37-39.

습을 통해 얻을 수 있는 결과를 분명히 밝히지 못하거나, 학습된 행동을 응용할 수 있는 영역이나 내용을 구체적으로 밝혀내지 못한다고 보기 때문이다.[84]

그렇지만 타일러가 교육 내용을 교육 목표의 달성 수단으로 간주한 측면은 적지 않은 비판을 받고 있다. 예를 들어, 박채형(2008)은 타일러의 교육과정 모형이 교육 목표를 절대시하고 학습 경험을 신성시하는 두 가지 사고방식을 갖고 있는데, 그 이면에 수단-목표 관계라는 도식이 있다고 지적한 바 있다. 이런 지적은 수업이 수단으로만 간주된다면 불필요한 활동으로 간주될 수 있고, 교육 목표가 수업(수단)에 앞서 주어진 절대적 대상이라기보다 수업 결과로 달성되는 산물이라는 현실을 도외시한다는 비판으로 이어지고 있다. 또한, 학습 경험을 신성시하는 방식에 대해서도 학문적 교과 또는 지식이 지향하는 '심성 함양'을 묵살하는 것이라고 비판하고 있다.[85]

정혜진(2007)은 타일러의 '목표모형'이 교육을 '처방'한 것이 아니라 수단·목적 관계에 입각하여 교육과정의 구성과 운영에 관한 일반적 절차와 방법을 기술하고 있으므로 심성함양을 위한 교육과 양립할 수 없다고 지적하면서, 메타프락시스(metapraxis)라는 관점에 입각한 심성함양모형을 대안으로 제안하고 있다. 심성함양모형은 교사 자신의 심성 함양을 통해 학생의 심성을 함양한다는, 즉 활동 자체가 목적을 확립하는 행위라는 점에서 '메타프락시스적 성격'을 지니므로 타일러의 모형과 극단적으로 대

---

84) *Ibid.*, pp.43-62. 타일러의 예시를 보면, '사회과 레포트를 분명하고 논리적으로 쓰게 한다.'에는 행동 영역('레포트를 분명하고 논리적으로 쓰게 한다.')과 레포트에서 다루어야 할 내용 영역('사회과')이 포함된다. '영양과 관계되는 문제에 관한 정보를 익히게 한다.'에는 '정보를 익히는 행동'과 '영양문제에 관한 내용'이 모두 포함된다(*Ibid.*, p.47.).
85) 박채형, 「타일러의 교육과정 모형 : 매력과 함정」, 『도덕교육연구』 20-1, 2008, 39쪽, 43-45쪽.

비된다고 주장하고 있다.[86]

교육 목표와 교과 내용의 관계를 목표와 수단의 관계로 도식화했다는 점을 제외하더라도 타일러가 교육 목표의 도출 이론을 완벽하게 제시했다고 보기는 어렵다. 교육 목표를 도출하기 위해 여러 자료를 종합적으로 수용하고 있지만, 간과된 부분도 있기 때문이다. 예를 들어, 각 자료에 미치는 권력의 영향은 타일러의 관심에서 벗어나 있다.

이런 여러 비판에도 불구하고, 타일러의 주장은 교육 목표의 도출 수단 또는 자료로서 학습자, 문화유산, 학교 외부의 사회, 세대간에 전승된 가치 등을 분석하고 교육철학과 학습심리의 맥락에서 여러 장점을 수용하여 제시되었다고 평가할 수 있다. 그리고 여러 관련 논쟁을 종합하여 비판적으로 성찰하려는 태도와 주장은 여전히 후대에 계승되고 있다.

(3) 교육 목표의 분류와 구성 : 블룸의 이론을 중심으로

타일러의 이론이 교육 목표의 도출과 설정에 기여하고 있지만, 교육 목표를 설정하기 위해서는 교육 목표의 분류학(Taxonomy of educational objective)에 다시 주목할 필요가 있다. 교육 목표의 분류로 알려진 주요 연구자는 블룸이다. 블룸은 타일러가 졸업한 시카고대학에서 1942년에 박사학위를 받고, 1956년과 1964년에 『교육목표분류학 Ⅰ, Ⅱ』의 편찬에 관여한 바 있다. 그리고 일생동안 교육 목표의 분류(the classification of

---

86) 정혜진, 「교육과정의 심성함양모형은 가능한가」, 『도덕교육연구』 18-2, 2007, 171-190쪽. 정혜진에 따르면, 교육은 '학생의 심성을 올곧고 밝고 크고 아름다운 것으로 만드는 일'이고, 심성함양을 위한 교육은 이 일을 주된 사명으로 삼는 교육이다(같은 글, 174쪽). 그에 비해 교육 목표와 후속활동의 관계를 수단·목적 관계로 규정하는 타일러의 모형에서는 '지식의 도구화' 현상이 발생한다. '행동 변화를 이끌어 내는 수단'인 지식의 위치는 목표 달성을 위해 강구되는 여러 활동에 이리저리 쓰이는 도구와도 같은 것이다(같은 글, 177-178쪽). 이는 타일러가 심성함양과 관련된 지식의 성격을 수단으로만 잘못 파악하고 있다는 지적이다.

educational objectives)와 완전학습 이론(the theory of mastery-learning)과 수업 설계(institution-building)에 관한 연구를 주로 수행한 인물이다.[87]

교육 목표를 설정할 때 교육목표분류학에 주목하는 이유는 무엇일까? 바로 교육목표분류학이 학습자의 행동 변화, 구체적으로 학습 참여 결과를 인지적(사고)·정의적(감정)·운동기능적(행동) 영역으로 분류하고 있어 목표 설정에 유용하기 때문이다. 다만, 초기의 교육목표분류학에서는 학습 참여 결과를 인지적(사고)·정의적(감정)·운동기능적(행동) 영역으로 분류하려는 의도에도 불구하고, 인지적 영역이 강조되었다고 할 수 있다. 정의적 영역은 내적 감정과 정서에 대한 이해와 평가절차가 미숙하므로 분명하게 기술되기 어렵고, 운동기능적 영역은 중등학교나 대학에서 별로 강조하지 않아 목표 분류가 시급하지 않다고 여겨졌기 때문이다.[88]

인지적·정의적·운동기능적 영역 가운데 인지적 영역의 교육 목표를 분류한 저서가 바로 『교육목표분류학(Ⅰ)』(1956)이다. 인지적 영역에서 '인지적'이라는 표현은 지식의 기억과 상기, 사고, 문제해결, 창조 등의 활동을 의미한다. 이 저서에서 인지적 영역의 교육 목표는 '어떤 인지적 행동에 필요한 정신작용의 복잡한 정도'라는 복합성 원칙을 기준으로 분류되었고, 그에 따라 제1차 상위범주는 '지식'과 '지적 능력 및 기능', 제2차 하위범주는 '지식'과 '이해력→ 응용력→ 분석력→ 종합력→ 평가력'으로 구성되고 있다. 각각의 유목은, 다음의 표에서 확인할 수 있듯이, 순차적·위

---

87) B. S. Bloom, M. D. Englehart, M. D. Furst, E. J. Hill, and D. R. Krathwohl, *Taxonomy of Educational Objectives: The Classificational Objectives. Handbook I: Cognitive Domain*, David McKay: New York, 1956; D. R. Krathwohl, B. S. Bloom, and B. Masia, *Taxonomy of Educational Objectives: The Classificational Goals. Handbook II: The Affective Domain*, David McKay: New York, 1964; Elliot W. Eisner, 'Benjamin Bloom, 1913-99'(http://www.ibe.unesco.org/publications/Thinkers Pdf/bloome.pdf).
88) B. S. Bloom 편저, 『교육목표분류학: (Ⅰ) 지적 영역』(임희도·고종렬·신세호 공역, 정범모 감수), 배영사, 1972(재판), 9-10쪽.

계적으로 구성되어 있다. 예를 들어, 다음의 표에 따르면 평가력(evaluation)은 가장 복합한 정신작용에 해당한다.[89)]

<표 11> 인지적 영역의 교육목표분류학

1차	2차	3차	4차
지식	1.00 Knowledge	1.10 Knowledge of Specifics * 용어나 특수한 사실들	1.11 Knowledge of Terminology 1.12 Knowledge of Specific Facts
		1.20 Knowledge of Ways and Means of Dealing with Specifics * 형식, 경향과 순서, 분류와 범주, 준거, 방법론	1.21 Knowledge of Conventions 1.22 Knowledge of Trends and Sequences 1.23 Knowledge of Classifications and Categories 1.24 Knowledge of Criteria 1.25 Knowledge of Methodology
		1.30 Knowledge of the Universals and Abstractions in a Field * 원칙과 일반화, 이론과 구조	1.31 Knowledge of Principles and Generalizations 1.32 Knowledge of Theories and Structures
지적 능력 및 기능	2.00 Comprehension	2.10 Translation 2.20 Interpretation 2.30 Extrapolation	
	3.00 Application		
	4.00 Analysis	4.10 Analysis of Elements 4.20 Analysis of Relationships 4.30 Analysis of Organizational Principles	
	5.00 Synthesis	5.10 Production of a Unique Communication 5.20 Production of a Plan, or Proposed Set of Operations 5.30 Derivation of a Set of Abstract Relations	
	6.00 Evaluation	6.10 Judgments in Terms of Internal Evidence 6.20 Judgments in Terms of External Criteria	

---

89) 위의 책, 227-235쪽.

앞의 표에서 '지식' 목표의 핵심은 해당 자료를 마음에 떠올리는 기억이라고 할 수 있다. 여기서 지식은 '학생이 교육과정에서 경험한 아이디어 또는 현상을 기억했다가 재생 또는 재인식할 수 있음', 또는 '인지나 재생을 통해 아이디어나 자료 또는 현상을 기억해 내는 행동'을 말한다. 그리고 '기억'을 중시한다는 것은 어떤 지식을 사용하는 능력보다 그에 관해 '알고 있는지'를 중시한다는 것을 의미한다.[90]

다음으로, '지적 능력과 기능' 목표는 지식 목표에 비해 좀 더 높은 위계로 설정되고 있다. 여기서 능력과 기능은 자료와 문제를 다루는 조직된 조작방법이나 일반화된 방법을 말한다. 따라서 '이해력, 적용력, 분석력, 종합력, 평가력'의 핵심은 목표 달성을 위해 주어진 또는 기억해낸 자료를 '재조직하는 정신 과정'이라고 할 수 있다.[91]

이런 인지적 영역의 교육목표분류학은 학교 수업에서 어떻게 활용될 수 있을까? 바로 학습자의 수준을 고려하여 교육 목표를 설정하거나 목표를 진술할 때 활용되고 있다. 예를 들어, 이종승(1990)은 다음과 같이 인지적 영역의 각 교육 목표와 연결시켜 일반 수업 목표와 목표 진술에 필요한 명세적 동사를 제시하고 있다.[92]

<표 12> 인지적 영역

분류		일반수업 목표 (-에 관해 / -에 관한)	명세적 동사
1차	2차		
지식	지식	구체적 사실/ 구체적 사실을 다루는 방법과 수단/ 보편적 및 추상적 사상에 관한 지식	용어를 안다 / 특수사실을 안다 / 방법과 절차를 안다 / 기초개념을 안다 / 원리를 안다	정의하다, 기술하다, 확인하다, 명칭을 붙이다. 열거하다, 연결시키다, 명명하다, 요약하다, 회상해내다, 선택하다, 지적하다, 진술하다

---

90) 위의 책, 4쪽, 32쪽, 69쪽.
91) 위의 책, 227-235쪽.
92) 이종승, 앞의 글, 36쪽.

분류		일반수업 목표 (-에 관해 / -에 관한)	명세적 동사
1차	2차		
지적 능력 및 기능 — 이해력	번역 해석 추론	사실과 원리를 이해한다 / 말이나 문장의 뜻을 해석한다 / 언어적 자료를 수식으로 바꾼다 / 그림이나 도표를 해석한다 / 자료에 함의된 미래의 결과를 추정한다 / 방법과 절차를 정당화한다	전환하다, 구별하다, 추정하다, 예측하다, 설명하다, 일반화하다, 추리하다, 예를 들다, 다른 말로 바꾸어 말하다, 요약하다, 번역하다
적용력		개념과 원리를 새로운 사태에 적용한다/ 법칙과 이론을 실제적 상황에 응용한다/ 응용수학문제를 푼다/ 도표나 그래프를 작성한다/ 방법과 절차를 바르게 사용한다/	변경하다, 계산하다, 논증하다, 발견하다, 조직하다, 수정하다, 예측하다, 준비하다, 생산하다, 해결하다, 사용하다, 다룬다
분석력	요소의 분석 관계의 분석 구조원리의 분석	진술되지 않은 기본가정을 알아낸다/ 추리에서의 논리적 오류를 알아낸다/ 사실과 추리를 구별한다/ 자료의 적절성을 따진다/ 예술이나 문학작품의 조직구조를 분석한다	분류하다, 도표화하다, 변별하다, 구별하다, 확인하다, 분석하다, 추리하다, 지적하다, 관련시키다, 선택하다, 분리하다, 세분하다
종합력	독특한 의사소통의 창안 계획 및 조작절차의 창안 추상적 관계 도출	잘 조직된 글을 쓴다/ 실험계획을 세운다/ 어떤 문제를 해결하기 위하여 다른 영역에서의 학습을 통합한다/ 어떤 사물을 분류하는 새 체제를 구상해 낸다/ 잘 짜여진 연설을 한다	분류하다, 결합하다, 구성하다, 창작하다, 설계하다, 설명하다, 수정하다, 조직하다, 계획하다, 재구성하다, 교정하다, 통합하다
평가력	내적준거에 의한 판단 외적준거에 의한 판단	작품의 논리적인 일관성을 판단한다/ 결론의 타당성을 판단한다/ 주어진 기준에 의해서 한 작품(문학·음악·미술 등)의 가치를 평가한다	평가하다, 비교하다, 결론을 내리다, 대조하다, 비평하다, 기술하다, 변별하다, 설명하다, 정당화하다, 해석하다, 관련시키다, 요약하다, 주장하다

한편, 『교육목표분류학 (Ⅰ)』이 인기를 얻으면서, 정의적 영역의 교육
목표를 분류할 필요성이 대두된 바 있다. 이 작업은 크라트홀(David R.
Krathwohl), 블룸, 마시아(Bertram B. Masia) 등이 진행하였고, 그 결과는
『교육목표분류학 (Ⅱ)』(1964)으로 출간되었다.

인지적 영역이 사고에 관한 분류라면, 정의적 영역은 감정에 관한 분류
라고 할 수 있다. 정의적 영역의 교육 목표는 교육을 통해 정서적 특성을
기르는 것이었고, 그 조직 원리는 내면화(internalization) 원칙, 곧 '타인의
가치를 채용하는 정도'였다. 그리고 인지적 영역에서 활용된 '단순에서 복

잡으로의 원칙', '구체적인 것으로부터 추상적인 것으로의 원칙'은 정의적 영역을 관통하는 연속선이 아니라는 이유로, 즉 감정을 분류하는 정의적 영역에 적절하지 않다고 여겨져 배제되었다.93)

정의적 영역의 교육 목표에서 하위 유목은 내면화 정도에 따라 '감수→ 반응→ 가치화→ 조직화→ 인격화' 등 다섯 가지의 정의적 행동으로 구분되고 있다. 그리고 각 유목은 다시 2~3개 정도의 하위 유목으로 세분화되고 있다. 정의적 영역의 교육 목표 분류와 그 배치 논리는 다음과 같다.94)

<표 13> 정의적 영역

교육목표분류학		유목의 배치 논리
1차	2차	
1.0 receiving	1.1 awareness 1.2 willingness to receive 1.3 controlled or selected attention	①어떤 현상(자극)이 있다는 것을 감지(awareness)하되 회피하지 않고 수용(willingness to receive)하면서 특정 현상(자극)을 선택하여 주의를 기울이는(controlled or selected attention) 것이다.
2.0 responding	2.1 acquiescence in responding 2.2 willingness to respond 2.3 satisfaction in response	②긍정적인 감정으로 현상에 반응(responding)하게 된다. 처음에는 반응할 필요성을 충분히 납득하지 못한 채 반응하지만(acquiescence in responding), 그 다음에는 자신의 동의와 선택으로 반응하고(willingness to respond) 만족을 느끼게 된다(satisfaction in response).
3.0 valuing	3.1 acceptance of a value 3.2 preference for a value 3.3 commitment	③현상, 행동, 대상에 가치를 부여하는 일에 관심을 갖고(acceptance of a value), 가치를 채택하고(preference for a value), 확신(commitment)하게 된다.
4.0 organization	4.1 conceptualization of a value 4.2 organization of a value system	④하나 이상의 가치들이 관련된 사태에 당면하면서 여러 가치를 개념화(conceptualization)하게 되고, 가치들의 상호관계를 고려하여 하나의 구조로 조직화하게 된다(organization of a value system).
5.0 characterization by a value or value complex	5.1 generalized set 5.2 characterization	⑤내면화한 여러 가치관에 따라 일관되게 행동하면서 (generalized set) 내면화 과정의 정점인 인격화(characterization)에 도달하게 된다.

위의 표에서 정의적 영역의 최종 교육 목표인 내면화의 정점은 무엇일

---

93) David R. Krathwohl, Benjamin S. Bloom & Bertram B. Masia 공저,『교육목표분류학: (Ⅱ) 정의적 영역』(신세호 외 3인 공역), 익문사, 1978, 28-34쪽.
94) 위의 책, 32-33쪽, 231-242쪽.

까? 바로 인격화라고 할 수 있다. 여기서 인격화 개념은 태도, 행동, 신념 또는 이념과의 '내적 합치성'을 의미한다. 이런 인격화와 관련된 교육 목표로는 '자기의 개인생활과 시민생활의 규제를 위하여 민주적 이상과 일치하는 윤리적 원리에 입각한 행동강령을 발달시키는 일', '일관적인 인생철학을 발달시키는 일', '양심을 발달시키는 일'이 제시되고 있다.[95]

정의적 영역의 교육목표분류학은 학교 수업에서 어떻게 활용될 수 있을까? 감정과 관련된 교육 목표를 설정하는 데에 활용되고 있다. 예를 들어, 이종승(1990)은 다음과 같이 정의적 영역의 교육 목표와 연결시켜 일반 수업 목표와 목표 진술에 필요한 명세적 동사를 제시하고 있다.[96]

<표 14> 정의적 영역

분류		일반수업 목표 (-에 관해 / -에 관한)	명세적 동사
1차	2차		
감수	①감지 ②자진감수 ③선택적 관심	주의깊게 듣는다 학습의 중요성을 의식하고 이를 나타낸다 인간의 필요와 사회문제에 대해서 민감함을 나타낸다 인종과 문화의 차이를 수용한다 학급활동에 주의깊은 관심을 나타낸다	묻는다, 선택하다, 기술하다, 따르다, 주다, 주의를 집중하다, 찾아내다, 명명하다, 지적하다, 선정하다, 대답하다, 사용하다
반응	①묵종반응 ②자진반응 ③반응에서의 만족	부과된 숙제를 끝마친다 학교규칙을 지킨다 학급토의에 참여한다 실험을 완료한다 어떤 일에 자발적으로 지원한다 기꺼이 다른 사람을 도와준다	대답하다, 돕다, 복종하다, 토의하다, 인사하다, 명명하다, 실행하다, 실천하다, 제시하다, 읽다, 암송하다, 보고하다, 선택하다, 분담하다, 연구하다
가치화	①가치의 수용 ②가치의 선택 ③확신	문화(또는 미술이나 음악 등) 작품을 감상한다 민주적 방법에 대한 신념을 나타낸다 일상생활에서 과학의 역할을 중요하게 여긴다 다른 사람의 복지에 대하여 깊은 관심을 보인다 문제해결의 태도를 보여준다 사회발전에 대한 깊은 관심을 나타낸다	완성하다, 구별하다, 설명하다, 따르다, 형성하다, 지도력을 발휘하다, 참가하다, 정당화하다, 제안하다, 읽다, 보고하다, 선택하다, 다른 사람과 나누다, 공부하다, 일하다

---

95) 위의 책, 221-222쪽. 인격화 개념이 광범위하기 때문에, 교사와 연구가가 그 목표의 뜻을 이해하고 그것을 측정할 방법을 발견하는 데 도움을 주려는 분류학 속에 포함시켜야 하는가라는 의문도 제기된다.
96) 이종승, 앞의 글, 36쪽.

분류		일반수업 목표 (-에 관해 / -에 관한)	명세적 동사
1차	2차		
조직화	①가치의 개념화 ②가치체계의 조직	문제해결에서 체계적인 계획의 중요성을 인정한다 자신의 행동에 대한 책임을 받아들인다 민주주의에서 자유와 책임이 균형될 필요를 인정한다 자기자신의 장점과 단점을 이해하고 수용한다 자신의 능력과 흥미 및 신념에 알맞은 인생 계획을 세운다	고수하다, 변경하다, 나열하다, 결합하다, 비교하다, 완성하다, 옹호하다, 설명하다, 일반화하다, 확인하다, 수정하다, 조직하다, 준비하다, 관련짓다
인격화	①일반화된 행동 태세 ②인격화	안정성을 항상 의식하는 행동을 나타낸다 독립적으로 일하는 데 자신감을 나타낸다 집단활동에서 협동을 실천한다 문제사태에서 객관적인 태도를 취한다 근면, 성실 및 자제력을 보여준다	활동하다, 변별하다, 나타내다, 영향을 미치다, 주의를 기울이다, 수정하다, 실행하다, 제안하다, 질문하다, 교정하다, 봉사하다, 해결하다, 이용하다, 검증하다

지금까지 교육목표분류학에 관해 살펴보았는데, 다시 주목할 부분은 두 가지이다. 첫째, 『교육목표분류학 (Ⅰ)』(1956)과 『교육목표분류학 (Ⅱ)』(1964)에는 '합리적 교육과정 이론'이나 '행동 형태의 교육 목표 진술'이라는 타일러의 기본 가정이 수용되어 있다는 점이다. 이는 교육목표분류학에 대해 '구체적으로 관찰 또는 조작할 수 없는 현상을 분류하려고 것이 아닌가'라는 질문이 제기되었을 때, 교육목표분류학 모임에서 '행동적 형태로 진술된 교육 목표는 개인의 대응 행동에서 볼 수 있고, 이런 행동은 관찰·기술될 수 있으며, 그 행동 기술도 분류될 수 있다.'고 답변했다는 데에서 확인할 수 있다.[97]

교육목표분류학에 타일러의 기본 가정이 수용되었다는 것은 다른 부분에서도 확인할 수 있다. 예를 들어, 교육목표분류학에서 말하는 교육 목표 진술은 타일러의 가정과 마찬가지로 '학생이 어느 교육 시기 끝에 가서 나타내야 할 의도된 행동'을 의미하고 있다. 교육 목표 설정을 위한 정보원도 타일러가 주장한 발달단계와 필요와 흥미 등 학생에 관한 유용한

---

97) B. S. Bloom 편저, 앞의 책, 1972, 7-8쪽.

정보, 현대생활의 조건과 문제, 교과의 성격과 그 교과가 개인의 교육에 미칠 수 있는 공헌에 관한 교과전문가의 의견, 그리고 철학과 학습심리학 등을 거의 그대로 수용하고 있다.[98]

타일러의 가정을 수용한 탓에 교육목표분류학은 모든 합리적 행위를 위해 무엇보다 목표가 명확히 선정되어야 한다는 사고방식을 벗어나지 못하고 있다는 비판을 받기도 한다.[99] 아울러 교육목표분류학은 다양한 학습 결과를 모두 담을 수 없고, 각 교과목의 성격을 고려하지 못하고 있고, 측정할 수 없는 성과를 간과하고 있고, 교육 목표의 설정이 반드시 교육 내용의 선정·조직에 앞서는 것이 아니라는 점을 간과하고 있다는 등의 여러 비판을 받고 있다.[100] 또한, 교육 목표를 분류하는 원리의 교육적 문제와 중립성 문제, 정보·내용·지식의 구분 문제, 유목의 구인타당도·모호성 및 위계의 비타당성 문제, 일차원적 단일성 문제 등도 지적되고 있다.[101] 그렇지만 그 분류체계가 전적으로 부당한 것은 아니며, 완전한 분류체계를 향한 출발점이자 첫 발걸음으로 교육에 공헌해 왔다는 것을 인정해야 한다는 주장도 있다.[102]

---

98) 위의 책, 3-4쪽, 13쪽, 19쪽, 30-31쪽. 이 책의 제2장(교육 목표와 교육과정 전개)에서는 타일러가 제시한 네 가지 문제, 즉 교육목적의 설정, 교육목적을 달성하기 위한 학습 경험의 마련과 조직, 학습 경험에 대한 평가 등을 제시하면서 첫 번째 문제인 교육 목표의 설정과 분류 문제를 다루었다고 서술되었다. 여기서 교육 목표는 '교육에 의하여 학생이 변화되어야 한다고 기대되는 방향, 즉 그들에게 기대되는 그들의 사고, 감정, 행동의 변화방향을 분명하고 간결하게 서술한 것'을 의미하고 있다(같은 책, 29-30쪽).

99) B. S. Bloom et. al., *Taxonomy of educational objectives(I), The cognitive domain*, New York, David McKay & Co.(With D. Krathwohl et al.), 1956, pp.24-25; 이용환, 「교육목표 분류학 비판」, 『교육연구』 8, 1982, 89-90쪽.

100) 이종승, 앞의 글, 51-52쪽.

101) 강현석·정재임·최윤경, 「Bloom의 교육목표분류학에 대한 비판과 그 대안 탐구」, 『중등교육연구』 53-1, 2005, 56-60쪽.

102) 조희형, 「Bloom 등의 교육목표 분류론의 본질과 그 문제점」, 『과학교육논총』 9, 1984, 34-35쪽.

둘째, 교육목표분류학이 교사와 학생의 의사소통보다 교육 담당자 사이의 의사소통을 위해 시작되었다는 점이다. 즉 교육목표분류학은 당시 여러 교육 담당자가 교육 목표 서술에 사용된 기존의 용어를 명확히 하고 목표 서술 용어를 객관화하여 학문간 정보를 상호 교환하고, 특정한 교육 계획에서 어떤 행동에 중점을 두어야 할 것인지를 파악하고, 교육 목표를 구체화하여 학습 경험을 계획하고 평가방안을 마련하려는 차원에서 시도된 결과물이다. 분류학의 주요 의의가 교육자 간의 의사소통 개선에 있으므로 교육 목표의 분류 순서에서도 논리적 분류체계와 심리적 분류체계보다 교육적 분류체계가 우선시되고 있다.103)

이런 두 가지 내용은 교육목표분류학을 활용할 때 고려할 지점이라고 할 수 있다. 즉 교육목표분류학에 타일러의 가정이 담겨 있고, 교육목표분류학이 교육 담당자 사이의 의사소통을 위해 시작되었다는 점은 교육목표분류학을 활용할 때 타일러의 이론에서 간과된 부분, 특히 교사와 학생의 의사소통에 관심을 가질 필요가 있음을 시사하고 있다.

---

103) B. S. Bloom 편저, 앞의 책, 8-9쪽. 두 번째인 논리적 분류는 용어를 분명히 정의하고 일관된 의미로 사용할 수 있게 하기 위해 고려되었다. 세 번째인 심리적 분류는 당시 공인된 심리학적 원리나 학설과 일치되도록 한 것이었다. 한편, 분류학에서는 가능한 한 모든 교육이론에서 나온 목표를 포함하는 체계를 구성하기 위해 교육원리와 철학에 대한 중립성을 지키면서, 학생의 행동을 기술하는 행태로 진술되었지만, 분류학이 의도된 행동을 분류하는 것이기 때문에 전적으로 중립적일 수 없다는 상반된 입장도 보였다(같은 책, 18쪽). 또한, 단, 사회적으로 용납되지 않는 좋지 못한 행동이나 비정상적인 행동, 그리고 자연적 또는 사회화되지 않은 행동은 분류학의 유목에서 제외되었다(같은 책, 3-4쪽, 13쪽, 15-16쪽.).

2 교육 목표의 진술

(1) 교육 목표 진술 방법론의 흐름

교육 목표의 설정에는 교육 목표의 도출 요소를 분석하고, 이것을 영역별로 분류하여 목표를 진술하는 작업까지 포함되어 있다. 그 때문에 적지 않은 연구자가 '교육 목표를 어떻게 진술할 것인가'의 문제를 고민해 왔다. 이 문제는 목표 진술 방법(Objective Statement Method)이라는 주제로 논의되고 있다.

목표 진술 방법론에는 크게 세 가지의 흐름이 있다. 첫 번째는 행동 위주로 목표를 진술해야 한다고 주장하는 흐름이다. 이런 흐름에는 주로 타일러(Ralph W. Tyler)의 이론, 블룸(Benjamin S. Bloom)의 교육목표분류학, 메이거(Robert F. Mager)의 행동목표 등으로 이어지는 미국 연구자의 이론이 포함되고 있다.[104] 손다이크(Thorndike), 왓슨(Watson), 훌(Hull), 스키너(B. F. Skinner) 등의 행동주의 심리학자가 포함되기도 한다.[105]

두 번째는 행동 위주의 목표 진술 방법을 지양해야 한다고 주장하는 흐름이다. 이런 흐름에는 주로 스텐하우스(Lawrence A. Stenhouse, 1926-1982), 켈리(A. V. Kelly, 1931-2010), 피터스(Richard S. Peters, 1919-2011), 래스(James D. Raths) 등 여러 영국 연구자의 논의가 포함되고 있다.

세 번째는 행동 위주의 목표 진술 방법이 가능한 영역과 가능하지 않은 영역을 구분해야 한다고 주장하는 흐름이다. 이런 흐름에는 하버드대학의 가드너(Howard E. Gardner, 1943-)와 논쟁을 벌였던 스탠포드대학의 명예교수인 아이즈너(Elliot W. Eisner, 1933-)의 '교육비평' 논의가 포함되고 있

---

104) 이용환, 「교육목표 분류학 비판」, 『교육연구』 8, 1982, 91쪽; 예상진, 「교수·학습 과정에서의 수업 목표 진술에 관한 이론적 접근」, 『경북전문대학 논문집』 8, 1989, 139쪽. 이용환에 따르면, 행동목표는 '관찰할 수 있는 하나의 실행목표'를 의미한다.
105) 엘리어트 아이즈너, 앞의 책, 145쪽.

다.106) 여기서 교육비평은 현상이나 경험을 묘사하고(기술), 설명을 통해 모종의 의미를 끌어내고(해석), 평가자의 가치판단을 근거로 기술(묘사)하고, 해석한 내용의 교육적 중요성을 따져 드러내고(평가), 비평 대상으로부터 주된 아이디어나 결론을 이끌어 내는 일(주제화)을 말한다.107) 이런 교육비평 개념은 '교육비평이 필요한 영역에서 행동 위주의 목표 진술이 지양되어야 한다.'는 주장의 토대가 되고 있다.

이상의 흐름을 보면, 대체로 미국의 연구자들은 주로 행동목표 진술 이론을 지지하고 있고, 영국의 연구자들은 행동목표 진술 이론을 비판하고 있고, 그 중간에서 아이즈너가 교육비평의 개념을 주장하고 있다. 그렇지만 각각의 입장은 그 근거를 가지고 있어, 향후의 교육 목표 진술 방법에 여러 시사점을 주고 있다. 이런 시사점을 파악하기 위해 타일러, 메이거, 그론런드 등의 행동 위주의 목표 진술 방법, 행동 위주의 목표 진술 방법에 반대하는 흐름, 그리고 양자의 중간에 있는 아이즈너의 논의를 살펴보면 다음과 같다.

(2) 행동 위주의 목표 진술 방법론
① 타일러의 이론 : 학습 내용과 학습자의 행동 변화

교육 목표를 행위동사로 진술해야 한다는 입장을 가진 첫 번째 인물은 타일러이다. 타일러는 '학습자의 행동 변화'라는 교육관을 전제로, 학습자의 행동 변화를 위해 무엇보다 '교육 목표의 설정'이 중요하다는 입장을 취하고 있다. 타일러가 '교육 목표의 설정'을 중시한 이유는 교육 목표가 행동 변화 지점을 진술하는 것이라고 보았기 때문이다. 타일러에게는 교

---

106) 이용환, 앞의 글, 104쪽.
107) 박승배, 『교육비평-엘리어트 아이즈너의 질적연구방법론』, 교육과학사, 2006, 67-77쪽. 클리포트 기어츠가 말하는 표층 기술(thin description, 간략 기술)은 '기술', 심층기술(thick description, 자세한 기술)은 '해석'에 해당된다(같은 책, 73쪽).

육과정도 '교육 목표의 달성에 필요한 수단일 뿐'이었고, 학습 경험의 선정과 조직, 평가도 교육 목표의 달성을 위한 것이었다고 할 수 있다.

교육 목표는 어떤 과정을 거쳐 설정될 수 있을까? 타일러에 따르면, 교육 목표의 설정에는 두 가지 단계가 필요하다. 하나는 교육 목표를 찾아내는 단계이다. 타일러는 학습자의 필요와 흥미, 학습자를 둘러싼 사회적 요구, 교과전문가의 견해 등 세 부분을 고려하여 교육 목표를 도출하고, 각 부분에서 도출된 목표의 조율을 위해 교육철학과 발달심리를 포함한 학습심리를 활용하여 최종적인 교육 목표를 찾아내야 한다고 주장하고 있다.

다른 하나는 교육 목표를 진술하는 단계이다. 타일러는 교육 목표가 적절히 진술될 때 학습 경험의 선정·조직과 교육 목표의 달성 정도에 대한 평가가 용이해진다고 주장한 바 있다. 여기서 교육 목표를 적절하게 진술한다는 것은 교육 목표에 '학습 경험의 내용과 그 결과로 인한 학습자의 행동', 즉 학습 내용과 도착점 행동인 학습자의 행동 변화를 함께 진술하는 것을 말한다. 특히 도착점 행동은 '학생의 행동 변화 지점'이므로 교육 목표의 진술에서 중요하게 여겨지고 있다.

교육 목표를 진술할 때 타일러가 중시한 부분은 학습자의 행동 변화를 알 수 있게 하는 것이다. 따라서 학습자의 행동 변화가 없는 형태의 목표 진술은 부적절한 것이다. 예를 들어, 타일러는 단순히 교사의 수업 내용을 진술하거나, 교과 내용을 나열한 형태의 목표 진술을 거부하고 있다. 그리고 '비판적 사고 능력의 함양'이나 '사회성의 개발' 등처럼 행동목표를 일반화시켜 서술하는 형태의 목표 진술도 행동을 응용할 수 있는 구체적인 영역이나 내용을 분명히 밝히지 못하므로 결점이 있다고 보고 있다.[108] 타일러가 주장한 교육 목표의 진술 방식을 정리하면 아래의 표와 같다.

---

108) Ralph Tyler, 『교육과정과 학습지도의 기본원리』(이해명 역), 교육과학사, 1998, 43-57쪽.

<표 15> 타일러의 교육 목표 진술 논리

이론	사례
학습내용 + 행동변화 (도착점 행동)	- <u>불교 의례</u>에 관한 <u>정보</u>를 <u>익힌다.</u> - <u>내세관</u>에 관해 <u>논리적으로 말할 수 있다.</u>

② 메이거의 이론 : 조건, 준거, 종착행동

교육 목표의 진술에 행위동사를 포함해야 한다는 입장을 가진 두 번째 인물은 메이거이다. 메이거는 아이오와 주립대학에서 심리학으로 박사학위를 취득한 후에, 1961년에『수업목표 준비(Preparing Instructional Objectives)』를 출판하였고, 계속해서 '훈련과 교육(training and education)'에 관한 연구를 수행하고 있다.

메이거는 타일러보다 교육 목표의 진술에 관해 엄격하고 정밀한 편이다. 교육 목표를 진술할 때 관찰·측정이 가능하고 대안적 해석이 불가능한 행동용어를 사용해야 하고, 행동이 나타나는 조건과 기준을 포함해야 한다는 주장에서 이런 엄격성과 정밀성을 확인할 수 있다.[109] 이런 입장은『수업목표 준비』(1961)라는 저서에 포함되어 있다.

『수업목표 준비』(1961)를 보면, 앞부분에는 해마가 행운을 찾으려고 길을 떠났다가 더 빠르게 갈 수 있게 해주겠다는 뱀장어, 그리고 우무가사리를 만나 돈을 털리고 상어의 먹이가 되었다는 이야기가 실려 있다. 이 이야기에는 '분명치 않은 목적지를 향해 길을 떠난다면 결국 알지도 못하는 곳에 이르게 된다.'는 경고의 메시지가 담겨 있다. 동시에 메이거가 교육에서 목표를 얼마나 중시하는지를 알려 주고 있다. 메이거에게 목표는 '원하는 변화가 피교육자에게 전달되기를 바라는 하나의 의도 - 즉 학습 경험을 성공적으로 마쳤을 때 피교육자가 어떻게 되었으면 하는 설명, 피교육

---

109) R. F. Mager, *Instructional Intend, Palo Alto*, Calif.: Fearson, 1962; R. F. Mager, *Preparing Instructional Objectives*, Third Edition, Atlanta, GA: Center for Effective Performance Press, 1997, p.50. p.70; 이용환, 앞의 글, 90-91쪽.

자가 시행할 것이라고 바라는 행동의 양식(작업)'이다. 따라서 목표가 명확해야 수업 과정이나 계획을 효과적으로 평가할 수 있고, 합당한 자료나 교수방법을 선택할 수 있다는 입장을 취하고 있다.[110]

메이거는 교육목표분류학의 활용에 관심을 보인 바 있다. 그 이유는 교육목표분류학이 평가를 쉽게 하고 의사소통을 원활하게 하는 장점을 가진다고 보았기 때문이다. 동시에 메이거는 교육목표분류학과 관련하여 교육목표를 '식별력(discrimination), 문제해결력(problem solving), 기억재생력(recall), 조작력(manipulation), 언어표현력(speech) 등으로 재분류하기도 했다.[111]

메이거의 주요 관심은 목표 진술 방법에 있었다고 할 수 있다.[112] 목표 진술 방법에 관한 메이거의 입장은 네 가지로 압축할 수 있다. 첫 번째는 교육 목표의 진술이 의미를 가지려면 'in ⇒ program(course) ⇒ out' 도식에서 프로그램에 해당하는 '절차와 내용에 관한 과정의 서술'에 그치면 안되고, '학습자가 과정을 마친 후에 과연 무엇을 할 수 있는지'를 포함해야 한다는 입장이다.[113] 메이거가 주장한 '의미 있게 진술된 목표'는 다음과 같다.

근본적으로 **의미 있게 진술된 목표란 그 목표를 기술하는 사람의 교수 의도가 독자에게 성공적으로 전달되는 것**을 말한다. 즉 목표를 진술하는 사람이 자기 마음속에 가지고 있는 어떤 상(像)을 (성공적인 학습자는 어떠해야 하겠다고 하는) 전달하였을 때, 다른 사람도 이를 보고 똑같은 상(像)을 가질 수 있게 된다면 그 목표의 진술은 의미 있는 것이 된다. … 여러분이 찾고 있는

110) Robert F. Mager, 『학습지도를 위한 행동적 수업목표의 설정(Preparing Instructional Objectives)』(정우현 역), 교육과학사, 1983, 17쪽.
111) 예상진, 앞의 글, 137-138쪽.
112) Robert F. Mager, 앞의 책, 128쪽, 메이거는 이 부분에서 목표에 관해 더 깊이 연구하려는 사람은 『교육목표 분류학(Ⅰ)』과 『교육목표 분류학(Ⅱ)』를 참고하라고 조언하고 있다.
113) 위의 책, 25쪽.

것은 여러분 자신이 이해하고 있는 의도를 정확히 전달할 수 있는 어휘의 집단과 상징일 것이다. 예를 들면 만일 **여러분이 어떠한 목표를 가지고서 다른 교사로 하여금 그 목표대로 가르치게 하였을 때, 그 결과로 나타나는 학생의 행위가 여러분의 마음속에 가지고 있던 것과 같다고 하면 여러분은 목표를 상당히 의미 있게 전달시킨 것이다.**114)   (강조-필자)

두 번째는 의미 있는 목표 진술이 '소통에 성공한 진술'이라는 입장, 즉 목표 진술이 목표 진술자와 학습자 사이의 '소통'을 위해 필요하다는 입장이다. 이런 소통은 어떻게 이루어질까? 메이거가 말한 소통은 학습자가 진술자의 의도를 '그대로' 수용하는 것이고, 목표를 진술한 낱말의 의미를 정확하게 감지하는 데에서 시작되고 있다. 이런 맥락에서 메이거는 다음과 같이 다의적 단어와 명확한 의미를 가진 단어의 사례를 대비한 바 있다.115)

<표 16> 교육 목표 서술어의 대조(메이거)

여러 가지로 해석할 수 있는 말들		해석의 범위가 보다 협소한 말들	
- 안다 - 이해한다 / 진실로 이해한다 - 인식한다 - 충분히 인정한다	- ~의 의미를 파악한다 - 즐긴다 - 믿는다 - ~을 신뢰한다.	- 쓴다 - 낭독한다 - 구별한다 - 확인한다 - 푼다 · 해결한다	- 작성한다 - 열거한다 - 비교한다 - 대조한다.

메이거는 교육 목표의 소통을 위해 '다의적으로 해석될 수 있는 소지'를 줄여야 한다고 보고 있다.116) 교육 목표에서 다의적 단어를 아예 제외시켜야 한다는 주장이 아니라 다의적인 단어를 사용한다고 하더라도 학습 이후의 결과를 명시해야 한다는 입장이다. 예를 들어, 이해한다거나 인식한다는 단어를 사용할 때 학습자가 어떤 행위를 할 것인지(끝맺음 행동)까지

---

114) 위의 책, 35-37쪽.
115) 위의 책, 37쪽.
116) 이종승, 앞의 글, 47-48쪽.

포함시켜 '암시적 진술'이 아니라 '명시적 진술'이 되도록 해야 한다는 것이다. 그와 관련하여, 메이거는 끝맺음 행동이 포함된 명시적 진술에는 목표 달성의 증거로 받아들일 수 있는 행동의 종류, 원하는 행동이 발생할 기대 조건, 그리고 수락할 수 있는 시행적 행위의 기준(수락한계) 등 세 가지 항목을 구체적으로 명시해야 한다고 주장하고 있다.[117]

세 번째는 소통을 위해 목표 진술에 끝맺음 행동(terminal behavior)과 기준(criterion)[118]을 포함시켜야 한다는 입장이다. 여기서 끝맺음 행동은 '교육 이후에 교사가 기대하는 피교육자의 행동', 즉 기대 행동을 말한다. 그리고 기준은 '끝맺음 행동을 평가할 수 있는 표준 또는 준거'를 말한다.[119] 교육 목표 진술에 끝맺음 행동이 포함되어야 하는 이유에 대해 메이거는 다음과 같이 설명하고 있다.

> 한 목표의 진술은 학습자가 그 목표를 완수한 후 시위를 통하여 그가 어떤 일을 할 수 있고, 숙련의 정도를 이행할 수 있는 힘은 얼마나 갖고 있느냐를 보여 주었을 때 비로소 유용한 것이 된다. **누구든지 다른 사람이 무엇을 알고 있는가를 알아보기 위해 그의 마음속을 들여다 볼 수 없기 때문에 단지 학습자의 행동이나 시행적 행위의 어떤 측면을 관찰함으로써만이 그의 지력이나 기술의 상태를 추단(推斷)할 수 있을 것이다.** 여기서 사용되는 행동<behavior>이란 말은 명확한 활동을 뜻한다. 이때에 학습자의 행동이나 시행적 행위는 언어적인 것일 수도 있으며, 비언어적인 것일 수도 있다. … 그러나 **어떤 방법**

---

117) Robert F. Mager, 앞의 책, 39-41쪽, 137쪽. 목표 진술에 '인식한다', '이해한다'라는 낱말을 사용하고 그 낱말이 무엇을 뜻하는지 설명을 붙일 수도 있지만, 교과 과정에서 전체 목표에 포함시킨 후에 다시 그 의도를 소통시키기 위해 필요한 구체적 진술을 많이 기술할 수도 있다(같은 책, 40쪽.).

118) 기준이 되는 행동을 표현하는 방법에는 "적어도 7개의 1차 방정식을 30분 동안에 정확히 풀 수 있다."처럼 시간을 제한하는 방법(위의 책, 117쪽.), "학습자는 적어도 40개의 뼈를 정확하게 확인해야 한다."처럼 수를 제한하는 방법(같은 책, 125쪽.), "학생은 Brand X에 있는 성분을 추천하고 있는 뉴욕 의사들의 이름과 주소를 최소한 2/3는 쓸 수 있어야 한다."처럼 행위의 중요한 특징을 명확히 밝히는 방법(같은 책, 127쪽.) 등이 있다.

119) 위의 책, 15쪽.

이 사용되던 간에 교사(programer)는 학습자의 시행적 행위의 관찰을 통하여서만이 그의 지력의 상태와 상황을 판단할 수 있으리라고 본다.[120]

(강조-필자)

이처럼 일종의 기대 행동인 끝맺음 행동을 목표 진술에 포함시킨다면, 학습자는 목표에 도달하기 위해 어떻게 노력해야 하는지를 알 수 있게 된다. 예를 들어, 교육 목표를 '어떤 제어 장치의 조작을 위한 비판적 이해력을 발달시킨다.'고 진술하면 학습자는 비판적 이해력이 무슨 의미인지 알 수 없고, 그에 따라 목표에 도달하기 위해 어떻게 노력해야 하는지도 알 수 없게 된다. 그에 비해 교육 목표를 '학습자가 학습을 끝마쳤을 때, 제어 장치 앞에 있는 조종 장치의 이름을 하나씩 대면서 그 기능을 확인할 수 있어야 한다.'고 진술하면 학습자는 목표 성취를 위해 무엇을 해야 하는지를 구체적으로 알 수 있게 된다. 메이거는 이런 방식으로 목표를 진술해야 소통이 가능하다고 보고 있다.[121]

메이거는 끝맺음 행동도 행위동사로 진술해야 소통이 가능하다고 보고 있다. 예를 들어, '2차 방정식을 풀 수 있다.'는 목표 진술은 학습자가 해야 할 행동 또는 시행적 행위를 표현하고 있다. 그에 비해 '음악 감상력을 발달시킨다.'라는 목표 진술에는 행동이 포함되어 있지만 학습자가 목표를 달성했을 때 무엇을 하고 있는가(doing), 즉 학습자가 해야 할 행동 또는 시행적 행위가 빠져 있다. "학습자는 바하의 음악을 듣고 있을 때 황홀경에 젖어 한숨을 쉰다." 등처럼 음악 감상의 증거가 되는 행동의 일면이 없다는 것이다. 메이거의 요점은 '아무리 가치 있는 목표라고 하더라도 목표가 막연하게 진술된다면 학습자가 목표 진술자의 의도를 전혀 알 수 없으므로 의사 전달에 실패한 목표가 된다.'는 내용으로 정리할 수 있다.[122]

---

120) 위의 책, 43쪽.
121) 위의 책, 43-45쪽.
122) 위의 책, 47-51쪽. "증폭기가 어떻게 작용하는가를 안다."라는 목표 진술도 '안

"이해한다", "안다", "인식한다" 등과 같은 모호한 말로 목표를 세우고서 여러분의 마음속에 있는 뜻을 학생들이 알아맞추기를 기대하는 것보다 학생들을 위해서라도 여러분은 성취의 증거로서 받아들이게 될 그러한 종류의 활동을 명확하게 (여러분 자신을 위해서라도) 목표 속에 밝혀 놓아야 할 것이다.[123]

(강조-필자)

네 번째는 목표 진술에서 끝맺음 행동을 구체화시키는 것만으로 오해를 충분히 막을 수 없으므로 교육적 의도의 성공적인 소통을 위해 목표 진술에 끝맺음 행동과 기준을 검증할 조건을 진술해야 한다는 입장이다. 여기서 조건은 "~이 주어졌을 때…, 적절하게 기능을 하는 상황 하에서…, 참고물의 도움 없이…, 계산자의 도움 없이…, 도구의 도움 없이…" 등의 표현을 말한다. 예를 들어, "상관계수를 계산할 수 있다."는 목표 진술은 끝맺음 행동을 포함하고 있지만 검증 조건이 빠져 있어 학습자의 잘못된 해석으로 이어질 수 있다. 이런 목표 진술로는 학습자가 어떤 종류의 상관계수를 계산해야 하는 것인지, 정확한 해답만을 얻는 것이 중요한 것인지 등을 알 수 없기 때문이다. 목표 진술에 검증 조건이 필요하다는 주장의 요점은 끝맺음 행동을 다른 행동으로 이해할 수 없을 만큼 명확하게 기술해야 한다는 내용으로 정리할 수 있다.[124]

이런 네 가지 입장은 메이거가 제기한 세 가지 질문을 통해 다시 확인할 수 있다. 메이거는 목표의 명료성과 완전성을 검증하기 위해 다음의 세

다'고 할 때 그 학습자가 무엇을 할 것인가가 빠져 있어 그 의미가 다양하게 해석되어 목표 진술자와 독자, 그리고 독자 사이에 소통되지 않는다(같은 책, 57쪽, 61쪽.). "논리학의 정칙을 이해한다."라는 목표 진술에서도 '이해할 때' 그 학습자가 무엇을 하고 있을까에 대한 부분이 빠져 있다. 그에 따라 학습자는 '논리적 정칙들을 이해할 때' 정칙들을 암송하거나, 기록하거나, 논리적으로 문제를 해결하는 등의 다양한 반응을 보일 수 있다. 이 목표는 아무 것도 말해주지 못하고 있다(같은 책, 65쪽.).

123) 위의 책, 71쪽.
124) 위의 책, 71-75쪽.

가지 질문이 유용하다고 주장하고 있다.

1. 학습자가 목표에 도달했음을 시위할 때 그 진술은 **학습자가 무엇을 하고 있어야 할 것인가를 표현**하고 있는가?
2. 그 진술은 학습자가 **그의 능력을 나타내기를 바라는 중요한 상황(허용된 것 혹은 제한된 것 혹은 그 두 가지 다)을 표현**하고 있는가?
3. 그 진술은 학습자가 **어떻게 평가될 것인가를 나타내고 있는가? 그 진술은 최소한으로 수락할 수 있는 시행적 행위의 하한계를 나타내고 있는가?**[125]

(강조-필자)

이상의 내용을 정리하면, 메이거가 제시한 교육 목표 진술 방법은 '검증 조건, 기준(내용), 끝맺음 행동(기대 행동)'으로 구성된다고 할 수 있다. 그리고 이런 진술 방법을 종교교과교육의 목표 진술에 적용해보면 다음과 같은 형태의 진술이 가능하다.

<표 17> 메이거의 교육 목표 진술 논리

이론	사례
조건 + 기준 + 끝맺음 행동	- 불교 의례의 목록이 주어졌을 때(조건), 학생은 최소한 3개 이상의 <u>의미를 파악하여(기준), 노트에 진술할 수 있다</u>(끝맺음 행동). - <u>내세관에 관해 발표할 때(조건), 학생은 최소한 2개 종교의 내세관을 비교해서(기준), 설명할 수 있다</u>(끝맺음 행동).

그렇지만 메이거는 '검증 조건, 기준(내용), 끝맺음 행동(기대 행동)'이라는 세 가지 항목이 반드시 모든 목표 진술에 언제나 포함될 필요는 없다고 보고 있다. 세 가지 항목이 목표를 명시적·구체적으로 진술하는 데에 도움을 주지만, 메이거의 목적은 '진술자의 의도가 그대로 전달될 수 있는 목표의 진술'에 있기 때문이다.[126]

메이거가 제시한 교육 목표 진술 방법에 강점만 있는 것은 아니다. 메이

---

125) 위의 책, 133쪽.
126) 위의 책, 41쪽.

거의 이론은 목표를 지나치게 세분화시켜 그 적용범위가 극히 하위수준의 행동에만 치중되어 있다는, 따라서 상위수준의 교육 목표가 간과되기 쉽다는 비판을 받고 있다. 또한, 목표 달성의 수락기준을 객관적으로 타당하게 설정하기 어렵다는 비판도 받고 있다.[127] 이런 비판은 교육 목표를 매우 구체적이고 명확하게 진술해야 한다는 메이거의 이론적 강점에서 비롯되고 있다.

이런 비판에도 불구하고, 메이거의 이론은 교육 목표 진술에서 두 가지에 주목해야 한다는 것을 시사하고 있다. 하나는 교육 목표를 진술할 때 진술자와 독자 사이의 명확한 소통이 필요하다는 점이다. 실제로 교육과정의 목표 진술자와 교사, 수업 목표 진술자(교사)와 학습자 사이에 교육 목표에 관한 명확한 소통이 없다면 교육 목표에 관해 다른 수준의 이해가 생기고, 결과적으로 교육 목표의 달성이 어려워질 수 있다. 이 부분은 블룸 등의 교육목표분류학이 연구자나 교육자 사이의 소통을 목표로 제작되어 상대적으로 학습자와의 소통에 소홀했다는 점을 고려하면 중요하다고 할 수 있다.

다른 하나는 학습자가 교육 목표에 도달하기 위해 무엇을 해야 하는지를 구체적으로 알 수 있게 해야 한다는 점이다. 즉 학습자가 목표 도달을 위해 '어떤 환경에서, 무슨 내용을 학습해야 하고, 학습 이후에 어떤 행위를 해야 하는지'를 명확하게 알 수 있도록 해야 한다는 것이다. 이런 시사점은 교육 목표의 진술자 또는 교사와 학습자 사이의 명확하고 원활한 소통을 전제로 하고 있다. 소통이 이루어지지 않으면 학습자가 목표 도달을 위해 구체적으로 무엇을 할 수 있는지에 관해서도 알 수 없기 때문이다.

---

127) 이종승, 앞의 글, 48-49쪽.

③ 그론런드의 이론 : 조건, 준거, 종착행동

교육 목표의 진술에 행위동사를 사용해야 한다는 입장과 관련하여 세 번째로 살펴볼 인물은 일리노이대학의 교육심리학 교수인 노만 그론런드(Norman E. Gronlund)이다. 그론런드는 행동적 수업 목표 진술 방법론과 교육평가 전공자로 알려져 있다.[128]

그론런드는 수업 목표를 가르칠 활동이나 과정보다 획득될 학습 결과, 즉 '수업으로부터 기대되는 결과의 종류(형태)를 기술'하는 것이 가장 효과적이라는 입장을 취하고 있다.[129] 이런 입장은 '수업 목표 = 의도된 학습 결과'라는 관점에서 나온 것이라고 할 수 있다.[130] 수업 목표가 의도된 학습 결과와 동일하다면 수업 목표를 진술할 때에 그 학습 결과를 포함시켜야 하기 때문이다. 예를 들어, 이런 관점에서는 '도표와 그래프 사용의 숙련도를 증가시키기'보다 학습 결과를 포함시켜 '도표와 그래프를 기술적으로 설명하기'가 바람직한 목표 진술이 될 수 있다.

그론런드는 수업 목표, 즉 학습 결과의 진술 방법을 두 가지 형태로 구분하고 있다. 하나는 학생이 수업 이후에 보여야 할 구체적인 행동을 열거하는 형태이다. 다른 하나는 일반적 수업 목표를 진술한 후에 목표를 명확히 하기 위해 그 목표를 달성했다는 증거로 받아들일 수 있는 구체적인 행동표본을 열거하는 형태이다. 다음의 표를 보면 양자의 차이를 확인할

---

128) 장언효, 「행동적 수업목표에 대한 소고」, 『교육논총』 2, 국민대학교 교육연구소, 1983, 62쪽; 전정태, 「행동적 수업목표 설정에 관한 소고」, 『교육연구』 9, 조선대학교 교육연구소, 1986, 75-76쪽; 신재한, 「교과지식 영역에 따른 대안적 수업목표 분류 방안 탐색」, 『한국교육논단』 4-2, 한국교육포럼(아시아태평양교육학회), 2005, 111-112쪽. 그론런드의 행동적 수업목표 진술 방법론은 한국에서도 교실 수업과 목표를 진술하는 데에 유용한 방법으로 소개된 바 있다.
129) Norman E. Gronlund, 『행동적 수업목표 진술』(손충기 옮김), 문음사, 1987, 15쪽. 행동의 종류는 학생이 학습한 것을 보여줄 수 있는 것이며, 형태들을 구분하기, 기술하기, 열거하기, 시범하기 등을 말한다(같은 책, 16쪽.).
130) 위의 책, 33쪽.

수 있다.[131]

<표 18> 학습 결과로 목표를 진술하는 두 가지 방법

(1) 구체적인 행동을 열거하기	(2) 일반적 수업 목표 진술 후, 구체적인 행동표본을 열거하기	
1. 자신의 말로 각각의 전문적 용어를 정의하기 2. 문맥에서 사용된 각 전문적 용어의 뜻을 밝히기 3. 의미가 비슷한 전문적 용어들을 구분하기	**1. 전문적 용어의 의미를 이해하기** 1.1 자신의 말로 용어를 정의하기 1.2 문맥에서 사용한 각 전문적 용어의 뜻을 밝히기 1.3 의미가 비슷한 전문적 용어들을 구분하기	**1. 전문적 용어의 의미를 이해하기** 1.1 전문적 용어와 보통개념을 관련짓기 1.2 원문에서 각 용어를 사용하기 1.3 용어들 간의 유사점, 차이점을 지적하기

위의 표에서 주의할 부분은 두 번째 형태라고 할 수 있다. 두 번째 형태에서 목표에 해당하는 진술은 '전문적 용어의 의미를 이해하기'이다. 그 아래에 진술된 '정의하기, 뜻을 밝히기, 구분하기, 관련짓기, 사용하기, 지적하기' 등은 목표가 아니라 일반적인 수업 목표를 달성했다는 것을 증명할 수 있는, 즉 목표 달성의 증거로 받아들일 수 있는 행동표본에 불과하다.[132]

수업 목표 진술의 두 가지 형태 가운데 그론런드는 두 번째 형태를 지지하고 있다. 한 가지 목표 진술문을 사용하는 형태보다 일반적 수준의 목표를 진술하고 다시 이 진술을 구체화하는 형태가 학습 결과로서의 수업 목표에 주목하게 하고, 수업 목표의 의미를 보다 분명하게 만든다고 보기 때문이다.[133] 따라서 그론런드의 수업 목표 진술 방법에서 먼저 이루어지

---

131) 위의 책, 21-24쪽. 일반적인 목표 아래에 제시된 구체적 행동형태의 진술은 학습할 교과(내용)를 기술하는 것이 아니라 교과에서 '반응하기를 기대하는 방식'을 기술하고 있다는 점을 유의할 필요가 있다(같은 책, 98쪽).

132) 위의 책, 23-24쪽. 그론런드는 '일반적인 학습 결과로서 수업 목표를 진술하기', '각 수업 목표 아래에 목표의 달성을 지시하는 행동의 구체적인 종류의 대표적인 표본을 열거하기'라는 두 단계의 과정을 거쳐 행동의 종류를 표집하면 학습 결과를 분명히 하는 데에 도움이 된다고 지적한다(같은 책, 26쪽).

는 부분은 일반적인 목표를 진술하는 일이다.

그론런드는 일반적인 목표를 진술할 때 두 가지 문제를 고려해야 한다고 주장하고 있다. 하나는 일반적인 수업 목표를 진술할 때 공통된 오류를 피해야 하는 문제이다. 여기서 공통된 오류는 네 가지를 말한다. 첫 번째는 교사의 행동(예: 학생의 독서능력을 증진시키기)보다 학생의 행동(예: 지정된 독서 자료를 이해하기)을 진술하여 심리적으로 불분명한 느낌을 주는 오류이다. 두 번째는 학습 결과(예: 새로운 상황에 기본원리를 적용하기)보다 학습과정(예: 기본원리에 관한 지식을 습득하기)을 진술하여 학습 경험의 계획·수행·평가를 위한 학습 결과의 성격을 분명히 제시하지 못하는 오류이다. 세 번째는 교과서의 목차(예: 전기의 원리)만을 간단히 제시하는 오류이다. 네 번째는 일반 목표를 진술할 때 한 종류의 학습 결과(예: 문제해결에서 타당한 실험과정을 밟기)가 아니라 많은 종류의 행동(예: 과학적 방법을 알고 그것을 효과적으로 적용하기)을 포함시키는 오류이다.[134]

다른 하나는 일반적인 수업 목표를 진술할 때 일반성의 적절한 수준을 설정해야 하는 문제이다. 이는 목표와 행동표본의 구별 문제이기도 하다. 그론런드는 일반성의 적절한 수준을 판단하는 기준을 별도로 제시하기보다 이 판단을 위한 여섯 가지 지침을 제시하고 있다.

1. **동사(알다, 이해하다, 평가하다 등)로 각 일반적 수업목표를 시작**한다. "학생들은 ~을 할 수 있다"나 "학생들은 ~을 할 수 있는 능력을 갖는다"와 같이 지나치게 자세하게 진술할 필요는 없다.
2. 각 목표를 **학생의 성취라는 측면**(교사의 행동보다는)에서 진술한다.
3. 학습과정보다는 **학습 결과로서** 각 목표를 진술한다.
4. 각 목표를 **종착점 행동을 지시할 수 있도록**(수업 중 다루게 될 교재가 아니

---

133) 위의 책, 18쪽.
134) 위의 책, 27-33쪽.

라) 진술한다.

5. 각 목표는 몇 가지 결과의 조합으로 구성되기보다 **한 가지 일반적인 학습 결과만을 나타내도록** 진술한다.

6. 각 목표는 기대하는 **학습 결과를 명백하게 지시하고 학생의 구체적인 행동을 통하여 쉽게 확인할 수 있는** 적절한 일반성의 수준에서 기술한다. 일반적 수준의 수업목표는 **한 단원에서 대략** 8개에서 12개 정도의 **목표가 포함되도록** 진술하면 충분할 것이다.[135]   (강조-필자)

이상의 내용을 보면, 그론런드가 수업 목표를 진술하는 방식은 두 가지라고 할 수 있다. 하나는 우선 일반적인 학습 결과가 나타나도록 '알다, 이해하다, 적용하다, 평가하다, 비판적으로 사고하다' 등을 사용하여 일반적인 수업 목표를 진술하는 방식이다. 다음으로, 이런 일반적인 학습 결과가 무엇을 의미하는지를 구체적인 학생 행동으로 드러내는 방식이다.

그론런드는 일반적인 학습 결과를 구체적인 학생 행동으로 드러내야 한다는 주장과 관련하여 네 가지 주의할 점을 제시하고 있다. 그 내용은 '구체적인 결과를 행동적 용어로 진술하고, 대표적인 행동표본을 획득하고(만들기), 구체적인 행동의 적절성을 확인하고, 필요에 따라 일반적 목표를 수정하는 작업'이다.[136] 이 내용을 구체적으로 살펴보면 다음과 같다.

첫째, 구체적인 결과를 행동용어로 진술할 때는 '관찰 가능한 행동을 지적하는 동사'를 사용해야 한다. 예를 들어, '청결의 중요성을 인식하기'라는 진술이 구체적인 학습 결과의 목록에 포함되는 것은 바람직하지 않다. 왜냐하면 이런 진술에는 학생이 청결의 중요성을 인식하고 있다는 것을 '어떻게 보일 수 있을지'가 분명하지 않기 때문이다.

둘째, 대표적인 행동표본을 만들 때는 몇 개의 학습 결과를 열거할 것인지에 관해 미리 결정해야 한다. 그론런드는 이런 판단을 위해 어떤 규칙을 제시하지 않고 있다. 그 이유는 가르칠 주제의 성격, 학생의 학년수준 등에

---

135) 위의 책, 36-37쪽.
136) 위의 책, 39-47쪽.

따라 판단 기준이 달라질 수 있다고 보기 때문이다.

셋째, 구체적인 행동의 적절성을 확인할 때는 '수업 목표에 적절한' 행동 종류를 한정하려고 노력해야 한다. 구체적인 학습 결과의 목록은 일반적인 수업 목표를 실현한 결과물이자 증거이므로 어떤 종류의 행동이 수업 목표와 무관하다면 굳이 학습 결과의 목록에 포함될 이유가 없다고 보기 때문이다.

넷째, 구체적인 행동표본을 통해 다시 일반적인 수업 목표를 평가·수정할 수 있어야 한다. 이는 목표 진술이 일반적인 목표를 정하고 그 목표에 적절한 학습 결과의 목록을 결정하는 것으로 끝나지 않고, 학습 결과의 목록이 다시 일반적인 목표의 평가 자료가 되어야 한다는 주장이다. 이런 주장은 그론런드가 목표 진술 과정을 일반적인 목표와 구체적인 학습 결과 목록의 상호 피드백 관계로 이해하고 있음을 보여주고 있다.

이런 목표 진술 방법론은 실제 수업 목표를 진술할 때 어떻게 적용될 수 있을까? 이 방법론은 이미 수업 목표를 진술하는 과정에서 종종 활용되고 있다. 그론런드도 일반적인 수업 목표와 행위동사로 진술된 구체적인 학습 결과의 목록을 제시하고 있다. 그 내용은 다음과 같다.[137]

<표 19> 일반적 수업 목표와 학습 결과의 목록(예시)

일반적인 수업 목표	구체적인 학습 결과의 목록	비고 (행동적 용어)
(미국 역사와 같은) 구체적인 사실을 알기	1. 주요 날짜, 사건, 장소, 그리고 사람을 지적하기 2. 특정 시대적 특징을 기술하기 3. 연대순으로 중요한 사건을 나열하기 4. 사건과 주요 이유를 관련짓기	- 지적하다 - 기술하다 - 열거하다 - 관련짓다

그론런드의 목표 진술 방법론을 종교수업에 적용한다면 종교수업의 목

---

137) 위의 책, 39-41쪽.

표는 어떻게 진술될 수 있을까? 그와 관련하여, 다음과 같은 목표 진술의
예시를 제시할 수 있다.

<표 20> 그론런드의 교육 목표 진술 논리

이론		사례	비고
일반적 목표	내재적 동사	- 종교와 사회 문제의 관계를 자신의 말로 <u>정의할 수 있다.</u> - 종교사회학 등 관련 용어를 <u>정의할 수 있다.</u>	안다, 이해한다, 적용한다, 감 상한다, 평가한다
구체적 행동 목록	관찰 가능한 행위동사	- 사회에서 발생하는 종교 문제를 해 <u>결할 수 있다.</u>	확인한다, 기술한다, 열거한 다, 관련짓는다, 정의한다, 찾 아낸다, 구별한다, 구분한다

그론런드가 구체적인 학습 결과의 목록을 진술할 때 행위동사를 사용해
야 한다고 주장한다고 해서 반드시 수업 목표를 관찰 가능한 행위동사로
만 진술해야 한다고 주장하는 것은 아니다. 사고기술, 태도, 평가력 등과
관련된 목표처럼 그 의미를 분명하게 규정하기 어려운 경우에는 보다 신
중을 기해야 한다는 입장을 가지고 있기 때문이다.[138]

그론런드가 수업 목표를 선정할 때 활용하는 기준은 무엇일까? 바로
교육목표분류학이다. 그론런드는 교육목표분류학이 학생 행동의 변화와
관련된 학습 결과를 가장 잘 기술할 수 있고, 수업 목표를 명확히 하고
구체화하는 데에 유용하다고 보고 있다.[139] 그리고 교육목표분류학을 활
용하여 일반적인 수업 목표와 구체적인 학습 결과를 진술하기 위한 행동
용어의 예를 도표로 제시하고 있다.[140] 다만, 여러 영역의 요소를 포함한

---

138) 위의 책, 42-48쪽.
139) 위의 책, 51쪽.
140) 위의 책, 55-63쪽. 교육목표분류학의 주요 범주에 대한 그론런드의 서술을 보면,
인지적 영역의 경우, 지식은 '이전 학습 자료의 기억하기', 이해력은 '자료의
의미를 파악하는 능력'(설명·요약·효과예측·자료변형), 적용력은 '새롭고
구체적인 상황에서 학습한 자료를 사용할 수 있는 능력', 분석력은 '조직적인
구조를 이해하기 위해 자료를 구성요소로 나눌 수 있는 능력', 종합력은 '부분

목표가 있을 수 있으므로 분류학이 완전한 것이라기보다 '지침'으로 활용되어야 한다는 입장도 밝히고 있다.141)

실제로 그론런드는 수업 목표를 선정하여 학습 결과의 목록을 만드는 과정에서 적절한 수업 목표의 아이디어를 찾기 위해 각종 연구지, 다른 학교의 교육과정지침서, 교과서의 내용 등과 함께 교육목표분류학을 활용하고 있다. 그론런드는 이렇게 찾아낸 아이디어를 수업 목표로 선정하는 과정에서 적절성과 대표성을 고려해야 한다고 보고 있다. 그리고 최종 수업 목표 목록을 위한 선택 기준으로 적절성과 대표성뿐 아니라 성취가능성, 학교 전체 프로그램과의 관련성, 학습에 관한 기본적 원리와의 일치성 등 모두 다섯 가지를 제시하고 있다.142)

을 새로운 전제의 형태로 구성하는 능력', 평가력은 '주어진 목적을 위한 자료에 대한 가치판단 능력'이다(같은 책, 55-56쪽.). 정의적 영역의 주요 범주의 경우, 감수는 '특별한 현상이나 자극에 주의를 기울이는 것', 반응은 '학생의 적극적인 반응(참여)', 가치화는 '학생이 특별한 대상·현상·행동 등에 대해 갖는 가치', 조직화는 '서로 다른 가치를 수용·검토하고 그들 간의 갈등을 해결하며 내면적으로 일관된 가치관을 형성하는 것', 가치 혹은 가치복합에 의한 성격화는 '성격적인 생활방식을 발전시켜 자신의 행동을 통제하는 가치관을 지니는 것' 등으로 서술된다(같은 책, 59-60쪽.). * 이 도표는 이종승의 논문에 거의 그대로 실려 있다.

141) 위의 책, 64-65쪽. 그와 관련하여, 동일한 행동적 용어가 인지적 영역의 범주별로 다르게 이해되는 경우도 있다. 예컨대, '알다'라는 행동적 용어는 지식에서는 '용어에 대한 올바른 정의를 내리기', 이해에서는 '원리에 관한 예를 들기', 적용에서는 '적당한 문법의 용법을 알기', 분석에서는 '문장의 단락을 나누기' 등으로 중복될 수 있다(같은 책, 53-54쪽).

142) 위의 책, 67-79쪽. 수업 목표 목록을 위한 선택기준에 필요한 질문은 다섯 가지로 제시된다. ①수업 목표가 수업영역(교과)에 일치하는 학습 결과를 지시하는가?(적절성) ②목표들이 논리적으로 모든 영역(인지적·정의적·신체운동 영역)의 학습 결과를 반영하고 있는가?(종합성과 대표성 관련 질문) ③목표들이 학생에 의하여 성취될 수 있는가?(학생의 능력과 문화적 배경에 대한 고려) ④수업 목표가 학교의 철학과 조화를 이루는가? ⑤수업 목표가 학습에 관한 기본원리와 조화를 이루는가?(교육심리학적 접근) 마지막 질문에서 기본원리로는 학생의 학습 준비 상태, 동기(필요와 흥미의 반영 정도), 파지(把持) 정도, 전이가(傳移價) 등이 제시된다(같은 책, 74-78쪽).

그론런드는 수업 목표를 학생에게 최저 요구수준을 강조하는 경우와 좀 더 복잡하지만 학생별 지적 발달 수준을 고려한 경우로 구분하고 있다. 그렇지만 실제로 교실 수업에서는 어느 한 쪽을 택하기보다 두 가지 형태를 함께 고려하여 수업 목표의 목록을 준비해야 한다는 입장을 취하고 있다. 그럼에도, 수업 목표를 두 형태로 구분하는 이유는 서로 다른 수업방법과 평가방식이 필요하다고 보기 때문이다.143)

이 가운데 최저 요구수준을 강조하는 수업에서는 미리 결정된 목표에 맞추어 학생의 행동을 변형시키려는 의도가 있으므로 최저 성취 수준이 분명하게 규정되고 있다. 그에 관한 평가도 일대일 방식으로 이루어진다. 이런 형태에는 메이거(Mager)가 강조한 프로그램화된 학습과 훈련 수준의 수업이 포함되어 있다. 그렇지만 이 모형은 다양한 지적 발달수준을 고려한 교수와 평가에 적당하지 않다는 평가를 받고 있다. 그리고 최저 성취 수준의 표준 설정 기준이 정해진 것이 아니므로 교사가 과제곤란도, 학생 집단의 성격과 학습조건 등을 바탕으로 자신의 주관적 판단에 의존할 수밖에 없다는 비판도 받고 있다.144)

그에 비해 발달수준에 강조점을 두는 수업의 목표 진술에는 '성취할 구체적인 과업'이 아니라 모든 종류의 반응이 포함되고 있다. 그리고 평가방식도 일대일이 아니라 다양한 형태로 이루어진다. 예를 들어, '과학적 원리를 이해하기'가 일반적 목표로 진술되고 '자신의 말로 원리를 진술하기'가 구체적인 행동 목록에 포함된 수업의 경우, 일대일 평가 방식을 적용한다면('자신의 말로 원리를 진술하라') 학생이 학습 내용 이상의 것을 말할 수 없게 되어, 이 답변이 과학적 원리를 이해했다는 '일반적 목표의 증거'가 될 수 없다고 보고 있다. 따라서 발달수준을 강조하는 수업에서는 수업의 일반적 목표를 지향하되, 그 목표가 '학습 결과 또는 증거'로 나타

---

143) 위의 책, 81-83쪽, 92쪽.
144) 위의 책, 83-85쪽.

나는 모든 종류의 반응을 포함하게 된다.145)

그론런드는 이런 두 가지 다른 수준의 수업에서 교수와 평가가 수업 목표와 어떻게 관련되는지를 도표로 제시하고 있다. 그 내용은 다음과 같다.146)

<표 21> 두 가지 다른 수준의 수업 목표와 교수와 평가의 관계 비교

	최저 요구수준	발달수준
교수의 주안점	미리 정해진 최저 성취수준에 맞도록 학생의 행동을 변경시키는 것	학생이 성취할 수 있는 최대 발달수준을 향하여 각 학생을 고무시키고 이끌음
수업 목표의 성격	성취되어야 할 제한되고, 구체적이며 완전하게 정의된 과업	방향을 제시해주고, 구체적인 행동의 대표적 표본에 의하여 정의된 일반적인 목표
수업 목표와 수업의 관계	**수업은 목표로 진술된 구체적인 행동을 향하여 곧장 진행된다. 각 구체적인 행동은 1:1 기초에서 가르쳐진다.**	**수업은 특수한 표본에 열거된 행동을 향하기보다 목표를 나타내는 행동의 일반적 종류(범주)를 향해 진행된다.**
목표와 측정의 관계	각 구체적인 행동은 1:1의 기초 위에서 직접적으로 측정된다. 측정문항은 학급에서 학습한 것과 동일한 반응을 해 보이도록 요구한다.	구체적인 행동의 표본만이 각 목표를 위해 측정된다. 측정문항은 어떤 신기성이 포함된 상황에서 이전에 학습한 반응을 해보이도록 요구한다.
수행 표준의 명세화	**최소한의 수행에 대한 표준이 쉽게 명세화된다. 그러나 그 표준들은 임시적인 것이다.**	**수행의 표준을 구체화하기가 곤란하다. 성취는 어떤 알려진 집단에서의 상대적 위치와 관련하여 보고된다.**

그렇다면 발달수준에 강조점을 두는 수업에서 평가는 어떻게 이루어질 수 있을까? 두 가지 단계가 제시되고 있다. 우선, 일반적 수업 목표와 학습자에게 기대하는 구체적인 행동 형태를 나타내는 목록을 마련하여 수업 내용의 윤곽을 제시하는 단계이다. 다음으로, 평가문항 표본의 성격을 도표화하고, 도표에 있는 구체적인 행동표본을 측정할 수 있도록 평가문항을 구성하는 단계이다. 그론런드가 제시한 아래의 표를 보면, 목표와 수업 내용의 윤곽, 그리고 평가문항이 어떻게 표 형태로 결합되는지를 확인할

---

145) 위의 책, 85-87쪽.
146) 위의 책, 89-90쪽.

수 있다.[147]

<표 22> 경제단원(화폐와 은행)에 관한 검사문항(50문항) 구성

내용 영역 (내용 윤곽)	수업 목표(일반)			
	1. 기본적인 용어를 알기	2. 경제적인 개념과 원리 이해	3. 새로운 상황에 경제적 원리의 적용	4. 경제적 자료의 해석(분석)
A. 화폐의 형태와 기능	3	4	3	
B. 은행의 운영	4	3	5	3
C. 연방 적립금 제도의 역할	4	6	3	2
D. 은행에 대한 주 법률	4	2	4	
전체 문항 수	15	15	15	5

　　교육 목표 진술에서 행위동사를 사용해야 한다는 논의에서 중요한 문제 의식은 '어떻게 하면 수업 목표를 명확하게 진술할 수 있을까'이다. 그리고 이 문제의식을 수업에 적용한다면 수업에서는 '어떤 목표가 특정 수업 단원을 위해 가장 적절한가?'라는 물음이 중요해진다. 그론런드는 이 물음에 대해 교육과정 전문가와 교과전문가에게 맡겨야 한다는 입장을 취하고 있지만, 나름대로 최종 목표 목록의 타당성과 구체적인 학습 결과의 진술에 대해 일반적인 평가 기준을 담은 체크리스트를 제시하고 있다.[148]

---

147) 위의 책, 95쪽, 101쪽.
148) 위의 책, 123-125쪽.

<표 23> 학습 결과의 진술 평가를 위한 체크리스트

	일반적인 목표 목록의 적절성	O/×
	1. 각각의 수업 목표는 수업단원의 타당한 결과를 지시해 주는가 (교육과정 전문가와 교과교육 전문가의 조언을 구하라)	
	2. 수업 목표 목록은 단원의 모든 논리적 결과를 포함시키고 있는가 (지식, 이해, 기술, 태도 등)	
	3. 수업 목표는 달성가능한가 (학생들의 능력, 시설, 시간 등의 요인을 고려한 수업 목표인가)	
	4. 수업 목표는 학교의 교육철학과 조화를 이루도록 설정되었는가 (교육 목표 구현 방안과의 일치)	
	5. 수업 목표는 학습 원리와 조화를 이루고 있는가 (예컨대 가장 파지력이 높고 전이가가 큰 결과인가)	
일반 목표의 진술	6. 각 수업 목표는 동사로서 끝나고 있는가 (알다, 이해하다, 평가하다 등)	
	7. 각 수업 목표는 학생성취(교사의 행동이 아니다)로 진술되었는가	
	8. 각 수업 목표는 학습 결과로서(학습과정이 아니라) 진술되었는가	
	9. 각 수업 목표는 학생의 종착점 행동(다루게 되는 교과가 아니라)으로 진술되었는가	
	10. 각 수업 목표는 한 개의 목표에 하나의 학습 결과만을 포함시키고 있는가	
	11. 각 수업 목표는 일반성의 적정 수준에서 진술되었는가 (예컨대 명확하고 간결하고 쉽게 확인할 수 있는가)	
	12. 각 수업 목표는 상대적으로 독자적으로 진술되었는가 (다른 목표들과 중복됨이 없이)	
일반 적인 목표의 행동적 정의	13. 각 수업 목표는 학생이 보이기를 기대하는 종착점 행동을 기술하는 구체적 학습 결과 목록에 의하여 정의되었는가	
	14. 각각의 구체적인 학습 결과는 구체적으로 정의된 관찰가능한 행동(구분하다, 기술하다, 열거하다 등)인 동사를 사용하고 있는가	
	15. 각각의 학습 결과로서의 행동은 그것이 기술하고 있는 일반적인 수업 목표에 일관한 것인가	
	16. 수업 목표를 달성한 학생행동을 타당하게 기술하고 있는 구체적인 학습 결과의 수는 충분한가	

(3) 행동 위주의 목표 진술을 지양하는 입장

지금까지 교육 목표 진술에서 행위동사를 사용해야 한다는 입장을 검토했지만, 행동 위주의 목표 진술에 반대하는 입장도 있다. 이런 입장은 세일러(J. G. Saylor)와 알렉산더(W. A. Alexander), 포팸(W. J. Popham), 아이즈
너, 갤(M. D. Gall)과 워드(B. A. Ward), 라트(J. D. Raths), 애트킨(J. M.
Atkin), 이홍우 등의 주장에서 확인할 수 있다.[149] 그 외에 영국의 스텐하
우스(L. Stenhouse)[150]와 피터스(R. S. Peters)[151] 등의 입장도 이런 흐름에
포함되고 있다.

　행위동사 위주의 수업 목표 진술에 반대하는 이유는 무엇일까? 여러
가지 이유가 있다. 그 가운데 주요 비판은 행동용어로 진술되는 수업 목표
가 학생이 해야 할 가치 있는 '행동'을 함축하지 못하고 있다는, 즉 그 가치
가 무엇인지 분명하지 않은 '행동의 결과'를 담고 있다는 것이다. 이런 비
판은 행동 위주의 수업 목표 진술이 왜곡된 교육관을 형성하여, 가치 있는
관점과 태도를 기르는 데 적합하지 않다는 논리와 유사하다.[152]

---

149) 위의 책, 140-141쪽.
150) Ted Wragg (ed.), "Lawrence Stenhouse: A Memorable Man," *British Educational
　　 Research Journal*, Vol. 9, No. 1 (1983), pp.3-5; Denis Lawton, 'Stenhouse,
　　 Lawrence Alexander (1926–1982),' *Oxford Dictionary of National Biography*,
　　 Oxford University Press, 2004. 스텐하우스는 스코틀랜드의 앤드류대학에 근무
　　 하면서 특히 1970년대에 『교육과정 연구와 개발 입문(An Introduction to
　　 Curriculum Research and Development)』(1975) 등을 통해 교육과정에서 교사의
　　 능동적 역할(an active role for teachers)을 강조한 영국의 교육학자이다. 스텐하우
　　 스는 1980년대에 『권위, 교육, 해방(Authority, Education and Emancipation)』
　　 (1983), 『교수 토대 연구(Research as a Basis for Teaching: Readings from the
　　 Work of Lawrence Stenhouse)』(1985) 등의 저서를 발간하였다.
151) 피터스는 런던대학교의 버베크 칼리지(Birkbeck college)에서 철학과 심리학을
　　 공부하여 1949년에 박사학위를 받고, 전일제 강사로 있다가 1961년부터 1962년
　　 사이에 하버드대학과 오스트랠리안 국립대학(Australian National University)을
　　 거쳐 1962년부터 1983년까지 런던대학의 교육연구소(the Institute of Education)
　　 에서 교육철학 교수로 재임하였다. 당시 피터스는 엘리옷(R. K. Elliott), 쿠퍼
　　 (David Cooper), 존 화이트(John White), 패트리시아 화이트(Patricia White), 디어
　　 든(Robert Dearden) 등을 배출하였다. 피터스는 런던대학에 재직하면서 캠브리
　　 지대학의 교수가 된 허스트(Paul H. Hirst)와 공동연구를 수행하기도 했다.
152) 손충기, 「수업목표 진술에 관한 하나의 논의」, 『행동적 수업목표 진술』(Norman
　　 E. Gronlund, 손충기 옮김), 문음사, 1987, 146쪽.

행위동사 위주의 수업 목표 진술에 반대하는 다른 이유도 있다. 그 이유로는 수업 목표를 행동 위주의 용어로 진술하면 단기적인 목표가 되어 장기간에 걸친 유의미한 성과를 무시하게 된다는 점, 교사의 주의가 교육 목표에 비해 사소한 학습 목표에 집중된다는 점, 수업 목표가 학습자의 행동 변화에 고정되어 교육적 영향을 주고받는 학부모·교직원·지역사회와 관련성이 미흡해지고 인자론적(因子論的) 인간 사고, 비인간화, 비민주화, 자발성의 저해 등이 초래된다는 점, 고차적인 지적 능력보다 즉각적인 행동변화에 입각한 관찰 가능하고 측정 가능한 측면이 추구되거나 달성되기 쉬우므로 장기목표가 희미해질 수 있다는 점 등이 제시되고 있다.[153]

이처럼 행위동사 위주의 수업 목표 진술에 반대하는 이유는 적지 않다. 다음의 인용문은 이런 반대 입장을 잘 보여주고 있다.

> **행동적인 수업목표를 반대하는 입장**을 요약하면 (1) 수업과정 자체가 매우 역동적인 것이지 **기계적인** 것이 아니기 때문에 수업목표를 사전에 진술한다는 것은 무의미한 일이다. (2) 정작 중요한 교육적 성과는 대체로 구체적으로 진술하기가 어려운 법인데 수업목표를 행동적인 용어로 진술하다 보면 **중요한 성과가 누락**된다. (3) 행동적 수업목표는 **단기적**으로 달성될 수 있는 것으로 제한되는 바, 보다 장기적으로 달성될 중요한 교육적 성과, 특히 교과에 대한 이해는 세분화된 목표의 총화로 환원될 수 있는 것이 아니다. (4) 행동적 수업목표를 지지하는 사람들의 교육관과 인간관이 분자론적이며, 인간을 일정한 틀에 얽어 매이도록 하는 **소극적 인간관**이라는 것 등으로 집약된다.[154]
>
> (강조-필자)

그렇지만 이런 반대 입장이 곧바로 교육 목표 진술 방법의 명확한 대안 제시로 이어지고 있는 것은 아니다. 그럼에도, 이런 입장은 행동 위주의

---

153) 위의 책, 140-142쪽.
154) 위의 책, 144-145쪽.

교육 목표 진술 방법에 있는 여러 문제를 보여주고 있고, 따라서 앞으로 교육 목표 진술 방법에서 고려해야 할 지점을 시사하고 있다.

(4) 목표 진술 영역의 구분 : 아이즈너의 '교육비평'

지금까지 행동 위주의 목표 진술 방법에 동조하거나 그렇지 않은 입장을 살펴보았지만, 두 입장과 다른 주장을 하는 경우도 있다. 바로 목표 진술 영역을 구분해야 한다는, 즉 행동 위주의 목표 진술이 가능한 영역과 가능하지 않은 영역을 구분해야 한다는 입장이다. 이런 입장을 대표하는 연구자는 스탠포드대학에서 예술과 교육 분야의 교수로 재직하고 있는 아이즈너이다.155) 아이즈너는 1980년대에 필립스(Denis C. Phillips)와 교육적 이해를 위한 질적 연구의 위치에 대해 의견을 교환하고, 소설과 같은 픽션을 박사학위로 제출할 수 있는지에 대해 가드너(Howard Gardner)와 논쟁을 벌인 인물로 알려져 있다.156)

아이즈너는 교육 목표를 정할 때 목표를 명료하고 구체적으로 설정해야 하고, 이를 위해 관찰하기 어려운 용어를 피해야 한다는 주장에 동의하고 있다. 이런 입장은 다음의 인용문에서 확인할 수 있다.

---

155) 아이즈너는 시카고대학에서 블룸에게 교육을 받고, 1960년대에 교육학으로 박사학위를 받았다. 관심 분야는 예술교육(arts education), 교육과정 개혁(curriculum reform), 질적 연구(qualitative research) 등이다. 아이즈너는 '훈련에 근거한 예술교육(Discipline-Based Art Education)'을 주장하면서 교육에서 표현 형태(the importance of forms of representation in education)가 중요하다는 점을 강조한다.

156) "Artist, Educator Elliot Eisner to Speak at Vanderbilt", US States News, September 13, 2006; "Stanford prof wins Brock prize", Tulsa World, October 5, 2003. 아이즈너는 시각예술(the visual arts)이 전공이었고, 시카고대학 박사과정에서 스왑(Joseph Schwab), 베델하임(Bruno Bettelheim), 잭슨(Phillip Jackson) 등과 함께 공부하였다. 아이즈너는 몇몇 소설이 이미 성공적으로 제출되어 왔으며, 앞으로도 그럴 수 있다고 주장하였다. 아이즈너는 미국 교육 연구 협회(the American Educational Research Association), 국립 예술 교육 협회(the National Art Education Association), 존 듀이 협회(the John Dewey Society) 등의 회장직을 맡으면서 영향력 있는 인물로 평가되고 있다.

교육과정의 구성을 계획함에 있어서, 목표를 정하는 문제보다 더 중요한 것은 없다. ⋯ 목표(objectives)란 교육적인 프로그램을 짜고, 그 프로그램의 실천을 통하여 달성하려고 하는, 구체적인 목적지를 말한다. 계획이 달성되려면, 목표가 설정되어야 할 뿐 아니라, 목표 설정이 명료하고 구체적이어야 한다. **목표를 명료하고 구체적으로 설정하기 위해서는 관찰하기 어려운 용어는 사용하지 않아야 한다.** 이해(understanding), 예지(insight), 감상(appreciation), 흥미(interest) 등의 용어는 직접적으로 관찰할 수 없는 성질의 것이다. 그것을 관찰하기 위해서는, 겉으로 나타나는 행동을 관찰하고 나서, 다시 그것을 추리해 보는 것이 필요하다. 그러므로 목표는 구체적인 행위로 표현되어야 한다고 주장한다.157)   (강조-필자)

또한, 행동목표 진술의 필요성도 인정하고 있다. 행동목표도 상황에 따라 교육의 목적을 달성하는 데 적절할 수 있다고 보기 때문이다. 다만, '모든 교육의 목적을 측정할 수 있는 형태의 행동으로 국한시키려는 태도'에 대해서는 경계하고 있다. 이런 태도가 '우리들이 계발할 수 있는 정신적 본질을 박탈'한다고 보기 때문이다. 이런 입장은 다음의 인용문에서 확인할 수 있다.

학교 교육과정에서 명료하게 정의된 행동목표가 필요하지 않다는 말은 아니다. 구체적인 기술이나 기능을 가르치는 교육에서는 그러한 행동목표가 설정될 수 있다. 그러나 **그렇다고 해서 측정할 수 있는 형태의 행동으로 모든 교육의 목적을 국한시켜야 한다는 식의 강박관념을 가질 필요는 없다.** 방법이란 하나의 도구이며, 교육의 질을 향상시키기 위한 고안이지 교사나 학생을 구속하는 것이 될 수 없다.158)   (강조-필자)

행동목표가 교육적인 목적을 달성하는 데 있어서 완벽한 것은 아니지만, 어떤 교육의 목적을 달성하는 데 있어서는 적절한 목표가 될 수 있다는 점을 강조하고 싶다. 어떤 구체적인 기술을 연마하는 데 있어서는, 행동목표의 활용이 가장 유용하다는 것이 입증되었다. 그러나 내 생각에는 모든 교육의 목적이

---

157) 엘리어트 아이즈너, 앞의 책, 141-142쪽.
158) 위의 책, 148-149쪽.

이런 형태로 축소되어서는 안 된다. 그렇게 하는 것은 우리들이 계발할 수 있는 정신적인 본질을 박탈하는 것이다.[159]   (강조-필자)

아이즈너가 모든 교육 목표를 행동목표로 진술하려는 태도에 대해 '우리들이 계발할 수 있는 정신적 본질을 박탈하는 것'이라고 비판한 이유는 무엇일까? 바로 행동목표 이론에 몇 가지 한계가 있다고 보기 때문이다. 아이즈너는 행동목표 이론에 있는 한계를 세 가지로 지적하고 있다.

우선, 비언어적인 부분을 무시하고 교육의 모든 것을 언어로 기술할 수 있다거나 측정할 수 있다고 기대하는 것은 교육에서 너무 적은 것만을 기대한다는 것이다. 교육에서 비언어적인 면이 많은 부분을 차지하고 있는데, 행동목표만을 고집하면 이런 면을 놓치게 된다는 지적이다. 여기서 '비언어적인 부분'은 통찰력, 지각, 통합성, 자긍심(self-esteem) 등을 말한다.

다음으로, 행동목표만을 고집하면 교사의 판단이 필요한 부분을 놓치게 된다는 한계이다. 예를 들어, 수필에 나타난 문장력이나 그림에 나타난 미적 감각이나 논리에 나타난 설득력 등은 이미 정해진 평가기준을 기계적으로 적용한다고 해서 평가될 수 있는 것이 아니라 교사의 '판단'에 달려 있다는 주장이다.

다음으로, 교육 목표가 행위 도중에 형성될 수 있다는 점을 무시하고 있다는 한계이다. 아이즈너는 행동목표 진술자가 '목표를 구체화시키는 과정이 합리적인 방식이어야 한다는 가정'을 가지고 있고, 그에 따라 행동 이전에 어떤 분명한 목표를 설정하지 않았을 때 비합리적인 결과가 생긴다고 믿고 있다는 데에서 이런 한계가 생긴다고 보고 있다.[160]

---

159) 위의 책, 153쪽.
160) 위의 책, 149-153쪽. 그와 관련하여 아이즈너는 로젠버그(Harold Rosenberg)가 "화가는 마음속에 어떤 영상을 가지고 화판에 접근하는 것이 아니라, 그의 앞에 놓인 자료들을 가지고 그려 가는 것이다. 영상이란 바로 이러한 만남의 결과이다."라는 말을 인용한다(같은 책, 152쪽).

아이즈너의 최종 입장은 행동목표를 설정할 수도 있지만 다른 방식의 목표와 결과도 설정할 수 있다는 내용으로 정리할 수 있다. 아이즈너는 교육 목표를 '행동목표, 문제해결을 위한 목표, 표현행위'로 구분하면서 이런 구분에 따라 행위의 종류도 달라진다고 보고 있다. 이런 입장은 다음의 도표에서 확인할 수 있다[161]

<표 24> 교육 목표와 행위의 종류

행동목표 (behavioral objective)	⇒	행동과학적 행위 (behavioral activity)
문제해결을 위한 목표 (problem-solving objectives)	⇒	문제해결을 위한 활동 (problem-solving activity)
표현행위 (expressive activity)	⇒	표현결과 (expressive outcomes)

위의 도표에 나타난 아이즈너의 입장은 무엇일까? 바로 행동목표가 필요한 부분도 있고, 문제해결을 위한 목표가 필요한 부분도 있고, 특히 어떤 표현행위가 가능한 장을 제시했을 때 학습자가 표현하거나 발견한 어떤 결과를 교육 목표로 볼 수 있는 부분도 필요하다는 입장이라고 할 수 있다.

아이즈너가 제시한 세 종류의 목표 가운데 '문제해결을 위한 목표'는 디자인 계통이나 실험실에서 사용되는데, 주로 문제를 제시하고 모종의 활동을 통해 문제를 해결하는 형태이다. 그리고 문제해결을 위한 목표에서는 문제의 해결 형태가 다양하고, 학생이나 교사가 도달한 결론도 모두 다를 수 있다고 보고 있다. 이런 목표는 행동목표와 어떻게 다를까? 행동목표에는 방법과 내용이 이미 정해져 있지만, 문제 해결을 위한 목표에서는 목표가 미리 구체적으로 정해져 있어야 한다는 생각과 예상했던 결과

---

161) 위의 책, 154쪽.

를 얻어내는 것이 성공적인 수업이라는 생각 자체를 '훈련이 교육을 대신' 하는 것이라고 비판하고 있다.[162]

세 종류의 목표 가운데 '표현행위'는 행동목표나 문제해결을 위한 목표와 달리, 먼저 목표를 설정하고 그것을 달성하는 것이 아니라 표현 행위가 가능한 장을 제공하여 표현결과를 보는 형태이다. 마치 영화관에 가기 전에 구체적인 행동목표를 세우거나 문제 해결의 목표를 세우지 않는 것과 유사하다. 여기서 영화를 보는 행위는 표현행위에 해당하고, 영화를 본 감상은 표현결과에 해당한다. 따라서 표현결과는 개인의 경험이나 목적에 알맞은 풍부한 장소를 의도적으로 제공하여 얻어지는 교육과정의 결과라고 할 수 있다. 행위가 결과(목표)보다 우선한다는 것이다.[163] 이런 표현행위와 표현결과는 주로 '발견학습'에서 활용될 수 있다. 발견학습에서는 특정 결과(목표)보다 행위가 먼저이고, 이 행위 표현 과정에서 발견한 모종의 가치, 느낌, 지식을 중시하고 있기 때문이다.

---

162) 위의 책, 154-156쪽.
163) 위의 책, 156-159쪽. 아이즈너에 따르면, "교육과정의 기획이나 교육은 일반적으로 그 추구하는 것이 단순하고 획일적이어서는 안 된다. 명백하게 규정할 수 없는 목표도 항상 염두에 두고 있어야 한다. 목적이 행위 이전에 설정되어야 할 필요는 없다. 목적은 행위 도중에 형성될 수도 있다."(같은 책, 158쪽).

3. 교과 내용의 선정과 조직

1 교과 내용의 선정 기준

(1) 교과 내용의 선정 기준 : 일반 원리

지금까지 교과교육에서 교육 목표를 설정하고 진술하는 방법론에 관해 살펴보았는데, 이후에 검토할 대상은 교과 내용을 선정하고 조직하는 부분이다. 교과교육에서는 교육 목표를 설정하고 진술한 이후에 교과 내용을 선정하여 조직하는 일이 진행되고, 그 후에 다시 교육 목표의 달성에 관한 평가가 진행되고 있다. 이 과정은 타일러가 『교육과정과 수업의 기본 원리들』(1949)에서 표현한 네 가지 관심사를 통해 확인할 수 있다.

교과 내용의 선정과 조직이 관심을 받는 이유는 무엇일까? 무엇보다 교육 목표를 이루는 수단이 '학습자의 교육 경험', 즉 교과 내용이라는 관점, 즉 수단(교육 경험 또는 교과 내용)을 잘 정해야 교육 목표가 잘 달성될 수 있다는 관점 때문이라고 할 수 있다. 이런 관점을 가진 대표 주자는 타일러이다. 물론 타일러가 교과 내용의 선정과 조직에 관심을 가진 이유로 교육 목표의 달성만을 말하는 것은 단순한 감이 있다. 교육 목표나 교과 내용의 선정·조직도 결과적으로는 모두 학생의 학습을 위한 것이기 때문이다. 이 점을 고려할 때 학생관(學生觀)으로도 타일러가 교과 내용의 선정과 조직에 관심을 보인 이유를 설명할 수 있다.

타일러는 학생을 어떻게 이해하고 있었을까? 타일러가 보기에 학생은 '능동적 참여자, 같은 수업 환경에서 서로 다른 경험을 하는 존재'이다. 학생이 능동적 참여자라는 관점은 교육에서 학생에게 무엇이 제공되었는지가 아니라 학생이 무엇을 경험했는지를 중요한 문제로 삼는다는 것을 의미한다. 따라서 학생에게 적절한 경험을 제공하려면 교사는 학생이 관심을 갖거나 반응하는 환경을 파악해야만 한다. 또한, 동일한 외적 학습 환경에서 각기 다른 학습 경험을 하는 학생이 뒤섞여 있으므로 교사는 모든 학생이 흥미를 느끼고 반응할 수 있도록 다양한 학습조건이나 환경을 구성해야만 한다.

타일러에게 교과 내용은 학습 경험, 즉 '학습자와 외부 환경의 상호작용'(interaction of the student and his environment)을 의미한다. 이런 관점은 타일러가 학습 경험을 선정할 때 교육 목표를 달성하기 위해 학습 경험을 결정하는 일과 학생의 학습 경험을 유도할 수 있도록 외적 조건을 형성하는 일을 구분하고 있다는 점에서 확인할 수 있다.[164]

그렇다면 학습 경험의 선정 기준은 무엇일까? 타일러는 학습 경험을 선정할 때 활용할 수 있는 다섯 가지 일반 원리(general principles)를 제시하고 있다. 여기서 일반 원리는 교육 목표가 무엇이든지간에 학습 경험을 선정할 때 적용할 수 있다는 면에서 기본 원리에 해당하며, 그 내용은 충분한 실천 기회, 만족감, 수행 가능한 범위, 다양한 학습 경험, 다양한 결과물 등 다섯 가지이다.[165] 그 내용을 좀 더 구체적으로 살펴보면 다음과 같다.

---

164) R. W. Tyler, *Op. cit.*, pp.63-65. 타일러에게 학습(learning)은 '학생의 행위를 통해 발생하는 것(taking place through the action of the student)', '교사가 배우는 것이 아니라 학습자가 배운 것을 하는 것(It is what he does that he learns, not what the teacher does.)'이다(*Ibid.*, p.63).

165) *Ibid.*, pp.65-68.

첫 번째 원리는 교육 목표에 포함된 행동의 실천 기회를 충분히 제공해야 한다는 것이다. 이는 학생이 목표 달성에 필요한 학습 경험을 충분히 할 수 있도록 내용을 선정해야 한다는 의미이다. 예를 들어, 교육 목표가 독서에 흥미를 갖도록 하는 것이라면 이 원리를 적용하여 충분한 양의 독서뿐 아니라 다양한 종류의 책을 읽어볼 기회를 함께 제공할 수 있다.

두 번째 원리는 학습자가 교육 목표에 포함된 행동을 할 때 만족감을 줄 수 있어야 한다는 것이다. 어떤 경험이 불만족스럽거나 불쾌하다면 학습은 이루어질 수 없기 때문이다. 이를 위해서 교사는 학생의 흥미나 수준, 그리고 어떤 경험이 학생에게 만족감을 주는지를 판별할 수 있는 충분한 정보를 가지고 있어야 한다.

세 번째 원리는 학습 경험에서 요구하는 반응이 수행 가능한 범위 안에 있어야 한다는 것이다. 이는 학습 경험이 학생의 현재 성취 수준(present attainments), 성향이나 소질(predispositions) 등에 적합해야 한다는 의미이다. 이를 위해 교사는 학생의 현재 성취 수준, 배경, 마음 상태 등에 관한 충분한 정보를 가지고 있어야 한다.

네 번째 원리는 동일한 교육 목표의 달성에 활용할 수 있는 경험이 많다는 것을 인식하고 그 경험을 발굴해야 한다는 것이다. 이는 교육 목표의 달성에 필요한 학습 경험이 여러 가지이므로 학습 경험의 범위를 제한하기보다 가능하면 많은 학습 경험을 찾아내야 한다는 내용이다.

다섯 번째 원리는 동일한 학습 경험이라도 여러 결과물이 나올 수 있다는 것이다. 이는 교사가 의도하지 않은 부정적 결과를 항상 경계해야 하고, 하나의 학습 경험에서 나올 여러 결과를 예견하면서 학습 내용을 선정해야 한다는 내용이다. 예를 들어, 건강 문제의 해결 과정에서 학습자는 건강 정보를 얻을 수도 있지만, 공중 보건 절차의 중요성도 인식할 수도 있고, 자신과 무관한 정보라고 판단하여 건강에 흥미를 잃어버릴 수도 있다.

이상의 내용을 정리하면, 타일러는 학습 경험을 선정할 때 교육 목표 달성에 필요한 실천 기회를 충분히 제공하고, 학습자가 긍정적 만족감을 느낄 수 있게 하고, 가능한 학습자의 반응 범위를 고려하고, 목표 달성에 필요한 많은 개별 경험을 탐색하고, 학습 경험의 다양한 결과를 통제할 수 있어야 한다고 주장하고 있다고 할 수 있다. 이 가운데 교육 목표 달성에 필요한 실천 기회를 충분히 제공하려면 많은 개별 경험을 탐색해야 한다는 점, 그리고 학습 경험이 반응 가능한 범위에 있을 때 학습자의 만족감이 높아질 수 있다는 점을 고려하면, 첫 번째와 네 번째, 두 번째와 세 번째 원칙은 연결되어 있다. 이렇게 보면, 타일러가 제시한 일반 원칙은 크게 다양한 학습 경험의 제공, 범위와 만족감의 고려, 결과의 통제 등 세 가지로도 구분될 수 있다.

타일러가 교과 내용 선정의 다섯 가지 일반 원리를 제시한 후, 교과 내용의 선정 기준에 관한 논의는 어떻게 이루어졌을까? 우선, 타일러와 공동 연구를 한 바 있는 타바(Hilda Taba, 1902-1967)는 1962년에 교육 내용의 선정 기준으로 학문의 '새로운 지식과 관념'을 담은 지식의 '기본 개념'을 다룰 것, 동 시대의 사회 문화적 실재와 조화를 이룰 것, 폭과 깊이 사이에 적절한 균형을 갖출 것, 목적 성취를 지향할 것, 학습자의 경험에 적용되고 학습 가능할 것, 학습자의 흥미와 욕구에 적절할 것 등을 제시한 바 있다. 이런 타바의 이론은 블룸(B. S. Bloom)의 교육목표분류학, 메이거(R. F. Mager)나 가네(R. M. Gagné)의 '행동적 수업 목표의 진술'로 계승되고 있다.[166]

다음으로, 타일러의 논의를 일부 수용한 타너(Daniel Tanner & Laurel N. Tanner)는 1980년에 교육과정에 영향을 미치는 조건으로 사회, 지식 세계, 학습자의 본질 등 세 가지를 지적한 바 있다.[167] 런던대학교의 골드스

---

166) H. Taba, *Curriculum Development: Theory and Practice*, NY: Harcourt Brace Jovanovich, 1962; 방인옥, 「유치원의 교육목적설정에 대한 듀이와 타바의 이론 비교」, 『인문사회과학연구』 13, 장안대학 인문사회과학연구소, 2004, 305쪽.

미스 대학 소속인 켈리(A. V. Kelly)는 1982년에 타일러의 두 번째 문제의
식의 중요성을 상기하면서 교육과정 내용으로 지식·문화·가치, 그리고
아동 중심의 접근(child-centred approaches)으로 욕구·흥미·성장을 고려
해야 한다고 주장한 바 있다.168) 브래디(L. Brady)는 1987년에 교육 내용의
선정 기준으로 교육 내용의 유의미성, 교육 내용의 타당성, 교육 내용의
유용성, 교육 내용의 학습가능성, 학습자의 흥미, 교육 내용의 사회가치
적합성 등 여덟 가지를 제시한 바 있다.169)

한국의 여러 연구자도 교과 내용의 선정 기준에 주목하고 있다. 예를
들어, 김순자(1987)는 학습 내용의 선정 기준에 관한 논의를 네 가지로
구분하고, 그 내용과 문제점을 논의한 바 있다. 그 내용은 구체적으로 살펴
보면 다음과 같다.170)

첫 번째는 전통주의 이론 또는 '교육 그 자체의 가치'를 강조한 피터스
(R. S. Peters) 등의 주장처럼 본질적 또는 내재적 가치를 강조하는 논의이
다. 그렇지만 이런 논의는 본질적 가치와 일치하지 않더라도 사회적으로
필요한 내용이 있을 수 있다는 점을 간과하고, 본질적 가치의 기준에 관한
해석이 다양하여 그 의미가 모호하다는 비판을 받고 있다.

두 번째는 유용성, 실재성, 관련성을 강조하는 논의이다. 여기서 유용성
은 어떤 대상에게, 어떤 목적을 위해 유용한지, 누구의 판단에 따라 그

---

167) Daniel Tanner & Laurel N. Tanner, *Curriculum Development: Theory into Practice*
(second edition), New York: Macmillan Publishing Co., 1980, p.69.
168) A. V. Kelly, *The Curriculum: Theory and Practice*(second edition), London: Harper
& Row Ltd., 1982, pp.29-60.
169) L. Brady, *Curriculum Development*, NY: Prentice Hall, 1987; L. Brady, Curriculum
development: fourth edition, Sydney, Prentice Hall, 1992; L. Brady, "School based
curriculum development and the national curriculum: can they coexist?," *Curriculum
and teaching*, 10(1), 1995, pp.47-54.
170) 김순자, 「교과교육학의 연구영역 및 과제」, 『원우총론』 5, 숙명여자대학교 대학
원원우회, 1987, 105-112쪽.

유용성이 결정되는지에 주시해야 한다는 의미이다. 실재성은 교육 내용이 현상 유지가 아니라 미래를 향한 것이어야 한다는 의미이다. 그리고 관련성은 해당 학문분야의 다른 내용과 연계하여 학문적 폐쇄성을 극복해야 한다는 의미이다.

세 번째는 학습자의 필요와 흥미를 강조하는 논의이다. 여기서 필요는 단순히 갖고 있지 않은 것에 대한 요구가 아니라 바람직한 결과를 얻기 위한 필요를 의미한다. 이런 논의에는 주로 전통주의 또는 전통적 교육의 형식주의에 반대하고 아동 중심 교육을 주장하면서 1918년경에 결성된 '진보주의 교육협회'의 진보주의 주장이 담겨 있다고 할 수 있다.

네 번째는 교육 내용의 선정 기준으로 문화와 지식을 강조하는 논의이다. 이런 논의에서 학교교육은 '학습자를 사회화시키거나 문화에 가입시키는 것'으로 이해되고 있다. 다만, 이런 논의에는 다양한 문화 가운데 어디에 역점을 둘 것인지 또는 누구의 문화인가라는 문제가 남아 있다.

이홍우(2002)는 교육과정 내용의 선정 기준으로 유의미성, 타당성, 학습자 요구 존중성, 사회적 효용성, 학습가능성, 실행가능성 등 여섯 가지를 제시한 바 있다.[171] 그 가운데 유의미성은 학생의 삶과 관련성이 분명하고 장차 관련 분야 공부에 기초가 되어야 한다는 것을 말한다.[172] 타당성은 선정된 내용의 신빙성, 즉 가장 타당하고 사실적인 내용만을 선정해야 한다는 의미이다. 학습자 요구 존중성은 선정된 내용이 학습자의 개인차, 적성, 흥미, 관심, 요구, 학업 및 직업 진로를 열어 주는, 대부분의 학생이 절실히 필요로 하는, 그리고 학습자가 생활의 의미를 달성할 수 있는 것 등을 의미한다. 사회적 효용성은 내용이 일상생활이나 향후의 직무 수행 등에 유

---

171) 이홍우, 『교육과정의 이해와 개발』, 문음사, 2002, 309-312쪽.
172) 위의 책, 310쪽. 이홍우는 교과중심 설계를 지지하는 연구자들은 지식의 전수 가치에 따라, 학습자 중심의 설계를 지지하는 연구자들은 지식이 학생의 유의미한 경험에 어떻게 이바지하는가에 비추어 유의성을 판단한다고 지적한다.

용하거나 적용될 수 있어야 한다는 의미이다. 학습가능성은 학생 대부분의 경험 범위를 고려하여 내용을 선정해야 한다는 의미이다. 실행가능성은 효과적 교수가능성 등에 비추어 내용을 선정해야 한다는 의미이다.

이미숙(2002)은 학교교육의 내용을 선정할 때 지식의 성격을 고려해야 한다고 지적한 바 있다. 그리고 지식에 대한 우선순위가 아니라 균형성(명제적 지식과 절차적 지식의 균형, 교육 내용과 사고기능의 통합), 개별 교과교육 내 지식의 상호 연계성, 기술공학을 활용한 지식의 유의미한 연계성 등 세 가지를 고려해서 교육 내용을 선정해야 한다고 주장하고 있다.[173]

최미정(2005)은 타일러, 타바(H. Taba), 브래디(Elizabeth H. Brady)가 제시한 교육 내용의 선정 원리를 소개하면서 이를 도표로 정리하여 비교한 바 있다. 그리고 이를 통해 타일러가 제시한 가능성의 원리가 타바와 브래디 모두에게 공통으로 나타나고 있고, 타일러의 동경험 다목표의 원리에 대해 브래디가 유의미성·경제성이라는 기준으로 확대하고 있다고 지적하고 있다. 전반적으로 교육 내용의 선정 원리에 관한 타일러의 이론이 타바와 브래디에 이르러 점차 확대 및 세분화되고 있다는 주장이다. 최미정이 제시한 도표는 다음과 같다.[174]

---

173) 이미숙, 「학교 교육과정의 교육내용 선정시 고려되어야 할 지식의 성격」, 『교육과학연구』 33-1, 이화여자대학교 교육과학연구소, 2002, 23-36쪽.
174) 최미정, 「교육내용 선정 원리에 비추어 본 제 7차 특별행동 교육과정: 적응활동과 봉사활동을 중심으로」, 『학습자중심교과교육연구』 5-1, 2005, 307-310쪽.

<표 25> 교육 내용의 선정 원리 비교(최미정, 2005)

Tyler	Taba	Brady
기회의 원리 만족의 원리 **가능성의 원리** **동경험 다목표의 원리** 동목표 다경험의 원리	목적의 성취 흥미와 욕구의 만족 **학습 가능성** 타당성의 원리 사회·문화적 조화 폭과 깊이의 균형성	흥미의 원리 **학습가능성** 타당성의 원리 사회 가치 적합성 **유의미성** 유용성

　교과 내용의 선정 기준에 관한 연구가 지속되는 이유는 무엇일까? 무엇보다 교과의 분량이 제한된 상황 때문이라고 할 수 있다. 즉 개별 학문의 전체 내용 가운데 일부를 선택해야 하는 상황이므로 교과에 담길 만한 가치 있는 내용이 무엇인지에 관해 다양한 의견이 대두되는 것이다.175) 앞으로도 교과 내용의 선정 기준에 관한 논의는 교과 내용이 '선택과 집중의 대상'이 되는 한 지속될 것으로 보인다.

(2) 내재적·외재적 선정 기준

　교과 내용의 선정 기준은 '내재적 선정 기준'과 '외재적 선정 기준'으로 구분되기도 한다. 내재적 선정 기준은 지식 자체의 가치를, 외재적 선정 기준은 교과 외부의 다양한 필요성을 중시하는 입장이다. 실제로 내재적 선정 기준은 교과 내용 안에서 자체적·내재적 정당화를 시도하는 연구자에게, 외재적 선정 기준은 교과 내용을 도구적·수단적으로 정당화하는 연구자에게 중요하게 인식되고 있다.176)

---

175) 위의 글, 307쪽.
176) 김경배·김재건·이홍숙, 앞의 책, 117-118쪽. 이런 표현은 '교육의 정당화 (justification) 방식'에서 이미 사용되고 있다. 예를 들어, '어떤 지식이 왜 가치가 있는가?'라고 물었을 때 우리는 그 지식 자체에 이미 가치가 내재해 있다고 대답할 수도 있고, 그 지식이 다른 무엇을 하는 데에 유용하기 때문이라고 대답할 수도 있다. 전자의 답변 방식을 내재적 정당화(intrinsic justification) 또는 선

구체적으로, 내재적 선정 기준은 제롬 브루너(Jerome Seymour Bruner, 1915-)를 중심으로 하는 20세기 후반의 지식구조론 또는 학문 구조주의 그룹에서 강조되고 있다. 이 그룹에는 학문 중심 교육과정을 강조하는 허스트(P. H. Hirst), 피터스(R. S. Peters) 등이 포함되고 있다. 그에 비해 외재적 선정 기준을 강조하는 측은 존 듀이(John Dewey, 1859-1952)를 중심으로 하는 20세기 전반의 진보주의교육 그룹이라고 할 수 있다.

이 가운데 지식구조론을 주장한 브루너는 1941년에 하버드대학에서 박사학위를 취득하고 1945년에 같은 대학의 심리학 교수가 되어 인지심리학과 교육심리학 관련 연구를 수행한 인물이다. 특히 1960년에『교육과정(The Process of Education)』을 출판하여 교육학계의 관심을 받기 시작하였다.

교과 내용 선정에 관한 브루너의 전반적인 입장은 교과의 범위뿐 아니라 교과가 나타내는 구조를 충분히 고려해야 한다는 것이라고 할 수 있다. 여기서 교과의 구조를 파악하거나 학습한다는 것은 곧 하나의 현상을 여러 현상과 관련시켜 이해할 수 있게 된다는 것, 즉 사물이나 현상이 어떻게 관련되어 있는가를 학습한다는 것을 의미한다.177)

브루너의 이런 주장이 주목을 받은 배경은 무엇일까? 바로 1957년 10월에 소련(현 러시아)이 세계 최초로 발사한 인공위성이 미국에 던진 충격, 즉 스푸트닉 충격(sputnik shock) 때문이라고 할 수 있다. 이 충격은 20세기 초반부터 유행한 교육사조, 그리고 듀이의 사망(1952)에도 불구하고 1950년대를 풍미한 진보주의 교육이론을 성찰하게 만드는 계기가 되었다.178)

험적 정당화(transcendental justification), 후자의 답변 방식을 외재적 정당화(extrinsic justification)라고 한다.
177) J. S. 브루너,『교육의 과정』(이홍우 역), 배영사, 1979, 22쪽, 46쪽. 55쪽.
178) 진보주의(progressivism) 진영에서는 1918년에 '진보주의 교육협회'를 결성하여 지속적으로 아동 중심의 교육을 확산시켰다. 그리고 비록 1930년대의 경제공황으로 여러 비판을 받기도 했고, 오히려 문제 해결을 위해 본질적 가치의 교육이 필요하다고 주장하던 본질주의(essentialism)와 영원한 또는 보편적 진리를 교육하기 위해 고전학습을 주장하던 항존주의(perennialism) 진영의 비판도 있

실제로 1957년의 스푸트닉 충격은 메사츄세츠 주의 휴양도시인 케이프 코트(Cape Cod)의 우즈호울(Woods Hole)에서 초·중등학교 과학교육의 개선방안에 관한 회의 개최로 이어진 바 있다. 당시 의장은 브루너였고, 『교육의 과정』(1960)도 브루너가 당시의 토의 내용을 종합보고서 형태로 집필하여 출간한 결과물이었다.

브루너는 1961년에 「듀이 이후에 무엇이 필요한가?(After John Dewey, What?)」라는 글을 써서 듀이의 주장을 비판하고 있다. 학교는 '축소된 생활사회'가 아니라 '특수한 지적 사회'이고, 학교의 역할은 아동에게 현실 생활 속에서 의식·습관·사고·감정 등을 형성하게 만드는 것이 아니라 '지성적 인간(homo sapience)이 되게 하는 것'이라는 비판이다. 그리고 교육 내용도 '생활경험 그 자체'가 아니라 미래 세계를 탐구하기 위한 기본인 '지식의 구조(the structure of knowledge)'이어야 한다고 비판하고 있다.[179]

당시 브루너가 주장한 '지식의 구조'는 발달심리학자인 피아제(Jean Piaget, 1896-1980)의 인지발달이론과 레비 스트로스(Claude Levi Strauss, 1908-2009)를 위시한 여러 구조주의 학자의 연구 성과를 적극 도입한 개념으로 알려져 있다. 실제로 브루너는 학령(學齡) 이전에 해당되는 전조작 단계, 초등학교 입학과 함께 시작되는 구체적 조작 단계, 아동이 직접 경험한 것에 얽매이지 않고 가설적 명제를 조작할 지적 능력을 갖는 형식적 조작 단계라는 피아제의 인지발달이론을 받아들여 교과의 구조를 각 단계에 적합하도록 번역해 가르쳐야 한다고 주장하고 있다. 또한, 레비 스트로스 등의 구조주의 이론에서 말하는 구조(structure) 개념을 수용하고 있다.[180] 브루너가 설명하는 구조 개념의 내용은 다음과 같다.

었지만, 1950년대에도 사회적 문제의 해결을 강조하며 유행하고 있었다.
179) 박주신, 「브루너(J. S. Bruner)의 敎育理論 硏究」, 『교육문화연구』 5, 1999, 404쪽, 410-411쪽.

"구조는 특수한 현상을 개별적으로 가리키는 것이 아니라 그런 현상들을 일반적으로 포괄한다. … 우리는 구조가 있을 때 비로소 현 현상을 어떤 원리의 특수한 사례로 인지할 수 있고 여러 현상들 사이의 관련과 질서를 파악할 수 있다. 이것을 우리는 <원리의 적용> 또는 <특수화>라고 부른다. 여기에 비하여 특수한 현상들 사이에서 일반적인 구조를 발견하는 것을 우리는 <법칙의 발견> 또는 <일반화>라고 부른다. 요컨대 구조는 일반화와 특수화를 가능하게 함으로써 세계에 대한 우리의 인지 활동, 또는 <이해>에 도움이 된다(주해 5)." … 구조는 부지불식간에 학습되는 수가 있지만 이 점은 모국어의 학습에 가장 잘 드러나 있다. 어린이는 일단 한 문장의 미묘한 구조를 파악하고 나면 이 구조를 기초로 급속도로 많은 문장을 생성해낼 수 있다. … 뿐만 아니라 문장의 의미를 바꾸지 않고 문장의 형식을 바꾸는 변형의 규칙 – 예컨대 <개가 사람을 물었다>와 <사람이 개에게 물렸다> – 를 배우고 나면 문장을 훨씬 여러 가지로 바꿀 수 있다. 어린이들은 나날이 말을 배우는 동안에 이러한 언어의 구조상의 법칙을 올바로 <사용>할 줄 알게 되겠지만 그렇다고 해서 그 어린이들이 반드시 그 규칙의 <이름>을 안다고는 할 수 없고 또 알 필요도 없다.[181]   (강조-필자)

구체적으로 『교육의 과정』(1960)을 보면, 브루너는 '구조, 준비, 직관, 흥미'라는 네 가지 주제를 수업 과제와 연결시키고 있다.[182] 이런 관심은 이 책의 목차가 서론을 제외하고, 구조의 중요성(the importance of structure), 학습 준비성(readiness for learning), 직관적 · 분석적 사고(intuitive and analytic thinking), 학습동기(motives for learning), 교구(aids to teaching)로 구성되어 있다는 점에서 확인할 수 있다.

브루너가 제시한 구조 개념은 '교과의 구조'와 '교과의 숨겨진 구조(the underlying structure)',[183] 즉 교과 내용을 구성하는 구조화된 패턴, 근본 원리, 아이디어 등을 말한다. 준비 개념은 아동의 지적 발달 과정, 학습

---

180) 위의 글, 411-414쪽.
181) J. S. 브루너, 앞의 책, 55-57쪽.
182) Jerome. S. Bruner, *The Process of Education*, Harvard University Press, 1977, p.16.
183) *Ibid.*, pp.18-19.

행위, 나선형 교육과정(spiral curriculum) 개념을 고려한 학습 준비를 말한다.184) 직관 개념은 분석적 사고와 대비되는 직관적 사고를 말한다. 브루너는 이런 직관적 사고의 중요한 기초가 학문의 기본 구조라고 보고 있다. 그리고 흥미 개념은 인지발달단계에 맞추어 교과의 구조를 가르쳐야 한다는 것을 말한다. 따라서 이 네 가지 개념을 관통하는 것은 '교과의 구조'라고 할 수 있다.

브루너는 '어떻게 근본적인 지식(fundamental knowledge)을 아동의 흥미와 능력에 맞추어 만들 것인가?'라는 문제를 던지면서 교과의 근본 구조를 가르쳐야 하는 이유를 네 가지로 설명하고 있다. 첫 번째는 근본 구조의 이해가 교과를 더 잘 이해할 수 있게 만든다는 것이다. 두 번째는 기억 내용을 구조화된 패턴 속에 두지 않으면 빨리 잊혀 진다는 것이다. 세 번째는 근본적인 원칙과 아이디어를 이해하는 것이 적절한 '학습전이(transfer of training)'의 주된 경로가 된다는 것이다. 네 번째는 교수에서 구조와 원리를 강조하면 초·중등학교의 교육 자료를 재검토하여 수준 높은 지식과 기초 지식 사이의 간격을 좁힐 수 있다는 것이다.185)

브루너의 입장은 교과의 구조, 즉 '학문의 기조를 이루는 일반적 원리', '일반적 아이디어(개념과 원리)', '기본 개념', '일반적 원리' 등이 학습자의 이해, 기억, 전이, '고등' 지식과 '초보' 지식의 연계성 등의 기초가 된다는 것이라고 할 수 있다.186) 이런 입장은 상반된 평가를 받고 있다.

---

184) *Ibid.*, pp.33-54. "We begin with the hypotheses that any subject can be taught effectively in some intellectually honest form to any child at any stage of development."(*Ibid.*, p.33.) 학습행위에는 새로운 정보의 획득(acquisition of new information), 변형(transformation, 적절한 새로운 과제를 만들기 위해 지식을 조작하는 과정), 평가(evaluation)의 세 가지 동시다발적인 과정을 의미한다(*Ibid.*, pp.48-49.).

185) *Ibid.*, pp.22-26.

186) J. S. 브루너, 앞의 책, 22쪽. 이홍우는 교과의 구조에 대해 세 가지 문제를 제기한다. 첫째, 문학이나 예술을 포함한 모든 교과 또는 학문에서 구조를 뽑아낼

브루너의 입장에 찬성하는 측에서는 교과의 내용을 개념이나 원리, 아이디어 등 해당 학문의 구조를 중심으로 선정·조직해야 한다는 주장이 지식의 폭발적 증가 시대에 교과 내용의 선정 기준으로 중요하다고 평가하고 있다. 그 이유는 날마다 새롭게 변하는 지식을 모두 가르칠 것이 아니라 변화하지 않는, 그리고 새로운 지식을 포괄적으로 이해할 수 있는 지식의 구조를 가르치는 것이 효과적이라는 판단 때문이다.[187]

　　브루너의 입장에 반대하는 측에서는 브루너의 이론이 인간의 주체적 가치를 인정하지 않으므로 비인간주의적이라고 비판하고 있다. 학교교육의 내용에서 현실 생활문제를 경시하는 경향이 강하므로 아동의 요구가 결여될 우려가 있다는 비판도 있다. 지식의 구조론이 인지적 측면만을 강조하므로 정서적 측면이 결핍될 가능성이 있고 지적 능력이 낮은 아동에게 적용하기 어렵다는 비판도 있다. 그렇지만 브루너의 입장을 비판하는 측에서도 '지식의 구조를 중심으로 학습자의 요구나 흥미, 일상생활의 문제, 인간화 교육, 사회성의 함양 등 제 요인을 고려 또는 보완할 필요가 있다.'고 지적하고 있어, 지식의 구조 자체를 거부하지 않고 있다.[188]

　　한편, 외재적 선정 기준에서 중시되는 부분은 무엇일까? 바로 '교과의 유용성' 또는 '필요성'이다. 특히 입시교육이나 사회적 성공이 강조되는 교육 환경에서 학습자가 교과의 존재론적인 가치보다 유용성을 교과 내용의 선정 기준으로 선택할 가능성이 많다. 물론 교과의 유용성 문제는 학습자 개인뿐 아니라 선진국이나 강대국을 지향하는 사회·국가적 차원에서

수 있는가이다. 둘째, 구조의 일반성을 주장할 때 그 일반성이 특정한 수준의 일반성인지 아니면 모든 수준을 포괄하는 일반성인지이다. 셋째, 구조를 '정적인' 것으로 볼 것인가, '동적인' 것으로 볼 것인가이다. 구조가 '정적'이라는 관점이 일반적이지만, 그 구조를 발견하고 활용하는 과정에서 동적인 측면도 지니고 있는데 브루너가 이 점을 간과하고 있다는 지적이다(같은 책, 24-26쪽).

187) 김경배·김재건·이홍숙, 앞의 책, 2005, 143-144쪽.
188) 박주신, 앞의 글, 433쪽.

도 중시될 수 있다.

교과의 유용성을 외재적 선정 기준으로 중시한다고 하더라도, 유용성 개념이 동일한 것은 아니다. 유용성 개념은 현재 생활과 관련된 교과 내용의 직접적 유용성일 수도 있고, 현안 해결에 직접 사용되지 않더라도 지력 개발이나 문제해결력을 키워 미래 문제의 해결에 필요한 간접적 유용성일 수도 있기 때문이다.[189]

교과 내용의 직접적 유용성을 주장하는 관점은 특히 미국의 실용주의 철학에 입각한 진보주의 교육철학과 그에 기초한 경험 중심 교육과정에서 확인할 수 있다. 그에 비해 교과 내용의 간접적 유용성을 주장하는 관점은 지력 개발이나 정신 능력의 도야를 주장하는 형식 도야 이론가, 교육목적으로서 반성적 사고의 태도를 강조하는 실용주의자, 교육목표분류학을 통해 교육 목표로서 지적·정의적·운동 영역을 강조하는 블룸(B. S. Bloom), 선수학습 등 학습위계를 강조하는 가네(R. M. Gagné) 등의 입장에서 확인할 수 있다.[190] 물론 현실에서는 이 두 관점이 혼재되어 쉽게 구별되지 않는다.

이상의 내용을 정리해보면, 교과 내용의 선정 기준에서 내재적 기준은 내용 자체에 가르칠 만한 가치, 즉 내용의 존재론적 가치가 있는지를 중시하고 있다. 그에 비해 외재적 기준은 어떤 내용이 어떤 면에서 유용성이 있는지를 중시하고 있다.

그렇다면 내재적 기준과 외재적 기준 가운데 어느 기준이 교과 내용을 선정할 때 적절할까? 이런 질문은 무의미할 수 있다. 교과 내용을 선정할 때 두 기준이 명확하게 구별되지 않기 때문이다. 만약 교과의 구조라는 내재적 기준을 제외하고, 유용성이라는 외재적 기준만을 강조한다면 온갖 실생활의 문제를 교육 내용으로 받아들이게 되어 교육 개념 자체를 손상

---

189) 김경배·김재건·이홍숙, 앞의 책, 119-121쪽, 125쪽.
190) 위의 책, 125-137쪽.

시키는 요소가 될 수 있다는 지적도 나오고 있다.191) 실제로 두 기준은 교과 내용을 선정할 때 교과 내용이나 관점에 따라 대립관계가 아니라 우선순위의 관계로 적용되기도 한다.

2 교과 내용의 조직 원리

(1) 수직적 · 수평적 연관성

교과 내용을 선정했다면 이 내용을 어떤 방식으로 조직할 수 있을까? 이 물음에 답변하려면 『교육과정과 수업의 기본원리들』(1949)에 담긴 타일러의 이론을 다시 살펴볼 필요가 있다. 타일러의 이론이 비판을 받기도 하지만 연구와 교육에서 여전히 활용되고 있기 때문이다. 교과교육론에서 도 교과 내용의 조직 원리를 설명할 때 현재까지 대체로 타일러의 이론을 활용하고 있다.

타일러는 이 책에서 '효과적 수업(effective instruction)을 위한 학습 경험의 조직', 즉 단원별(units), 과목별(courses), 프로그램별 학습 경험의 조직 절차를 설명하고 있다. 여기서 학습 경험은 교과 내용을 말한다. 타일러가 교과 내용의 조직에 관심을 가진 이유는 무엇일까? 그것은 교과 내용을 어떻게 조직하느냐에 따라 수업의 효율성(efficiency)과 교육적 변화의 정도가 달라질 수 있다고 보기 때문이다.

타일러가 제시한 교과 내용의 조직 원리, 즉 '효과적으로 조직된 학습 경험'에서 확인할 수 있는 원리는 무엇일까? 그것은 계속성, 계열성, 통합 성이라는 세 가지 원리이다.192) 이 가운데 계속성과 계열성은 학습 경험의

---

191) 유한구, 「교육내용 선정의 두 기준: 교육내용 선정의 문제와 발전과제」, 『교육 과정연구』 16-1, 1998, 53쪽.
192) R. W. Tyler, *Op. cit.*, pp.84-86.

수직적 연관성, 통합성은 학습 경험의 수평적 연관성을 의미한다. 여기서 수직적·수평적이라는 표현은 학습 경험을 조직할 때 시간적 흐름의 관계와 공간적 범위의 관계를 의미한다. 예를 들어, 5학년과 6학년의 지리 학습 내용의 연계성을 고려하는 것은 수직적 관계, 5학년의 지리와 역사 과목의 연계성을 고려하는 것은 수평적 관계에 해당한다.[193]

세 가지 원리 가운데, 계속성 원리는 주요 내용 요소의 수직적 반복, 즉 교육 목표의 실현을 위한 학습기회나 기술이나 중요 개념을 지속적으로 반복해야 한다는 것을 말한다. 예를 들어, 이 원리는 '덧셈의 원리'가 단순 덧셈에서 방정식이나 미적분 등 복잡한 수식에서 계속 되풀이된다는 데에서 확인할 수 있다.[194]

계속성 원리를 교과 내용의 조직 과정에 적용하려면, 즉 학습자에게 핵심 내용에 대한 반복 학습 기회를 충분히 제공하려면 어떤 노력이 필요할까? 교과 내용에서부터 핵심 내용이 무엇인지를 파악하려는 노력이다. 그리고 핵심 내용의 우선순위를 정해 어떤 내용을 얼마나 반복시킬 것인지를 결정하는 노력이다.

다음으로, 계열성 원리는 핵심 내용의 반복이 동일 수준이 아니라 점차 더 넓고 깊은 수준에서 이루어져 중요 경험이 심화될 수 있어야 한다는 것을 의미하고 있다. 핵심 내용이 단순히 같은 수준에서 반복된다면 심화된 이해나 기능이나 태도가 발전할 수 없으므로 심화 반복이 필요하다는 것이다. 따라서 계열성 원리는 핵심 내용의 반복이라는 면에서 계속성 원리와 연관되어 있지만, 그 반복이 점차 심화된다는 면에서 계속성 원리 이상의 것이라고 할 수 있다.[195] 이런 계열성 원리는 하나의 교과 내에서 또는 저학년과 고학년의 교과 사이에서 핵심 내용을 심화 반복하는 방식

---

193) *Ibid.*, pp.83-84.
194) *Ibid.*, pp.84-85.
195) *Ibid.*, p.85.

으로 적용될 수 있다.

계열성 원리를 교과 내용의 조직 과정에 적용하려면 어떤 준비가 필요할까? 계속성 원리의 경우와 마찬가지로 심화 반복의 대상이 되는 핵심 내용이 무엇인지를 파악하는 일이다. 그리고 핵심 내용을 파악한 이후에는 교과 내용을 '몇 단계'로 나누어 언제 어떻게 어떤 면을 심화하여 반복할 것인지를 결정하는 일이다.

타일러가 주장한 계열성 원리는 브루너(J. S. Bruner)가 '지식의 구조'로 관통시킨 나선형 교육과정(spiral curriculum)과 유사하게 보인다. 물론 브루너가 지식의 구조를 현대 사회에서 급속히 팽창하는 지식을 관통하는 일반 원리로 이해했다는 면에서 맥락의 차이가 있다.196) 타일러가 말한 계열성 원리는 학습 경험을 조직할 때 단계적으로 넓이와 깊이의 수준을 높이면서 반복시켜야 한다는 것을 의미하기 때문이다. 그렇지만 브루너의 나선형 교육과정이 '지식의 구조'를 둘러싼 내용의 넓이와 깊이를 수준별로 확대하는 교육과정을 의미한다고 보면 양자의 주장은 유사하다고 할 수 있다.

다음으로, 통합성 원리는 교과 내용을 조직할 때 하나의 교과와 다른 교과의 내용 연관성을 고려해야 한다는 것을 의미하고 있다. 타일러는 통합성 원리를 교육과정 경험의 수평적 연관(the horizontal relationship)이라고 표현하면서, 이 원리가 학생이 통합된 관점에서 학습의 내용과 행동을 통합하는 데에 도움이 된다고 설명하고 있다. 예를 들어, 수학 교과에 계산

---

196) Jerome S. Bruner, *The Process of Education*, Harvard College, 1978, pp.52-54. 이 책은 1960년, 1977년에 이어 1978년에 출판되었다. 브루너는 이 책에서 구조의 중요성(제2장), 직관적(intuitive)·분석적(analytic) 사유(thinking, 제4장), 학습동기(제5장)를 강조하고 있다. 지식의 구조는 성장하는 어린 아동의 사고방식(the way of thought)을 존중하고, 자료를 아동이 가진 논리적 형태(logical forms)로 가공하여 아동의 진보를 끌어내서, 나중에 교육받은 사람(an educated man)이 될 수 있게 하는 아이디어와 스타일이다(*Ibid.*, p.52.).

능력 관련 학습 내용이 있을 때 그 계산 능력이 사회 교과나 과학 교과, 또는 물건 구입 등 일상생활에서 활용될 수 있도록 다른 교과의 학습 내용과 연동시켜야 한다는 것이다.[197]

통합성 원리를 교과 내용의 조직 과정에 적용하려면 어떤 노력이 필요할까? 무엇보다 여러 교과에 담긴 핵심 내용을 파악하여 서로 연계하려는 노력이다. 이는 교육과정의 목적 달성을 위해 여러 교과의 핵심 내용을 비교하여 조정하거나 어디에 배치할 것인지 등을 결정하는 것이라고 할 수 있다.

그렇다면 계속성·계열성·통합성의 원리를 활용하여 교과 내용을 조직할 때 고려해야 할 부분은 무엇일까? 타일러는 계속성·계열성·통합성을 학습 경험의 효과적인 조직 원리로 제시한 후에 이 원리를 적용하려면 ①핵심 내용 요소를 미리 결정할 것, ②조직 원리를 논리적·심리적 차원 모두에서 명확하게 할 것, ③각 수준별 조직 구조의 장단점을 파악할 것 등 세 가지 부분에 관심을 가져야 한다고 주장하고 있다. 그리고 이 세 가지 부분을 다음과 같이 설명하고 있다.

첫 번째는 교과의 핵심 내용 요소를 사전에 파악하고 명확하게 결정하는 것이다. 핵심 내용 요소를 명확히 결정하지 않으면 교과 내용을 조직할 때 계속성·계열성·통합성의 원리를 적용할 수 없기 때문이다. 타일러는 핵심 내용 요소를 학습 경험을 묶는 '실(the organizing threads)'이라고 표현하고 있다.[198]

두 번째는 핵심 내용 요소가 학습 경험을 묶는 실의 역할을 할 수 있도록 교과 내용의 조직 원리를 명확하게 하는 것이다. 타일러는 교과 내용의

---

197) R. W. Tyler, *Op. cit.*, pp.85-86.
198) *Ibid.*, pp.86-95. 타일러는 뉴욕 달튼(Dalton) 학교의 사회과 교육과정 위원회에서 계속성·계열성·통합성을 적용할 수 있는 공통 요소로 '개념, 가치, 기술'을 들고 있다고 지적하면서 그 하위 항목을 개발한 사례를 설명하고 있다.

조직을 '논리적 조직'과 '심리적 조직'으로 구별하던 당시의 풍토에 대해 핵심 내용 요소의 관련성을 전문가의 입장에서 보느냐 아니면 학습자 입장에서 보느냐의 차이라고 설명하고 있다. 그리고 학교 교육과정에서 내용의 연대기적 조직, 즉 논리적 조직이 가장 공통된 조직 원리로 사용되고 있지만, 학습자의 경험을 더 넓고 깊게 할 수 있는 심리적 조직의 관점에서 볼 때 만족스럽지 않다고 지적하고 있다.199) 타일러는 교과 내용을 조직할 때 '심리적 의미'를 고려해야 한다는 입장을 갖고 있는 것이다.

세 번째는 계속성·계열성·통합성의 원리를 적용할 때 여러 수준의 구조를 고려하는 것이다. 여기서 여러 수준의 구조란 큰 수준, 중간 수준, 낮은 수준의 조직 구조를 의미한다. 타일러가 말하는 큰 수준은 과목(subjects)이나 분야(broad fields), 과목과 분야가 결합된 중핵 교육과정, 혼재되지만 한 단위로 취급되는 전체 프로그램 등을 말한다. 중간 수준은 계열화된 과정(courses), 단일 학기나 학년 단위로 설계된 과목 등을 말한다. 낮은 수준은 하루의 수업 단위(the lesson), 주제 단위(the topic), 단원(the unit) 등을 말한다. 그리고 타일러는 이런 다른 조직 구조가 각각 다른 조건에서 가치를 갖고 있으므로 조직 원리의 적용 가능성을 따져 각각의 장단점을 파악해야 한다고 주장하고 있다.200)

---

199) *Ibid.*, pp.95-98. 또한, 공통적으로 사용되는 다른 조직 원리에는 적용의 폭을 확대하기(increasing breadth of application), 행동 범위를 확대하기(increasing range of activities included), 분석 기술을 사용하기(the use of description followed by analysis), 더 넓은 원리에 이어지는 구체적인 사례를 개발하기(the development of specific illustrations), 구체적인 부분으로부터 점점 확대하여 단일한 세계 그림을 그리게 하기(the attempt to build and an increasingly unified world picture from specific parts) 등을 제시하면서 이런 여러 원리가 계속성·계열성·통합성을 전개하는 데에 만족스러운지를 검증해야 한다고 지적한다.

200) *Ibid.*, pp.98-100. 예를 들어, 가장 큰 수준의 조직 구조로는 ①지리와 미학 등의 구체적인 과목들(specific subjects), ②사회학(social studies)과 자연과학 등 넓은 분야(broad fields), ③구체적인 과목들과 분야들과 결합된 일반 교육을 위한 중핵 교육과정(a core curriculum), ④전체 프로그램이 하나의 단위로 취급되어 완

타일러가 교과 내용의 조직 원리로 제시한 계속성·계열성·통합성에 관해 후대의 평가는 어떻게 이루어지고 있을까? 타일러가 주장한 계속성·계열성·통합성은 대체로 교과 내용의 조직 원리로 수용되고 있다. 그렇지만 그대로 수용된다기보다 다소 확대 논의되는 측면이 있다.

교육과정 학자로 분류되는 닐(John D. McNeil)은 타일러가 주장한 수직적 원리(계열성)와 수평적 원리(통합성)를 토대로 교육과정의 조직 원리에 관한 논의를 확대한 바 있다. 닐은 타일러가 제시한 계열성을 전통적 원리로 간주했지만, 타일러가 말한 계열성에 토대를 두고 '아이디어의 위계(a hierarchy of ideas)'를 강조한 가네(Robert. M. Gagne, 1916-2002)의 견해, '순차적인 발달(orderly and sequential growth)'로 요약되는 에릭슨(Erik Erikson)·콜버그(Lawrence Kohlberg)·피아제(Jean Piager) 등의 발달론자(developmentalists) 견해를 수용하여 계열성 원리를 설명하고 있다.[201]

김순자(1987)는 타일러가 언급한 수직적 조직에서 내용의 폭과 깊이의 문제, 즉 범위(scope) 문제를 지적한 바 있다.[202] 이홍우(2002)도 교육과정 조직의 일반 원리로 계속성·계열성·통합성과 함께 범위를 지적한 바 있다. 여기서 범위는 내용의 깊이가 아니라 폭 또는 너비를 말한다. 예를 들어, 이홍우는 범위를 교육과정에 적용하면, 교과의 범위를 자연과학, 사회과학, 인문학 등으로, 다시 자연과학의 범위를 물리, 화학, 생물, 지구과학으로, 다시 생물의 범위를 동물, 식물, 인체 생물학으로 분류할 수 있다

전히 분화되지 않은 구조(a completely undifferentiated structure) 등이 제시된다. 중간 단계의 조직 구조로는 ①'사회학 I'과 '사회학 II' 등 계열성으로 조직된 과정(courses organized as sequences), ②단일 학기나 학년 단위로 설계된 과목들이 지적된다. 가장 낮은 단계의 조직 구조로는 ①하루의 수업 단위(the lesson), ②몇 일 동안 지속되는 주제 단위(the topic), ③단원(the unit)이 제시된다.

201) John D. McNeil, *Curriculum: A Comprehensive Introduction*, University of California, Los Angeles, 1977, pp.161-168; Robert M. Gagne, 『교수학습이론』(전성연, 김수동 공역), 학지사, 1998.
202) 김순자, 앞의 글, 111-112쪽.

고 주장하고 있다.203)

김경배·김재건·이홍숙 등(2005)은 내용 조직의 일반 원리로 계속성·계열성·통합성 외에 '수준별 조직'을 제시한 바 있다. 여기서 수준별 조직은 교과 내용을 조직할 때, 내용별이든 학년별이든 학습별이든 여러 수준을 고려해야 한다는 것을 의미한다. 이들은 상이한 여러 교과를 대상으로 하는지, 하나의 교과를 구성하는 내용 전체를 대상으로 하는지, 하나의 교과에 속한 내용의 일부분을 대상으로 하는지에 따라 수준별 조직을 상위 수준, 중간 수준, 하위 수준의 조직 형태로 구분하고 있다.204)

이상의 내용을 보면, 타일러가 교과 내용의 조직 원리로 제시한 계속성·계열성·통합성은 현재까지 널리 수용되고 있다고 할 수 있다. 그리고 여러 연구자가 교과 내용의 조직 원리로 제시한 범위나 수준별 조직도 이미 타일러가 제기한 내용을 다소 확대한 것이라고 볼 수 있다.

(2) 논리적·심리적 조직

앞에서 교과 내용을 조직할 때 계속성·계열성·통합성의 원리를 활용해야 한다는 입장을 검토하였지만, 아직 남아 있는 문제가 있다. 그것은 이런 조직 원리를 교과 내용의 조직에 적용할 때 전문가·교사의 견해와 학습자의 경험 가운데 무엇을 기준으로 삼을 것인지, 즉 '조직 원리의 적용 기준' 문제이다.

교과 내용을 무엇을 중심으로 조직할 것인지의 문제는 왜 제기될까? 조직 원리의 적용 기준을 어떻게 보느냐에 따라 교과 내용의 조직 수준이나 계속성·계열성·통합성 원리가 적용될 교과 내용이 달라질 수 있기 때문이다. 예를 들어, 전문가·교사의 견해를 중시한다면 교과 내용은 각 학문의 논리적 체계로 조직될 수밖에 없다. 그에 비해 학습자의 경험을

---

203) 이홍우, 앞의 책, 316쪽.
204) 김경배·김재건·이홍숙, 앞의 책, 152-155쪽.

중시한다면 교과 내용은 학습자의 심리 상태나 학습자에게 의미 있는 것으로 조직될 수밖에 없다. 전자의 방식을 '논리적 조직', 후자의 방식을 '심리적 조직'이라고 한다.205)

　타일러도『교육과정과 수업의 기본원리들』(1949)에서 이미 교과 내용의 조직과 관련된 당시의 논의를 논리적 조직과 심리적 조직으로 구분하면서 심리적 조직 측면을 보완해야 한다는 입장을 취한 바 있다. 그렇지만 교과 내용의 논리적 조직과 심리적 조직이 완전히 구별될 수 있는 것은 아니다. 왜냐하면 논리적 체계와 학습자에게 의미 있는 심리적 경험과 발달의 순서가 서로 일치하는 측면이 있을 수 있기 때문이다.206)

　구체적으로, 논리적 조직을 옹호하는 측의 입장은 무엇일까? 논리적 조직을 옹호하는 주요 인물은 피터스(R. S. Peters)와 허스트(P. H. Hirst)이다. 이들은 런던대학 교육학대학원에서 동료 교수로 있었고, 1970년에『교육의 논리(The Logic of Education)』를 공동 저술하여 자유교육론을 주장한 바 있다.207) 그렇지만 피터스가 자유교육을 '[올바른] 교육 자체'와 동일

---

205) R. W. Tyler, *Op. cit.*, pp.95-98. 이 부분에서 타일러는 논리적 조직과 심리적 조직의 구별이 전문가가 보는 교육과정 요소들의 관련성과 학습자에게 비춰진 교육과정 요소들의 관련성 사이에 존재하는 차이(difference)를 말하는 것이라고 설명하고 있다. 공통으로 사용되는 다른 조직 원리에는 적용의 폭 확대하기(increasing breadth of application), 행동 범위 확대하기(increasing range of activities included), 분석 기술 사용하기(the use of description followed by analysis), 더 넓은 원리에 이어지는 구체적인 사례 개발하기(the development of specific illustrations), 구체적인 부분으로부터 점점 확대하여 단일한 세계 그림 그리기(the attempt to build and an increasingly unified world picture from specific parts) 등을 제시하면서 이 원리들이 계속성·계열성·통합성을 전개하는 데에 만족스러운지를 검증해야 한다고 지적한다.

206) 김경배·김재건·이홍숙, 앞의 책, 155-156쪽.

207) P. H. Hirst & R. S. Peters, *The Logic of Education*, London: Routledge & Kegan Paul, 1970; R. S. 피터즈,『윤리학과 교육』(이홍우 역), 교육과학사, 2003(R. S. Peters, *Ethics and Education*, London: George Allen and Unwin, 1966). 이 책의 목차는 제1부 교육의 개념, 제2부 교육의 윤리학적 기초, 제3부 교육과 사회통제이다.

시하고, 허스트가 자유교육을 '교육의 중핵이자 한 부분'으로 이해했다는 점에서 양자의 자유교육론에 차이가 있다는 견해도 제기되고 있다. 이런 차이는 다음의 인용문에서 확인할 수 있다.208)

> **피터스 자유교육론의 출발점은** (올바른 의미의) **교육이 무엇이냐를 분석하는 데서 출발**하고, 자유교육은 그러한 준거가 실현된 교육을 의미하며, 이 점에서 자유교육과 교육은 그다지 다르지 않다. 반면에 **허스트는 자유교육을 '지식 그 자체'를 강조하는 교육이라고 약정적으로 규정하는 데서 출발**하고 있으며, 이러한 자유교육은 교육의 중핵이긴 하지만 교육 그 자체와 동일한 것이거나 교육 전체를 포괄하는 것으로 보기는 어렵다.209)　　　　　(강조-필자)

이런 차이에도 불구하고, 양자의 주장은 교과 내용의 논리적 조직을 옹호한다는 면에서 크게 다르지 않다. 피터스와 허스트가 이런 논리적 조직을 옹호한 배경에는 교육관이 있었다고 할 수 있다. 양자의 교육관을 살펴보면 다음과 같다.

피터스에게 교육은 규범적·내재적으로 가치 있는 지식과 이해를 도덕적 방식으로 전달하여 의식과 자발성을 가진 학습자에게 인지적 안목210)을 제공하는 '자유교육'이다. 이처럼 지식과 이해가 내재적으로 가치 있다는 관점에는 지식과 이해의 선험적 가치가 전제되어 있다. 이 부분은 피터스가 외재적 목적의 추구, 훈련, 비도덕적인 전달방식 등 세 가지를 자유교육의 장애 요인으로 지적하고 있다는 데에서 확인할 수 있다.211)

---

208) 유재봉, 「피터스와 허스트의 교육사상 비교」, 『한국교육사학』 22-2, 2000, 139-154쪽. 유재봉은 양자의 차이가 부각되어야 두 교육 사상가의 교육 아이디어가 부당히 동일시되는 것이 시정될 수 있고, '교육'과 '자유교육' 개념이 구분될 수 있다고 지적한다(같은 글, 154쪽).

209) 위의 글, 153쪽.

210) 김경배·김재건·이홍숙, 앞의 책, 144쪽. 여기서 '지적 안목'이란 지식의 형식 안에 들어가 있는 상태, 즉 그 형식들을 내면화한 상태를 의미한다. 예를 들어, 역사를 배운 결과로 '역사학적 사고'를 할 수 있어야 한다는 것이다.

211) R. S. Peters, *Op. cit.*, 1966, pp.43-45, pp.114-126; 유재봉, 「피터스와 허스트의

피터스가 제시한 '성년식의 교육(education as initiation)' 개념에서도 지식의 내재적 가치가 중시되고 있다고 할 수 있다. 이 개념에는 미성년자가 성년식 또는 입문식을 통해 사회 구성원으로 인정을 받듯이, 교육도 학습자가 지식과 이해의 추구 자체에서 삶의 기쁨을 느낄 수 있도록 만들어 사회 구성원으로 입문시키는 것이라는 주장이 담겨 있기 때문이다.212)

그에 비해 허스트의 교육관은 '교육 = 지식의 형식(forms of knowledge) 입문'이라는 초기의 관점, '교육 = 사회적 실제(social practices) 입문'이라는 후기의 관점으로 구분되고 있다. 초기 관점에서 교육은 여러 이론적 교과에 담긴 지식의 형식을 가르쳐 합리적 마음(rational mind)을 가질 수 있도록 하는 것, 즉 '지식의 형식을 통해 이론적 이성을 개발하는 것'으로 인식되고 있다. 그에 비해 1993년에 발간된 자신의 정년 기념 논문집에 게재한 논문을 전후로 알려진 후기 관점의 핵심은 '사회적 실제를 통해 실제적 이성을 개발해야 한다.'는 것이다.213)

특히 초기 관점을 보면, 허스트는 자유교육을 희랍 시대처럼 인식론적·형이상학적인 독단에 의존하는 것이 아니라 '서로 다른 논리적 문법이 있어 별개의 형태로 구분되는 지식' 자체를 추구·성취하여 합리적 마음을 발달시키는 교육으로 이해하고 있다. 즉 자유교육의 목적을 지식의 형

교육사상 비교」, 143쪽. 초기 이론과 관련하여, 피터스에게 외재적 목적의 추구는 상품의 생산이나 취업의 수단으로 보는 것, 훈련은 지나치게 제한된 기술과 사고방식의 육성을 추구하는 것, 비도덕적인 전달방식은 교화·조건화·세뇌 등을 의미하는 것이었다.

212) R. S. Peters, "Education as initiation"(1964), in R. D. Archambault (Ed.), *Philosophical analysis and education,* Routledge & Kegan Paul, London, 1965, pp.87-111; 홍원표, 「듀이와 피터즈 논의의 비판적 재검토」, 『교육원리연구』 3-1, 1998, 130-131쪽.

213) Paul H. Hirst, "Education, Knowledge and Practices," *Beyond Liberal Education: Essays in honour of Paul H. Hirst,* eds. by R. Barrow and P. White, 1993; 한기철, 「프랙티스: 허스트 교육이론의 재조명」, 『초등교육연구』 24-2, 2011, 192쪽; 박채형, 「허스트의 전·후기 교육과정이론: 교과와 삶의 관련」, 『도덕교육연구』 17-2, 2006, 53쪽.

태를 가르쳐 합리적 마음을 발달시키는 데에 있다고 보고 있다. 그리고 지식과 이해의 가치를 정당화하는 방식에 대해서도 피터스의 경우와 마찬가지로 선험적 차원에서 이해하고 있다.[214]

구체적으로, 허스트는 학문별로 여러 지식의 형태에 담겨 있는 '논리적 문법'과 '논리적 계열'이라는 두 가지 수준을 분석하여 내용을 조직해야 한다고 주장하고 있다.[215] 이런 주장은 각 지식의 형태에 담긴 여러 개념의 연결망(논리적 문법)을 분석하고, 그 연결망을 넘어 '여러 명제의 연결망'(논리적 계열)을 분석할 때 지식에 관한 타당한 진술이 가능해진다는 의미이다.

이런 허스트의 입장은 교과 내용을 조직할 때 어떤 시사점을 줄 수 있을까? 두 가지이다. 하나는 학습의 역할이 해당 교과의 논리적 문법을 익혀 여러 개념을 연결시키는 데에 있다는 것이다. 비록 개념 간의 관계가 뚜렷하거나 위계적이지 않은 도덕이나 역사와 같은 교과라고 해도, 가능한 한 수학이나 과학의 경우처럼 개념적 순서의 요소를 찾아내서 교과 내용을 조직해야 하는 것이다. 다른 하나는 교과 내용을 조직할 때 명제의 제시 순서에 따라야 한다는 것이다. 여러 명제가 논리적으로 연결되지 않으면, 교과는 지식 전체의 논리적 관계가 아닌 단순한 사실 전달에 그칠 수 있기

---

214) Paul H. Hirst, *Knowledge and Curriculum: A collection of philosophical papers*, London: RKP, 1978, p.39, pp.41-42, p.84, p.96. 허스트는 지식의 형태를 수학, 물리학, 인문학, 역사, 종교, 문학과 순수예술, 철학 등 일곱 가지로 분류하고, 이 형태에 네 가지 특징이 있다고 지적한다. 첫째, 성격상 독특한 핵심 개념들을 갖는다는 것이다. 둘째, 주어진 지식 형태 속에서 개념들이 관계망(a network of possible relationships)을 형성하여 경험이 이해될 수 있게 한다는 것이다. 셋째, 그 특정한 맥락과 논리에 의해 지식의 형태는 특유의 질문 유형에 대답하는 표현이나 진술을 갖고 있다는 것이다. 넷째, 경험을 탐색하고 특유의 표현들을 검증하기 위한 특정한 기법이나 기술들을 발달시켜 왔다는 것이다(*Ibid.*, p.44.).

215) Paul. H. Hirst & R. S. Peters, *Op. cit.*, pp.51-52; P. H. Hirst, "The Logical and Aspects of Teaching a Subject of Education," *The Concept of Education*, R. S. Peters (ed.), London: Routledge & Kegan Paul, 1970. pp.51-52.

때문이다.216)

한편, 논리적 조직이 아니라 심리적 조직을 옹호하는 측의 입장은 무엇일까? 심리적 조직을 주장한 주요 인물은 '반성적 사유(reflective thinking)'로 잘 알려져 있는 듀이(J. Dewey)이다. 듀이는 1882-1886년 사이에 모리스(George S. Morris)의 '심리학적 입장'을 수용하여 초기부터 학습자의 '심리'를 고려하고 있다.217) 그리고 학습이 '사고하는 방법을 배우는 일'이고, 최상의 사고 방법이 반성적 사유이며, 반성적 사유가 '하나의 교육목적'이되어야 한다는 입장을 취하고 있다.218) 듀이는 '반성적 습관'과 연관시켜 '가르치는 행위'를 다음과 같이 설명하고 있다.

> 가르친다는 것은 물건을 파는 것에 비유할 수 있다. 누구든지 물건을 사지 않으면 어떠한 사람도 팔 수 없을 것이다. 사간 사람이 하나도 없었는데도 불구하고 많은 물건을 팔았다고 하는 상인이 있다면 그러한 상인을 우리는 비웃을 것이다. 마찬가지로 **학생이 무엇을 학습하였는가를 개의치 않고 하루의 수업의 성과를 충분히 거두었다고 생각하는 교사가 있다.** 사는 것과 파는 것과의 사이에 정확한 일치가 있는 것과 같이 가르치는 것과 배우는 것과의 사이에도 정확한 일치가 있다. … **학습이란 학생이 자기 자신을 위하여 하는 것이기 때문에 주도력은 학습자 편에 있다. 교사는** 안내자이며 지도자에 불과하다. **교사는 배의 닻을 쥐고 있다. 그러나 배를 추진시키는 동력은 배우고 있는 학생에서부터 오는 것이다.** 교사가 누구이든 간에 학생의 과거 경험, 희망, 염원, 주된 흥미를 주의 깊게 인식하면 인식할수록 그 교사는 그만큼 **반성적 습관의 수립을**

---

216) 김경배 · 김재건 · 이홍숙, 앞의 책, 157-161쪽.
217) Jo Ann Boydston & Fredson Bowers eds., *The Early Works of John Dewey 1882-1898*, London: South Illinois University Press, 1975, vii.
218) 존 듀이, 『사고하는 방법』(박한영 역), 법문사, 1979, 14쪽, 29-46쪽. 이 책의 원본은 듀이의 고전인 How we think(1909년 초판)의 개정증보판(1933년)이다. 반성적 사유는 '문제를 발견하고 중시하면서 연속적으로 사고하는 것', '사물 · 현상 자체에 내포된 암시를 찾아내는 정신 활동', '사유의 출발점인 의혹 · 주저 · 심적 곤란을 포함하는 동시에 의혹을 해명하고 당황한 사태를 처리해가는 탐구 과정' 등을 의미한다. 반성적 사유를 구성하는 요소는 '불안, 탐구, 목적에 의한 사고의 정리' 등이다(같은 책, 14쪽, 15-16쪽, 23-26쪽, 89쪽.).

위하여 지도되고 이용되는 필요한 여러 가지 힘의 작용을 쉽게 이해할 수 있다. 반성적 습관 수립의 여러 요인의 수와 질은 사람에 따라 변한다. 이 두 가지 모두 교육의 정당화(Justification of education) 차원과 관련된다.[219)

(강조-필자)

듀이는 반성적 사유가 교육 목적이 되어야 하는 이유를 세 가지로 제시하고 있다. 첫 번째는 '포식적·맹목적·충동적·상투적 행동에서 해방시켜 미래 지향적·지성적 행동으로 전환'할 수 있게 해준다는 것이다. 두 번째는 '미개인과 달리' 문명인으로서 조직적 준비와 창의성을 가능하게 해준다는 것이다. 세 번째는 '하나의 현상(a thing)을 의미를 지닌 대상(an object)'으로 만든다는, 즉 의미 부여를 통해 현상을 풍부하게 만든다는 것이다. 듀이는 사유가 그릇되거나 유해한 신념과 연결될 때 큰 피해로 이어질 수 있으므로 '교육적 지도를 통한 조직적인 사고 훈련'을 통해 이런 반성적 사유를 실현해야 한다고 보고 있다. 그리고 부적절한 사유의 사례로는 '네 가지 우상의 비유'를 들고 있다.[220)

이런 교육관에는 듀이의 인간관이 전제되어 있다고 할 수 있다. 듀이는 인간이 '풍속·전통·편견 등의 토대를 가지고 판단하려는 심적 경향'을 가지고 있으므로 반성적 사유를 통해 이것을 끊임없는 조정해야 한다는

---

219) 위의 책, 47-48쪽.
220) 위의 책, 29-33쪽. 영국의 철학자 베이컨(Francis Bacon)에게 우상(idols)은 올바른 지식을 획득하기 위해 버려야 하는, 정확한 사고를 방해하는 일종의 편견이다. 베이컨이 기존의 연역법보다 뛰어나다는 새로운 추론 방법으로서 '귀납법'을 주장한 ≪노붐 오르가눔(Novum Organnm)≫(1620)에서 지적된 편견의 종류는 종족, 동굴, 시장, 극장의 우상이다. 여기서 종족의 우상은 자신의 감각이 믿기 원하는 것을 믿으려는 인간 종족의 공통된 경향, 동굴의 우상은 개인적 차원으로 자신의 특수한 성향이나 입장에서 해석하려는 경향, 시장의 우상은 사회적·언어적 차원으로 시장에서처럼 의사소통이 잘못되고 있는 경향, 극장의 우상은 철학이 사실 그대로를 보여주지 못함에도 불구하고 갖게 되는 철학적 독단이다. 듀이는 베이컨과 다소 다른 방법으로 잘못된 신념의 원인을 내재적 원인과 외재적 원인으로 구분한다.

입장을 취하고 있다. 그리고 이런 입장에서 풍속·전통·편견 등을 근거로 판단하려는 마음의 경향을 조정하기 위해 반성적 사유가 필요하고, 이를 위해 세 가지 마음의 준비가 필요하다고 지적하고 있다.

듀이가 말한 첫 번째의 마음 준비는 편견과 당파 근성을 벗어나서 여러 의견을 적극적으로 청취하는 등의 개방된 마음자세(open-mindedness)를 갖는 것이다. 두 번째는 어떤 현상에 철저히 흥미를 느끼고 몰두할 수 있는 마음자세(whole-heartedness)를 갖는 것이다. 그리고 세 번째는 계획된 정신적 단계의 성과를 깊이 생각하고, 그 성과를 스스로 채택하려는 지적 책임감을 갖는 것이다.[221]

듀이는 반성적 사유를 위한 세 가지의 마음 준비에 이어 세 가지의 사유 훈련 과정을 제시하고 있다. 그 내용은 '호기심, 암시, 순서 부여하기'이다.[222] 첫 번째의 사유 훈련 과정인 호기심은 인간이 자기 내부를 파괴하려는 주변의 자극으로부터 방어하는 경향과 끊임없이 적극적으로 경험 영역을 확대하려는 경향을 의미한다. 듀이는 이런 호기심을 '경험 확대의 기본 요소, 반성적 사유를 위한 제1 요소'로 보고 있다. 그리고 이런 호기심이 '지적 국면으로 전환'되지 않으면 침체 또는 소멸된다고 보고 있다.

두 번째의 사유 훈련 과정인 암시는 절대적으로 단순·유일·고립된 경험이 없고, 경험되는 모든 현상이 다른 대상·성질·사건 등과 연결되어 있다는 전제를 토대로 제시되고 있다. 즉 경험의 일부분이 어떤 사건이나 본질을 환기 또는 암시하고 있다는 의미이다. 예를 들어, 아동이 한

---

221) 위의 책, 35-46쪽.
222) 위의 책, 48-62쪽. 듀이는 순서 부여하기를 정신집중으로 설명한다. 정신집중은 여러 관념이 '하나의 착실한 경향으로 통합되어 통일된 결론으로 향하게 된다.'는 것, '한 사람의 장군이 공격이나 방어를 위해 삼군을 지휘하는 것처럼 하나의 목표를 향하여 끊임없이 움직이고 있다.'는 것이다. 이 때 정신은 방향의 통일과 관련되어 끊임없이 변화하는 것을 포함하고, 일관되며 질서있는 사고란 일정한 중심 문제 안에서 그러한 입장의 변화를 성취하는 일이라고 본다(같은 책, 61쪽).

마리의 새를 열심히 주시할 때 그 새는 날거나 쫓거나 먹거나 노래하는 등의 다양한 것을 하고 있고, 그 경험의 일부분은 아동이 보지 못했던 다른 것을 생각(암시)하게 한다는 것이다. 이런 맥락에서 사유는 '특수한 사물과 그 사물이 환기하는 특수한 암시를 연결해주는 능력'으로 이해되고 있다.

세 번째의 사유 훈련 과정인 순서 부여하기는 여러 관념이나 암시의 관계가 순차적으로 정리되지 않으면, 반성적 사유에 도달할 수 없다는 의미이다. 듀이는 지속적인 사유의 혼란 또는 문제 상태가 여러 관념이나 암시의 순서가 정해지지 않아 발생하므로 여러 관념과 암시에 연속성·계속성과 질서를 부여해서 이 혼란을 해소하고 반성적 사고에 도달해야 한다고 보고 있다.

이런 반성적 사유를 교육 목적으로 본다면, 사유의 결과에 해당하는 지식, 그리고 사유에 해당하는 탐구과정 가운데 무엇이 중시될 수 있을까? 바로 탐구과정이다. 듀이는 지식을 지도, 탐구과정을 탐험·측량에 비유하고 있다. 그리고 탐험·측량 없이 지도가 존립할 수 없듯이, 탐구과정이 없으면 지식도 존립할 수 없다고 설명하고 있다. 지식을 탐구과정의 산물로 보기 때문이다. 이 내용은 다음의 인용문에서 확인할 수 있다.

> 하나의 사례로서 지도는 탐험과 측량에 의해서 실증되는 것이지만 탐험과 측량의 결과라는 사실을 생각해볼 수 있다. 탐험이나 측량은 과정에 순응한다. 지도는 산물이다. **일단 지도가 제작된 뒤에는 지도는 여행이나 탐험에 검증되지 않고도 사용될 수 있다. 그러나 여행이나 탐험 없이는 지도란 존립될 수 없다.** 따라서 여행이나 탐험의 결과가 지도인 것이다.[223]   (강조-필자)

듀이는 탐구과정을 '논리적 방법', 반성적 사유의 산물을 '논리적 형식'으로 표현하고 있다. 따라서 듀이에게는 '논리적 방법을 통해 논리적 형식

---

223) 위의 책, 84쪽.

에 도달한다.'는 표현이 가능하다고 할 수 있다. '논리적 방법'에서 '논리적'이라는 표현은 사유가 '반성적으로(reflectively)' 이루어져야 한다는 것을 의미하고 있다. 그리고 '반성적으로'라는 표현은 '경험적 또는 비과학적'이 아니라 '과학적'이라는 의미와 동일하다. 이렇게 본다면, 반성적 사유는 실험적 사고 작용 또는 과학적 추리 작용과 동일한 의미이고, 지식은 이런 탐구과정을 거쳐 논리적 형식으로 표현된 최종 결과물이라고 할 수 있다.224)

　　지식보다 탐구과정을 중시한다면 교과 내용의 조직 과정에서 어떤 측면을 강조하게 될까? 탐구과정의 결과인 '학문의 논리'보다 탐구과정을 가능하게 만드는 '학습자의 심리'라고 할 수 있다. 듀이에게 학문의 논리는 학습자가 문제 상황에 호기심을 느끼고 그 상황에서 암시를 찾아내어 분석·정리하는 탐구과정의 결과물일 뿐이다. 따라서 이런 관점에서 교과 내용은 학습자의 욕구, 흥미, 필요 등 학습자의 심리를 고려하여 반성적 사유가 가능한 체험을 중심으로 조직되어야 한다고 할 수 있다.

　　지금까지 피터스의 이론과 허스트의 초기 이론을 통해 교과의 논리적 조직을 강조하는 입장, 그리고 듀이의 이론을 통해 교과의 심리적 조직을 강조하는 입장에 관해 검토하였다. 이 가운데 허스트의 초기 논의는 영미권 교육철학 전통의 큰 축이 되어, '학문 중심' 또는 '교과 중심' 교육과정을 강조하는 경향과 함께 시너지 효과를 발휘해 왔다고 지적되고 있다.225) 그리고 듀이의 이론은 '경험 중심' 교육과정을 대표하는 이론으로 알려지고 있다. 두 입장은 서로의 차이 때문에 비판하는 관계를 유지하고 있지만,226) 교과 내용을 조직할 때 고려할 두 가지 부분에 해당한다고 할 수

---

224) 위의 책, 86-87쪽. 듀이에 따르면, 경험적 사고작용은 잘못된 신념으로 이끄는 경향이 있고, 새로운 사태를 처리하는 능력이 없고, 정신적 무기력과 독단주의를 일으키는 경향이 있다. 그에 비해 과학적 자유는 분석과 종합의 합일과정인 실험적 사고작용 혹은 과학적 추리작용을 의미한다(같은 책, 198-210쪽).
225) 한기철, 앞의 글, 187쪽.

있다. 교과 내용을 조직할 때는 학문별로 다른 '지식의 형태'를 고려하고, 학습자의 흥미를 토대로 문제를 반성적·과학적으로 사유하는 일이 동시에 요청되기 때문이다.

---

226) Paul H. Hirst, *Op. cit.*, p.121; 최원형, 「폴 허스트의 '사회적 실제'와 존 듀이의 '기본적 삶의 활동' 개념 비교」, 『교육과정연구』 26-4, 2008, 103-116쪽.

4. 종교교과교육의 개념과 학문정체성

1 종교교과교육의 개념 차이

(1) 종교교과교육에 관한 인식

앞에서 교과교육의 제도사적 전환과 학문정체성, 교육 목표의 설정·진술, 교과 내용의 선정·조직에 관해 살펴보았는데 이런 논의는 결과적으로 교과교육의 학문정체성과 연결되어 있다고 할 수 있다. 교육 목표나 교과 내용에 관한 논의도 교과교육에서 교수·학습 방법론을 강조하느냐 아니면 메타적 접근을 강조하느냐에 따라 교과교육의 학문정체성에 영향을 미칠 수 있기 때문이다.

이런 내용은 종교학과 교육학의 만남인 종교교과교육에도 그대로 적용될 수 있다. 종교교과교육에서도 교육 목표와 교육 내용에 관한 논의가 진행되고 있고, 이런 논의가 직·간접적으로 종교교과교육의 학문정체성 논의에 영향을 미치고 있다.

종교교과교육의 학문정체성은 종교교과교육에 관한 인식과 그 차이에서 시작된다고 할 수 있다. 종교교과교육에 관한 인식 차이는 교육부가 '종교교육론, 종교교과교육론, 종교교과교재연구 및 지도법' 등을 마련할 때의 취지와 대학에서 개설할 때의 취지를 대조하면 확인할 수 있다. 이 세 과목은 대학의 전공학과에서 정해진 비율에 따라 교직 과정을 신청·

이수하고 있는 종교교사 지망생에게 다른 지정 과목과 함께 의무적으로 부과되고 있다.227)

구체적으로, 2012년 11월에 고시한 교사자격 취득을 위한 세부 기준228) 과 『2013년도 교원 자격검정 실무편람』에 따르면, 종교교사 지망생이 주 전공이나 복수전공을 통해 중등 교사자격을 취득하려면 전공과목 50학점 이상을 취득하되 그 안에 '표시과목별 기본 이수 과목 21학점(7과목)'과 '표시과목별 교과교육영역 8학점(3과목)' 이상을 수강해야 한다. 그에 비 해 부전공을 통해 중등 교사자격을 취득하려면 표시과목과 관련된 38학점 이상을 취득하되 '교과영역 30학점', '교과교육 영역 8학점(3과목)' 이상을 취득해야 한다.229)

교직과목에서 학점 이수 기준이 늘 동일한 것은 아니다. 학점 이수 기준 은 2008학년도 이전 입학자(2010학년도 이전 편입학자 포함)에게는 20학 점 이상(교직이론 14학점, 교과교육 4학점, 교육실습 2학점), 2009학년도 이후 입학자(2011학년도 편입학자 포함)에게는 22학점 이상(교직이론 14 학점, 교직소양 4학점, 교육실습 4학점), 2013학년도 이후 입학자(2015학 년도 이후 편입자 포함)에게는 22학점(교직이론 12학점 이상, 교직소양 6학점 이상, 교육실습 4학점 이상)으로 변화되고 있다.230)

교직과목의 이수 기준과 영역도 동일한 것이 아니다. 그 변화를 보면,

---

227) 교육과학기술부, 『2013년도 교원자격검정 실무편람』, 교육과학기술부 교원양 성연수팀, 2013, 290쪽. 대학의 관련 학과에는 종교교육과, 종교학과, 기독교교 육과, 기독교학과, 신학과, 불교학과, 기독교교육학과, 선학과, 원불교학과였다. 1999학년도 이전 입학자와 2001학년도 이전 편입학자의 기본이수영역 또는 과 목은 종교학, 종교사, 비교종교학이었다.
228) <유치원 및 초등·중등·특수학교 등의 교사자격 취득을 위한 세부기준>(교육 과학기술부 고시 제2012-27호, 일부개정·시행 2012.11.21.) 제3조(전공과목 세 부 이수기준).
229) 교육과학기술부, 앞의 책, 2013, 255-274쪽.
230) 위의 책, 72-73쪽.

종교교과교육론(2학점), 종교교과교재연구 및 지도법(2학점), 논리 및 논술에 관한 과목(2학점)은 2008학년도 이전에 입학자(2010학년도 이전 편입자 포함)까지 교과교육 영역에 속해 있었다. 그렇지만 2009년 학년도 이후 입학자(2011학년도 이후 편입학자 포함)부터는 전공과목으로 전환되고, 이수학점도 8학점(3과목) 이상으로 상향 조정되었다. 편입학자나 재입학자도 이런 과목을 이수하여 전공학점으로 인정받을 수 있게 되었다.231)

이런 변화로 말미암아, 2014년 현재, '종교교육론, 종교교과교육론, 종교교과교재연구 및 지도법'이라는 과목은 교직과목이 아니라 전공과목에 포함되어 있다. 그리고 종교교사 2급 정교사 자격증을 획득하려면 지정된 교직과목과 함께 이 과목을 수강해야 한다. 종교교사 자격을 취득할 때 필요한 교직과목의 세부 이수기준과 표시과목별 기본이수과목의 최근 내용을 표로 정리하면 다음과 같다.232)

<표 26> 교직과목의 세부 이수 기준(2012.11.21 개정)

구분	정교사(2급) 및 교사(2급) 최저 이수 기준
교직이론	12학점 이상 (6과목 이상) - 교육학개론, 교육철학 및 교육사, 교육과정, 교육평가, 교육방법 및 교육공학, 교육심리, 교육사회, 교육행정 및 교육경영, 생활지도 및 상담 - 그 밖의 교직이론에 관한 과목
교직소양	6학점 이상 - 특수교육학 개론 (2학점 이상, 영재교육 영역 포함) - 교직실무 (2학점 이상) - 학교폭력의 예방 및 대책 (2학점 이상)
교육실습	4학점 이상 - 학교현장실습 (2학점 이상) - 교육봉사활동 (2학점 이내 포함 가능)
합계	총 22학점

---

231) 위의 책, 74-75쪽.
232) 위의 책, 256쪽의 교직과목의 세부 이수기준(2012.11.21 개정), 261쪽의 종교교사 자격 취득을 위한 표시과목별 기본이수과목(2011.12.28 개정) 참조.

<표 27> 종교교사 자격 취득을 위한 표시과목별 기본이수과목(2011.12.28 개정)

표시 과목	관련학과 또는 학부	기본이수과목 (또는 분야)	비고
종교 Religion	종교교육, 종 교학 및 관련 되는 학부 (전공·학과)	종교교육론, 종교학개론, 종교 현상학, 종교철학, 한국종교, 종 교사회학(또는 종교인류학), 종 교심리학, 세계종교(또는 종교 사, 또는 비교종교학), 현대종교, 종교와 과학, 종교학사, 종교와 문화	2000-2004학년도 입학자, 2002-2006 학년도 편입자가 이수할 기본 이수 과목 목록, 2005-2008학년도 입학자 와 2007-2010학년도 편입자가 이수 할 기본 이수과목 목록에는 '종교와 문화'가 없음.

그런데 '종교교육론, 종교교과교육론, 종교교과교재연구 및 지도법'의 취지는 무엇일까? 이런 과목은 교과교육 영역이 교직과정에 포함된 1983년에 만들어졌지만, 당시에 과목별 취지에 관한 설명은 없었다. 이 상황은 '○○교과교육론, ○○교과교재연구 및 지도법' 과목이 있는 다른 개별 교과의 경우에도 마찬가지이다. 그 이유는 무엇일까? <교원자격검정령>에 개별 교과와 관련된 '○○교과교육론'이나 '○○교과교재연구 및 지도법'이 아니라 '교과교육론', '교과교재연구 및 지도법'만 명시되어 있어, 개별 교과와 관련된 이런 과목의 취지를 설명할 의무가 없었기 때문이라고 할 수 있다.

그에 비해 '교과교육론, 교과교재연구 및 지도법'의 취지는 『교원자격검정 실무편람』에서 확인할 수 있다. 따라서 '종교교육론, 종교교과교육론, 종교교과교재연구 및 지도법'의 취지도 이 자료에 근거하여 추측할 수밖에 없는 상황이다. 2013년 자료에 따르면, '교과교육론'의 취지는 "교과교육의 역사적 배경, 교과교육의 목표, 중·고등학교 교육과정의 분석 등 교과교육 전반에 관하여 연구한다."이다. 그리고 '교과교재연구 및 지도법'의 취지는 "교과의 성격, 중·고등학교 교재의 분석, 수업안의 작성, 교수방법 등 교과지도의 실제 경험을 쌓게 한다."이다.[233]

---

233) 위의 책, 2013, 77쪽.

이런 설명을 적용할 때 '종교교과교육론, 종교교과교재연구 및 지도법'
의 취지를 어떻게 정리할 수 있을까? '교과교육론'의 취지에 따르면, '종교
교과교육론'의 취지는 종교교과교육의 역사적 배경과 목표를 확인하고 이
것이 교육과정에 어떻게 반영되어 있는지를 분석하는 것이라고 할 수 있
다. 그리고 '교과교재연구 및 지도법'의 취지에 따르면, '종교교과교재연
구 및 지도법'의 취지는 종교 교재를 분석하고 수업안을 설계하여 다양한
교수방법을 적용해보는 것이라고 할 수 있다.

그렇다면 이런 과목의 취지가 학교 현장에서 어떻게 인식되고 있을까?
그 내용은 종교 교직과정이 설치된 몇몇 대학교의 사례를 살펴보면 확인
할 수 있다. 몇몇 대학에 개설된 과목의 내용을 정리하면 아래의 표와 같
다.234)

<표 28> 종교교육론, 종교교과교육론, 종교교과교재연구 및 지도법의 설명 사례

	종교교육론	종교교과교육론	종교교과교재연구 및 지도법
H 대학	국내외에서 제기된 **종교교육 이론과 방법론**에 관련된 문제를 이해하고, 이를 실제 종교교육 현장에서 적용하는 실질적 방안을 구체적으로 모색한다.	**중등학교 종교교과**를 분석하고, **종교교과교육 이론**을 성찰한다. 그리고 종교교과를 활용하는 **종교교사론과 학습자 분석 방식**에 대해 살펴본 후, 실제 발표 수업을 진행하면서 실전 적용 감각을 배양한다.	현행 종교교과교재의 내용을 분석하고 조직한 후, 내용 전달에 적합한 지도방법을 모색하고 필요한 매체를 선정할 수 있도록 하는 데 있다. 또한, 수강생들이 실제 강의를 준비하고 진행하면서 종교교사의 소양을 기를 수 있게 한다.
Y 대학	*기독교교육학 (Christian Education) **기독교교육**의 목적 설정, 내용 선정과 조직, 교수-학습과정 및 교육행정체제 등에 관한 이론을 소개하고, 그 실천을 위한 다양한 방법에 관해 연구한다.		공교육제도 아래 실시되는 종교교육을 위한 교재, 자료 연구 및 사용방법을 지도한다.

234) 검색일: 2012.2.24. 한신대학교(http://www.hs.ac.kr/); 연세대학교 신과대학(http://
yonshin.yonsei.ac.kr/); 강남대학교(http://web.kangnam.ac.kr/) 신학과; 서울신학대
학교(http://www.stu.ac.kr/) 기독교교육과.

	종교교육론	종교교과교육론	종교교과교재연구 및 지도법
K 대 학	*설명 없음	성서의 가르침을 중·고등학교 학생들에게 효과적으로 교수하기 위한 방법이다. 실제적 교수법을 터득하는 학습을 한다.	중·고등학생들의 지도를 위한 종교교육 교재를 개발하고 효과적인 지도를 위한 방안을 강구한다. 특히 교재활용을 위한 실질적 교육을 위주로 학습한다.
S 대 학	*성서 교육론 (Bible Teaching Methods) 기독교 교육의 전문적 지도자로서 성서의 창조적 교수방법을 예수교수 방법 등을 비롯하여 연구한다.		*기독교 교육 교재론 (Christian Teaching Materials) 기독교 교육에 실제로 응용되는 각종 교재의 종류와 제작 및 이용 방법 등을 연구한다.

위의 내용을 보면, 교육부의 과목 설명을 적용한 '종교교육론, 종교교과교육론, 종교교과교재연구 및 지도법'의 취지와 대학교 차원에서 설명한 과목의 취지 사이에는 다소의 차이가 있다. 특히 종립대학교의 경우에는 과목명 자체를 다르게 개설하고 있어 그 차이가 크다는 것을 확인할 수 있다.

그럼에도, 교육부와 각 대학의 자료에서 유사한 부분을 찾아 공통된 내용을 정리해본다면, '종교교육론'은 종교교과교육의 방법과 이론, '종교교과교육론'은 종교교과과정의 이론, '종교교과교재연구 및 지도법'은 종교교과교육에 사용되는 교과교재의 분석과 교수·학습 방법에 관한 과목이라고 할 수 있다. 이런 설명은 각 과목의 영어 표현이 'Method and Theory in Religion Education', 'Theories in Religion Education Course', 'Materials and Methods in Religion Education'이라는 점으로도 확인할 수 있다. 그리고 교재와 교수·학습 방법이 교과과정에 따라 이루어진다는 점에서 '종교교과교재연구 및 지도법'은 '종교교과교육론'을 전제로 하고 있다고 볼 수 있다.

(2) 종교교과교육의 성격

'종교교육론, 종교교과교육론, 종교교과교재연구 및 지도법'의 취지에서 유사성을 지적한다고 해서, 이런 과목의 성격을 이해하는 관점의 차이가 해소되는 것은 아니다. 이런 차이는 대학에서 해당 과목을 변용·개설하고 있는 현상을 통해 확인할 수 있다. 예를 들어, '종교교육론'을 '기독교교육학'이나 '성서교육론', '종교교과교재연구 및 지도법'을 '기독교 교육교재론'으로 대체하여 개설하고 있는 경우에 이런 과목의 성격은 본래 취지가 아니라 특정 종교를 위한 과목으로 이해될 수밖에 없다.

이런 과목의 성격이 다르게 이해되는 이유는 무엇일까? 그 이유는 다양하겠지만, 무엇보다 교과 명칭에 포함된 종교나 교과나 교육 개념의 보편적 정의가 어렵다는 점에서 찾을 수 있다. 예를 들어, 종교교과교육의 성격을 이해하려면 종교·교과·교육 등의 개념 이해가 필요한데, 종교 개념에서부터 공통된 이해가 어려운 상황이다. 이 때문에 종교 연구자는 보편적 종교 정의보다 필요한 경우에 따라 '조작적 정의'를 활용하고 있다.

교육이나 교과 개념도 종교 개념과 유사한 상황에 놓여 있다. 예를 들어, 교과 개념은 넓은 의미에서 '가르치고 배우는 모든 경험 내용'으로 간주되지만, 연구자에 따라 다르게 설명되고 있다. 그 사례로는 '문화 요소 가운데 학교에서 가르칠 대상으로 설정되어 인간의 가치를 높이는 차원에서 사회적 지지를 받는 학문이나 경험 분야', '개체의 성장 영역을 범주화한 것(학습자 측면)이면서 사회구성원이 입문해야 하는 문화적 범주의 체계'(사회적 측면),[235] '축적된 문화유산 가운데 교육을 위해 선택된 내용을 통합하거나 구분하기 위한 개념', '학교 교육과정 또는 학습을 위한 처방 내용', '고정된 실체의 이름이 아니라 각급 학교교육에서의 교수-학습을 위한 활동 영역의 단위' 등의 설명을 들 수 있다.[236]

---

235) 이돈희, 「교과학의 성격과 교사의 전문성-세계화, 정보화의 시대에 임하여」, 93-94쪽.

그렇지만 종교, 교과, 교육 개념의 보편적 정의가 어렵다고 해서 이런 과목에 관한 인식과 성격의 차이가 아예 좁혀질 수 없는 것은 아니다. 여기서 차이를 좁힌다는 것은 아예 그 차이를 없앤다는 것이 아니라 이런 과목의 본래 취지를 구현할 수 있는 맥락을 공유해야 한다는 것을 의미한다. 이를 위한 방법에는 여러 가지가 있겠지만, 교육부가 이런 과목의 대체 과목을 인정하는 기준을 명확하게 제시하는 것도 중요한 방법이다. 그리고 무엇보다 이런 과목의 성격에 관해 학문적 인식이 공유될 때 그 차이는 좁혀질 수 있다. 이런 학문적 인식을 공유하기 위해서는 종교교과교육의 성립 기준을 살펴볼 필요가 있다.

　종교교과교육의 성립 기준은 무엇일까? 일반적으로 교과의 성립 기준은 그 기준이 학문(학문적 가치)인지 사회적 요구(실용적 가치)인지에 따라 논쟁이 되고 있다. 이 논쟁은 '학교에서 특정 교과를 가르치는 이유'가 무엇인지를 탐색하는 것이기도 하다. 예를 들어, 그리스시대부터 학교의 중심 교과가 된 '7자유교과', 14~16C 르네상스 시대에 강조된 인문교과(humanities) 등의 교과 성립 기준은 사회적 유용성이나 생산성이 아니라 '자유교육'을 위한 '학문적 가치'였다고 할 수 있다. 그에 비해 18C 중엽에 영국에서 시작된 산업혁명이 확산되면서 사회적 요구에 따라 산업사회에 필요한 실제적 지식이 담긴 교과가 만들어진 경우도 있다.237)

　교과의 성립 기준은 학문과 사회적 요구 가운데 무엇을 기준으로 삼을 것인지에 따라 여전히 논쟁 중이라고 할 수 있다. 그렇지만 교과 성립 기

---

236) 곽병선, 앞의 글, 1987, 162-163쪽; 박순경, 「교과의 개념과 성립 과정」, 『교과교육학신론』(허경철·이화진·박순경·소경희·조덕주), 문음사, 2001, 45-46쪽.
237) 이돈희, 『교육적 경험의 이해』, 교육과학사, 1993, 12-16쪽; 박순경, 「교과의 개념과 성립 과정」, 52-58쪽. 여기서 사회적 요구는 '학생의 욕구와 흥미, 실생활에서의 필요, 사회 문제 등에서 찾으려는 경향'을 포괄하는데, 이는 개체의 성장 영역이자 사회구성원이 입문해야 할 문화적 범주 체계로서 교과의 범주가 학문적 분류에 의해 폐쇄될 이유가 없음을 시사한다(같은 글, 50-52쪽).

준에 관한 논쟁은 종교교과교육의 성격을 보다 명확하게 만드는 데에 도움이 될 수 있다.

2 종교교과교육의 학문정체성 : 종교학과 교육학과의 차이

'종교교육론, 종교교과교육론, 종교교과교재연구 및 지도법'에 관한 인식과 성격 차이를 고려할 때 종교교과교육의 학문정체성을 논의하는 일은 무리하게 보일 수 있다. 그리고 종교교과교육을 전공하는 연구자가 소수에 불과하고 종교교과교육의 학문정체성에 관한 논의가 활발하지 않은 상황에서는 이런 논의가 어색할 수도 있다. 그렇지만 이런 상황이기 때문에 종교교과교육의 학문정체성에 관한 논의가 더욱 필요할 수도 있다.

종교교과교육의 학문정체성에 관한 논의는 어떤 방식으로 이루어질 수 있을까? 이 질문에 답변하려면 교육학계에서 진행된 교과교육의 학문정체성에 관한 논의를 참조할 수 있다. 교과교육의 학문정체성 논의의 흐름을 보면, 초기에는 주로 '교수·학습 방법론'이 강조되다가 점차 교과교육을 '분과학문'으로 규정하기 위해 교과 내용의 교육학적 변환, 교육학 방법론, 그리고 '이차적·메타적 이해'가 강조되고 있다. 이런 흐름을 고려할 때 종교교과교육의 학문정체성에 관한 논의는 종교교과의 내용 변환, 메타적 접근, 학제적 연구라는 측면에서 종교교과교육이 종교학이나 교육학과 다른 부분을 지적하는 것에서부터 시작될 수 있다. 그 차이를 좀 더 구체적으로 살펴보면 다음과 같다.

첫째, 연구 내용(대상)에서 종교교과교육은 종교학과 차이를 보여주고 있다. 종교학의 학문정체성 논의는 분과학문(discipline)인지 연구분야(field)인지에 따라 두 가지 담론으로 구분될 수 있다. 그렇지만 종교현상이 연구 대상이라는 인식은 두 담론의 공통점이다. 그에 비해 종교교과교육은 종교현상 자체보다 종교현상에 관한 종교학적 지식을 주요 연구 내용으로 삼고 있다. 물론 종교현상 자체가 수업 자료로 연구되기도 한다. 또한, 종교교과교육 현상, 즉 종교수업이라는 현상도 지속적인 연구 내용이 되고 있다.

좀 더 구체적으로 종교교과교육은 종교현상을 넘어, 종교와 관련된 다양한 지식·기능을 특정 대상에게 '가르칠 수 있는 지식·기능'으로 분별·선정·체계화하고, 그 맥락과 가치에 관해 메타적으로 접근한다는 점에서 종교학과 연구 내용이 다르다. 특히 종교교과교육의 목표를 설정하고, 내용을 선정·조직하고, 가르치고, 이를 전반적으로 평가하는 작업의 배경이 교육학 이론이라는 것도 종교교과교육과 종교학의 차이를 드러내는 지점이다.

이런 차이를 고려할 때, 종교교과교육이 종교학에서 파생되었다고만 보는 것은 단순한 시각이라고 할 수 있다. 오히려 종교교과교육은 종교현상에 관한 학문적 지식(종교학)을 대상으로 '교육학적 변환' 또는 '교육적 변용'을 가하여 목표를 정하고, 내용을 선정·조직하고, 메타적 차원에서 교육하고, 그 결과를 평가하는 학문 영역이라고 볼 수 있다.

둘째, 종교교과에 대한 이차원적·메타적 이해를 강조한다는 면에서 종교교과교육은 종교학이나 교육학과 차이를 보이고 있다. 교육학에서도 교과교육의 학문정체성을 논의할 때 이차원적·메타적 이해를 개별 교과학과 개별학의 구별 기준으로 인식하고 있다.[238] 이는 개별학과 달리, 개별 교과학에서 이차원적·메타적 이해를 중시해야 한다는 주장이기도 하다. 그렇지만 오히려 메타적 이해라는 면에서 종교교과교육은 교육학과 구별된다고 할 수 있다. 교육학은 종교교과 자체에 관한 메타적 이해보다 교과교육에 필요한 일반 원리에 관심을 갖고 있기 때문이다.

---

238) 이돈희·박순경, 앞의 글, 31쪽.

일부의 종교학자도 종교학의 '문화비평 기능'을 통해 메타적 이해를 강조하는 경향이 있다. 그렇지만 종교교과교육에서 메타적 이해는 종교학의 기존 지식을 그대로 수용한다기보다 그 지식 자체를 여러 각도에서 재조명하고 교육적으로 변환한다는 측면에서 종교학의 문화비평 기능과 다르다고 할 수 있다. 이런 점에서 메타적 이해는 종교학과 종교교과교육을 구별하는 관건이 될 수 있다.

종교교과교육에서 이차원적·메타적 이해를 강조하는 이유는 무엇일까? 바로 종교교과교육이 태생적으로 종교교과의 메타적 이해를 중시할 수밖에 없기 때문이다. 사실 '무엇을 교과로 결정할 것인가'라는 교과의 성립 문제부터가 특정 시간과 상황에서 결정된다는 점을 고려하면,[239] 교과의 성립 자체부터 메타적 이해가 필요하다고 할 수 있다. 그리고 지식사회학적 접근에 따르면, 지식은 내재적 논리의 절대성을 갖기보다 사회구조에 따라 달라지는 상대적인 사회적 구성물이다. 또한, 지식의 선정·분류·전달·평가 방식에도 사회 내의 권력 분배와 사회 통제의 원리가 반영되어 있다.[240] 이런 맥락을 고려하면, 교과의 지식은 당연한 것이 아니라 어떤 이유와 맥락에서 선정되었는지부터 비판적으로 탐구해야 할 대상이 된다고 할 수 있다.

이외에도, 종교교과교육에서는 종교교과 자체, 종교교과와 생활의 관련성, 종교교과와 다른 교과의 관계 등에 관해 메타적 이해가 가능하다고 할 수 있다. 여기서 종교교과 자체에 관한 메타적 이해는 종교학의 지식을 누가, 어떤 근거로, 어떤 맥락과 수준에서 이론화하고, 어떤 효과를 의도하

---

239) 박순경, 「교과의 개념과 성립 과정」, 68-69쪽.
240) 위의 글, 59-60쪽. 지식사회학자들의 주장에 대해서는 '지식의 사회성, 계층성에 대해 지나치게 추상적·구조적 설명을 하고 있기 때문에 구체적인 상황에 대한 경험적·실증적 연구를 어렵게 하고 있다는, 또한, 교과를 둘러싼 관련 이익집단(교과 공동체)의 이해 갈등과 같은 구체적인 측면들이 간과된다는 한계가 지적된다(같은 글, 61쪽).

는지 등에 대해 상위 수준에서 탐색하는 것을 말한다. 종교교과와 생활의 관련성에 관한 메타적 이해는 종교교과가 개인적·사회적·정치적·교육적 등의 요구 수준과 어떤 관련성이 있는지를 탐색하는 것이다. 그리고 종교교과와 다른 학문의 관계에 관한 메타적 이해는 종교교과의 내용이 다른 교과에 담긴 종교 또는 종교학의 지식과 어떤 관련성이 있는지를 탐색하는 것이다.

셋째, 종교교과의 지식에 관한 학제간 연구의 강조라는 면에서 종교교과교육은 교육학과 종교학과 차이를 보이고 있다. 물론 분과학문으로 인식되는 교육학에서도 교육철학·교육사회학·교육인류학·교육심리학(특히 발달심리학) 등의 하위 분야, 종교학에서도 종교철학·종교사회학·종교인류학·종교심리학·종교현상학 등의 하위 분야가 있어 학제간 연구가 이루어지고 있다. 'Religious Studies'라는 표현도 종교학이 분과학문보다 연구분야(field)로서 다양한 방법론의 활용을 강조하고 있음을 보여주고 있다.

그렇지만 교육학이나 종교학에 비해, 종교교과교육은 태생적으로 학제적 연구를 전제하고 있다. 종교교과교육은 교과를 편찬할 때부터 교육학에서 교육 목표의 설정, 교육 내용의 선정과 조직, 교수·학습 방법, 교육 평가 등에 관한 이론적 토대를, 종교학에서 교과 지식을 제공받고 있다. 학제간 연구를 강조하지 않아도 종교교과교육은 이미 종교학이나 교육학의 접점에서 출발하고 있어 학제간 연구를 할 수밖에 없는 운명을 가지고 있다고 할 수 있다. 나아가 교과의 메타적 이해를 강조할수록 교과가 다양한 위치에서 조명되어야 하므로 학제적 연구의 범위와 수준은 더 넓고 높아진다고 할 수 있다.

종교교과교육은 교육 방법론과 내용을 교육학과 종교학에서 제공받는 상황에서 과연 독자적인 영역을 형성할 수 있을까? 종교교과교육은 교육학의 일반 원리나 종교학의 지식을 단순히 수용하는 수준에 그치지 않고 그에 대해 메타적 이해를 시도하고 있다는 면에서 독자적인 영역을 갖는 다고 할 수 있다. 그리고 문제의식부터 종교학이나 교육학의 경우와 차이를 보이고 있다. 종교교과교육은 '누가, 어떤 이유와 맥락에서, 어떤 종교 지식을 선정하고, 어느 정도의 수준에서 교육학적 변환을 시도하고 있는가, 그 지식이 교육학적 변환 대상으로 선정된 기준은 무엇인가, 교육학적 변환의 방법과 그에 따른 교수·학습 방법이 적절하게 설정되어 있는가, 평가 방법은 무엇인가' 등 포괄적이고 메타적인 문제를 제기하고 있다. 이런 문제제기에 대한 합리적인 답변을 찾아내기 위해 종교교과교육에 학제간 연구가 필요한 것이다.

한편, 종교교과교육은 '종교 활동을 잘 하도록 하는 교육'이 아니라는 면에서 다른 교과교육과 차이를 보이고 있다. 예를 들어, 국어 교과교육은 '국어 활동을 잘 하도록 하는 교육'으로 이해될 수 있다. 그렇지만 종교교과교육은 종교 활동을 잘 하도록 하는 교육도, 종교 자체와 그 문화를 전수하려는 교육도 아니다. 오히려 이런 식으로 종교교과교육을 이해하는 현상, 그리고 그 현상을 배태한 사회와 문화를 비판적으로 성찰하여 사회적 소통에 기여하는 교육이다. 종교교과교육이 다른 개별 교과교육학과 차이를 보이는 이런 지점은 종교교과교육의 학문정체성을 정립하기 위해 앞으로도 확인하고 공유해야 할 부분이라고 할 수 있다.

이상의 내용을 정리하자면, 종교교과교육은 종교학과 교육학의 접점에 있지만 종교학이나 교육학의 하위 분야가 아니라는 주장이 가능하다. 특히 종교교과교육은 종교학과 교육학의 접점에서 종교학의 전공 지식, 교육학적 변환과 가공(교육 목표와 내용의 선정·조직), 교수·학습 방법과 평가 등에 관해 총체적인 메타적 이해를 추구하고 있다. 이는 종교교과교육이 종교학과 교육학의 하위 분야나 방법론이 아니라 종교학과 교육학의 핵심을 포괄하면서 학제적 연구와 메타적 접근을 강조하는 제3의 분과학문 영역으로 존재할 수 있는 가능성을 의미한다. 이상의 설명을 토대로 종교교과교육학의 개념도를 제시하면 다음과 같다.

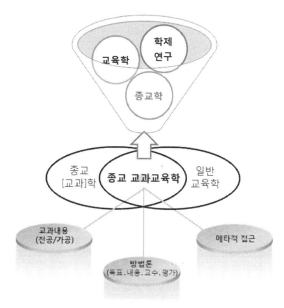

<그림 3> 종교교과교육의 학문정체성 개념도

Ⅲ. 종교교과교재와
종교교과교육

| 종교교과교육과 종교교과교재론 |

1. 교육과정의 제·개정 주체와 종교 교육과정의 역사

■ 교육과정의 제·개정 절차와 주체

(1) 교육과정의 제·개정 절차

제Ⅱ장에서 교과교육의 제도사적 전환과 학문정체성, 교육 목표의 설정·진술 이론, 교육 내용의 선정·조직 이론, 그리고 종교교과교육의 개념과 학문정체성에 관해 살펴보았다. 이 가운데 교육 목표와 내용은 국가 교육과정 문서를 만들 때 핵심이 된다고 할 수 있다. 국가 교육과정 문서가 여전히 '교육 목표, 교육 내용, 교수·학습 방법, 평가'의 틀로 구성되어 있기 때문이다.

국가 교육과정은 어떤 절차로 만들어지고 있을까? 종교 교육과정이 국가 교육과정에 포함되어 있다는 점을 고려하면 이 물음은 종교 교육과정이 어떻게 제·개정되고 있는지에 관한 것이기도 하다. 2007년 교육과정의 사례를 중심으로 국가 교육과정이 만들어지는 절차를 살펴보면 다음과 같다.

첫 번째는 교육과정의 방향 설정 단계이다. 2007년 당시, 교육부는 제7차 교육과정 이후 사회·문화적 변화를 반영한 교육 내용 및 내용 체계

개편, 과학·역사교육 강화 등 국가·사회적 요구 사항 반영, 현행 교육과정 적용상의 문제점 및 교과 교육 내용의 개선, 2006년 3월부터 주 5일 수업제의 월 2회 실시에 따른 수업시수 일부 조정 등을 개정 배경으로 제시한 바 있다. 그 기본 방향은 단위 학교별 교육과정 편성·운영의 자율권 확대, 국가·사회적 요구사항의 반영, 고등학교 선택 과목군 조정, 교과별 교육 내용의 적정화 추진, 현행 주5일 수업제의 월 2회 실시에 따른 수업시수 조정 등이었다.

두 번째는 교육과정의 방향 설정을 위한 기초 연구 단계이다. 교육부는 2004년~2005년에 한국교육과정평가원, 한국직업능력개발원, 국립특수교육원에 '교육과정 개정 방향 설정을 위한 기초 연구'를 위탁한 바 있다. 당시 한국교육과정평가원에서는 초·중등학교 총론, 국민공통기본교과, 기타계고, 유치원 등의 교육과정 개정 방향에 관한 연구를 수행하였다. 그리고 한국직업능력개발원에서는 실업계고, 국립특수교육원에서는 특수학교의 교육과정 개정 방향에 관한 연구를 수행하였다.

세 번째는 기초 연구 내용을 반영한 교육과정 개정 시안의 위탁·개발 단계이다. 교육부는 교육과정의 개정 방향이 설정되자 2005년~2006년에 세 기관(한국직업능력개발원, 한국직업능력개발원, 국립특수교육원)에 '교육과정 개정 시안 연구·개발'을 위탁한 바 있다. 당시 한국직업능력개발원은 전문교과, 국립특수교육원은 특수학교 부분에 관한 연구, 그리고 한국교육과정평가원은 초·중등학교 총론, 국민공통기본교과, 유치원, 중·고 선택과목 부분에 관한 연구를 수행하였다.

이런 개정 시안의 개발은 특정 기관의 인력이 전담하는 것이 아니라 교과별 연구자를 선정하여 별도로 꾸린 교과별 팀에서 담당한다. 그리고 교육과정 개정 시안의 개발 기관에서는 최종 마무리 이전에 개정 시안에 관한 공청회를 개최하고 현장 적합성을 검토한다. 2007년 교육과정의 경우, 한국교육과정평가원은 2005년에 연구·개발한 초·중등학교 총론, 국민공통기본교과 등 14개 교과에 관해 2005년 11월~12월에 '교육과정 개정 시안 제1차 공청회'를 개최한 바 있다. 그리고 2006년 4월~10월에 총 3,760 개교(교사), 교과교육연구회 37개, 교육과정·교과서 발전협의회, 지방교육청 교육과정(CUTIS)[1] 및 한국교육과정평가원(KICE) 홈페이지 등 활용하여 '교육과정 개정 시안 현장 적합성 검토'를 진행하였다. 또한, 2006년 12월~2007년 1월 사이에 초·중등학교 교육과정 총론, 국민공통기본교과 등 교과별로 '교육과정 개정 시안 제2차 토론회·공청회'를 개최하였다.

네 번째는 교육과정의 확정·고시와 교과서 개발 추진 단계이다. 교육부는 공청회와 현장 적합성 검토를 통해 교육과정 개정 시안이 최종 개발되자 2007년 2월에 교육과정심의회 운영위원회를 거쳐 2007년 교육과정을 확정·고시한 바 있다. 그리고 2007년 3월 이후에 새 교육과정에 따른 교과서 개발을 추진하였다.[2]

이상의 내용을 정리하면, 종교 교육과정을 포함한 국가 교육과정의 제·개정 절차는 네 단계로 이루어진다고 할 수 있다. 첫 번째는 교육부가 다양한 요구를 수용하여 교육과정 제정·개정에 관한 의사를 결정하는 단계이다. 두 번째는 교육부가 기초 연구를 위탁·수행하는 단계이다. 세 번째는 교육부가 시안 개발 연구를 위탁·수행하는 단계이다. 이 과정에서 공청회와 현장 적합성 검토가 이루어지고 있다. 네 번째는 교육부가 교육과정심의회를 거쳐 교육과정의 개정을 확정·고시하고 교과서 개발을 추진하는 단계이다.

---

1) 'CUTIS 시스템'(교육과정 교과서 정보서비스)은 2013년 2월 28일부로 종료되고, 유사한 서비스가 '교과서민원바로처리센터(www.textbook114.com)'를 통해 이루어지고 있다.
2) <개정 교육과정 개요 및 시안>, 2007년 2월 8일자 초등학교 교육과정심의회 자료(한국교육과정평가원), 2-3쪽; <개정 교육과정 개요 및 시안>, 2007년 2월 9일자 교육과정심의회 운영위원회 회의자료, 2쪽.

(2) 교육과정의 제·개정 주체

국가 교육과정의 제·개정을 주도하는 주체는 누구일까? 법적으로는 교육부라고 할 수 있다. 그렇지만 교육과정심의회와 한국교육과정평가원도 국가 교육과정의 제·개정에 관여하고 있다. 국가 교육과정의 제·개정 과정에서 이 세 기관의 역할은 각각 다르다고 할 수 있다.

① 교육부 교육정책실

교육부는 국가 교육과정의 제·개정 과정에서 국가 교육과정에 관한 정책 수립이라는 역할을 맡고 있다. 구체적으로 2014년 1월 현재, 교육부에서 국가 교육과정 업무를 담당하고 있는 부서는 교육정책실이다. 교육정책실의 국가 교육과정 업무는 '유치원, 특수학교 및 초·중등학교의 국가수준 교육과정 기본정책의 수립·시행, 교과별 교육과정 기본정책의 수립·시행, 통일대비 남북 표준 교육과정의 개발, 국가 교육과정 심의기구의 설치·운영 및 포럼의 운영, 교과학습 방법 및 평가 개선 지원' 등이다.[3] 교육부의 조직 개편에 따라 담당 부서가 달라질 수 있지만, 국가 교육과정이 존재하는 한 주요 업무의 내용은 지속될 것으로 보인다.

② 교육과정심의회

교육과정심의회(이하, 심의회)는 국가 교육과정의 제·개정 과정에서

---

3) <교육부와 그 소속기관 직제>(대통령령 제24944호, 일부개정 2013.12.11., 시행 2013.12.12.), 동법 제10조 ③항. 동법 제12조 ③항을 보면, 지방교육지원국장의 분장 업무에 '유치원 교육과정 및 교원 관련 제도 개선'이 포함된다. 한편, <교육과학기술부와 그 소속기관 직제>(대통령령 제24157호, 타법개정·시행 2012.11.6.) 제13조 ③항에 따르면, '유치원·특수학교·초·중등학교의 국가수준 교육과정 기본정책의 수립, 교과별 교육과정의 기본정책 수립, 통일대비 남북 표준 교육과정의 개발, 국가 교육과정 심의기구 설치·운영 및 포럼 운영' 등은 학교지원국장의 분장 업무였다. 그리고 동법 제12조 ③항에 따르면, '유치원 교육과정 및 교원 관련 제도개선에 관한 사항'은 인재정책실장의 분장 업무였다.

유치원과 초·중등학교 교육과정의 제정·개정에 관해 심의·조사·연구하는 역할을 맡고 있다. 심의회는 1959년 3월에 <교육과정심의회 규정>이 제정·시행되면서 '대학, 사범대학과 각종학교를 제외한 각급 학교의 교육과정에 관한 심의'를 위해 문교부에 설치된 기관이다.[4] 현재는 법적으로 교육부에 소속되어 있다.

심의회의 설치 근거는 <교육과정심의회 규정>이다. 그렇지만 이 규정의 상위 법률은 <유아교육법>(제2조 제2호)과 <초·중등교육법>(제2조)이다. 상위 법률 조항에는 각각 유아교육을 위해 설립·운영되는 학교가 유치원이라는 내용, 그리고 초·중등교육을 실시하기 위해 '초등학교·공민학교, 중학교·고등공민학교, 고등학교·고등기술학교, 특수학교, 각종학교'를 둔다는 내용이 담겨 있다.[5] 이 내용은 심의회의 범위가 유아교육에서 중등교육까지의 교육과정임을 의미한다.

국가가 심의회를 설치한 목적은 무엇일까? <교육과정심의회 규정>에 따르면, '학교 교육과정의 제정·개정에 관한 사항을 심의·조사·연구'하는 것이다(제1조). 이를 위해 심의회의 조직은 크게 교과별위원회, 학교별위원회, 운영위원회로 구성되어 있다(제2조). 그리고 운영위원회를 제외한 교과별위원회와 학교별위원회는 다시 여러 종류의 소위원회로 구성되어 있다(제7조).

심의회를 구성하는 각 위원회의 역할은 무엇일까? 우선, 교과별위원회

---

4) <교육과정심의회규정>(문교부령 제81호, 제정·시행 1959.3.11). <교육과정심의회규정>의 전신은 <교수요목제정심의회규정>(문교부령 제9호, 제정·시행 1950.6.2. / 문교부령 제81호, 타법폐지 1959.3.11), 그리고 <교과과정연구위원회직제>(문교부령 제16호, 제정·시행 1951.3.30. / 문교부령 제81호, 타법폐지 1959.3.11.)이다.

5) <교육과정심의회 규정>(대통령령 제24423호, 타법개정·시행 2013.3.23) 제1조(설치); <유아교육법>(법률 제11769호, 일부개정 2013.5.22., 시행 2013.11.23.) 제2조(정의); <초·중등교육법>(법률 제12129호, 일부개정·시행 2013.12.30.) 제2조(학교의 종류).

의 역할은 교과별 교육과정에 관한 사항의 조사 · 심의이다. 이를 위해 교과별위원회에서는 <초 · 중등교육법 시행령> 제43조에 근거하여 교과별로 30인 이내의 소위원회를 구성하고 있다(제3조). 각 소위원회의 위원장(1인) · 부위원장(1인) · 총무(1인)는 호선(互選)을 통해 선출되고, 간사(1인)는 교육부장관이 소속 공무원 중에서 위촉한다(제7조). <초 · 중등교육법 시행령>에서 정한 학교의 교과는 다음과 같다.

1. 초등학교 및 공민학교 : 국어, 도덕, 사회, 수학, 과학, 실과, 체육, 음악, 미술 및 외국어(영어)와 교육부장관이 필요하다고 인정하는 교과
2. 중학교 및 고등공민학교 : 국어, 도덕, 사회, 수학, 과학, 기술 · 가정, 체육, 음악, 미술 및 외국어와 교육부장관이 필요하다고 인정하는 교과
3. 고등학교 : 국어, 도덕, 사회, 수학, 과학, 기술 · 가정, 체육, 음악, 미술 및 외국어와 교육부장관이 필요하다고 인정하는 교과
4. 특수학교 및 고등기술학교 : 교육부장관이 정하는 교과[6]

다음으로, 학교별위원회의 역할은 각급 학교 교육과정의 조정 사항을 조사 · 심의하는 것이다. 이를 위해 학교별위원회는 학교 교육과정별로 30인 이내의 소위원회를 구성하고 있다. 소위원회는 유치원소위원회(유치원), 초등학교소위원회(초등학교 · 공민학교), 중학교소위원회(중학교 · 고등공민학교), 일반고등학교소위원회(일반고등학교), 산업수요 맞춤형 고등학교 등 소위원회(산업수요맞춤형고등학교 · 특성화고등학교 · 고등기술학교),[7] 특수학교소위원회(특수학교) 등을 말한다. 그 외에 학교 특성 등을 고려하여 별도의 소위원회를 두기도 한다(제4조).[8] 각 소위원회의

---

6) <초 · 중등교육법 시행령>(대통령령 제25050호, 타법개정 2013.12.30. 시행 2014.1.1.) 제43조(교과) ①항, ②항.
7) 이 소위원회에는 자연현장실습 등 체험위주의 교육을 전문으로 실시하는 고등학교가 제외되어 있다.
8) <유아교육법>(법률 제11769호, 일부개정 2013.5.22. 시행 2013.11.23.) 제2조제2호; <초 · 중등교육법>(법률 제12129호, 일부개정 · 시행 2013.12.30.) 제2조.

위원장(1인)·부위원장(1인)·총무(1인)는 호선되지만, 간사(1인)는 교육부장관이 소속 공무원 중에서 위촉한다(제7조).

다음으로, 운영위원회의 역할은 교육과정 제정·개정과 관련하여 전체 원칙, 목적 조정에 관한 사항, 그리고 다른 위원회에 속하지 않은 사항의 조정·심의이다. 이를 위해 운영위원회의 인원은 30인 이내로 구성되어 있다. 운영위원회의 위원장(1인)은 교육부차관, 부위원장(2인)은 호선이 아니라 교육부 창의인재정책관과 교육부장관이 위촉한 인사가 맡고 있고, 간사(1인)는 교육부장관이 소속 공무원 중에서 위촉한다(제7조).

교과별·학교별위원회에 속한 각 소위원회, 그리고 운영위원회의 위원은 어떻게 구성될까? 이 위원들은 교원, 교육전문가, 교육행정가, 교과 및 분야에 관한 학식과 경험이 풍부한 학부모, 사회 각계 인사 및 <비영리민간단체지원법> 제2조[9]에서 규정한 비영리민간단체에 소속된 사람 가운데 교육부장관이 위촉한다. 각 위원의 임기는 2년이지만 연임이 가능하고, 다른 소위원회 또는 운영위원회의 위원을 겸임할 수도 있다(제6조). 그리고 각 위원회에는 필요에 따라 각 위원장의 추천을 거쳐 교육부장관의 위촉을 받아 전문위원을 둘 수 있다. 전문위원은 '위촉받은 사항의 자료수집, 조사연구와 계획의 입안을 하며, 당해 위원회에 출석하여 발언할 수 있다(제11조).

이런 각 소위원회와 운영위원회에서 의결은 위원장과 부위원장을 포함한 재적위원 과반수의 출석과 출석위원 과반수의 찬성으로 이루어진다(제8조). 그리고 의결된 내용은 교육과정심의회 전체의 의결로 간주되어(제9조), 각 위원장을 통해 곧바로 교육부장관에게 보고된다(제10조).

심의회는 국가 교육과정의 제·개정 과정에서 어떤 위상을 차지하고 있을까? 전반적으로 심의회의 위상은 초창기에 비해 낮아지고 있다고 볼

---

9) <비영리민간단체지원법>(법률 제12046호, 일부개정·시행 2013.8.13.) 제2조
(정의).

수 있다. 심의회가 설치된 1959년 당시의 상황을 보면, 심의회는 대학, 사범대학과 각종 학교를 제외한 각급 학교의 교육과정에 관한 사항을 상세하고 치밀하게 토의하는 역할을 맡고 있었다. 그리고 1960년에 문교부장관의 자문 요청에 따라 교육과정의 제정에 관한 사항의 심의뿐 아니라 '조사·연구' 기능도 갖게 되어,[10) 1961년 교육과정의 시안 작성, 1962년 교육과정의 원안 작성 등 실질적인 역할을 수행한 바 있다. 그러다가 제4차 교육과정 이후 한국교육개발원 등이 교육과정 시안을 맡으면서 심의회는 연구·개발이 아니라 자문만 하게 되었다.[11) 이 때문에 심의회는 제4차 교육과정 이후부터 교육과정 개정(안)에 관한 자문에 그치고 있어, 교육과정 평가 정책을 주도하지 못했다는 평가를 받고 있다.[12)

심의회의 역할은, 비록 2005년 이후 교육과정 수시개정 체제('개정요구의견 수렴→ 개정요구안 검토→ 개정·보완 여부 결정→ 교육과정 개정추진') 가운데 개정 요구안 검토 단계부터 임무를 적극 수행했다는 평가를 받기도 하지만,[13) 제7차 교육과정 이후에도 크게 바뀌지 않고 있다. 예를 들어, 2009년에는 교육과정 개정 1차 시안에 관한 공청회가 개최할 때까지 심의회가 수행한 역할이 거의 없었다는 지적을 받고 있다.[14) 실제로 2013년 교육과정도 심의회의 심의를 거쳐 확정·고시되었지만,[15) 심의회의 역할은 교육과정의 제·개정에 관한 심의·조사·연구라기보다 자문 수준이었다고 할 수 있다. 이런 제한된 기능 때문에 2013년 7월에는 심의회의

---

10) <교육과정심의회규정>(국무원령 제132호, 제정·시행 1960.12.23.).
11) 박창언, 「교육과정심의회의 법적 성격과 역할」, 『교육과정연구』 25-4, 2007, 141쪽.
12) 권영민, 「국가수준 교육과정 평가 체제의 구축 방안」, 『교육과정연구』 22-1, 2004, 28-29쪽.
13) 박창언, 앞의 글, 142쪽.
14) 「'교육과정 심의위원' 임무는 위촉장 받는 일이 전부? 첫 회의가 마지막 회의인 교육과학기술부의 '교육과정심의회'」, 『오마이뉴스』, 2009.10.06.
15) 정책브리핑(http://www.korea.kr/policy/pressReleaseView.do?newsId=155934038)의 <「초·중등학교 교육과정 총론」 일부 개정 고시> 자료 참조.

역할을 확대하는 <교육과정심의회 규정>의 개정안이 국회에 제출되기도 하였다.16)

③ 한국교육과정평가원

한국교육과정평가원(이후 평가원)은 국가 교육과정의 제·개정 과정에서 교육부의 위탁을 받아 국가 교육과정을 연구·개발하는 역할을 맡고 있다. 다만, 평가원은 제7차 교육과정의 고시 이듬해인 1998년 1월에 교육부 관할 기관으로 개원했으므로 그 이전부터 국가 교육과정에 관한 연구·개발 업무를 맡은 것이 아니다. 실제로 제1차, 제2차, 제3차 교육과정의 연구·개발은 문교부, 그리고 제4차, 제5차, 제7차 교육과정의 연구·개발은 1973년 설립 당시부터 문교부의 관할 기관이었던 한국교육개발원(현, 국무총리 산하 교육정책연구기관)에서 담당한 바 있다.

한국교육개발원이 제4차, 제5차, 제7차 교육과정의 연구·개발을 맡았던 배경은 '교육의 목적·내용·방법 등의 개발에 관한 조사·연구와 그 성과의 보급·활용을 위한 교육방송을 하여 교육의 발전에 기여하게 함'이라는 기관의 설립 목적에서 찾을 수 있다.17) 즉 국가 교육과정의 연구·개발은 한국교육개발원의 설립 이유 가운데 하나였다고 할 수 있다. 그렇지만 1997년 12월부터 교육과정 연구 업무는 평가원으로 이관되었다.18)

국가 교육과정의 연구·개발 업무가 한국교육개발원에서 평가원으로

---

16)「이용섭, 교육과정심의회·교과서심의회 구성법 발의」,『뉴시스』, 2013.07.08. 2013년 7월 8일에 교육과정을 제·개정할 경우에 교육과정심의회의 심의를 거쳐야 하고, 교과용도서 검인정 기준을 마련할 경우에 특정 이념에 편향되지 않도록 해야 하며, 교육부장관이 교과서 내용을 수정할 경우에 교과용도서심의회 심의를 반드시 거치도록 하는 내용이 포함된 <초·중등교육법> 개정안이 국회에 제출되었다(대표발의: 민주당 이용섭).

17) <한국교육개발원육성법>(법률 제2616호, 제정·시행 1973.3.14.) 제1조.

18) 한국교육개발원(https://www.kedi.re.kr/khome/main/intro/history.do) 일반현황 내 설립목적 및 연혁 참조.

이관된 이유는 무엇일까? 그것은 '고등학교 이하 각급 학교의 교육과정을 연구·개발하고 각종 학력평가를 실시함으로써 학교교육의 질적 향상 및 국가교육의 발전에 이바지하게 함'이라는 평가원의 설립 목적에서 찾을 수 있다.[19] 이런 설립 목적은 2014년 현재까지 변함없이 지속되고 있다.[20]

현재, 평가원은 국가 수준의 초·중등학교 교육과정과 교과 교육, 교수·학습, 교육평가, 교과서 검정, 대학수학능력시험, 국가영어능력평가시험, 국가고사 등의 업무를 맡고 있다. 이런 업무는 평가원이 1985년에 중앙교육연수원[21]에서 분리·개원하여, 1992년에 국립교육평가원으로 명칭을 변경하고, 다시 1997년 12월의 정부조직 개편에 따라 중앙교육평가원이 폐지되어 그 업무를 계승했을 때와 비교해보면 다소 달라진 것이다. 당시 중앙교육평가원의 주요 업무는 고등학교 이하 교육과정, 교과용 도서, 학업성취기준과 평가도구, 교육 및 심리검사 도구 등이었다.[22] 이 업무 변화의 내용은 다음과 같다.[23]

---

19) <한국교육과정평가원법>(법률 제5344호, 제정 1997.8.22. 시행 1998.1.1.) 제1조 (목적); <한국교육과정평가원법시행령>(대통령령 제15551호, 제정 1997.12.27. 시행 1998.1.1.); <한국교육과정평가원법시행규칙>(교육부령 제702호, 제정 1997. 12.31. 시행 1998.1.1.).

20) 한국교육과정평가원(http://www.kice.re.kr/contents.do?contentsNo=61&menu No=279)의 일반현황 내 경영목표 항목 참조.

21) <중앙교육연수원직제>(대통령령 제10387호, 전부개정·시행 1981.6.26.) 제1조 (설치). 이 법령은 1991년 2월 1일자로 폐지되었다(대통령령 제13282호).

22) <중앙교육평가원직제>(대통령령 제11737호, 제정·시행 1985.8.12.) 제1조(설치). 이 법령은 1991년 2월 1일자로 폐지되었다(대통령령 제13282호).

23) <한국교육과정평가원법>(법률 제5344호, 제정 1997.8.22. 시행 1998.1.1.) 제5조 (사업); 한국교육과정평가원(http://www.kice.re.kr/contents.do?contentsNo=21&menu No=241)의 주요 사업 항목 참조.

<표 29> 한국교육과정평가원의 주요 업무 변화

1998년 설립 당시 (<한국교육과정평가원법> 제5조)	2014년 1월 현재	
	대분류	중분류
1. 고등학교이하 각급 학교 교육과정의 연구·개발 및 평가 2. 고등학교이하 각급 학교 교과용 도서의 개발 및 검·인정업무의 지원 3. 고등학교이하 각급 학교 학생을 대상으로 하는 학업성취기준의 연구·개발 4. 학업성취도평가도구의 개발 및 문제은행체제의 구축 5. 각종 교육 및 심리검사 도구의 연구·개발 6. 전국적으로 실시하는 학력평가시험의 출제·시행 및 채점 7. 교육과정 및 학력평가제도 발전방안의 연구 및 외국과의 비교 8. 교육과정 및 학력평가에 관한 정보의 제공 및 자료의 발간과 이에 따른 수익사업 9. 기타 법령에 의하여 위탁되거나 교육부장관으로부터 위탁받은 사업	교육과정	- 초·중등학교 교육과정 기초 및 정책 연구 수행을 통한 학교 교육과정 내실화 - 초·중등학교 교과 교육의 질 제고 및 개선 연구 수행을 통한 교과 교육 혁신
	교수학습	- 교수·학습 연구 수행을 통한 기초학력 향상 교육 지원 및 환경 구축 방안 개발
	교육평가	- 교육 경쟁력 강화를 위한 평가 방법의 고도화 - 학생평가 선진화를 위한 성취평가제 운영지원 - 선진적 평가 방법 도입 및 적용
	교과서 검정	- 교과서 정책·제도 개선을 선도하는 연구 - 합리적인 교과서 검정 시행
	대학수학 능력시험	- 타당하고 신뢰성 높은 출제 및 연구를 통한 수능의 안정화 - 수능 결과 분석 연구를 통한 공교육 정상화
	국가영어 능력평가 시험	- 대한민국 영어교육의 새로운 패러다임
	국가고사	- 교육관련 국가고사의 안정적인 관리를 통한 우수 인재 선발

위의 표를 보면, 국가 교육과정의 연구·개발 업무는 평가원의 주요 업무라고 할 수 있다. 실제로 평가원은 '2011년 고등학교 교양 영역 교육과정 개정 시안 연구'를 위탁·수행한 바 있다. 그 과정에서 평가원은 교육과정 개정 방향 워크숍, 이수현황 조사, 교양선택과목별 요구 조사, 선행연구 검토 등 기초연구를 수행한 후에 이를 토대로 공동연구자 협의회를 개최하여 교육과정 개정의 기본 방향을 설정·검토하고, 개정 시안의 문서 구성 체제를 검토·확정하고, 교양교육 내용 체계를 구안·검토하였다. 그리고 과목별 연구협력진 협의회, 정책 토론회, 교양교육과정심의회

를 개최하여 개정 시안의 개발 및 검토·수정·보완을 거쳐 개정 시안을 완성하고, 개정 시안과 관련 보고서를 교육부에 제출하였다.[24]

그렇지만 평가원이 앞으로도 국가 교육과정의 연구·개발 업무를 담당할 것이라고 확언할 수는 없다. 평가원을 대체할 다른 기관이 설립될 수 있기 때문이다. 그리고 평가원이 1999년 1월에 제정된 <정부출연연구기관 등의 설립·운영 및 육성에 관한 법률>[25]에 따라 교육부가 아니라 국무총리의 감독을 받고 있다는 점도 이런 추측의 근거라고 할 수 있다. 이 법률에 근거하여 평가원은 1999년부터 국무총리실에 설립된 5개 연구회 가운데 경제·인문사회연구회의 지도·관리를 받았고,[26] 현재도 한국교육개발원처럼 정부출연 연구기관으로 국무총리의 감독을 받고 있다(29조). 그리고 정관 변경에 관한 승인(9조), 원장 및 감사의 임면(제12조) 등에 관해 경제·인문사회연구회의 지도·관리를 받고 있다.[27]

---

24) ≪2011 고등학교 교양 영역 교육과정 개정 시안 연구 개발≫(연구보고 CRC 2011-7), 한국교육과정평가원, 2011, 13-14쪽.
25) <정부출연연구기관등의설립·운영및육성에관한법률>(법률 제5733호, 제정·시행 1999.1.29.); <정부출연연구기관등의설립·운영및육성에관한법률시행령>(대통령령 제16093호, 제정·시행 1999.1.29.).
26) <한국교육과정평가원법>(법률 제5733호, 타법폐지·시행 1999.1.29.); <한국교육과정평가원법시행령>(대통령령 제16093호, 타법폐지·시행 1999.1.29.); <한국교육과정평가원법시행규칙>(교육부령 제769호, 폐지·시행 2000.7.19.); <정부출연연구기관등의설립·운영및육성에관한법률>(법률 제5733호, 제정·시행 1999.1.29.) 제18조(연구회의 설립) ①항, 제19조(연구회의 관할).
27) <정부출연연구기관 등의 설립·운영 및 육성에 관한 법률>(법률 제11934호, 일부개정·시행 2013.7.16.) 제4조(법인격), 제9조(정관), 제12조(임원의 선임 및 임기), 제19조(연구회의 책무).

2 종교 교육과정의 역사

국가 교육과정의 제·개정 절차와 각 주체의 역할은 종교 교육과정의 제·개정에도 그대로 적용된다. 종교 교육과정은 국가 교육과정의 일부이기 때문이다. 예를 들어, 문교부, 교육과정심의회, 한국교육개발원이 제4차 교육과정(1981.12.~1987.3.)의 제정 주체였다면, 당시 종교 교육과정의 주체도 그와 동일하다. 그리고 2014년 현재, 교육과정의 제·개정 주체가 교육부, 교육과정심의회, 한국교육과정평가원이라면, 종교 교육과정의 주체도 그와 동일하다.

종교 교육과정은 언제 시작되어 어떤 내용으로 제·개정되었을까? 제4차 교육과정에서 종교교과가 공인되었으므로 종교 교육과정은 이 시기에 생겼다고 볼 수 있다. 그렇지만 다소의 내용 구성 체계를 갖춘 종교 교육과정은 제6차 교육과정에서 처음 등장하였다. 그 후 종교 교육과정은 몇 차례 개정된 바 있다. 제·개정의 역사는 다음과 같이 정리할 수 있다.

우선, 종교 교육과정은 제4차 교육과정에서 제정되었는데, 당시는 제5공화국(1980.9-1988.2) 초기에 해당한다. 이 시기에 종교 교육과정이 제정된 이유는 무엇일까? 그 이유에 대해서는 종교계의 지속적인 요청, 제5공화국의 정통성 확보, 종교계와 관료의 결탁 등 여러 측면에서 설명할 수 있다. 그렇지만 종교 교육과정을 포함시킨 국가 교육과정 내의 논리를 통해서도 그 이유를 설명할 수 있다.

제4차 교육과정의 구성 방향과 목적을 보면, 고등학교 교육과정의 구성 방향은 건전한 심신의 육성, 지력과 기술의 배양, 도덕적인 인격의 형성, 민족 공동체 의식의 고양 등 네 가지였고, 고등학교 교육의 목적은 "중학교 교육의 기초 위에 사회 성원으로서의 역할을 수행하고, 원만한 인격을 형성하며, 자신의 진로 개척에 필요한 자질을 기르는 데 목적이 있다."고 명시되어 있다.[28] 이런 목적을 달성하기 위해 교육과정의 편성은 크게 '교과 활동과 특별 활동(학도호국단·클럽·학교행사)'으로 이루어졌고, 교과는 국민윤리와 외국어 등 13개의 '보통 교과'와 농업·공업·상업 등에 관한 '전문 교과'로 구분되고 있다. 그리고 공통 필수 과목을 두어 일반계, 실업계, 기타 계열의 고등학생에게 필수로 부과되고 있다.

당시 고등학교 교육과정에서 종교 교육과정과 관련하여 주목할 부분은 무엇일까? 바로 보통 교과와 별개로 자유선택교과(0~8단위)가 설치되고 종교 과목이 자유선택교과에 포함되었다는 점이다. 종교 과목이 자유선택교과가 되었다는 것은 두 가지 의미를 내포하고 있다. 하나는 국가가 공인한 교과라는 의미이고, 다른 하나는 국가가 종교교과교육을 공인했다는 의미이다.

자유선택교과가 제4차 교육과정에서 처음 만들어진 것은 아니다. 제4차 교육과정에서는 이미 제3차 교육과정에 신설된 자유선택교과(0~6단위)[29]의 이수 단위가 확장되었을 뿐이다. 제4차 교육과정에서 자유선택교과의 목적은 '전인교육과 인간교육의 활성화'에 있었고, 개설 권한은 '학교장의 재량'이었다. 다만, 학교장도 이 교과를 개설하려면 2개 이상의 과목을 설정하여 학생에게 선택 기회를 주어야 했다. 당시 자유선택교과의 운영 지침은 다음과 같다.

---

28) 문교부, ≪고등학교 교육과정≫(문교부 고시 제442호, 1981.12.31.), 3쪽. ≪고등학교 교육과정≫은 크게 '제1장 교육과정 구성의 방향, 제2장 고등학교 교육과정(1. 교육목표와 편제, 2. 보통교과의 목표 및 내용, 3. 특별활동의 목표 및 내용, 4. 실업 및 기타 계열의 목표 및 전문 과목 편제)'으로 구성되었다. 제4차 교육과정은 1984년 3월 신입생부터, 다만, 국민 윤리, 국사는 1982년 3월부터 시행한다.

29) 문교부, ≪인문계 고등학교 교육과정≫(문교부령 제 350호, 1974.12.31), 6-7쪽. 제3차 교육과정에서 '교육 과정의 단위 배당 기준'을 보면, "(8) 자유선택교과목은 이 교육 과정에 제시된 교과목 중에서 선택하여야 한다. (9) 자유선택교과목은 2과목 이내로 하고 1과목의 이수 단위는 최저 2단위가 되어야 한다."로 명시되어 있다. 여기서 1단위는 50분이고, 매주 1단위 시간으로 하여, 1단위 시간씩 1학기(18주 기준)동안 이수하는 수업량을 말한다.

차) 자유 선택은 학교와 지역 사회의 실정을 고려하여 학교장의 재량으로 이 교육 과정에 제시된 과목이나 <u>논리학, 철학, 교육학, 심리학, **종교 교육** 및 교양</u> 등에서 학생들의 교육에 도움이 되는 내용을 선정하여 지도하도록 한다. 이 때 학교장은 지도하고자 하는 것의 목표와 내용을 분명하게 정하고 계획을 수립하여 지도하되, 2개 이상의 과목을 설정하여 학생에게 선택의 기회를 주도록 한다.[30) (강조-필자)

제4차 교육과정에서 자유선택교과의 이수 단위가 확장되었다고 해도 그 비중이 높았던 것은 아니다. 이 교과에 0~8단위가 배당되고 그 개설 여부가 학교장의 재량에 달려 있어, 학교장이 교과를 개설하지 않아도 되는 상황은 여전히 지속되었기 때문이다. 또한, 보통 교과와 전문 교과뿐 아니라 특별 활동에도 교육과정이 있었지만 이 교과에만 교육과정이 없었다는 점도 교육과정에서 자유선택교과의 비중이 낮았다는 점을 보여주고 있다.[31)

이 교육과정에서 주목할 부분은 자유선택교과에 종교 과목이 포함되어, '종교교과교육의 공인'이 이루어졌다는 점이다. 당시 종교교과교육의 공

---

30) 문교부, ≪고등학교 교육과정≫(문교부 고시 제442호, 1981.12.31.), 6-7쪽. 제4차 교육과정에서 고등학교 교육과정의 편제를 보면, 첫째, 교과는 보통 교과와 전문 교과로 구분되는데, 보통 교과는 국민윤리와 외국어 등 13개 교과, 전문 교과는 농업과 공업 등과 기타 계열에 관한 과목이었다. 둘째, 일반계·실업계·기타 계열의 고등학생에게 필수로 부과하는 공통 필수 과목을 두었다. 셋째, 일반계 고등학교에는 진로 선택에 따라 2학년부터 인문·사회 과정, 자연 과정, 직업 과정을 두어 과정별 선택과목을 운영하게 하였고, 실업계 고등학교에는 보통 선택 과목과 계열별·학과별 전문 필수 및 전문 선택 과목을 두었다. 넷째, 체육계, 예술계, 과학계, 외국어계 및 기타 계열은 실업계 고등학교에 준해 둘 수 있었고, 그 명칭과 교육 내용은 문교부장관의 승인을 얻어야 했다.
31) ≪고등학교 교육과정≫에서 보통 교과의 경우를 보면, 교과와 과목이 일치하는 경우에는 '교과 목표, 내용, 지도 및 평가상의 유의점'으로 구성된 교육과정이 있었다. 교과와 과목이 일치하지 않는 경우(예: 한문과, 한문Ⅰ, 한문Ⅱ)에는 전체 '교과목표'가 먼저 제시되고, 과목별로 '목표, 내용, 지도 및 평가상의 유의점'으로 구성된 교육과정이 있었다.

인 현상은 그동안 종립 중학교와 종립 고등학교에서 종교교과교육이 비공식적으로 진행되었다는 점을 고려할 때 획기적인 변화였다고 할 수 있다. 이런 공인은 <교과용도서에 관한 규정>에 따른 종교교과서의 인정도서 승인,[32] 무자격 종교교사를 위한 정교사(2급) 자격증 수여 등의 상황도 가능하게 만들었다.[33] 그렇지만 제4차 교육과정에서 이런 가능성이 현실화된 것은 아니다. 종교교과서가 인정도서로 승인된 사례도, 종교교사 자격 수여를 위한 프로그램도 없었기 때문이다.

또한, 종교교과교육의 내용이나 종교교과교육을 둘러싼 환경에도 별다른 변화가 없었다고 할 수 있다. 자유선택교과의 단위 배당 기준이 0~8단위가 되어 종립학교를 제외한 일반 학교에서 종교 과목을 채택할 여지가 거의 없었다는 점도 하나의 이유였지만, 교육과정에 따라 학교장이 자유선택교과를 개설한다고 해도 2개 이상의 과목을 개설하여 학생에게 선택 기회를 줄만한 학교의 공간·시설·인건비 등의 조건이 갖추어져 있지 않았기 때문이다.

다음으로, 제5공화국(1980.9-1988.2) 후반인 1987년에는 제5차 교육과정(1987.3.~1992.6.)이 고시되었다. 그렇지만 고등학교 교육과정이 1988년 3월에 고시되었으므로 제5차 교육과정은 제6공화국(1988.2-1993.2)의 출범과 연관되어 있다고 할 수 있다. 즉 이 교육과정은 1987년 6월 항쟁과 6·29선언 등으로 말미암아 대통령직선제의 채택을 골자로 하여 그 해 10월에 공포된 제9차 개정 <헌법>[34], 그리고 그 <헌법>에 따라 1987년 12월에 치러진 대통령선거의 영향을 받았다고 볼 수 있다.

당시 고등학교 교육과정의 구성 방향은 '건강한, 자주적인, 창조적인,

---

32) <교과용도서에관한규정>(대통령령 제10032호, 일부개정·시행 1980.9.26.) 제23조(인정도서의 사용범위), 제24조(인정도서의 사용승인 절차).
33) <교육법>(법률 제3525호, 일부개정·시행 1981.12.31.) 제79조(교원의 종별과 자격) 관련 [별표1] 교사 자격 기준.
34) <대한민국헌법>(헌법 제10호, 전부개정 1987.10.29. 시행 1988.2.25.).

도덕적인 사람'으로 제시되고 있다. 그리고 고등학교 교육의 목표는 "1)성숙한 자아 의식과 조화로운 인격을 형성하고, 강인한 체력과 의지를 가지게 한다. … 6)자신의 적성과 능력에 따라 진로를 탐색, 선택하고, 이에 필요한 학문적, 직업적 기반을 형성하게 한다." 등 여섯 가지로 세분화되어 있다.[35)]

이런 목표를 달성하기 위해 교육과정의 편제는 제4차 교육과정과 마찬가지로 교과 활동과 특별 활동으로 구성되고 있다. 교과 활동 가운데 보통교과에는 13개 교과와 교양선택교과, 전문 교과에는 농업·공업 등 7개 분야의 교과가 편성되고 있다. 특별 활동의 내용은 기존의 '학도호국단·클럽·학교행사'에서 '학도호국단'이 빠지고 '학생회활동'이 포함되어 '학급·클럽·학생회활동과 학교행사'로 구성되고 있다. 그리고 단위 배당 기준 총계는 204~216단위로 제4차 교육과정의 경우와 동일하게 제시되고 있다.

제5차 교육과정에서 종교교과교육과 관련하여 주목할 부분은 무엇일까? 세 가지로 정리할 수 있다. 첫째, 특별활동을 구성하고 있는 클럽 활동 가운데 '청소년 단체 활동'의 범위에 적십자, 보이 스카우트, 걸 스카우트, MRA, 청소년 연맹 등과 함께 '종교'가 포함되었다는 점이다. 둘째, 제4차 교육과정에 있던 0~8단위의 자유선택교과가 제5차 교육과정에서 최소 2단위의 교양선택교과로 바뀌어 종교교과의 위상이 달라졌다는 점이다. 교양 선택이 최소 2단위로 고정되었다는 것은 고등학교에서 교양선택교과를 반드시 개설해야 한다는 것을 의미했으므로 그 만큼 종교교과의 개설

---

35) 문교부, 《고등학교 교육과정》(문교부 고시 제88-7호, 1988.3.31.), 3쪽. 《고등학교 교육과정》은 '제1장 교육과정 구성의 방향, 제2장 고등학교 교육과정 총론(1. 교육목표, 2. 편제와 단위 배당, 3. 교육과정 운영 지침, 4. 실업계, 기타계 고등학교의 계열별 목표 및 전문교과 편제), 제3장 고등학교 교육과정 각론(1절 보통교과, 2절 전문교과)'으로 구성되었다. 이 교육 과정은 1990년 3월 1일 신입생부터 시행되었다.

가능성도 높아질 수 있었기 때문이다. 셋째, 제4차 교육과정에서 자유선택 교과 전체에 해당했던 복수 과목의 설정이 제5차 교육과정에서 종교 과목에 한정되었다는 점이다. 교양선택교과에 관한 운영 지침과 평가 방법은 다음과 같다.

> (3) 교양 선택은 <u>교육학, 논리학, 심리학, 철학, 생활 경제, 종교</u> 중에서 학생의 필요, 학교와 지역 사회의 실정 등을 고려하여 학교장 재량으로 선택하여 지도하도록 한다. <u>다만, 종교를 부과할 때에는 학교장은 앞에서 제시한 과목을 포함, 복수 설정하여 학생에게 선택의 기회를 주도록 한다.</u>
> [평가] (5) 교양 선택 과목의 평가는 해당 과목의 특성에 알맞게 평가하되, 생활 기록부의 교과 학습 발달 상황란에는 이수 유무만 기록하도록 한다.[36]
> (강조-필자)

그렇지만 제4차 교육과정의 자유선택교과가 제5차 교육과정에서 교양 선택교과로 바뀌었다고 해서 그 중요성이 높아진 것은 아니다. 그 이유는 제4차 교육과정의 경우와 마찬가지로, 교양선택교과에 시간배당만 제시 되었고, 교양선택교과의 선택과 개설 여부가 학교장의 재량에 달려 있었 으며, 보통·전문 교과와 특별 활동과 달리 별도의 교육과정이 마련되지 않았기 때문이다.

다만, 교양선택교과가 필수 2단위로 제시되고, 그 평가 방법이 제시되었 다는 점을 고려할 때[37] 교양선택교과의 비중은 제4차 교육과정에 비해 다소 높았다고 볼 수 있다. 그렇지만 여전히 학교의 공간·시설·인건비 등의 조건이 미비했으므로 종교 과목을 개설할 때 2개 이상의 과목을 개설 하여 학생에게 선택 기회를 주도록 한 규정은 일반 학교에서 종교교과의

---

36) 문교부, 《고등학교 교육과정》(문교부 고시 제88-7호, 1988.3.31.), 11쪽, 13쪽.
37) 당시 고등학교 교육과정은, 제4차 교육과정의 경우처럼, 교과와 과목이 일치하 면 '교과 목표, 내용, 지도 및 평가상의 유의점'으로 구성되었고, 일치하지 않으 면(예: 국어과: 국어, 문학, 작문, 문법) 전체 '교과목표'가 제시된 후 과목별로 '목표, 내용, 지도 및 평가상의 유의점'으로 구성되었다.

선택 가능성을 차단했다고 할 수 있다.[38] 그와 관련하여, 일반 중등학교에 복수 과목의 개설에 필요한 여건을 만들어 종교 과목을 개설할 필요가 있다는 주장이 확산된 상황도 아니었다.

그럼에도, 제5차 교육과정 시기에는 종교교과교육을 둘러싼 환경에 두 가지 변화가 있었다고 할 수 있다. 하나는 <교과용도서에 관한 규정>의 인정도서 관련 규정[39]에 근거하여 종교교과서를 인정도서로 승인한 일이다. 다른 하나는 무자격 종교교사를 위해 <교육법> 제79조에 근거하여 서울대학교에 '임시교원 양성기관'[40]을 설치하고 정교사(2급) 자격증을 수여하기 위한 단기 연수를 진행한 일이다.

다음으로, 제6공화국(1988.2-1993.2) 말기인 1992년에 제6차 교육과정(1992.6.~1997.12.)이 고시되었다.[41] 당시 고등학교 교육과정의 전체 목적은 '건강한, 자주적인, 창의적인, 도덕적인 사람'을 길러 내는 데에 있었다. 그리고 구성 방침은 "가. 도덕성과 공동체 의식이 투철한 민주 시민을 육성한다. 나. 사회의 변화에 대응할 수 있는 창의적인 능력을 개발한다. 다. 학생의 개성, 능력, 진로를 고려하여 교육 내용과 방법을 다양화한다. 라. 교육 과정 편성·운영 체제를 개선하여 교육의 질 관리를 강화한다." 등 네 가지로 세분화되었다.[42]

---

38) 종교에 한정된 복수 과목 설정이라는 조치는 당시의 <교육법>(법률 제3932호, 일부개정·시행 1987.8.29. / 법률 제4009호, 일부개정 1988.4.6. 시행 1988.5.1.) 제5조의 "국립 또는 공립의 학교는 어느 종교를 위한 종교교육을 하여서는 아니 된다."는 규정에 근거한 것으로 보인다.

39) <교과용도서에관한규정>(대통령령 제12508호, 일부개정·시행 1988.8.22.) 제23조(인정도서의 승인), 제24조(인정도서의 사용범위 등).

40) <교육법>(법률 제3932호, 일부개정·시행 1987.8.29. / 법률 제4009호, 일부개정 1988.4.6. 시행 1988.5.1.) 제79조 (교원의 종별과 자격).

41) 1992년 6월 30일에 《중학교 교육과정》(교육부 고시 제1992-11호), 1992년 9월 30일에 《유치원과 국민학교 교육과정》(교육부 고시 제1992-15, 16호), 1992년 10월 30일에 《고등학교 교육과정》(교육부 고시 제1992-19호)이 고시되었다.

42) 교육부, 《고등학교 교육과정》(교육부 고시 제1992-19호, 1992.10.30 고시), 1

이런 목적을 달성하기 위해 교육과정은 기존 교육과정처럼 교과 활동과 특별 활동으로 편성되고 있다. 교과는 12개 교과와 교양선택교과로 편성된 '보통 교과', 그리고 농업·공업 등 9개 교과로 편성된 '전문 교과'로 구분되었다. 특별 활동의 내용은 기존의 '학급·클럽·학생회활동과 학교행사'에서 학생회활동 대신에 단체활동이 포함되어 '학급·학교·클럽·단체활동'으로 바뀌었다. 그리고 단위 배당 기준을 보면, 보통 교과에는 공통필수과목 70단위, 과정별 필수과목 106단위, 과정별 선택과목 12단위,43) 특별활동 4단위 등 총 192단위가 배당되어 제5차 교육과정의 204~216단위에 비해 축소되었다.

제6차 종교 교육과정에서 종교교과교육과 관련하여 주목할 부분을 무엇일까? 세 가지로 정리할 수 있다. 첫째, 교양 선택의 이수 단위가 2단위에서 4단위로 바뀌어, 학생이 종교수업을 받는 기간이 늘어났다는 점이다.44) 둘째, 종교에 한해 복수 과목을 편성하여 학생에게 선택 기회를 주어야 한다는 규정이 지속되었다는 점이다. 이는 여전히 일반 학교에서 종교를 교양선택교과로 채택할 수 없게 만드는 요인이었다고 할 수 있다. 셋째, 종교 교육과정이 최초로 제시되었다는 점이다.45) 교양선택교과에 관한 편성·운영의 기본 방침은 다음과 같다.

쪽. ≪고등학교 교육과정≫은 크게 '제1장 교육과정 구성의 편성과 운영(1. 교육과정의 성격, 2. 교육과정의 구성 방침, 3. 편제, 4. 단위 배당기준, 5. 편성·운영의 기본 방침), 제2장 교과와 특별활동(보통교과, 전문교과)'으로 구성되었다. 이 교육 과정은 1996년 3월 1일, 신입생부터 시행되었다.

43) 과정별 선택과목에는 철학, 논리학, 심리학, 교육학, 생활경제, 종교, 환경과학, 기타 과목이 있었다. 교양 선택의 기타는 시·도의 교육과정 편성·운영 지침에 의해 전문교과나 필요한 과목으로 설정될 수 있었다.

44) 1단위가 매주 1번의 50분 수업을 기준으로 1학기 17주 동안 이수하는 수업량이라는 점을 감안하면, 4단위는 2년 4학기에 걸쳐 매주 1시간의 수업을 들어야 한다는 것을 의미한다.

45) 교육부, ≪고등학교 교육과정≫(교육부 고시 제1992-19호), 1992, 362-364쪽.

(7) 교양선택에서 종교 과목을 부과할 때에는 종교이외의 과목을 포함, 복수로 과목을 편성하여 학생에게 선택의 기회를 주도록 한다.

(8) 교양선택의 기타는 전문교과 중에서 선택하여 편성하거나, 그밖에 필요한 과목을 설정하여 운영하되, 시·도의 교육과정 편성·운영 지침에 따른다.

[평가](5) 교양 선택 과목의 평가는 해당 과목의 특성에 알맞게 평가하되, 생활 기록부에는 평가 결과를 문장으로 기록하도록 한다.[46]

제6차 종교 교육과정에서 주목할 만한 변화는 무엇일까? 바로 교양선택교과의 교육과정이 만들어지면서 종교 교육과정이 최초로 제시되었다는 점이다. 다만, 교양선택교과의 전체 목표는 별도로 제시되지 않고 있다.[47] 그리고 보통 교과의 교육과정은 '성격, 목표, 내용(내용체계, 내용), 방법, 평가' 등 비교적 체계적으로 구성되었지만, 종교교과를 포함하여 교양선택교과의 교육과정은 '목표, 내용, 유의점'으로 '단순하게' 제시되고 있다.

그렇지만 제6차 교육과정은 교양선택교과의 교육과정을 처음으로 제시했다는 면에서 획기적인 변화였다고 할 수 있다. 이런 변화는 제4차 교육과정에서 자유선택교과, 그리고 제5차 교육과정에서 교양선택교과의 교육과정이 아예 제시되지 않았다는 점에서 확인할 수 있다. 그리고 교양선택의 이수 단위를 2단위에서 4단위로 확대한 것도 중요한 변화였다고 할 수 있다. 이런 변화는 제4차·제5차 교육과정에 비해 교양 선택의 비중이 높아졌다는 것을 의미하고 있다.

제6차 교육과정 시기에 종교교과교육을 둘러싼 환경에는 어떤 변화가 있었을까? 두 가지로 정리할 수 있다. 첫째, 기존의 교육과정 시기처럼 종교교과서가 인정도서로 승인을 받을 수 있었고, 무자격 종교교사에게 정교사(2급) 자격증을 수여하기 위해 제5차 교육과정 시기부터 시작된 단기 연수도 확대 지속되었다는 점이다. 둘째, 무엇보다 중요한 변화는 교육

---

46) 위의 글, 9쪽, 11쪽.
47) 위의 글, 353쪽.

부가 처음으로 1995년에 고등학교 교양선택 교육과정의 해설서를 발간하면서 종교 교육과정에 관한 해설서를 발간하였다는 점이다.[48]

특히 종교교과의 해설서의 발간은 각 종교계가 호교론적 수준에서 종교교과서를 집필하던 상황의 전환 가능성을 의미하고 있다. 또한, 이 해설서의 체제는 '1. 종교과 설정의 배경(종교교육의 의의, 종교 과목의 설정, 교육과정상의 변천), 2. 성격, 3. 목표, 4. 내용(내용 선정 및 조직의 원칙, 내용 체계표, 내용), 5. 지도 방법, 6. 평가, 7. 교수·학습 계획(수업 목표의 상세화, 수업 내용의 분석, 평가 도구의 개발, 수업 지도 방법의 개발과 기법의 선정)'으로 구성되어, 종교 교육과정의 단순한 구성 체계를 보완하는 역할을 하고 있다.[49]

이런 변화가 있었다고 해서 종교교과교육이 제6차 교육과정 시기에 종립학교 이외의 일반 학교로 확대된 것은 아니다. 제6차 교육과정 시기에도 제4차·제5차 교육과정과 마찬가지로 종교 과목의 개설에 관한 복수 과목 편성이라는 지침이 지속되었고, 이를 위한 학교의 공간·시설·인건비 등의 확보도 여전히 쉽지 않았기 때문이다.

다음으로, 김영삼정부(1993-1998) 말기인 1997년에 제7차 교육과정(1997. 12.~2007.2.)이 고시되었다.[50] 이 교육과정의 전체 상위 목표는 '중학교 교육의 성과를 바탕으로, 학생의 적성과 소질에 맞는 진로 개척 능력과 세계 시민으로서의 자질을 함양'하는 것이었다. 그리고 세부 목표는 "가. 심신이 건강한 조화로운 인격을 형성하고, 성숙한 자아의식을 가진다. …

---

48) 교육부, 《고등학교 교양선택 교육과정 해설》(교육부 고시 제1992-19호), 1995, 167-190쪽.
49) 위의 글, 168-190쪽.
50) 교육부, 《고등학교 교육과정(1)》(교육부 고시 제 1997-15호), 1997. 이 교육과정은 2000년부터 초등학교 1·2학년, 2001년부터 초등학교 3·4학년과 중학교 1학년, 2002년부터 초등학교 5·6학년과 중학교 2학년과 고등학교 1학년, 2003년부터 중학교 3학년과 고등학교 2학년, 2004년부터 고등학교 3학년에 적용되었다.

마. 국가 공동체의 형성과 발전을 위해 노력하며, 세계 시민으로서의 의식과 태도를 가진다." 등 다섯 가지로 세분화되었다.51)

이런 목표에 따라 교육과정은 초등학교 1학년부터 고등학교 1학년까지의 '국민공통 기본교육과정(10년)', 그리고 고등학교 2학년·3학년의 '고등학교 선택중심교육과정(2년)'으로 나뉘어 제시되고 있다. 여기서 국민공통 기본교육과정은 교과(약 10개), 재량 활동(교과 재량 활동과 창의적 재량 활동), 특별 활동(자치·적응·계발·봉사·행사 활동)으로 편성되고 있다. 그에 비해 고등학교 선택중심교육과정은 교과(보통 교과 12개와 교양선택교과, 전문 교과 10개)와 특별 활동으로 편성되고 있다. 제7차 교육과정의 내용 체계는 다음과 같다.

<표 30> 제7차 교육과정의 내용 구성 체계

분류	대분류	중분류
교육과정의 성격		
제1장 교육과정의 편성과 운영	1. 교육과정 구성의 방향	1. 추구하는 인간상
		2. 교육과정의 구성 방침
	2. 학교급별 교육 목표	1. 초등학교 교육 목표
		2. 중학교 교육 목표
		3. 고등학교 교육 목표
	3. 편제와 시간 (단위) 배당 기준	1. 편제

		2. 시간(단위) 배당
		  가. 국민공통기본교육과정
		  나. 고등학교선택중심교육과정(보통교과, 전문교과)

	4. 교육과정의 편성·운영 지침	1. 기본 지침
		  가. 국민공통기본교육과정
		  나. 고등학교선택중심교육과정

		2. 지역 및 학교에서의 편성·운영
		  가. 시·도 교육청(편성, 운영)
		  나. 지역 교육청(편성, 운영)
		  다. 학교
		    (편성<공통 지침>·<학교급별 지침>, 운영)

---

51) 위의 글, 3쪽.

분류	대분류	중분류
		3. 교육 과정의 평가와 질 관리
		4. 특수한 학교에서의 교육 과정의 편성과 운영
제2장 교과와 특별 활동	보통 교과 특별 활동	1. 성격
		2. 목표
		3. 내용 　가. 내용 체계 　나. 영역별 내용
		4. 교수 · 학습 방법
		5. 평가

　이 교육과정은 기존 교육과정에 비해 많은 변화를 담고 있다. 이 교육과 정의 큰 특징으로는 10년간을 공통 교육기간으로 정한 뒤 선택과목과 시간을 늘려 '공급자 중심의 교육'을 '수요자 중심의 교육'으로 바뀌었다는 점이 지적되고 있다.[52] 이런 지적은 제7차 교육과정이 초등학교-중학교-고등학교의 체제를 유지하되 6-3-3년 체제에서 벗어나 10년 동안 국어 · 외국어(영어) 등 10개 과목의 수준별 수업을 진행하고, 나머지 2년 동안 선택과목(일반 · 심화선택과목)을 운영한다는 내용이다. 그 외에도 수업 단위를 축소한 점, 특별 활동의 내용을 기존의 '학급 · 학교 · 클럽 · 단체 활동'에서 '자치 · 적응 · 계발 · 봉사 · 행사 활동'으로 바꾼 점 등도 중요한 변화였다고 할 수 있다.

　이 교육과정에서 종교교과교육과 관련된 중요한 변화는 무엇일까? 제6차 교육과정의 경우처럼, 제7차 교육과정에서도 교양 선택이 4단위로 고정되어 종교 과목에 4단위가 배당되고 있다.[53] 그리고 아래의 인용문에서 볼 수 있듯이, 교양선택교과 가운데 종교교과의 경우에만 복수 과목을 편

---

52) 「7차 교육과정 개정안 뭘 담고 있나, 학생 위주 '재량시간' 신설」, 『한겨레』, 1997.03.10.25면.
53) ≪고등학교 교육과정≫에서 고등학교 선택중심교육과정을 보면 보통교과에서 교양 선택은 철학(4), 논리학(4), 심리학(4), 교육학(4), 생활 경제(4), 종교(4), 생태와 환경(4), 진로와 직업(4), 기타(4) 등이었다.

성하여 학생에게 선택 기회를 주어야 한다는 규정도 지속되고 있다.

[학교급별 지침 (다) 고등학교] ⑧ 학교가 종교 과목을 부과할 때에는 종교 이외의 과목을 포함, 복수로 과목을 편성하여 학생에게 선택의 기회를 주어야 한다.54)

기존 교육과정에서 지속된 부분만 보면 제7차 교육과정에서 종교교과 교육과 관련된 변화가 거의 없었다고 생각할 수도 있다. 그렇지만 제6차 교육과정이 교양선택교과의 전체 목표를 제시하지 않은 채 그 교육과정을 '목표, 내용, 유의점'으로 단순하게 구성·제시했다면, 제7차 교육과정은 '성격, 목표, 내용(내용체계, 영역별 내용), 교수·학습 방법, 평가'로 구성된 종교 교육과정을 제시하고 있다.55) 따라서 종교 교육과정이 좀 더 체계화되었다고 할 수 있다. 그리고 이런 구성 체계는 보통 교과의 구성 체계에 맞춘 것이었다고 할 수 있다.56)

당시 교육과정에는 종교교과교육을 둘러싼 환경에 어떤 변화가 있었을까? 우선, 종교교과서의 인정도서 승인, 무자격 종교교사에게 정교사(2급) 자격증을 수여하기 위한 단기 연수가 확대 지속되었다는 변화이다. 특히 자격증 수여가 아니라 중등학교 정교사(1급) 승진을 위한 자격 연수 프로그램도 진행된 바 있다. 다음으로, 2001년에 종교 교육과정의 해설서 발간도 적지 않은 변화였다고 할 수 있다.57)

---

54) 교육부, ≪고등학교 교육과정(1)≫(교육부 고시 제 1997-15호 [별책 4]), 1997, 17쪽.
55) 위의 글, 690-696쪽
56) 위의 글, 23-51쪽에 따르면, 국어 교육과정은 '성격, 목표, 내용(내용체계 / 학년별 내용), 방법(교수·학습 계획 / 교수·학습 방법 / 교수·학습 자료), 평가(평가 계획 / 평가 목표와 내용/ 평가 방법 / 평가 결과의 활용)'으로 구성되었다. 그렇지만 화법 교육과정은 '성격, 목표, 내용(내용 체계 / 영역별 내용), 교수·학습 방법, 평가' 등 종교 교육과정과 동일한 체제였다.
57) 교육부, ≪고등학교 교육과정 해설 - 교양≫, 2001.

이런 변화에도 불구하고, 제7차 교육과정 시기에도 종교교과교육이 일반 학교로 확대된 것은 아니다. 그 이유로는 종교교과를 호교론적으로 인식하는 경향도 지적할 수 있겠지만, 제6차 교육과정의 경우처럼 종교 과목을 개설할 때 복수 과목 편성이라는 지침이 지속되어 일반 중등학교에서 굳이 종교교과를 선택할 필요성이 없었다는 점도 지적할 수 있다. 이런 상황이 해소되지 않는 한, 종교교과교육은 여전히 종립학교에 한정될 수밖에 없기 때문이다.

다음으로, 2007년, 2009년, 2011년에 국가 교육과정이 일부 개정되고, 그 해설서가 발간된 바 있다.[58] 그리고 비교적 최근인 2013년 12월에 초·중등학교 교육과정(교육과학기술부 고시 제2012-31호, 2012.12.13) 총론이 일부 개정·고시된 바 있다. 과거에 비해 교육과정이 비교적 짧은 간격으로 개정된 이유는 2004년부터 교육과정에 수시개정체제가 적용되었기 때문이다.[59] 이런 부분을 보면, 2004년은 국가 교육과정의 개정 역사에서 주요 분기점이었다고 할 수 있다.

국가 교육과정의 수시개정체제가 적용된 이후, 종교교과교육과 관련하여 주목할 만한 변화는 2007년 종교 교육과정과 2011년 종교학 교육과정에서 확인할 수 있다. 변화의 핵심은 종교교과의 명칭 변화이다. 종교교과의 명칭이 제7차 교육과정까지 '종교'였지만, 2007년 종교 교육과정에서 '생활과 종교', 다시 2011년 종교학 교육과정에서 '종교학'으로 바뀐 것이다.[60]

---

58) 교육과학기술부, ≪교육인적자원부 고시 제2007-79호에 따른 고등학교 교육과정 해설 - 교양≫, 2008. 고등학교 교육과정의 변천사는 ≪교육과학기술부 고시 제2009-41호에 따른 고등학교 교육과정 해설 - 총론≫, 208-212쪽 참조.

59) 「교육개혁, 급할수록 돌아가야/김주성 한국교원대 총장」, 『서울신문』, 2013. 08.22.30면.

60) 교육과학기술부, 앞의 글, 2008; 교육과학기술부, ≪초·중등학교 교육과정 총론≫(교육과학기술부 고시 제2011-361호), 2011.

종교교과의 명칭 변화가 아직까지 종교 교육과정의 전면적인 전환으로 이어진 것은 아니다. 명칭의 변화에도 불구하고, 종교교과의 목표와 내용 체제는 여전히 종교학적 종교교육과 신앙적 종교교육이라는 두 흐름으로 구성되어 있고, 내용 체제의 문제도 지속되고 있다. 그 동안의 종교 교육과정 개정 작업이 '전면 개정'이 아니라 '일부 개정'에 해당하기 때문이다. 그렇지만 2011년 종교학 교육과정에서는 신앙적 종교교육에 해당한 내용 영역이 일종의 '사례 연구'로 설정되어, 두 흐름의 상호 모순된 관계가 조율되기 시작했다는 점에서 나름대로 의미 있는 변화가 있었다고 볼 수 있다.

2013년에 개정된 교육과정은 종교교과교육을 둘러싼 상황에 다소 변화를 주고 있다. 종교교과에 관한 복수 과목 편성 지침의 내용이 달라졌고, 그로 말미암아 학교 선택권이 허용되는 종립학교의 경우에는 학생·학부모의 동의를 얻으면 종교교과의 '단수 개설'이 가능해졌기 때문이다. 물론 고교 평준화의 미적용 지역에 있는 종립학교에만 해당하고, 학생·학부모의 전적인 동의를 얻는 일이 쉽지 않다는 한계가 있지만, 종교학 과목의 단수 개설은 종교교과교육에 다소의 변화를 가져올 것으로 보인다. 이 지침의 내용은 다음과 같다.

[4. 학교 급별 공통 사항 가. 편성·운영] (7) 학교가 종교 과목을 개설할 때에는 종교 이외의 과목을 포함, 복수로 과목을 편성하여 학생에게 선택의 기회를 주어야 한다. 다만, 학생의 학교 선택권이 허용되는 종립학교의 경우 학생·학부모의 동의를 얻어 단수로 개설할 수 있다.[61]

---

61) 교육부, ≪초·중등학교 교육과정 총론≫(교육부 제2013-7호), 2013, 19쪽.

2. 종교 교육과정의 목표와 내용

1 제6차 종교 교육과정의 목표와 내용

(1) 목표의 설정과 진술

종교교과는 제4차 교육과정에서부터 공인되었지만, 종교 교육과정은 제6차 교육과정에서 처음 제시되고 있다. 따라서 제6차 종교 교육과정은 고등학교 종교 교육과정이 제도적으로 처음 제시되었다는 제도사적 의의를 갖고 있다. 그리고 당시까지 특정 종교를 위한 교육으로 진행되었던 종교교과교육의 현실을 문서화하고 이와 다른 교육 방향과 내용을 제시했다는 점에서도 의의를 찾아볼 수 있다.

제6차 교육과정에서 종교교과가 설정된 배경은 무엇일까? 크게 '종교적 심성 계발'과 '다른 종교에 대해 개방적 태도를 갖는 일' 두 가지였다고 할 수 있다. 이 두 가지 내용은 종교 교육과정 해설서에 다음과 같이 서술되고 있다.

> 종교교육은 도덕·윤리 교과와 더불어 학생들의 심성 계발을 위하여 반드시 실시되어야 할 중요한 과목의 하나이다. 따라서 특정 종교에 대한 종파 교육이 아닌 '종교 일반'에 대한 교육은 지금도 여러 교과에서 이루어지고 있으며, 그것을 규제했던 것은 아니다. 그러나 여기에서 거론되고 있는 종교 교육은 건학 정신에 따라 특정 종교에 대한 교리나 그 실천을 중점적으로 지도하는 종교계

사립학교와 깊은 관련을 가진다.

특정 종단(宗團)을 중심으로 하는 종교 교육에서 유의해야 할 점은 학생들에게 종교적 심성을 길러주고, 다른 종교를 이해하며 서로 접촉과 대화를 나눌 수 있는 개방적인 태도를 가지도록 하는 것이다. 아울러, 다른 종교를 가진 학생들에게 불이익을 주거나, 그 학교의 종교를 강요하는 일이 있어서는 안 된다. 특히, 고등학교 입시제도의 평준화로 추첨 배정을 하고 있는 지역의 학교에서는 학생이나 학부모의 의사와는 무관하게 입학하게 된다는 점을 감안하여야 할 것이다. … 종교는 사회 통합에 기여하는 긍정적인 기능을 발휘하기도 하지만, 그러한 기능이 지나치면 사회의 변화와 발전을 저해하기도 한다.62)

(강조-필자)

위의 내용에서 종교적 심성 계발은 '인간이 불완전하여 종교에 기대어 살아간다.'거나, '인간에게 종교적 심성(religious mentality, religious mind)이 잠재되어 있다.'는 인간관을 전제로 하고 있다. 여기서 종교적 심성은 어떤 의미일까? 바로 '인간에게 내재된 성스러움'과 '절대자에 대한 믿음'이라고 할 수 있다.63) 그리고 다른 종교에 개방적 태도를 가져야 한다는 내용은 종립학교에 던지는 메시지였다고 할 수 있다. 이런 메시지는 고교 평준화 정책이 확대되면서 종립학교를 둘러싸고 당시에 발생했던 논란 상황을 반영하고 있다.64)

---

62) 교육부, ≪고등학교 교양선택 교육과정 해설≫(교육부 고시 제1992-19호, 1992. 10.20.), 1995, 168-169쪽.

63) 위의 글, 168쪽에 따르면, "인간은 불완전한 존재이므로 자신에게 내재된 성스러움을 계발하든지 인간의 능력을 초월한 절대자를 믿으며 기도하는 마음으로 살아간다. … 종교는 사람이 세상을 살아가면서 겪게 되는 실망과 좌절, 불안과 공포 등에서 벗어나게 해주며, 사회의 안녕과 질서를 유지하는 바탕이 되고 삶에 새로운 활력소를 제공한다. … 종교교육은 개인적으로는 사회화의 한 과정으로 진행되었고, 사회적으로는 공동체의 형성과 사회 통합에 크게 기여하였다." 한편, '기술, 경제, 책, 제품, 국토, 인력' 등 주로 물질적인 대상에 적용되는 '개발'에 비해, 계발(啓發)은 '능력, 재질, 재능' 등 주로 인간의 속성에 국한된다. 또한, 개발과 달리, 계발은 더 나은 상태로 갈 수 있는 어떤 속성이 이미 잠재되어 있다는 전제가 있을 때 사용된다.

64) 「哲學있는 文敎行政을」, 『경향신문』, 1988.08.19.2면; 「宗敎 敎育, 바른 心性·

제6차 종교 교육과정에서 종교교과의 '성격', 즉 종교교과에서 지속적이고 일관된 예상을 가능하게 만드는 패턴은 무엇일까? 해설서에 따르면, 그 성격은 '넓은 의미의 종교학, 개별 종교의 전통과 교리에 대한 지속적인 탐구와 자발적인 실천, 여러 인접 학문의 지원' 등을 통해 각각 '건전한 인생관과 종교관'을 기르고, '바람직한 신앙생활을 할 수 있도록 지원'하고, '인생과 인류 사회를 보는 시각을 넓혀 국가 사회의 발전과 세계 평화 및 인류 공영에 이바지할 수 있는 방법을 모색'하는 것으로 제시되고 있다. 종교교과의 성격을 보여주는 내용은 다음과 같다.

> 종교 과목에서는 ①넓은 의미의 종교학을 바탕으로 하여 학생들이 건전한 인생관과 종교관을 기르며, ②개별 종교의 전통과 교리에 대한 지속적인 탐구와 자발적인 실천으로 바람직한 신앙 생활을 할 수 있도록 지원한다. 아울러, ③철학과 역사학, 인류학과 사회학, 그리고 심리학 등 여러 인접 학문의 지원을 받아 인생과 인류 사회를 보는 시각을 넓히고 국가 사회의 발전과 세계 평화 및 인류 공영에 이바지할 수 있는 방법을 모색하게 한다.[65]
>
> (번호, 강조-필자)

위의 내용 가운데 '넓은 의미의 종교학'(①항)이라는 표현에는 '여러 인접 학문의 지원'이라는 내용이 전제되므로 ③항의 의미를 포함한다고 볼 수 있다. 이는 다음의 인용문처럼, 종교 교육과정의 '성격' 부분에 서술된 종교교과의 성격이 두 가지였다는 점에서 확인할 수 있다.

> 종교과 목표는, 학생들이 ①종교에 대한 폭넓은 안목을 지니고, 종교에 관한 기본적인 지식과 보편적인 이론을 이해하여, 삶과 죽음에 대한 궁극적인 물음

德目 심는 지름길」,『경향신문』, 1989.09.25.12면;「평준화유지냐 고교入試 자유경쟁이냐」,『동아일보』, 1990.10.09.15면 등을 보면 고교 평준화의 비판 내용 가운데 종교교과교육의 문제가 담겨 있다.
65) 교육부, ≪고등학교 교양선택 교육과정 해설≫(교육부 고시 제1992-19호, 1992. 10.20.), 1995, 173쪽.

과 이해라는 종교적 관심을 탐구·실천하면서, 생활과 종교에 대한 통찰력을 길러서 건전한 종교관을 정립할 수 있도록 도와주기 위한 교과이다. 그리고 ②인생에 대한 궁극적인 물음과 절대자의 이해라는 종교적 관심과 의의를 중시하며, 그에 대한 체계적인 통찰을 통하여 여러 사람들과 더불어 살아갈 수 있는 교양을 갖춘 전인적인 인간을 기르고자 하는 특성을 지닌다.[66]

(번호, 강조-필자)

종교교과의 목표는 다시 세 가지로 구체화되고 있다. 그 내용은 각각 '종교에 관한 기본 지식과 보편적 이론들에 관한 이해, 일상생활의 여러 문제 해결, 올바른 가치관의 정립'이다. 그리고 해설서에 따르면, 이 세 가지 목표는 각각 '건전한 종교관의 정립, 신앙심의 확충, 다른 종교들에 관한 포용'을 지향하고 있다. 종교 교육과정과 해설서에 서술된 세 가지 목표는 다음과 같다.

① 종교에 관한 기본 지식과 보편적인 이론들을 이해하게 함으로써,
② 이를 바탕으로 일상생활에서 봉착하게 되는 여러 문제들을 생각하게 하여,
③ 자신의 삶과 인생에 대한 올바른 가치관을 정립하게 한다.

(번호-필자)[67]

① 종교에 대한 폭넓고 균형 있는 지식을 습득하여 **건전한 종교관을 정립**한다.
② 일상생활에서 부딪히는 어려운 문제들을 해결할 수 있는 **신앙심을 확충**한다.
③ **다른 종교들을 포용**하고 국가 사회의 발전에 기여할 수 있는 **態度**를 기른다.[68]

(강조-필자)

지금까지 제6차 종교 교육과정에서 종교교과의 설정 배경, 성격, 목표에 관해 서술했지만, 무엇보다 제6차 종교 교육과정의 의의는 고등학교 종교

---

66) 위의 글, 173쪽.
67) 교육부, ≪고등학교 교육과정(Ⅰ)≫(교육부 고시 제1992-19호, 1992.10.20.), 362쪽.
68) 교육부, ≪고등학교 교양선택 교육과정 해설≫(교육부 고시 제1992-19호, 1992. 10.20.), 1995, 177쪽.

교육과정이 처음 제시되었다는 데에 있다. 그렇지만 종교 교육과정에 문제가 없던 것은 아니다. 제6차 종교 교육과정의 문제로는 목표 설정의 이질성 문제, 종교와 인간에 관한 편향적 인식 문제, 종교교과와 다른 교과의 구별 또는 종교교과의 정당화 문제, '특정 종교를 위한 교육'을 조장하는 문제, 비논리적 서술 문제, 서술 논리의 생략이나 비약 문제 등이 지적될 수 있다. 이를 구체적으로 보면, 다음과 같다.

첫째, 목표 설정의 이질성 문제이다. 이 문제는 종교교과의 성격 부분에서 확인할 수 있다. 성격 부분에 서술된 내용에서 '넓은 의미의 종교학'을 통해 종교에 대한 폭넓은 안목을 지닌다는 내용과 '인생의 궁극적인 물음과 절대자의 이해에 대한 관심'이라는 내용이 다른 층위에 있기 때문이다. 여기서 '넓은 의미의 종교학'이 무엇을 의미하는지가 명확하지 않지만, 전자의 경우는 종교 연구의 결과물인 종교학, 후자의 경우는 주로 교학이나 신학에 해당할 수 있다.

종교교과의 목표 부분에서도 이 문제를 확인할 수 있다. 목표 부분에 서술된 '건전한 종교관의 정립'과 '신앙심의 확충'은 상호 이질적인 내용이기 때문이다. 물론 '건전한 종교관의 정립'이 신앙심의 확충에 도움이 될 수도 있다. 그렇지만 건전한 종교관의 정립이 종교학을 통해 종교에 관한 객관적인 안목을 갖추는 것을 의미한다면, 두 목표 사이에는 간극이 있을 수밖에 없다. 일반적으로 종교학은 다양한 종교 현상을 이해하거나 설명하고, 종교를 통해 인간을 이해한다는 목표를 가진다는 측면에서 신앙심의 확충과 거리를 두고 있기 때문이다. 오히려 신앙심의 확충은 종교학이 아니라 호교론적 관점을 지닌 종교인을 양성하려는 신학이나 교학에서 다루어지는 부분이라고 할 수 있다.

선행 연구에서도 제6차 종교 교육과정의 목표 진술에 대해서 종교교과가 국·공립학교가 아니라 종립학교에 국한된 교과이고, '건전한 종교관의 정립'과 '신앙심의 확충', '다른 종교에 대한 포용력'이라는 여러 목표가 다른 상황에 놓여 있는 학습자를 전제한 것이라는 문제를 지적한 바 있다. 그 연구에 따르면, 종교 교육과정의 첫 번째 목표와 두 번째 목표는 의도부터 다르고, '다른 종교에 대한 포용력'이라는 목표도 이미 종교인이 된 학습자를 대상으로 하고 있다.69) 이는 종교교과가 '내용상 특정 종교를 위한 교과'가 되고 있고, 종교 교육과정의 세 가지 목표가 다른 층위의 학습자를 대상으로 하고 있어 상호 연관성이 부족하다는 지적이라고 할 수 있다.

둘째, 종교와 인간에 관한 편향적 인식 문제이다. 이 문제는 종교교과의 설정 배경 부분에서 확인할 수 있다. 배경 부분에 서술된 '종교적 심성 계발'은 인간에게 내재된 성스러움이 있다거나 인간이 절대자에 대한 믿음을 가지고 살아간다는 인식을 전제하고 그렇지 않은 인간의 삶을 배제하므로 보편적으로 적용될 수 없는 서술이다. 이 문제는 '죽음 앞에서 영생에 대한 희망과 경건하고 성스러운 것을 찾으려는 욕망을 가진 존재'라는 형이상학적 인간관에서도 확인할 수 있다. 그와 관련된 내용은 다음과 같다.

> 사람은 누구나 죽을 수밖에 없는 존재이지만, **영생(永生)에 대한 희망을 지니며 경건하고 성스러운 것을 찾고자 하는 욕망**을 가진다. 이와 같이, 인간은 불완전한 존재이므로 **자신에게 내재된 성스러움을 계발하든지 인간의 능력을 초월한 절대자를 믿으며 기도하는 마음으로** 살아간다. 종교는 사람이 세상을 살아가면서 겪게 되는 실망과 좌절, 불안과 공포 등에서 벗어나게 해 주며, 사회의 안녕과 질서를 유지하는 바탕이 되고 삶에 새로운 활력소를 제공한다.70)
> (강조-필자)

---

69) 정진홍, 「한국에서의 종교교육의 제문제-고등학교 교육과정을 중심으로」, 『학술원논문집』 41, 2002, 308쪽.
70) 교육부, ≪고등학교 교양선택 교육과정 해설≫(교육부 고시 제1992-19호, 1992. 10.20.), 1995, 168쪽.

종교교과의 성격 가운데 "종교 생활은 인간의 이성이나 논리성만으로 설명하기 어려운 '믿음의 과정'을 통해서 이해할 수 있는 삶이다."라는 내용도 종교에 관한 이성적 접근을 포괄하지 못하고 있다.[71] '인생에 대한 궁극적인 물음과 절대자의 이해라는 종교적 관심과 의의', '종교교육을 통한 인간의 정서 함양과 심성 계발'이라는 표현에서도 이 문제가 드러나고 있다. 종교적 관심의 의의를 인생에 관한 궁극적인 물음이나 절대자의 이해에 한정하거나 종교교육의 중요성을 정서 함양과 심성 계발에 둔다면 그렇지 않은 경우를 포괄할 수 없기 때문이다.

셋째, 종교교과와 다른 교과의 구별 또는 종교교과의 정당화 문제이다. 이 문제는 종교교과의 설정 배경과 성격 부분에서 확인할 수 있다. 배경 부분에는 "종교교육은 도덕·윤리 교과와 더불어 학생의 심성 계발을 위하여 반드시 실시되어야 할 중요한 과목의 하나이다."라는 서술이 있다. 성격 부분에는 "종교와 같은 교양선택교과를 개설한 것도 교육과 종교의 재접목을 통하여 윤리·도덕이나 인격적인 측면을 보완하려는 것이었다고 해석할 수 있다. 도덕·윤리 교과 교육을 통하여 정의적인 영역에 대한 교육을 강화하고 있으나, 종교교육을 통한 인간의 정서 함양과 심성 계발도 매우 중요하다고 생각된다."라는 서술이 있다.[72]

그렇지만 종교교과교육의 중요성을 정서 함양과 심성 계발에 둘 때 종교교과교육이 도덕·윤리 교과교육의 지향성과 어떤 차별성을 갖는지가 명확해지지 않는다는 문제가 발생할 수 있다. 이런 논리에서는 도덕·윤리 교과교육에 종교 영역을 대거 포함시키면 종교교과교육이 없어도 종교교과교육에서 지향하는 인간의 정서 함양과 심성 계발이 가능해질 수 있기 때문이다. 따라서 종교교과교육이 인간의 정서 함양과 심성 계발 때문에 필요하다고 주장하려면, 먼저 도덕·윤리 교과교육과 종교교과교육의

---

71) 위의 글, 173쪽.
72) 위의 글, 169쪽, 174쪽.

역할 차이를 제시할 필요가 있다.

넷째, '특정 종교를 위한 교육'을 조장하는 문제이다. 이 문제는 종교교과의 설정 배경 부분에서 확인할 수 있다. 배경 부분에는 특정한 종교단체를 중심으로 하는 종교교육을 용인하되, 그 과정에서 유의해야 할 점이 제시되고 있다. 그 내용은 다음과 같다.

특정 종단(宗團)을 중심으로 하는 종교교육에서 유의해야 할 점은 학생들에게 종교적 심성을 길러 주고, 다른 종교를 이해하며 서로 접촉과 대화를 나눌 수 있는 개방적인 태도를 가지도록 하는 것이다. 아울러, 다른 종교를 가진 학생들에게 불이익을 주거나, 그 학교의 종교를 강요하는 일이 있어서는 안 된다. 특히, 고등학교 입시 제도의 평준화로 추첨 배정을 하고 있는 지역의 학교에서는 학생이나 학부모의 의사와는 무관하게 입학하게 된다는 점을 감안하여야 할 것이다. … 일반적으로 볼 때, 종교는 사회 통합에 기여하는 긍정적인 기능을 발휘하기도 하지만, 그러한 기능이 지나치면 사회의 변화와 발전을 저해하기도 한다. 더 나아가 서로 배타적인 경향이 강한 둘 이상의 종교 간에 갈등이 심화될 경우에는 사회 질서를 파괴시키고 전쟁에까지 이르는 등 심각한 사회 문제를 야기하기도 한다.[73]   (강조-필자)

이런 내용은 법률상 정교분리 원칙과 종교-교육의 분리 원칙을 준수해야 하는 국가, 동시에 사립학교에 공교육의 기준과 혜택을 적용하는 국가의 상황에 적절하지 않다고 할 수 있다. 국가 교육과정에서 특정 종교를 위한 교육을 공인하는 것은 결과적으로 국가가 특정 종교를 조장하고 있다는 지적으로 이어질 수 있기 때문이다.

다섯째, 비논리적 서술, 그리고 논리의 생략과 비약 문제이다. 비논리적 서술 문제는 종교교과의 성격과 목표 부분에서 확인할 수 있다. 우선, 성격 부분에는 "종교에 대한 폭넓은 안목을 지니고, 종교에 관한 기본적인 지식과 보편적인 이론을 이해하여"라는 서술이 있다. 그렇지만 이런 서술은

---

73) 위의 글, 169쪽.

'종교에 관한 지적 안목'이 종교에 관한 기본 지식과 보편적인 이론의 결과물에 해당하므로 비논리적이라고 할 수 있다. 다음으로, 목표 부분에서 "①종교에 관한 기본 지식과 보편적인 이론들을 이해하게 함으로써 ②이를 바탕으로 일상생활에서 봉착하게 되는 여러 문제들을 생각하게 하여"라는 서술도 앞뒤가 바뀐 것이라고 할 수 있다. 종교와 연관된 일상생활 문제를 접한 이후에 종교에 관한 기본 지식과 보편적인 이론에 관심을 갖는 경우가 적지 않기 때문이다.

논리의 생략과 비약 문제는 종교교과의 성격 부분에서 확인할 수 있다. 성격 부분을 보면 종교교과교육의 역할이 '개인적 차원의 전인교육, 민주 사회를 건설하려는 시민의식의 고취와 사회 질서의 확립, 남북한의 이질성 해소와 대동단결을 통한 민족 통일의 달성'이라는 서술이 있다.74) 그렇지만 종교교과서에 이런 내용이 담기지 않는 한, 종교교과교육과 '남북한의 이질성 해소와 대동단결을 통한 민족 통일의 달성' 사이에는 직접적인 연관성이 보이지 않는다. 따라서 이 부분에서는 서술의 연결 논리가 생략되거나 논리가 비약되고 있다고 할 수 있다.

(2) 내용의 선정과 조직

제6차 종교 교육과정을 보면, 고등학교 종교교과의 내용은 여섯 개 영역과 세부 내용으로 구성되어 있다.75) 이 내용을 도표로 정리하면 다음과 같다.

---

74) 위의 글, 174쪽.
75) <고등학교 교육과정(Ⅰ)>(교육부 고시 제1992-19호, 1992.10.20.), 363쪽; 교육부, ≪고등학교 교양선택 교육과정 해설≫(교육부 고시 제1992-19호, 1992.10.20.), 1995, 180-186쪽.

\<표 31\> 제6차 종교 교육과정: 종교교과의 내용 체계

영역	세부 내용	주요 내용
I. 인간과 종교	가. 생활주변의 종교들	다양한 종교 현상, 종교 일반에 대한 이해, 바람직한 종교관 형성
	나. 종교적 신념과 이해	삶과 믿음, 믿음과 이해의 조화, 종교적 관심과 종교
	다. 궁극적 가치와의 만남	다원주의 사회와 종교적 가치, 성스러움의 구체적 의미, 인간적 이해를 위한 노력
	라. 종교적 인격 형성	인격적 변화의 양상, 종교적 인격의 올바른 형성, 종교적 자아 실현
II. 세계 문화와 종교	가. 유교의 전통과 사상	중국 종교의 특징과 유교, 주자학으로의 재정립, 유교의 핵심 사상과 현대적 재조명
	나. 불교의 전통과 사상	인도 종교의 배경, 불교의 등장과 전통 확립, 남방 불교와 북방 불교의 핵심 사상
	다. 도교의 전통과 사상	도교의 발생과 시대적 상황, 자연과의 조화를 강조한 도교 사상, 도교 사상의 현대적 재조명
	라. 크리스트교의 전통과 사상	예수와 크리스트교의 등장 배경, 크리스트교의 핵심 사상, 천주교와 개신교
	마. 이슬람교의 전통과 사상	마호메트의 생애와 사상, 이슬람교의 다섯 기둥 이해
	바. 힌두교의 전통과 사상	힌두교의 배경과 사상 이해
	사. 그 밖의 종교 사상	기타 종교의 등장 배경과 주요 사상
III. 한국 문화와 종교	가. 전통적인 민간 신앙	민간 신앙의 의의, 한국 무속 신앙의 특성, 조상 숭배와 풍수 사상의 종교적 의의
	나. 유・불・도교의 수용	한국인의 종교적 심성, 토착화의 특성과 전개 과정, 종교와 정치・사회・문화 생활
	다. 크리스트교와 이슬람교의 수용	천주교의 전래와 개신교의 토착화, 기독교와 한국의 근대화, 세계 속의 한국 크리스트교, 6・25 전쟁과 이슬람교의 수용
	라. 한국의 민족종교	발생과 전개, 천도교・대종교・증산교・원불교 등 이해, 주체적 의의
IV. 종교 경험의 이해	가. 신앙의 여러 관점	여러 종교의 우주관과 역사, 삶과 죽음의 문제
	나. 종교의식과 종교적 실천	종교 의식의 의의와 절차, 유교의 제사 및 불교의 법요, 크리스트교의 예배와 성례, 제사와 의식, 신비주의, 종교 규범의 실천 문제
	다. 종교적 공동생활	종교 생활의 의미, 세속적 및 종교적 공동체, 종교적 조직의 구조
V. 현대 사회와 종교	가. 성스러운 문헌들의 현대적 의미	경전의 중요성, 유교・불교・도교・크리스트교와 이슬람교의 경전, 경전들의 주요 내용
	나. 종교와 세속 문화와의 만남	현대 사회에서 종교의 위상, 종교에서 추구하는 구원(해방)의 의미, 한국 종교의 현실 참여
	다. 다른 종교들 간의 대화	교단 간의 일치 운동 추세, 대화의 중요성, 배타적 태도의 불식과 관용 정신
	라. 종교와 사회의 이상 실현	생명 가치의 존중, 도덕성 함양과 환경 조성, 청소년의 건강 보호와 증진(약물 남용 예방)
VI. 특정 종교의 교리와 역사	가. 종교의 경전	불경이나 성경, 여러 종교에서 전승되는 경전의 형성 배경과 내용
	나. 종교의 교리	종교적 가르침을 문화의 보편성이나 특수성과 관련시켜 학습
	다. 종교의 역사	인류의 역사와 문화적인 배경 속에서 종교의 생성과 발전
	라. 일상생활 속의 종교적 생활	종교별로 고유한 문화・전통이 일반 문화와 조화되는 방식과 일상생활에 미치는 영향
	마. 종교와 내일의 한국	특정 종교가 한국의 고유 문화와 조화를 이루면서 발전하는 방식, 21세기 새로운 문화를 창조하는 데 기여할 수 있는 방안 소개

이 교육과정에는 여섯 개의 영역별 내용을 구성할 때 중요하게 다룰 사항도 제시되어 있다. 이 사항들은 영역별 목표 진술이면서, 종교교과의 내용을 선정하는 근거이기도 하다. 그 내용은 다음과 같다.

① **종교 사상에 대한 기본 지식과 삶의 궁극적 의미를 이해하고, 인생에서 봉착하게 되는 문제를 해결할 수 있는** 능력을 길러 성숙한 인간이 되게 한다.
② 동양의 유·불·도교와 서양의 크리스도교 및 이슬람교 등 여러 지역의 종교를 이해하고, 문화적 전통을 서로 비교할 수 있는 능력을 기르게 한다.
③ 한국에서의 외래 종교 사상의 수용 과정을 이해하고, **건전한 종교 생활을 통하여 자아를 실현하고** 국가 사회의 발전에도 기여할 수 있게 한다.
④ **비판적인 자기성찰과 종교적 체험을 토대로** 하여, 반종교적 편견이나 **비합리적인 맹신을 극복하고** 정신적으로 건강하고 밝은 사회를 이룩하게 한다.
⑤ 경전들의 현대적 의의를 인식하고 배타적인 독단주의로부터 벗어나서, **다른 종교에 대한 이해와 대화를 통하여** 더불어 살아가는 인간상을 구현하게 한다.
⑥ **특정한 종교의 경전과 교리 및 역사를 배우고 익혀서,** 각자의 신앙심을 일상 생활을 통해서 실천함으로써 바람직한 한국 문화를 창조할 수 있게 한다.[76]

(강조-필자)

그리고 교수·학습 지도 방식에 관한 세 가지 내용이 종교교과의 유의점으로 제시되고 있다. 그 내용은 ①일상생활에서 쉽게 경험할 수 있는 삶의 문제와 결부시켜 이해할 수 있도록 지도하라는 것, ②우리나라의 사회 현실과 다종교적 상황의 인식과 더불어 다른 종교의 견해와 신앙생활에 대한 포용력을 가지고 학생을 지도하라는 것, 그리고 ③자기의 가치나 의견을 구조화하여 표현할 수 있는 능력을 기르기 위해 가급적이면 논술식 평가 방법을 활용하라는 것이다.[77]

전반적으로 제5차 교육과정까지 종단별로 다르게 종교 교육과정을 구

---

76) 교육부, ≪고등학교 교양선택 교육과정 해설≫(교육부 고시 제1992-19호, 1992. 10.20.), 1995, 174쪽.
77) 위의 글, 363-364쪽.

성했다는 점을 고려할 때, 제6차 교육과정은 종단의 구분 없이 공통으로 적용되는 종교 교육과정을 제시했다는 점에 의의가 있다고 할 수 있다. 그리고 종교 교육과정과 해설서를 통해 종교교과의 목표와 내용 등이 제시되어 종교교과교육의 보편성이 확보될 수 있는 가능성도 시작되었다고 볼 수 있다.

그럼에도, 제6차 종교 교육과정에서 내용의 선정과 조직에 문제가 없던 것은 아니다. 종교교과에 서술된 종교학 개념의 모호성, 특정 종교의 조장, 내용 선정 기준의 불명확성, 내용 조직 원리의 미고려 등이 문제로 거론될 수 있다. 그 내용은 다음과 같다.

첫째, 종교학 개념의 모호성 문제이다. 그와 관련하여, 종교교과의 성격 부분에는 종교 과목이 '넓은 의미의 종교학'을 바탕으로 한다는 서술, '내용 선정 및 조직의 원칙' 부분에는 '종교교육이 학문을 가르치는 것이 아니므로' 내용을 여섯 분야로 구분했다는 서술이 있다.[78] 이 내용은 아래의 인용문에서 확인할 수 있다.

> 종교학은 여러 분야로 나누어지지만 종교교육은 학문을 가르치는 것이 아니므로, 인간과 종교, 세계 문화와 종교, 한국 문화와 종교, 종교 경험의 이해, 현대 사회와 종교, 그리고 특정 종교의 교리와 역사 등 여섯 분야로 나누어 내용을 구성하였다.[79]　　　　　　　　　　　　　　　　(강조-필자)

종교학 개념의 모호성 문제는 종교 교육과정에서 종교교과교육이 '학문을 가르치는 것'이 아니라는 서술, 그리고 종교 과목이 '넓은 의미의 종교학'을 바탕으로 건전한 인생관과 종교관을 기르고, 개별 종교의 전통과 교리에 대한 지속적 탐구와 자발적 실천으로 바람직한 신앙생활을 할 수 있도록 지원하고, 인접 학문의 지원을 받아 인생과 인류 사회를 보는 시각

---

78) 위의 글, 173쪽, 178쪽.
79) 위의 글, 178쪽.

을 넓히고, 국가 사회의 발전과 세계 평화 및 인류 공영에 이바지할 수 있는 방법을 모색하게 하는 과목이라는 서술이 공존한다는 데에서 확인할 수 있다.[80] 그와 관련하여, '지도 방법' 부분에는 "고등학생들에게 종교학과 같은 전문적인 이론을 가르치는 교과가 아니므로, 일상생활에서 우리가 많이 겪는 생활 경험을 토대로 하여 지도한다."라는 서술이 있다.[81]

그렇지만 '넓은 의미의 종교학'을 바탕으로 한다는 서술에서 '넓은 의미의 종교학'이 종교학이라는 학문을 의미한다면, 종교교과교육이 학문을 가르치는 것이 아니라는 서술은 비논리적이라고 할 수 있다. 만약 '넓은 의미의 종교학'이 종교학이라는 학문을 의미하지만, 연구자 수준의 전문적인 이론이 아니라 고등학생이 주변 상황에 적용할 수 있는 이론을 의미한다면 문제의 소지는 적어질 수 있다. 그렇지만 '학문'과 '넓은 의미의 종교학'이 어떻게 다른지, '넓은 의미의 종교학'과 특정 종교를 위한 교육 사이에 어떤 연결 고리가 있는지는 여전히 모호하다고 할 수 있다.

둘째, 특정 종교를 조장하는 문제이다. 이 문제는 종교 교육과정의 '내용' 부분에서 확인할 수 있다. 종교 교육과정의 내용 영역을 교과 목표와 연관시켜 보면, 제1영역에서 5영역까지는 주로 첫 번째 목표인 '건전한 종교관의 정립'에 관련된 내용이다. 그에 비해 제6영역('특정 종교의 교리와 역사')은 두 번째 목표인 '신앙심의 확충'에 관련된 내용이다. 제6영역은 제6차 종교 교육과정을 준수하여 발간된 종교교과서에서 가장 많은 분량을 차지하고 있기도 하다.

그런데 제6영역이 '신앙심의 확충'을 목적으로 설정되었다면 문제가 발생할 수 있다. 바로 국가가 제도적 차원에서 스스로 정교분리 원칙과 종교-교육 분리 원칙을 위반하여, '특정 종교를 조장하는 행위'를 했다는 문제이다. 특히 교육부가 무자격 종교교사를 위해 자격증 이수 연수 프로그램

---

80) 위의 글, 173쪽, 178쪽.
81) 위의 글, 187쪽.

을 진행한 시기가 제6차 종교 교육과정이 고시된 1992년부터였고, 따라서 제6차 교육과정 당시까지 종교교사가 대체로 종교학이 아니라 특정 신학·교학 훈련을 받은 교직자였다는 점을 고려할 때, 제6영역을 설정한 목적이 신앙심의 확충에 있었다면 이는 국가가 특정 종교를 조장한 행위에 해당할 수 있기 때문이다.

특정 종교를 조장하는 문제는 앞에서 인용한 여섯 개 영역별 중점 사항에서도 확인할 수 있다. 예를 들어, ④항의 '비판적인 자기성찰과 종교적 체험을 토대로 하여', ⑤항의 '다른 종교에 대한 이해와 대화를 통하여', ⑥항의 '특정한 종교의 경전과 교리 및 역사를 배우고 익혀서' 등의 표현은 특정 종교와 관련된 내용으로 이해될 소지가 있다. 그리고 '종교인 만들기'라는 의도가 아닐지라도, ①항의 '종교 사상에 대한 기본 지식과 삶의 궁극적 의미를 이해하고, 인생에서 봉착하게 되는 문제를 해결할 수 있는 능력을 길러'라는 표현, ③항의 '건전한 종교 생활을 통하여 자아를 실현하고'라는 표현은 종교인이 아닌 학습자에게 '종교인 되기'를 요구하려는 간접적 의도로 이해될 소지가 있다. 특히 ③항의 경우는 누구나 '건전한 종교 생활'을 해야 하는 것으로 해석될 소지가 있다.

셋째, 내용 선정 기준이 명확하지 않다는 문제이다. 이 문제는 종교 교육과정의 '내용 선정 및 조직의 원칙'에서 확인할 수 있다. 그 해설서에 따르면, 여섯 개의 내용 영역은 종교교과교육이 학문을 가르치는 것이 아니라는 전제, 특정 종교보다 종교 일반에 대한 내용을 통해 고등학생이 인문적 교양을 넓히고 국가 사회의 발전에 기여할 수 있어야 한다는 방향, 그리고 '현실적으로 특정 종교에 대한 선교를 건학 이념으로 하는 종립학교의 의견을 참작'해서 선정된 것이다.[82]

---

82) 위의 글, 178쪽. '종교교육이 학문이 아니라는 전제'의 의미는 '지도 방법'에서 명시된 "고등학생들에게 종교학과 같은 전문적인 이론을 가르치는 교과가 아니므로, 일상생활에서 우리가 많이 겪는 생활 경험을 토대로 하여 지도한다."

그렇지만 이렇게 선정된 내용은 서로 충돌하고 있다. 우선, 특정 종교에 대한 선교를 건학 이념으로 하는 종립학교의 의견을 참작하여 선정했다는 내용 선정 기준이 특정 종교보다 종교 일반에 대한 내용을 통해 고등학생이 인문적 교양을 넓히고 국가 사회의 발전에 기여하게 한다는 내용 선정 기준과 논리적으로 부합하지 않기 때문이다. 다음으로, 영역별 중점 사항 가운데 종교에 관해 건전한 상식을 지닌 시민 양성에 관한 내용(①~⑤항), 특정 종교인을 대상으로 하는 내용(⑥항)'은 이질적이다. ③항과 ④항에도 교수자에 따라 특정 종교인을 대상으로 하는 내용으로 이해될 소지가 있다. 이미 '특정 신앙심의 제고' 부분에 대해서는 '종립학교의 현실성을 고려할 때 불가피한 배려였다고 할지라도 그 이전의 중점사항들을 모두 무의미한 것으로 하기에 충분하다.'는 지적이 나오고 있다.[83]

넷째, 교과 내용의 조직 원리를 고려하지 않았다는 문제이다. 이는 여섯 개의 내용 영역에 교과 내용의 조직 원리인 반복성, 계열성, 통합성이 고려되지 않았다는 의미이다. 즉 종교 교육과정에서 내용을 조직할 때 중요 개념을 반복시키거나 심화 반복의 구조를 반영하기보다 서로 다른 여러 내용을 나열했다는 지적이다. 이런 나열식 내용 배치는 무엇보다 학습자의 체계적인 내용 이해에 장애가 된다는 문제로 이어질 수 있다.

실제로 종교 교육과정의 내용은 종교학이라는 학문의 세부 분류에 따라 배치되었다고 볼 수 있다. 예를 들어, 내용 영역 가운데 제1영역(I. 인간과 종교)은 종교학 개론, 제2영역(II. 세계 문화와 종교)은 세계종교사, 제3영역(III. 한국 문화와 종교)은 한국종교사, 제4영역(IV. 종교경험의 이해)은 종교심리학이나 종교현상학, 제5영역(V. 현대 사회와 종교)은 종교사회학에 해당한다고 볼 수 있다. 그리고 제6영역(VI. 특정 종교의 교리와 역사)은 특정 신학·교학에서 주로 다루어지는 내용이다. 이런 내용 배치는 대

는 내용에서 유추될 수 있다(같은 글, 187쪽).
83) 정진홍, 앞의 글, 269-338쪽.

학 수준의 종교학 개론서에서 볼 수 있는 현상이라고 할 수 있다.

2 제7차 종교 교육과정의 목표와 내용

(1) 목표의 설정과 진술

제7차 종교 교육과정의 의의는 '종교 교육과정의 체계화'에서 찾을 수 있다. 제6차 종교 교육과정의 구성 체제가 '목표, 내용, 유의점'이었다면, 제7차 종교 교육과정의 구성 체제는 '성격, 목표, 내용, 교수·학습 방법, 평가'로 체계화되고 있다. 두 교육과정의 구성 체제를 정리해보면 다음과 같다.84)

<표 32> 제6차·제7차 종교 교육과정의 구성 체제

구 분	제6차 교육 과정	제7차 교육 과정	비 고
교육 과정의 구성 [체제]	1. 목 표 2. 내 용 3. 유의점	1. 성 격 2. 목 표 3. 내 용 4. 교수·학습 방법 5. 평 가	o 제6차: 교육 과정을 최초로 구성 o 제7차: 교육과정 구성의 체계화
성격	(공식적 제시 없음)	o 종교에 관한 기본 지식과 보편적 이론 이해 o 삶과 죽음에 대한 물음과 탐구를 통한 건전한 종교관 정립을 위한 과목	o 종교 과목의 성격 명시
[총괄] 목표	o 종교에 대한 지식과 보편적 이론 이해 o 일상생활에서 부딪히는 어려운 문제 극복 o 자신의 삶과 인생에 대한 올바른 가치관 정립	o 종교에 대한 폭넓고 균형 있는 지식을 습득과 건전한 종교관 정립 o 인생 문제를 극복할 수 있는 성숙한 신앙심 확충 o 타 종교를 포용하고 국가 사회의 발전에 기여할 수 있는 종교인으로서 생활 태도 함양 ※ 하위 목표: 6개 항목 명시	o 학생 중심의 목표 진술 o 구체적인 하위 목표 제시

---

84) 교육부, ≪고등학교 교육과정 해설 - 교양≫(교육부 고시 1997-15호), 1997, 149쪽(표를 일부 변경함).

구 분	제6차 교육 과정	제7차 교육 과정	비 고
내용	o 영역별 내용 (1) 인간과 종교 (2) 세계 문화와 종교 (3) 한국 문화와 종교 (4) 종교 경험의 이해 (5) 현대 사회와 종교 (6) 특정 종교의 전통과 　　사상	o 내용 체계 o 영역별 내용 (1) 인간과 종교 (2) 종교 경험의 이해 (3) 서로 다른 종교적 전통 (4) 세계 종교와 문화 (5) 인간과 자연에 대한 이해 (6) 한국 종교와 문화 (7) 종교 공동체 (8) 특정 종교의 전통과 사상	o 내용 영역의 구체화 o 보편적 종교교육 내 　용 강화
교수 학습 방법	(공식적 제시 없음)	o 6개 항목	o 종교교육의 특성에 　맞는 교수·학습 방 　법 적용
평가	(공식적 제시 없음)	o 5개 항목	o 다양한 방법의 평가

제7차 종교 교육과정의 제정 배경은 무엇일까? 바로 제6차 종교 교육과 정의 시행 과정에서 드러난 제반 문제점을 개선하고, 종교교육을 온전한 인격 형성과 바람직한 사회 구성원의 양육이라는 교양교육으로 정착시킨 다는 것이다. 그렇지만 교육과정에는 여전히 종교 일반에 관한 교양교육 과 종립학교 현실을 고려한 신앙교육을 병행한다는 이중적 목표가 설정되 고 있다. 다만, 교양교육의 의의를 구체화한다는 취지에서 세부 내용을 종교학 지식으로 보강하고 있다.[85]

이 교육과정에서 규정된 종교교과의 성격은 무엇일까? 그 성격은 "종교 에 관한 기본 지식과 보편적 이론을 이해하고, 삶과 죽음에 대한 물음과 탐구를 통하여 건전한 종교관을 정립할 수 있게 도와주려는 과목", "인생 에 대한 궁극적인 물음과 성스러운 가치의 이해라는 종교적 관심을 중시 하고 이를 체계적으로 통찰하여 여러 사람들과 더불어 살아가는 전인적 인간을 기르는 데 중점"을 두는 과목으로 서술되고 있다.[86] 그리고 해설서 에는 '고등학생의 일반적인 교양을 증진시키는 교양 교과의 일반 선택 과

---

85) 위의 글, 124쪽.
86) 교육부, 《고등학교 교육 과정(1)》(교육부 고시 제1997-15호[별책 4], 1997, 690쪽.

목'으로 서술되고 있다.[87]

이런 성격을 반영한 종교 교육과정의 목표는 상위 목표와 하위 목표에 해당하는 기본 목표와 세부 목표로 제시되고 있다. 그렇지만 기본 목표는 제6차 종교 교육과정에 비해 거의 차이가 없었고, 세부 목표만 다소의 차이를 보이고 있다. 기본 목표와 세부 목표의 내용은 다음과 같다.

① 종교에 대한 폭넓고 균형 있는 지식을 습득하여 건전한 종교관을 정립하고,
② 일상생활에서 부딪히는 어려운 인생 문제를 극복할 수 있는 성숙한 신앙심을 확충하며,
③ 다른 종교를 포용하고 국가 사회의 발전에 기여할 수 있는 종교인으로서 바람직한 생활 태도를 기른다.

가. **궁극적인 가치와의 만남을 통하여 종교적 인격을 기르며**, 자기 성찰과 체험을 토대로 하여 종교적 가르침과 의식 및 공동체를 이해한다.
나. 자기 종교만이 진리라는 편협한 생각에서 벗어나서, 세계 여러 종교의 특성을 이해하고 서로 비교할 수 있는 능력을 기른다.
다. **인간이 유한하고 불안한 존재임을 깨닫고**, 우리의 생활 터전이면서 아직 신비한 존재로 남아 있는 우주 자연을 새롭게 인식하려고 노력한다.
라. 외래 종교 사상을 수용한 과정과 한국의 무속 신앙을 이해하고, **건전한 종교 생활을 통하여 자아실현과 국가 사회의 발전에 기여**한다.
마. **종교 공동체의 이념과 기준을 이해하고**, 오늘날 우리 사회에서 그 공동체가 분담하고 있는 역할을 인식하여 긍정적 측면을 배운다.
바. **특정 종교의 경전과 교리 및 역사를 배우고 익혀서**, 각자의 신앙심을 키우고 21세기를 맞이하여 새로운 문화 창달에 기여한다.[88]   (강조-필자)

그렇다면 제6차 종교 교육과정과 비교했을 때 제7차 종교 교육과정의 제정 배경, 성격, 목표에 나타난 특징은 무엇일까? 두 가지를 지적할 수 있다. 하나는 '심성 계발'이라는 표현이 삭제된 것이고, 다른 하나는 '종교

---

87) 교육부, 《고등학교 교육과정 해설 - 교양》(교육부 고시 1997-15호), 1997, 128쪽.
88) 위의 글, 129쪽.

학적 종교교육'이라는 표현이 사용된 것이다. 제6차 종교 교육과정에서 종교교과가 '넓은 의미의 종교학'을 토대로 하지만 학문이나 전문적인 이론이 아니라고 서술되었음을 고려할 때, 이런 특징은 종교 교육과정의 방향이 좀 더 종교학에 가까워졌음을 보여주고 있다. 그리고 이런 특징은 종교교과의 특성화에 해당하므로 제6차 종교 교육과정에 있던 '종교교과와 다른 교과의 구별 또는 종교교과의 정당화 문제'를 해소하는 데에 기여했다고 볼 수 있다.

그렇지만 제7차 종교 교육과정에 문제가 전혀 없던 것은 아니다. 제6차 종교 교육과정에서 지적된 문제가 여전히 지속되고 있다. 그 이유는 다소의 변화에도 불구하고, 제6차 종교 교육과정의 '개정 배경, 성격, 목표'를 그대로 답습했기 때문이다. 이런 문제 가운데 교육 목표 설정의 이질성 문제, 종교교과의 별도 개설 근거 문제, 특정 종교를 위한 교육의 조장 문제, 비논리적 서술 문제 등을 살펴보면 다음과 같다.

첫째, 목표 설정의 이질성 문제이다. 당시 종교 교육과정의 개정 배경을 보면, 종교학적 종교교육과 신앙적 종교교육이라는 두 가지 상위 목표의 불협화음을 확인할 수 있다. 그와 관련된 내용은 다음과 같다.

> 제7차 종교 교육과정 개정 과정에서 종교 과목을 통하여 단순히 신앙적 종교교육만 제공하는 것이 아니라 종교에 대한 폭넓은 지식과 이해를 갖춘 건전한 교양인과 사회 구성원으로서의 자질을 길러 주는 <u>종교학적 종교교육으로 전환해야 한다는 주장이 제기되기도 했다.</u> 그러나 이러한 취지가 긍정적으로 받아들여지기는 했지만, <u>고등학교 단계에서는 기존 교육과정으로도 어느 정도의 종교학적 종교교육이 이루어질 수 있다는 점과 신앙교육을 필요로 하는 일선 종단 학교의 현실을 무시할 수 없다는 점</u>을 감안하여 <u>종교학적 종교교육과 신앙적 종교교육을 병행하던 기존의 종교교육 과정 체제를 그대로 유지하기로</u> 하였다.
> … 다만, 종교교육의 교양 교육적 의의를 좀 더 구체화한다는 차원에서 세부 내용에서는 종교학적 내용이 좀 더 강조되고 이에 관한 부분이 대폭 보강되는

정도의 변화가 가해졌다.[89]   (강조-필자)

여섯 개의 하위 목표에서도 목표 설정의 이질성 문제가 보인다. 특히 하위 목표에서 여섯 번째 목표('특정 종교의 경전과 교리 및 역사를 배우고 익혀서 각자의 신앙심을 키우고')는 '신앙인 만들기'에 해당하여 첫 번째 상위 목표('종교에 대한 폭넓고 균형 있는 지식을 습득하여 건전한 종교관을 정립하고')와 충돌하고 있다. 게다가, 이런 신앙교육이 강조된다면 하위 목표 가운데 첫 번째 목표('궁극적인 가치와의 만남을 통하여 종교적 인격을 기르며,'), 세 번째 목표('인간이 유한하고 불안한 존재임을 깨닫고'), 네 번째 목표('건전한 종교 생활을 통하여'), 다섯 번째 목표('종교 공동체의 이념과 기준을 이해하고')도 '신앙인 만들기'의 맥락에서 이해될 소지가 있다.

둘째, 종교교과의 별도 개설 근거 문제이다. 위의 인용문에서 제7차 종교 교육과정을 개정할 때 종교학적 종교교육의 전환 필요성이 있지만, 기존의 고등학교 교육과정으로 어느 정도의 종교학적 종교교육이 이루어질 수 있고, 종립학교의 현실을 무시할 수 없으므로 종교학적 종교교육과 신앙적 종교교육의 병행 체제를 유지한다는 내용을 확인할 수 있다. 그렇지만 기존의 교육과정으로도 어느 정도의 종교학적 종교교육이 가능하다면 종교교과를 별도로 개설할 근거가 무엇인지는 여전히 의문으로 남을 수밖에 없다.

셋째, 특정 종교를 위한 교육의 조장 문제이다. 제7차 종교 교육과정에서는 종교학적 종교교육과 신앙적 종교교육을 모두 지향하고 있다. 그렇지만 국가가 정교분리와 교육-종교의 분리를 지향하는 현실과 종립학교를 포함한 사립학교에 예산을 지원하는 현실을 고려할 때 신앙적 종교교육에는 문제의 소지가 있다. 정교분리 국가가 국가 차원에서 신앙적 종교교육

---

89) 위의 글, 124쪽. 이후 '종단 학교'는 '종립학교'로 표기함.

을 지향한다는 것은 국가가 특정 종교를 조장한다는 것을 의미할 수 있기 때문이다.

넷째, 비논리적인 서술 문제이다. 이 문제는 종교교과의 성격 부분에서 확인할 수 있다. 이 교육과정에서 종교교과는 고등학생의 교양 증진 차원에서 종교에 관한 기본 지식과 보편적 이론을 이해하고, 삶과 죽음에 대한 물음과 탐구를 통해 건전한 종교관을 정립하기 위한 교과로 서술되고 있다. 그 내용과 배경은 다음과 같다.

> '종교'는 **종교에 관한 기본 지식과 보편적 이론을 이해**하고, 삶과 죽음에 대한 물음과 탐구를 통하여 **건전한 종교관을 정립**할 수 있게 도와주려는 과목이다.
> 세계 여러 곳에서 종교 때문에 많은 갈등과 분쟁을 겪기도 하지만, 다종교 사회인 우리 주위에서는 종교 간에 만남과 대화를 통해 서로 이해하고 친선을 도모하기 위하여 노력하고 있다. 남북한은 반세기 동안 분단된 채, 서로 다른 체제와 이념을 채택하여 극단적인 모습을 보여주고 있다.
> 우리는 수천 년 동안 지켜 온 **민족의 순수성과 동질성을 회복해야 할 과제**를 안고 있으며, <u>종교교육을 통하여 종교적 가르침을 생활 속에서 실천하려는 마음을 기르는 것이 필요하다.</u>
> 즉, 종교는 인생에 대한 궁극적인 물음과 성스러운 가치의 이해라는 종교적 관심을 중시하고, 이를 체계적으로 통찰하여 여러 사람들과 더불어 살아가는 전인적 인간을 기르는 데 중점을 둔다.[90]　　　　　　　　　(강조-필자)

위의 내용에서 '민족의 순수성과 동질성을 회복해야 할 과제'라는 표현은 그 전후 내용을 보면 과 어색하다고 할 수 있다. '종교교육을 통해 종교적 가르침을 생활 속에서 실천하려는 마음을 기르는 것이 필요하다.'는 뒤의 내용과 논리적으로 연결되지 않는다. 또한, '고등학생의 일반적인 교양 증진'이라는 종교교과의 성격과도 연결되지 않기 때문이다. 게다가, '종교적 가르침을 실천하려는 마음을 기르는 것'이라는 표현과 '종교에

---

90) 교육부, ≪고등학교 교육 과정(1)≫(교육부 고시 제1997-15호[별책 4], 1997, 690쪽; 교육부, 위의 글, 128쪽.

관한 기본 지식과 보편적 이론을 이해하고 … 건전한 종교관을 정립'한다
는 표현 사이에도 논리적 연관성이 약하다고 할 수 있다.

이런 비논리적인 서술 문제는 종교 교육과정의 여섯 개 하위 목표에서
도 나타나고 있다. 이는 하위 목표가 학습 단계나 심화 학습의 수준 차이
등과 같은 일관된 기준에 따라 배치되지 않았다는, 즉 하위 목표의 배치
순서에 논리적 연관성이 없다는 지적이다.

(2) 내용의 선정과 조직

제7차 종교 교육과정에서 내용 체계는, 제6차 종교 교육과정보다 두 영
역이 증가되어, 여덟 개의 영역으로 구성되고 있다. 두 교육과정의 내용
체계를 대조해보면 다음과 같다.

<표 33> 제6차·제7차 종교 교육과정의 종교교과 내용 체계 비교

제6차 종교 교육과정		제7차 종교 교육과정	
영역/단원 (6)	내용	영역 또는 단원 (7)	내용
I. 인간과 종교	생활주변의 종교들 종교적 신념과 이해 궁극적 가치와의 만남 종교적 인격 형성	I. 인간과 종교	• 궁극적인 물음과 문제 • 종교와의 만남과 문제해결 • 안다는 것과 믿는다는 것 • 종교의 의의와 역할
II. 세계 문화와 종교	유교, 불교, 크리스트교, 이슬람교, 힌두교의 전통과 사상 및 그 밖의 종교 사상	II. 종교경험의 이해	• 여러 가지 인생문제 • 우주관, 역사관, 생사관 • 경전과 종교규범 • 종교 의례와 종교적 실천
III. 한국 문화와 종교	전통적인 민간 신앙 유, 불, 도교의 수용 크리스트교와 이슬람교의 수용 한국의 민족종교	III. 서로 다른 종교적 전통	• 종교 사상과 배경 • 참된 것과 깨달음 • 종교의 특성 이해
IV. 종교경험의 이해	신앙의 여러 관점 종교의식과 종교적 실천 종교적 공동생활	IV. 세계 종교와 문화	• 유교와 도교 • 불교 • 크리스트교 • 이슬람과 기타 종교
V. 현대 사회와 종교	성스러운 문헌들의 현대적 의미 종교와 세속문화와의 만남 다른 종교들 간의 대화 종교와 사회의 이상 실현	V. 인간과 자연에 대한 종교적 이해	• 다양한 인간관 • 종교적 인간관 • 종교적 자연관 • 과학과 종교

제6차 종교 교육과정		제7차 종교 교육과정	
영역/단원 (6)	내용	영역 또는 단원 (7)	내용
VI. 특정 종교의 교리와 역사	종교의 경전 종교의 교리 종교의 역사 일상 생활 속의 종교적 생활 종교와 내일의 한국	VI. 한국 종교와 문화	• 한국 불교와 문화 • 한국 유교 및 도교와 문화 • 한국 크리스트교와 문화 • 한국 무속신앙과 민족종교
		VII. 종교 공동체	• 공동체의 이념과 구조 • 종교의 사회적 기능 • 종교 간의 화해와 공존 • 종교적 인격 형성
		VIII. 특정 종교의 전통과 사상	• 경전, 교리, 역사 • 종교적 생활 • 한국 종교와 문화 창조 • 나의 종교 생활 설계

제7차 종교 교육과정의 내용 영역(단원)이 여덟 개로 구성된 근거는 무엇일까? 그 근거는 상위 목표와 하위 목표에 따라 설정된 네 가지 범주에서 찾을 수 있다. 각 내용 영역은 네 가지 범주에 따라 ①종교학적 이론에 입각하여 종교 일반에 대한 이해를 도모하는 단원(I.인간과 종교, II.종교 경험의 이해), ②종교의 다양한 모습을 이해하는 단원(III.서로 다른 종교적 전통, IV.세계 종교와 문화), ③종교와 관련된 인간·자연·공동체의 모습을 이해하기 위한 단원(V.인간과 자연에 대한 종교적 이해, VI.한국 종교와 문화, VII.종교 공동체), 그리고 ④종립학교의 현실을 고려하여 해당 종교에 관한 내용을 소개하는 단원(VIII.특정 종교의 전통과 사상)으로 분류되고 있다.

이 교육과정의 내용 영역에는 제6차 종교 교육과정의 내용 영역이 거의 포함되어 있다. 제6차 종교 교육과정의 제5단원(V. 현대 사회와 종교)이 다소 예외로 보이지만, 그 내용도 이 교육과정의 제7단원(VII. 종교 공동체)에 포함되어 있다. 그렇지만 이 교육과정의 내용 영역에 변화가 없던 것은 아니다. 제3단원('III. 서로 다른 종교적 전통')과 제5단원('V. 인간과 자연에 대한 종교적 이해')이 신설되었기 때문이다.

이 교육과정에서 새로운 단원이 만들어진 취지는 무엇일까? 우선, 제3단원('서로 다른 종교적 전통')의 취지는 다종교 현상에서 종교의 공존을 위해 다양한 종교의 모습을 인식하고, '종교의 절대성이란 종교 자체가 아니라 선택자의 개인적 태도'에 달려 있다는 점 등을 인식하는 데에 있다. 그에 따라, 이 단원은 종교가 여럿인 이유와 각 종교가 해당 사회와 문화 속에서 형성되고 변화하는 과정, 종교의 공통점과 차이, 대화와 공존을 모색할 필요성, 세속 사회에서 종교의 기능과 역할을 이해하는 데에 목표를 두고 있다. 그리고 지도 내용은 다음과 같이 네 부분으로 구성되고 있다.

① 왜 종교들은 서로 다른 모습들을 보여 주고 있는가
② 여러 종교들을 서로 비교할 때 상대적으로 드러나는 특징은 무엇인가
③ 우리는 여러 종교의 특성들을 어떻게 이해하여야 할까
④ 세속 문화 속에 살고 있는 종교의 모습은 어떠한가[91]   (번호-필자)

다음으로, 제5단원('인간과 자연에 대한 종교적 이해')의 취지는 종교를 이해할 때 믿음의 대상이 되는 궁극적 실재뿐 아니라 인간과 자연에 대한 견해를 살펴야 한다는 데에 있다. 그 이유로는 '인간은 어떤 존재인가'와 '인간에게 자연은 무엇인가'라는 문제가 종교에서 중요한 위상을 차지하고 있고, 이런 인간관과 자연관이 종교를 직접적·구체적으로 이해할 수 있는 기회를 제공할 수 있기 때문이라는 설명이 제시되고 있다. 따라서 이 단원은 여러 종교가 어떤 인간관과 우주 자연관을 통해 인생 문제에 해답을 제시하고 인간 자신과 궁극적 실재에 대한 이해를 도모하는지를 보고, 종교와 과학 간의 갈등과 조화에 대한 새로운 시각을 정립하는 데에 목표를 두고 있다. 그리고 지도 내용은 다음과 같이 네 부분으로 구성되고

---

91) 교육부, ≪고등학교 교육과정 해설 - 교양≫(교육부 고시 1997-15호), 1997, 136-137쪽.

있다.

① 우리는 여러 종교의 다양한 인간관을 어떻게 받아들여야 하는가
② 우리가 봉착하는 문제에 대하여 어떤 대답을 제시하고 있는가
③ 여러 종교에서는 자연을 어떻게 이해하고 있는가
④ 우리는 종교적 인간관과 자연관을 어떻게 수용해야 할까[92] (번호-필자)

이런 변화를 고려할 때, 제7차 종교 교육과정은 2개 단원의 신설과 함께 종교학적 종교교육을 지향하는 내용을 보강하여 내용 영역을 체계화했다는 특징이 있다. 특히 영역별 내용에 종교학적 종교교육이 보강되었다는 점은 종교교과교육이 보편적인 교양교육을 향해 한발 더 다가섰다는 평가를 가능하게 하고 있다.

그렇지만 교육부는 제7차 종교 교육과정에 관해 자체적으로 상반된 평가를 내리고 있다. 예를 들어, 어떤 부분에서는 제7차 종교 교육과정을 '교육 영역과 내용에 큰 변화가 없고, 전반적으로 제6차 종교 교육과정에서 제시되었던 구도를 유지하면서 약간의 보완점을 부가한 정도'로 평가하고 있다.[93] 그에 비해 다른 부분에서는 종교학적 종교교육과 신앙적 종교교육을 병행한 제6차 종교 교육과정의 흐름을 유지하되 종교학적 설명을 보강하고, 세계와 한국의 다양한 종교 전통을 종교학적 · 비교문화학적 관점에서 소개하여 각 종교의 차이와 공통점을 이해하고, 종교에 대한 이론적 관점을 구체화하는 기회로 삼게 하는 데에 중점을 두었다고 평가하고 있다. 그리고 이런 맥락에서 제7차 종교 교육과정을 '진정한 교양교육의 하나로서 종교교육을 실시하는 본격적인 행보의 시작'으로 평가하고 있다. 그 평가 내용은 다음과 같다.

---

92) 위의 글, 139-141쪽.
93) 위의 글, 130쪽.

종교 교육과정의 <u>마지막 단원인 특정 종교 관련 부분을 제외한 나머지 교육</u> <u>내용은 종교와 무관한 일반 학교에서도 철학이나 교육학 또는 논리학 등 타</u> <u>교양 과목과 나란히 종교학이라는 이름의 엄연한 교양 과목으로 가르쳐도 손</u> <u>색이 없다.</u>

또, 종단 학교들에서도 지금까지처럼 폐쇄적인 시각에서 해당 종교만 가르치거나 다른 종교를 비난하는 차원에 머물지 않고 해당 종교를 좀 더 넓은 종교 사적 맥락에 비추어 이해하고, 나아가 다른 종교에 대한 관용의 태도를 기를 수 있는 종교교육이 될 수 있도록 하는 데 초점을 맞추었다.

따라서 제7차 종교 교육과정은 <u>종단 학교나 일반 학교 모두에서 종교적, 비</u> <u>종교적, 반종교적 태도를 가진 다양한 학생을 대상으로 진정한 교양 교육의</u> <u>하나로서 종교교육을 실시하는 본격적인 행보의 시작</u>이라 하겠다.[94]

(강조-필자)

위의 인용문에서 종교 교육과정의 마지막 단원, 즉 제8단원만 제외하면 일반 학교에서 교양 과목으로 가르쳐도 손색이 없다는 자체 평가는 비현실적이라고 할 수 있다. 왜냐하면 제8단원을 포함시킨 이상 '제8단원만 제외하면'이라는 가정은 현실적으로 불가능하기 때문이다. 게다가, '종립 학교나 일반 학교 모두에서 종교적, 비종교적, 반종교적 태도를 가진 다양한 학생을 대상으로 진정한 교양교육의 하나로서 종교교육을 실시하는 본격적인 행보의 시작'이라는 자체 평가도 과도하다고 볼 수 있다. 제7차 종교 교육과정이 고시된 이후에도 일반 학교에서는 종교교과교육이 거의 이루어지지 않았기 때문이다.

한편, 이 교육과정의 내용 자체에도 문제가 없던 것은 아니다. 내용의 문제는 제6차 종교 교육과정의 내용 구도가 답습되면서 거의 그대로 이어지고 있다. 특히 특정 종교의 조장, 내용 선정 기준, 내용 조직 등의 문제는 구체적으로 살펴볼 필요가 있다.

첫째, 특정 종교를 조장하는 문제이다. 이 문제는 8단원('Ⅷ 특정 종교

---

94) 위의 글, 124-125쪽.

의 전통과 사상')의 설정 취지 부분에서 확인할 수 있다. 8단원은 '종교교과를 가르치는 학교가 대개 종립학교인 만큼 각 학교의 해당 종교를 가르치는 것은 불가피한 일'이라는 전제에서 일차적으로 해당 종교 신자에게 '바람직한 신앙생활의 모습'을 제시하고 자신을 성찰하는 기회를 제공하려는 취지, 그리고 '해당 종교와 무관한 학생에게 해당 종교에 관해 배운 것을 생생하게 이해하는 기회를 제공'하려는 취지를 동시에 가지고 있다.[95]

그런데 후자의 취지는 종립학교의 종교교사가 특정 종교를 위한 교육을 지향할 때 실현될 수 없는 내용이다. 그렇다면 종립학교의 현실적 요청을 받아들여 신앙교육의 영역으로 마련된 8단원은, 비록 종교 교육과정에서 개별 종교에 대한 이해가 종교에 대한 일반적 이해의 토대 위에서 이루어져야 한다고 서술되었을지라도,[96] 국가가 특정 종교를 조장하는 행위에 해당한다고 볼 수 있다.

둘째, 내용 선정 기준의 문제이다. 제7차 종교 교육과정에서 내용 영역은 앞서 언급한 것처럼 종교학적 이론에 입각하여 종교 일반에 대한 이해를 도모하는 부분(2개 단원), 종교의 다양한 모습을 이해하는 부분(2개 단원), 종교와 관련된 인간·자연·공동체의 모습을 이해하는 부분(3개 단원), 그리고 각 종립학교의 현실을 고려하여 해당 종교에 관한 내용을 소개하는 부분(1개 단원) 등 크게 네 부분으로 구성되고 있다. 그 구체적인 내용을 보면, 다음과 같다.[97]

---

95) 위의 글, 145쪽.
96) 위의 글, 131쪽.
97) 위의 글, 130-131쪽(내용 표로 구성).

<표 34> 내용 선정의 기준

구분	영역 또는 단원 및 내용
1. 종교학적인 이론에 입각하여 종교 일반에 대한 이해를 도모하는 단원들	I. 인간과 종교 : 궁극적인 물음과 문제 / 종교와의 만남과 문제해결 / 안다는 것과 믿는다는 것 / 종교의 의의와 역할
	II. 종교경험의 이해 : 여러 가지 인생문제 / 우주관, 역사관, 생사관 / 경전과 종교규범 / 종교 의례와 종교적 실천
2. 다양한 사회·문화적 맥락 안에 존재하는 종교들의 다양한 모습을 이해하는 단원들	**III. 서로 다른 종교적 전통 : 종교 사상과 배경 / 참된 것과 깨달음 / 종교의 특성 이해**
	IV. 세계 종교와 문화 : 유교와 도교 / 불교 / 크리스트교 / 이슬람과 기타 종교
3. 종교와 관련된 인간, 자연, 공동체의 문제를 이해하기 위한 단원들	**V. 인간과 자연에 대한 종교적 이해 : 다양한 인간관 / 종교적 인간관 / 종교적 자연관 / 과학과 종교**
	VI. 한국 종교와 문화 : 한국 불교와 문화 / 한국 유교 및 도교와 문화 / 한국 크리스트교와 문화 / 한국 무속신앙과 민족종교
	VII. 종교 공동체 : 공동체의 이념과 구조 / 종교의 사회적 기능 / 종교 간의 화해와 공존 / 종교적 인격 형성
4. 각 종단 학교의 현실을 고려하여 해당 종교에 관한 내용들을 소개하는 단원	VIII. 특정 종교의 전통과 사상 : 경전, 교리, 역사 / 종교적 생활 / 한국 종교와 문화 창조 / 나의 종교 생활 설계

위의 표를 보면, 네 부분의 내용 가운데 세 부분은 종교학, 나머지 한 부분은 특정 신학·교학과 관련되어 있다. 그리고 여덟 개 단원 가운데 일곱 개의 단원은 종교학의 세부 전공, 나머지 한 개 단원은 신학·교학의 내용과 연결되어 있다. 구체적으로, 1단원은 종교학 개론이나 종교철학, 2단원은 종교 현상학, 3단원과 4단원은 세계종교사, 5단원은 종교철학, 6단원은 한국종교사, 7단원은 종교 사회학, 8단원은 신학·교학에서 다루어지는 내용이다. 그렇지만 이는 각 단원의 설정 취지에도 불구하고, 교과 내용의 선정 기준이 명확하지 않다는 점을 보여주고 있다.

셋째, 내용 조직의 문제이다. 이 교육과정의 해설서에 따르면, 제8단원은 '종교교과의 전체 교육과정과 유기적으로 연결되지 않을 수도 있는' 단원이다. 그리고 각 단원의 내용이 종교에 대한 일반적인 이해에서 개발

종교에 대한 구체적 이해로 나아가는 방향성을 띠고 구성되었지만, 다른 교과와 달리 순차적으로 연결되지 않는다. 또한, 모든 단원은 그 자체로 독립성이 있고, 정해진 순서가 있는 것이 아니라 서로 수평적인 관계 속에서 밀접하게 얽혀 있다.[98] 그렇지만 이런 서술은 종교교과의 내용 영역을 여덟 개 단원으로 조직할 때 반복성, 계열성, 통합성 등의 내용 조직 원리를 고려하지 않았다는 점을 의미한다고 할 수 있다.

3 2007년 종교 교육과정의 목표와 내용

(1) 목표의 설정과 진술

제7차 종교 교육과정이 고시된 이후, 종교 교육과정은 2004년부터 수시 개정 체제에 따라 여러 번 개정되었는데, 그 가운데 2007년 종교 교육과정, 2011년 종교학 교육과정, 2013년 종교학교육과정에서 다소의 변화가 나타나고 있다. 물론 변화의 강도는 관점에 따라 다르게 평가될 수 있다. 종교 교육과정의 변화에 관해 좀 더 구체적으로 살펴보면 다음과 같다.

2007년 종교 교육과정의 경우, 그 개정 배경을 보면, '신앙교육'과 '교양교육'을 병행한다는 기존의 이중적 취지와 틀을 유지하되, 종교학적 교육이 좀 더 균형적으로 이루어지고, 다양한 종교의 신자가 공존하고, 종교인과 무종교인이 공존하는 교실 안의 현실을 좀 더 충분히 반영해야 한다는 문제 제기를 반영하고 있다. 그에 따라 교육과정의 구성과 내용, 그리고 용어나 표현에서 부분적인 수정이 이루어지고 있다.[99]

부분적인 수정은 세 가지 중점에 따라 이루어지고 있다. 첫 번째는 단원

---

98) 위의 글, 131쪽.
99) 교육과학기술부, ≪고등학교 교육과정 해설 - 교양≫(교육인적자원부 고시 제 2007-79호), 2007, 105쪽.

의 배열순서 조정, 교과 내용의 중복 제거 등처럼 내용 체계의 유기적·효과적인 재편이다. 두 번째는 수업 시수를 고려한 영역별 분량 조절이다. 세 번째는 학생과의 의사소통을 높이기 위해 각 종교별로 특수한 용어와 내용을 교육과정의 전반적인 서술 흐름에 따라 일반적인 용어와 내용으로 수정하는 것이다.[100]

2007년 종교 교육과정의 구성 항목은 '성격, 목표, 내용(내용체계, 영역별 내용), 교수·학습 방법, 평가' 등 다섯 가지이고, 그 가운데 성격은 1997년 종교 교육과정의 경우처럼 '건전한 종교관의 정립을 도와주는 과목'으로 규정되고 있다. 그리고 종교의 세계를 이해하여 가치 있는 삶이 무엇인지 깨닫고 다른 사람과 더불어 살아가는 전인적 인간을 기르는 데에 중점을 두고 있다.[101] 그 구체적인 내용은 다음과 같다.

'생활과 종교'는 종교에 관한 기본 지식과 일반 이론을 습득하고, 우주의 의미나 삶과 죽음 같은 인생의 궁극적 문제에 대한 종교적 해답의 다양성을 이해함으로써 **건전한 종교관을 정립**하도록 도와주는 과목이다.
우리가 사는 세계에는 많은 종교들이 조화와 갈등 속에 공존하고 있으며, 오늘날 종교의 이러한 다양성과 차이를 인정할 줄 아는 태도는 갈수록 중요해지고 있다. 따라서 종교교육을 통하여 서로 다른 종교들 간의 공통점과 차이에 대해 배우고, 이를 통해 자신과 타인에 대한 이해를 심화할 필요가 있다.
즉, '생활과 종교' 과목은 인간의 궁극적인 물음과 해답을 추구하는 종교의 세계를 이해함으로써, 가치 있는 삶이 무엇인지 깨닫고 다른 사람들과 더불어 살아가는 **전인적 인간을 기르는 데 중점**을 둔다.[102]   (강조-필자)

2007년 종교 교육과정의 목표는 세 가지로 제시되고 있지만, 제7차 종

---

100) 위의 글, 106쪽.
101) 교육인적자원부, ≪고등학교 교육과정(Ⅰ)≫(교육인적자원부 고시 제2007-79호 [별책 4]), 832쪽.
102) 위의 글, 832쪽; ≪한문 및 교양 선택 과목 교육과정≫(교육인적자원부 고시 제2007-79), 41쪽.

교 교육과정과 다르게 '성숙한 신앙심'이 '성숙한 인격의 배양'으로(두 번째 목표), '다른 종교를 포용하고 국가 사회의 발전에 기여할 수 있는'이라는 표현이 '종교의 다양성과 차이에 대한 이해를 통해'로 바뀌어(세 번째 목표), 좀 더 종교학적 종교교육을 지향하고 있다. 다만, 세 번째 목표의 '올바르고 참된 삶의 태도'라는 표현은 제7차 종교 교육과정의 '종교인으로서 바람직한 생활 태도'라는 표현과 별다른 차이가 없어 보인다. 그 기본 목표의 구체적인 내용은 다음과 같다.

> ① 종교에 대한 폭넓고 균형 있는 지식을 습득하여 건전한 종교관을 정립하고, ② 일상생활에서 부딪히는 어려운 인생 문제를 성찰하고 해결할 수 있는 **성숙한 인격을 배양**하며, ③ **종교의 다양성과 차이에 대한 이해**를 통해 올바르고 참된 삶의 태도를 기른다.103)　　　　　　　　　(강조-필자)

이 세 가지의 기본 목표는 제7차 종교 교육과정의 경우처럼 여섯 가지의 세부 목표로 구체화되고 있다. 다만, 세부 목표에서 '종교적 인격'이라는 표현과 '건전한 종교 생활' 등 모호한 표현이 삭제되었다는 점, 세부 목표의 서술이 간결하다는 점 등에서 다소의 차이를 보이고 있다. 제7차 종교 교육과정과 이 교육과정의 세부 목표를 함께 정리하면 다음과 같다.104)

---

103) 교육인적자원부, ≪고등학교 교육과정(Ⅰ)≫(교육인적자원부 고시 제2007-79호 [별책 4]), 832쪽.
104) 위의 글, 832쪽.

<표 35> 제7차 종교 교육과정과 2007년 종교 교육과정의 세부 목표

종교(1997년)	생활과 종교(2007년)
① 궁극적인 가치와의 만남을 통하여 종교적 인격을 기르며, 자기 성찰과 체험을 토대로 하여 종교적 가르침과 의식 및 공동체를 이해한다.	① 궁극적인 가치와의 만남을 통한 자기 성찰과 체험을 바탕으로 종교적 가르침과 의례, 종교 공동체를 이해한다.
② 자기 종교만이 진리라는 편협한 생각에서 벗어나서, 세계 여러 종교의 특성을 이해하고 서로 비교할 수 있는 능력을 기른다.	② 다양한 종교들의 특성을 서로 비교하고 그 공통점과 차이점을 이해한다.
③ 인간이 유한하고 불안한 존재임을 깨닫고, 우리의 생활 터전이면서 아직 신비한 존재로 남아 있는 우주 자연을 새롭게 인식하려고 노력한다.	③ 종교에 대한 이해를 바탕으로 올바른 인간관과 자연관을 기른다.
④ 외래 종교 사상을 수용한 과정과 한국의 무속 신앙을 이해하고, 건전한 종교 생활을 통하여 자아실현과 국가 사회의 발전에 기여한다.	④ 한국의 토착 종교와 전래 종교의 전개 및 상호작용과 이들이 우리 삶에 미친 영향을 이해하고, 건전한 종교관의 확립을 통해 삶의 목표를 정립한다.
⑤ 종교 공동체의 이념과 기준을 이해하고, 오늘날 우리 사회에서 그 공동체가 분담하고 있는 역할을 인식하여 긍정적 측면을 배운다.	⑤ 종교 공동체의 역할에 대한 균형적 시각을 갖는다.
⑥ 특정 종교의 경전과 교리 및 역사를 배우고 익혀서, 각자의 신앙심을 키우고 21세기를 맞이하여 새로운 문화 창달에 기여한다.	⑥ 각 종교의 경전, 교리, 역사를 통해 종교의 보편성과 특수성을 이해한다.

위의 표를 볼 때, 이 교육과정의 설정 배경, 성격, 목표는 제7차 종교 교육과정에 비해 어떤 특징을 가지고 있을까? 그 특징은 교육과정의 내용 재편, 모호한 표현의 수정과 삭제 등에서 찾을 수 있다. 이런 특징은 이 교육과정이 제7차 종교 교육과정에 비해 신앙적 종교교육보다 종교학적 종교교육을 보강했다는 것을 의미하고 있다.

그렇지만 이 교육과정의 체제와 지향점이 제7차 종교 교육과정에 비해 달라진 것은 아니다. 이 교육과정이 제7차 종교 교육과정의 '개정'이었으므로 양자의 구도는 오히려 유사한 편이다. 이런 점을 고려할 때, 이 교육과정에서도 제7차 종교 교육과정에서 지적된 문제들은 그대로 이어질 수밖에 없다. 특히 교육 목표 설정의 이질성, 특정 종교의 조장, 비논리적인 서술 등의 문제를 살펴보면 다음과 같다.

첫째, 목표 설정의 이질성 문제이다. 이 교육과정에는 각 단원에 종교학적 종교교육을 보강했다고 하더라도, 종교학적 종교교육과 신앙적 종교교육이라는 기존의 이중적 목표와 그에 따른 교육 내용이 거의 그대로 유지되고 있다. 이런 교육 목표의 이중적 설정 문제는 이 교육과정이 제7차 종교 교육과정 체제를 이어받았기 때문에 피하기 어려웠을 것으로 보인다.

구체적으로, 이 교육과정에서도 제7차 종교 교육과정처럼 고등학교 단계에서 기존 교육과정만으로 어느 정도의 종교학적 종교교육이 이루어질 수 있고, 일선 종립학교의 현실을 무시할 수 없다는 입장을 고수하고 있다. 게다가, '인문적 교양으로서 종교학 교육'이 '고등학교 종교 교육 현장과 직접적으로 관련 없는 여러 종교학자의 원론적 견해일 뿐'이라는 견해를 표명하고 있다. 이런 입장과 견해가 지속된 이유는 이 교육과정이 내용 체계의 재편, 내용 분량의 축소와 삭제, 의사소통이 가능한 용어 선택과 서술 등에 제한된 '부분 개정'이었다는 데에서 찾을 수 있다.[105]

둘째, 특정 종교의 조장 문제이다. 이 문제는 종교학적 종교교육이 교육 현실과 직접적인 관련이 적다는 입장을 고수하는 한, 그리고 종교학적 종교교육과 신앙적 종교교육이라는 기존의 이중적 목표를 가지고 내용을 선정하고 조직하는 한, 지속될 수밖에 없다. 여전히 정교분리 국가가 종립학교를 포함한 사립학교에 재정을 지원하면서 국가 수준의 교육과정을 제시하고 있고, 고교 평준화에 따라 학생을 배정하는 등의 상황이 지속되고 있기 때문이다.

셋째, 비논리적인 서술 문제이다. 이 문제는 종교학적 종교교육과 신앙적 종교교육이라는 이중적 목표를 가지고 내용을 제시하는 한, 교육 목표의 설정과 내용의 선정·조직 과정에서 피하기 어렵다고 할 수 있다. 교육과정에서 교육 목표가 이질적으로 설정되면 그에 따라 교육 내용을 논리적으로 구성하는 것이 어려워지기 때문이다. 이런 상황은 종교학적 종교

---

105) 교육과학기술부, ≪고등학교 교육과정 해설 - 교양≫(교육인적자원부 고시 제2007-79호), 2007, 104쪽, 106쪽.

교육이 다른 교과에 실린 종교 관련 내용에 관한 학습으로 충분하다고 하면서도 종교교과를 국가 교육과정에 별도로 개설해야 한다고 주장할 때 직면하게 되는 딜레마와 유사하다고 할 수 있다.

(2) 내용의 선정과 조직

2007년 교육과정의 내용 체계는, 제7차 종교 교육과정처럼 여덟 개의 영역으로 구성되어 있다. 이 내용 체계를 제7차 종교 교육과정의 경우와 함께 제시하면 다음과 같다.

<표 36> 제7차 종교 교육과정과 2007년 종교 교육과정의 내용 체계 비교

제7차 종교 교육과정: 종교		2007년 종교 교육과정: 생활과 종교	
영역 또는 단원 (8)	내용	영역 또는 단원 (8)	내용
I. 인간과 종교	• 궁극적인 물음과 문제 • 종교와의 만남과 문제해결 • 안다는 것과 믿는다는 것 • 종교의 의의와 역할	I. 인간과 종교	◦ 궁극적인 물음과 문제 ◦ 종교와의 만남과 문제 해결 ◦ 앎과 믿음 ◦ 종교의 의미와 역할
II. 종교경험의 이해	• 여러 가지 인생문제 • 우주관, 역사관, 생사관 • 경전과 종교규범 • 종교 의례와 종교적 실천	II. 종교 현상의 이해	◦ 여러 가지 인생 문제 ◦ 우주관, 역사관, 생사관 ◦ 경전의 의미와 해석 ◦ 종교 의례와 규범
III. 서로 다른 종교적 전통	• 종교 사상과 배경 • 참된 것과 깨달음 • 종교의 특성 이해	III. 종교의 다양성과 차이	◦ 종교적 차이의 맥락 ◦ 종교들의 비교 ◦ 종교의 특성 이해 ◦ 세속 사회와 종교
IV. 세계 종교와 문화	• 유교와 도교 • 불교 • 크리스트교 • 이슬람과 기타 종교	IV. 인간과 자연에 대한 종교적 이해	◦ 다양한 인간관 ◦ 종교적 인간관 ◦ 종교적 자연관 ◦ 종교와 과학의 관계
V. 인간과 자연에 대한 종교적 이해	• 다양한 인간관 • 종교적 인간관 • 종교적 자연관 • 과학과 종교	V. 세계의 종교와 문화	◦ 유교 ◦ 도교 ◦ 불교 ◦ 그리스도교 ◦ 이슬람교 ◦ 기타 종교

제7차 종교 교육과정: 종교		2007년 종교 교육과정: 생활과 종교	
영역 또는 단원 (8)	내용	영역 또는 단원 (8)	내용
VI. 한국 종교와 문화	• 한국 불교와 문화 • 한국 유교 및 도교와 문화 • 한국 크리스트교와 문화 • 한국 무속신앙과 민족종교	VI. 한국의 종교와 문화	◦ 한국 토착 종교의 이해 ◦ 한국 불교의 이해 ◦ 한국 유교와 도교의 이해 ◦ 한국 그리스도교의 이해 ◦ 한국 신종교와 기타 종교의 이해
VII. 종교 공동체	• 공동체의 이념과 구조 • 종교의 사회적 기능 • 종교간의 화해와 공존 • 종교적 인격 형성	VII. 종교 공동체의 이해	• 종교공동체의 이념과 구조 • 종교의 사회적 기능 • 종교 간의 대화와 공존 • 종교적 인격 형성
VIII. 특정 종교의 전통과 사상	• 경전, 교리, 역사 • 종교적 생활 • 한국 종교와 문화 창조 • 나의 종교 생활 설계	VIII. 특정 종교의 사상과 전통	◦ 경전과 교리 ◦ 종교적 생활 ◦ 한국 종교와 문화 창조 ◦ 나의 종교관 점검

위의 표를 보면, 이 교육과정에서 여덟 개의 영역(단원) 구성은 제7차 종교 교육과정의 경우와 유사하다. 단원의 명칭이나 배열순서가 바뀌었을 뿐이다. 예를 들어, 제II단원은 '종교 경험의 이해'에서 '종교 현상의 이해', 제III단원은 '서로 다른 종교적 전통'에서 '종교의 다양성과 차이'로 바뀌어 제시되고 있다. 그리고 이 교육과정에는 제7차 종교 교육과정의 IV단원(세계 종교와 문화)과 V단원(인간과 자연에 대한 종교적 이해)의 배열순서가 바뀌어 제시되고 있다. III단원의 경우에는 내용에도 변화를 보이고 있다. 제7차 종교 교육과정에서 III단원(서로 다른 종교적 전통)의 세부 구성 내용이 '종교 사상과 배경, 참된 것과 깨달음, 종교의 특성 이해' 였다면, 이 교육과정에서 III단원(종교의 다양성과 차이)의 세부 구성 내용에는 '종교의 특성 이해'를 제외하고, '종교적 차이의 맥락, 종교들의 비교, 세속 사회와 종교'가 포함되어 있다.

이 교육과정에는 제7차 종교 교육과정에서 볼 수 있는 특정 종교의 조장 문제, 내용 선정 기준 문제, 내용 조직의 문제 등이 이어지고 있다. 그 이유는 이 교육과정이 제7차 종교 교육과정의 부분 개정이었다는 점에서 찾을 수 있다. 이 가운데 다소의 변화를 보인 내용 조직 문제를 살펴보면 다음과 같다.

내용 조직의 기준은 '종교에 대한 일반적인 이해에서 개별 종교에 대한 구체적 이해로 나아가는 방향성'으로 제시되고 있다. 그리고 이런 방향성에 따라 각 단원을 배치하고 있다. 배치 순서는 제7차 종교 교육과정과 차이를 보이고 있다. 내용 조직의 방향성과 단원 순서 배치에 관한 구체적인 내용은 다음과 같다.

> 이상의 과정들은 **종교에 대한 일반적인 이해에서 개별 종교에 대한 구체적 이해로 나아가는 방향성**을 띠게 될 것이다. 그러나 다른 교과와 달리 종교교과에서는 **각 단원이 순차적으로 연결되지는 않는다. 모든 단원은 그 자체의 독립성을 가지며 정해진 순서가 있는 것이 아니라 서로 수평적인 관계 속에서 밀접하게 얽혀 있다.** 따라서 각 단원은 어느 것이 먼저이고, 어느 것이 나중이라고 할 수 없이 서로가 교과 전체의 유기적 맥락 속에서 나름의 위치를 차지하고 있다.106)　　　　　　　　　　　　　　　　　　　　　　　(강조-필자)

그렇지만 '종교에 대한 일반적인 이해에서 개별 종교에 대한 구체적 이해로 나아가는 방향성'에 따라 단원의 배치 순서를 바꾸었다고 해서 이런 명분이 설득력을 갖춘 것은 아니다. 여전히 각 단원이 순차적으로 연결되지 않고, 각 단원이 독립성을 가진다고 서술되어 있기 때문이다. 오히려 이런 서술은 종교교과의 내용 선정 기준이 모호하다는 것, 즉 종교교과의 내용을 조직할 때 반복성과 계열성으로 대표되는 수직적 원리가 고려되지 않았음을 시사하고 있다.

게다가, 이 교육과정에서 단원의 배치 순서가 바뀐 근본적인 이유는 '종교에 대한 일반적인 이해에서 개별 종교에 대한 구체적 이해로 나아가는 방향성'보다 여덟 개의 내용 영역을 분류하는 범주의 내용이 바뀌었다는

---

106) 위의 글, 104쪽.

데에서 찾을 수 있다. 범주가 바뀌면 그 안에 포함될 내용 영역도 달라지기 때문이다.

　구체적으로, 제7차 종교 교육과정에서 여덟 개의 내용 영역은 네 가지 범주로 분류된 바 있다.[107] 그에 비해 이 교육과정에서는 제7차 종교 교육과정의 세 번째 범주가 '좀 더 구체적으로 다양한 종교 전통들을 이해하는 부분'으로 바뀌어 있다. 그리고 범주가 바뀌면서 '인간과 자연에 대한 종교적 이해'라는 내용 영역과 '세계의 종교와 문화'라는 내용 영역의 순서도 바뀌고 있다. 그 이유는 '인간과 자연에 대한 종교적 이해'라는 내용 영역이 '좀 더 구체적으로 다양한 종교 전통들을 이해하는 부분'에 해당하지 않는다는 판단 때문이다. 이런 범주 변화의 내용은 다음과 같다.[108]

---

107) 첫 번째 범주는 종교학적인 이론에 입각하여 종교 일반에 대한 이해를 도모하는 부분, 두 번째 범주는 다양한 사회·문화적 맥락 안에 존재하는 종교들의 다양한 모습을 이해하는 부분, 세 번째 범주는 종교와 관련된 인간·자연·공동체의 문제를 이해하기 위한 부분, 그리고 네 번째 범주는 각 종립학교의 현실을 고려하여 해당 종교에 관한 내용을 소개하는 부분이다.
108) 교육과학기술부, ≪고등학교 교육과정 해설 – 교양≫(교육인적자원부 고시 제2007-79호), 2007, 110-111쪽.

<표 37> 내용 영역의 범주 변화

제7차 종교 교육과정		2007년 종교 교육과정	
구분	영역 또는 단원 및 내용	구분	영역 또는 단원 및 내용
1. 종교학적인 이론에 입각하여 종교 일반에 대한 이해를 도모하는 단원	I. 인간과 종교	1. 종교학적인 이론에 입각하여 종교 일반에 대한 이해를 도모하는 단원	I. 인간과 종교
	II. 종교경험의 이해		II. 종교 현상의 이해
2. 다양한 사회·문화적 맥락 안에 존재하는 종교들의 다양한 모습을 이해하는 단원	III. 서로 다른 종교적 전통	2. 다양한 사회·문화적 맥락 안에 존재하는 종교들의 다양한 모습을 이해하는 단원	III. 종교적 다양성과 차이
	IV. 세계 종교와 문화		**IV. 인간과 자연에 대한 종교적 이해**
3. 종교와 관련된 인간, 자연, 공동체의 문제를 이해하기 위한 단원	**V. 인간과 자연에 대한 종교적 이해**	3. 좀 더 구체적으로 다양한 종교 전통들을 이해하는 단원	**V. 세계의 종교와 문화**
	VI. 한국 종교와 문화		VI. 한국의 종교와 문화
	VII. 종교 공동체		VII. 종교 공동체의 이해
4. 각 종단 학교의 현실을 고려하여 해당 종교에 관한 내용들을 소개하는 단원	VIII. 특정 종교의 전통과 사상	4. 각 종단 학교의 현실을 고려하여 해당 종교에 관한 내용들을 소개하는 단원	VIII. 특정 종교의 사상과 전통

4 2011년 종교학 교육과정의 목표와 내용

(1) 목표의 설정과 진술

2011년 종교학 교육과정은 2007년 종교 교육과정에 대한 전면 개정이 아니라 부분 개정이다. 그렇지만 외관상으로는 2007년 종교 교육과정과 다르게 보인다. 그 이유는 교과의 명칭이 '생활과 종교'에서 '종교학'으로 바뀌었기 때문이다. 이런 교과 명칭의 변화는 국가 교육과정에서 신앙적 종교교육보다 종교학적 종교교육을 강조하려는 의도를 시사하고 있다.

이 교육과정의 구성 항목은 '추구하는 인간상, 학교급별 교육 목표, [교육] 목표, 내용의 영역과 [영역 성취, 학습 내용 성취] 기준, 교수·학습 방법, 평가' 등 여섯 가지로, 2007년 종교 교육과정과 동일하게 제시되고 있다. 여기서 '추구하는 인간상, 학교급별 교육 목표'는 교육과정의 총론에 있던 전체 인간상과 교육 목표가 삽입된 것이다. 이전 교육과정과 달리, 개별 교과 교육과정에 이런 항목을 삽입한 이유는 개별 교과 교육과정의 체계에 통일성을 부여하려는 의도라고 할 수 있다.

교과의 명칭이 변했다면, 이 교육과정의 성격은 기존 교육과정에 비해 어떻게 달라졌을까? 아래의 인용문을 보면, 이 교육과정의 성격은 그 표현만 바뀌었을 뿐 2007년 종교 교육과정의 내용을 거의 그대로 이어받고 있다. 그래서 이 교육과정의 목표도 거의 그대로 유지되고 있다. 이 부분은 교과의 목표가 교과의 성격에 기초한다는 점을 고려한다면 충분히 예상할 수 있다. 이 교육과정의 성격과 세 가지 기본 목표의 내용은 다음과 같다.

'종교학'은 다양한 종교에 관한 일반 이론과 기본 지식을 습득하고, 삶과 죽음 등의 여러 문제에 대한 종교적 접근의 다양성을 이해함으로써, <u>균형 잡힌 종교관을 정립하도록</u> 도와주는 과목이다.

우리가 사는 세계에는 종교의 유무와 종류에 따른 상이한 입장들이 갈등과 조화 속에 공존하고 있지만, 다문화사회가 되면서 종교적 다양성과 차이를 인정하고 배려할 줄 아는 태도는 더욱 중요해지고 있다. '종교학' 교육은 다양한 종교들 간의 공통점과 차이에 대해 배우고, 이를 통해 자신과 타인에 대한 이해를 성찰하면서 <u>상호 인정과 배려의 태도를 기르는</u> 데에 기여한다.

'종교학' 과목은 다양한 종교의 세계를 이해함으로써, 가치 있는 삶에 대해 성찰하고, 다른 사람들과 더불어 살아가는 전인적 인간을 기르는 데 중점을 둔다.[109]   (강조-필자)

① '종교학' 교과의 목표는 종교에 대한 폭넓고 균형 있는 지식을 습득하여 건전한 종교관을 정립하고, ② 일상생활의 여러 문제를 성찰하고 해결할 수 있는 성숙한 인격을 배양하며, ③ 종교의 다양성과 차이에 대한 이해를 통해 올바르고 참된 삶의 태도를 기르는 데에 있다.[110]

---

109) ≪고등학교 교양 교과 교육과정≫(교육과학기술부 고시 제2011-361호[별책 19]), 89쪽.

앞의 인용문을 보면, 기본 목표의 표현 자체가 기존 교육과정에 비해 확연히 달라진 것은 아니다. 다만, 해설서의 내용은 다소의 차이를 보이고 있다. 예를 들어, 해설서에서는 첫 번째 기본 목표에 대해 '종교학 과목이 특정 종교의 신앙심을 배양하는 것이 아니라, 종교에 대한 포괄적이고 올바른 지식을 통해 종교를, 그리고 신자나 비신자가 다양한 방식으로 종교와 관계를 맺고 살아가는 인간을 좀 더 깊이 이해하는 것'을 추구한다는 점, 그리고 '종교학'으로 명칭이 변경된 것이 종교학 교과가 지닌 '교양교육으로서의 성격이 명료화된 과정'이라고 표현되고 있다.111)

이 교육과정에서 세 가지 기본 목표는 여섯 가지 세부 목표로 구체화되고 있다. 그 내용은 기존 교육과정과 유사했지만, 서술 표현에서 '궁극적 가치와의 만남', '건전한 종교관의 확립' 등이 삭제되고, 고유 종교가 '토착 종교'로, 외래 종교가 '전래 종교'로 바뀌어 제시되고 있다. 이 교육과정의 여섯 가지 세부 목표는 다음과 같다.

① 종교적 가르침, 의례, 종교 공동체와 관련된 다양한 기본 지식을 습득한다.
② 다양한 종교들의 특성을 서로 비교하고 그 공통점과 차이점을 이해한다.
③ 종교에 대한 이해를 바탕으로 올바른 인간관과 자연관을 기른다.
④ 한국의 고유 종교와 외래 종교의 전개 및 상호 작용과 이들이 우리 삶에 미친 영향을 이해한다.
⑤ 종교 공동체의 다양한 역할에 대한 균형적 시각을 가진다.
⑥ 개별 종교들의 사례를 통해 종교 일반에 대한 이해를 종합하고 심화한다.112)

이런 세부 목표를 볼 때, 이 교육과정의 주요 변화는 무엇일까? 바로 '특정 종교를 위한 교육'에 해당되는 단원의 목표가 교양교육을 지향하는 내용으로 바뀌었다는 점이다. 예를 들어, ⑥번 항목은 2007년 종교 교육과

---

110) 위의 글, 89쪽.
111) 위의 글, 89쪽.
112) 위의 글, 89-90쪽.

정에서 '각 종교의 경전, 교리, 역사를 통해 종교의 보편성과 특수성을 이해한다.'고 진술된 바 있지만, 이 교육과정에서 '개별 종교들의 사례를 통해 종교 일반에 대한 이해를 종합하고 심화한다.'로 진술되고 있다.[113]

그렇지만 기존 교육과정의 구성 체제와 지향점에서 지적된 문제가 이 교육과정에 전혀 없던 것은 아니다. 물론 이 교육과정이 신앙적 종교교육보다 종교학적 종교교육을 지향하고 있으므로 다소의 차이는 있다. 이런 차이를 고려하여 목표 설정의 이질성, 특정 종교의 조장, 비논리적인 서술 등의 문제를 살펴보면 다음과 같다.

우선, 이 교육과정에서는 기존 교육과정에 비해 목표 설정의 이질성 문제가 약한 편이다. 예를 들어, 2007년 종교 교육과정에 서술된 '건전한 종교관의 정립'이라는 모호한 표현이 '균형 잡힌 종교관'으로 바뀌었고, '궁극적 문제'나 '궁극적 물음과 해답' 등의 표현이 삭제되어 특정 종교를 연상시키는 이미지를 다소 벗어났다고 볼 수 있다. 관련 내용은 다음과 같다.

'종교학'은 교양 교과의 일반 선택 과목으로서 고등학생을 대상으로 종교에 대한 기본적 이해를 통해 일반적인 교양을 증진시키기 위한 과목이다. 교과목 명칭이 최초의 '종교'에서 '생활과 종교'를 거쳐 현재의 '종교학'으로 바뀐 일련의 과정은 본 교과목이 지닌 교양 교육으로서의 성격이 명료화된 과정이기도 하다.[114]

다음으로, 이 교육과정에서는 세부 목표를 기존 교육과정과 다르게 진술하여 신앙적 종교교육이 약화된 편이다. 특히 세부 목표 가운데 '⑥개별 종교들의 사례를 통해 종교 일반에 대한 이해를 종합하고 심화한다.'는 진술이 개별 종교의 사례를 종교 일반에 관한 이해를 종합하고 심화할 수 있는 '사례 연구'로 바뀌면서 교양교육의 성격이 강화되고 있다. 다만,

---

113) 위의 글, 91쪽.
114) 위의 글, 89쪽.

이 교육과정에서도 개별 종교들에 관한 내용은 별도의 단원으로 설정되어 있다. 그 이유는 기존 교육과정의 경우처럼 종립 중등학교의 현실적 요청을 고려했다는 점에서 찾을 수 있다.

(2) 내용의 선정과 조직

종교학 교육과정의 내용은 기본 목표와 세부 목표에 따라 일곱 개의 영역(단원)으로 구성되고 있다. 2007년 종교 교육과정에 비해 영역(단원) 하나가 축소되었다고 할 수 있다. 이 교육과정의 내용 체계를 2007년 종교 교육과정의 내용 체계와 함께 정리하면 다음과 같다.

<표 38> 2007년 종교 교육과정과 2011년 종교학 교육과정의 내용 체계

생활과 종교(2007년)		종교학(2011년)	
영역 또는 단원 (8)	내용	영역 또는 단원 (7)	내용
I. 인간과 종교	◦ 궁극적인 물음과 문제 ◦ 종교와의 만남과 문제 해결 ◦ 앎과 믿음 ◦ 종교의 의미와 역할	1. 인간과 종교	• 궁극적인 물음과 문제 • 종교와의 만남과 문제 해결 • 종교의 의미와 역할
II. 종교 현상의 이해	◦ 여러 가지 인생 문제 ◦ 우주관, 역사관, 생사관 ◦ 경전의 의미와 해석 ◦ 종교 의례와 규범	2. 종교 현상의 이해	• 종교적 세계관의 이해 • 종교 경전의 이해 • 종교 의례의 이해 • 종교 공동체의 이해
III. 종교의 다양성과 차이	◦ **종교적 차이의 맥락** ◦ **종교들의 비교** ◦ 종교의 특성 이해 ◦ **세속 사회와 종교**	3. 종교의 다양성과 차이	• 종교적 차이의 맥락 • 종교적 태도의 다양성 • 종교 간의 대화와 공존 • 세속 사회와 종교
IV. 인간과 자연에 대한 종교적 이해	◦ 다양한 인간관 ◦ 종교적 인간관 ◦ 종교적 자연관 ◦ 종교와 과학의 관계	4. 종교적 인간관, **사회관**, 자연관	• 종교적 인간관 • **종교의 사회적 기능** • 종교적 자연관
V. 세계의 종교와 문화	◦ 유교 ◦ 도교 ◦ 불교 ◦ 그리스도교 ◦ 이슬람교 ◦ 기타 종교	5. 세계의 종교와 문화	• 동양 종교의 이해 • 서양 종교의 이해 • 기타 종교의 이해

생활과 종교(2007년)		종교학(2011년)	
영역 또는 단원 (8)	내용	영역 또는 단원 (7)	내용
VI. 한국의 종교와 문화	◦ 한국 토착 종교의 이해 ◦ 한국 불교의 이해 ◦ 한국 유교와 도교의 이해 ◦ 한국 그리스도교의 이해 ◦ 한국 신종교와 기타 종교의 이해	6. 한국의 종교와 문화	• 한국 고유 종교의 이해 • 한국 전통 종교의 이해 • 한국 근현대 종교의 이해
VII. 종교 공동체의 이해	◦ 종교공동체의 이념과 구조 ◦ **종교의 사회적 기능** ◦ 종교 간의 대화와 공존 ◦ 종교적 인격 형성		
VIII. 특정 종교의 사상과 전통	◦ 경전과 교리 ◦ 종교적 생활 ◦ 한국 종교와 문화 창조 ◦ 나의 종교관 점검	7. 개별 종교들의 이해	• 경전과 교리 • 종교 생활 • 사회적·문화적 역할 • 나의 종교관 점검

위의 표에 있는 종교학 교육과정의 영역(단원)은 크게 네 가지 범주로 분류되고 있다. 이 범주를 적용하면 1단원(인간과 종교)과 2단원(종교현상의 이해)은 종교학 이론에 입각하여 종교에 대한 일반적 이해를 도모하는 영역이다. 3단원(종교의 다양성과 차이)과 4단원(종교적 인간관·사회관·자연관)은 다양한 사회적, 문화적 맥락 안에 존재하는 다양한 종교의 모습을 이해하는 영역이다. 5단원(세계의 종교와 문화)과 6단원(한국의 종교와 문화)은 좀 더 구체적으로 다양한 종교를 직접적으로 이해하는 영역이다. 그리고 7단원(개별 종교들의 이해)은 '종립학교 현실을 고려해 특정 종교 관련 내용을 소개하는 영역'이다.[115]

이런 내용 체계의 특징은 두 가지이다. 하나는 내용 영역의 일부가 축소되어 내용 체계가 달라졌다는 점이고, 다른 하나는 이 교육과정의 7단원(개별 종교들의 이해)이 종교 일반의 이해를 위한 '사례 연구'로 재규정되었다는 점이다. 이 특징을 좀 더 구체적으로 살펴보면 다음과 같다.

우선, 이 교육과정의 내용 체계는 2007년 종교 교육과정과 차이를 보이

---

115) 위의 글, 92쪽. 7단원을 '종립학교 현실을 고려해 특정 종교 관련 내용을 소개하는 영역'으로 설명한 것은 그에 대해 다른 부분에서 '사례연구'라는 의미 부여가 되었다는 점을 감안하면 수정 오류로 보인다.

고 있다. 그 내용을 보면, 첫째, 2007년 종교 교육과정에 있던 VII단원(종교 공동체의 이해)이 삭제되어 전체 8개 단원에서 7개 단원으로 축소되었지만 그 핵심 내용은 종교학 교육과정의 4단원(종교적 인간관, 사회관, 자연관)에 포함되고 있다. 둘째, 몇몇 단원에서 나열식으로 제시된 내용 요소가 상위 범주로 통합되고 있다. 예를 들어, 2007년 종교 교육과정의 V단원(세계의 종교와 문화)과 VI단원(한국의 종교와 문화)에서 나열식으로 제시된 종교 명칭들은 각각 동양종교·서양종교·기타종교, 고유종교·전통종교·근현대종교라는 상위 범주로 통합되고 있다.

다음으로, 이 교육과정의 7단원(개별 종교들의 이해)은 2007년 종교 교육과정의 내용 요소를 담고 있지만, 종교 일반에 대한 이해를 위한 하나의 '사례 연구'로 재규정되고 있다. 이런 재규정은 '개별 종교 사례를 통해 종교 일반에 대한 이해를 종합하고 심화하는 영역', '개별 종교들의 사례 탐구' 등의 표현에서 확인할 수 있다.[116]

그렇다면 종교학 교육과정의 7단원에 대한 재규정은 어떤 의미일까? 그 의미는 신앙적 종교교육을 요구하는 종립학교의 현실 때문에 '특정 종교의 사상과 전통'이라는 단원을 어쩔 수 없이 반영했다는 기존 교육과정의 논리를 탈피했다는 데에서 찾을 수 있다. 그리고 개별 종교의 사례 탐구가 '종교 현상 일반에 대한 지적 안목' 차원에서 이루어져야 한다는 의미이기도 하다. 이런 의미는 다음의 인용문을 통해 확인할 수 있다.

> 영역 7에서는 **개별 종교들의 사례를 검토하여 기존에 학습한 종교 일반에 대한 이해를 종합하고 심화 학습한다.** … 이를 통해 추구하는 목표는 종교 일반의 측면에서 개별 종교들에 대한, 그리고 **개별 종교들의 구체적인 사례를 통해 종교 일반에 대한 지식과 이해를 종합하고 심화하여,** 종교에 대한 객관적이고 균형 잡힌 시각을 갖게 하는 데에 있다.[117]　　　　　　　　(강조-필자)

---

116) 교육과학기술부, ≪고등학교 교양 교과 교육과정≫(교육과학기술부 고시 제 2011-361호), 93쪽, 96쪽.

이런 의미 규정에도 불구하고, 종교학 교육과정에는 고질적인 문제가 남아 있다. 내용 조직 원리의 미반영, 즉 각 단원과 내용 요소를 구성·배치할 때 여전히 수직적 조직 원리가 배제되고 있기 때문이다. 이 문제는 기존 교육과정처럼 '종교 일반에 대한 이해에서 개별 종교에 대한 이해로 가야 한다는 방향을 설명하면서도 여전히 각 단원의 독립성과 수평적인 관계를 강조하고 있다는 점에서 확인할 수 있다.[118] 그렇지만 단원별 독립성과 단원 간의 수평적 관계를 고수할 때 종교학 교육과정에는 내용 조직의 원리를 적용하기 어렵다는 문제가 여전히 남게 된다.

지금까지 제6차 종교 교육과정에서 2011년 종교학 교육과정까지 그 주요 내용을 검토했는데, 목표 설정의 이질성, 내용 조직 원리의 미반영, 특정 종교의 조장, 비논리인 서술 등의 문제는 여전히 남아 있다. 이런 문제는 이 교육과정에서도 학교교육에서 종교교과교육이 필요한 이유, 발달심리학적 과제를 포함한 학습자 중심의 교육, 교과교육의 제반 이론과 쟁점 등에 관해 진지한 성찰이 이루어지지 않았다는 것을 의미한다. 그렇지만 종교교과교육의 효율성을 높이기 위해서는 향후의 종교 교육과정에서 이런 문제가 해소되어야 할 것으로 보인다.

5 목표 진술과 내용 선정·조직의 문제[119]

종교 교육과정의 주요 문제는 교양인과 신앙인이라는 이질적 교육 목표의 중복성 문제, 종교와 인간에 관한 인식의 편향성 문제, 다른 교과와 차별화를 고려하지 않은 종교교과의 정당성 또는 정체성 문제, '특정 종교

---

117) 위의 글, 116쪽.
118) 위의 글, 93쪽.
119) 이 부분은 고병철,「종교교과교육의 목표 진술과 소통가능성 -국가 수준의 교육과정을 중심으로-」,『종교연구』67, 2012, 45-51쪽(내용 일부 수정 보완).

를 위한 교육'을 조장할 수 있는 문제, 서술 내용의 비논리적 배치 문제, 서술 논리의 생략이나 초월 문제 등이다. 이런 문제는 종교 교육과정의 내용 체계가 처음 제시된 제6차 종교 교육과정부터 2011년 종교학 교육과정까지 이어지고 있다.

특히 종교 교육과정의 내용 선정 부분에서는 종교학 개념의 모호성 문제, 특정 종교의 조장 문제, 내용 선정 기준의 불명확성 문제 등이 보이고 있다. 교육 내용의 조직 부분에서는 반복성·계열성·통합성 등을 포함한 내용 조직 원리의 미고려 문제 등이 보이고 있다. 이런 문제도 제6차 종교 교육과정 이후부터 2011년 종교학 교육과정까지 이어지고 있다.

이런 여러 문제 가운데 교육 목표의 진술 문제, 내용의 선정과 조직 문제를 보면 다음과 같다. 우선, 교육 목표의 진술 문제는 종교 교육과정에서 등한시되고 있다. 그렇지만 교육 목표의 진술 문제는 종교교과교육에서 먼저 고려할 부분이라고 할 수 있다. 교과교육에서 교육 목표는 교육 내용의 선정·조직과 수행 평가에 그 방향을 제시하는 역할을 하고 있고, 이런 역할의 강도는 목표 진술의 명확성과 적합성에 따라 달라질 수 있기 때문이다. 이는 교육 목표의 진술이 구체적이고 적합할수록 학습 효과가 높아질 수 있다는 것을 의미한다.

교육 목표의 진술 방법론에 관해서는 이미 II장에서 검토한 바 있다. 특히 타일러, 메이거, 그론런드 등이 목표 진술 방법론에서 중시한 것은 행동목표이다. 이들은 행동목표가 추상적인 목표보다 학습 수행 결과를 '평가'할 때 유용하다고 판단하고 있다. 즉 가시적으로 진술된 교육 목표일수록 목표 달성의 정도를 쉽게 측정할 수 있다는 주장이다.

이 가운데 그론런드의 논의는 타일러와 메이거의 논의를 보완하고 있고, 동시에 새로운 논의거리를 제공한다는 점에서 주목할 필요가 있다. 그리고 목표 진술의 구체적인 기준을 제시하고 있어 종교 교육과정의 목표 진술 방법을 모색하는 데에도 유용하다. 이런 점을 고려하여, 그론런드의 목표 진술 방법론을 토대로 종교 교육과정의 목표 진술문을 분석하고 관련된 문제와 개선 방향을 제시하면 다음과 같다.

구체적으로, 종교 교육과정의 교육 목표는 제6차 종교 교육과정에서 처음 제시된 바 있다. 이런 교육 목표는 제7차 종교 교육과정, 2007년 종교 교육과정, 2011년 종교학 교육과정을 거치면서 다소 수정되고 있다. 제6차 종교 교육과정에서부터 2011년 교육과정에 이르기까지 종교 교육과정에 제시된 종교교과의 목표는 세 가지였다고 할 수 있다. 그 내용을 보면 다음과 같다.

<표 39> 국가 교육과정에 진술된 종교교과의 기본 목표

	기본 목표 진술
6차	① 종교에 대한 폭넓고 / 균형 있는 / 지식을 **습득하여**, 건전한 종교관을 **정립한다**. ② 일상생활에서 부딪히는 어려운 문제들을 해결할 수 있는 신앙심을 **확충한다**. ③ 다른 종교들을 **포용하고** / 국가 사회의 발전에 기여할 수 있는 / **態度를 기른다**.
7차	① 종교에 대한 폭넓고 / 균형 있는 / 지식을 **습득하여**, 건전한 종교관을 **정립하고**, ② 일상생활에서 부딪히는 어려운 인생 문제를 극복할 수 있는 성숙한 신앙심을 **확충하며**, ③ 다른 종교를 **포용하고** / 국가 사회의 발전에 기여할 수 있는 / 종교인으로서 바람직한 생활 태도를 **기른다**.
'07	① 종교에 대한 폭넓고 / 균형 있는 / 지식을 **습득하여**, 건전한 종교관을 **정립하고**, ② 일상생활에서 부딪히는 / 어려운 / 인생 문제를 성찰하고 / 해결할 수 있는 / 성숙한 인격을 **배양하며**, ③ 종교의 다양성과 차이에 대한 **이해를 통해**, 올바르고 / 참된 / 삶의 태도를 **기른다**.
'11	① 종교에 대한 폭넓고 / 균형 있는 / 지식을 **습득하여**, 건전한 종교관을 **정립하고**, ② 일상생활의 여러 문제를 성찰하고 / 해결할 수 있는 / 성숙한 인격을 **배양하며**, ③ 종교의 다양성과 차이에 대한 **이해를 통해**, 올바르고 / 참된 / 삶의 태도를 **기르는 데에 있다**.

위의 표에서 목표 진술문의 서술어 표현을 보면, 제6차 종교 교육과정부터 2011년 종교학 교육과정까지 거의 변하지 않았다고 할 수 있다. ①번 진술문에서 '정립한다'는 표현, ③번 진술문에서 '기른다'는 표현은 2011년 종교학 교육과정까지 그대로 지속되고 있다. 물론 서술어가 바뀐 부분도 있다. 예를 들어, ②번 진술문에서 '확충한다'는 표현은 2007년 종교 교육과정부터 '배양한다'는 표현으로 바뀌어 제시되고 있다.

목표 진술문의 내용을 보면, 종교 교육과정의 기본 목표에서 약간의 변화를 확인할 수 있다. ①번 진술문의 내용은 제6차 종교 교육과정부터 2011년 종교학 교육과정까지 동일하게 지속되고 있다. ③번 진술문의 내용은 2007년 종교 교육과정을 기점으로 다소 바뀌었지만 학문적인 서술의 다른 표현일 뿐이다. 그에 비해 ②번 진술문의 경우는 2007년 종교 교육과정을 기점으로 '신앙심 또는 성숙한 신앙심'을 확충하는 것에서 '성숙한 인격'을 배양하는 것으로 내용이 바뀌고 있다. '성숙한 인격'과 '성숙한 신앙심'의 의미를 구별할 수 있다면 이런 변화는 크다고 할 수 있다.

종교 교육과정의 기본 목표 진술문에서 어떤 문제가 있을까? 소통 가능성을 약화시키는 두 가지 문제를 지적할 수 있다. 첫 번째는 하나의 진술문에 두 개 이상의 목표를 포함시키고 있는 문제이다. 예를 들어, ①번 진술문은 '종교에 대한 폭넓고 균형 있는 지식을 습득할 것'과 '건전한 종교관을 정립할 것'을 동시에 요구하고 있다. 또한, ③번 진술문은 '종교의 다양성과 차이에 대해 이해할 것'과 '올바르고 참된 삶의 태도를 기를 것'을 동시에 요구하고 있다. 그렇지만 두 가지 진술문에서 전자가 후자의 필요충분조건은 아니다. 따라서 이런 진술은 하나의 진술문에 이질적인 두 가지 요구 사항이 담겨 있어, 기본 목표를 명확하게 이해하기 어렵게 만들고 있다.

두 번째는 진술문 서술어의 오류 문제이다. 제6차·제7차 종교 교육과정의 ②번 진술문에 사용된 '확충한다'라는 표현은 주로, 재원·재정 확충, 시설 확충, 자본 확충, 직무내용의 확충 등의 용례처럼, '늘리고 넓혀[擴] 보충[充]한다'는 의미이다. 그렇다면 신앙심이 정서적인 측면에 가깝다는 점을 고려할 때 '확충하다'보다 '함양(涵養)하다'라는 서술어가 적절하다. 물론 '신앙심을 확충한다'라는 진술문이 정교분리를 지향하는 국가의 교육과정 서술에 적합한지의 여부는 별개의 문제이다.

종교 교육과정을 보면, 기본 목표는 하위 목표에 해당하는 세부 목표로 구체화되고 있다. 제6차 종교 교육과정부터 2011년 교육과정까지 제시된 종교 교육과정의 세부 목표는 다음과 같다.

<표 40> 국가 교육과정에 진술된 종교교과의 세부 목표

차	세부 목표 진술
6차	① 종교 사상에 대한 기본 지식과 삶의 궁극적 의미를 <u>이해하고</u>, 인생에서 봉착하게 되는 문제를 해결할 수 있는 능력을 길러 성숙한 인간이 <u>되게 한다</u>. ② 동양의 유·불·도교와 서양의 크리스도교 및 이슬람교 등 여러 지역의 종교를 <u>이해하고</u>, 문화적 전통을 서로 비교할 수 있는 능력을 <u>기르게 한다</u>. ③ 한국에서의 외래 종교 사상의 수용 과정을 <u>이해하고</u>, 건전한 종교 생활을 통하여 자아를 실현하고 국가 사회의 발전에도 <u>기여할 수 있게 한다</u>. ④ 비판적인 자기성찰과 종교적 체험을 토대로 하여, 반종교적 편견이나 비합리적인 맹신을 극복하고 정신적으로 건강하고 밝은 사회를 <u>이룩하게 한다</u>. ⑤ 경전들의 현대적 의의를 <u>인식하고</u> 배타적인 독단주의로부터 벗어나서, 다른 종교에 대한 이해와 대화를 통하여 더불어 살아가는 인간상을 <u>구현하게 한다</u>. ⑥ 특정한 종교의 경전과 교리 및 역사를 <u>배우고 익혀서</u>, 각자의 신앙심을 일상생활을 통해서 실천함으로써 바람직한 한국 문화를 <u>창조할 수 있게 한다</u>.
7차	① 궁극적인 가치와의 만남을 통하여 종교적 인격을 <u>기르며</u>, 자기 성찰과 체험을 토대로 하여 종교적 가르침과 의식 및 공동체를 <u>이해한다</u>. ② 자기 종교만이 진리라는 편협한 생각에서 <u>벗어나서</u>, 세계 여러 종교의 특성을 이해하고 서로 비교할 수 있는 능력을 <u>기른다</u>. ③ 인간이 유한하고 불안한 존재임을 <u>깨닫고</u>, 우리의 생활 터전이면서 아직 신비한 존재로 남아 있는 우주 자연을 새롭게 <u>인식하려고 노력한다</u>. ④ 외래 종교 사상을 수용한 과정과 한국의 무속 신앙을 <u>이해하고</u>, 건전한 종교 생활을 통하여 자아실현과 국가 사회의 발전에 <u>기여한다</u>. ⑤ 종교 공동체의 이념과 기준을 <u>이해하고</u>, 오늘날 우리 사회에서 그 공동체가 분담하고 있는 역할을 인식하여 긍정적 측면을 <u>배운다</u>. ⑥ 특정 종교의 경전과 교리 및 역사를 <u>배우고 익혀서</u>, 각자의 신앙심을 키우고 21세기를 맞이하여 새로운 문화 창달에 <u>기여한다</u>.
'07	① 궁극적인 가치와의 만남을 통한 자기 성찰과 체험을 바탕으로 종교적 가르침과 의례, 종교 공동체를 <u>이해한다</u>. ② 다양한 종교들의 특성을 서로 <u>비교하고</u> 그 공통점과 차이점을 <u>이해한다</u>. ③ 종교에 대한 이해를 바탕으로 올바른 인간관과 자연관을 <u>기른다</u>. ④ 한국의 토착 종교와 전래 종교의 전개 및 상호작용과 이들이 우리 삶에 미친 영향을 이해하고, 건전한 종교관의 확립을 통해 삶의 목표를 정립한다. ⑤ 종교 공동체의 역할에 대한 균형적 시각을 <u>갖는다</u>. ⑥ 각 종교의 경전, 교리, 역사를 통해 종교의 보편성과 특수성을 <u>이해한다</u>.
'11	① 종교적 가르침, 의례, 종교 공동체와 관련된 다양한 기본 지식을 <u>습득한다</u>. ② 다양한 종교들의 특성을 서로 <u>비교하고</u> 그 공통점과 차이점을 <u>이해한다</u>. ③ 종교에 대한 이해를 바탕으로 올바른 인간관과 자연관을 <u>기른다</u>. ④ 한국의 고유 종교와 외래 종교의 전개 및 상호 작용과 이들이 우리 삶에 미친 영향을 <u>이해한다</u>. ⑤ 종교 공동체의 다양한 역할에 대한 균형적 시각을 <u>가진다</u>. ⑥ 개별 종교들의 사례를 통해 종교 일반에 대한 이해를 <u>종합하고 심화한다</u>.

위의 세부 목표 진술문은 상위 목표에 해당하는 기본 목표를 구체화한

것이라고 할 수 있다. 그렇지만 목표 진술 방법론에서 볼 때 소통 가능성을 약화시키는 네 가지 문제점이 드러나고 있다. 이런 문제는 종교 교육과정의 목표 진술을 개선하기 위한 향후의 과제이기도 하다. 세부 목표 진술문의 문제는 다음과 같다.

첫째, 학생에게 기대되는 행동이 아니라 교사가 해야 할 행동 위주로 진술되었다는 문제이다. 이 문제는 주로 '되게 한다, 기르게 한다, 기여할 수 있게 한다, 이룩하게 한다, 구현하게 한다, 창조할 수 있게 한다' 등의 서술어를 담고 있던 제6차 종교 교육과정에서 볼 수 있다. 그렇지만 이런 교사 행동 위주의 진술 문제는 제7차 종교 교육과정 이후부터 사라지고 있다.

둘째, 하나의 진술문에 이중 목표가 포함되었다는 문제이다. 이 문제는 제6차 종교 교육과정과 제7차 종교 교육과정의 세부 목표 진술문에서 확인할 수 있다. 제6차 종교 교육과정의 ①번 진술문에는 '종교 사상에 대한 기본 지식과 삶의 궁극적 의미를 이해할 것'과 '인생에서 봉착하게 되는 문제를 해결할 수 있는 능력을 길러 성숙한 인간이 되게 할 것'이라는 이중 목표가 보인다. 제7차 종교 교육과정의 ①번 진술문에도 '궁극적인 가치와의 만남을 통하여 종교적 인격을 기를 것'과 '자기 성찰과 체험을 토대로 하여 종교적 가르침과 의식 및 공동체를 이해할 것'이라는 이중 목표가 보인다. 이런 진술이 만들어 내는 문제의 심각성은 두 가지 목표가 상호 필요충분조건이 아니라는 데에, 그리고 이런 이질적인 내용이 교육 목표의 이해력을 떨어뜨린다는 데에 있다. 이런 문제는 2007년 종교 교육과정의 ④번 진술문에서도 확인할 수 있지만, 점차 사라지고 있다.

셋째, 목표 진술문의 서술어 의미가 모호하다는 문제이다. 이 문제는 제6차 종교 교육과정부터 2011년 종교학 교육과정까지 지속되고 있다. 2011년 종교학 교육과정만 보더라도, 세부 목표의 서술어(습득한다, 이해한다, 기른다, 이해한다, 가진다, 종합하고 심화한다)는 구체적인 학습 결과를 표현한 것이 아니라고 할 수 있다. 비록 '습득한다'라는 서술어가 기본 목표의 서술어(정립한다, 배양한다, 기른다)보다 구체적이라고 하더라도 전반적으로 목표 진술은 일반적인 수준에 머물고 있다. 그렇지만 세부 목표가 기본 목표의 구체화에 해당한다면, 세부 목표의 진술문에도 기본 목표를 구체화한 서술어가 필요하다.

넷째, 진술문의 서술어 배치 문제이다. 이 문제도 제6차 종교 교육과정부터 2011년 종교학 교육과정까지 지속되고 있다. 이런 서술어의 종류를 파악하고 배치하는 문제에 관해서는 교육목표분류학을 참조할 필요가 있다. 교육목표분류학에서는, 비록 목표에 따라 인지적·정의적·운동기능적 영역의 요소가 모두 포함되는 경우도 있겠지만, 영역별로 교육 목표를 분류하고 있기 때문이다.[120]

교육목표분류학이 종교 교육과정에 주는 시사점을 무엇일까? 바로 교육 목표를 설정하고 진술할 때 인지적 영역과 정의적 영역의 목표를 구분하고, 각 영역의 목표 진술문에서 서술어의 위계를 고려해야 한다는 점이다. 이런 시사점에 비추어볼 때, 지금까지 종교 교육과정의 목표 진술문에서는 인지적 영역과 정의적 영역의 목표 구분, 그리고 목표 진술문에 사용된 서술어 사이의 위계성이 고려되지 않았다고 할 수 있다.

실제로 서술어의 위계성 문제는 종교 교육과정에서 지속되고 있다. 예를 들어, 2011년 종교학 교육과정의 목표 진술문을 보면, 기본 지식을 '습득한다', 공통점과 차이점을 '이해한다', 인간관과 자연관을 '기른다', 삶에 미친 영향을 '이해한다', 시각을 '가진다', 이해를 '종합하고 심화한다'

---

120) Norman E. Gronlund, 『행동적 수업목표 진술』(손충기 옮김), 문음사, 1987, 64-65쪽. 동일한 행동용어가 인지적 영역에서도 범주별로 다르게 이해될 수 있다. 예컨대, '알다'의 경우, 지식 범주에서는 '용어에 대한 올바른 정의내리기', 이해 범주에서는 '원리에 관한 예를 들기', 적용 범주에서는 '적당한 문법의 용법을 알기', 분석 범주에서는 '문장의 단락을 나누기' 등으로 중복될 수 있다(같은 책, 53-54쪽).

등의 서술어 사이에 어떤 위계도 찾아보기 어렵다. 앞으로 선행연구를 참조하여,[121] 인지적 영역이나 정의적 영역에서 단계별로 사용될 수 있는 서술어를 찾아낼 필요가 있다.

다음으로, 교육 내용의 선정과 조직 문제이다. 제7차 종교 교육과정, 2007년 종교 교육과정, 2011년 종교학 교육과정에서 교과 내용은 어떻게 선정·조직되었고, 내용 체계는 어떻게 변화해 왔을까? 이런 교육과정에서 변화된 교과 내용의 체계를 정리해보면 다음과 같다.

<표 41> 제7차, 2007년, 2011년 교육과정의 종교교과 내용 체계 변화

1997년	생활과 종교(2007년)		종교학(2011년)	
8 영역(단원)	8 영역(단원)	내용	7 영역(단원)	내용
I. 인간과 종교	I. 인간과 종교	◦궁극적인 물음과 문제 / ◦종교와의 만남과 문제 해결 / ◦앎과 믿음 / ◦종교의 의미와 역할	1. 인간과 종교	•궁극적인 물음과 문제 / •종교와의 만남과 문제 해결 / •종교의 의미와 역할
II.종교경험의 이해	II.종교 현상의 이해	◦여러 가지 인생 문제 / ◦우주관, 역사관, 생사관 / ◦경전의 의미와 해석 / ◦종교 의례와 규범	2. 종교 현상의 이해	•종교적 세계관의 이해 / •종교 경전의 이해 / •종교 의례의 이해 / •종교 공동체의 이해
III.서로 다른 종교적 전통	III.종교의 다양성과 차이	◦종교적 차이의 맥락 / ◦종교들의 비교 / ◦종교의 특성 이해 / ◦세속 사회와 종교	3. 종교의 다양성과 차이	•종교적 차이의 맥락 / •종교적 태도의 다양성 / •종교 간의 대화와 공존 / •세속 사회와 종교
IV.세계 종교와 문화	IV.인간과 자연에 대한 종교적 이해	◦다양한 인간관 / ◦종교적 인간관 / ◦종교적 자연관 / ◦종교와 과학의 관계	4. 종교적 인간관, 사회관, 자연관	•종교적 인간관 / •종교의 사회적 기능 / •종교적 자연관
V.인간과 자연에 대한 종교적 이해	V. 세계의 종교와 문화	◦유교 / ◦도교 / ◦불교 / ◦그리스도교 / ◦이슬람교 / ◦기타 종교	5. 세계의 종교와 문화	•동양 종교의 이해 / •서양 종교의 이해 / •기타 종교의 이해

---

121) 이종승, 「교육목표의 분류체계와 진술방식」, 『교육발전논총』 11-1, 1990, 36쪽 (인지적 영역의 일반 목표와 명세적 목표용 서술어), 36쪽(정의적 영역의 일반 목표와 명세적 목표용 서술어) 참조.

1997년	생활과 종교(2007년)			종교학(2011년)	
8 영역(단원)	8 영역(단원)	내용	7 영역(단원)	내용	
VI.한국 종교와 문화	VI.한국의 종교와 문화	◦한국 토착 종교의 이해 / ◦한국 불교의 이해 / ◦한국 유교와 도교의 이해 / ◦한국 그리스도교의 이해 / ◦한국 신종교와 기타 종교의 이해	6. 한국의 종교와 문화	•한국 고유 종교의 이해 / •한국 전통 종교의 이해 / •한국 근현대 종교의 이해	
VII.종교 공동체	VII.종교 공동체의 이해	◦종교공동체의 이념과 구조 / ◦종교의 사회적 기능 / ◦종교 간의 대화와 공존 / ◦종교적 인격 형성			
VIII.특정 종교의 전통과 사상	VIII.특정 종교의 사상과 전통	◦경전과 교리 / ◦종교적 생활 / ◦한국 종교와 문화 창조 / ◦나의 종교관 점검	7. 개별 종교들의 이해	•경전과 교리 / •종교 생활 / •사회적 · 문화적 역할 / •나의 종교관 점검	

종교 교육과정에서 교과 내용의 선정 기준은 무엇이었을까? 기존 교육과정을 살펴보면, 종교교과의 내용 선정 기준은 대체로 두 가지였다고 할 수 있다. 하나는 종교학 지식이라는 학문적 기준이다. 다른 하나는 종립학교의 종교적 요청이다. 이런 기준 설정은 교육 내용을 선정할 때 학습자의 상황을 고려하지 않았다는 것, 즉 종교 교육과정을 제·개정할 때 학생의 요구나 심리적 수준 등을 거의 고려하지 않았다는 것을 의미하고 있다.

그렇다면 교과 내용의 조직 기준, 즉 내용 영역(단원)의 배열 기준은 무엇이었을까? 그것은 '종교 일반에서 개별 종교로'라는 방향성이다. 이런 방향성은 제7차 종교 교육과정, 2007년 종교 교육과정, 2011년 종교학 교육과정 모두에 적용되고 있다. 그렇지만 종교 교육과정마다 모든 단원의 독립성과 수평적 관계를 강조하고 있어, 이런 기준은 모호해지고 있다. 그리고 단원의 독립성과 수평적 관계를 강조하고 있어, 교육 내용의 조직 원리인 반복성과 계열성도 등한시되고 있다. 게다가, 동일 학년의 교과별 종교 관련 내용, 학년별 교과의 종교 관련 내용과의 통합성도 고려되지 않고 있다.

이상의 내용을 종합할 때, 향후의 종교 교육과정에는 최소한 세 가지 측면에서 여러 노력이 필요하다고 할 수 있다. 첫째, 종교교과의 성격 측면이다. 이 측면에서는 다른 교과에 비해 종교교과의 독특한 성격을 명확히 밝히고, 이를 논리적으로 서술하려는 노력이 중요하다. 이는 일정 기간에 '지속적으로 유지되는 독특성(또는 차별성)'이라는 성격 개념을 고려할 때, 종교교과의 지속성을 찾아내는 노력이라고 할 수 있다.

둘째, 교육 목표의 측면이다. 이 부분에서는 이중적 목표 설정 문제의 해소, 목표 진술의 명확성과 적합성 확보, 비논리적 내용 배치 문제의 해소, 여러 목표의 상호 관계 설정 등이 중요하다고 할 수 있다. 특히 이중적 목표 설정 문제를 해소하려면 목표 설정 근거의 적합성이 명확하게 제시될 필요가 있다.

셋째, 내용 영역(단원) 측면이다. 이 부분에서는 기본 목표와 세부 목표의 연관성을 설정하고, 그에 맞추어 각 내용 영역(단원)별 연관성을 만들어 내는 노력이 필요하다. 이를 위해서는 각 내용 영역의 독자성과 수평적 관계를 강조하는 기존의 입장을 지양할 필요가 있다. 여러 목표 사이에, 그리고 내용 영역 사이에 상호 연관성이 설정될 때 내용의 비논리적 배치 문제가 해소될 수 있기 때문이다.

3. 종교 교육과정의 교수·학습 방법

1 제7차 종교 교육과정의 교수·학습 방법[122)

    종교교과교육에 관한 논의는 제4차 교육과정 시기를 전후하여 활발해졌지만, 주로 종교교육의 성격 문제에 국한된 경향이 있다. 그에 비해 종교교과의 교수·학습 방법에 관한 논의는 거의 보이지 않는다. 따라서 종교교과교육에서 교수·학습 방법에 관한 논의가 필요한 상황이다.

    종교교과교육에서 교수·학습 방법에 관한 논의는 종교교육의 성격 문제 못지않게 중요하다. 교육 목표의 달성을 위해서는 효율적인 교수·학습 방법이 필요하기 때문이다. 또한, 동일한 교육 목표와 내용이라도 어떤 교수·학습 방법을 활용하느냐에 따라 학습자의 이해 수준이 다르다는 점을 고려할 때 교수·학습 방법은 교육의 수준이나 효율성을 결정하는 요인이다. 여기서 교수·학습 방법은 여러 상황에 맞추어 '교육 내용을 전달·학습·적용·공유할 수 있는 방식'을 의미한다. 이런 중요성을 고려한다면, 종교 교육과정에서 제시하는 교수·학습 방법은 검토 대상이 될 수밖에 없다. 이런 검토는 앞으로 종교교과교육에 필요한 교수·학습

---

122) 이 부분은 고병철, 「중등학교 종교교과의 교수·학습 방식」, 『교육연구』 43, 성신여자대학교 교육문제연구소, 2008, 76-84쪽(일부 수정·보완).

방법을 모색하는 데에도 유용하다.

종교교과의 교수·학습 방법은 제7차 종교 교육과정에서 처음 제시되고 있다. 제7차 종교 교육과정에서 제시된 교수·학습 방법은 여섯 개의 문단으로 짧게 서술되어 있다. 그 구체적인 내용은 다음과 같다.

① 교과서에서 제시한 주제와 예시한 사례를 중심으로 토론식 수업을 전개하되, 일상생활에서 겪게 되는 생활 경험을 적극적으로 활용한다.
② 종교에 대한 인식의 폭을 넓히면서 동시에 종교적 가치나 의미를 판단할 수 있는 준거를 명확히 하고 이를 실천하려는 태도를 지닌다.
③ 학생들이 대화를 통하여 의견을 발표하되, 극단적이고 배타적인 발언에 대해서는 서로 자제하여 화합을 깨뜨리지 않도록 각별히 유의한다.
④ 다종교 상황을 인식하여 성급한 단정이나 결론을 내지 않도록 유의하며, 다른 종교에 대한 포용력을 기르고 사회 발전에 기여하게 한다.
⑤ 여러 종교에 대해서는 가급적 개별 종교 단체에서 제작한 시청각 자료를 활용하도록 배려하고, 토론 학습에서는 각자의 의견을 서로 존중하도록 유의한다.
⑥ 수업하기 전에 발문과 수시 평가 내용 및 과제물 부과 계획을 수립하여, 수업과 평가를 연계시키고 정의적인 영역에 대한 평가를 실시한다.[123]

위의 인용문에 따르면, 제7차 종교 교육과정에서 제시한 종교교과의 교수·학습 방법은 '시청각 자료를 활용한 토의학습'이라고 압축될 수 있다. 대개 토의학습의 목적은 의견의 발표와 청취, 그리고 상이한 의견의 조율을 통해 개인이 해결할 수 없는 문제를 공동의 집단적 사고로 해결하는 과정에서 민주시민의 기본 자질인 자유와 협동 정신을 기르는 데에 있다.[124] 종교교과가 다양한 해석을 요구하는 종교 현상을 교육 대상으로 한다는 점을 고려할 때 이런 토의학습은 종교교과에 적합한 교수법이라고

---

123) 교육부, ≪고등학교 교육과정 해설 - 교양≫(교육부 고시 1997-15호), 1997, 147-148쪽.
124) 김경배·김재건·이홍숙, 『교과교육론』, 학지사, 2005, 206-208쪽.

할 수 있다.

그렇지만 '시청각 자료를 활용한 토의학습'이 종교교과교육을 위한 최적의 교수·학습 방법이라고 확언할 수는 없다. 토의학습에는 해당 토의 주제에 관심이 없거나 관심이 있어도 의견을 제시하지 못하는 학습자의 수동성, 토의학습 과정에 필요한 교사의 역할 규정 등 여러 문제가 있는데,[125] 종교 교육과정에서는 이런 문제에 관한 서술이 보이지 않는다. 이보다 현실적인 문제는 종교교과의 방대한 학습 주제를 한정된 수업 시수에서 토의학습으로 소화할 수 없다는, 즉 '토의학습의 비경제성 문제'이다. 이런 문제를 고려할 때, 종교 교육과정에는 토의학습만이 아니라 좀더 다양한 교수법이 필요하다고 할 수 있다.

종교교과의 교수·학습 방법에 관한 서술에서도 여러 문제가 보이고 있다. 예를 들어, 위의 인용문에서 '교과서의 주제와 예시를 중심으로 토론식 수업을 전개'한다는 내용의 ①항은 교사 중심의 강의식 교수에 토의학습을 접목한 것에 불과하다. ②항은 토의학습이라기보다 주입식 교수법에 가까운 서술이다. "종교적 가치나 의미를 판단할 수 있는 준거를 명확히 하고 이를 실천하려는 태도"에서 학습자에게 '실천'까지 요구할 수 없기 때문이다.[126] 그리고 '극단적이고 배타적인 발언에 대해서 서로 자제'한다는 내용의 ③항은 토의학습의 목적을 벗어날 수 있는 서술이다. 오히려 이런 내용이 토의학습의 주제가 될 수 있다.

또한, '다른 종교에 대한 포용력'을 기른다는 내용의 ④항은 종교를 가진 학습자에게 현실적으로 어렵거나 종교가 없는 학습자에게 불필요한 내용일 수 있다. '가급적 개별 종교 단체에서 제작한 시청각 자료를 활용

---

125) 김철주,『교육공학의 동향과 새로운 교육』, 지샘, 2001, 103-111쪽.
126) 정영근,『고등학교 교양 선택과목 교육과정 개정 시안 연구 개발』, 한국교육과정평가원, 2006, 412쪽. '실천'은 종교행위가 아니라 희생, 봉사, 사랑 같은 포괄적인 종교적 실천으로 해석되기도 한다. 그렇지만 위의 문장 속에서 그러한 해석의 여지는 찾아보기 어렵다.

하도록 배려'한다는 내용의 ⑤항은 종교교과교육의 호교론적 경향을 인정하려는 의도로 비추어질 수 있다. 이런 서술에는 편향된 시청각 자료에 대한 학습자의 회피 문제, 학습자를 특정 종교인으로 만들려는 문제 등이 지적될 수도 있다. 그리고 '정의적인 영역에 대한 평가를 실시한다.'는 내용의 ⑥항은 종교수업에 지적 영역과 정의적 영역이 혼재되어 있다는 점을 고려할 때 한쪽에 편중된 평가라는 지적을 받을 수 있다.

그렇다면 종립학교 학생은 이런 종교교과교육의 교수·학습 방법에 관해 어떻게 인식하고 있을까?[127] 이런 인식은 2005년 10월부터 11월에 걸쳐 개신교계, 가톨릭계, 불교계, 신종교계 중등 종립학교의 학생 500명(회수 494명)과 교사 100명(회수 68명)을 대상으로 조사된 설문 응답 자료에서 확인할 수 있다.[128]

당시 설문조사에 따르면, 종교교사는 자신의 교수·학습 방법을 강의식과 주입식이 아니라 시청각 교재를 활용한 상호 대화를 지향한다는 인식을 보여주고 있다. 구체적으로 응답자 가운데 24.08%의 종교교사는 자신의 교수·학습 방법이 강의 중심, 1.85%의 종교교사는 자신의 교수·학습 방법이 암기 중심이라고 응답하고 있다.[129] 이런 응답은 종교교사가 주로 종교 교육과정에서 제시하고 있는 '시청각 자료를 활용한 토의학습'을 활용하고 있음을 보여주고 있다.

그에 비해 학생은 대체로 종교교사의 교수·학습 방법이 토의학습보다 강의식과 주입식에 머물러 있다는 인식을 보여주고 있다. 아래의 표를 보

---

127) 이 부분은 김철주·고병철, 「종교수업에서 동기유발의 필요성과 전략 - J. M. Keller의 ARCS 이론을 중심으로 -」, 『종교연구』 47, 2007, 186-192쪽 참조.
128) 이 설문조사는 4인의 연구자가 2005년에 문화관광부의 연구 용역('종교교육의 현황과 개선방안', 발간등록번호 11-1370000-000137-01)을 수행 과정에서 이루어졌다.
129) '종교수업의 교수방식에 대한 자체 평가'(교사용 문항 19)의 결과, 강의 중심 24.08%, 상호 대화 중심 22.22%, 집단 토론 중심 3.7%, 시청각 교재 중심 48.15%, 암기 중심 1.85%로 나타났다(missing=14).

면, 종교교사의 교수·학습 방법에 대해 응답 학생의 32.65%가 상호 대화, 4.5%가 집단 토론, 20%가 시청각 교재 중심이라고 인식하고 있다. 그에 비해 38.16%의 학생은 종교교사의 교수·학습 방법이 일방적인 강의, 4.69%의 학생은 종교교사의 교수·학습 방법이 내용 암기 중심이라고 인식하고 있다. 종교교사가 실제로 시청각 교재를 중심으로 상호 대화 방식의 수업을 진행하고 있다고 하더라도, 약 43%의 학생이 종교교사의 교수·학습 방법을 강의식 또는 주입식이라고 인식하고 있는 셈이다.

<표 42> 중등학교 종교수업의 교수 방식(학생용 문항 18)

설문척도	응답자 수	응답 비율	비고
일방적인 강의 중심	187	38.16	
상호 대화 중심	160	32.65	
집단 토론 중심	22	4.5	missing=4
시청각 교재 중심	98	20.00	
내용 암기 중심	23	4.69	
합계	490	100	

종교수업 참여도에 대해서도 응답 교사와 응답 학생의 인식은 다르게 나타나고 있다. 구체적으로, 응답 교사의 약 95%는 학생의 종교수업 참여도가 중간 이상이라고 인식하고 있다.[130] 그에 비해 응답 학생의 약 73%는 스스로 종교수업 참여도가 높지 않다고 인식하고 있다. 심지어 중간 수준 이하로 참여하고 있다는 인식도 24.19%로 나타나고 있다. 이런 인식의 차이는 아래의 표를 통해 확인할 수 있다.

---

130) '학생들의 종교수업 참여 정도'(교사용 문항 22)의 결과, 매우 열심 8.95%, 열심 38.81%, 그럭저럭 47.76%, 덜 참여 2.99%, 거의 참여하지 않음 1.49%로 나타났다(missing=1).

<표 43> 학생의 종교수업 참여 정도(학생용 문항 23)

설문척도	응답자 수	응답 비율	비고
매우 열심히 참여한다	35	7.11	
열심히 참여하는 편이다	99	20.12	
남들과 비슷하다	239	48.58	missing=2
열심히 참여하지 않는다	61	12.4	
거의 참여하지 않는 편이다	58	11.79	
합계	492	100	

이런 응답 결과는 학생이 종교수업과 자신의 관련성을 인식하지 못하여 종교수업에 흥미를 갖지 못하고, 종교교사의 교수·학습 방법에 익숙하지 않다는 점을 보여주고 있다. 이는 종교교사이 '학습자 중심의 동기유발의 환경'을 제공하지 못하고 있음을 시사하고 있다. 학습자가 종교수업에 흥미를 느끼지 못하는 이유는 무엇일까? 여러 이유가 있겠지만, 무엇보다 종교교사가 학습자의 요구 수준과 변화에 민감하지 않기 때문이다. 이 부분은 동일한 내용의 설문 항목에 대해 종교교사와 학생의 인식 차이가 크게 나타나고 있다는 점에서 확인할 수 있다.

② 제7차 종교 교육과정 이후의 교수·학습 방법

제7차 종교 교육과정에 이어 종교교과의 교수·학습 방법을 제시한 교육과정은 2007년 종교 교육과정이다. 이 교육과정은 한국교육과정평가원에서 2006년에 연구자와 현직 교사를 함께 참여시켜 수행한 교육인적자원부 위탁과제('2006년도 교육과정 개정 연구')의 결과물을 다소 변형시킨 것이지만, 교수·학습 방법에는 위탁과제 보고서의 내용이 거의 그대로 반영되었다고 한다.[131] 따라서 이 교육과정에서 제시하고 있는 교수·학습 방법에는 연구자뿐 아니라 현직 교사의 견해도 반영되어 있다고 할 수 있다.

그렇다면 이 교육과정에서 제시하고 있는 교수·학습 방법은 제7차 종교 교육과정에 비해 어떻게 달라졌을까? 이 교육과정에서 제시하고 있는 교수·학습 방법의 내용은 다음과 같다.

① 교과서에서 제시한 주제와 관련한 사례를 중심으로 토의식 수업을 전개하되, **종교와 관련된 일상생활의 경험을 중시한다.**
② 구체적인 자료를 제시하여 종교의 가치와 의미를 판단할 수 있는 준거를 명확히 하고, **종교의 다양성과 차이에 대한 인식의 폭을 넓히려는 자세를** 갖게 한다.
③ 학생들이 대화를 통하여 의견을 발표하되, 극단적이고 배타적인 발언에 대해서는 서로 자제하여 화합을 깨뜨리지 않도록 각별히 유의한다.
④ 다양한 종교적 상황을 인식하여 성급한 단정이나 결론을 내지 않도록 유의하며, 종교에 관한 견해 차이를 포용하는 능력을 기르게 한다.
⑤ 종교에 관한 다양한 영상물을 골고루 활용하도록 하고, 토론 학습에서는 서로의 의견을 존중하도록 유도한다.
⑥ 수업하기 전에 끝맺는 말과 수시 평가 내용 및 과제물 부과 계획을 수립하여 수업과 평가를 연계시킨다.[132]

(제7차 종교 교육과정과 달라진 부분 강조-필자)

위의 인용문을 보면, 이 교육과정에서 제시한 교수·학습 방법의 주요 내용은 '시청각 자료를 활용한 토의학습'이다. 교수·학습 방법의 집필 과정에 연구자와 현직 교사의 견해가 포함되었음에도, 제7차 종교 교육과정의 교수·학습 방법과 별다른 차이가 없다고 할 수 있다.

이런 교수·학습 방법의 내용이 제7차 종교 교육과정의 경우에 비해 차이가 전혀 없던 것은 아니다. 그 차이를 보면, ①항에서는 '일상생활에

---

131) 정영근, 앞의 책, 190쪽, 411-415쪽. 2006년 7월 25일 '교양 종교 과목 교육과정 개정에 관한 협의회'.
132) 교육부 교육과정교과서정보서비스(http://cutis.moe.go.kr/): '고등학교 교육과정(1)'.

서 겪게 되는 생활 경험을 적극적으로 활용한다.'는 표현이 '종교와 관련된 일상생활의 경험을 중시한다.'는 표현으로 바뀌어 있다. ②항에는 '종교의 다양성과 차이에 대한 인식의 폭을 넓히려는 자세' 부분이 새로 삽입되어 있다. 그 외에도 제7차 종교 교육과정에 있던 '사회발전에 기여하게 한다.'는 부분(④항), '가급적 개별 종교 단체에서 제작한 시청각 자료를 활용하도록' 한다는 부분(⑤항), '정의적인 영역에 대한 평가를 실시한다.'는 부분(⑥항)이 삭제되어 있다.

그렇지만 이런 변화에도 불구하고, 이 교육과정에서도 제7차 종교 교육과정에서 지적된 문제가 반복되고 있다. 예를 들어, 토의학습과 관련된 학습자의 수동적 참여나 교사의 역할 문제뿐 아니라 종교교과와 관련된 토의학습의 비경제성 문제 등은 여전히 고려되고 있지 않다.

이런 문제는 2007년 이후 국가 교육과정이 몇 차례 개정되었음에도, 별다른 변화 없이 지속되고 있다. 이 부분은 2011년 종교학 교육과정,[133] 그리고 2012년 종교학 교육과정에서 확인할 수 있다.[134] 따라서 제7차 종교 교육과정과 2007년 종교 교육과정에서 제시된 교수·학습 문제도 아직까지 이어지고 있다고 할 수 있다.

③ 교수·학습 방법의 문제와 동기유발

종교교과교육이 학교에서 수업 형태로 이루어진다는 것은 무엇을 의미할까? 그 의미는 단순히 잘 가르치는 것(teaching)보다 '학습효과의 극대화'에서 찾을 수 있다.[135] '잘 가르치는 것'도 학습효과의 극대화를 위한

---

133) 교육과학기술부, ≪고등학교 교양 교과 교육과정≫(교육과학기술부 고시 제 2011-361호 [별책 19]), 118-119쪽.
134) 교육과학기술부, ≪고등학교 교양 교과 교육과정≫(교육과학기술부 고시 제 2012-3호 [별책 19]), 120-121쪽.

환경 요인에 속하기 때문이다. 그렇다면 수업에서 교사의 주요 역할은 학습효과의 극대화에 필요한 환경을 조성하는 데에 있다.

교사가 수업에서 학습효과의 극대화에 필요한 환경을 조성하려면 무엇에 관심을 두어야 할까? 바로 교육공학이다. 여기서 교육공학은 교육의 효과성(effectiveness)과 효율성(efficiency)을 증진시키는 교육기술을 의미한다.136) 이를 좀 더 단순화하면 교육공학은 교수·학습이론과 실제의 교육현장 사이를 연결하여 수업의 효과성과 효율성 증진에 기여하려는 제반 기술이다. 그렇다면 이런 기술에서 중요한 부분은 수업의 효과성과 효율성을 증진시키기 위한 설계(design), 즉 교수·학습 설계라고 할 수 있다.

교수·학습 설계는 '수업설계 모형'으로도 표현된다. 이런 표현은 교수·학습 설계의 핵심이 수업에 참여한 학습자를 위해 '왜 언제 어떻게 어떤 교육을 처방할 것인가'에 관한 구체적인 청사진을 마련하는 데에 있음을 보여주고 있다. 물론 이 청사진을 마련하려면 교과 내용에 관한 충분한 이해가 선행될 필요가 있다.

수업설계를 위해 고려할 부분은 무엇일까? 최소한 두 가지이다. 하나는 여러 수업설계 모형에 관해 전체적인 지도(map)를 갖는 일이다. 이런 지도를 갖기 위해서는 R. Glaser, V. Gerlach와 D. Ely, J. E. Kemp, W. Dick, J. D. Finn, KEDI(한국교육개발원) 등이 제시한 수업설계 모형에서부터 J. M. Keller의 ARCS이론, R-Gagné와 L. Briggs의 교수이론, M. D. Merrill의 구인전시이론, C. M. Reigeluth의 정교화이론 등에 이르는 다양한 이론의 공통점과 차이점, 그리고 각각의 장단점에 관한 분석이 필요하다고 할 수 있다. 이런 분석이 이루어져야 학습 내용에 따라 여러 수업모형과 교수이론을 적절하게 적용한 교수·학습 설계가 가능해지기 때문이다.

다른 하나는 수업설계에 필요한 다양한 교수·학습 방법을 숙지하는

---

135) 김철주, 앞의 책, 77쪽.
136) 위의 책, 15쪽.

일이다. 예를 들어, 지식이 결과적 지식과 과정적 지식으로 구분된다면, 교수·학습 방법도 결과적 지식을 전달하는 설명식 교수·학습 방법과 지식 탐구의 방법을 내용으로 삼는 탐구·발견식 교수·학습 방법으로 구분될 수 있다. 전자의 경우에 필요한 주요 교수·학습 방법은 강의법과 이를 보완한 의사소통 과정 이론과 선행조직자 이론 등이다. 그리고 후자의 경우에 필요한 주요 교수·학습 방법은 문제해결학습, 발견학습, 탐구학습, 구안학습 등이며, 사유의 교류를 통해 성찰을 유도한다는 측면에서 토의학습도 필요하다. 이외에도 극중 인물을 연기하여 사회적 상황을 이해하고 타인에 대한 이해를 유도하는 역할놀이, 가공의 상황을 실제적인 것처럼 재연하는 시뮬레이션, 교사가 직접 동작을 보여주거나 비디오나 슬라이드 등의 시청각 자료를 통해 시범을 보이는 시범학습 등도 활용될 수 있다.137) 이런 다양한 교수·학습 방법을 숙지해야 하는 이유는 교육공학의 차원에서 교수설계 또는 수업설계를 할 때 필요하기 때문이다.

이상의 논의를 토대로 한다면, 종교 교육과정에서 제시한 교수·학습 방법은 단순한 수준이라고 평가할 수 있다. 종교교과의 교수·학습 방법으로 토의학습만 제시하고 있기 때문이다. 이는 교수설계에 필요한 수업모형과 다양한 교수·학습 방법을 개발하려는 노력이 활발하지 못했다는 것을 시사하고 있다.

토의학습을 둘러싼 여러 가지 문제를 생각한다면, 종교 교육과정에서 제시한 토의학습이 종교수업에 가장 적절한 방법이라고 평가하기는 쉽지 않다. 그리고 토의학습은 교사가 학습자의 개인차와 적성에 따라 교육 처방을 하는 데에도 한계가 있다.

게다가, 종교교과교육의 교수·학습 방법으로 제시된 토의학습의 내용도 분명하지 않다고 할 수 있다. 예를 들어, 토의학습의 종류는 특정 장소

---

137) 김경배·김재건·이홍숙, 앞의 책, 187-233쪽.

에 여러 집단이 모여 동시에 토의하는 버즈학습(buzz group discussion), 모든 참가자가 발언하는 원탁토의(round table discussion), 여러 대표자를 패널로 정해 진행하는 배심토의(panel discussion), 전문가가 공개 강연 후에 청중과 대화하는 공개토의(forum), 전문가 집단이 청중이 되는 강연식토의(symposium), 상반된 입장을 제시한 후 논쟁하는 형식적 토론회(formal debate), 참가자를 소수의 전문가로 제한하는 세미나(seminar) 등 다양하다.

그렇다면 종교 교육과정에서 교수·학습 방법으로 제시한 토의학습은 어떤 종류에 해당할까? 이 물음은 어떤 종류의 토의학습이 어떤 주제와 환경에서 필요한지를 고려하지 않고, 토의학습만을 교수·학습 방법으로 제시하는 상황이 적절하지 않다는 점에서 중요하다. 그렇지만 아직까지 종교 교육과정에서 이 물음에 관한 내용을 찾아보기는 쉽지 않다.

종교 교육과정의 교수·학습 방법에서 보이는 이런 한계는 종교교과의 교수·학습 방법에 관해 새로운 논의를 요청하고 있다고 할 수 있다. 이런 논의는 강의식·주입식 교수·학습 방법을 성찰하고, 학습자가 종교교과에 흥미를 갖도록 유도할 수 있는 환경을 조성하는 데에 기여할 수 있다.

이런 교수·학습 방법, 나아가 교수·학습 설계에 관한 논의는 어느 지점에서 시작될 수 있을까? 바로 학습자의 동기유발 모색이다. 동기유발이 없다면 그 수업은 교사와 학습자 모두에게 무의미할 수 있기 때문이다. 따라서 교사는 끊임없이 학습자의 인식과 요구를 점검하고 분석하여 맞춤형 동기유발 전략을 개발할 필요가 있다. 좋은 교수설계라고 해도 맞춤형 동기유발 전략이 없어 학습자가 수업에 흥미를 느끼지 못한다면 그 수업은 실패할 가능성이 크기 때문이다. 이런 맥락에서 종교 교육과정에서도 시청각 자료를 활용한 토의학습보다 먼저 이런 동기유발 전략이 강조될 필요가 있다. 맞춤형 동기유발 전략이 가미된 교수설계, 그리고 주제화 환경에 적합한 맞춤형 교수·학습 방법이 결합될 때 종교수업의 매력성도 높아질 수 있다고 할 수 있다.

4. 교과서 제도와 종교교과서

1 교과서 제도의 역사와 유형

(1) 교과서 제도의 역사

종교 교육과정을 구현하는 매체는 무엇일까? 바로 교과교재이다. 여기서 교과교재는 교사가 교과교육에서 활용하는 여러 교재를 말한다. 그리고 일반적으로 여러 교재 가운데에서도 핵심 교재를 교과서로 보고 있다. 따라서 종교 교육과정을 구현하는 핵심적인 교재도 종교교과서라고 할 수 있다.

한국의 경우, 교과서는 개인이나 학교가 독자적으로 제작·발행한 도서가 아니라, 제도적 절차를 거쳐 승인을 받은 도서이다. 여기서 제도적 절차는 교과서의 발행·승인과 관련된 별도의 제도가 있다는 것을 의미하고 있다. 교과서 제도는 일반적으로 국정제, 검정제, 인정제, 자유발행제로 구분되는데,[138] 한국에서는 국정제, 검정제, 인정제만을 채택하고 있다. 그 이유는 역사적인 배경을 검토할 때 파악될 수 있다.

한국에서 교과서 제도는 언제 시작되어 어떻게 변화되었을까? 국정제

---

138) 교과서 제도는 textbook publishing system, 국정제는 government-issued textbook system, 검정제는 textbook authorization system, 인정제는 textbook adoption system, 자유발행제는 free publishing system을 번역한 용어이다.

와 검정제의 단초는 대한제국이 갑오개혁 시기에서 반포된 <소학교령>(1895) 제15조에서 찾아볼 수 있다. "小學校의 敎科用書는 學部의 編輯흔 外에도 或 學部大臣의 檢定을 經흔 者를 用흠"139)이라는 내용에서 '학부의 편집'은 국정제, '학부대신의 검정'은 이미 만들어진 도서에 대해 학부대신이 교과서로 '허가'한다는 점에서 '검정제'와 유사하다고 볼 수 있다.

통감부 시기에는 국정제, 검정제, 인정제가 병행되었다고 할 수 있다. 인정제의 단초는 <보통학교령>(1906) 제8조에서 찾아볼 수 있다. "普通學校의 敎科書는 學部에서 編纂흔 것과 및 學部大臣의 認可를 經흔 것으로 흠이라"140)는 내용에서 '학부대신의 인가'는 검정제뿐 아니라 인정제로도 해석될 수 있다. 그리고 국정제와 검정제는 1907년에 반포한 <학부 편찬 보통학교 교과용도서 발수(發售) 규정>의 제1조와 제2조에서 확인할 수 있다. 이 내용에 따르면, 당시 학부에서 편찬한 보통학교 교과용도서는 공립보통학교나 사립학교 교장이 신청하면 교부(交付) 인가를 내준 후에 교과서 대금을 받고 발간·판매하는 대상이었다고 할 수 있다.141)

통감부의 국정제, 검정제, 인정제 병행 정책은 1908년 8월에 반포된 <사립학교령>에서도 확인할 수 있다. <사립학교령>에서 교과서의 종류는 학부에서 편찬했거나, 학부대신의 검정을 받았거나, 학부대신의 인가를 받은 것 세 종류로 구분되고 있기 때문이다. 또한, 사립학교의 설립 인가는 설립 인가용 신청 서류에 '교과용도서명'을 반드시 포함시킬 때 가능하도록 되어 있다(제2조).142) 한편, 검정제와 인정제의 병행 정책은 <사립학교

---

139) <소학교령>(칙령 제145호, 반포 1895.7.19.) 제15조.
140) <보통학교령>(칙령 제44호, 반포 1906.8.27.)
141) <학부 편찬 보통학교 교과용도서 발수(發售) 규정>(학부령 제7호, 1907.7.9.) 제1조, 제2조. 발수(發售)는 발간·판매를 의미한다.
142) <사립학교령>(칙령 제62호, 반포 1908.8.26.) 제2조, 제6조, 제12조. 동령 제6조에는 "私立學校에셔 用ㅎ는 敎科用圖書는 學部의 編纂흔 者이나 又는 學部大

령>에 이어 반포된 <교과용도서 검정 규정>의 제2조에서,[143] 국정제는 1908년 9월에 반포된 <학부 편찬 교과용도서 발매 규정>에서도 확인할 수 있다.[144]

통감부 시기의 교과서 인가 기준은 무엇이었을까? 그 기준은 교과서의 내용이 정치적, 사회적, 교육적 방면에 문제가 없어야 한다는 것이었다고 할 수 있다. 여기서 정치적 방면은 주로 한일 양국의 관계와 배일사상의 여부 등과 관련된 5개 항목, 사회적 방면은 사회주의나 미신(迷信)의 여부 등과 관련된 3개 항목, 그리고 교육적 방면은 내용 오류나 분량이나 저술 방법의 적절성 등과 관련된 3개 항목을 의미하고 있다.[145]

조선총독부 시기에도 통감부 시기와 마찬가지로 국정제, 검정제, 인정제가 병행되었다고 할 수 있다. 이런 정책은 초등용 교과서에 국정제를 적용하면서, 중등학교용 교과서에 검정제를 적용하되 필요한 경우에 총독부가 직접 일부 교과서를 편찬하는 정책에서 확인할 수 있다. 실제로 일제강점기에 발간된 중등학교용 교과서의 대부분은 검정 또는 인가 교과서에 해당한다.[146] 그리고 특히 조선총독부 학무국의 교과서 편찬[147]은 국정제의 유지에 기여했다고 볼 수 있다.

臣의 檢定을 經흔 者 中으로 擇홈이 可홈. 私立學校에셔 前項 以外의 圖書를 敎科用圖書로 用코자 ᄒᄂᆞᆫ 時ᄂᆞᆫ 學部大臣의 認可를 受홈이 가홈."이 명시되어 있다.

143) <교과용도서검정규정>(학부령 제16호, 반포 1908.8.28,) 제2조. 제2조에 따르면 "圖書를 發行하든지 又ᄂᆞᆫ 發行코져 하는 者"는 학부대신에게 검정을 청원해야 했고, "外國에셔 發行흔 圖書"는 발행자가 학부대신에게 검정을 청원해야 하지만, 한국 내에 대리인을 둘 수 있었다.
144) <학부편찬교과용도서발매규정>(학부령 제18호, 반포 1908.9.15,)
145) 高橋濱吉, 『朝鮮敎育史考』, 京城: 帝國地方行政學會朝鮮本部, 1937, pp.178-179. 高橋濱吉은 이 책의 발행 당시에 조선총독부의 시학관이었다.
146) 장신, 「조선총독부 학무국 편집과와 교과서 편찬」, 『역사문제연구』 16, 2006, 35쪽; 김한종, 「조선총독부의 교육정책과 교과서 발행」, 『역사교육연구』 9, 2009, 296쪽.
147) 高橋濱吉, 앞의 책, pp.411-415, pp.498-501.

해방 이후에도 국정제, 검정제, 인정제의 병행 정책은 지속되고 있다. 미군정기에 자유발행제 형태가 보이기도 했지만,[148] 이승만정부는 1949년 12월에 <교육법>을 제정하여 교과서 제도를 국정제, 검정제, 인정제로 명시한 바 있다. 관련 내용은 "사범대학, 대학을 제외한 각 학교의 교과용도서는 문교부가 저작권을 가졌거나 검정 또는 인정한 것에 한한다. 교과용도서의 저작, 검정 또는 인정에 관한 사항은 대통령령으로써 정한다."는 내용의 <교육법> 제157조이다.[149] 그리고 이런 병행 정책은 1950년 4월에 <교과용도서 검인정 규정>과 <국정 교과용도서 편찬 규정>이 제정·시행되면서 구체화되기 시작했다고 할 수 있다.[150]

그렇다면 교과서 제도에 관한 논의는 언제부터 본격적으로 시작되었을까? 그 시기는 1980년대 후반, 구체적으로 1987년 4·13호헌조치 발표 등에 이어 '6월 민주항쟁'으로 민주화가 진척된 이후이다. 이런 배경에는 한국교과서연구재단이 1988년부터 발간한 『교과서연구』의 영향도 있었지만,[151] 무엇보다 1989년 4월에 <교육법> 제157조가 <헌법> 제31조 4항의 취지에 위배된다는 헌법소원의 영향,[152] 그리고 1989년 5월에 전국교직원

---

148) 미군정기에는 국정제에도 불구하고 민간 차원의 도서들이 학교 현장에서 사용되면서 내용상으로 자유발행제가 시행되고 있었다(이신철, 「한국사 교과서 발행의 과거와 현재」, 『내일을 여는 역사』 35, 2009, 95쪽.).

149) <교육법>(법률 제86호, 제정·시행 1949.12.31) 제157조.

150) <교과용도서검인정규정>(대통령령 제336호, 제정·시행 1950.4.29.); <국정교과용도서편찬규정>(대통령령 제337호, 제정·시행 1950.4.29,); <교과용도서저작·검인정령>(대통령령 제3018호, 제정 1967.4.17.); <교과용도서에관한규정>(대통령령 제8660호, 제정 1977.8.22.); <교과용도서에 관한 규정>(대통령령 제22143호 일부개정 2010. 05. 04.)

151) 『교과서연구』의 발행 주체는 한국2종교과서협회, 한국교과서연구소, 한국교과서연구원을 거쳐 현재 한국교과서연구재단이다.

152) 「'敎育관계법 개정' 뜨거운 攻防」, 『동아일보』, 1989.02.02.5면;「민주교과서제도 마련 심포지엄」, 『한겨레』, 1989.02.17.10면;「교과서 제작 문교부 독점 위헌」, 『한겨레』, 1989.09.05.10면. 당시 헌법소원의 내용은 초·중·고교 국정교과서의 저작권과 검정교과서의 심사권 등 문교부의 독점 사항을 담고 있는 <교육

노동조합(이하 전교조)이 결성되어 교육계의 부조리와 교원 처우 등과 함께 교과서 제도의 문제를 제기한 영향이 컸다고 할 수 있다. 실제로 전교조는 결성 직후에 '민주 교과서를 위한 공청회'를 개최하여 자유발행제를 주장하고, 시청각 중심의 교과서를 제작한 바 있다.153)

교과서 제도에 관한 논의가 제5차 교육과정 시기인 1980년대 후반에 시작되었음에도, 이런 논의는 제6차 교육과정(1992.6.~1997.12.) 시기인 1990년대 초반 이후에 약해졌다고 할 수 있다. 1992년 11월에 헌법재판소가 <교육법> 제157조에 대해 '불가피한 제도'라는 이유로 합헌 결정을 내렸고,154) 그 과정에서 당시의 교과서 제도에 대해 가치 편향적 또는 반도덕적 교육을 막고, 교육의 기회균등에 기여한다고 설명하였기 때문이다.155)

법> 제157조가 교사 중심의 교육주체가 전문지식과 경험을 바탕으로 자율적으로 교육에 관한 제반 사항을 결정할 수 있도록 규정한 <헌법> 제31조 4항의 취지, 즉 교육의 자주성과 전문성, 정치적 중립성, 출판의 자유 등에 위배된다는 것이었다.

153) 「교직원노조 결성 선언문 '전문'」, 『한겨레』, 1989.05.28.10면; 「전국교직원 노동조합」, 『경향신문』, 1989.05.29.14면; 「전교조 '민주 교과서 위한 공청회' 발표내용」, 『한겨레』, 1989.11.10.5면; 「全教組 해결책 정말 없나」, 『동아일보』, 1989.08.24.5면; 「전교조모임이 만든 교과서 실제 교단경험 바탕으로 시청각 중요시」, 『한겨레』, 1992.05.27.22면.

154) 「초중고 교과서 國定사용 합헌」, 『동아일보』, 1992.11.12.22면. 당시 합헌 결정의 논리는 '현행 국정교과서제도가 교육정책 입안 등 교육행정을 책임지고 있는 국가의 선택권(재량권)을 보장하는 측면에서 불가피한 제도'라는 것이었다.

155) 이계수, 「교과서 국정제 및 검인정제에 대한 재검토: 1992.11.12.,89헌마88 결정에 대한 비판을 중심으로」, 『사회과학논집』 9-2, 울산대학교, 1999, 113쪽, 117-119쪽. 당시 검·인정제가 '사물의 시비·선악을 합리적으로 분별할 능력이 부족한 학생'에게 헌법과 법률이 지향하는 자유민주적 기본질서를 침해하는 가치 편향적 교육, 사회상규나 윤리도덕을 일탈하는 반도덕적 교육을 막기 위한, 교육의 기회균등을 위한 전국적 차원의 일정한 수준의 교육을 가능하게 하기 위한 것이라는 논리도 있었다고 한다. 그에 대해 이계수는 국정제 및 검인정제가 인간의 자연적 자유를 제한하는 '허가'의 성질을 갖고 있고, 그동안 국정제 및 검인정제를 통해 발행된 교과서 교육이 전인적 성장을 가능하게 한

교과서 제도에 관한 논의는 제7차 교육과정(1997.12.~2007.2.) 시기에 다시 활발해진 편이다. 이미 다양한 교과서 제도가 필요하다는 주장이 ≪교과서와 교과서 정책≫(1986), ≪현행 교과서 제도 개선 방안≫(1994) 등의 정책 연구 보고서에서 제기된 바 있지만,156) 제7차 교육과정에서 수요자 중심 교육과정을 표방할 때 자유발행제가 공론화되었기 때문이다. 당시 교육부도 제7차 교육과정을 고시한 후, 1999년의 '교육발전 5개년 계획(시안)'에서 교과서 발행제도의 탄력적 운영 방침을 정하고 그에 맞추어 중·장기적으로 교과서 제도를 자유발행제로 전환할 것이라고 발표한 바 있다.157)

그렇지만 2002년 6월에는 <교과용도서에 관한 규정>이 개정되어, 교과용 도서('교과서·지도서·인정도서')의 분류 체계가 바뀌었고, 그에 따라 교과서의 분류 체계도 '1종·2종·인정도서'에서 '국정도서·검정도서·인정도서'로 전환된 바 있다.158) 당시 인정도서는 '국정도서·검정도서가 없는 경우, 국정도서·검정도서가 있어도 사용하기 곤란하거나 보충할 필요가 있는 경우에 사용하기 위해 교육부장관의 인정을 받은 교과용도서'를 의미한다.159) 자유발행제가 도입된 것이 아니라 오히려 '국정제, 검정제, 인정제'로 교과서 제도가 명문화된 셈이다.

제7차 교육과정 시기에는 교과서 제도가 국정제-검정제-인정제 체제로

교육이 아니었다고 지적한다.
156) 곽병선·이혜영, ≪교과서와 교과서 정책≫(연구보고 RR 86-6), 한국교육개발원, 1986; 곽병선·외 5인, ≪현행 교과서 제도 개선 방안≫, 한국교육개발원, 1994.
157) 곽병선 외, ≪교과서 발행제의 다양화에 따른 자유발행제 도입 방안 연구≫(연구보고서 2004-6), 31-32쪽.
158) 한국의 교과서 분류체계에서 2002년 6월은 역사적 전환점이다. <교과용도서에 관한규정>(대통령령 제17115호, 타법개정·시행 2001.1.29.) 제2조와 <교과용도서에관한규정>(대통령령 제17634호, 전부개정·시행 2002.6.25.) 제2조를 비교해보면, 2002년 6월부터 교과서의 분류가 1종·2종·인정도서에서 국정도서·검정도서로 바뀌었기 때문이다.
159) <교과용도서에 관한 규정>(대통령령 제25185호, 일부개정·시행 2014.2.18.) 제2조(정의).

정착되었음에도, 그에 관한 연구가 다양하게 이루어진 바 있다. 당시 연구의 주된 경향은 국정제와 검정제에 관한 비판적 논의, 특히 역사교과서를 포함한 특정 교과서의 발행 제도 분석, 미국이나 유럽 국가의 교과서 제도 분석과 비교, 자유발행제도의 도입 필요성 등이었다고 할 수 있다.[160]

2000년 전후에는 1992년에 헌법재판소가 <교육법> 제157조에 대해 내린 합헌 결정에 관한 비판적 논의도 이루어진 바 있다. 그 논의의 주요 내용은 초·중등·고교 학생이 판단능력이 없는 미성숙한 존재이므로 교사가 국가가 감독·검열한 뒤 인정한 내용만 교육해야 한다는 식의 '전근대적 교육관'으로는 창의력 있는 교육이 불가능하다는 점, 교육을 절대의

---

160) 박종석·정병훈·박승재, 「1895년부터 1915년까지 과학 교과서의 발행, 검정 및 사용에 관련된 법적 근거와 사용 승인 실태」, 『한국과학교육학회지』 18-3, 1998; 김춘일, 「예술 분야 교과서의 자유 발행제」, 『교과서연구』 34, 2000; 윤종영, 「국사교과서 발행제도에 대한 고찰」, 『문명연지』 1-2, 2000; 곽병선, 「교과서 자유 발행 빠를수록 좋다」, 『교과서연구』 34, 2000; 이소영, 「외국어 교육에서의 교과서 자유 발행 제도」, 『교과서연구』 34, 2000; 김정호, 「교과서 자유 발행제의 의의와 전제 조건」, 『교과서연구』 34, 2000; 박일삼, 「일본의 교과서 제도와 교육 통제 정책: 교과서 검정제도의 성립과 전개를 중심으로」, 『사회과교육학연구』 5, 2001; 김형래, 「제7차 고등학교 교육과정에 따른 프랑스어 교과서 어휘 검정 기준과 교과서 자유 발행제」, 『중등교육연구』 47, 2001; 양미경, 「미국의 교과서 정책 및 활용 방식 연구」, 『비교교육연구』 13-1, 2003; 곽상만, 「교과서 편찬·발행-급격한 변혁은 금물」, 『교과서연구』 41, 2003; 이병희, 「국사교과서 국정제도의 검토」, 『역사교육』 91, 2004; 안병우, 「국정제 폐지와 미래 지향 발행제로 전환」, 『교과서연구』 43, 2004; 박남화, 「교과서 자유 발행제의 허와 실」, 『교과서연구』 43, 2004; 이혜영, 「개방적이고 공정한 교과서 발행 제도 확립」, 『교과서연구』 43, 2004; 김재춘, 「교과서 자유발행제의 의미 탐색」, 『한국교육』 31-2, 2004; 김유환, 「교과서 국정 및 검·인정제도의 법적 문제」, 『한국교육법연구』 8-1, 2005; 김현숙, 「미국의 교과서 발행 제도와 그 문제점」, 『내일을 여는 역사』 35, 2009; 이길상, 「교과서 제도 국제비교」, 『중등교육연구』 57-2, 2009; 이용재, 「유럽의 교과서 발행 제도: 영국·프랑스·독일의 사례를 중심으로」, 『내일을 여는 역사』 35, 2009; 김재춘, 「미국의 교과서 인정 제도 분석: 캘리포니아 주 사례를 중심으로」, 『비교교육연구』 22-5, 2012; 김덕근, 「교과서 정책 국제 비교 연구」, 『교육행정학연구』 30-1, 2012 등.

무라기보다 권리 측면에서 이해해야 국가가 요구하는 인간형의 재생산이 아니라 주체적으로 삶을 가꾸고 주변 환경에 대해 발언하는 시민이 길러질 수 있다는 점, 그리고 공교육이 사적 교육을 대체하는 국가의 급무적 (急務的) 행위만이 아니라 국민의 정치적·문화적 자유를 보장하는 제도적 장치라는 점이다.161) 그리고 국가가 교육을 통제하는 것이 '교육의 자주성·전문성·정치적 중립성과 대립되는 것이고, 한국의 교과서 제도가 국정제를 채택한 극소수의 통제 국가에서 발견되는 제도로서 교육에서 다양한 가치관과 세계관을 수용하지 못하는 체제라는 비판도 제기된 바 있다.162)

2000년대 이후 교과서 제도에 관한 연구 경향을 보면, 대체로 교과서 제도의 다양성이 필요하다는 주장이 나타나고 있다. 다만, 자유발행제에 대해서는 '지지' 입장과 '신중' 입장으로 양분되고 있다. 지지론에서는 주로 교육의 획일화 현상, 신중론에서는 자유발행제로 말미암아 발생할 수 있는 현실적인 문제를 지적하고 있다.163)

(2) 교과서 제도의 유형

교과서 제도의 역사를 정리해보면, 한국은 개항기 이후 국정제, 검정제, 인정제를 병행하는 정책을 시행했고, 미군정기를 제외하면 자유발행제를 채택한 적이 없었다고 할 수 있다. 2014년 현재도, 초등학교의 교과서는 국정도서와 검정도서, 중·고등학교의 교과서는 검정도서와 인정도서로 구분되고 있다. 중·고등학교에는 국정도서가 없고, 국정·검정·인정도서 가운데 인정도서가 가장 많은 편이다. 고등학교용 종교교과서도 인정도서이다.

---

161) 이계수, 앞의 글, 130쪽.
162) 김유환, 앞의 글, 6쪽.
163) 곽병선 외, 앞의 책, 2004-6, 32-36쪽.

국정제, 검정제, 인정제의 병행이라는 교과서 제도가 의미하는 것은 무엇일까? 바로 교과서의 편찬이 국가 제도의 통제를 받고 있다는 점이다. 한국의 경우, 국가는 어떤 방식으로 교과서의 편찬을 통제하고 있을까? 이 질문에 답변하려면 교과서 제도의 종류에 관한 검토가 필요하다. 이는 종교교과서에 대한 국가의 통제가 의미하는 바를 파악하는 일이기도 하다.

교과서 제도를 국정제, 검정제, 인정제, 자유발행제로 구분하는 내용은 무엇일까? 바로 국가가 교과서의 편찬과정(집필·심사·편찬·사용 등)에 관여하는 정도와 방식이다.[164] 각 제도에는 교과서의 편찬 책임에 대한 관점의 차이도 담겨 있다고 할 수 있다. 예를 들어, 국정제에는 국가의 책임, 자유발행제에는 민간의 책임, 그리고 검정제와 인정제에는 국가의 직·간접적인 책임이 강조되고 있다.

국가가 교과서의 편찬과정에 관여하는 정도와 방식은 각 제도별로 어떤 차이가 있을까?[165] 먼저, 국정제에서는 국가가 교과서의 편찬, 연구·개발, 발행과 공급에 이르기까지 교과서의 전체 발행 과정을 담당한다. 다만, 한국의 경우에는 국정도서의 교육부 편찬이 원칙이지만, 교육부가 연구기관 또는 대학 등에 위탁하여 편찬할 수도 있다.[166]

두 번째로 검정제에서는 민간 부문에서 연구·개발한 교과서에 대해 국가가 검정심사를 통해 적합성 여부를 심사하고 합격 여부를 결정한다. 교과서를 연구·개발하는 저작 주체는 민간이고, 국가는 검정심사를 통해 교과서 저작에 간접적으로 관여하게 된다. 다만, 국가에서 검정심사의 기준을 엄격하게 적용할수록 검정제는 국정제와 유사한 성격을 지니게 된다.

---

164) 이길상, 「교과서 제도 국제비교」, 『중등교육연구』 57-2, 2009, 35쪽.
165) 곽병선 외, 앞의 책, 2004, 10-21쪽. 검정 업무는 제6차 교육과정까지 교육부가 검정위원회를 구성하여 실시했으나, 제7차 교육과정에서는 한국교육과정평가원과 교육부가 함께 실시하였다(같은 책, 12-13쪽).
166) <교과용도서에 관한 규정>(대통령령 제25185호, 일부개정·시행 2014.2.18.) 제5조(정의).

세 번째로 인정제에서는 민간 부문에서 연구·개발한 교과서에 대해 국가 또는 국가로부터 권력을 위탁받은 기관이 인정심사를 통해 교과서의 인정 여부를 결정한다. 검정제에 비해 심사기준이 약하다는 점을 고려하면 국가의 통제가 비교적 적다고 할 수 있다.

네 번째로 자유발행제에서는 민간 부문에서 전적으로 교과서의 저작·발행하고, 그에 대해 국가가 일체 관여하지 않는다. 따라서 국정제·검정제·인정제에 비해 국가의 통제가 없다고 할 수 있다. 그렇지만 자유발행제에서도 학교의 교과서 채택이 중요하므로 민간 부문에서는 국가나 지방정부에서 정한 교육과정 기준이나 교육적 관례에 따라 교과서를 집필하고 있다. 이런 면에서 자유발행제라고 하더라도 국가 제도의 영향이 전혀 없다고 보기는 어렵다.

어떤 국가에서 특정한 교과서 제도를 선택하는 이유는 무엇일까? 각 제도마다 장단점이 있기 때문이다. 예를 들어, 국정제는 국가 수준의 교육과정과 교육 기회균등을 위해 전국 차원에서 일정 수준의 교육을 실현하고, 헌법과 법률이 지향하는 자유 민주적 기본질서를 침해하는 가치 편향적 교육, 사회상규나 윤리도덕을 일탈하는 반도덕적 교육을 방지하는 데에 기여할 수 있다고 한다. 그에 비해 검정제와 인정제는 국정제를 보완하면서도 국가 예산을 절감하는 데에 기여할 수 있다고 한다.167) 그리고 자유발행제는 정보화 흐름의 변화를 신속하게 반영하고 학습자 중심의 질 높은 교과서를 편찬하는 데에 기여할 수 있다고 한다. 이런 각 교과서 제도의 장단점은 아래의 표에 있는 자유발행제의 장단점 분석을 통해 확인할 수 있다.168)

---

167) 이계수, 앞의 글, 113쪽, 117-119쪽.
168) 곽병선 외, 앞의 책, 2004, 41쪽(* 표시는 일부 보완한 내용).

<표 44> 교과서 자유발행제의 장·단점

구분	장점	단점
교과서 편찬/발행/공급 측면	- 다양한 유형의 교과서 발행 - 저작자의 창의성과 교육적 신념 반영 - 교과서관의 변화 유도(경전→하나의 교수·학습자료) - 시장경제 원리를 통해 출판사 간의 공정한 경쟁을 유도하여 교과서의 질 확보	- 교과서의 공공재 기능 상실 가능성 - **국가 수준의 교육과정 기준의 준수 문제** - 교육 내용의 일관성 유지 문제 - 수요가 적은 일부 교과서의 개발 여부 - 시장성이 없는 교과서의 질적 측면의 소홀 - 출판사의 지나친 상업주의로 교과서의 내용보다 외형체제나 판매망 확충에 치우칠 우려 - 대형 전문 출판사의 교과서 시장 독과점 우려와 새로운 전문 출판사 내지 영세 출판사 도태 문제 - 교과서 비용 상승 가능성
학교/교사/학생 측면	- 학교 교육과정의 확대 - 교과서 선택의 폭 확대 - 교사의 자율성 대폭 신장 - 학생의 창의성 증진	- 교과서에 대한 정보 부족과 선택의 어려움 - 교과서 채택의 부조리 발생 가능성 - 특정 교과서 편중 선택 우려 - 전학/편입생의 교과서 재구매 문제 * 전학할 때마다 교과서를 재구매하거나 교과서의 교육 내용이 달라지는 문제
기타	- 급변하는 지식 정보화 사회에 유기적으로 대처 가능	- 남북 분단의 이념적 갈등 상황과 다양한 가치관 등의 범람으로 자칫 사회 혼란을 가중

위의 표에 제시된 자유발행제의 단점은 국정제·검정제·인정제의 장점이라고 볼 수도 있다. 예를 들어, 자유발행제의 단점 가운데 '국가 수준의 교육과정 기준의 준수 문제'는 국정제의 장점에 해당한다. 왜냐하면 국정 교과서가 국가 교육과정을 엄격히 준수하여 편찬되므로 국가 교육과정의 미준수 문제에 직면할 가능성이 그만큼 적어지기 때문이다.

국가 교육과정을 가진 국가에서는 국정제만 채택하거나, 국정제의 보완 차원에서 검정제 또는 검정제·인정제만을 채택할 가능성이 높을까? 이 물음에는 국가 교육과정의 실현을 강조하는 국가일수록 국가 차원에서 자유발행제를 금지할 가능성이 있을 수 있다는 논리가 전제되어 있다. 그렇지만 실제로 세계 각국에서는 교과서 제도 가운데 두 가지 이상을 혼용하는 경우가 적지 않다. 또한, 국가 교육과정을 가진 국가에서 자유발행제를 채택한 경우도 적지 않다. 예를 들어, 아시아·동유럽·중남미의 국가

에서는 주로 국정제나 검정제를, 서유럽·북아메리카의 국가에서는 주로
자유발행제나 인정제를 채택하고 있다. 흥미로운 부분은 국가 교육과정을
가지고 있는 서유럽·북아메리카 국가의 상당수가 자유발행제나 인정제
를 채택하고 있다는 점이다. 이 내용은 아래의 표에서 확인할 수 있다.169)

<표 45> 세계 각국의 교과서 제도와 국가교육과정 제도 채택 현황

교과서 발행 유형		해당국가	
단독	혼용	국가교육과정 채택	국가교육과정 불채택
국정제		방글라데시, 베트남, 북한, 카자흐스탄, 필리핀	
	국정+검정	대만, 말레이시아, 싱가포르, 중국, 태국, 파키스탄(*)	
	국정+인정	인도네시아, 파라과이(*)	
	국정+자유발행	뉴질랜드, 인도	
	국정+검정+인정	일본, 한국	
	국정+검정+자유발행	멕시코	
검정제		도미니카, 러시아, 루마니아, 불가리아, 우즈베키스탄, 우크라이나, 이스라엘(*), 폴란드	독일, 오스트리아, 터키 (**): 모로코, 베네수엘라, 사우디 아라비아, 에콰도르, 체코, 칠레, 카타르
	검정+자유발행	페루	과테말라 (**): 브라질
인정제		벨기에(*)	미국, 오만, 이탈리아, 캐나다, 파나마
자유발행제		노르웨이, 아일랜드, 영국, 콜롬비아, 프랑스, 핀란드	네덜란드, 덴마크, 스웨덴, 스위스, 스페인, 호주

국가 교육과정을 가진 국가에서 자유발행제를 채택하고 있는 것을 보
면, 국정제·검정제가 인정제·자유발행제보다 국가 교육과정의 실현에
적합하다는 주장의 근거는 약하다고 할 수 있다. 물론 자유발행제도 '완전

169) 이길상, 앞의 글, 2009, 36쪽, 44-45쪽, 47쪽(36쪽, 45쪽의 표를 합성). (*) 표시는
원 논문에서 교과서 발행제도에 따른 해당국가에 포함되어 있지만 국가교육과
정 채택 여부 부분에 없는 경우임. (**) 표시는 원 논문에서 국가교육과정 채택
에 대한 구체적 정보가 없다는 이유로 불채택 국가로 분류한 경우임.

· 보통' 또는 '약한 · 보통 · 강한'이라는 표현으로 그 내용을 구별하듯이,[170] 여러 국가에서 동일한 명칭의 교과서 제도를 채택했다고 해도 그 내용을 동일시하기는 어렵다.[171]

세계 각국의 교과서 제도의 현황이 주는 시사점은 무엇일까? 그것은 교과서 제도와 국가 교육과정의 관계가 고정된 것이 아니라 상황에 따라 변할 수 있으므로 교과서 제도에 관한 생산적인 논의를 끊임없이 전개해야 한다는 점이다. 이를 위해서는 각 교과서 제도의 취지와 장단점이 무엇이고, 교과서 제도의 채택 기준이 무엇이고 그 기준을 누가 어떤 상황에서 어떤 의도로 마련했고, 그 판단이 현재와 미래에 여전히 적절한지 등 많은 물음이 필요하다.

한국의 상황을 정리해보면, 교과서 제도를 관장하는 부서는 교과용도서 업무를 담당하고 있는 교육부이다.[172] 그리고 <초 · 중등교육법>과 <동법

---

170) 이용재, 「유럽의 교과서 발행 제도-영국 · 프랑스 · 독일의 사례를 중심으로」, 『내일을 여는 역사』 35, 2009, 85쪽; 김재춘 · 김재현, 「교과서 자유발행제의 의미 탐색」, 『한국교육』 31-2, 2004, 299쪽.
171) 이용재, 위의 글, 83-86쪽. 예를 들어, 영국에서는 1988년에 교육개혁법(Education Reform Act)을 제정한 후에 1991년에 국가 교육과정이 처음 도입되어, 교육과 정의 연령별 학습 내용과 성취목표를 근거로 교과서가 제작되고, 그에 따라 교과서 제도가 '완전' 자유발행제에서 '보통' 자유발행제로 바뀐 바 있다.
172) <교육부와 그 소속기관 직제 시행규칙>(교육부령 제18호, 일부개정 · 시행 2013.12.12.) 제6조(교육정책실). 교과서기획과장의 업무 분장에는 '교과용도서 의 개발 기본계획의 수립 · 시행 및 관련 법령 · 제도 개선, 편찬 기준 및 집필 기준의 수정 · 보완, 구분 고시 및 절차, 교과용도서의 가격 결정, 발행 · 공급, 보상금 및 재활용, 그리고 교과용도서심의회의 구성 · 운영에 관한 사항'이 포 함된다. 한편, 교과서 발행제도와 관련하여, 일부 행정권한의 위임 사항도 있다. <행정권한의 위임 및 위탁에 관한 규정>(대통령령 제24852호, 타법개정 2013. 11.20. 시행 2013.12.12.) 제22조(교육부 소관) ⑥ 교육부장관은 <초 · 중등교육 법> 제29조제2항, <교과용도서에 관한 규정> 제5조 및 제26조에 따른 특수학교 국정도서의 편찬 및 수정에 관한 권한을 국립특수교육원장에게 위임한다. ⑦ 교 육부장관은 <초 · 중등교육법> 제29조에 따른 역사 교과용도서의 검정 · 인정에 관한 다음 각 호의 권한을 국사편찬위원회에 위임한다.

시행령>, <교과용도서에 관한 규정> 등의 법률을 근거로 국정제, 검정제, 인정제를 채택·병행하고 있다.[173] 교과서 제도의 비중은 국정제에서 검정제, 검정제에서 인정제로 점차 옮겨지고 있다. 그렇지만 아직까지 우선순위는, 비록 국정, 검정, 인정의 지위 혹은 사용 순서에 대한 근거가 부재하다는 지적이 있지만,[174] '국정제→ 검정제→ 인정제' 순이다. 즉, 국정제가 우선이고, 검정제와 인정제가 그 다음이다.[175] 그에 비해 자유발행제는 법률상으로 금지되고 있는 상황이다. 한국의 교과서 제도를 좀 더 살펴보면 다음과 같다.

우선, 국정제 형태는 국정 도서의 전량을 연구기관이나 대학 등에 위탁하여 연구·개발형으로 편찬하고 있는 위탁 저작형에 해당한다.[176] 국정도서의 선정 기준은 세 가지이다. 첫째, 국가 수준에서 기준과 통일을 기해야 할 교과(초등학교 전 교과, 국어, 문법 등), 둘째, 국가관, 민족 정체성 확립을 위해 과열된 논쟁이 조정·정리되어야 할 과목(국사) 또는 자유민주주의 체제의 존속, 이념적 혼란 극복이 필요한 교과(도덕), 셋째, 수요가 적어 출판사의 검정 신청이 없는 교과(실업계 전문교과, 특수학교 각 교과)이다.

다음으로, 검정제는 국가가 검정을 신청한 교과서에 대해 2회 이상의 심사를 진행하는 형태의 제도이다. 제1차 심사의 내용은 대상도서의 내용

---

173) <초·중등교육법>(법률 제12129호, 일부개정·시행 2013.12.30.) 제29조(교과용도서의 사용) ①, ②항; <초·중등교육법 시행령>(대통령령 제25050호, 타법개정 2013.12.30. 시행 2014.1.1.) 제55조(교과용도서의 사용); <교과용도서에 관한 규정>(대통령령 제24423호, 타법개정·시행 2013.3.23.) 제3조(교과용도서의 선정) ① 항.
174) 홍후조, 백경선, ≪교과서 발행 제도 개선 방안에 관한 연구 - 교과서 가격 및 검정 도서 책별 이익금 배분제와 발행제도를 중심으로≫(연구 보고서 2007-3), 한국교과서연구재단, 2008, ⅰ 쪽.
175) <교과용도서에 관한 규정>(대통령령 제24423호, 타법개정·시행 2013.3.23.), 제3조(교과용도서의 선정) ①항, 제16조(인정도서의 인정) ②항.
176) 곽병선 외, 앞의 책, 2004-6, 10쪽.

오류, 표기·표현 오류 등을 조사하는 '기초조사'이고, 제2차 심사의 내용은 국가가 검정기준에 따라 교과용도서로서의 적합성 여부를 심사하는 '본심사'이다. 그 과정에서 저작자가 국가의 수정 요구 사항을 수용해야 검정도서로 합격 승인을 받을 수 있다.[177]

다음으로, 인정제는 국정제와 검정제를 보완하는 형태의 제도이다. 왜냐하면 <교과용도서에 관한 규정> 제3조에 따라 먼저 국정도서를 사용하고, 국정도서가 없으면 검정도서를 선정·사용하고, 국정도서·검정도서가 없거나 국정도서·검정도서를 사용하기 곤란하거나 보충할 필요가 있을 때 인정도서를 사용해야 하기 때문이다. 인정심사의 방법, 합격결정, 이의신청 등에 대해서는 별도의 기준 없이 검정 심사기준을 준용하고 있다.[178]

법률상 인정도서의 범위는 교육부장관이 정해서 고시하는 교과목과 그이외의 교과목 두 가지이다. 교육부장관이 고시하는 교과목을 인정도서로 사용하려는 경우에는 학교장, 저작자, 발행자 또는 저작자와 발행자가 공동으로 해당 도서의 사용 학기일의 6개월 전까지 교육부장관에게 인정도서의 인정을 신청해야 한다. 교육부장관은 인정 신청을 받으면 교과용도서심의회의 심의를 거쳐 당해 도서의 인정기준을 정하게 된다.[179]

교육부장관이 고시하는 교과목 이외의 교과목을 인정도서로 사용하려는 경우에는 학교장이 해당 교과목의 교원자격을 가진 교원 중에서 지정 또는 위촉하는 3명 이상의 위원으로 구성된 학교인정도서추천위원회 및

---

177) <교과용도서에 관한 규정>(대통령령 제25185호, 일부개정·시행 2014.2.18.), 제9조(검정방법).
178) <교과용도서에 관한 규정>(대통령령 제25185호, 일부개정·시행 2014.2.18.), 제3조(교과용도서의 선정) ①항, 제9조(검정방법), 제10조(합격결정), 제10조의2(이의신청), 제16조(인정도서의 인정) ②항.
179) <교과용도서에 관한 규정>(대통령령 제25185호, 일부개정·시행 2014.2.18.), 제14조(인정도서의 신청) ①항, 제15조(인정기준), 제18조(교과용도서심의회의 설치).

학교운영위원회의 심의를 거쳐 학기 시작되는 날의 3개월 전까지 교육부장관에게 인정을 신청할 수 있다. 이 경우에는 별도로 교과용도서심의회의 심의를 거치지 않는다. 다만, 신청한 도서의 내용이 민주적 기본질서에 위배되거나 특정의 정당·종교를 지지하는 등 교과용도서로서 사용이 부적당하다고 우려되는 경우에는 교과용도서심의회의 심의를 거쳐야 한다.[180]

끝으로, 자유발행제는 <초·중등교육법>과 <교과용도서에 관한 규정>을 통해 법률로 제한되고 있다. 그 이유는 국가가 저작권을 가지고 있거나 교육부장관이 검정하거나 인정한 교과용도서에 한해 학교에서 사용할 수 있고, 교과용도서의 범위·저작·검정·인정·발행·공급·선정 및 가격 사정(査定) 등에 필요한 사항을 대통령령으로 정해야 한다는 내용이 <초·중등교육법>에 명시되어 있기 때문이다.[181] 그에 따라 <교과용도서에 관한 규정>에서도 '국정도서→ 검정도서→ 인정도서'라는 원칙이 고수되고 있다.

전반적으로 한국의 교과서 제도에 관해 평가한다면, 국정제, 검정제, 인정제의 병용 정책은 국가 교육과정을 구현할 수 있다는 장점을 갖고 있다. 그렇지만 이런 제도는 급변하는 지식 정보의 다양한 흐름을 신속하게 학습 내용으로 전환할 수 없다는 점, 교과서를 다양한 교수·학습 자료의 하나로 간주하기보다 경전처럼 취급하게 만든다는 점, 그리고 그로 말미암아 학습자의 다양성과 창의성을 기르는 데에 걸림돌이 된다는 점 등에서 비판을 받고 있기도 하다.[182]

최근, 한국의 교과서 제도에서 주목할 부분은 제7차 교육과정 시기에

---

180) <교과용도서에 관한 규정>(대통령령 제25185호, 일부개정·시행 2014.2.18.), 제14조(인정도서의 신청) ③항, 제16조(인정도서의 인정) ①항.
181) <초·중등교육법>(법률 제12129호, 일부개정·시행 2013.12.30.), 제29조(교과용도서의 사용) ①항.
182) 곽병선 외, 앞의 책, 2004, 1-2쪽.

도입된 '인정도서심의회 심의 없는 인정도서 제도'이다.183) 이 제도에 관해서는 자유발행제 도입의 전단계라거나, 인정도서의 예외 조치에 불과하다는 상반된 평가가 내려지고 있다.184) 그렇지만 1980년대 중반 이후부터 언론에서 자유발행제가 바람직하다는 논의가 전개되었고,185) 정부도 제7차 교육과정의 고시 직후에 국정교과서를 최소화하고 검·인정교과서를 대폭 확대한다는 '교과서 제도의 자율화 확대 방안'을 제시했다는 점을 고려하면, 이 제도의 취지는 자유발행제의 전단계일 가능성이 있다. 당시 정부도 초등학교 교과서를 점진적으로 검·인정 교과서로 전환하고, 장기적으로 모든 교과서의 자유발행제를 지향한다고 발표한 바 있다.186) 그 후, 교과서의 발행이 국정도서에서 검정도서로, 검정도서에서 인정도서로

---

183) '인정도서심의회 심의 없는 인정도서 제도'의 근거는 2000년 6월부터 개정·시행된 <교과용도서에 관한 규정> 제제23조의2이다. <교과용도서에관한규정> (대통령령 제16841호, 일부개정·시행 2000.6.19.) 제23조의2 (인정도서의 심사). 신설된 조항의 내용은 다음과 같다. "교육부장관은 제23조제3항의 규정에 의하여 인정신청을 받은 경우에는 제24조의2의 규정에 의한 교과용도서심의회의 심의를 거치지 아니하고 인정여부를 결정한다. 다만, 신청한 도서의 내용이 민주적 기본질서에 위배되거나 특정의 정당·종교를 지지하는 등 교과용도서로서 사용이 부적당하다고 인정되는 경우에는 교과용도서심의회의 심의를 거쳐야 한다."
184) 곽병선 외, 앞의 책, 2004, 19-20쪽. 이 제도는 급속히 변화하는 컴퓨터 관련 과목이나 개별 교육이 가능한 체육·예술·국제에 관한 전문교과 과목 가운데 교육부 장관이 지정한 78개 과목에 대해 당해 학교에서 별도의 교과용도서심의회의 심의를 거치지 않고 자체 심의를 통해 자율적으로 사용하도록 하였다 (같은 글, 19쪽.). 프랑스나 영국 등에서 실시하고 있는 자유발행제도 국가 혹은 교육청에서 정한 교육과정 기준을 준수하여 교과서를 개발해야 된다는 점에서 국가의 직·간접적인 구제에서 전혀 제약이 없는 것은 아니다(같은 글. 2쪽).
185) 「교과서 자유發行制 도입을 出協, '讀書교육의 진로' 세미나 主題 발표」, 『매일경제』, 1986.04.30.9면; 「교과서 자유발행제 촉구 제1회 교육출판 토론회」, 『한겨레』, 1988.07.30.7면; 「교과서 自由發行制 바람직」, 『동아일보』, 1988.08.01.8면; 「민주교과서제도 마련 심포지엄」, 『한겨레』, 1989.02.17.10면; 「주체성 상실한 교과과정 개편안」, 『한겨레』, 1991.10.13.12면 등.
186) 「초중고교 교육과정 개혁」, 『매일경제』, 1996.02.10.29면.

전환되는 추세에 있지만, 자유발행제가 언제 도입될지는 미지수이다.

2 인정도서의 심사기준

종교교과서는 언제부터 인정도서였을까? 종교교과서는 종교 교육과정
이 처음 제시된 제4차 교육과정이후부터 현재까지 인정도서로 분류되고
있다. 국가 교육과정의 다른 교양선택교과도 마찬가지의 상황이다. 인정
도서는 어떤 과정을 거쳐 발행되고 그 심사기준은 무엇일까? 이런 검토는
종교교과서가 인정도서로 승인되는 과정을 파악하는 데에도 필요하다.

일반적으로는 인정도서는 학교장이 신청하면 시·도교육청에서 인정
도서심의회를 구성하여 심의하게 된다. 그리고 인정도서로 승인을 받으면
인정도서로 발행되어 학교에 적용하게 된다. 인정도서의 발행 절차는 다
음과 같이 도식화되고 있다.187)

<표 46> 인정도서 발행 절차

인정도서의 심사 과정은 기초조사와 본심사로 구분되고 있다. 이 가운
데 기초조사는 내용이나 표기·표현 오류 등에 관한 검토, 본심사는 공통
심사기준과 교과 심사기준의 충족 여부에 대해 판단을 내리는 과정이다.
그 외에 인정도서 개발상의 유의점과 어문 규정의 준수 여부에 관해서도
판단하고 있다. 인정도서의 심사 업무 추진 절차는 다음과 같이 도식화되

---

187) 교육부, ≪검·인정 교과용도서 선정 매뉴얼≫, 교육부 교과서기획과, 2013,
3쪽.

고 있다.[188]

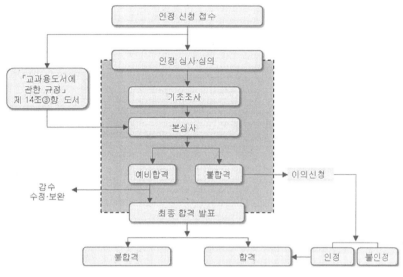

<그림 4> 인정도서 업무 추진절차

　위의 도식 가운데, '인정 신청 접수' 이전에는 '개발 예정자 조사→ 심사
계획 수립→ 심의회 구성' 과정이 있다. 본심사를 거쳐 최종 합격된 이후
에는 '인정 승인 및 통보→ NEIS 등록→ 전시·선정 및 주문→ 공급' 과정
이 있다.

　인정심사 가운데 가장 중요한 부분은 본심사라고 할 수 있다. 본심사에
서 인정도서의 합격 여부가 결정되기 때문이다. 본심사의 주요 내용은 무
엇일까? 그 내용을 구체적으로 살펴보면 다음과 같다.

　첫째, 본심사의 평가기준이다. 평가기준은 공통 심사기준과 교과 심사
기준으로 구성되어 있다. 이 가운데 공통 심사기준은 3개의 심사영역(헌
법 정신과의 일치, 교육의 중립성 유지, 지적재산권의 존중)에 따른 9개의

---

188) 교육과학기술부 외, ≪인정도서 업무 매뉴얼≫, 2011, 9쪽(도표 일부 수정).

심사기준이다. 공통 심사 영역과 기준의 내용은 다음과 같다.[189]

<표 47> 공통 심사 영역 및 기준

심사영역	심사기준
I. 헌법 정신과의 일치	1. 대한민국 임시 정부의 법통을 계승한 대한민국의 정통성을 부정하거나 왜곡·비방하는 내용이 있는가?
	2. 대한민국의 자유민주주의적 기본 질서와 이에 입각한 평화 통일 정책을 부정하거나 왜곡·비방하는 내용이 있는가?
	3. 대한민국의 국가체제인 민주공화국을 부정하거나 왜곡·비방하는 내용이 있는가?
	4. 대한민국의 영토가 한반도와 그 부속도서임을 부정하거나 왜곡·비방하는 내용이 있으며, 특별한 이유 없이 '독도' 표시와 '동해' 용어표기가 되어 있지 않은 내용이 있는가?
	5. 태극기를 부정하거나 왜곡·비방하는 내용이 있으며, 특히 태극기를 바르지 않게 제시한 내용이 있는가?
	6. 성별·종교 또는 사회적 신분에 의하여 정치적·경제적·사회적·문화적 생활의 모든 영역에 있어서 차별을 조장하는 내용이 있는가?
	7. 특정 국가, 인종, 민족에 대해 부당하게 선전·우대하거나, 왜곡·비방하는 내용이 있는가?
II. 교육의 중립성 유지	**8. 정치적·파당적·개인적 편견을 전파하거나, 특정 종교교육을 위한 방편으로 이용된 내용이 있는가?**
III. 지적 재산권의 존중	9. 타인의 공표되지 아니한 저작물을 표절 또는 모작하거나, 타인의 공표된 저작물을 현저하게 표절 또는 모작한 내용이 있는가?

이 공통 심사기준에서 6번째와 8번째 심사기준에는 종교 관련 내용이 담겨 있다. 이 가운데 '헌법 정신과의 일치 영역'에 속한 6번째 심사기준은 <헌법> 제11조과 <교육기본법> 제4조,[190] '교육의 중립성 유지 영역'에 속한 8번째 심사기준은 <교육기본법> 제6조[191])에 근거하고 있다.

---

189) 교육과학기술부 외, 《인정도서 업무 매뉴얼》, 교육과학기술부, 2011, 15쪽-16쪽, 75쪽(표); 교육부, 《검·인정 교과용도서 선정 매뉴얼》, 교육부 교과서기획과, 2013, 4쪽(표).

190) <대한민국헌법>(헌법 제10호, 전부개정 1987.10.29. 시행 1988.2.25.) 제11조 ①항; <교육기본법>(법률 제11690호, 타법개정·시행 2013.3.23.) 제4조(교육의 기회균등) ①항.

다음으로, 교과 심사기준은 3개의 영역(교육과정의 준수, 내용의 선정 및 조직, 내용의 정확성 및 공정성)에 따른 11개의 심사기준이다. 2011년에 제시된 교과 심사 영역과 기준의 내용은 다음과 같다.[192]

<표 48> 교과 심사 영역, 기준 및 배점(예시)

심사영역	심사기준	배점
Ⅰ. 교육과정의 준수	1. 교육과정에 제시된 '목표'를 충실히 반영하였는가?	30
	2. 교육과정의 '내용의 영역과 기준'을 충실히 반영하였는가?	
Ⅱ. 내용의 선정 및 조직	3. 내용의 수준과 범위가 적합한가?	40
	4. 내용 요소 간의 위계와 체계성을 가지고 있는가?	
	5. 단원의 전개, 구성 체제, 소재 및 제재가 타당하고 창의적인가?	
	6. 학습자의 자기 주도 학습이 가능하도록 내용을 조직하여 제시하였는가?	
Ⅲ. 내용의 정확성 및 공정성	7. 사실, 개념, 용어, 이론, 자료 등은 객관적이고 정확한가?	30
	8. 교과서 속의 평가 문항의 질문과 답에 오류는 없는가?	
	9. 사진, 삽화, 통계, 도표 및 각종 사례 등은 타당하고 정확하며 신뢰성이 있으며 출처를 분명히 제시하고 있는가?	
	10. 특정 국가, 민족, 이념, 인종, 성별, 역사, 문화, 종교, 신분, 계층, 인물, 상품, 단체 등에 대해 편파적인 관점이나 차별적 요소를 담지 않도록 공정하게 기술하고 있는가?	
	11. 한글, 한자, 로마자, 인명, 지명, 각종 용어, 통계, 도표, 지도, 계량 단위 등의 표기가 정확하며, 개발상의 유의점에 제시된 기준을 충실히 따랐는가?	
합계		100

둘째, 본심사의 평가 방식이다. 본심사에서는 공통 심사 결과와 교과 심사 결과를 합산하여 합격 여부가 결정된다. 그 가운데 공통 심사기준의 평가는 '있음'과 '없음'을 기재하는 방식, 교과 심사기준의 평가는 각 영역별로 점수를 산정하는 방식으로 이루어지고 있다. 교과 심사의 합격점은

---

191) <교육기본법>(법률 제11690호, 타법개정·시행 2013.3.23.) 제6조(교육의 중립성) ①, ②항.
192) 교육과학기술부 외, ≪인정도서 업무 매뉴얼≫, 2011, 16-17쪽, 76쪽.

100점 만점 기준에 총점 80점 이상이다. 본심사의 전체 합격 기준을 보면, 공통 심사기준을 모두 만족하고, 교과 심사기준 점수가 심사위원별 합산 점수가 평균 80점 이상일 때 예비 합격 판정을 받게 된다. 그렇지만 공통 심사기준에 하나라도 위배되거나 공통 심사기준을 모두 만족했더라도 교과 심사기준이 80점 미만이면 불합격 판정을 받게 된다.[193]

한편, 인정도서로 승인을 받으려면 앞서 지적한 기초조사와 본심사 이외에도 전체 10개 항목으로 구성된 유의점(공통)을 준수해야 하는 상황이다.[194] 인정도서 개발상의 유의점(공통)의 내용을 보면 1번째 항목부터 3번째 항목까지는 본심사 가운데 공통 심사기준의 3개 영역을 반복하고 있다. 그 내용은 '1. 헌법 및 관련 법령의 준수, 2. 교육의 중립성 유지, 3. 지적재산권 관련 법령 준수'이다.

그리고 4번째와 5번째 항목은 국가 교육과정의 구현과 교육 목표의 진술, 그리고 교육 내용의 선정과 조직에 관한 내용이다. 이 부분에서는 본심사의 한 부분인 교과 심사기준의 내용을 적지 않게 반복하고 있다. 그 내용은 다음과 같다.

4. 교육과정의 구현 및 목표 진술
○ 교육과정에 제시된 인간상, 구성방침, 교육목표를 충실히 구현하여야 한다.
○ 해당 교과 학습을 통하여 학생이 궁극적으로 달성하여야 할 학습목표를 학습자 중심으로 진술하여야 한다.
○ 구체적인 하위 목표는 학년군별, 영역별, 학습요소에 따라 특히 중점을 두어야 할 성취기준을 중심으로 제시하되 학생이 학습 후 갖추어야 할 성취역량을 중심으로 진술하여야 한다.

5. 내용의 선정 및 조직
○ 해당 교과의 목표, 내용, 방법, 평가 등에 제시된 사항을 충실히 반영하는

---

193) 위의 글, 24쪽.
194) 위의 글, 71-74쪽.

교육 내용을 선정하여야 한다.
- 교육과정을 바탕으로 하여 학습 내용을 정선하여 수준과 양을 적정화한다.
- 교육 내용은 해당 교과의 교육과정 단위 배당 기준에 맞추어 학습내용을 조직한다.
- 핵심적 지식, 기능, 태도(가치 및 규범 포함)와 주제, 제재, 소재 등을 교과의 특성에 알맞게 선정하여야 한다.
- 참신한 소재와 제재를 활용하되 창의성 발현될 수 있는 교수·학습 활동 및 평가로 구성되어야 한다.
- 상·하위 목표와 내용, 교수·학습 활동과 방법을 학년 간, 학기 간의 계열성과 교과 간의 관련성을 고려하여 조직하되 지나친 학습 내용의 중복이나 내용 전개상의 논리적인 비약이 없도록 유의한다.
- 교과서의 단원은 교수·학습 과정을 고려하여 교과의 특성과 단원의 성격에 적합하게 창의적으로 구성한다.
- 교과서의 각 단원은 학생들의 자기주도적 학습이 가능하도록 용어해설, 탐구과제, 선택학습 활동 등을 다양하게 포함시켜 구성한다.
- 학생의 개인차에 따라 효율적인 학습이 가능하도록 조직한다.

그에 비해 6번째와 7번째 항목은 교과서 내용의 표기와 인용의 정확성, 그리고 교과서의 외형 체제에 관한 내용이다. 그 내용은 다음과 같다.

6. 표기와 인용의 정확성
- 주요개념은 관련 학계에서 통설로 인정하는 최근의 것으로서 보편화된 것이라야 한다.
- 삽화, 도표, 통계 등의 자료는 공신력 있는 최근의 것으로서 교과내용에 적절한 것을 선정하고, 인용한 모든 자료는 인용한 출처를 밝힌다.
- 원칙적으로 교과용도서의 표기·표현은 최신 어문규정 및 "표준국어대사전(국립국어원)"에 따른다. 최신 어문규정 및 "표준국어대사전(국립국어원)"에 없는 표기·표현은 편수자료를 따른다.
- 인명, 지명, 각종 용어, 통계 도표, 지도 등의 기타 모든 자료는 최신 어문규정 "표준국어대사전(국립국어원)", 교육과학기술부 발행 최신 편수자료 및 공신력 있는 기관에서 발행하는 것을 활용하되 이들 자료가 모순되는 경우 하나의 자료를 선택하여 국·검정 교과용도서에 일관되게 적용되도록 한다.
- 우리나라 지도를 제시할 때는 '울릉도' 및 '독도'가 포함되고, '동해' 용어

표기가 바르게 기술된 지도를 사용하고, 특별한 사유가 없는 한 휴전선의 표시는 하지 않도록 한다. 또한 바르게 그려진 태극기의 그림을 사용하여야 한다.

○ 계량 단위 등은 국가 표준 기본법 등 관련 법규에 따르는 것을 원칙으로 한다.

○ 의미의 정확한 전달을 위하여 부득이한 경우 괄호 안에 한자나 외국문자를 병기할 수 있다.

7. 교과서의 외형 체제

○ 판형, 지질, 색도 등 외형체제는 교과별 특성을 고려하여 자율적으로 구성하되 교과 내용과 부합되는 양질의 사진·삽화를 사용하고 다양한 편집디자인 기법을 활용하여 학습동기를 유발하고 흥미를 높이도록 한다.

○ 집필진과의 대화 통로를 마련할 수 있도록 집필자실명제를 시행하고, 집필자명단을 단원별로 제시하는 것을 원칙으로 한다.

마지막으로, 8번째에서 10번째 항목까지는 연계도서와 통합 교과의 교과용도서를 개발할 때의 유의점, 범교과학습 내용의 종류, 기타 사항에 관한 내용이다. 그 내용은 다음과 같다.

8. 연계도서 및 통합 교과의 교과용도서 개발

○ 연계도서의 경우, 연계도서 간 교육 내용이 서로 유기적으로 구성되도록 교과용도서를 개발한다.

○ 통합교과는 통합의 기본 정신이 구현되도록 구성하여야 한다.

9. 범교과학습 내용의 반영

○ 민주 시민 교육, 창의·인성 교육, …, 성 교육, …, 한국 문화 정체성 교육, 국제 이해 교육, …, 장애인 이해 교육, 인권 교육, …, 다문화 교육, 문화예술 교육, …, 의사소통·토론중심 교육, 논술 교육, 한국 문화사 교육, 한자 교육, 녹색 교육 등을 관련 교과목의 내용에 따라 포함되도록 한다.

10. 기타 사항

○ 멀티미디어, 인터넷 웹 주소 등을 활용할 경우 관련 법규를 준수하여 다양하

게 활용하되, 공공 기관이나 단체에서 개설한 웹사이트 등을 활용한다.
○ 교과서의 집필기준이 있는 교과목(경제 등)이나 기존의 국·검정 교과용도
서 집필기준을 준용할 수 있는 교과목(국어, 도덕, 역사 등)은 이를 참조하
여 교육 내용과 수준을 정하고 내용의 타당성과 공정성을 제고한다.

지금까지 검토한 인정도서의 심사기준은 비교적 체계적이면서 엄격한
것으로 보인다. 그렇지만 인정도서의 질을 높이기 위해서는 검정도서의
검정 기준도 검토할 필요가 있다. 일반적으로 검정도서의 검정 기준이 인
정도서의 경우보다 구체적이라고 알려져 있기 때문이다.

우선, 검정도서의 심사 내용을 보면, 그 내용은 인정도서의 경우처럼
내용과 표기·표현의 오류 등을 조사하는 기초조사, 교과용도서의 적합성
여부를 심사하는 본심사, 그리고 유의점으로 나뉘어져 있다.[195] 이 가운데
본심사의 기준과 유의점의 내용은 인정도서의 경우와 유사하다. 이는 인
정도서의 심사기준이 검정도서의 검정기준을 준용했기 때문으로 보인
다.[196] 다만, 2012년의 교육부 예시 자료를 보면 검정심사의 평가기준은
인정도서의 경우보다 구체적으로 제시되고 있다.

다음으로, 검정 교과서의 평가 영역을 보면, '교육과정, 학습내용 선정,
학습내용 조직, 교수·학습 활동, 학습평가, 표현·표기 및 외형체제'의
6개 영역으로 구분되어 있다. 각 영역별 평가기준에 따른 평가항목은 인정
도서의 경우보다 세분화되어 있다. 평가기준의 구체적인 내용은 다음과
같다.[197]

---

195) <교과용도서에 관한 규정>(대통령령 제24157호, 타법개정·시행, 2012.11.6,)
　　제7조(검정실시공고), 제8조(검정신청), 제9조(검정방법), 제10조(합격결정), 제
　　10조의2(이의신청), 제11조(합격공고).
196) 한국교육과정평가원, ≪초·중등학교 교육과정 개정 고시(제2011-361호, '11.
　　08.09)에 따른 초·중등학교 검정 교과용도서 편찬상의 유의점 및 검정기준≫,
　　2011, 3-126쪽.
197) 교육과학기술부(교과서기획팀), ≪검·인정 교과용도서 선정 매뉴얼≫, 2012,
　　24-25쪽.

<표 49> (검정)교과서 평가기준 항목(예시)

영역	평가기준	평가항목
I. 교육 과정	교육과정 부합성	국가 교육과정의 과목의 성격 및 목표에 부합하고 있는가?
		국가 교육과정의 내용을 충실히 반영하고 있는가?
		국가 교육과정에 제시된 교수·학습 방법, 평가 내용을 충실히 반영하고 있는가?
	학습 분량의 적절성	학습 분량이 단원별로 균형 있게 구성되어 있는가?
		학습 내용이 주어진 전체 수업시수에 적절한가?
II. 학습 내용 선정	내용 수준의 적정성	학습자의 학년 수준에 맞는 학습 내용과 개념을 다루고 있는가?
		어려운 개념이나 용어를 이해하기 쉽게 설명하고 있는가?
	정확성	개념 및 이론이 정확하고 검증된 자료에 근거하고 있는가?
		출처가 명확하고 정확한 도표, 그림, 사진, 지도 등을 사용하고 있는가?
		지도 및 각종 통계 자료(표, 그래프)가 최신의 것인가?
	중립성	인물, 성, 종교, 이념, 민족, 계층, 지역 등과 관련하여 부정적 또는 일방적인 견해 등이 없는가?
		개방적이고 균형적인 관점과 사고를 가질 수 있는 내용을 다루고 있는가?
	학습동기 유발	학습자의 흥미를 유발하고 호기심을 자극할 수 있는 내용이나 소재를 다루고 있는가?
		학습자의 창의성을 자극할 수 있도록 내용을 구성하고 있는가?
III. 학습 내용 조직	**효과성**	학습 요소(학습목표, 도입, 본문, 정리, 그림 및 도표, 참고 자료 등)가 유용하게 구성되어 있는가?
		목차(대단원, 중단원, 소단원)의 배열순서가 논리적으로 정렬되었는가?
	단원, 학년간 연계 및 계열성	단원 간 내용의 단순 중복이나 비약이 없는가?
		학년간, 학교급간의 연계 및 계열성을 고려하고 있는가?
		학습의 내용 구성(본문, 활동 및 문제)이 유기적으로 연결되어 있는가?
	시각 자료의 체계성 및 효 과성	시각 자료는 학습 내용과 조화를 이루고 있도록 배치하고 있는가?
		시각 자료가 너무 복잡하지 않고, 학생들이 이해하기 쉽게 표현되어 있는가?
		시각 자료의 요소(캡션, 글, 색, 삽화, 도형 등)들이 명료하며 효과적으로 사용하고 있는가?
	자기 주도적 학습내용	학습 내용의 이해를 돕기 위한 참고 자료 및 관련 활동(인터넷 사이트, 멀티미디어, 정보 습득, 도서 읽기 등)들이 다양하게 안내되어 있는가?
		학생 수준별로 학습이 가능한 자료를 제시하고 있는가?
		학습 단계별(도입, 전개, 정리) 안내 및 지시사항이 명확하고, 이해하기 쉬운가?
IV. 교수 · 학습 활동	다양한 교수· 학습 활동	개별 혹은 소그룹 활동, 미디어 활용 등의 다양한 학습활동 및 방법을 안내하고 있는가?
		학습자의 참여를 증진시키는 다양한 학습활동(토의, 토론, 실험, 실습 등)을 제시하고 있는가?
	교수·학습 활 동의 유용성	실생활과 관련된 문제 상황을 해결하는 학습활동을 예시하고 있는가?
		학습 주제에 적절하며, 실현 가능한 학습활동 및 방법을 제시하고 있는가?
	학습 참고 자 료의 충실성 및 유용성	교과서 내의 참고자료(부록, 색인, 용어해설, 찾아보기 등)는 충분하고 유용한가?
		교과서 외의 참고자료(교사용지도서, 워크북, CD자료 등)는 충분하고 유용한가?
		학습내용에 적절한 소프트웨어, 교육 매체 등의 구현 및 활용이 편리한가?
V. 학습 평가	다양한 평가 활동	학습단계에 맞는 평가 방법(진단, 형성, 총괄 평가 등)을 안내하고 있는가?
		다양한 평가유형(선택형, 서답형, 수행평가 등)을 안내하고 있는가?
	종합적 사고력 평가	단순한 지식의 측정만이 아니라 문제해결능력, 논리적 사고력, 창의적 사고력 등을 측정하고 있는가?
		학생 스스로 점검할 수 있는 평가방법을 안내하고 있는가?
VI. 표현· 표기 및 외형체 제	표현·표기의 정 확성 및 가독성	문장이 명료하며, 어법(표준어, 외래어, 띄어쓰기 등)에 맞는가?
		전문 용어, 도량형 표기법 등이 현재 규정에 일치하는가?
	편집 디자인 및 내구성	지면 구성(자료 배치, 줄 간격, 여백, 색조 등)이 안정적인가?
		종이의 질 및 제본 상태는 양호한가?

앞의 평가기준에서 주목할 내용은 학습 내용의 조직 영역에 포함된 '효과성, 시각 자료의 체계성과 효과성, 자기 주도적 학습내용' 부분이다. 학습 내용의 체계적인 조직을 위해서는 내용 조직 원리인 '계속성, 계열성, 통합성' 이외에도 이런 부분이 강조되어야 하기 때문이다. 구체적으로 보면, 이 부분의 내용은 학습 요소의 구성의 유용성과 목차 배열순서의 논리성, 시각 자료의 명료성과 배치의 적절성, 그리고 참고 자료 및 관련 활동 제시의 다양성과 학습 수준별 자료 제시와 학습 단계별 안내 사항의 명확성·이해가능성 등으로 구성되어 있다.

한편, 인정도서의 제작·발행 과정에는 교육부가 2013년에 개최한 워크숍 자료의 내용에 포함된 교과서의 현장 적합성도 고려될 필요가 있다. 이런 현장 적합성을 갖출 때 교과서의 질적 위상이 높아질 수 있기 때문이다. 현장 적합성을 높이기 위해 워크숍 자료에 포함된 내용은 다음과 같다.

- 현장 적합성: 학교에서 교사와 학생들이 사용하기에 편리하고 적합한가?
- 풍부한 내용과 자료 탑재: 풍부한 사례와 근거자료, 설명자료, 사진, 삽화 등을 담았나?
- 학생 능력 계발과 자기주도적 학습에 도움이 되는 실질적인 지식과 정보를 제공했나?
- 쉽게 이해할 수 있고, 학습동기를 강화하는 구성·편집인가?[198)

③ 종교교과서와 인정도서

(1) 인정 과정

한국에서 교과서 제도는 대한제국 시기에 시작되었지만, 제4차 교육과정(1981.12.~1987.3.) 이전까지 종교교과서에 교과서 제도가 적용된 사례

---

198) 김형철, <2009 개정 교육과정에 따른 인정도서 개발 관련>, ≪인정도서 감수·심의·개발진 공동워크숍≫, 2013, 97쪽.

는 보이지 않는다.[199] 종교교과용도서가 제5차 교육과정(1987.3.~1992.6.)에서부터 인정도서로 승인을 받기 시작하였으므로 그 이전까지는 종립학교를 보유한 종교계에서 종교교과서를 자체 제작·활용하였다고 할 수 있다. 그리고 제6차 종교 교육과정에서 종교교과의 교육 목표, 내용, 교수·학습 방법, 평가 방법 등이 처음 제시되었으므로 종교교과서도 그 이후부터 국가 교육과정을 토대로 설계될 수 있었다고 볼 수 있다.

종교교과가 제5차 교육과정 시기에 인정도서로 승인을 받기 시작했다는 것은 무엇을 의미할까? 바로 종교교과서를 발행할 때 인정도서의 인정심사 절차와 기준을 준수해야 한다는 점이다. 그 이전까지 종교계에서 자체 제작·활용하던 종교교과서가 국가의 심사 대상이 된 셈이다. 그렇지만 2010년부터 종교교과서는 '심의 없는 인정도서'의 인정 절차를 적용받고 있다.

2010년부터 종교교과서가 '심의 없는 인정도서'가 된 이유는 무엇일까? 그것은 교육부가 2010년부터 인정제를 '심의 있는 인정도서'와 '심의 없는 인정도서'의 두 가지 방법으로 구분·운영하고, 고등학교의 교양선택 교과서 7종을 모두 '심의 없는 인정도서'로 분류하였기 때문이다. 여기서 '심의 있는 인정도서'는 국정·검정 교과서가 없거나 교과서 개발 계획이 없거나 교과서(지도서)의 사용이 곤란하여 새로 개발할 필요가 있는 교과용 도서를 말한다. 그리고 '심의 없는 인정도서'는 국정·검정도서나 이미 개발된 인정도서 외에 교육과정에 적합한 도서를 학교가 시중에서 구입하여 사용하거나 교육과정에 맞게 재구성하여 사용하거나 교육부장관이 정하는 과목의 도서를 말한다.[200]

---

199) 高橋濱吉, 앞의 책, 1937, pp.426-429. 기본적으로 조선총독부는 학교교육과 종교를 분리하고, 그에 따라 대체로 종교교육을 금지하는 입장을 가지고 있었다. 이런 입장은 조선총독부가 1915년의 <개정 사립학교규칙>을 통해, 비록 10년 정도의 유예를 주었지만, 사립학교에서 종교교육을 금지한 조치를 통해 확인할 수 있다.

200) 충청북도교육청, ≪2010. 인정도서 업무 처리 지침≫, 충청북도교육청[학교정

이런 '심의 있는 인정도서'와 '심의 없는 인정도서'의 절차상 차이는 무엇일까? 무엇보다 시·도교육청 인정도서심의회의 심의 여부이다. '심의 있는 인정도서'는 시·도교육청 인정도서심의회의 심의를 거쳐야 하지만, '심의 없는 인정도서'는 시·도 교육청 인정도서심의회의 심의를 거치지 않고 있다. 그리고 '심의 있는 인정도서'는 도서 사용 학기의 6개월 전, '심의 없는 인정도서'는 도서 사용 학기의 3개월 전에 인정도서의 인정을 신청한다는 차이도 있다. 양자의 내용은 다음과 같이 구분되고 있다.[201]

<표 50> 심의 있는 인정도서와 심의 없는 인정도서의 구분

구분	교육청 심의 있는 인정도서	교육청 심의 없는 인정도서
교과용도서에 관한 규정	제14조 제1항, 제15조, 제16조 제2항	제14조 제3항, 제16조 제1항
대상	교육부장관이 정하여 고시하는 교과목에 대해 인정도서 신청	교육부장관이 정하여 고시하는 교과목 외의 교과목에 대해 인정도서 신청
심의 여부	교과용도서심의회의 심의를 거쳐 당해 도서의 인정기준을 정함 * 교과용도서심의회: 교과용도서의 편찬·검정·인정·가격결정 및 발행 등에 관한 사항을 심의하는	교육부의 '교과용도서심의회' 심의를 거치지 않음. 다만, 신청 도서 내용이 민주적 기본질서에 위배되거나 특정 정당·종교를 지지하는 등 교과용도서로서 사용이 부적당하다고 우려되는 경우에는 교과용도서심의회의 심의를 거쳐야 함.
구분 고시문 표기	구분 고시문에 표기되지 않음	구분 고시문에 표기됨(교육부 장관이 정하는 195개 교과서, 지도서, 음원자료)
인정 신청기한	사용 학기가 시작되는 날의 6개월 전	사용 학기가 시작되는 날의 3개월 전

종교교과서의 인정은 어떻게 이루어질까? 그것은 해당 학교에서 종교

책과], 2010, 1-3쪽. 2010년에 '심의 없는 인정도서'로 분류된 도서는 중학교용 지도서 28종, 고등학교의 교양선택 교과서 7종과 지도서 35종, 그리고 전문교과의 교과서 258종이었다.

201) 김진영·이건재·이혜영·조난심, ≪교과용도서 국·검·인정 구분 준거 및 절차에 관한 연구≫(연구보고서 2010-2), 사단법인 한국검정교과서, 2010, 85-86쪽(86쪽 표 내용을 현재 규정에 맞게 수정함). 이 연구에 따르면, 심의 있는 인정도서와 심의 없는 인정도서를 구분하는 기준에 관한 논리적인 근거가 취약하다.

과목을 개설하고 도서 사용 학기의 3개월 전에 종교교과서의 인정을 신청하면 가능하다. 종교교과서는 교육부가 '심의 없는 인정도서'로 지정하고 있으므로 별도의 '과목 신설 승인 절차'나 '인정도서 개발 계획서 심사'의 대상이 아니다. 따라서 학교에서 교육과정에 없는 과목을 신설하여 교육감의 과목 신설 승인부터 받아야 하는 경우, 또는 '인정도서 개발 계획서'를 제출하고 심사에 합격하여 인정도서 인정을 신청하는 '심의 있는 인정도서'의 경우와 다르다고 할 수 있다.202)

구체적으로 보면, 종교교과서처럼 '심의 없는 인정도서' 사용 과목을 신설할 때에는 승인 신청에 필요한 서류를 제출하게 된다.203) 그 이후 시·도교육청은 '교육과정위원회'를 개최하여 과목 신설의 승인 여부를 결정하고, 그 결과를 도서 사용 학기 1개월 전까지 통보하게 된다. 과목 신설을 승인받은 학교에서는 교육과정 운영에 차질이 없도록 교과용도서를 준비하게 된다.

'심의 없는 인정도서'로 인정을 받으려면 '학교별 심의회'와 '학교운영위원회'의 심의를 거쳐 도서 사용 학기의 3개월 전까지 필요한 서류를 갖추어 인정을 신청해야 한다. '심의 없는 인정도서'의 경우에는 1·2차 심사와 인정도서심의회의 심의가 없지만, 별도의 검토위원이 신청 당시의 제작물을 검토하는 과정을 거치게 된다.204) 검토위원은 당해 과목 또는 도서에 관한 전문지식이 풍부한 대학교수, 초·중·고등학교의 교원, 교육전문직 가운데 4~5인으로 구성되고 있다.205) 심의 없는 인정도서 검토

---

202) 충청북도교육청, 앞의 책, 4-5쪽.
203) 위의 글, 6-7쪽. 과목 신설 승인을 위해 필요한 서류는 '가) 과목 신설 승인 신청서 1부, 나) 교육과정 편성표 1부(해당 과목 편성), 다) 신설 과목의 교육과정 1부, 라) 교재 활용 계획 1부' 등 4가지였다.
204) 이 과정에서 신청 도서의 내용이 민주적 기본질서에 위배되거나 특정의 정당·종교를 지지하는 등 교과용도서로서 사용이 부적당하다고 우려되면 규정에 의거하여 인정도서심의회의 심의를 거치게 된다.
205) 충청북도교육청, 앞의 책, 7-9쪽. 심의 없는 인정도서의 인정을 신청할 때 필요

기준 및 심사표의 내용은 다음과 같다.206)

<표 51> 심의없는 인정도서 검토 기준 및 심사표(<서식 1>)

심사번호 :
도 서 명 :
검토위원 :

구분	검 토 기 준	적합	부적합	비고
공통기준	1. 국가 체제를 부정하거나 비방하는 내용이 있는가?			
	2. 특정 종교 국가, 지역, 단체 등에 대한 선전, 옹호·우대, 비방·왜곡 등 내용이 있는가?			
	3. 각종 현행 법령에 저촉되는 내용이 있는가?			
	4. 교육법, 교육과정에 제시된 목적 및 목표에 위배되는 교육 내용이 포함되어 있는가?			
	5. 교과서 내용 구성에 있어 현저하게 표절 또는 모작된 내용이 상당부분을 차지하는 등 독자적인 창작물로 볼 수 없는 사유가 있는가?			
	6. 학문상 오류나 정설화되지 아니한 저작자의 개인적 편견이 포함되어 있는가?			
기타 의견				

※ 1.검토 기준 5개 사항 중 하나라도 '부적합'이 있으면 '부적격'/ 2. "부적합 항목 유무"란 : 부적합이 있는 경우에는 '있음'란에 부적합한 항목의 개수를 표시하고, 없는 경우 '없음'란에 ○표 / 3. '부적격' 표시가 하나라도 있으면 인정도서심의회의 심의를 통하여 인정을 불허할 수 있다.

한 서류는 '가) 심사본 7부. 나) 심의 없는 인정도서 인정 신청서 1부. 다) 인정 도서 사용의 필요성 및 사유 1부. 라) 인정도서 사용 계획서 1부. 마) 학교의 자체 검토 의견서 1부, 바) 학교교육과정위원회 및 학교운영위원회 심의 결과 사본 각 1부. 사) 저작자 이력서 각 1부. 아) 책별 정가 계산서 1부. 자) 출판사 등록 증명서(학교장 사본 증명) 1부. 차) 출판사가 최근 3년간 발행한 도서 목록 1부. 카) 인정도서 출판에 관한 약정서 1부. 타) 서약서(집필자) 1부' 등 12가지 였다. 다만, 시중 도서이거나 학교 자체 개발 교재인 경우에 필요한 서류는 가)~사)항이다.
206) 서울특별시교육연구정보원 홈페이지(http://www.serii.re.kr)의 '2010 하반기 심 의없는 인정도서 검토위원 서식' 참조. 다만, 도교육청별로 양식에는 다소의 차이가 있다(위의 글, 36-37쪽.).

<표 52> 심의없는 인정도서 검토 집계표(<서식 2>)

심사번호							
도 서 명							
검토위원	부적합 항목 유무		적격 여부		확인 서명		
	있음	없음	적격	부적격			
					판정		
				이 기	확 인	위원장	

<표 53> 수정 검토서(개인) <서식 3>

○ 심사번호 :
○ 도 서 명 :
○ 심사위원 :　　　　　　(인)

쪽	수정할 내용	수정 지시 사항	비 고

※ 수정검토서(개인)가 2매 이상일 경우, 간인 날인하거나 서명한다.

<표 54> 수정 검토서(종합) <서식 4>

○ 심사번호 : ○ 도 서 명 :	검토위원 :　　　　(인) 검토위원 :　　　　(인) 검토위원 :　　　　(인)		
쪽	수정할 내용	수정 지시 사항	비 고

※ 수정검토서(종합)가 2매 이상일 경우, 검토위원장이 간인 날인하거나 서명한다.

(2) 종교교과서의 시기별 인정

일반적으로 교과서는 국가 교육과정이 확정·고시된 후 그 적용 시점에 맞추어 제작되고 있다. 인정도서의 인정 신청도 국가 교육과정의 적용 시점에 맞추어 이루어지고 있다. 국가 교육과정의 적용 시점을 제4차 교육과정 이후부터 정리하면 아래의 표와 같다.207) 제4차 교육과정부터 국가 교육과정의 적용 시점을 정리한 이유는 당시부터 종교 교육과정이 제시되었기 때문이다.

<표 55> 국가 수준 교육과정의 고시 및 적용 기간

고시	적용 (교육과정의 '부칙' 부분)
제4차 : '81.12.31-'87.03.30 * 국민학교, 중학교, 고등학교 (문교부 고시 제442호, 1981.12.31.)	- 국민 : 1982.3.1. (도덕과, 사회과 제외한 4, 5, 6학년은 1983.3.1.) - **중학교 : 1984.3.1. (도덕, 국사 과목 시행은 1982.3.1.)** - 고등학교 : 1984.3.1(신입생). (국민윤리, 국사 과목 시행은 1982. 3.1.)
제5차 : '87.03.31-'92.06.29 * 국민학교(문교부 고시 제87-9 호, 1987. 6. 30.) * 중학교(문교부 고시 제87-7 호, 1987.3.31.) * 고등학교(문교부 고시 제88-7 호, 1988.3.31.)	- 국민 : 1989.3.1. (4, 5, 6학년은 1990.3.1.) - **중학교 : 1989.3.1(신입생). (국사는 1989.3.1.부터 시행)** - 고등학교 : 1990.3.1(신입생) * 기존의 문교부 고시 제442호 중 별책 3(중학교), 제83-1호, 제83-4호는 1989년 2월 28일로 폐지. 문교부 고시 제442호 중 별책 4(고등학교), 제85-10호, 고시 제442호 중 별책 13(고등기술학교)은 1992년 2월 28일로 폐지.
제6차 : '92.06.30-'97.12.29	- 중학교 1995년 3월 1일 신입생부터 시행 - 고등학교 1996학년도부터 편성·운영 * 문교부 고시 제87-7호 중학교 교육과정은 1995년 2월 28일로 폐지
제7차 : '97.12.30-'07.02.27	- 2000.3.1 : 초 1, 2 / - 2001.3.1 : 초 3, 4, 중 1 - **2002.3.1 : 초 5, 6, 중 2, 고 1** / - 2003.3.1 : 중 3, 고 2 - 2004.3.1 : 고 3 * 교육부 고시 제1992-16호(초등), 제1995-7호(초등)는 2002년 2월 28일, 제1992-11호(중학교)는 2003년 2월 28일, 제1992-19호(고등)는 2004년 2월 29일로 폐지.
2007 개정 : '07.02.28-'09.12.23	- 2009.3.1 : 초 1, 2 / - **2010.3.1 : 초 3, 4, 중 1** - **2011.3.1 : 초 5, 6, 중 2, 고 1** / - 2012.3.1 : 중 3, 고 2 - 2013.3.1 : 고 3 * 단, 수학과 및 외국어과(영어) 교육과정은 교육인적자원부 고시 제2006-75호(2006.8.29) 의거 시행.
2009 개정 : '09.12.23-'11.08.08	- **2011.3.1 : 초 1, 2, 중 1, 고 1** / - 2012.3.1 : 초 3, 4, 중 2, 고 2 - 2013.3.1 : 초 5, 6, 중 3, 고 3 * 단, 2012년부터 적용되거나, 2011.3.1-2014.2.28까지 적용되는 고교 보통 교과 과목 있음.

207) 각 교육과정 참조. 제5차 중학교 교육과정(문교부 고시 제87-7호)의 적용 시점은 국가기록원 홈페이지(http://www.archives.go.kr/)에 있는 『대한민국정부 관보』 제10599호, 총무처, 1987(3.31.), 5쪽 참조. 제1차('54.04.20-'63.02.14.), 제2차('63. 02.15-'73.02.13.초·중/ '74.12.31.고), 제3차('73.02.14-'81.12.30.) 교육과정은 종교 교육과정과 무관하여 생략함.

고시	적용 (교육과정의 '부칙' 부분)
2011 개정 : '11.08.09-현재 * 교육과학기술부 고시 제 2012-14호(2012.7.9.), 제2012 - 31호(2012.12.13.)	- **2013.3.1 : 초 1, 2, 중 1, 고 1(영어)** - **2014.3.1 : 초 3, 4, 중 2, 고 1, 2(영어)** - 2015.3.1 : 초 5, 6, 중 3, 고 2, 3(영어) - 2016.3.1 : 고 3 * 단, 고교 '한국사' 과목의 필수이수는 2012학년도 1학년부터 적용
2013 개정 : '13.12.18-현재 * 교육부 제2013-7호 (2013.12.18.)	- **2014.3.1. 신입생부터 시행.** * <u>교육인적자원부 고시 제2007-79호, 교육과학기술부 고시 제2008-148 호, 제2008- 160호, 제2009-10호</u> 초·중등학교 교육과정은 <u>2016년 2월 28일로 폐지.</u> - 「훈령·예규 등의 발령 및 관리에 관한 규정」(대통령훈령 제248호)에 따라 이 고시의 폐지, 개정 등 <u>조치 기한은 2017년 2월 28일까지.</u>

위의 표를 보면, 각 교육과정이 학교급별 및 학년에 적용되는 시점은 동일하지 않다. 그렇지만 대체로 국가 교육과정은 새 교육과정이 확정·고시된 후 약 2~3년부터 순차적으로 적용되고 있다. 교육과정의 적용 시점을 보면, 제4차 교육과정은 1984~1988년에 중학교, 1984~1989년에 고등학교, 제5차 교육과정은 1989~1994년에 중학교, 1990~1995년에 고등학교, 제6차 교육과정은 1995~2000년에 중학교, 1996~2001년에 고등학교에 적용된 바 있다. 그리고 제7차 교육과정은 2001~2009년에 중학교, 2002~2010년에 고등학교에 적용된 바 있다.

다만, 2007년 교육과정 이후부터 교육과정이 자주 바뀌면서 적용 시점이 짧아지고 있다. 특히 고등학교의 경우에는 기존 교육과정과 새 교육과정의 적용 기간이 겹치는 경우도 생기고 있다. 예를 들어, 교육과정이 중학교 1학년에 적용되는 시점을 보면, 2007년 교육과정은 2010년, 2009년 교육과정은 2011년, 2011년 교육과정은 2013년이다. 2013년 교육과정은 2014년 신입생부터이다. 그에 비해 교육과정이 고등학교 1학년에 적용되는 시점을 보면, 2007년과 2009년 교육과정은 모두 2011년이다. 결과적으로 2011년에 2007년 교육과정이 아니라 2009년 교육과정의 적용을 받고 있다. 그리고 '영어' 교과를 제외하면 2011년과 2013년 교육과정도 2014년 3월부터 적용되고 있다.

이런 적용 시점의 변화에서 종교교과서는 언제부터 국가 교육과정을 반영한 인정도서가 되었을까? 종교교과가 교양선택교과였던 제5차 교육과정부터이다. 제4차 교육과정 시기에 종교교과서가 인정된 사례는 보이지 않는다. 그리고 제6차 교육과정 시기부터 종교교과서의 인정 사례는 증가되고 있다. 물론 제6차 교육과정 이전까지 종교 교육과정이 없었으므로 국가 교육과정을 반영한 종교교과서의 인정 사례는 제6차 교육과정 시기에 처음 나타났다고 해도 과언이 아니다. 종교교과서의 인정 사례를 구체적으로 살펴보면 다음과 같다.

우선, 제4차 교육과정(1981.12.~1987.3.)의 경우이다. 자유선택교과에 종교교과를 포함한 이 교육과정은 1984년부터 중학교와 고등학교에 순차적으로 적용되고 있다. 그렇지만 종교교과서가 1984년 직전에 인정도서로 승인된 것은 아니다. 제4차 교육과정에 종교교과의 편제와 시간 배당만 있었으므로 종교 교육과정을 반영한 종교교과서의 개발과 인정도서 신청은 현실적으로 불가능했다고 할 수 있다.[208]

다음으로, 제5차 교육과정(1987.3.~1992.6.)의 경우이다. 이 교육과정에서 종교교과는 교양선택교과였지만, 제4차 교육과정의 경우와 마찬가지로 종교 교육과정이 아예 없었으므로 종교 교육과정을 반영할 수 없었다고 할 수 있다.[209] 그럼에도, 이 시기에는 다소의 변화가 보이고 있다. 제5차 교육과정이 고등학교 신입생에 적용되는 1990년을 겨냥하여 종교교과서의 인정 사례가 나타났기 때문이다. 예를 들어, '한국기독교학교연맹'에

---

208) 다만, 제4차 교육과정에서 종교교과가 포함된 것은 '교과서 제목의 통일'이라는 면에서 중요한 의미가 있다. 제4차 교육과정 이전에는 종교수업 관련 교재의 명칭에 특정 종교 명칭이 사용되거나 다른 표현이 사용되고 있었다. 그렇지만 제4차 교육과정부터는 교과서 제목에 '종교'라는 표현이 반영되어야 했다. 그에 따라, 제4차 교육과정 이후에 종교교과서의 인정도서 명칭은 '종교' 또는 '종교(불교)', '종교(천주교)', '종교(기독교)', '종교(원불교)' 등이 되고 있다.
209) 교육부, ≪고등학교 교육과정 해설 - 교양 -≫(교육부 고시 1997-15호), 125-126쪽.

서 1989년에 <종교(기독교)>, '불교교육연합회'에서 1991년에 <종교(불교)>, 가톨릭에서는 1993년 2월에 <종교(천주교)>를 펴낸 바 있다. 또한, 1993년에는 한국기독교학교연맹에서 <종교(기독교)>를 개편하여 1993년 9월에 인정 신청을 하고, 동년 12월에 인정도서 승인을 받은 바 있다.[210] 제5차 교육과정 당시의 종교교과서의 인정도서 현황은 다음과 같다.[211]

<표 56> 제5차 교육과정 시기의 고교 '종교' 교과서 인정도서 (고교 적용: 90-95년)

종교 전통	교과서 명칭	인정번호 및 인정연월일	기획·저작	비고 (출판 연도)
개신교	고등학교 종교(기독교) 상·중·하	인정번호: 89-001(89.2.27.)	한국기독교학교연맹	1990
	고등학교 종교(기독교) 상·중·하	인정번호: 93-025(93.12.7.)	한국기독교학교연맹	1994
불교	종교(불교)	미확인	불교교육연합회	1991
천주교	종교(천주교)	인정번호: 93-020(95.12.29)	가톨릭교육재단협의회	1993.2.

그렇지만 이 시기에는 종교 교육과정이 없었으므로 종교교과서와 관련하여 두 가지 문제가 있었다고 할 수 있다. 첫 번째는 종교 교육과정이 없던 상황에서 당시 노태우정부가 종교교과서를 인정도서로 승인한 기준이 분명하지 않다는 점이다. <종교(기독교)>의 경우에도 한국기독교학교연맹에서 1988년 5월에 종교교과서의 인정을 신청하여 1989년 2월에 승인을 받은 것이지만,[212] 당시 종교 교육과정이 없었으므로 그 인정 기준은

---

210) 한국기독교학교연맹(http://www.kfcs.or.kr/index_history.htm)의 90년대 연혁; 「종교교육 편향 벗을까」, 『한겨레』, 1993.02.14.9면. 이 보도에 따르면, <종교(기독교)>와 <종교(불교)>는 1993년 당시 약 140여개 종립 고등학교에서 사용되었다고 한다. 한편, 1993년은 제6차 교육과정이 확정·고시된 다음 해에 해당하지만 제6차 교육과정이 적용되기 이전이므로 제5차 교육과정 시기에 포함시킨 것이다.

211) 한국기독교학교연맹(http://www.kfcs.or.kr/index_history.htm)의 80년대 연혁; 「종교교육 편향 벗을까」, 『한겨레』, 1993.02.14.9면.

모호했다고 할 수 있다.

　두 번째는 인정도서로 승인된 종교교과서와 국가 교육과정의 구현 사이에 존재하는 간극이다. 종교 교육과정이 없던 시기에 종교교과서가 인정도서로 승인되었다면, 그 교과서와 국가 교육과정의 구현 사이에는 간극이 있을 수밖에 없기 때문이다. 그와 관련하여, 1993년에는 <종교(기독교)>(1989)와 <종교(불교)>(1991)에 대해 '그동안 종립학교에서 벌여 왔던 선교·포교 차원의 종교교육을 교육부의 교양 선택 지정에 맞춰 제도화한 것으로, 교양교재로 널리 쓰이기에는 한계를 지니고 있다.'는 평가, 그리고 <종교(천주교)>(1993)에 대해 '편향되지 않게 서술하기 위해 노력한 점이 돋보이지만 아직도 천주교에 치중되어 있다.'는 평가를 받은 바 있다.213)

　다음으로, 제6차 교육과정(1992.6.~1997.12.)의 경우이다. 이 시기에 큰 변화는 종교 교육과정을 반영한 인정도서의 증가 경향이라고 할 수 있다. 이런 경향은 제6차 교육과정이 중학교 신입생에게 적용된 1995년, 고등학교에 적용된 1996년부터 나타났다고 할 수 있다. 그렇다면 이 경향이 나타난 이유는 무엇일까? 그 이유는 이 시기에 종교 교육과정이 처음 제시되었다는 데에서 찾을 수 있다. 종교 교육과정이 제시되면서 국가 교육과정을 반영한 종교교과서의 개발이 가능해졌기 때문이다. 제6차 교육과정을 반

---

212) 한국기독교학교연맹(http://www.kfcs.or.kr/index_history.htm)의 80년대 연혁.

213) 「종교교육 편향 벗을까」, 『한겨레』, 1993.02.14.9면. 이 기사에 따르면, 1993년 3월부터 가톨릭재단 산하 35개 고등학교 가운데 약 70%가 사용할 것으로 예상된 1993년판 고등학교용 <종교(천주교)>의 경우, 약 44%의 내용을 다른 종교에 할애해 획기적인 편찬이라는 평가를 받았다. 이 교과서에서 '유교, 불교, 이슬람교 등 10개의 타종교 집필 부분은 해당 종교 연구자들에게 자문을 받아 서술했다고 한다. 그렇지만 "종교 등 교양선택과목이 사용하는 인정교과서 심의는 1종·2종 교과서와 달리 제작자들이 만든 내용을 수정하는 정도"였고, "가톨릭 교과서가 편향되지 않게 서술하기 위해 노력한 점은 돋보이지만 아직도 천주교에 치중돼 있다"고 한다(교육부 사회과학편수관실의 김걸 교육연구관).

영한 종교교과서의 인정도서 현황은 다음과 같다.[214]

<표 57> 제6차 교육과정 시기의 고교 '종교' 교과서 인정도서(고교 적용: 96-01년)

종교	교과서 명칭	인정번호 및 인정연월일	기획·저작	발행	비고
불교	종교(불교)	95-021(95.12.29)	불교교육연합회	도서출판 대원정사	서울
	종교(불교)	95-022(95.12.29)	대한불교진각종 교재편찬위원회	도서출판 만다라	상동
천주교	종교(천주교)	95-020(95.12.29)	가톨릭교육재단협의회	분도출판사	상동
개신교	종교(기독교) 상	96-015(96.7.23)	한국기독교학교연맹	한국기독교학교연맹	상동
	종교(기독교) 중	96-016(96.7.23)	한국기독교학교연맹	한국기독교학교연맹	상동
	종교(기독교) 하	96-017(96.7.23)	한국기독교학교연맹	한국기독교학교연맹	상동
	종교(기독교) 상	96-073(96.12.19)	대한예수교장로회총회교육부	한국장로교출판사	상동
	종교(기독교) 중	96-074(96.12.19)	대한예수교장로회총회교육부	한국장로교출판사	상동
	종교(기독교) 하	96-075(96.12.19)	대한예수교장로회총회교육부	한국장로교출판사	상동
통일교	종교 1	95-018(95.12.29)	세계기독교통일신령협회	학교법인 선화학원	상동
	종교 2	95-019(95.12.29)	세계기독교통일신령협회	학교법인 선화학원	상동
재림교	종교 상	96-018(96.7.23)	제칠일안식일예수재림교 (집필: 김상래)	시조사	상동
	종교 중	96-019(96.7.23)	제칠일안식일예수재림교 (집필: 김상래)	시조사	상동
	종교 하	96-020(96.7.23)	제칠일안식일예수재림교 (집필: 김상래)	시조사	상동

앞의 표를 보면, 이 시기에 인정도서의 발행 주체가 다양해졌다는 것을
확인할 수 있다. 예를 들어, 세계기독교통일신령협회에서 발행한 <종교(1,
2)>, 제칠일안식일예수재림교에서 발행한 <종교(상, 중, 하)>가 여기에 해
당한다. 천도교에서도 천도교중앙총부 교서편찬위원회의 감수를 거쳐

---

214) 신광철, 「종교교과서 개발의 현황과 과제 -교육과정의 영향을 중심으로-」, 『종
교교육학연구』 37, 2011, 7쪽(<표 1>). 다만, 이 표에서 제칠일안식일예수재림
교의 <종교> 상·중·하 부분을 보완하였다.

1997년 2월에 총 204쪽 분량의 고등학교용 <종교(천도교)>를 발행한 바 있지만, 위의 표에 포함되어 있지 않다. 당시 천도교 측에서 이 교과서의 인정을 신청했는지의 여부를 확인할 수 없고, 현재까지도 인정도서가 아니기 때문이다.[215]

다음으로, 제7차 교육과정(1997.12.~2007.2.)의 경우이다. 이 시기에도 종교교과서의 인정 사례가 증가 경향을 보이고 있다. 그 이유는 새로운 종교 교육과정이 제시되었을 뿐 아니라 이 교육과정의 적용 기간이 길었다는 데에서 찾을 수 있다. 이 교육과정이 고등학교에 적용된 기간은 총 9년인데, 순차적으로 2002년에 1학년, 2003년에 2학년, 2004년에 3학년에 적용되어 2010년까지 지속되고 있다. 따라서 각 종립학교에서는 새 교육과정을 반영한 종교교과서가 필요했다고 할 수 있다.

당시 고등학교용 종교교과서의 상황을 보면, 교과서는 각각 <종교(원불교)>, <종교(불교)>, <종교(가톨릭)>, <종교(기독교) 1·2·3>, <종교(기독교) 상·중·하>라는 명칭으로 발행되고 있다. 그리고 종교에 따라 개신교의 경우에는 한국기독교학교연맹과 대한예수교장로회총회교육부, 불교의 경우에는 불교교육연합회, 가톨릭의 경우에는 가톨릭교육재단협의회 등이 종교교과서의 제작 과정에 관여하고 있다. 이 시기에 인정도서로 승인된 종교교과서 현황은 다음과 같다.[216]

---

215) 2003년에 재판된 이 교과서의 저작권자는 천도교교육자회였다.
216) <2012년 시도교육청 인정도서 목록>(한국검인정교과서, http://www.ktbook.com); <2000~2009.2.26. 전국 시도교육감 인정도서 현황>(한국교과서연구재단, http://www.textbook.ac/index.jsp). 원불교 교육부에서 발행한 종교교과서를 참조하여 인정도서 목록에서 원불교 부분을 보완하였다.

<표 58> 제7차 교육과정 시기의 고교 '종교' 교과서 인정도서(적용: 02-10년)

도서명	사용학년	인정번호	인정년월일	심의있는/심의없는	판형	쪽수	저작권자	발행인	비고
종교(원불교)	전	2000-001	00.09.08	심의있는		223	나상호	원불교출판사	전북
종교(기독교) 1	1	2002-035	02.01.08	심의있는	국판	158	이원설	생명의말씀사	서울시
종교(기독교) 2	2	2002-036	02.01.08	심의있는	국판	134	이원설	생명의말씀사	상동
종교(기독교) 3	3	2002-037	02.01.08	심의있는	국판	150	이원설	생명의말씀사	상동
종교(기독교) 상	전	2002-038	02.01.08	심의있는	신국판	164	김종희	한국장로교출판사	상동
종교(기독교) 중	전	2002-039	02.01.08	심의있는	신국판	180	김종희	한국장로교출판사	상동
종교(기독교) 하	전	2002-040	02.01.08	심의있는	신국판	180	김종희	한국장로교출판사	상동
종교(가톨릭)	전	2002-041	02.01.08	심의있는	4×6배판	172	이문희	가톨릭문화원	상동
종교(불교)	전	2002-042	02.01.08	심의있는	4×6배판	256	서윤길	조계종출판사	상동
고등학교 종교(기독교) (상)	1	2006-075	06.02.02	심의있는	4×6배판	124	김치성	한국장로교출판사	상동
고등학교 종교(기독교) (중)	2	2006-076	06.02.02	심의있는	4×6배판	136	김치성	한국장로교출판사	상동
고등학교 종교(기독교) (하)	3	2006-077	06.02.02	심의있는	4×6배판	116	김치성	한국장로교출판사	상동
고등학교 종교(기독교) 상	1	2006-078	06.02.02	심의있는	4×6배판	156	이원설	생명의말씀사	상동
고등학교 종교(기독교) 중	2	2006-079	06.02.02	심의있는	4×6배판	156	이원설	생명의말씀사	상동
고등학교 종교(기독교) 하	3	2006-080	06.02.02	심의있는	4×6배판	156	이원설	생명의말씀사	상동
고등학교 종교(불교)	전	2009-018-심	09.01.22	심의있는	4×6배판	292	김무생	도서출판 해조음	상동

한편, 이 시기에는 중학교용 종교교과서의 인정 사례가 보이고 있다. 그렇지만 중학교의 종교교과교육에 해당한 종교 교육과정이 없었으므로 중학교용 종교교과서의 인정 사례는 특이한 현상이라고 할 수 있다. 종교 교육과정이 처음 제시된 제6차 교육과정에서부터 종교 교육과정은 고등학교의 종교교과교육에만 해당했기 때문이다. 당시 발행된 중학교 종교교과서의 인정 현황은 다음과 같다.217)

<표 59> 제7차 교육과정 시기의 중학교 '종교' 교과서 인정도서(적용: 01-09년)

도서명	학년	인정번호	인정년월일	심의있는/심의없는	판형	쪽수	저작권자	발행인	비고
종교(불교) 1학년	1	2000-010	2000.01.21	심의있는	국판	148	진각종교 재편찬위원회	경서원	서울시
종교(불교) 2학년	2	2000-011	2000.01.21	심의있는	국판	144	상동	상동	상동
종교(불교) 3학년	3	2000-012	2000.01.21	심의있는	국판	168	상동	상동	상동
종교	전	2001-027	2001.08.26	심의있는	4×6배판	156	안병초	카톨릭문화원	상동
종교(기독교) 1	1	2002-026	2002.01.08	심의있는	국판	182	이원설	생명의말씀사	상동
종교(기독교) 2	2	2002-027	2002.01.08	심의있는	국판	182	이원설	생명의말씀사	상동
종교(기독교) 3	3	2002-028	2002.01.08	심의있는	국판	166	이원설	생명의말씀사	상동
종교(기독교) 상	1	2002-029	2002.01.08	심의있는	국판	156	김종희	한국장로교출판사	상동
종교(기독교) 중	2	2002-030	2002.01.08	심의있는	국판	156	김종희	한국장로교출판사	상동
종교(기독교) 하	3	2002-031	2002.01.08	심의있는	국판	156	김종희	한국장로교출판사	상동
종교(불교)	전	2002-032	2002.01.08	심의있는	4×6배판	316	서윤길	조계종출판사	상동
종교(원불교)	전		2002.11.01				고원국, 박덕희, 나상호		전북
중학교 종교(기독교) 상	1	2006-061	2006.02.02	심의있는	4×6배판	164	이원설	생명의말씀사	상동
중학교 종교(기독교) 중	2	2006-062	2006.02.02	심의있는	4×6배판	172	이원설	생명의말씀사	상동
중학교 종교(기독교) 하	3	2006-063	2006.02.02	심의있는	4×6배판	156	이원설	생명의말씀사	상동
중학교 종교(기독교) (상)	1	2006-064	2006.02.02	심의있는	4×6배판	132	김치성	한국장로교출판사	상동
중학교 종교(기독교) (중)	2	2006-065	2006.02.02	심의있는	4×6배판	136	김치성	한국장로교출판사	상동
중학교 종교(기독교) (하)	3	2006-066	2006.02.02	심의있는	4×6배판	118	김치성	한국장로교출판사	상동
중학교 종교(불교)	전	2009-016-심	2009.01.22	심의있는	4×6배판	298	김무생	도서출판 해조음	상동

그렇다면 중학교용 종교교과서의 인정 사례에는 제5차 교육과정의 경우

---

217) 사단법인 한국검인정교과서(https://www.ktbook.com); 교육과학기술부의 <전국 시도교육감 승인 인정도서 목록(2000~2009): CUTIS, 2009.8.8.) 및 <전국시도 교육감 인정도서 현황(2006~2011.2.): 2011.2.14.>. 원불교 부분을 보완.

처럼 두 가지의 잠재된 문제를 제기할 수 있다. 하나는 종교교과서의 인정 근거와 기준에 관한 문제이다. 다른 하나는 인정도서로 승인된 중학교용 종교교과서와 국가 교육과정 구현 사이의 간극 문제이다.

다음으로, 2007년 교육과정(2007.2.~2009.12.)의 경우이다. 이 시기에도 종교교과서의 인정 사례는 지속되고 있다. 고등학교의 경우는 2007년과 2009년 교육과정이 동시에 적용된 2011년을 겨냥해서 종교교과서의 인정 사례가 나타나고 있다. 당시 고등학교용 '생활과 종교' 교과서의 인정도서 승인 현황은 다음과 같다.[218]

<표 60> 2007년 교육과정 시기의 고교 '생활과 종교' 인정도서(적용: 11-13년)

도서명	사용학년	인정번호	인정년월일	심의있는/심의없는	판형	쪽수	저작권자	발행인	비고
생활과 종교	전	2010-338	10.08.11	심의없는	4×6배판	274	이재일	(주)성화출판사	서울시
고등학교 생활과 종교	고	2011-389	11.01.27	심의없는	4×6배판	248	안병초	(재)마리아회 유지재단	상동
고등학교 생활과 종교 I	고	2011-390	11.01.27	심의없는	4×6배판	128	김치성	한국장로교 출판사	상동
고등학교 생활과 종교 II	고	2011-391	11.01.27	심의없는	4×6배판	124	김치성	한국장로교 출판사	상동
고등학교 생활과 종교 III	고	2011-392	11.01.27	심의없는	4×6배판	108	김치성	한국장로교 출판사	상동
고등학교 생활과 종교(상)	고	2011-393	11.01.27	심의없는	4×6배판	132	백영철	생명의말씀사	상동
고등학교 생활과 종교(중)	고	2011-394	11.01.27	심의없는	4×6배판	132	백영철	생명의말씀사	상동
고등학교 생활과 종교(하)	고	2011-395	11.01.27	심의없는	4×6배판	132	백영철	생명의말씀사	상동

이 시기에도 중학교용 종교교과서의 인정도서 승인 현상이 지속되고 있다. 중학교의 경우, 교과서의 명칭이 고등학교의 경우처럼 '생활과 종교'였고, 2007년 교육과정이 2010년에만 적용되었으므로 '생활과 종교' 교

---

218) <2012년 시도교육청 인정도서 목록>(한국검인정교과서, http://www.ktbook. com); <2000~2009.2.26. 전국 시도교육감 인정도서 현황>(한국교과서연구재단, http://www.textbook.ac/index.jsp).

과서의 인정 시점은 2010년 이후이다. 당시 중학교용 '생활과 종교' 교과
서의 인정도서 승인 현황은 다음과 같다.[219]

<표 61> 2007년 교육과정 시기의 중학교 '생활과 종교' 인정도서(적용: 10년)

도서명	학년	인정번호	인정년월일	심의있는/심의없는	판형	쪽수	저작권자	발행인	비고
생활과 종교 1	전	2010-333	2010.08.11	심의없는	4×6 배판	124	이재일	㈜성화 출판사	서울시
생활과 종교 2	전	2010-334	2010.08.11	심의없는	4×6 배판	114	이재일	㈜성화 출판사	상동
생활과 종교 3	전	2010-335	2010.08.11	심의없는	4×6 배판	118	이재일	㈜성화 출판사	상동

이 시기에 종교교과서와 관련된 변화는 무엇일까? 두 가지를 지적할 수
있다. 첫 번째 변화는 교과서 명칭이 '생활과 종교'로 달라졌다는 점이다.
이것은 종교교과서가 처음 인정된 제5차 교육과정 이후부터 종교교과서의
명칭이 <종교(기독교)>, <종교(불교)>, <종교(천주교)> 등처럼 '종교(특정
종교명)'로 유지되었다는 점을 고려할 때 큰 변화라고 볼 수 있다. 이런 변화
가 생긴 이유는 2007년 교육과정에서 교과 명칭을 '생활과 종교'로 바꾸었
기 때문이다. 따라서 교과 명칭을 '생활과 종교'로 바꾸어야 인정도서로
승인되는 상황이 전개된 셈이다.

두 번째 변화는 종교교과서 이외에 특정 종교의 색채가 가미된 교과서
가 발간되었다는 점이다. 예를 들어, 불교계와 천주교계에서는 2011년에
인정도서 승인을 받은 '생활과 철학' 교과서를 2012년에 출판한 바 있다.
다만, 천주교에서는 불교계와 달리, '생활과 종교' 교과서와 '생활과 철학'
교과서를 동시에 발간한 바 있다.[220] 이처럼 종립학교에서 다른 교과서에

---

219) <2012년 시도교육청 인정도서 목록>(한국검인정교과서, http://www.ktbook.com);
    <2000~2009.2.26. 전국 시도교육감 인정도서 현황>(한국교과서연구재단, http://
    www.textbook.ac/index.jsp).
220) 불교교육연합회 교재편찬위원회에서 제작한 중학교용 <생활과 철학>은 2011
    년에 인정도서 승인을 받고, 2012년 1월 27월자로 서울특별시교육감 인정을

특정 종교에 관한 내용을 담아 발간한 이유는 무엇일까? 그것은 종교 과목에 한정된 복수 과목의 개설 규정을 피하려는 데에서 찾을 수 있다. 그만큼 종립학교에서는 이 규정을 비현실적이라고 인식하고 있었던 셈이다.

다음으로, 2009년 교육과정(2009.12.~2011.8.)의 경우이다. 이 시기에는 기존의 경우에 비해 별다른 변화가 없었다고 할 수 있다. 다만, 종교 교육과정이 제시되지 않은 중학교의 경우에는 종교교과서의 인정 현상이 지속되고 있다. 당시 중학교 '생활과 종교' 교과서의 현황은 다음과 같다.

<표 62> 2009년 교육과정 시기의 중학교 '생활과 종교' 인정도서(적용: 11-12년)

도서명	학년	인정번호	인정년월일	심의있는/심의없는	판형	쪽수	저작권자	발행인	비고
중학교 생활과 종교 Ⅰ	중	2011-288	2011.01.27	심의없는	4×6 배판	104	김치성	한국장로교 출판사	상동
중학교 생활과 종교 Ⅱ	중	2011-289	2011.01.27	심의없는	4×6 배판	96	김치성	한국장로교 출판사	상동
중학교 생활과 종교 Ⅲ	중	2011-290	2011.01.27	심의없는	4×6 배판	104	김치성	한국장로교 출판사	상동
중학교 생활과 종교(상)	중	2011-291	2011.01.27	심의없는	4×6 배판	148	백영철	생명의말씀사	상동
중학교 생활과 종교(중)	중	2011-292	2011.01.27	심의없는	4×6 배판	140	백영철	생명의말씀사	상동
중학교 생활과 종교(하)	중	2011-293	2011.01.27	심의없는	4×6 배판	140	백영철	생명의말씀사	상동

다음으로, 2011년 교육과정(2011.8.~현재)의 경우이다. 이 시기에는 2007년의 경우처럼 교과서 명칭에 변화가 보이고 있다. 그 이유는 당시 교육과정에서 교과 명칭이 '종교학'으로 바뀌었고, 따라서 이 교육과정을 반영한 교과서의 명칭도 '종교학'이 되어야 했기 때문이다. 이런 명칭 변화는 종교교과의 성격이 종교학적 종교학으로 전환되는 추세를 보여주고

받아(인정번호: 2011-287), 2012년 3월 1일자로 조계종출판사에서 출판되었다. 고등학교용 <생활과 철학>은 2012년 3월 1일자로 출판되었다. 한국천주교주교회의 사목연구소에서 제작한 <생활과 철학>은 2011년에 인정도서 승인을 받고, 2012년 2월 10일자로 출판되었다.

있다.

이 교육과정은 2013년부터 순차적으로 고등학교 1학년과 중학교 1학년에 적용되고 있다. 따라서 고등학교에서 종교학 과목을 2013년 1학기부터 1학년에게 개설하려면 2012년까지, 2014년 1학기부터 2학년에게 개설하려면 2014년까지 '종교학' 교과서가 인정도서로 승인되어야 하는 상황이 전개되었다고 할 수 있다. 이런 상황에서 경상북도교육청이 2012년부터 준비하기 시작한 고등학교용 <종교학> 교과서를 2014년 3월에 발행한 바 있다. 그 내용은 다음과 같다.[221]

<표 63> 2011년 종교학 교육과정 시기의 고교 '종교학' 인정도서(적용: 2014년)

도서명	학년	인정번호	인정년월일	심의있는/심의없는	판형	쪽수	저자	출판사
종교학	전체	고교-15-037-14-13	2013.12.30	심의없는	4×6 배판	280	김윤성 외 4인	(사)한국검인정 (경북교육청)

---

221) 사단법인 한국검인정교과서(http://www.ktbook.com), <2014학년도 1학기 공동 공급대상 인정도서 목록>.

5. 종교교과서의 내용 분석

■1 종교교과서의 분석 기준

　제5차 교육과정 시기에 종교교과서가 인정도서로 승인된 후, 종교계에서는 종교교과교재를 지속적으로 발행하고 있다. 종교교과서를 발행한 단체들은 한국기독교학교연맹, 대한예수교장로회총회교육부, 제칠일안식일예수재림교 한국연합회교육부, 불교종립학원연합회, 불교교육연합회, 대한불교진각종 교재편찬위원회, 가톨릭교육재단협의회, 원불교육부, 천도교교역자회, 세계기독교통일신령협회 등이다. 그리고 교과용 인정도서로 승인된 적이 없지만, 불교교육연구위원회, 세계평화통일가정연합, 가톨릭교육재단협의회, 한국기독교학교연맹, 대한예수교장로회 등이 교사용 지침서를 발간한 바 있다.

　종교교과교재, 특히 종교교과서가 지속적으로 발행되면서 종교교과교육에 관한 연구도 늘어나고 있다. 이런 연구는 주로 한국종교교육학회와 한국종교학회 등에 소속된 연구자, 종립대학에 소속된 신학자·교학자, 그리고 종립학교의 종교교사가 진행하고 있다.

　그렇지만 아직까지 종교교과교육에 관한 연구에서 종교교과교재에 관한 연구가 차지하는 비중은 크지 않다. 그 연구 경향도 다양하지 않고 대체로 특정 종교에 관한 서술 내용을 분석하는 수준에 머물고 있다. 게다가, 특정 종교나 그 종교와 연관된 연구자가 교과교재를 분석하는 경우에는 호교론적인 전제를 보이기도 한다.

앞으로 종교교과교재의 관한 논의가 다양하게 전개되려면 어떤 노력이 필요할까? 그것은 종교교과교재의 분석을 종교교과교육과 연계시키는 일이다. 종교교과교재가 종교교과교육을 위한 매개체라는 점을 고려하면 양자를 연계시키는 일이 필요하기 때문이다. 이런 연계 작업은 종교교과교재에 관한 활발한 연구, 그리고 종교교과교재의 검토와 편찬에 기여할 수 있다.

특히 종교교과교재의 분석과 종교교과교육의 연계는 종교교과교재의 분석 기준을 마련하는 데에 필요하다. 교과교육의 이론적 논의를 토대로 교과교재가 제작되기 때문이다. 여기서 이론적 논의는 교육 목표부터 평가까지 교과교육에서 제시하는 여러 논의, 그리고 이런 논의를 반영한 교과용도서의 심사기준을 의미하고 있다. 그리고 종교교과교재의 주요 내용이 종교를 대상으로 삼는 이상, 이론적 논의에는 종교학의 여러 논의가 포함될 수밖에 없다. 따라서 종교교과교재의 분석 기준을 분석하거나 마련할 때에는 크게 교과교육론, 교과용도서의 심사기준, 종교학의 논의가 필요하다고 할 수 있다. 이 내용을 구체적으로 살펴보면 다음과 같다.

첫 번째는 교과교육 연구자의 다양한 논의를 참조하는 방법이다. 교과교재를 위한 교과교육의 주요 주제는 교육 목표의 설정과 진술, 교육 내용의 선정과 조직, 교수·학습 방법, 평가 방법 등이다. 이를 반영한다면, 종교교과교재의 분석도 교육 목표의 설정과 진술, 교육 내용의 선정과 조직, 교수·학습 방법, 평가 방법 등의 차원에서 이루어질 수 있다. 종교교과교재를 분석할 때 교과교육의 주요 주제가 구체적으로 어떻게 반영될 수 있을까?

우선, 교육 목표에 관한 논의는 종교교과교재를 분석할 때 학습자의 수준·관심·흥미, 사회적 담론과 요구, 세대 간에 전승된 문화유산의 내용 등이 고려되었는지, 그 가운데 특히 강조된 부분이 있는지, 그리고 교육철학과 학습심리학의 차원에서 교육 목표가 어느 정도의 타당성을 지니는지 등을 검토하는 데에 유용하다. 교육 목표가 평가 가능한 행위동사 위주로 진술되었는지, 행위동사가 필요한 부분과 그렇지 않은 부분을 적절하게 구분하여 진술되었는지 등도 검토 대상이 될 수 있다.

다음으로, 교과 내용의 선정 기준에 관한 논의는 종교교과교재를 분석할 때 교육 목표의 실천 기회와 그에 따른 만족감이 적절하게 제공되고 있는지, 교육 내용이 학습자가 수행 가능한 범위에 있는지, 교육 목표와 관련된 다양한 경험이 있는지, 동일한 학습 경험에서 발생 가능한 여러 결과에 관한 문제를 고려했는지 등을 검토하는 데에 유용하다. 그리고 교육 내용의 내재적 가치나 현실적인 활용 가능성이 어느 정도인지, 교육 내용이 학습자의 흥미를 충분히 불러일으킬 수 있는지, 교육 내용이 학습 수준에 적합한지 등도 검토 대상이 될 수 있다.

다음으로, 교과 내용의 조직 원리에 관한 논의는 종교교과교재에서 어떤 내용이 얼마나 반복되고 있고 그 내용의 중요도가 어느 정도인지, 내용 반복이 내용 심화로 이어지고 있는지, 그리고 교재의 내용이 다른 교재의 내용과 연계되어 조직되고 있는지 등을 검토하는 데에 유용하다. 그리고 각 내용 영역의 논리적 연계성, 즉 단원 배치(목차)와 내용 배치의 논리 등도 검토 대상이 될 수 있다.

두 번째는 국가의 인정도서 심사기준을 활용하는 방법이다. 물론 인정도서 심사기준이 검정도서 심사기준을 준용하고 있다는 점에서 검정도서 심사기준도 활용 대상이다. 종교교과교재, 특히 종교교과서를 분석할 때 이런 심사기준을 활용하는 이유는 무엇일까? 그것은 종교교과교재가 이 심사기준을 통과해야 인정도서로 승인될 수 있다는 측면도 있지만 무엇보다 교과교육의 논의를 토대로 심사기준의 주요 내용이 만들어졌기 때문이다.

인정도서의 본심사를 적용하면 종교교과서 분석에는 교육과정의 준수 정도, 내용의 선정과 조직, 내용의 정확성과 공정성 등 3개 영역의 11개의 심사기준이 검토 대상이 될 수 있다. 그리고 검정도서 평가기준을 참조하면 종교교과서 분석에는 교육과정, 학습 내용의 선정, 학습내용의 조직, 교수·학습 활동, 학습 평가, 표현·표기 및 외형체제 등 6개 영역에 따른 17개 평가기준, 그리고 17개 평가기준에 따른 30개 평가 항목이 검토 대상이 될 수 있다.222)

특히 검·인정도서 심사에서 본심사의 2개 공통 심사기준은 종교와 관련되어 있다. 바로 정치적·경제적·사회적·문화적 생활의 모든 영역에서 종교 차별을 조장하는 내용이 있는지, 특정 종교교육을 위한 방편으로 서술된 내용이 있는지를 판단해야 한다는 내용이다. 전자는 종교 차별의 금지, 후자는 교육의 중립성 유지라는 헌법적 가치와의 일치 정도에 관한 판단이다.

세 번째는 종교학의 논의를 참조하는 방법이다. 이는 중등교육 수준에서 종교 관련 사실의 정확성, 종교학에서 논의되는 전제 또는 관점의 반영 정도 등을 검토하는 것으로, 종교교과교재가 다른 교과교재에 비해 차별성을 확보하는 데에 도움이 된다. 그 주요 내용은 종교에 관한 가치판단의 정도, 종교 현상이나 종교학 이론에 관한 문해(literacy)의 정확성, 그리고 비판적 사유 기술(critical thinking skills)의 제공 정도 등이다.

먼저, 종교에 관한 가치판단의 정도를 검토하는 이유는 종교교과교재가 국가로부터 인정 승인을 받은 이상 언제든지 일반 중등학교에서 채택할 수 있기 때문이다. 따라서 종교교과서에 호교론의 맥락에서 특정 종교를 서술하거나 폄하하는 서술을 포함시키는 것은 이런 상황에 적절하지 않다고 할 수 있다. 이는 종교교과서의 활용 가능성을 낮추는 일이기 때문이다.

---

222) 다만 이 기준들 가운데 교수·학습 영역은 종교교과서에 거의 서술되지 않으므로 분석 대상이 되기 어렵다.

따라서 종교교과교재의 분석 기준에는 특정 종교의 가치를 주관적으로 판단한 서술이 있는지의 여부가 포함될 필요가 있다.

물론 아직까지 개신교 계통의 종교교과서는 개신교계 종립 중등학교, 천주교 계통의 종교교과서는 천주교계 종립 중등학교, 불교 계통의 종교교과서는 불교계 종립 중등학교에서만 채택되고 있다. 그렇지만 이런 현실도 종교교과서가 국가의 인정을 받은 이상, 언제든지 다른 중등학교에서 채택할 수 있다는 가능성을 부인하는 것은 아니다.

다음으로, 종교 현상이나 종교학 이론에 관한 문해의 정확성을 검토하는 것은 종교교과서에 여러 종교 현상과 종교학의 주요 지식들에 관한 내용이 정확한지, 맥락에 맞게 배치되어 있는지를 확인하는 점이다. 종교학 지식의 문해 정도를 검토하는 이유는 종교학 지식이 특정 종교의 가치를 옹호하거나 폄하하는 데에 활용될 때 종교교과서의 소통 가능성이 약해지고, 다른 신학·교학 교재와 차별성을 갖지 못할 수 있기 때문이다.

종교학 지식의 문해 정도를 파악하는 문제는 집필진에 관한 분석으로도 이어질 수 있다. 이 문제는 주로 집필자가 종교 일반이나 종교학 지식에 관심이 없을 때 나타나기 때문이다. 따라서 종교교과서가 종교 일반에 관한 교양의 증진을 위해 국가로부터 인정을 받은 것이라면 집필진이 최소한 종교 일반에 관심을 가지고 교육과 연구를 수행한 집필자로 구성되어 있는지는 종교교과서의 분석 기준이 될 수 있다.

다음으로, 비판적 사유 기술의 제공 정도를 검토한다는 것은 종교교과서에 종교 현상이나 종교학 지식에 관해 합리적으로 성찰할 수 있는 내용이 어느 정도 서술되어 있는지를 확인하는 일이다. 종교교과교재의 분석에서 문해 교육의 초점이 종교 현상이나 종교학 지식을 학습자가 읽고, 듣고, 이해하고, 서술할 수 있는 능력을 키우는 데에 있다면, 비판적 사유 기술의 초점은 종교교과서에 서술된 내용의 타당성과 의미에 대해 다시 합리적으로 문제를 제기할 수 있는 능력을 키우는 데에 있다.

종교 현상이나 종교학의 주요 지식에 관해 비판적 사유 기술을 제공하는 과정은 무엇일까? 그것은 종교교과서에 문제를 정의하고 분류하기, 문제와 관련된 정보를 판단하기, 문제를 풀고 결론을 내리기 등의 과정을 포함해야 한다는 것을 의미한다.[223] 이는 종교 지식의 타당성과 의미를 파악하기 위해 학습자 스스로가 문제를 정의·분류하고, 그와 연결된 정보를 발굴·분석하고, 이를 통해 문제를 풀어 결론을 내리는 과정이다. 이런 비판적 사유 기술의 제공 여부는 종교학과 교육학의 틈에서 종교교과교육학의 학문정체성을 확립하는 데에 필수적이다.

지금까지 교과교육의 주요 주제, 인정도서와 검정도서의 심사기준, 그리고 종교학의 논의에 관해 검토하였는데, 종교교과교재의 분석 기준을 마련하는 데에 이런 세 가지 방법 가운데 어느 하나만을 택할 필요는 없다. 세 가지 방법이 서로 연결되어 있기 때문이다. 검정도서와 인정도서의 심사기준이 교과교육의 여러 주제를 반영한 이상, 교과교육론의 논의를 참조하여 분석 기준을 마련하는 방법과 인정도서 심사기준을 활용하는 방법도 전혀 다른 것이 아니다. 또한, 종교학의 논의를 참조하는 방법도 종교교과교육을 포함한 교과교육론과 연결되어 있다.

이상의 내용을 종합해볼 때, 종교교과교재의 분석 기준은 두 가지로 나누어 볼 수 있다. 하나는 종교교과교재의 편찬 정보에 관한 확인이다. 여기서 편찬 정보는 집필진 구성, 교재 제작 목적, 교육 내용의 선정과 조직, 이미지 자료의 활용, 단원별 서술 분량, 편집 체제 등을 의미한다. 이런 정보는 교과교재에 관해 '누가, 어떤 목표로, 어떤 학습 주제를 선정해서, 어떻게 조직하고, 편집했는지'의 문제라고 할 수 있다.

다른 하나는 종교 현상이나 종교학의 주요 지식에 관한 검토이다. 주요

---

223) History-Social Science Curriculum Framework and Criteria Committee, *History-Social Science Framework for California Public Schools Kindergarten Through Grade Twelve*, California Department of Education, 2005, p.11, pp.25-26.

검토 대상은 종교의 정의 부분, 종교에 관한 이해와 서술 방식 등이다. 이런 검토는 종교교과교재의 활용 가능성을 높이고, 다른 교과교재와 다른 차별성을 확보하기 위해 필요하다. 그 외에 종교에 관한 가치판단의 정도, 종교 현상이나 종교학 지식의 정확한 문해 정도, 비판적 사유 기술의 제공 정도 등으로 검토 범위를 확장할 수도 있다. 물론 국가 교육과정과 종교교과교재의 지속적인 변화를 고려하면, 종교교과교재의 분석 기준에 관한 논의도 지속적으로 이루어질 필요가 있다.

1 개신교계 종교교과서

개신교계에서 2009년 교육과정을 반영한 종교교과서는 두 종류이다. 하나는 한국기독교학교연맹에서 발행한 『생활과 종교』(상·중·하)이다. 이 교과서는 2012년 1월 27일자로 서울특별시 교육감 인정을 받고, 2012년 2월 10일자로 발행되었다. 다른 하나는 대한예수교장로회총회교육자원부에서 펴낸『생활과 종교』(Ⅰ·Ⅱ·Ⅲ)이다. 이 교과서는 2012년 1월 27일자로 서울특별시 교육감 인정을 받고, 2012년 2월 10일자로 발행되었다.[224]

---

224)『생활과 종교』(상·중·하)의 인정번호는 2011-393, 2011-394, 2011-395이다. 『생활과 종교』(Ⅰ·Ⅱ·Ⅲ)의 인정번호는 2011-390, 2011-391, 2011-392이다. 그 외에 제칠일안식일예수재림교 한국연합회 교육부에서 1997년 2월 14일자로 발간하여 지속적으로 인쇄되고 있는『종교』(상, 중, 하)가 있다. 집필자는 삼육대학교 신학과 교수이자 목사인 김상래이다. 1996년 7월 23일자로 서울특별시교육감인정을 받았고, 인정번호는 각각 96-018, 96-019, 96-020이다. 그렇지만 제6차 교육과정이 반영되어, 이 글의 분석 대상에서 제외하였다.

<그림 5> 개신교『생활과 종교』교과서(1)   <그림 6> 개신교『생활과 종교』교과서(2)

(1) 한국기독교학교연맹의『생활과 종교』(상·중·하)

한국기독교학교연맹에서 발행한 교과서의 편찬 정보는 다음과 같다. 첫째, 집필진과 편집진이 모두 개신교인으로 구성되고 있다. 구체적으로, 감수위원 4인, 연구위원 6인, 집필 대표를 포함한 집필위원 7인, 편집위원 6인 가운데 집필 위원은 집필 대표(한국기독교학교연맹 이사장)를 제외하면 6인 모두 종립 고등학교의 교목실장이고, 연구위원도 교목실장이다. 편집위원도 장로 1인(한국기독교학교연맹 사무총장)을 제외하면, 모두 교목실장이다.

둘째, 교과서 제작 목표는 개신교 중심의 용어로 구성되어 있다. 이는 머리말 부분에 서술된 내용 가운데 '참된 생활로의 인도, 종교에 관한 기본적인 지식 습득, 일상생활과 성경 교훈의 관계 이해, 영원한 세계에 대한 이상, 완전한 삶과 영원한 생명을 누릴 수 있는 길을 찾기' 등의 표현을 통해 확인할 수 있다. 머리말 부분의 일부를 인용하면 다음과 같다.

… 인생의 참가치를 알게 하고 객관적 진리를 해득시켜 참된 생활로 인도하려는 것이 이 교과서의 목적이다. 이 교과서를 통하여 종교에 대한 기본적인 지식을 습득하게 됨과 동시에 일상생활과 성경의 교훈과의 관계를 이해하게 될 것이다. 더 나아가 인간의 삶과 상황을 초월하는 세계를 접하게 됨으로써

현실 세계에만 만족하였던 자신의 좁은 경지를 탈피하여 영원한 세계에 대한 이상을 가지고 오늘을 경건하고 성실하게 살게 될 것이다. 학생들이 이 교과서를 통하여, 종교가 인간의 생활에 주는 의미를 깨닫고 완전한 삶과 영원한 생명을 누릴 수 있는 길을 찾게 되기를 바라며, 건전하고 확고한 인생관을 소유한 창조적이며 결단력 있는 인격을 함양할 수 있기를 바란다.[225]

목표 진술문은 대단원과 소단원 모두 문단 형태를 띠고 있다. 그 가운데 소단원의 목표 진술문을 보면, 대체로 추상적인 동사가 사용되고 있다. 예를 들어, 상권 Ⅰ단원에서 사용된 진술어는 '알아보자(2회), 살펴보자(1회)'이고, Ⅱ단원·Ⅲ단원·Ⅳ단원·Ⅴ단원에서 사용된 진술어는 모두 '알아보자(각 3회)'이다. 따라서 이런 추상적인 진술문 형태는 학습 내용의 평가에 관한 고민이 미진했다는 것을 의미한다.

셋째, 내용 영역 부분이다. 내용 선정의 근거는 2009년 교육과정이다. 그렇지만 2009년 교육과정의 8개 내용 영역은 15개 단원으로 세분화되어 상·중·하권에 배치되고 있다. 상·중·하권의 목차를 보면, 상권의 단원별 주제는 '기독교 학교, 인간과 종교, 인간과 자연, 세계의 종교와 문화, 기독교 사상과 전통(1)'이다. 중권의 단원별 주제는 '현대 사회의 종교와 자연, 현대 사회의 종교와 가정, 현대 사회의 종교와 경제, 현대 사회의 종교와 정치, 기독교 사상과 전통(2)'이다. 그리고 하권의 단원별 주제는 '종교의 다양성, 종교 공동체의 이해, 한국인의 종교, 기독교 사상과 전통(3), 종교의 영향과 미래'이다. 2009년 교육과정의 내용 영역과 이 교과서의 내용 영역의 차이는 아래의 표를 통해 확인할 수 있다.

---

225) 한국기독교학교연맹, 『생활과 종교(상)』, 2012, 3쪽.

<표 64> 2009년 교육과정과 『생활과 종교』(한국기독교학교연맹)의 목차

교육과정(2009)	상권	중권	하권
Ⅰ. 인간과 종교 (궁극적인 물음과 문제, 종교와의 만남과 문제 해결, 앎과 믿음, 종교의 의미와 역할) Ⅱ. 종교 현상의 이해 (여러 가지 인생 문제, 우주관·역사관·생사관, 경전의 의미와 해석, 종교 의례와 규범) Ⅲ. 종교의 다양성과 차이 (종교적 차이의 맥락, 종교들의 비교, 종교의 특성 이해, 세속 사회와 종교) Ⅳ. 인간과 자연에 대한 종교적 이해 (다양한 인간관, 종교적 인간관, 종교적 자연관, 종교와 과학의 관계) Ⅴ. 세계의 종교와 문화 (유교, 도교, 불교, 그리스도교, 이슬람교, 기타 종교) Ⅵ. 한국의 종교와 문화 (한국 토착 종교의 이해, 한국 불교의 이해, 한국 유교와 도교의 이해, 한국 그리스도교의 이해, 한국 신종교와 기타 종교의 이해) Ⅶ. 종교 공동체의 이해 (종교공동체의 이념과 구조, 종교의 사회적 기능, 종교 간의 대화와 공존, 종교적 인격 형성) Ⅷ. 특정 종교의 사상과 전통 (경전과 교리, 종교적 생활, 한국 종교와 문화 창조, 나의 종교관 점검)	Ⅰ. 기독교 학교 1. 기독교 학교의 시작 2. 기독교 학교의 종교 교육 활동 3. 교회와 기독교 절기 Ⅱ. 인간과 종교 1. 종교적 의미 2. 종교적 물음 3. 종교의 목적 Ⅲ. 인간과 자연 1. 인간에 대한 이해 2. 자연에 대한 이해 3. 과학과 종교에 대한 이해 Ⅳ. 세계의 종교와 문화 1. 불교 2. 이슬람교 3. 유대교 4. 힌두교 Ⅴ. 기독교 사상과 전통(1) 1. 예수와 기독교 2. 기독교의 경전과 사상 3. 예수의 복음 4. 기독교의 복음 전파	Ⅰ. 현대 사회의 종교와 자연 1. 창조와 진화 2. 환경 3. 생명 복제 Ⅱ. 현대 사회의 종교와 가정 1. 가정과 가족 2. 결혼과 성 3. 가정의 해체와 사회 문제 Ⅲ. 현대 사회의 종교와 경제 1. 가난한 사람과 진정한 부자 2. 노동의 진정한 가치 3. 다함께 살아가는 세계 경제 Ⅳ. 현대 사회의 종교와 정치 1. 정치와 민주주의 2. 평화와 통일 3. 정치와 종교의 역할 Ⅴ. 기독교 사상과 전통(2) 1. 종교가 미치는 영향 2. 기독교가 한국 문화에 미친 영향 3. 기독교의 미래	Ⅰ. 종교의 다양성 1. 다른 환경 다른 종교 2. 동서양 종교의 교류 3. 종교의 차이와 다름 Ⅱ. 종교 공동체의 이해 1. 종교적 진리와 공동체 2. 에큐메니컬 3. 종교간 대화와 공존 Ⅲ. 한국인의 종교 1. 민간 신앙 2. 신종교 3. 불교, 도교, 유교의 전래 Ⅳ. 기독교 사상과 전통(3) 1. 교회의 역사 2. 한국의 기독교 3. 한국 기독교의 전래와 특징 Ⅴ. 종교의 영향과 미래 1. 한국에 끼친 종교의 영향 2. 한국 문화 속의 종교 3. 한국 종교의 특성과 미래

앞의 표를 보면, 2009년 교육과정의 1영역은 상권의 Ⅱ단원(인간과 종교)에서 다루어지고 있다. 3영역은 하권의 Ⅰ단원(종교의 다양성), 4영역은 상권의 Ⅲ단원(인간과 자연), 5영역은 상권의 Ⅳ단원(세계의 종교와 문화), 6영역은 하권의 Ⅲ단원(한국인의 종교), 7영역은 중권의 Ⅰ단원(현대 사회의 종교와 자연), Ⅱ단원(현대 사회의 종교와 가정), Ⅲ단원(현대 사회의 종교와 경제), Ⅳ단원(현대 사회의 종교와 정치)에서 다루어지고 있다. 그리고 8영역은 상권의 Ⅰ단원(기독교 학교)과 Ⅴ단원(기독교 사상과 전통 1), 중권의 Ⅴ단원(기독교 사상과 전통 2), 하권의 Ⅳ단원(기독교 사상과 전통 3)에서 다루어지고 있다. 그렇지만 교육과정에서 제시된 2영역(종교 현상의 이해)은 별도의 단원으로 다루어지지 않고 있다.

이런 내용 영역의 선정과 조직 부분에서 확인할 수 있는 특징은 세 가지이다. 첫 번째는 기독교학교의 정체성을 밝히는 단원을 마련하여 상권의 가장 앞에 배치한 점이다. 두 번째는 중권에 4개 단원을 마련하여 현대 사회에서 종교가 자연, 가정, 경제, 정치와 어떤 연관성을 갖는지를 서술한 점이다. 세 번째는 특정 종교의 사상과 전통에 해당하는 8영역을 상권, 중권, 하권으로 분산·서술하여 개신교 중심의 교육에 지속성을 부여한 점이다.

넷째, 이미지 자료 부분이다. 상·중·하권 앞표지에는 각각 '가버나움 회당 유적, 갈릴리 팔복 교회, 예루살렘 십자가 길(비아 돌로로사)' 등의 기독교 관련 유적지 사진이 배치되어 있다. 앞뒤 표지 안쪽에는 기독교와 관련된 유적지 사진이 각각 4장씩 배치되어 있다.226) 그리고 대단원 앞부분에 예수의 일생에 관한 이미지가 1장씩 배치되어 있고, 대단원의 시작

---

226) 상권에 실린 사진은 '이스라엘 예루살렘 전경, 베들레헴의 예수님 탄생 교회, 예루살렘 주기도문 교회, 팔복 교회'이다. 중권의 경우는 '노아의 방주가 마물렀던 아라랏산, 비아 돌로로사(십자가의 길)의 조각, 갈릴리 호수, 예루살렘 통곡의 벽'이다. 하권의 경우는 '마가의 다락방, 제네바 대학의 종교 개혁 기념비, 감람산에 있는 예수 승천 교회, 콜로세움'이다.

페이지마다 여러 기독교 유적지 사진을 결합한 이미지를 배치하여 각 대단원을 구분하고 있다. 그리고 소단원이 시작되는 페이지에는 기독교 유적지 사진을 배치하여 각 소단원을 구분하고 있다.

본문에는 주요 인물, 주요 시설이나 공간, 주요 사건이나 내용과 관련된 이미지를 배치하고 있다. 이미지의 분량은 상권 약 119개(1단원 31, 2단원 14, 3단원 23, 4단원 29, 5단원 22), 중권 약 108개(1단원 22, 2단원 17, 3단원 21, 4단원 22, 5단원 26), 하권 약 137개(1단원 22, 2단원 14, 3단원 18, 4단원 50, 5단원 33)이다.

사진·삽화 구성 부분에서는 두 가지 문제를 지적할 수 있다. 하나는 이미지 자료와 학습 주제나 내용이 어느 정도 일치하는지의 문제이다. 이는 이미지 자료의 선정 기준 문제이기도 하다. 예를 들어, 대단원 앞부분에 배치된 이미지들은 예수의 일생에 관한 내용을 담고 있어[227] 대체로 대단원의 학습 주제와 무관한 편이다. 다른 하나는 이미지 자료가 전반적으로 개신교 중심으로 구성되어 있다는 문제이다. 이 문제는 상권 5단원(세계의 종교와 문화)과 하권 3단원(한국인의 종교)에서조차 다른 종교의 이미지 자료가 충분히 배치되고 있지 않다는 점에서 확인할 수 있다.[228]

---

227) 상권에서 대단원 앞에 있는 작품에 관한 설명 내용은 각각 '프랑스아 부셰의 <목자들의 아기 예수 경배>, 파올로 베로네세의 <성전에서 박사들과 토론하는 소년 예수>, 구이도 레니의 <세례받으시는 예수>, 프라 바르톨로메오의 <예수님과 복음서 기자들>, 카를 블로흐의 <산상 수훈>'이다. 중권의 경우는 '산치오 라파엘로의 <변화산의 그리스도>, 카를 블로흐의 <병자를 고쳐 주시는 예수>, 카를 블로흐의 <죽은 나사로를 살리신 예수>, 렘브란트의 <돌아온 탕자>, 카를 블로흐의 <성전을 깨끗하게 하시는 예수>'이다. 하권의 경우는 '안드레아 델 사르토의 <최후의 만찬>, 페테르 파울 루벤스의 <십자가에 달리신 예수>, 페테르 파울 루벤스의 <십자가에서 내려지시는 예수>, 페에로 델리 프란체스카의 <부활하신 예수>, 벤저민 웨스트의 <예수 그리스도의 승천>'이다.
228) 상권의 74-93쪽에 있는 이미지 자료의 개수를 보면, 불교 9개, 이슬람교 9개, 유대교 6개, 힌두교 5개이다. 하권의 50-61쪽을 보면, 민간신앙 부분의 이미지 자료는 5개(원시신앙 3, 조상숭배 1, 무교 2), 신종교 부분의 이미지 자료는 12개(대종교 2, 천도교 2, 불교 3, 도교 1, 유교 4)이다.

다섯째, 단원별 서술 분량 부분이다. 상권의 전체 서술 분량은 119쪽이지만, 속표지, 머리말, 차례, 일러두기 등을 제외하면 본문 내용은 111쪽이다. 본문의 분량은 '기독교 학교' 부분(Ⅰ단원)은 24쪽(약 22%), '인간과 종교' 부분(Ⅱ단원)은 18쪽(약 16%), '인간과 자연' 부분(Ⅲ단원)은 22쪽(약 20%), '세계의 종교와 문화' 부분(Ⅳ단원)은 26쪽(약 23%), '기독교 사상과 전통(1)' 부분(Ⅴ단원)은 21쪽(약 20%)이다. 각 단원별 비중을 대조해 보면, '인간과 종교' 부분의 서술 분량이 가장 적고, Ⅰ단원과 Ⅴ단원을 합쳐 기독교 부분이 가장 많다고 할 수 있다.

중권의 전체 분량은 119쪽이고, 그 가운데 본문 내용은 111쪽이다. 본문의 분량은 '현대 사회의 종교와 자연' 부분(Ⅰ단원)은 24쪽(약 22%), '현대 사회의 종교와 가정' 부분(Ⅱ단원)은 22쪽(약 20%), '현대 사회의 종교와 경제' 부분(Ⅲ단원)은 22쪽(약 20%), '현대 사회의 종교와 정치' 부분(Ⅳ단원)은 22쪽(약 20%), '기독교 사상과 전통(2)' 부분(Ⅴ단원)은 21쪽(약 20%)으로 서로 비슷하다. 따라서 분량 면에서는 단원별 서술 비중이 비슷하다고 할 수 있다.

하권의 전체 분량은 119쪽이고, 그 가운데 본문 내용은 111쪽이다. 본문의 분량은 '종교의 다양성' 부분(Ⅰ단원)은 22쪽(약 20%), '종교 공동체의 이해' 부분(Ⅱ단원)은 18쪽(약 16%), '한국인의 종교' 부분(Ⅲ단원)은 18쪽(약 16%), '기독교 사상과 전통(3)' 부분(Ⅳ단원)은 30쪽(약 27%), '종교의 영향과 미래' 부분(Ⅴ단원)은 23쪽(약 21%)이다. 단원별 서술 비중을 대조해 보면, '종교 공동체의 이해'와 '한국인의 종교' 부분의 서술 분량이 가장 적고, 기독교 부분이 가장 많다고 할 수 있다.

여섯째, 교과서의 편집 체제 부분이다. 각 단원은 대단원 제목, 성서 구절이나 명언 '이 단원을 공부하기 위하여' 코너, 본문, '미디어 보기' 코너, '읽고 생각하기' 코너가 순서대로 배치되어 편집 체제의 통일성을 보여주고 있다. 이런 코너는 다시 도입부(대단원), 본문(소단원들), 그리고 시청각 및 정서 교육 등 세 부분으로 구분되고 있다.

본문을 보면, 소단원 제목, '학습 목표' 코너, 소단원 내용이 구분되어 있다. 그 가운데 소단원에서 '사례' 코너를 배치하여 학습 내용과 사회 현실을 연결시키는 부분은 다른 종교교과서에서 보기 어려운 이 교과서의 특징이다. 다만, '탐구학습' 코너는 소단원에 배치된 경우도 있고, 그렇지 않은 경우도 있어 일관성이 다소 떨어진다고 할 수 있다.

본문이 '단 나누기' 기능으로 편집된 것이 아니므로 주요 개념 용어는 본문에 배치된 '개념학습' 코너에서 설명되고 있다.229) 따라서 본문의 서술 내용과 그 안에 담긴 주요 개념 용어를 동시에 파악하는 데에는 어려움이 있다. 그리고 개념학습 코너에서 설명되고 있는 개념의 수도 부족한 편이다. 예를 들어, 본문에는 불교, 유대교, 힌두교의 주요 개념에 관한 별도의 설명이 없다. 그 외에 본문의 서술 문단에는 들여쓰기 기능으로 적용되고 있는데, 1개 문단이 1개 문장으로 구성된 경우가 많아 시각적으로 집중도가 떨어진다는 문제도 있다.

본문 이후에는 시청각 및 정서 교육을 위해 '미디어 보기' 코너, '읽고 생각하기' 코너를 배치하고 있다. 이 가운데 미디어 보기 코너는 '감독·출연·감상을 위한 자기 주도 학습 과제, 영화로 깊이 생각하기, Q & A 포함' 등 세 부분으로, 읽고 생각하기 코너는 '읽고 듣고 생각하고 마음에 담기, 느낌을 담아요'라는 두 부분으로 구성되어 있다.230)

그렇지만 시청각 및 정서 교육을 위해 활용하는 자료와 단원별 학습 내용의 일치도는 높지 않은 편이다. 예를 들어, 상권 제1단원(기독교학교)을 보면, '미디어 보기' 코너에는 '패션 오브 크라이스트(The Passion of

---

229) 예를 들어, 『생활과 종교』 상권 59-62쪽에는 '철학(과학)을 발명한 사람들', 84쪽에는 이슬람교의 주요 개념인 '오행'에 관한 '개념학습' 코너가 있다.
230) '느낌을 담아요' 부분은 '읽고 생각하기' 코너에서 학습자가 자신의 느낌을 서술할 수 있도록 공란으로 제시되어 있다.

the Christ, 2004)' 자료, 'Q & A' 코너에는 영화 내용에 대한 네 가지 질문, '읽고 생각하기' 코너에는 '빌립보서 25-11'과 '에베소서 5:1-5'의 내용, 그리고 그에 관해 느낌을 적는 '느낌을 달아요' 부분이 제시되고 있다. 그런데 미디어 자료의 '감상을 위한 자기 주도 학습 과제'로 제시된 내용을 보면, 미디어 자료와 '읽고 생각하기' 자료는 제1단원 주제인 '기독교학교'와 연관성이 그리 높지 않다.[231]

(2) 대한예수교장로회총회교육자원부의 『생활과 종교』(Ⅰ · Ⅱ · Ⅲ)

대한예수교장로회총회교육자원부에서 발행한 『생활과 종교』(Ⅰ · Ⅱ · Ⅲ)의 편찬 정보는 다음과 같다. 첫째, 집필진과 감수자가 모두 개신교인으로 구성되고 있다. 구체적으로, 감수자 1인, 집필자 7인 가운데 감수자 1인(대한예수교장로회총회 교육자원부 총무)은 목사 신분이다. 집필자 7인 가운데 개신교계 대학교 소속 연구소의 연구원 1인을 제외하면 6인 모두 종립 고등학교의 교목이다.

둘째, 이 교과서에는 제작 목표에 관해 별도의 서술이 없고, 대단원의 학습 목표와 소단원별 학습 목표만이 제시되고 있다. 그렇지만 이 단원별 학습 주제의 내용을 보면 개신교와 관련된 서술 내용이 많다는 점을 확인할 수 있다. 이런 점을 고려할 때 교과서 제작 목표는, 비록 표면적으로 드러나지

---

231) 이 영화의 '감상을 위한 자기 주도 학습 과제'로 제시된 내용은 "기독교의 교조인 나사렛 사람 예수가 활동했던 시대적 배경, 팔레스타인의 유래와 역사, 산헤드린 의원, 바리새인, 제사장, 분봉왕 헤롯, 빌라도 총독, 간음한 자에 대한 유대인의 의식과 재판, 십자가 형벌의 의미, 성(聖)금요일의 시간표 등에 대하여 알아보자."이다. 이런 미디어 자료 내용은 대단원 학습 주제(기독교학교)와 별다른 연관성이 없다. 물론 대단원의 학습 주제와 연관시키기 위해 이 내용을 통해 기독교학교가 예수의 가르침을 실천하기 위한 공간이라는 설명이 가능할 수 있다. 그렇다면 왜 예수의 가르침과 관련된 미디어 자료들 가운데 굳이 이 자료를 선택했는지에 관한 근거가 필요하다. 이런 점을 고려할 때 미디어 자료를 선정할 때에도 선정 기준이 필요하다고 할 수 있다.

않았다고 하더라도, 개신교 중심으로 설정되어 있다고 할 수 있다.

대단원과 소단원의 목표 진술문을 보면, 대단원은 문단 형태, 소단원은 문장 형태를 띠고 있다. 그 가운데 소단원의 학습 목표 진술문에는 대체로 행위동사가 아니라 추상적인 동사가 사용되고 있다. 예를 들어, Ⅰ권 1단원에서 사용된 진술어는 '이해한다(8회), 발견한다(1회), 안다(1회), 경험한다(1회), 결심한다(2회)'이다. 이는 목표 진술이 구체적이지 않다는 것을 의미하고 있다. 따라서 이 지점에서 학습 내용의 수행 결과를 구체적으로 평가하기 어렵다는 문제가 발생하고 있다.

셋째, 내용 영역 부분이다. 내용 선정의 근거는 2009년 교육과정이다. 그렇지만 한국기독교학교연맹의 경우처럼 2009년 교육과정의 8개 내용 영역은 15개 단원으로 세분화되어 상·중·하권으로 조직되고 있다. 상·중·하권의 목차를 보면, 상권의 단원별 주제는 '인간과 종교, 종교 현상에 대한 이해, 세계의 종교와 문화, 생명의 길, 행복한 인간'이다. 중권의 단원별 주제는 '인간과 사회문제, 한국의 종교와 문화, 종교공동체의 이해, 성경의 이해, 믿음의 사람들'이다. 그리고 하권의 단원별 주제는 '종교와 사회, 종교와 공동체 생활, 예수 그리스도, 믿음의 사람들, 교회의 역사'이다. 2009년 교육과정과 이 교과서의 내용 영역의 차이는 아래의 표를 통해 확인할 수 있다.

<표 65> 2009년 교육과정과 『생활과 종교』(대한예수교장로회총회교육자원부) 목차

교육과정(2009)	Ⅰ권	Ⅱ권	Ⅲ권
Ⅰ. 인간과 종교	1단원 인간과 종교	1단원 인간과 사회문제	1단원 종교와 사회
	1. 나를 찾아서	1. 함께 살아가는 인간	1. 내가 사는 현대사회
Ⅱ. 종교 현상의	2. 삶과 죽음	2. 자살과 폭력	2. 문화와 종교
이해	3. 행복한 만남	3. 낙태와 안락사	3. 예술과 종교
	4. 함께하는 삶	4. 인간복제	4. 경제와 종교
Ⅲ. 종교의 다양	5. 아름다운 나	5. 전쟁과 평화	5. 현대사회의 종교의 역할
성과 차이		6. 환경	
	2단원 종교현상에 대한 이해		2단원 종교와 공동체 생활
Ⅳ. 인간과 자연	1. 종교의 이해	2단원 한국의 종교와 문화	1. 가정과 나
에 대한 종교	2. 진리란 무엇인가?	1. 한국의 무교	2. 학교와 나

교육과정(2009)	Ⅰ권	Ⅱ권	Ⅲ권
적 이해	3. 경전의 이해	2. 한국의 불교	3. 국가와 나
	4. 인간의 종교경험	3. 한국의 유교	4. 세계와 나
Ⅴ. 세계의 종교	5. 종교의 규범과 의례	4. 한국의 기독교	
와 문화	6. 종교의 상징		3단원 예수 그리스도
		3단원 종교공동체의 이해	1. 이 땅에 오신 예수 그리
Ⅵ. 한국의 종교	3단원 세계의 종교와 문화	1. 종교공동체의 이념과	스도
와 문화	1. 기독교	구조	2. 일하신 예수 그리스도
	2. 이슬람교	2. 종교의 기능	3. 고난 받으신 예수 그리스도
Ⅶ. 종교 공동체	3. 힌두교	3. 종교간의 대화와 공존	4. 부활하신 예수 그리스도
의 이해	4. 불교	4. 종교적 인격 형성	
			4단원 믿음의 사람들
Ⅷ. 특정 종교의	4단원 생명의 길	4단원 성경의 이해	1. 베드로
사상과 전통	1. 창조주 하나님	1. 창조와 섭리	2. 삭개오
	2. 하나님 앞에 선 인간	2. 약속과 성취	3. 니고데모
	3. 구원하시는 하나님	3. 사사들의 이야기	4. 사마리아 여인
	4. 함께 하시는 하나님	4. 예수님의 교훈(산상보훈)	5. 사도 바울
	5. 가르쳐 주시는 하나님	5. 하나님 나라(천국) 이야기	
	6. 영원하신 하나님		5단원 교회의 역사
		5단원 믿음의 사람들	1. 교회의 시작
	5단원 행복한 인간	1. 아브라함	2. 고난 받는 교회
	1. 용서받은 인간	2. 야곱	3. 중세 교회
	2. 사랑으로 사는 인간	3. 요셉	4. 종교개혁
	3. 감사하는 인간	4. 모세	5. 근·현대 교회
	4. 나누는 인간	5. 다윗	
	5. 꿈꾸는 인간		

위의 표를 보면, 2009년 교육과정의 1영역·2영역·5영역은 각각 Ⅰ권의 1단원(인간과 종교)과 2단원(종교 현상에 대한 이해)과 3단원(세계의 종교와 문화)에서 다루어지고 있다. 6영역과 7영역은 각각 Ⅱ권의 2단원(한국의 종교와 문화)과 3단원(종교공동체의 이해), 그리고 8영역은 Ⅰ권의 4단원(생명의 길)과 5단원(행복한 인간), Ⅱ권의 4단원(성경의 이해)과 5단원(믿음의 사람들), Ⅲ권의 3단원(예수 그리스도)과 4단원(믿음의 사람들)과 5단원(교회의 역사)에서 다루어지고 있다. 그렇지만 국가 교육과정의 3영역(종교의 다양성과 차이)과 4영역(인간과 자연에 대한 종교적 이해)은 별도의 단원으로 다루어지지 않고 있다. 또한, Ⅱ권 5단원과 Ⅲ권 4단원에는 동일한 학습 주제(믿음의 사람들)가 동시에 배치되고 있다.

이런 내용 영역의 선정과 조직 부분에서 확인할 수 있는 특징은 두 가지이다. 첫 번째는 국가 교육과정의 Ⅶ영역(종교 공동체의 이해)을 강조하고 있다는 점이다. 이는 이 영역과 관련된 내용이 각각 Ⅱ권 1단원(인간과 사회문제), Ⅲ권 1단원(종교와 사회), 그리고 Ⅱ권 2단원(종교와 공동체 생활)과 Ⅲ권 2단원(종교와 공동체 생활)으로 구성되었다는 점에서 확인할 수 있다. 두 번째는 국가 교육과정의 Ⅷ영역(특정 종교의 사상과 전통)을 Ⅰ권 4단원·5단원, Ⅱ권 4단원·5단원, Ⅲ권 3단원·4단원·5단원에 연속 배치하여 개신교의 학습을 강조하고 있다는 점이다. 이런 개신교 학습 단원의 양은 한국기독교학교연맹의 종교교과서보다 많다고 할 수 있다.

넷째, 이미지 자료 부분이다. 각 Ⅰ권, Ⅱ권, Ⅲ권의 앞표지 중앙에는 기독교, 불교, 무슬림 등의 이미지 합성 자료가 배치되어 있다. 그리고 차례 부분에는 단원별 목차 옆에 각각 1개의 이미지 자료가 배치되어 있다. 그리고 각 단원은 색채로 구분되고 있고, 각 단원의 시작 페이지에는 차례 부분에 있던 이미지 자료가 확대·배치되어 있다. 이런 이미지 배치에 대해서는 주로 개신교 중심이라는 한계, 그리고 이미지의 중복 문제가 지적될 수 있다.[232]

본문에는 한국기독교학교연맹의 경우처럼, 주요 인물, 주요 시설이나 공간, 주요 사건이나 내용과 관련된 이미지가 배치되고 있다. 각 권의 이미지 분량을 보면, Ⅰ권 약 99개(1단원 19, 2단원 21, 3단원 21, 4단원 27, 5단원 11), Ⅱ권 약 86개(1단원 21, 2단원 21, 3단원 14, 4단원 15, 5단원 15), Ⅲ권 약 58개(1단원 10, 2단원 10, 3단원 16, 4단원 7, 5단원 15)이다. 따라서 이미지 자료의 활용도는 한국기독교학교연맹의 종교교과서보다 낮은 편이다.

사진·삽화 구성 부분에서는 두 가지 문제를 지적할 수 있다. 하나는 이미지 자료의 타당성 또는 이미지 자료의 선정 기준 문제이다. 이는 이미

---

232) 예를 들어, Ⅰ권 2단원(종교 현상에 대한 이해)에 배치된 이미지 자료는 Ⅱ권 4단원(성경의 이해)에 배치된 이미지 자료와 동일하다.

지 자료가 학습 주제 또는 핵심적인 학습 내용을 담고 있는지 아닌지의 문제이다. 예를 들어, '인간의 한계'라는 학습 주제에서 그 내용을 담고 있는 장례식 이미지 자료는 유용할 수 있지만, '종교의 무한우위'라는 학습 주제에서 여러 학생이 독서실에 모여 앉아 공부하는 이미지 자료는 학습 주제와 무관하여 학습 집중도를 떨어뜨린다고 할 수 있다.[233] 다른 하나는 이미지 자료가 전반적으로 개신교 중심이라는 문제이다. 이런 문제는 I권 3단원(세계의 종교와 문화)과 II권 2단원(한국의 종교와 문화)에 배치된 다른 종교의 이미지 자료가 매우 적다는 점에서 확인할 수 있다.[234]

다섯째, 단원별 서술 분량 부분이다. 상권의 전체 서술 분량은 127쪽이고, 본문 내용은 123쪽이다. 그 가운데 '인간과 종교' 부분(I단원)은 26쪽(약 21%), '종교 현상에 대한 이해' 부분(II단원)은 26쪽(약 21%), '세계의 종교와 문화' 부분(III단원)은 22쪽(약 19%), '생명의 길' 부분(IV단원)은 26쪽(약 21%), '행복한 인간' 부분(V단원)은 23쪽(약 19%)이다. 각 단원별 비중을 대조해 보면, '세계의 종교와 문화' 부분의 서술 분량이 가장 적고, IV단원과 V단원을 합쳐 기독교 부분이 가장 많다.

중권의 전체 분량은 122쪽이고, 그 가운데 본문 내용은 118쪽이다. 그 가운데 '인간과 사회문제' 부분(I단원)은 28쪽(약 24%), '한국의 종교와 문화' 부분(II단원)은 22쪽(약 19%), '종교공동체의 이해' 부분(III단원)은 20쪽(약 17%), '성경의 이해' 부분(IV단원)은 22쪽(약 19%), '믿음의 사람들' 부분(V단원)은 26쪽(약 22%)이다. 각 단원별 서술 비중을 대조해 보면, '종교공동체의 이해' 부분의 서술 분량이 가장 적고, IV단원과 V단원

233) 『생활과 종교』 I권, 11쪽, 24쪽.
234) 『생활과 종교』 I권의 58-78쪽에 배치된 세계 종교 관련 이미지 자료의 개수를 보면, 기독교 8개, 이슬람 5개, 힌두교 5개, 불교 4개이다. II권의 34-54쪽에 배치된 한국 종교 관련 이미지 자료의 개수를 보면, 무속 5개, 불교 5개, 유교 5개, 기독교 6개이다.

을 합쳐 기독교 부분이 가장 많다.

하권의 전체 분량은 107쪽이고, 그 가운데 본문 내용은 103쪽이다. 그 가운데 '종교와 사회' 부분(Ⅰ단원)은 20쪽(약 19%), '종교와 공동체 생활' 부분(Ⅱ단원)은 20쪽(약 19%), '예수 그리스도' 부분(Ⅲ단원)은 20쪽(약 19%), '믿음의 사람들' 부분(Ⅳ단원)은 20쪽(약 19%), '교회의 역사' 부분(Ⅴ단원)은 23쪽(약 22%)이다. 단원별 서술 비중을 대조해 보면 그 비중이 유사해 보일 수 있다. 그렇지만 Ⅳ단원과 Ⅴ단원을 합치면 역시 기독교 학습 분량이 가장 많다.

여섯째, 교과서의 편집 체제 부분이다. 이 교과서의 전체 편집 체제는 '대단원 제목, 이 단원을 공부하기 위하여 코너, 본문'의 순으로 구성되어 다소 단순한 편이다. 예를 들어, 한국기독교학교연맹의 종교교과서와 비교했을 때, 시청각 및 정서 교육에 해당하는 부분, 즉 학습자가 대단원의 학습 주제를 이해했을 때 이를 적용해보는 부분이 없다.

본문 편집은 '소단원 제목, 명언 또는 성서 구절, 생각하기 코너, 학습 목표 코너, 소단원 내용, 실천하기 코너' 순으로 되어 있다. 때때로 어떤 단원에는 '실천하기' 코너 앞에 '읽을거리' 코너가 배치되기도 한다.[235] 그 가운데 '생각하기' 코너와 '실천하기' 코너는 소단원의 내용을 학습하고 실천하기 위한 것으로, 이 교과서의 특징이라고 할 수 있다. 그리고 이 코너에 제시된 자료가 소단원의 학습 내용과 밀접하게 연관되면 될수록 이 특징은 이 교과서의 장점이 될 수 있다.

---

235) 예를 들어, 『생활과 종교』 Ⅰ권 1단원의 13쪽, 2단원의 43쪽 등에 '읽을거리' 코너가 있다.

<표 66> 개신교계 종교교과서 구성 체제

『생활과 종교』(고교-상권) 한국기독교학교연맹 편	『생활과 종교』(고교-Ⅰ권) 대한예수교장로회총회 교육자원부 편	비고
Ⅰ. 기독교 학교	1단원 인간과 종교	대단원 주제
"사람이 친구를 위하여 자기 목숨을 버리면 이보다 더 큰 사랑은 없나니."-요한복음 15:13		성서구절 또는 명언 소개
이 단원을 공부하기 위하여 우리나라 근대교육은 ~ 배우게 될 것이다.	[이 단원의 공부를 위하여] "나는 누구인가?" 이 질문은~ 안내할 것이다.	대단원 소개
1. 기독교 학교의 시작	1. 나를 찾아서	소단원 주제
	"다른 사람만 사랑하는 사람은 사랑할 줄 모르는 사람이다"(에리히 프롬)	명언 또는 성서 구절 소개
	<생각하기> (자세히 보아야 예쁘다~ 나태주 "풀꽃") 이후에 해설과 질문.	생각하기
학습목표 | 우리나라의 근대화를 가져온 것은 선교사들의 입국과 더불어 시작된 기독교 학교의 교육이었다. 선교사들은 왜 학교를 시작했으며 기독교 학교의 교육 활동이 우리 삶에 어떠한 영향을 주었는지 알아보자.	<학습목표> 1. 내가 지닌 종교적 정체성을 이해한다. 2. 우리의 삶 속에 존재하는 인간의 다양한 아름다움을 발견한다.	학습목표
1) 개신교 선교사들의 입국과 첫 학교 2) 선교사들의 활동과 기독교 학교 3) 기독교 학교의 영향	1) 나는 누구인가? 2) 나의 이야기 3) '나'라는 인간	소제재 / 학습내용
<탐구학습>	역사를 빛낸 자랑스런 우리 동문		탐구학습
'미디어보기', '읽고 생각하기'	<실천하기>	학습 내용 적용

　다만, 본문에는 별도로 주요 개념 용어를 설명하는 부분은 없다. 한국기독교학교연맹의 경우처럼 '개념학습' 코너도 없고, '단 나누기' 기능을 사용하여 본문 좌측이나 우측에 주요 개념 용어를 설명한 부분도 없다. 따라서 본문 내용이 다소 쉽게 서술되어 있다고 해도, 학습자가 본문 내용과 그 안에 담긴 주요 개념 용어의 의미를 동시에 파악하는 데에는 어려움이 있다. 본문의 문단은 들여쓰기 기능으로 구분되어 있다.

▨3 천주교계 종교교과서

(1) 가톨릭학교법인연합회의 『생활과 종교』

천주교의 고등학교용 종교교과서에는 가톨릭학교법인연합회의 이름으로 마리아회유지재단 출판사에서 발행한 『생활과 종교』가 있다. 이 교과서는 2012년 1월 27일자로 서울특별시 교육감 인정(인정번호: 2011-389)을 받아 2012년 2월 16일자로 발행되었다.

<그림 7> 천주교 『생활과 종교』 교과서

이 교과서의 편찬 정보는 다음과 같다. 첫째, 저자 구성 부분이다. 집필진은 대체로 가톨릭과 관련된 인물로 구성되어 있다. 구체적으로, 4인의 공동 저자는 당시 가톨릭교육문화원 원장, 서울대학교 강사, 전 계성여자고등학교 교감, 마리아회 신부(가톨릭학교법인연합회 사무총장 등이다. 한편, 가톨릭교육재단협의회는 고등학교용 종교교과서를 제작한 1995년의 경우, 다른 종교 부분에 관해서는 해당 전문가들에게 원고를 받아 재검토했다고 밝힌 바 있다.236) 그렇지만 이런 과정이 이 당시의 교과서를 제작할 때도 있었는지는 확인하기 어렵다.

---

236) 「종교교과서 배타성 벗는다」, 『동아일보』, 1995.09.03.16면.

둘째, 교과서의 제작 목표는 '고등학교 학생이 종교에 대하여 전반적인 이해를 하는 데 도움이 되도록' 한다는 것이다. 이를 위해 '종교 백화점식 소개를 지양하고 각 종교의 핵심 내용과 역사적 배경을 동시에 살펴보는 방법'을 사용하였다고 한다. 그렇지만 이 교과서에서는 "이 책이 종교학적인 차원에서 각 종교를 분석하고 있는 것은 아니다. 종교는 궁극적으로 과학적 분석의 대상이 될 수 없다. 각 종교의 설립 취지와 역사적 발전은 인간의 노력으로만 이루어지지 않은 부분이 많기 때문이다."라고 서술하여 종교학과 거리를 두고 신학적 접근을 시도하고 있다.[237]

한편, 이 교과서의 대단원과 소단원에는 별도의 학습 목표가 없다. 따라서 단원별 내용에 대해 어떤 목표를 가지고 학습해야 하는지 알 수 없는 상황이다. 비록 학습 내용에 다소 익숙한 경우에 소단원의 각 제재명을 조합하여 학습 목표를 유추할 수 있다고 해도, 학습 내용을 처음 접한 학생에게는 학습 내용의 이해와 그 평가를 위해 단원별 학습 목표가 필요하다고 할 수 있다.

셋째, 내용 영역 부분이다. 내용 선정의 근거는 2009년 교육과정이다. 이 교육과정의 8개 내용 영역은 '인간과 종교, 종교 현상의 이해, 종교의 인간관과 우주관, 한국의 종교, 종교와 인간 공동체, 가톨릭교회의 가르침' 등 여섯 단원으로 재분류되고 있다. 그렇지만 2009년 교육과정에 제시된 8개 내용 영역과 이 교과서의 내용 영역을 대조해보면 이런 차이를 확인할 수 있다.

---

237) 안병초·이종범·김낙용·박찬복, 『생활과 종교』, 마리아회유지재단 출판사, 2012, 2-3쪽(머리말).

<표 67> 2009년 교육과정과 『생활과 종교』(천주교) 목차

교육과정(2009년)		교과서 (분량)	
영역	주요 내용	대단원	소단원
I. 인간과 종교	· 궁극적인 물음과 문제 · 종교와의 만남과 문제 해결 · 앎과 믿음 · 종교의 의미와 역할	I. 인간과 종교 (38쪽, 17%)	1. 신과 절대 원칙의 존재 2. 종교의 탄생 3. 종교에 대한 지식과 신앙
II. 종교 현상의 이해	· 여러 가지 인생 문제 · 우주관, 역사관, 생사관 · 경전의 의미와 해석 · 종교 의례와 규범	II. 종교 현상의 이해 (28쪽, 12%)	1. 종교 제도의 수립 2. 경전의 수립 3. 종교와 사회
III. 종교의 다양 성과 차이	· 종교적 차이의 맥락 · 종교들의 비교 · 종교의 특성 이해 · 세속 사회와 종교	III. 종교의 인간관과 우주관 (64쪽, 28%)	1. 그리스도교 2. 이슬람교 3. 불교 4. 유대교 5. 힌두교 6. 유교 7. 도교 8. 토속 종교
IV. 인간과 자연에 대한 종교적 이해	· 다양한 인간관 · 종교적 인간관 · 종교적 자연관 · 종교와 과학의 관계		
V. 세계의 종교와 문화	· 유교 · 도교 · 불교 · 그리스도교 · 이슬람교 · 기타 종교		
VI. 한국의 종교와 문화	· 한국 토착 종교의 이해 · 한국 불교의 이해 · 한국 유교와 도교의 이해 · 한국 그리스도교의 이해 · 한국 신종교와 기타 종교의 이해	IV. 한국의 종교 (14쪽, 6%)	1. 불교 2. 유교 3. 도교 4. 그리스도교 5. 이슬람교 6. 한국의 토속 종교
VII. 종교 공동체의 이해	· 종교공동체의 이념과 구조 · 종교의 사회적 기능 · 종교 간의 대화와 공존 · 종교적 인격 형성	V. 종교와 인간 공동체 (28쪽, 12%)	1. 종교와 개인 2. 종교와 공동체 3. 종교와 세계 4. 종교와 인간의 미래
VIII. 특정 종교의 사상과 전통	· 경전과 교리 · 종교적 생활 · 한국 종교와 문화 창조 · 나의 종교관 점검	VI. 가톨릭교회의 가르침 (56쪽, 25%)	1. 하느님에 대한 이해 2. 성경과 성전의 신앙고백 3. 전례와 성사 4. 교도권과 신앙생활 5. 새천년기의 가톨릭교회
		228쪽, 100%	

위의 표를 보면, 2009년 교육과정의 1영역은 I 단원(인간과 종교), 2영역은 II단원(종교 현상의 이해), 5영역은 III단원(종교의 인간관과 우주관), 6영역은 IV단원(한국의 종교), 7영역은 V단원(종교와 인간 공동체), 8영역

은 VI단원(가톨릭교회의 가르침)에서 다루어지고 있다. 그리고 국가 교육과정의 III영역(종교의 다양성과 차이)과 IV영역(인간과 자연에 대한 종교적 이해)은 별도의 단원으로 설정되어 있지 않다.

이런 내용 선정과 조직 부분에서 확인할 수 있는 특징은 두 가지이다. 첫 번째 특징은 국가 교육과정의 III영역·IV영역·V영역을 교과서의 III단원(종교의 인간관과 우주관)으로 통합했다는 점이다. 외관상, 교과서의 III단원과 국가 교육과정의 IV영역 제목이 유사한 것처럼 보이지만, III단원의 내용에는 국가 교육과정의 IV영역과 V영역이 통합되어 있다. 두 번째 특징은 교과서의 VI단원(가톨릭교회의 가르침) 분량을 확대하여 종교 교과서를 가톨릭계 고등학교를 위한 교과서로 만들었다는 점이다.

넷째, 이미지 자료 부분이다. 책 표지에는 여인이 식탁에서 기도하는 이미지 자료, 머리말과 목차의 상·하에는 최후의 만찬 모습을 포함한 성화의 일부 자료가 배치되고 있다. 대단원의 시작 페이지에는 IV단원(한국의 종교)을 제외한다면, 모두 가톨릭과 관련된 이미지 자료가 배치되고 있다. 그리고 본문 뒤에 있는 '생각해 볼 문제' 코너에는 단원 학습 주제와 무관하게 모두 가톨릭 관련 이미지 자료가 배치되고 있다.

본문의 이미지 자료는 주로 서술 내용과 연관된 인물 사진이다. 그러다 보니 이미지 자료의 분량이 다른 교과서에 비해 적은 편이다. 구체적으로 지적하면, I단원에 11개, II단원에 6개, III단원에 8개, IV단원에 2개, V단원에 3개, 6단원에 7개의 이미지 자료가 있다.

다른 종교에 관한 이미지 자료도 적은 편이다. 예를 들어, III단원(종교의 인간관과 우주관)을 보면, 그리스도교·이슬람교·불교·도교에는 각각 1개, 유교에는 4개의 이미지 자료가 배치되어 있다. 게다가, 유대교와 힌두교와 토속 종교의 이미지 자료는 아예 보이지 않는다. IV단원(한국의 종교)에는 2개의 유교 관련 이미지 자료만 있을 뿐, 불교·도교·그리스도교·이슬람교·토속종교의 이미지 자료가 보이지 않는다.

이런 현상은 교과서를 편찬할 때 이미지 자료와 학습동기 유발의 연관성에 관한 고민이 미진했다는 점을 보여주고 있다. 또한, 책 표지, 대단원의 시작 페이지, '생각해 볼 문제' 코너에 있는 이미지 자료의 색채를 고려하면, 이 교과서의 이미지 자료는 전반적으로 학습자에게 가톨릭을 상기시키는 역할을 하고 있다고 할 수 있다.

다섯째, 단원별 서술 분량 부분이다. 교과서의 전체 분량은 237쪽이고, 본문 내용은 228쪽이다. 그 가운데 I 단원은 38쪽(약 17%), II단원은 28쪽(12%), III단원은 64쪽(28%), IV단원은 14쪽(6%), V단원은 28쪽(12%), VI단원은 56쪽(25%)이다. 단원별 서술 비중을 대조해 보면 '한국의 종교' 부분의 서술 분량이 가장 적다. 그리고 VI단원과 다른 단원의 가톨릭 관련 내용을 합치면 가톨릭 학습을 위한 서술 분량이 가장 많은 편이다.

여섯째, 교과서의 편집 체제 부분이다. 교과서의 편집 체제는 각 단원마다 '소단원 제목을 포함한 대단원 제목, 소단원 제목, 제재명과 본문, 내용, 생각해 볼 문제 코너, 여기에 정리해 보자 코너' 순서로 구성되어 있다. 앞서 지적한 대로 대단원이나 각 소단원의 학습목표는 서술되지 않고 있다. '생각해 볼 문제' 코너에는 소단원 학습 내용과 관련된 문제가 대체로 3개씩 제시되고 있다. '여기에 정리해 보자' 코너는 빈칸으로 제시되어 있는데, '생각해 볼 문제'와 관련하여 학습자가 자신의 생각을 기록하는 공간이다. 이렇게 보면, 이 교과서의 편집 체제는 학습 목표 없이 본문 내용을 학습한 후에 이를 정리하는 방식으로 구성되어 있다고 할 수 있다.

본문에서 주요 개념 용어는 단 나누기 기능을 활용하여 해당 내용의 좌측이나 우측에 별도로 제시되고 있다. 사진도 대체로 본문 내용에 삽입되지 않고 주요 개념 용어처럼 좌측이나 우측 단에 삽입되어 있다. 그 외에 본문에서 문단 구분은 들여쓰기 기능, 그리고 문단과 문단 사이에 한 줄을 띄우는 방식으로 이루어지고 있다. 그리고 이를 통해 서술 내용에 대한 시각적인 집중력을 높이고 있다.

(2) 가톨릭교육재단협의회의 『고등학교 종교교과서 지침서』

가톨릭교육재단협의회에서는 2002년 3월 1일자로 발행된 『종교(천주교)』에 관해 『고등학교 종교교과서 지침서』를 발간한 바 있다.[238] 다만, 이 지침서는 '교육감 인정'이 아니므로 정식 교과용도서가 아니라 가톨릭계 종교교사를 위한 비공식적 자료라고 할 수 있다.

이 지침서의 전체 분량을 보면, 총 546쪽에 달하고 있다. 지침서의 내용은 크게 두 부분으로 구성되고 있다. 하나는 종교교과서의 내용을 해설한 부분이다. 다른 하나는 그 내용을 교육하는 데에 필요한 자료이다. 특히 교육 자료의 내용은 이 지침서의 대부분을 차지하고 있다. 이 지침서의 내용은 종교교과서의 내용 조직을 그대로 반영하고 있다. 이는 2002년에 발행된 『종교(천주교)』와 이 지침서의 목차를 대조해보면 확인할 수 있다.

<그림 8> 천주교 종교교과서 지침서

---

238) 안병초·한동성·이종범·송향숙, 『고등학교 종교교과서 지침서』, 가톨릭교육재단협의회, 2003. 약 183쪽 분량의 이 교과서는 2001년 10월 27일자로 '교회 인가'를 받고, 2002년 1월 8일자로 서울특별시교육감 인정(번호: 2002-041)을 받아 2002년 3월 1일에 초판이 발행된 후, 2011년 3월 1일에 9판이 발행될 정도로 오랫동안 사용되었다.

<표 68> 교과서 지침서 목차(가톨릭, 2003.11.1.)

제1장 나를 찾아서
  1. 인터넷과 나   2. 성과 나
  3. 약물 중독과 나   4. 외모가 인생의 성공과 행복을 좌우한다?

제2장 인간의 길
  1. 나와 너 그리고 우리   2. 인간이란 무엇인가?
  3. 죽음에 부처진 인간   4. 신은 존재하는가?

제3장 이웃의 종교들
  1. 불교   2. 유교   3. 그리스도교
  4. 이슬람교   5. 한국종교

제4장 우리를 사랑하시는 분은?
  1. 내가 만일 심판관이라면? 2. 참된 스승
  3. 아버지, 나의 아버지   4. 누가 돌을 들 것인가?
  5. 성자가 된 세관장

제5장 우리의 선택
  1. 임신 중절, 그리고 여성의 자유와 권리
  2. 안락사   3. 인간 복제
  4. 공동선   5. 정의로운 환경

제6장 행복을 찾아서
  1. 불꽃 이는 떨기나무(성부)
  2. 종이 되신 임금님(성자)
  3. 역사를 이끌어 가시는 손길(성령)
  4. 보이지 않는 분, 보이는 사랑(성사)
  5. 비우면 채워 주시는 분

찾아보기

전반적으로, 이 지침서는 분량이 방대하고 시각적 효과가 고려되지 않고 있어, 가톨릭 종교교사를 위한 세미나 자료의 특성을 보여주고 있다. 따라서 가톨릭 종교교사가 교육 현장에서 이 지침서를 어느 정도 활용했는지에 대해서는 미지수이다.

4 불교계 종교교과서

제7차 종교 교육과정이 반영된 불교계의 종교교과서는 두 종류이다. 하나는 불교교육연합회에서 편저한『종교(불교)』이다. 이 교과서는 2002년 1월 8일자로 서울특별시 교육감 인정(번호: 2002-042)을 받고, 2002년 2월 4일자로 발행되었다. 다른 하나는 대한불교진각종 교재편찬위원회에서 펴낸『종교(불교)』이다. 이 교과서는 2009년 1월 22일자로 서울특별시 교육감 인정(번호: 2009-018-심)을 받고, 2009년 3월 1일자로 발행되었다.

<그림 9> 불교『종교(불교)』교과서(조계종) <그림 10> 불교『종교(불교)』교과서(진각종)

(1) 불교교육연합회의 『종교(불교)』

불교교육연합회에서 발행한 종교교과서의 편찬 정보는 다음과 같다. 첫째, 저작 주체는 집필진 6인, 연구진 12인, 심의진 12인으로 다소 많은 편이다. 집필진 가운데 5인은 동국대학교 소속이고, 1인은 동대사대부고 소속 교법사이다. 연구진은 동국대학교 7인, 서울대학교 2인, 위덕대학교 1인, 명성여자고등학교와 광동여자고등학교에 각각 소속된 교법사 2인이다. 심의진 12인은 모두 고등학교 교사이고, 대부분 교법사이다.

이런 저작 주체에서 특이한 부분은 두 가지이다. 하나는 대학 소속 연구자가 집필하고 현직 교사가 심의 역할을 담당했다는 점이다. 다른 하나는 연구진에 종교학자 2인이 포함되었다는 점이다. 불교계에서 교과서 집필에 종교학자를 포함시킨 사례는 1995년경에도 있었다.[239] 다만, 종교학자가 교과서 편찬 과정에서 어떤 역할을 했는지에 관해 구체적인 내용을 확인할 수 없다.

둘째, 교과서 제작 목표 부분이다. 제작 목표는 일반적인 목표와 함께 불교를 강조한 내용으로 서술되고 있다. 이는 머리말 부분에 서술된 '세계 여러 종교와 불교' 또는 '세계의 중요한 종교와 불교'라는 표현, 즉 불교가 세계 종교의 범주에 포함되는 현실임에도 '세계 종교'와 '불교'를 등치시키는 서술에서 확인할 수 있다. 그 내용은 다음과 같다.

> 이 교과서는 세계 여러 종교와 불교의 가르침을 통해서 학생들이 참다운 인생의 의미를 깨달아 자기의 삶을 완성하고, 민족과 인류의 원대한 이상을 구현할 수 있도록 하기 위하여 편찬한 것이다. 여기에 담겨 있는 내용을 배움으로써 세계의 중요한 종교와 불교의 참된 정신을 이해하고, 지혜로운 삶의 길을 발견하여 시대를 선도해가는 주체적 인간으로 성장해 주기를 바란다.[240]

한편, 학습 목표는 대단원에서만 문단 형태로 진술되고 있다. 소단원별 학습 목표는 없다. 대단원의 학습 목표는 행위동사가 아니라 추상적인 동사로 진술되고 있다. 예를 들어, Ⅰ단원에 있는 '알아보자, 발견해보자, 노력해야 할 것이다', Ⅱ단원에 있는 '알아보자, 인식해야 한다, 노력해야 할 것이다' 등이다. 이런 진술문 형태는 학습 내용의 수행 평가에 관한 고민이 미진했다는 점을 보여주고 있다.

셋째, 내용 영역 부분이다. 내용 선정의 근거는 제7차 종교 교육과정이

---

239) 「종교교과서 배타성 벗는다」, 『동아일보』, 1995.09.03.16면. 이 기사에 따르면, 1995년에 불교교육연합회에서 종교교과서를 제작할 때 종교 일반에 대해서는 당시 서울대학교 윤이흠 교수에게 집필을 의뢰했고, 유태교·그리스도교는 변선환(전 감리교 신학대학장)에게 맡기는 등 전문성을 기했다고 한다.
240) 불교교육연합회 편저, 『종교(불교)』, 대한불교조계종 출판사, 2002, 5쪽.

다. 그렇지만 제7차 종교 교육과정의 8개 내용 영역은 14개 내용 영역으로 재구성되고 있다. 교과서의 내용 영역별 주제는 '인간의 삶과 종교, 세계의 종교, 세계 종교의 사상과 특성, 인간과 자연 그리고 종교, 우리나라의 종교와 문화, 현대 사회와 종교의 역할, 불교의 출발, 깨달음의 세계, 대승의 진리, 불교의 윤리, 한국의 불교, 불교와 예술, 불교의 신행, 불교와 새로운 문화의 창조'이다. 제7차 종교 교육과정과 교과서의 내용 영역을 대조해보면 그 차이를 확인할 수 있다.

<표 69> 제7차 종교 교육과정과 『종교(불교)』(불교교육연합회) 목차

교육과정(1997년)	교과서 (분량)	
영역 또는 단원(8)의 주요 내용	대단원	소단원
I. 인간과 종교 (• 궁극적인 물음과 문제 • 종교와의 만남과 문제해결 • 안다는 것과 믿는다는 것 • 종교의 의의와 역할)	I. 인간의 삶과 종교	1. 종교란 무엇인가 2. 종교적 신념과 이해 3. 궁극적 가치와의 만남 4. 현대 사회와 종교
II. 종교경험의 이해 (• 여러 가지 인생문제 • 우주관, 역사관, 생사관 • 경전과 종교규범 • 종교 의례와 종교적 실천)		
III. 서로 다른 종교적 전통 (• 종교 사상과 배경 • 참된 것과 깨달음 • 종교의 특성 이해)		
IV. 세계 종교와 문화 (• 유교와 도교 • 불교 • 크리스트교 • 이슬람과 기타 종교)	II. 세계의 종교	1. 다양한 종교의 가치관 2. 종교 윤리와 종교 체험 3. 다양한 종교 의식과 그 의의
	III. 세계 종교의 사상과 특성	1. 불교 2. 힌두교 3. 유교 4. 도교 5. 유대교 6. 크리스도교 7. 이슬람교
V. 인간과 자연에 대한 종교적 이해 (• 다양한 인간관 • 종교적 인간관 • 종교적 자연관 • 과학과 종교)	IV. 인간과 자연 그리고 종교	1. 인간에 대한 여러 가지 이해 2. 종교적 인간관 3. 현대 문명과 종교적 자연관 4. 과학과 종교
VI. 한국 종교와 문화 (• 한국 불교와 문화 • 한국 유교 및 도교와 문화 • 한국 크리스트교와 문화 • 한국 무속신앙과 민족종교)	V. 우리나라의 종교와 문화	1. 전통 민간 신앙 2. 불교의 전래와 수용 3. 유교와 도교 4. 크리스도교와 이슬람교 5. 한국에서 일어난 종교들
VII. 종교 공동체 (• 공동체의 이념과 구조 • 종교의 사회적 기능 • 종교간의 화해와 공존 • 종교적 인격 형성)	VI. 현대 사회와 종교의 역할	1. 종교적 공동 생활 2. 기복과 광신 3. 종교의 자유 4. 종교간의 화해와 이해 5. 종교적 인격 형성
VIII. 특정 종교의 전통과 사상 (• 경전, 교리, 역사 • 종교적 생활 • 한국 종교와 문화 창조 • 나의 종교 생활 설계)	VII. 불교의 출발	1. 불교 성립의 시대적 배경 2. 거룩한 탄생 3. 진리를 찾아서 4. 법륜을 굴리다 5. 경전의 성립
	VIII. 깨달음의 세계	1. 현실의 이해 2. 연기의 법칙 3. 괴로움의 원인과 해결 4. 행위의 원리

교육과정(1997년)	교과서 (분량)	
영역 또는 단원(8)의 주요 내용	대단원	소단원
		5. 궁극적 이상
	IX. 대승의 진리	1. 대승 불교의 일어남 2. 지혜의 완성 3. 보살의 삶 4. 무엇을 위한 삶인가 5. 마음이란 무엇인가 6. 마음 닦는 길 7. 이상 세계의 실현
	X. 불교의 윤리	1. 불교 윤리의 근본 2. 아름다운 인간관계 3. 더불어 사는 세계 4. 인간과 자연
	XI. 한국의 불교	1. 한국 불교의 특성 2. 삼국 시대의 불교 3. 신라의 삼국 통일과 불교 발전 4. 고려 불교와 대장경의 구축 5. 조선 불교의 구국 활동 6. 개화 사상과 독립 운동
	XII. 불교와 예술	1. 불교와 문학 2. 불교와 미술 3. 불교 음악과 무용
	XIII. 불교의 신행	1. 불교의 의례 2. 불교 신행의 길 3. 참회와 발원 4. 참선과 염불
	XIV. 불교와 새 로운 문화 의 창조	1. 현대 사회와 불교 2. 민족 문화의 새로운 전개 3. 인류의 미래와 불교 4. 한국 불교의 역할과 사명

위의 표를 보면, 제7차 종교 교육과정의 1영역은 Ⅰ단원(인간의 삶과 종교), 4영역은 Ⅱ단원(세계의 종교)과 Ⅲ단원(세계 종교의 사상과 특성), 5영역은 Ⅳ단원(인간과 자연 그리고 종교), 6영역은 Ⅴ단원(우리나라의 종교와 문화), 7영역은 Ⅵ단원(현대 사회와 종교의 역할), 그리고 8영역은 Ⅶ단원(불교의 출발)에서부터 마지막 단원(불교와 새로운 문화의 창조)에 걸쳐 다루어지고 있다. 다만, 국가 교육과정의 2영역(종교경험의 이해)과 3영역(서로 다른 종교적 전통)은 별도의 단원으로 배치되어 있지 않다.

이런 내용 선정과 조직 부분에서 확인할 수 있는 특징은 두 가지이다. 첫 번째는 국가 교육과정의 내용 체제를 준수하면서도 특정 종교를 위한 학습 주제가 교과서의 절반을 넘어서고 있다는 점이다. 이는 교과서의 14개 학습 주제(단원)에서 제7차 종교 교육과정의 8영역(특정 종교의 전통과 사상)에 해당하는 부분, 즉 불교 학습 주제(단원)가 8개로 절반을 넘고 있다는 점에서 확인할 수 있다. 두 번째는 불교의 역사뿐 아니라 불교와 윤리·문학·미술·음악·무용 등 불교에 관한 학습 주제를 다양하게 제시한 점이다.

넷째, 이미지 자료 부분이다. 책 표지에는 앞뒤 모두 중앙에 불교 관련 이미지가 배치되고 있다. 차례 부분에도 목차 좌우측에 불교 관련 이미지가 배치되고 있다. 그렇지만 단원의 학습 주제와 이미지 자료의 연관성, 이미지 배열의 논리적 순서는 거의 고려되지 않은 편이다. 대단원 부분에는 학습 주제(단원명)마다 바로 아래에 불교 이미지를 배치하고 있다. 그렇지만 학습 주제와 이미지 자료의 연관성은 높지 않은 편이다. 이는 학습 주제가 달라져도 계속해서 불교 이미지 자료를 배치하고 있다는 점에서 확인할 수 있다.

본문의 이미지 자료는 주요 내용이나 사건, 주요 인물, 주요 시설이나 공간 등에 관한 내용이다. 이미지 자료의 분량을 보면, Ⅰ단원에 25개, Ⅱ단원에 18개, Ⅲ단원에 27개, Ⅳ단원에 14개, Ⅴ단원에 21개, Ⅵ단원에 15개가 있다. 그리고 불교와 관련된 Ⅶ단원에서부터 마지막 단원에 걸쳐 105개가 있다.

이 교과서의 이미지 자료는 불교 중심이라는 특징을 지니고 있다. 이는 불교 학습 주제(단원)의 수가 많으므로 당연한 결과라고 할 수 있다. 그렇지만 이런 특징은 상대적으로 다른 종교의 이미지 자료가 적다는 느낌을 주고 있다. 실제로 Ⅲ단원(세계 종교의 사상과 특성)에 있는 전체 종교 이미지 자료를 보면, 불교 4개, 힌두교 4개, 유교 6개, 도교 2개, 유대교 2개, 크리스트교 5개, 이슬람교 4개이다. 그리고 Ⅴ단원(우리나라의 종교와 문화)의 경우에도 민간신앙 7개, 불교 4개, 유교 1개, 도교 1개, 크리스트교 4개, 이슬람교 1개, 천도교 2개, 대순진리회 1개에 그치고 있다.

다섯째, 단원별 서술 분량 부분이다. 교과서의 전체 분량은 278쪽이고, 본문 내용은 260쪽이다. 그 가운데 '인간의 삶과 종교' 부분(Ⅰ단원)은 17쪽(약 7%), '세계의 종교' 부분(Ⅱ단원)은 15쪽(약 6%), '세계 종교의 사상과 특성' 부분(Ⅲ단원)은 33쪽(약 13%), '인간과 자연 그리고 종교' 부분(Ⅳ단원)은 16쪽(약 6%), '우리나라의 종교와 문화' 부분(Ⅴ단원)은 22쪽(약 8%), '현대 사회와 종교의 역할' 부분(Ⅵ단원)은 21쪽(약 8%)이다. 그리고 불교와 관련된 Ⅶ단원에서부터 마지막 단원까지는 136쪽(약 52%)이다. 이런 서술 분량의 차이는 이 교과서가 불교 중심으로 편찬되었음을 보여주고 있다.

여섯째, 교과서의 편집 체제 부분이다. 각 단원은 '대단원 제목, 소단원 제목, 이 단원의 공부를 위하여 코너, 소단원 제목과 내용, 연구문제' 순으로 구성되어 있다. 그 가운데 '소단원 제목과 내용, 연구문제'는 본문에 해당하고, 대단원 학습을 정리하는 코너는 별도로 제시되지 않고 있다. 이 교과서가 다른 종교교과서와 다른 부분은 교과서의 마지막 부분에 학습자가 필요한 내용을 찾아볼 수 있도록 '찾아보기' 코너를 두고 있다는 점이다.

본문에서 주요 개념 용어를 설명하는 부분은 별도로 마련되어 있지 않다. '단 나누기' 기능을 활용하지 않았으므로 이미지 자료도 본문 내용에 삽입되고 있다. 그리고 본문에서 문단 구분을 위해 들여쓰기 기능을 활용하고 있다.

(2) 대한불교진각종 교재편찬위원회의 『종교(불교)』

대한불교진각종 교재편찬위원회에서 발행한 교과서의 편찬 정보는 다음과 같다. 첫째, 저작 주체는 연구위원, 집필위원, 심의위원으로 구성되고 있다. 연구위원 8인의 소속은 각각 위덕대학교(1인), 진각대학원(1인), 대한불교진각종 교육원(3인), 종립학교(교법사 3인)이다. 집필위원 9인의 소속은 각각 위덕대학교(3인), 진각대학원(3인), 대한불교진각종(2인), 동대부속 고등학교(1인)이다. 그리고 심의위원의 소속은 각각 서울대학교(1인), 종립학교(교법사 4인)이다.

편찬 정보에서 볼 수 있는 특징은 두 가지이다. 첫 번째는 불교교육연합회의 경우처럼 심의위원에 종교학자 1인을 포함시키고 있는 점이다. 두 번째는 심의위원 5인 가운데 4인을 진각종이 아니라 조계종 소속 중·고등학교의 교법사로 구성한 점이다. 조계종 소속 고등학교의 교법사 1인이 집필위원에 포함된 것도 특징이다.

둘째, 목표 설정 부분이다. 학습 목표는 대단원에만 제시되고 있다. 즉 교과서의 제작 목표와 소단원별 학습 목표는 제시되고 있지 않다. 그렇지만 불교교육연합회의 경우와 마찬가지로, 교과서에 불교 학습 주제(단원)가 많다는 점에서 이 교과서는 불교 중심의 편찬 의도를 가지고 있었다고 볼 수 있다.

대단원의 목표는 문단 형태로 제시되고 있다. 그리고 이런 목표는 행위동사가 아니라 다소 추상적인 동사로 진술되고 있다. 예를 들어, 단원1(종교의 바른 이해)에서는 '알아보고자 한다, 생각을 갖는다, 준비하여야 한다, 성찰한다, 확립한다, 이해한다, 살펴보자' 등의 진술어가 사용되고 있다. 단원2(종교의 바른 실천)에는 '찾아본다, 알아본다, 노력해야 할 것이다' 등의 진술어가 사용되고 있다. 따라서 이런 진술문 형태를 보면 교과서의 편찬 과정에서 학습 내용의 수행 평가에 관한 고민이 미진했다고 할 수 있다.

셋째, 내용 영역 부분이다. 내용 선정의 근거는 다소 모호하지만,[241] 제7차 종교 교육과정이다. 그렇지만 이 교과서에는 제7차 종교 교육과정의 8개 내용 영역이 '종교의 바른 이해, 종교의 바른 실천, 세계의 주요 종교, 우리나라의 종교문화, 다양한 인간사회와 종교, 부처님의 생애와 가르침, 대승의 가르침, 밀교의 진리, 한국 불교의 이해, 현대 불교의 새로운 신행, 진실한 깨달음, 우리의 수행과 실천'으로 재설정되고 있다. 제7차 종교 교육과정의 8개 내용 영역과 이 교과서의 내용 영역을 대조해보면 그 차이를

---

241) ≪초·중등학교 교육과정≫(교육인적자원부 고시 제2007-79 호, 고시일 2007년 2월 28일)에 따르면, 2007년 종교 교육과정은 2009년 3월 1일자로 고등학교에 순차적으로 적용된다. 그리고 이 교과서의 발행 시점은 2009년 3월 1일이다. 이 두 가지를 종합해보면, 이 교과서의 내용 선정 근거는 2007년 교육과정으로 보이지만, 교과서의 명칭이 '생활과 종교'가 아니라 '종교'라는 부분에서 이 교과서의 내용 선정 근거가 1997년에 고시된 제7차 종교 교육과정임을 알 수 있다. 2007년 교육과정의 고등학교 적용 시점은 고등학교 1학년 2009년 3월 1일자, 2학년 2010년 3월 1일자, 3학년 2011년 3월 1일자였다.

확인할 수 있다.

<표 70> 제7차 종교 교육과정과 『불교(종교)』(진각종) 목차

교육과정(1997년)	교과서		
영역(8)	대단원	소단원	
I. 인간과 종교	단원1. 종교의 바른 이해	1. 인간이란 무엇인가 2. 종교란 무엇인가 3. 불교란 무엇인가	
II. 종교경험의 이해	단원2. 종교의 바른 실천	1. 다양한 종교 행위 2. 다양한 종교 경험 3. 현대 사회와 종교윤리 4. 함께하는 이상사회	
III. 서로 다른 종교적 전통			
IV. 세계 종교와 문화	단원3. 세계의 주요 종교	1. 인도의 종교 2. 중국의 종교 3. 서양의 종교 4. 중동의 종교	
V. 인간과 자연에 대한 종교적 이해			
VI. 한국 종교와 문화	단원4. 우리나라의 종교문화	1. 우리나라의 전통신앙 2. 동양종교의 전래와 문화 3. 서양종교의 전래와 문화 4. 우리나라에서 형성된 종교	
VII. 종교 공동체	단원5. 다양한 인간 사회와 종교	1. 다양성과 인간문화 2. 다양성과 종교	
VIII. 특정 종교의 전통과 사상	단원6. 부처님의 생애와 가르침	1. 인류의 스승, 석가모니 부처님 2. 부처님의 제자들 3. 깨달음과 우리의 세계 4. 모든 것은 서로 의지한다 5. 고통을 없애는 길	
	단원7. 대승의 가르침	1. 대승 불교의 출현 2. 대승불교의 전래	
	단원8. 밀교의 진리	1. 생명력 넘치는 가르침의 세계 2. 만다라의 세계 3. 밀교 가르침의 전승 4. 간절한 네 가지 기도	
	단원9. 한국 불교의 이해	1. 삼국의 불교 수용과 발전 2. 삼국의 통일과 불교의 전개 3. 고려불교의 호국적 전개 4. 조선불교의 대중화와 호국의 실천 5. 불교문화	
	단원10. 현대 불교의 새로운 신행	1. 새로운 불교운동의 시작 2. 선각자의 삶과 새로운 불교	
	단원11. 진실한 깨달음	1. 온 우주에 충만한 법신 비로자나 부처님 2. 지혜를 밝히는 공부-심인공부 3. 심인공부의 생활	
	단원12. 우리의 수행과 실천	1. 수행의 의미와 자세 2. 참다운 나 만들기 3. 새로운 나, 진각	

위의 표를 보면, 제7차 종교 교육과정의 1영역은 1단원(종교의 바른 이해), 2영역과 3영역은 2단원(종교의 바른 실천), 4영역은 3단원(세계의 주요 종교), 6영역은 4단원(우리나라의 종교문화), 7영역은 5단원(다양한 인간사회와 종교)에서 다루어지고 있다. 그리고 8영역은 6단원에서부터 12

단원에 걸쳐 다루어지고 있다. 다만, 국가 교육과정의 3영역(서로 다른 종교적 전통)과 5영역(인간과 자연에 대한 종교적 이해)은 별도의 단원으로 설정되어 있지 않다.

이런 내용 선정과 조직 부분에서 볼 수 있는 특징은 두 가지이다. 첫 번째는 불교교육연합회의 경우와 마찬가지로 특정 종교를 위한 학습 주제가 교과서의 절반을 넘어서고 있다는 점이다. 이런 특징은 교과서의 전체 12개 학습 주제(단원) 가운데 제7차 종교 교육과정의 8영역에 해당하는 불교 학습 주제(단원)가 7개로 절반을 넘고 있다는 점에서 확인할 수 있다. 두 번째는 교과서 앞부분에 불교 일반에 관한 내용을 제시하고, 그 뒤에 진각종 관련 내용을 배치하고 있다는 점이다. 즉 서술 내용이 종교 일반, 불교 일반, 진각종 순으로 배치되고 있다.

넷째, 이미지 자료 부분이다. 책 표지에는 진각종의 총본부인 총인원(앞)과 상징물(뒤)의 이미지 자료가 배치되어 있다. 속표지에는 진각종을 포함하여 밀교와 관련된 11개의 이미지 자료, 그리고 종교별로 9개의 경전 이미지 자료가 배치되고 있다. 차례 부분에는 불교교육연합회의 경우와 마찬가지로 목차의 좌우측에 단원 학습 주제와 무관한 불교 일반과 진각종 관련 이미지 자료를 배치하고 있다. 다만, 차례 부분에 있는 이미지 자료의 논리적 배열순서는 거의 고려되지 않은 편이다.

대단원 부분에는 '이 단원의 공부를 위하여' 코너마다 이미지 자료를 배치하고 있다. 주로 불교 이미지 자료이지만, 3단원과 4단원의 경우처럼 학습 주제와 이미지 자료의 연관성이 고려되어 있기도 하다. 본문의 이미지 자료는 주요 사건이나 내용, 주요 인물, 주요 시설이나 공간 등에 관한 내용이다. 이미지 자료의 분량을 보면, 1단원에는 14개, 2단원에는 17개, 3단원에는 12개, 4단원에는 31개, 5단원에는 23개, 그리고 불교 일반 관련 6단원·7단원·9단원에는 99개, 밀교와 진각종 관련 8단원·10단원·11단원·12단원에는 33개가 배치되고 있다.

이미지 자료 부분에는 이미지 자료가 불교 중심이고, 동시에 밀교와 진각종을 부각시키고 있다는 특징이 있다. 이런 특징은 불교나 진각종 관련 학습 주제(단원)의 수가 많은 데에서 생긴다고 할 수 있다. 그렇지만 이런 특징은 상대적으로 다른 종교에 관한 이미지 자료가 적다는 느낌을 주고 있다. 실제로 3단원(세계의 주요 종교)의 이미지 자료를 보면, 불교 1개, 힌두교 2개, 유교 3개, 도교 1개, 그리스도교 2개, 유대교 1개, 이슬람교 2개이다. 그리고 4단원(우리나라의 종교문화)의 경우에도 고대신앙 1, 무속신앙 2, 유교 9개, 도교 3개, 천주교 3개, 개신교 4개, 이슬람교 2개, 천도교 2개, 증산교 1개, 대종교 2개, 원불교 2개에 그치고 있다.

다섯째, 단원별 서술 분량 부분이다. 교과서의 전체 분량은 269쪽이고, 본문 내용은 256쪽이다. 그 가운데 '종교의 바른 이해' 부분(1단원)은 18쪽(약 7%), '종교의 바른 실천' 부분(2단원)은 24쪽(약 9%), '세계의 주요 종교' 부분(3단원)은 18쪽(약 7%), '우리나라의 종교문화' 부분(4단원)은 20쪽(약 8%), '다양한 인간사회와 종교' 부분(5단원)은 20쪽(약 8%)이다. 그리고 불교와 관련된 6단원에서부터 12단원까지는 156쪽(약 61%)이고, 그 가운데 밀교와 진각종 관련 부분은 74쪽(약 29%)이다. 이런 서술 분량을 보면, 다른 종교의 서술 분량에 비해 불교의 서술 분량이 많고, 불교의 서술 비중도 전체 분량의 약 52%였던 불교교육연합회의 경우보다 더 크다는 점을 확인할 수 있다.

여섯째, 교과서의 편집 체제 부분이다. 편집 체제는 단원마다 '대단원 제목, 소단원 제목과 제재명, 이 단원의 공부를 위하여 코너, 소단원 제목과 내용, 자력탐구 코너 또는 공동탐구 코너 또는 명언명구 코너' 순으로 구성되어 있다. 그리고 교과서의 맨 뒤에는 '찾아보기' 코너를 두고 있다. 그렇지만 대단원 학습을 정리하는 코너는 별도로 없고, 소단원 학습 내용과 관련된 '자력탐구' 코너, '공동탐구' 코너, '명언명구' 코너는 소단원에 따라 배치되지 않은 경우도 있다. 즉 소단원에 따라 '자력탐구' 코너만 제시된 경우, '공동탐구' 코너만 제시된 경우, '자력탐구' 코너와 '명언명구' 코너가 함께 제시된 경우, '공동탐구' 코너와 '명언명구' 코너가 함께 제시된 경우, 그리고 '자력탐구' 코너, '공동탐구' 코너, '명언명구' 코너가 함께 제시된 경우가 혼재해 있다.

<표 71> 불교계 종교교과서 구성 체제

『종교(불교)』(고교) 대한불교조계종 출판사	『종교(불교)』(고교) 대한불교진각종 교재편찬위원회	비고
I. 인간의 삶과 종교 1. 종교란 무엇인가 2. 종교적 신념과 이해 3. 궁극적 가치와의 만남 4. 현대사회와 종교	I. 종교의 바른 이해 1. 인간이란 무엇인가? 1) 나에게서 시작되는 물음 2) 나는 어떻게 살아야 하는가? 3) 나와 우리	도입부 (대단원명/소단원명/ 학습 목표 등)
이 단원의 공부를 위하여 '종교란 무엇인가?'라는 질문에~ 노력해야 할 것이다.	이 단원의 공부를 위하여 이 단원에서는 ~ 모습을 살펴보자.	
1. 종교란 무엇인가 (내용)	I. 종교의 바른 이해 1. 인간이란 무엇인가? 1) 나에게서 시작되는 물음 (내용)	본문 (소단원명/ 학습내용)
<연구문제> 1. 종교를 간단히 정의해보자 2. 종교를 구성하는 요소에 대해 알아보자 3. 종교와 문화의 관계를 토의해보자.	<자력탐구> 1. 나의 지난 날들을 돌아보고, 기억에 　남는 일들을 정리해보자 ~ <명언명구> 우리들은 태어날 때부터 자기 중심적 생각을 갖는데 이것을 불교에선 <아 (我)>라고 부른다. * <공동탐구> : 두 번째 소제재명에는 '자 력탐구' 다음에 '공동탐구' 부분이 붙음.	마무리 (연구문제, 자력탐 구, 공동탐구 등)

본문에 있는 주요 개념 용어는 두 가지 방식으로 강조되고 있다. 하나는 본문 자체에서 진하게 표시하는 방식이다. 다른 하나는 '단나누기 기능'을 적용하여 주요 개념 용어를 본문의 좌우측에서 설명하는 방식이다. 본문의 이미지 삽입 방식도 단나누기 기능을 활용하고 있어 불교교육연합회의 경우와 차이를 보이고 있다. 그리고 본문의 문단 구분 방식에는 들여쓰기 기능이 활용되고 있다.

5 신종교계 종교교과서

신종교계에는 두 종류의 고등학교용 종교교과서가 있다.[242] 하나는 학교법인 선문학원에서 편찬한『생활과 종교』이다. 이 교과서는 2010년 8월 11일자로 서울특별시교육감 인정(번호: 2010-338)을 받고, 2011년 12월 26일자로 발행되었다.[243] 다른 하나는 원불교 교육부에서 발행한『종교(원불교)』이다. 이 교과서는 2009년 9월 8일자로 전라북도교육감 인정(번호: 2000-001)을 받아, 2001년 3월 1일자로 발행되었다. 발행일을 고려하면, 『생활과 종교』에는 2009년 교육과정, 『종교(원불교)』에는 제7차 종교 교육과정이 반영되어 있다.

<그림 11> 통일교『생활과 종교』교과서 <그림 12> 원불교『종교(원불교)』교과서

(1) 학교법인 선문학원의『생활과 종교』

학교법인 선문학원에서 편찬한『생활과 종교』의 편찬 정보는 다음과 같다. 첫째, 집필진 부분이다. 중복된 경우를 고려하지 않는다면, 교과서 편찬 인원은 연구진 8인, 집필진 3인, 심의진 3인, 디자인 1인이다. 연구진

---

242) 천도교에서도 종교교과서를 발행한 바 있지만, 인정도서가 아니므로 분석 대상에서 제외하였다.
243) 이 교과서의 초판일은 1996년 2월 12일, 개정판 1쇄 발행일은 2010년 12월 21일, 개정판 2쇄 발행일은 2011년 12월 26일이다.

의 소속은 선문대학교(3인)와 종립학교(종교교사 5인)이다. 집필진의 소속은 모두 선문대학교이다. 심의진의 소속은 선문대학교(2인)와 종립학교(종교교사 1인)이다. 이런 편찬 정보를 통해 볼 수 있는 특징은 편찬 과정이 연구-집필-심의 과정으로 구성되어 있고, 연구진·집필진·심의진이 모두 통일교와 관련되어 있다는 점이다.

둘째, 교과서의 목표 부분이다. 교과서의 제작 목표는 '종교에 관한 기본 사항을 소개하여 고등학생이 건전한 종교관을 갖는 것'이다. 그리고 그 제작 배경은 과학의 발달과 풍요로운 물질문명으로 생활이 안락해지고 편리해진 반면 전통적 가치관과 윤리가 퇴조하고 정신세계가 피폐해진 상황에서 가치관과 윤리의 형성에 종교의 역할이 중요하다는 것이다.[244]

학습 목표는 대단원에만 있고, 소단원에는 들어 있지 않다. 대단원의 목표 진술은 문단 형태를 띠고 있다. 대단원의 목표는 대체로 행위동사보다 추상적인 동사로 진술되고 있다. 예를 들어, Ⅰ단원의 '단원의 길라잡이' 부분에 있는 진술문에는 '탐구한다, 알아본다, 공부해 보기로 한다' 등의 표현, Ⅱ단원의 경우에는 '알아야 할 것이다, 이해해야 할 것이다, 해결할 수 있다' 등의 동사가 사용되고 있다. 따라서 이런 진술 형태를 보면, 교과서의 편찬 과정에서 학습 목표의 명확한 인식이나 학습 내용의 수행 평가에 관한 고민이 미진했다고 할 수 있다.

셋째, 내용 영역 부분이다. 내용 선정의 근거는 2009년 교육과정이다. 그리고 교과서의 내용 영역은, 다른 종교교과서와 달리, 2009년 교육과정의 8개 내용 영역을 거의 그대로 따르고 있다. 다만, 2009년 교육과정의 8개 내용 영역과 이 교과서의 내용 영역을 대조해보면 약간의 차이를 확인할 수 있다.

---

244) 학교법인 선문학원 편찬, 『생활과 종교』, 성화출판사, 2011, 2쪽(머리말).

<표 72> 2009년 교육과정과 『생활과 종교』(통일교) 목차

2009년 교육과정(『생활과 종교』)	『생활과 종교(고등학교)』

Ⅰ. 인간과 종교
(·궁극적인 물음과 문제 ·종교와의 만남과 문제 해결 ·앎과 믿음 ·종교의 의미와 역할)
	Ⅰ. 인간과 종교
	  1. 궁극적인 물음과 문제 2. 종교와의 만남
	  3. 앎과 믿음 4. 종교의 의미와 역할
	Ⅱ. 종교 현상의 이해
	  1. 여러 가지 인생 문제 2. 우주관, 역사관, 생사관
	  3. 경전의 의미와 해석 4. 종교 의례와 규범

Ⅱ. 종교 현상의 이해
·여러 가지 인생 문제 ·우주관, 역사관, 생사관 ·경전의 의미와 해석 ·종교 의례와 규범
	Ⅲ. 다양한 종교적 전통과 경전의 정신
	  1. 진리에 이르는 다양한 길 2. 궁극적 실재
	  3. 양심과 도덕적 삶 4. 남을 위하는 삶

Ⅲ. 종교의 다양성과 차이
(·종교적 차이의 맥락 ·종교들의 비교 ·종교의 특성 이해 ·세속 사회와 종교)
	Ⅳ. 인간과 자연에 대한 종교적 이해
	  1. 다양한 인간관 2. 종교적 인간관
	  3. 종교적 자연관 4. 종교와 과학의 관계

Ⅳ. 인간과 자연에 대한 종교적 이해
(·다양한 인간관 ·종교적 인간관 ·종교적 자연관 ·종교와 과학의 관계)
	Ⅴ. 세계의 종교와 문화
	  1. 유교 2. 도교
	  3. 불교 4. 기독교
	  5. 이슬람교 6. 힌두교

Ⅴ. 세계의 종교와 문화
(·유교 ·도교 ·불교 ·그리스도교 ·이슬람교 ·기타 종교)
	Ⅵ. 한국의 종교와 문화
	  1. 전통적 민간신앙 2. 외래 종교의 한국적 수용
	  3. 한국의 신종교 4. 신종교의 새 시대 도래 사상

Ⅵ. 한국의 종교와 문화
(·한국 토착 종교의 이해 ·한국 불교의 이해
·한국 유교와 도교의 이해 ·한국 그리스도교의 이해 ·한국 신종교와 기타 종교의 이해)
	Ⅶ. 종교 공동체의 이해
	  1. 종교공동체의 이념과 구조
	  2. 종교의 기능
	  3. 종교 간의 대화와 공존
	  4. 종교적 인격 형성

Ⅶ. 종교 공동체의 이해
(·종교공동체의 이념과 구조 ·종교의 사회적 기능 ·종교 간의 대화와 공존 ·종교적 인격 형성)
	Ⅷ. 하나님의 창조와 인간의 타락
	  1. 하나님과 세계 2. 인간을 중심한 두 세계
	  3. 원죄란 무엇인가 4. 타락의 과정과 결과

Ⅷ. 특정 종교의 사상과 전통
(·경전과 교리 ·종교적 생활 ·한국 종교와 문화 창조 ·나의 종교관 점검)
	Ⅸ. 하나님의 구원섭리와 역사
	  1. 아담, 노아, 아브라함을 중심한 구원섭리
	  2. 모세와 예수님을 중심한 구원섭리
	  3. 역사의 반복과 하나님의 섭리
	  4. 메시아와 한민족

위의 표를 보면, 이 교과서는 2009년 교육과정의 8개 내용 영역과 조직 방식을 거의 그대로 따르고 있다. 다만, 2009년 교육과정의 8영역을 Ⅷ단원(하나님의 창조와 인간의 타락)과 Ⅸ단원(하나님의 구원섭리와 역사)에 배치했다는 점에서 차이를 보이고 있다. Ⅷ단원과 Ⅸ단원은 '문제 상황에

서 구원을 지향하는 통일교 교리의 논리'에 따라 배열되고 있다.

넷째, 이미지 자료 부분이다. 책 표지는 지구와 그 지구를 떠안고 있는 인간의 이미지(앞), 그리고 기도하는 인간의 이미지로 구성되어 있다. 차례 부분에는 목차의 좌우측에 단원별 학습 주제를 담은 이미지가 배치되고 있다. 그리고 이런 차례 부분의 이미지는 다시 대단원에 확대해서 배치되고 있다.

본문의 이미지 자료는 주요 인물, 주요 사건과 내용, 주요 시설과 공간 등에 관한 내용이다. 이미지 자료의 분량을 보면, I단원에는 13개, II단원에는 17개, III단원에는 2개, IV단원에는 10개, V단원에는 28개, VI단원에는 25개, VII단원에는 5개, VIII단원에는 20개(통일교 19개, 기타 1개), IX단원에는 19개(통일교 16개, 기타 3개)가 있다. 그리고 이 교과서에는 다른 종교교과서와 달리, 표 형태와 요약문 형태의 이미지 자료가 사용되고 있다.

이미지 자료 부분에서 볼 수 있는 특징은 통일교 관련 이미지가 가장 많고 다른 종교의 이미지 자료가 적다는 점이다. 그와 관련하여, V단원과 VI단원에 있는 다른 종교의 이미지 자료 수는 53개이고, VIII단원과 IX단원에 있는 통일교의 이미지 자료 수는 39개이다. 구체적으로, V단원(세계의 종교와 문화)에는 유교 4개, 도교 4개, 불교 4개, 기독교 6개, 이슬람교 5개, 힌두교 5개, 그리고 VI단원(한국의 종교와 문화)에는 민간신앙 4개, 불교 3개, 유교 3개, 천주교 1개, 천도교 2개, 증산교 2개, 대종교 2개, 원불교 2개, 통일교 3개, 기타 2개의 이미지 자료가 있다.

다섯째, 단원별 서술 분량 부분이다. 교과서의 전체 분량은 278쪽이고, 본문 내용은 266쪽이다. 그 가운데 '인간과 종교' 부분(1단원)은 26쪽(약 10%), '종교현상의 이해' 부분(2단원)은 26쪽(약 10%), '다양한 종교적 전통과 경전의 정신' 부분(3단원)은 20쪽(약 8%), '인간과 자연에 대한 종교적 이해' 부분(4단원)은 30쪽(약 11%), '세계의 종교와 문화' 부분(5단원)은 38쪽(약 14%), '한국의 종교와 문화' 부분(6단원)은 32쪽(약 12%), '종교 공동체의 이해' 부분(7단원)은 28쪽(약 11%)이다. 그리고 통일교 관련 내용은 8단원과 9단원의 분량은 70쪽(약 26%)이다. 이런 서술 분량을 보면, 다른 종교의 서술 분량에 비해 통일교의 서술 분량이 많다는 점을 확인할 수 있다.

여섯째, 교과서의 편집 체제 부분이다. 편집 체제는 단원마다 '대단원 제목, 소단원 제목, 단원의 길잡이 코너, 소단원별 제목과 내용, 연구문제 코너' 순으로 구성되고 있다. 대단원의 마지막 부분에는 대단원 학습 내용을 마무리하기 위해 '쉬어가기' 코너를 두고 있고, 교과서의 마지막 부분에는 '찾아보기' 코너를 두고 있다.

<표 73> 통일교 종교교과서 구성 체제

『생활과 종교』(고교)		비고
Ⅰ. 인간과 종교 1. 궁극적인 물음과 문제 2. 종교와의 만남 3. 앎과 믿음 4. 종교의 의미와 역할		도입부 (대단원명/소단원명/단원의 길잡이)
단원의 길잡이 인간에 대한 탐구는~알게 될 것이다.		
1. 궁극적인 물음과 문제 1) 삶의 다양한 문제 2) 성찰하는 인간 3) 더불어 사는 인간		본문 (소제재명/ 학습내용/연구문제)
연구문제		
쉬어가기 (한 편의 시와 대화 나누기)		마무리 (쉬어가기)

본문에서 주요 개념 용어는 단나누기 기능을 활용하여 본문의 좌우측에 별도로 설명되고 있다. 그리고 본문의 주요 개념 용어에는 첫 글자 위에 빨간색의 방점이 찍어 본문 좌우측의 설명과 연결하고 있다. 개념 용어를 설명하는 단에는 주로 인물이나 종교별 상징과 연관된 작은 이미지가 배치되고 있고, 본문에는 다소 큰 이미지 자료가 삽입되고 있다. 그 외에 본문의 문단은 들여쓰기 기능으로 구분하고 있다.

(2) 원불교 교육부의 『종교(원불교)』

원불교 교육부에서 발행한 교과서의 편찬 정보는 다음과 같다. 첫째, 집필진 부분이다. 이 교과서의 집필자는 원불교 교무 1인이다. 다른 종교 교과서와 달리, 별도의 연구진·집필진·심의진이 없다. 이 교과서가 원불교 교육부에서 발행했다는 점을 고려할 때 교과서 편찬 과정에 관여한 인물이 더 있을 것으로 보이지만, 그에 관한 정보를 확인하기는 어렵다.

둘째, 목표 부분이다. 교과서 제작 목표는 '종교 일반, 세계의 종교, 한국의 종교, 원불교에 관해 공부하여 열린 정신과 열린 가치관을 소유'한다는 것이다. 이런 목표에는 '종교의 힘'을 경험해야 한다는 전제가 포함되어 있다. 아래의 인용문에서 이런 제작 목표와 전제를 볼 수 있다.

> 성자들은 … 마침내 진리를 깨닫거나 계시를 받아 인간의 근본 문제로부터 현실 문제에 이르기까지 모든 문제를 해결했다. 성자들이 전하는 말씀은 인류 최고의 가치요, 진리이다. 어둠에 헤매는 인류에게는 빛이요, 갈증으로 목이 타는 인간에게는 생명수이다. 종교에는 그런 힘이 있다. 우리는 이 책에서 먼저 종교 일반과 세계의 종교와 한국의 종교 등 종교의 세계에 대해 공부한다. … 그리고 한국에서 창교된 종교인 원불교에 대해 공부한다. … 소태산 대종사에게서 성자의 참 모습을 보고 진리적 종교의 면목을 이해할 것이다. 또한, 이 책을 공부하면서 얻는 가장 큰 소득은 열린 정신, 열린 가치관의 소유자가 된다는 것이다.[245]

학습 목표는 대단원에서만 제시되고 있다. 대단원 학습 목표의 진술은 문단 형태를 띠고 있고, 한 페이지 전체를 채우고 있다. 이런 목표 진술에는 대체로 행위동사가 아니라 추상적인 동사가 사용되고 있다. 예를 들어, Ⅰ단원에서는 '이해한다, 공부한다', Ⅱ단원에서는 '공부한다, 알아본다', Ⅲ단원에서는 '알아본다', Ⅳ단원에서는 '공부한다', Ⅴ단원에서는 '알게 된다, 이해하게 될 것이다', Ⅵ단원에서는 '공부한다', Ⅶ단원에서는 '공부

---

245) 원불교 교육부, 『종교(원불교)』, 원불교출판사, 2001, 1-2쪽.

한다', Ⅷ단원에서는 '이해할 수 있다, 확인할 수 있다' 등의 서술어가 사용되고 있다. 따라서 이런 진술문 형태에는 학습 목표의 명확한 인식, 그리고 학습 내용의 수행 평가에 관한 고민이 미진하다고 할 수 있다.

셋째, 내용 영역 부분이다. 내용 선정의 근거는 제7차 종교 교육과정이다. 교과서의 내용 영역별 주제는 '종교와 나, 세계 종교의 이해, 한국 종교의 이해, 종교간의 대화, 소태산 대종사, 원불교의 가르침, 개벽 종교의 원불교, 원불교 문화의 이해'이다. 제7차 종교 교육과정의 8개 내용 영역과 이 교과서의 내용 영역을 대조해 보면 그 차이를 확인할 수 있다.

<표 74> 제7차 종교 교육과정과『종교(원불교)』목차

교육과정(1997년)	교과서	
영역(8)	대단원	소단원
Ⅰ. 인간과 종교	Ⅰ. 종교와 나	1. 종교적 삶 2. 종교란 무엇인가 3. 종교의 요소와 기능 4. 종교의 분류
Ⅱ. 종교경험의 이해		
Ⅲ. 서로 다른 종교적 전통		
Ⅳ. 세계 종교와 문화	Ⅱ. 세계 종교의 이해	1. 유교 2. 불교 3. 도교 4. 그리스도교 5. 이슬람교
Ⅴ. 인간과 자연에 대한 종교적 이해		
Ⅵ. 한국 종교와 문화	Ⅲ. 한국 종교의 이해	1. 한국의 민간신앙 2. 천도교 3. 증산교 4. 대종교
Ⅶ. 종교 공동체	Ⅳ. 종교간의 대화	1. 다종교사회의 종교 생활 2. 종교간 대화와 종교협력
Ⅷ. 특정 종교의 전통과 사상	Ⅴ. 소태산 대종사	1. 소태산 대종사가 오신 뜻 2. 소태산 대종사의 일생
	Ⅵ. 원불교의 가르침	1. 물질이 개벽되니 정신을 개벽하자 2. 성자의 삶 - 사대강령 3. 나의 참 주인, 진리 ○ 4. 원불교의 신앙 5. 원불교의 수행 6. 일상 수행의 요법 7. 계문 8. 한 울안 한 이치
	Ⅶ. 개벽 종교의 원불교	1. 미래는 밝다 2. 나를 신앙의 대상으로 하지 말라 3. 몸이 아프면 의사에게 가라 4. 나의 조물주는 나 5. 세계에서 제일 큰 부자 6. 종교와 정치는 수레의 두 바퀴 같다 7. 강자와 약자는 함께 진화해야 한다 8. 예수의 심통제자는 나의 심통제자 9. 한 중생도 버릴 수 없다
	Ⅷ. 원불교 문화의 이해	1. 원불교의 이해 2. 오늘의 원불교

앞의 표를 보면, 제7차 종교 교육과정의 1영역은 Ⅰ단원(종교와 나), 4영역은 Ⅱ단원(세계 종교의 이해), 6영역은 Ⅲ단원(한국 종교의 이해), 7영역은 부분적으로 Ⅳ단원(종교간의 대화)에서 다루어지고 있다. 그리고 8영역은 Ⅴ단원(소태산 대종사)에서부터 Ⅷ단원(원불교 문화의 이해)까지 4개 단원에 걸쳐 다루어지고 있다. 그렇지만 국가 교육과정의 2영역(종교 경험의 이해), 3영역(서로 다른 종교적 전통), 5영역(인간과 자연에 대한 종교적 이해)은 별도의 단원으로 다루어지지 않고 있다.

이런 내용 선정과 조직 부분에서 볼 수 있는 특징은 두 가지이다. 첫 번째 특징은 국가 교육과정의 7영역(종교 공동체) 가운데 '종교간의 대화' 부분만을 하나의 단원으로 설정하고 있다는 점이다. 종교간의 대화에 관한 원불교의 관심을 하나의 단원으로 표현한 셈이다. 두 번째 특징은 교과서의 8개 내용 영역 가운데 원불교 관련 내용이 교과서의 절반을 차지하고 있다는 점이다. 그와 관련하여, 제7차 종교 교육과정의 8영역(특정 종교의 전통과 사상)에 관한 학습 주제는 Ⅴ단원·Ⅵ단원·Ⅶ단원·Ⅷ단원에서 다루어지고 있다. 그 외에 불교계 교과서와 마찬가지로 '원불교의 문화'에 관해 별도의 단원을 설정한 것도 하나의 특징이다.

넷째, 이미지 자료 부분이다. 책 표지와 속표지에는 중앙에 원불교의 상징인 일원상(○) 이미지 자료가 배치되고 있다. 그렇지만 다른 종교교과서와 달리, 이 교과서에서 이미지 자료가 차지하는 비중은 크지 않다고 할 수 있다. 이미지 자료가 이 교과서에서 거의 활용되지 않고 있기 때문이다.

본문의 이미지 자료는 주요 내용이나 사건, 주요 인물, 주요 시설이나 공간 등에 관한 내용이다. 이미지 자료의 분량을 보면, Ⅰ단원에 1개, Ⅱ단원에 11개, Ⅲ단원에 7개, Ⅳ단원에 2개의 이미지 자료가 배치되고 있다. 그리고 원불교 관련 이미지로는 Ⅴ단원에 11개, Ⅵ단원에 6개(슈바이처 이미지 1개 포함), Ⅶ단원에 5개, Ⅷ단원에 6개가 있다.

이미지 자료 부분에서 볼 수 있는 특징은 두 가지이다. 첫 번째 특징은 다른 종교교과서와 달리, 이미지 자료가 없다는 점이다. 두 번째 특징은 다른 종교의 이미지보다 원불교 이미지 자료가 많다는 점이다. 다른 종교 이미지가 실린 Ⅱ단원을 보면, 유교 이미지는 2개, 불교 이미지는 3개, 도교 이미지는 2개, 기독교 이미지는 2개, 이슬람교 이미지는 2개이다. 그리고 Ⅲ단원의 민간신앙 이미지는 2개, 천도교 이미지는 2개, 증산교 이미지는 1개, 대종교 이미지는 2개이다.

다섯째, 단원별 서술 분량 부분이다. 교과서의 전체 분량은 231쪽이고, 본문 내용은 216쪽이다. 그 가운데 '종교와 나' 부분(Ⅰ단원)은 26쪽(약 12%), '세계 종교의 이해' 부분(Ⅱ단원)은 44쪽(약 20%), '한국 종교의 이해' 부분(Ⅲ단원)은 18쪽(약 8%), '종교간의 대화' 부분(Ⅳ단원)은 10쪽(약 5%)이다. 그리고 원불교 관련 내용을 담고 있는 Ⅴ단원부터 Ⅷ단원까지는 118쪽(약 55%)이다. 이런 서술 분량은 이 교과서가 원불교 중심으로 편찬되어 있음을 보여주고 있다.

여섯째, 교과서의 편집 체제 부분이다. 편집 체제는 단원마다 '대단원 제목, 소단원 제목, 이 단원을 공부하면서 코너, 소단원 제목과 내용, 연구할 문제 코너' 순으로 이루어져 있다. 그 가운데 본문은 '소단원 제목과 내용, 연구할 문제 코너'로 구성되고 있다. 그렇지만 대단원 학습을 정리하는 코너는 별도로 없으며, 교과서의 마지막 부분에 '찾아보기' 코너를 두고 있다.

<표 75> 원불교 종교교과서 구성 체제

『종교(원불교)』(고교)	비고
Ⅰ. 종교와 나 1. 종교적 삶　　　 2. 종교란 무엇인가 3. 종교의 요소와 기능 4. 종교의 분류	도입부 (대단원명/소단원명/이 단원 을 공부하면서)
이 단원을 공부하면서 종교란 ~ 공부한다.	
1. 종교적 삶 ⑴ 종교는 필요한가 ⑵ 나는 어떻게 살아야 하는가	본문 (소제재명/ 학습내용/연구할 문제)
연구할 문제	
	마무리

본문 편집에는 '단 나누기' 기능이 없다. 그에 따라 이미지 자료는 본문에 삽입되어 있고, 주요 개념 용어를 설명하는 부분도 별도로 제시되고 있지 않다. 그리고 본문의 문단 구분은 들여쓰기 기능으로 이루어지고 있다.

6 종교교과서 내용의 전제와 태도

(1) 종교 정의의 호교론적 전제

종교교과서의 편찬 정보를 보면, 여러 문제 상황이 보이고 있다. 바로 교과서의 편찬 주체가 특정 종교인으로 구성되고 있는 상황, 교육 내용이 특정 종교를 중심으로 선정·조직되고 있는 상황, 교과서의 편찬 목표가 특정 종교인의 양성을 지향하고 있는 상황, 목표 진술이 추상적 서술어로 표현되고 있는 상황, 교과서의 내용 영역과 조직이 종교 교육과정과 차이를 보이고 있는 상황, 이미지 자료가 특정 종교를 중심으로 배치되고 있는 상황, 단원별 내용 서술 비중이 특정 종교에 치우쳐 있는 상황, 그리고 교과서의 편집 체제가 체계적이지 않은 상황 등이 바로 문제 상황에 해당한다.

이런 문제 상황은 종교별 교과서에 따라 차이를 보이고 있다. 예를 들어, 불교계의 교과서 편찬에 종교학 연구자가 포함되어 있듯이, 편찬 주체의 문제 상황은 서로 다르다. 특정 종교 중심의 내용 선정 문제나 내용 조직 문제에서도 편차가 보인다. 그리고 교과서의 편집 체제 상황을 보면, 소단원의 학습 목표를 제시한 코너가 있는 경우와 그렇지 않은 경우, 대단원 학습을 마무리하는 코너가 있는 경우와 그렇지 않은 경우 등의 차이가 나타나고 있다.

그렇다면 종교교과서의 서술 내용에 담긴 종교학의 주요 지식에는 어떤 문제 상황이 담겨 있을까? 그에 관해서는 이미 종교교과서의 서술 내용에서 종교에 관한 일반적인 설명을 담고 있는 부분을 대상으로 종교의 정의 문제, 종교의 구성 요소 문제, 종교의 분류와 유형론 문제, 주술과 종교의 이분법 문제, 종교간의 대화 문제가 지적된 바 있다.246) 이런 지적은 앞으로도 종교교과서의 내용 서술에서 고민해야 할 부분이다.

교과서의 내용 서술 분석에서 무엇보다 긴요한 것은 종교교과서에 담긴 종교학 지식의 전제가 되는 부분이다. 그 전제가 무엇일까? 바로 종교의 정의에 관한 문제 상황과 진화론적 서술에 관한 문제 상황이다.

교과서의 서술 내용을 보면, 기독교계는 대체로 종교의 정의를 어원의 의미 분석에서 시작하고 있다. 개신교계『생활과 종교』교과서에는 라틴어에 기원을 둔 어원의 의미를 토대로 종교의 정의가 서술되고 있다. 비록 대한예수교장로회총회교육자원부에서 펴낸 교과서에서는 종교에 관한 사전적 의미와 한자의 의미를 서술한 후에 어원의 의미를 서술하고 있지만 서술의 핵심은 종교의 어원 부분이다. 관련 내용을 인용하면 다음과 같다.

---

246) 이 부분은 강돈구·윤용복·조현범·고병철, ≪종교교육의 현황과 개선방안≫, 문화관광부·한국학중앙연구원, 2005, 94-125쪽 참조.

(한국기독교학교연맹) '종교'(宗敎)라는 말은 … 영어로 '릴리전'(Religion)은 '**다시 읽는다.**'라는 의미를 가진 라틴어 '**렐레게레**'(religere)에서 나온 것이다. 여기서 '읽는다.'는 것은 '안다.'는 것과 통하는 뜻으로 '**이전에 알았던 신을 재인식한다.**'는 뜻이다. 즉 '종교'는 '자기 존재의 근원이 되는 초월적 능력을 가진 신과의 관계를 회복하고, 그를 경외하는 마음으로 섬기는 것'을 뜻하는 말이다. 또한, 일반적으로 종교라 말할 때에는 특정 믿음을 가진 사람들로 이루어진 신앙 공동체와 그들이 가진 신앙 체계를 말한다.247)   (강조-필자)

(대한예수교장로회총회교육자원부) 종교를 바르게 이해하기 위해서는 종교의 어원을 알아야 한다. … 영어로는 'religion'이라고 하는데 … 이 말은 원래 **라틴어의 religio에서 파생**된 것으로서 리비우스(Livius)는 평화 시에 드리는 제의(Kult, cultus)라는 의미로 사용했다. 그래서 religio는 객관적으로 금기에 해당하는 '사실 자체', '제의' 또는 '의식'을 뜻하게 되었고, … AD 3세기경의 기독교철학자인 **락탄티우스(Caecilius Lactantius)는 '결합하다'(religati)라는 말에서 종교의 개념을 정의하려고 시도**하였다. 이로부터 **종교개념은 신과 단절되었던 관계를 다시 회복하는 것, 즉 '재결합'의 의미**를 갖게 되었다. … 폴 틸리히는 종교를 '궁극적 관심'이라고 표현했다. … 인간은 절대자를 찾아 예배하려는 마음과 숭배하려는 생각을 갖는다. 그래서 종교는 현실적인 생활에 만족하지 않고 영원한 것, 무한한 것, 불변하는 사실에 대하여 어떤 경험을 하고자 하는 것이다.248)   (강조-필자)

종교의 어원을 통해 종교와 특정 종교의 초월적 존재를 연결하는 이런 식의 서술 태도에는 어떤 문제가 있을까? 그것은 종교가 '신과 인간의 관계'라는 보거나, 종교의 핵심이 '절대자를 찾아 예배하려는 마음과 숭배하려는 생각'이라는 태도로 이어진다는 데에 있다. 이는 호교론적인 종교 정의가 만들어지는 과정이다.

이런 식의 접근에는 어원의 의미에서 유추한 종교 정의에 부합되는 종교를 '참된 종교', 그렇지 않은 종교를 '문제가 있는 종교'로 판별하게 된

---

247) 한국기독교학교연맹, 『생활과 종교』(상), 생명의말씀사, 2012, 34쪽.
248) 대한예수교장로회총회교육자원부 편, 『생활과 종교』(Ⅰ), 한국장로교출판사, 2012, 33쪽.

다는 문제점이 있다.249) 이런 종교 정의에서는 '신'이나 '절대자'를 강조하지 않는 경우에 '참된 종교'의 범주에 포함시키지 않는다. 예를 들어, 이런 종교 정의를 샤머니즘에 적용하면, 샤머니즘은 더 이상 종교의 범주에 속하지 않는다. 이 내용은 다음의 인용문을 통해 확인할 수 있다.

> 무를 대표하는 '샤머니즘'(shamanism)은 교조, 교리, 의례나 교단과 같은 종교의 체계적인 형식을 갖추고 있지는 않고, 개인의 복과 인간의 원초적, 본능적 욕구를 수용함으로써 사회 윤리나 합리적 사고를 외면한 신앙 형태를 강조하는 경우가 흔하다. 그러므로 무는 지극히 주관적이고 개인적인 모습과 동시에 굿과 같은 신비주의적인 요소를 내포함으로써 널리 퍼져는 있지만, 종교로는 인정을 받지 못하고 있다.250)

천주교의 경우에는 초기에 개신교계의 경우와 마찬가지로 라틴어 어원에서 종교 정의를 유추한 바 있다.251) 그렇지만 이 부분은 2002년에 발행된 『종교』 교과서,252) 2012년에 발행한 『생활과 종교』에서 삭제되고 있다. 다만, 『생활과 종교』의 '인간과 종교'(1단원) 영역이 '신과 절대 원칙의 존재'(1단원)에 관한 서술 내용이 배치되었다는 점을 볼 때 라틴어 어원에 근거한 종교 이해의 맥락은 지속되고 있다고 할 수 있다.253)

불교계 교과서의 경우에는 개신교계나 천주교의 경우와 다소의 차이를 보이고 있다. 불교교육연합회에서 2002년에 펴낸 『종교(불교)』에는 종교의 라틴어 어원에 관한 내용이 보이지 않는다. 오히려 '본질적 요소'나 특

---

249) 강돈구·윤용복·조현범·고병철, 앞의 책, 95-96쪽.
250) 한국기독교학교연맹, 『생활과 종교』(하), 생명의말씀사, 2012, 53쪽.
251) 강돈구·윤용복·조현범·고병철, 앞의 책, 95-96쪽.
252) 가톨릭교육재단협의회, 『종교』, 가톨릭문화원, 2011. 이 교과서에서는 종교의 라틴어 어원 부분 대신, 종교에 대한 학자들의 견해를 무신론적 인간관(포이에르바하, 마르크스, 프로이트)과 유신론적 인간관으로 구분하여 서술하고 있다(같은 책, 44-45쪽). 한편, 이 교과서는 발행 연도는 2011년(9판)이지만, 2001년 10월 27일자로 교회인가를 받아, 2002년 3월 1일자로 발행되었다.
253) 가톨릭학교법인연합회, 『생활과 종교』, 마리아회유지재단출판사, 2012, 12-19쪽.

정한 부분을 가지고 종교를 정의할 때 독단적인 견해나 환원론에 빠질 위험성이 지적되고 있다. 관련 내용을 인용하면 다음과 같다.

> 많은 학자들이 여러 가지 종교 정의를 제시했으나 … 특히, 종교는 어떠해야 한다는 이상형을 세우려 한다거나, 모든 종교에 예외 없이 적용되는 본질적인 요소를 규정하는 종교 정의를 내리려고 하면, 독단적인 견해나 환원론(還元論)에 빠질 위험을 안게 된다. 더구나 모든 현상이 다 그러하듯이, 순수하게 종교적인 성격만을 가지는 종교 현상은 없으며, 언제나 다른 성격을 중첩해서 갖기 마련이다. … 그 가운데 어느 한 면만을 가지고 일반화시켜서 종교를 규정하려 할 때, 종교를 총체적으로 이해하지 못하고 환원론에 빠지게 된다.254)

이런 서술 내용 뒤에는 종교의 일반적 특징, 그리고 성과 속, 누미노제(numinose), 궁극적인 관심 등의 표현을 활용한 종교 정의를 서술하고 있다. 그리고 요아킴 바흐(Joachim Wach, 1898-1955)의 이론적-실천적-사회적 표상이라는 구분법에 입각하여 종교 체험이 종교적 관념, 종교적 행위, 종교적 공동체의 세 가지 부문으로 표현된다고 서술하고 있다.255) 이런 서술 방식에는 서구의 신학적 종교 정의를 거부하면서도 서구 종교학에서 사용하는 여러 개념을 여과 없이 사용하고 있다는 문제점이 지적될 수 있지만,256) 종교 체험이 세 가지 부문으로 표현된다는 식의 서술에서 확인할 수 있듯이 종교의 '본질'을 서술하고 있다는 문제도 지적될 수 있다.

대한불교진각종 교재편찬위원회에서 2011년에 펴낸 『종교(불교)』 교과서에서는 종교에 관한 라틴어 어원의 의미를 제시하면서도, 종교를 라틴어 어원의 의미대로 정의할 때 '동양의 불교, 유교, 도교' 등이 포함될 수 없다는 문제점을 지적하고 있다. 동시에 종교라는 말이 본래 불교와 관련된 용어였다는 점을 제시하고 있다. 관련 내용을 인용하면 다음과 같다.

---

254) 불교교육연합회, 『종교(불교)』, 대한불교조계종출판사, 2002, 12-13쪽.
255) 위의 책, 13-14쪽.
256) 강돈구·윤용복·조현범·고병철, 앞의 책, 96쪽.

종교(宗教)라는 말은 중국의 한자에서 왔다. … 수당(隨唐)시대에 걸쳐 불교 학자들이 많은 경전을 분류하고 해석할 때에 각 경전마다 지니는 중심내용[宗] 과 가르침[教]을 합하여 종교라는 용어로 사용하였다. 종교는 특정한 불교경전 의 요점을 나타내는 '중요한 가르침'이라는 의미를 지니고 있었다. 따라서 종교 라는 용어 자체는 본래 불교 속에서 성립된 것이기 때문에 불교가 종교라는 것은 조금도 이상할 것이 없다. 근대에 와서 종교라는 용어는 서양어 '릴리전 (Religion)'의 번역어로 선택되었고, … 릴리전의 의미는 다양하지만 대체로 신 과 인간의 재결합이나 신과 인간과의 관계를 의미하는 것으로 해석되고 있다. … 그러나 동양의 불교, 유교, 도교와 같은 대부분의 종교는 신과 관련되어 있 지 않다. 이런 점에서 종교라는 뜻이 지니는 의미를 바르게 알지 못하면 혼란이 생길 수 있다. 오늘날 … 종교라는 말의 뜻은 더욱 넓어져서 동서양을 비롯한 모든 종교를 포괄적으로 대변할 때에 사용하게 되었다.257)

이런 서술에는 기본적으로 '불교가 종교'라는 주장이 담겨 있다. 즉 라 틴어 어원에 입각한 종교 정의의 문제점을 제시하면서도 종교의 한자 어 원을 불교와 연관시켜 불교가 종교라고 주장하고 있는 셈이다. 비록 종교 가 '오늘날 동서양을 비롯한 모든 종교를 포괄적으로 대변할 때에 사용'되 는 표현이라는 서술도 있지만, 이런 주장은 불교를 위한 호교론적 맥락을 보여주고 있다.

신종교계의 경우, 학교법인 선문학원에서 2011년에 펴낸 『생활과 종교』 에서는 종교라는 말의 한자 의미와 라틴어 어원의 의미를 소개한 후, 종교 의 정의를 세 가지로 구분하고 있다. 여기서 세 가지는 초월성 측면의 정 의, 인간적 측면의 정의, 조작적 정의이다. 그리고 비트겐슈타인의 가족유 사성을 활용한 종교 정의 방식과 그에 입각한 12가지 종교 특질을 소개하 고 있다.258) 따라서 이 교과서에서는 가족유사성 개념에 입각하여 상대적

257) 대한불교진각종 교재편찬위원회, 『종교(불교)』, 도서출판 해조음, 2011, 14-15쪽.
258) 학교법인 선문학원, 『생활과 종교』, 성화출판사, 2011, 27-30쪽. 이 교과서는 1996년 2월에 초판, 2010년 12월에 개정판 1쇄, 2011년 12월에 개정판 2쇄가 발행되었다.

인 종교 정의 방식을 채택하고 있다고 할 수 있다. 그렇지만 이런 설명 방식에는 서로 별개의 정의가 아님에도, 조작적 종교 정의 방식과 가족유 사성에 입각한 상대적인 종교 정의 방식을 구별하여 제시하고 있다는 문제를 지적할 수 있다.

원불교 교육부에서 2001년에 펴낸『종교(원불교)』교과서에서는 종교 의 번역된 영어 '릴리젼(religion)'의 어원이 라틴어 '렐리기오(religio)'이고, 이 어원이 '삼가 경의를 표한다'는 뜻의 렐레게레(relegele) 또는 '다시 결 합한다'는 뜻의 '렐리가레(religare)'에서 왔다는 설을 소개하고 있다. 그리 고 이런 두 가지 해석이 신(神) 중심적인 서구 종교의 입장에서 내린 해석 으로 동양 종교를 정의할 때 적절하지 않다는 점을 지적하고 있다. 또한, 동양에서 종교라는 말이 <법화경>을 근거로 하는 천태종의 교리 내용에 서 온 것이라는 설을 제시하고 있다.[259] 그렇지만 종교의 어원을 설명한 부분이 대한불교진각종 교재편찬위원회에서 1996년에 펴낸『종교(불교)』 의 서술 내용과 흡사하여 차별성이 없어 보인다. 이런 문제는 이미 선행연 구에서 지적된 바 있다.[260]

(2) 진화론적 서술 태도

종교교과서에서 대체로 공유되는 부분은 진화론적인 서술 태도이다. 이 런 태도는 종교의 기원과 발전에 관한 관심에서 시작되고 있다. 개신교계 의 경우, 한국기독교학교연맹의 펴낸 교과서에서는 진화론적 사고에 입각 하여 종교를 '원시 종교와 고등 종교'의 이분법으로 구분하고 있다. 그리 고 이런 이분법을 통해 원시 종교를 폄하하고 있다. 관련 내용을 인용하면 다음과 같다.

---

259) 원불교 교육부,『종교(원불교)』, 원불교출판사, 2001, 19-20쪽.
260) 강돈구・윤용복・조현범・고병철, 앞의 책, 99쪽; 대한불교진각종 교재편찬위 원회,『종교(불교)』, 도서출판 만다라, 1996, 9-10쪽('어원적 정의' 부분).

원시 종교는 사람의 인지 발달과 함께 종교 교리가 체계화되고 의식이 정비되면서 점차 고등 종교로 발전하였다. 특히 원시 종교일수록 지배 계층의 정치 수단과 깊이 관련되어 왕이나 지배자를 신과 동일시했다. 그러나 동시에 이러한 지적 정체를 벗어나려는 혁신 운동이 발생하여 고등 종교로 나아갔다.[261]

이 서술 뒤에는 인도의 우파니샤드 철학, 이스라엘 예언자의 활동, 중국의 제자백가 사상, 그리스의 탈레스·소크라테스·플라톤 등의 철학에 관한 서술이 있다. 이런 움직임을 '고등 종교'의 출발점으로 보고 있는 셈이다. 그렇지만 '원시 종교'와 '고등 종교'의 분기점, 즉 '고등 종교'를 분류하는 기준은 제시되고 있지 않다.

또한, 이 교과서에서는 사회 구조가 단순하고 주민의 지적 수준이 낮고 다신교적 배경을 가지게 되었다는 맥락에서, '원시 신앙'이라는 개념을 사용하고 있다. 그리고 샤머니즘에 대해 '사회 윤리나 합리적 사고를 외면한 신앙 형태'이며, 종교가 아니라고 서술하고 있다.[262] 그와 관련하여, 대한예수교장로회총회교육자원부에서 펴낸 교과서에서 샤머니즘에 대해 '원시적인 종교의 형태를 벗어나지 못한 것'으로 서술한 내용도 종교에 관한 진화론적 사고를 보여주고 있다.[263]

천주교의 경우에는 종교의 기원과 동·서양 종교의 계보에 대해 서술하고 있다. 그리고 원시시대에는 자연현상을 신의 작용으로 간주하여 신화를 만들고 수많은 신에게 제사를 지냈지만, 그리스도교와 같은 유일신교가 등장하면서 계시를 통해 신의 근원적인 뜻일 알게 되었고, 그런 깨달음을 통해 종교의 체계를 통일적으로 갖추게 되었다고 서술하고 있다.[264] 이런 서술에는 깨달음과 종교 체계의 통일성 사이에 연관성이 희미하다는

---

261) 한국기독교학교연맹, 『생활과 종교』(상), 35-36쪽.
262) 한국기독교학교연맹, 『생활과 종교』(하), 50-53쪽.
263) 대한예수교장로회총회교육자원부 편, 『생활과 종교』(Ⅱ), 한국장로교출판사, 2012, 35쪽.
264) 가톨릭학교법인연합회, 앞의 책, 23-29쪽.

문제 외에도 그리스도교 등장 이전에 종교에 대해 폄하할 가능성이 있다는 문제를 지적할 수 있다. 다만, 무속, 점과 주술, 정령신앙을 '토속 종교'라는 범주로 표현하고 있다는 점에서는 개신교계 교과서와 차이를 보이고 있다.265)

불교계의 경우, 불교교육연합회에서 펴낸『종교(불교)』와 대한불교진각종 교재편찬위원회에서 펴낸『종교(불교)』교과서에서는 종교의 기원에 관해 별도로 서술되지 않고 있다. 그리고 불교교육연합회의 경우에는 집안 신앙과 마을 신앙의 전통, 조상 숭배, 관혼상제, 종교적 세시 풍속과 금기 등을 '민간 신앙' 범주로 서술하고 있다. 대한불교진각종의 경우에는 고대신앙과 무속신앙을 모두 '전통신앙' 범주로 서술하고 있다.266) 다만, 불교교육연합회의 경우, 민간 신앙을 '선사 시대 이래의 원시 종교적 신앙이 일종의 전통적인 관습으로 전수되어 온 종교적 신앙 양태'로 설명하고 있어,267) 종교에 관한 진화론적 사유에서 자유롭지 않다고 할 수 있다.

신종교계 교과서의 경우, 학교법인 선문학원에서 펴낸『생활과 종교』에서는 종교의 기원에 관해 별도로 서술하고 있지 않다. 그리고 고대 신앙, 무속 신앙, 가신과 관련된 신앙 등은 '민간 신앙' 범주로 서술되고 있다. 민간 신앙에 대해서는 "민간 신앙이 체계적이지 않고 조직도 없으며 그 기원도 알 수 없는 경우가 많다."는, 또는 "수천 년의 세월을 통하여 한국인들의 종교적 경험의 밑바탕을 이루어 왔다."고 서술하고 있다.268) 그렇지만 민간 신앙에 교리 체계나 조직의 유무라는 기준을 적용하여 서술하는 것은 진화론적 사고를 전제하고 있다고 할 수 있다. 민간 신앙의 입장에서 볼 때 교리 체계나 조직에 관한 평가는 달라질 수 있기 때문이다.

---

265) 위의 책, 134-137쪽.
266) 불교교육연합회, 앞의 책, 92-95쪽; 대한불교진각종 교재편찬위원회, 앞의 책, 68-70쪽.
267) 불교교육연합회, 위의 책, 92쪽.
268) 학교법인 선문학원, 앞의 책, 27-30쪽.

원불교 교육부에서 펴낸『종교(원불교)』교과서에서는 '종교의 분류'라는 소단원을 설정하여 종교를 '원시종교와 고대종교', '개오종교와 계시종교'로 구분하고 있다. 그 가운데 원시종교와 고대종교에 대해서는 기원전 10세기 전후를 기점으로 구분하고 있다. 원시종교 범주에는 자연숭배, 샤머니즘, 주물숭배, 애니미즘, 영력숭배, 동물숭배 현상, 그리고 고대종교 범주에는 우파니샤드 철학, 제자백가 사상, 헤라클레이토스·소크라테스·플라톤 등의 고전 철학을 포함시키고 있다.[269] 그렇지만 종교를 원시종교와 고대종교로 구분하는 방식에는 진화론적 사고가 전제되어 있다. 이런 사고는 "원시종교의 형태는 오늘날에도 사각지대에 살고 있는 아프리카, 아메리카 인디언, 태평양 일대의 원주민 등 미개인 사회에 전해지고 있다."는 서술을 통해서도 확인할 수 있다.[270]

이상의 내용을 종합해보면, 종교교과서에는 대체로 종교에 관한 '진화론적 사고'가 전제되어 있다고 할 수 있다. 여기서 종교에 관한 진화론적 사고는 종교에 대해 '정신적·지적·심미적 측면을 포함하여 단순한 것에서 복잡한 것으로 발전한다.'는 식으로 사유하는 것이다. 이런 사고는 '야만에서 문명으로'라는 야만과 문명의 이분법에 입각한 사고이기도 하다. 그렇지만 진화론에 입각한 이런 이분법은 특정 종교를 '야만' 범주에 넣어 폄하하거나 특정 종교를 '문명' 범주에 넣어 옹호하려는 주장에 쉽게 활용될 수 있다는 문제를 갖고 있다.

종교에 관한 진화론적 서술 태도와 관련하여 앞으로 필요한 부분은 종교에 관한 진화론적 사고와 그 사고에 입각한 야만-문명의 이분법으로 발생하는 문제를 직시하는 노력이다. 이를 위해서는 무엇보다 고대 신앙이나 무속 신앙 등에 관해 서술할 때 그 내용이 현재의 종교와 어떻게 연관되어 있는지를 명확하게 제시할 필요가 있다. 예를 들어, 고대 종교에서

---

269) 원불교 교육부, 앞의 책, 26-33쪽.
270) 위의 책, 26-33쪽.

볼 수 있는 사유 구조가 현대 종교의 사유 구조와 어떤 유사성과 차이가 있는지를 서술하면 최소한 고대 종교의 사유 구조가 시대적·사회적 합리성을 반영하고 있다는 관점도 제시할 수 있기 때문이다.

IV. 종교교과교재와 종교교과교육의 전망

1. 다종교·다문화사회의 함의 반영
2. 종교교과의 공공성, 교양교육, 통합성
3. 교과교육 이론의 반영과 소통

| 종교교과교육과 종교교과교재론 |

1. 다종교 · 다문화사회의 함의 반영

■1 다종교사회의 함의

(1) 다종교 상황

한국에서는 다른 교리를 믿고 다른 의례에 참여하는 사람을 흔히 볼 수 있다. 다양한 종류의 종교단체가 공존하고 있고, 전체 인구의 절반 이상도 종교인이므로 가능한 상황이다. 이런 상황을 '다종교 상황'이라고 한다. 다종교 상황은 유교, 불교, 무속뿐 아니라 천주교의 등장을 고려하면 조선시대 후반부터, 그리고 개신교계 교파의 선교 활동을 고려하면 1876년 개항 이후부터 시작되었다고 할 수 있다.

다종교 상황이 본격적으로 전개된 시기는 일제강점기이다. 일제강점기에는 천주교와 개신교계 교파, 그리고 일본의 종교단체가 입국하여 선교 · 포교를 시작하였다. 그리고 동학이 천도교로 변모하였고, 대종교가 중광(重光) 되는 등 과거에 없던 신종교단체가 등장하기 시작하였다.

이런 종교 지형의 변화에는 종교 공인 정책과 종교 자유 담론이라는 두 가지 배경이 있었다고 할 수 있다. 우선, 조선총독부는 1915년 <포교규칙>을 공포하여 신도 · 불교 · 기독교를 종교로 공인하는 정책을 전개한 바 있다. 이런 공인 정책은 어떤 단체가 종교인지 아닌지를 결정하는 권한이 조선총독부에 있었다는 것을 의미한다.

예를 들어, 조선총독부는 1920년대 초에 종교 판단 기준에 맞지 않는다는 이유로 천도교, 시천교, 태극교, 단군교, 대종교, 공자교, 대동교, 대성교, 제우교, 통천교, 제세교, 태을교, 청림교, 경천교 등을 종교로 공인하지 않았다. 당시 종교 판단 기준은 '종교란 세도인심(世道人心)을 지도하는 것', 즉 세상에서 지켜야 할 도의(道義)와 사람의 마음을 지도하는 것이었다.1) 조선총독부의 종교 인식은, 1934년 말에 경무국에서 천도교를 포함한 127개의 신종교 단체를 '종교유사단체'라고 표현한 것을 보면, 일제강점기 내내 지속되었다고 할 수 있다.2)

조선총독부가 공인하지 않았다고 해서 이런 종교단체가 모두 사라진 것은 아니다. 일부 단체가 존속할 수 있었던 배경은 무엇일까? 우선, 조선총독부는 비공인 종교단체에 <경찰범처벌규칙>(1912)과 같은 일반 행정명령을 적용하였고,3) '집회결사(集會結社)'로 간주하였다. 따라서 비공인 종교단체는 정치적 의미를 가진 행동을 하지 않는 한 해체되지 않을 수 있었다.4) 즉 조선총독부에 반하는 주장이나 행위를 하지 않는 비공인 종교단체는 존속할 수 있었다.

다음으로, 일제강점기에는 정치-종교의 분리 원칙과 함께, 종교의 자유 담론이 형성되었다. 여기서 종교의 자유는 믿음의 자유, 선교의 자유, 종교 배척의 자유 등을 총칭하는 개념이다. 이런 종교의 자유 담론은 1922년에 조직된 불교유신회가 종교의 자유 침해를 이유로 조선총독부에 조선사찰령 폐지를 건의할 정도로,5) 1920년대에 활성화되었다.6) 그리고 언론·집

---

1) 「宗敎團體에 對하야 總督府의 政策은 果如何, 柴田 學務局長 談」, 『동아일보』, 1921.02.22.2면.
2) 「民衆을 愚弄하는 宗敎類似團體, 全朝鮮에 百卄七敎」, 『동아일보』, 1935.01.17.2면.
3) 이진구, 「일제의 종교/교육 정책과 종교자유의 문제 - 기독교학교를 중심으로」, 『종교연구』 38, 2005, 213-217쪽.
4) 「宗敎團體에 對하야 總督府의 政策은 果如何, 柴田 學務局長 談」, 『동아일보』, 1921.02.22.2면.

회·결사의 자유, 종립학교의 교육 문제 등과 연결되면서 일제강점기 내내 지속되었다.[7]

물론 <경찰범처벌규칙>의 적용을 받았던 비공인 종교단체는 현실적으로 종교의 자유보다 집회·결사의 자유에 의존해야 하는 상황이었다고 할 수 있다. 그럼에도, 일제강점기에는 종교의 자유 담론의 영향으로 다양한 종교단체가 존속할 수 있었다. 당시의 상황은 당시에 '허다(許多)한 종교'나 '각양(各樣)의 종교'[8] 등으로 표현된 바 있다.

해방 이후에도 다종교 상황은 지속·확대되었다고 할 수 있다. 정부는 크리스마스 등 특정 종교 축일을 공휴일로 만들고, 방송을 이용한 특정 종교의 선교활동을 용인하고, 특정 종교만 참여할 수 있는 군종제도를 시행하는 등 일제강점기의 종교 공인 정책을 이어갔다.[9] 그렇지만 <헌법>에 정교분리와 함께 종교의 자유가 규정되었듯이, 종교의 자유 담론도 지속되어 새로운 종교단체도 등장할 수 있었다. 이런 상황은 '종교단체 난립',[10] '사이비종교의 난무(亂舞)',[11] '전국 각지에 흩어져 난립 상태에 있는 유사종교단체',[12] '교파(敎派) 난립',[13] 등으로 표현된 바 있다.

---

5) 「寺刹令撤廢에 對하야」, 『동아일보』, 1923.01.08.3면; 「佛敎에 對한 當局의 干涉」, 『동아일보』, 1923.02.27.1면.
6) 「宗敎自由와 '사' 總長」, 『동아일보』, 1920.06.17.2면; 「信敎自由의 國民的 必要」, 『동아일보』, 1921.08.30.1면; 「宗敎保障의 要求」, 『동아일보』, 1922.05.14.2면; 「露, 宗敎自由 確認」, 『동아일보』, 1924.07.25.1면; 「宗敎와 政權 區別」, 『동아일보』, 1924.10.02.1면; 「信仰은 自由」, 『동아일보』, 1925.10.16.1면 등.
7) 「咸北道聯 事件 判決」, 『동아일보』, 1930.12.28.1면; 「言論集會結社의 自由」, 『동아일보』, 1931.09.10.1면; 「蘇聯政府가 宗敎를 許可」, 『동아일보』, 1933.05.27.1면; 「宗敎의 國家統制論, 田元培氏의 論壇 時感을 駁함(完)」, 『동아일보』, 1935.11.30.3면; 「宇垣總督의 時局談」, 『동아일보』, 1936.01.23.1면; 「機械와 휴머니즘(二)」, 『동아일보』, 1939.12.22.3면 등.
8) 「信敎自由의 國民的 必要」, 『동아일보』, 1921.08.30.1면.
9) 강돈구, 「미군정의 종교정책」, 『종교학연구』 12, 1993, 37-41쪽.
10) 「20餘 宗敎 團體」, 『경향신문』, 1959.01.19.3면.
11) 「宗敎界 似而非宗敎의 亂舞」, 『경향신문』, 1960.12.29.4면.

1980년대 초반부터는 '다종교국가', '다종교현상', '다종교상황', '다종교화', '다종교사회' 등처럼 '다종교'를 포함한 표현이 언론을 중심으로 유행하기 시작하였다.[14] 이런 표현이 1980년대 초반부터 언론에서 유행한 맥락은 무엇일까? 바로 종교가 다르다고 해도 서로 공존하여 사회통합 또는 국민통합에 기여해야 한다는 맥락이다. 이런 맥락은 언론 보도 자료에서 다종교사회라는 표현에 이어 종교간 대화, 사회의 화합과 안정, 다른 종교에 대한 인정과 존중, 다양한 종교의 공존 등의 표현이 서술되고 있다는 점에서 확인할 수 있다.

그렇다면 '다종교'라는 표현이 1980년대 초반부터 사회통합의 관점에서 유행한 배경은 무엇일까? 그 배경에는 '서울의 봄'[15]이라는 상황, 즉 1979년 10・26사태 직후 제주도를 제외하고 전국에 선포된 비상계엄령, 11월 24일 약 500명의 인사가 모여 발표한 '통일주체대의원에 의한 대통령 선출 저지를 위한 국민선언'(YWCA위장결혼사건), 신군부의 12・12쿠데타와 정권 장악, 1980년 4월의 사북탄광 시위와 학원민주화를 위한 대학교수단의 시위, 동년 5월 계엄 해제와 조기 개헌을 요구한 서울역 앞의 대규모 시위, 신군부의 5・17비상계엄확대조치 등으로 점철된 사회・정치적 상황이 있었다. 그리고 '서울의 봄'의 연장선에 있는 1980년 5・18광주민주화운동과 무력 진압, 그 이후 전개된 농민운동과 노동운동 등의 민

---

12) 「類似宗敎統合」, 『동아일보』, 1962.09.21.7면.
13) 「韓國人 50%가 信仰가져」, 『동아일보』, 1970.02.05.5면.
14) 「활발한 基督敎 海外 선교」, 『매일경제』, 1982.11.11.9면; 「韓國 종교는 指導力 상실, 종교學會 가을學術 심포지엄」, 『경향신문』, 1982.10.22.7면; 「社會救濟로 눈 돌리는 韓國宗敎」, 『경향신문』, 1983.12.19.7면; 「甑山思想硏 강연 宗敎間 이해・협력, 사회和合에 중요」, 『동아일보』, 1983.05.27.6면.
15) 1979년 10・26사태 이후부터 1980년 5・17 비상계엄 전국 확대 조치 전까지의 상황을 1968년 체코슬로바키아의 민주화운동인 '프라하의 봄'에 비유하여 '서울의 봄'이라고 한다. 이 용어에는 1980년 전후의 사회・정치적 상황이 과도기였다는 의미를 담고 있기도 하다.

주화운동과 반미자주화운동 등의 사회・정치적 상황도 있었다.[16]

당시 정부는 1980년 전후의 사회・정치적 문제를 해소하고 다양한 저항운동의 무마 차원에서 국민통합 또는 사회통합을 강조했다. 이런 사회통합 또는 국민통합 담론은 확대되어 1980년대 내내 지속되었다.[17] 학계에서도 1980년대부터 '다종교'라는 표현을 통해[18] 사회통합 또는 국민통합을 위해 종교간 화합과 공존이 필요하다고 주장이 나오기 시작하였다. 따라서 한국에서 '다종교'라는 표현의 출발점은 국민통합 또는 사회통합 담론의 연장선에 있었다고 할 수 있다.

(2) 다종교사회의 함의

'다종교'라는 용어가 사회통합 맥락에서 유행하였다면, 다종교사회 개념에는 어떤 함의가 담겨 있을까? 그 함의는 다종교사회 개념을 어떤 맥락에서 사용하는가에 따라 다르게 설명될 수 있다. 예를 들어, 특정 종교의 경쟁력 확보라는 맥락에서 다종교사회 개념을 사용하는 경우도 있다.[19] 그렇지만 사회통합의 맥락을 적용하면, 다종교사회의 함의는 이질적인 종교인과 종교단체의 공존, 종교의 상대화, 여러 종교적 가치관의 중층적 수용과 종교단체의 교류 필요성, 종교 갈등의 확대, 종교의 공존 필요성,

---

16) 서중석, 『한국현대사』, 웅진지식하우스, 2011, 305-315쪽.
17) 「全斗煥 장군의 思想을 말한다, 民族主體 바탕위에 國民統合 지향」, 『경향신문』, 1980.08.25.3면; 「政府・民正黨 '國民運動協議會' 구성 추진」, 『경향신문』, 1981.04.24.1면; 「民正, 버마慘變 계기 國民統合방안 모색」, 『동아일보』, 1983. 10.12.2면; 「국민사상 통합, 선진조국 창조」, 『매일경제』, 1984.05.17.11면; 「言論과 社會統合의 責任」, 『경향신문』, 1987.04.06.2면; 「盧泰愚時代(7), '안정・和合' 期待 부응, 『경향신문』, 1987.12.28.3면.
18) 고범서, 『狀況과 宗敎』, 汎和社, 1983; 윤이흠, <多宗敎 상황, 혼돈을 넘어 개방사회로>, 『해방40년: 민족지성의 회고와 전망』(김병익・김주연 共編), 文學과 知性社, 1985; 윤이흠, 「다종교문화 속에서의 종교 교육」, 『종교연구』 2, 1986; 윤이흠, 『한국종교연구(권 1)』, 집문당, 1986 등.
19) 「한양훈 칼럼, 교회의 부흥과 거룩성」, 『크리스천투데이』, 2013.10.15.

종교 편향과 낙인찍기 현상의 재고 등으로 정리될 수 있다. 다종교사회가 지닌 함의의 구체적인 내용은 다음과 같다.[20]

첫째, 특정 사회에 이질적이고 다양한 형태의 종교단체와 종교인이 동시에 존재한다는 의미이다. 문화체육관광부의 2008년과 2011년 자료에 따르면, 종교단체의 수는 2008년에 약 270개, 2011년에 약 570개이다. 여기서 2008년과 2011년의 수치 차이는 조사 방식의 차이 때문에 생긴 것이다. 2008년의 수치가 각 종교단체의 협조 자료로 집계되었다면, 2011년의 수치는 종교단체의 협조 자료뿐 아니라 인터넷과 문헌과 현장조사 자료 등에 근거하여 집계되었기 때문이다.[21]

종교단체의 수치를 계통별로 분류할 수도 있다. 2011년의 경우, 불교계 265개, 개신교계 232개, 천주교·유교·천도교·원불교·대종교 각 1개, 그 밖의 종교 64개로 구분될 수 있다.[22] 그렇지만 어떤 유사성을 기준으로 동일 계통으로 분류되었다고 해도 교리·의례·조직·활동 등에서 보이는 차이를 무시할 수는 없다. 또한, 동일 계통의 종교단체의 정통성 인식에도 차이가 있다. 따라서 동일 계통의 종교단체라고 해도 하나의 종교단체로 보기는 어렵다. 이렇게 보면, 한국에는 약 570개 정도의 다양하고 이질적인 종교단체가 동시에 존재한다고 볼 수 있다.

종교 인구의 상황은 인구센서스 자료를 통해 확인할 수 있다. 종교 인구 통계 조사는 인구센서스에서 10년 단위로 이루어지고 있다. 1985년 종교 인구(17,203,296명)는 총인구(40,419,652명) 대비 42.6%, 1995년의 종교 인구(22,597,824명)는 총인구(44,553,710명) 대비 50.7%, 2005년의 종교 인구(24,970,766명)는 총인구(47,041,434명) 대비 53.1%이다. 이 자료는 1995년

---

20) 다종교사회의 함의는 고병철, 「국가 교육과정 내의 다문화교육과 '종교'교과교육」, 『종교연구』 61, 2010, 99-130쪽 참조.
21) 문화체육관광부, 『한국의 종교현황』, 2008, 9쪽; 문화체육관광부, 『한국의 종교현황』, 2012, 9쪽.
22) 문화체육관광부, 『한국의 종교현황』, 2012, 9쪽.

이후부터 총인구(내국인)의 50% 이상이 스스로를 종교인으로 인식하고 있다는 것을 보여주고 있다.[23] 한국인 가운데 총인구의 50% 이상이 다양하고 이질적인 종교인으로서 서로 다른 '진리 주장'과 서로 다른 방식의 종교 행위에 참여하고 있는 셈이다. 국내에 체류하는 외국인의 수까지 총인구에 포함시킨다면, 종교인구의 수치는 더 증가할 수 있다.

둘째, 종교에 관한 정보 수집이 수월해지면서 종교가 선택의 대상으로 상대화된다는 의미이다. 종교의 종류는 특히 일제강점기 이후에 다양해졌다. 해방 이후에도 이런 상황은 마찬가지였다. 1980년대와 1990년대에 언론 보도에서 이런 종교 상황을 '세계의 종교백화점',[24] '세계 종교의 전시장'이나 '인류 종교의 전시장'[25]이라고 표현했을 정도이다. 이런 표현에는 종교가 다양해지면서 다양한 상품처럼 선택의 대상이 되었다는 의미가 담겨 있다.

종교에 관한 정보 수집이 수월해진 것도 종교를 선택 대상으로 만드는 요인이라고 할 수 있다. 종교에 관한 정보는 한국 사회가 공업화 사회에서 정보화 사회로 이동하면서, 그리고 인터넷이 발달하면서 다양한 형태로 공개되고 있다. 비록 정보화 사회에서는 종교를 개인 정보의 유출과 사생활 침해 문제, 정보의 편향과 오류와 비윤리성의 문제, 언어나 예절 파괴의 문제, 인간의 자율성 저해 문제, 전자파 공해 문제 등과 연관시켜 성찰해야 한다는 주장도 있지만[26] 오히려 이런 주장은 정보화 사회와 종교의 높은 연관성을 보여주고 있다.

---

23) 국가통계포탈 (조사관리국 인구총조사과)의 항목별 수치.
24) 「새 歷史 創造와 神의 攝理」, 『경향신문』, 1980.09.30.2면.
25) 「大學街에 파고드는 新興宗敎」, 『경향신문』, 1989.01.25.11면; 「한국인 診斷 <40>, 宗敎 열기 너무 심하다」, 『동아일보』, 1990.11.11.5면; 「한국의 종교」, 『매일경제』, 1994.12.29.40면.
26) 이동한, 「정보화 사회의 종교적 성찰」, 『종교교육학연구』 6-1, 1998, 65-67쪽, 72쪽.

정보화 사회는 종교인에게 자기 종교의 매력을 홍보해야 다른 종교에 비해 교세를 확장할 수 있다는 경쟁 상황을 조성하기도 한다. 그 이유는 누구든지 언제 어디서든 인터넷 기술을 이용하여 종교의 긍정적이거나 부정적인 측면을 알 수 있는 상황이 도래하면서, 선·포교의 대상이 종교에 관해 다소의 지식을 가진 사람으로 변하고 있기 때문이다.

종교경제학에서는 종교 시장 이론(religious market theory)으로 종교의 성장과 쇠퇴 현상을 설명하기도 한다.[27] 이 이론에서는 개인행위자가 사회생활에서 이익이 높은 것을 선택한다는 합리적 선택이론(rational choice theory)을 종교 영역에 적용하고, 종교 조직체의 발달과 성공 모델을 설명하기 위해 공급과 수요 개념을 활용하고, 시장과 규제의 관계 등에 관심을 갖고 있다.[28] 그리고 경쟁에서 승리하기 위해 매력적인 상품을 공급하여 수요를 창출해야 종교가 성장한다고 설명하고 있다. 이 이론은 적합성의 여부를 떠나 종교가 하나의 선택 상품처럼 변했음을 보여준다고 할 수 있다.

셋째, 특정 종교인이 여러 종교적 가치관을 지닐 수 있고, 종교인과 종교단체의 교류 가능성이 확대되고 있다는 의미이다. 사실, 어떤 사람이

---

27) 이 이론의 주요 제안자들은 William Sims Bainbridge, Roger Finke, Laurence Iannaccone, and Rodney Stark 등이 있다.

28) 이진구, 「한국신종교사의 자리에서 바라본 통일교 -종교시장 진출 전략을 중심으로-」, 『한국기독교역사연구소소식』 58, 2003. 종교 사회를 공급자와 수요자로 구성된 하나의 시장으로 가정하는 종교경제모델은 종교 공급자들간의 자유로운 경쟁을 할 때 종교시장에서 가장 효율적인 종교서비스를 제공하는 공급자가 성장하고, 비효율적 공급자가 쇠퇴한다는 가설을 가지고 있다. 따라서 미시적 관점에서 종교 시장에 참여하는 모든 행위자가 경제적 합리성에 기초하여 종교적 믿음과 행위를 선택하고 결정하므로, 거시적 관점에서 종교시장에 대한 법적 규제가 시장 참여자의 종교적 참여도를 떨어뜨린다고 가정한다. 이런 종교경제모델은 다원화된 사회의 복잡하고 다양한 종교현상을 종교적인 원인들로 설명하고 이해할 수 있는 이론적 기초를 제공하고 있다는 평가받고 있다(유광석, 「Limitations of Religious Economy Model in Korean Religious Market」, 『종교와 문화』 23, 2012, 177-197쪽.).

특정 종교를 선택했다고 해도 그 사람의 사유는 중층적으로 이루어진다고 할 수 있다. 모종의 종교적 가치관이 담긴 생활문화에서 태어나고 성장한 개인이 어떤 종교인이 되더라도 기존의 생활문화에 담긴 가치관을 완전히 버리는 경우는 흔치 않기 때문이다.

물론 다종교 상황에서 특정 종교로 개종한 사람이 기존의 종교를 비판하는 현상도 자주 볼 수 있지만,[29] 이런 개종도 기존의 종교적 세계관과 단절했다는 것을 의미하지 않는다. 특정 종교를 선호하거나 비판하는 개종자의 삶에도 여러 종교의 모습이 혼재되어 있기 때문이다. 그래서 이런 현상을 개종보다 '가종(加宗)' 개념으로 설명하기도 한다. 가종 개념은 기존의 종교적 세계관과 새로운 종교적 세계관이 중첩된다는 의미를 내포하고 있다.[30]

실제로 주위에서 유교적인 위계적 인간관계, 기독교에서 강조하는 사랑, 삶의 당혹감을 설명하는 불교의 인연관과 업보 사상, 대형행사 이전에 진행되는 무속의 고사 의식 등이 복합된 사례를 쉽게 볼 수 있다. 이 때문에 한국인이 "인간관계에서는 유교적이며, 인생관은 불교적이며, 행동철학은 기독교적이며, 운명관은 무속적이다."라는 지적도 나오고 있다.[31]

한편, 정보화 사회는 인터넷을 통한 각종 정보의 개방으로 다른 종교단체에 관한 정보를 손쉽게 접할 수 있는, 그리고 다른 종교단체의 조직과 주요 활동을 모방하거나 비판할 수 있는 가능성이 많아지는 사회이다. 이는 서로를 알기 위해 종교인이나 종교단체가 교류할 가능성이 확대된다는 것을 의미한다. 그와 관련하여, '다종교'의 영어 표현인 'multi-religious'[32]

---

29) 정재영, 「개종의 사회 문화적 요인」, 『신학과 실천』 14, 한국실천신학회, 2008, 227-232쪽.
30) 황필호, 『서양 종교철학 산책: 기독교 · 해방신학 · 비트겐슈타인 · 분석철학』, 집문당, 1996 229-239쪽; 황필호, 『수필로 쓴 수필론』, 수필과비평사, 2007, 192쪽.
31) 윤이흠, 「다종교문화 속에서의 종교 교육」, 4-5쪽.
32) Stephen Prothero (edt.), *A Nation of Religions: The Politics of Pluralism in*

에도 종교가 '많다'는 의미뿐 아니라 '상호 겹쳐지는' 지점과 '다색의 다채로움'이라는 의미가 포함되어 있다. 이런 의미는 특정 종교인이나 종교단체라고 해도, 어느 하나의 세계관만을 가지고 살아가거나 다른 종교와 단절할 수 없다는 점을 시사한다.

넷째, 종교 갈등이 발생할 수 있다는 의미이다. 종교는 지배 규범을 내면화시키는 방식으로 개인 행위를 통제하여 사회통합에 기여하기도 하지만, 갈등을 유발하기도 한다. 실제로 이런 갈등은 종교적 신념, 종교적 지향성, 그리고 모종의 이익 등이 충돌할 때 종교인, 서로 다른 종교단체나 동일 계통으로 분류되는 종교단체, 그리고 종교와 비종교 집단 사이에서 발생하고 있다.33) 이런 종교 갈등의 잠재적 요인으로는 교리와 종교적 신념의 차이, 소속감과 배타주의, 정적 유대감과 연고주의라는 한국의 문화적 특성, 종교간 교류 역사의 빈약성 등이 지적되고 있다.34)

종교 갈등의 근본적인 지점은 어디일까? 특정 종교의 신념체계를 '유일한 진리'로 인식하는 지점이다. 이런 인식은 특정 세계관 내에서만 다른 존재나 현상의 가치를 인정하여, 다른 종교의 신념체계를 인정하지 않는 배타적인 태도로 이어지게 된다. 특정 종교의 신념체계를 '유일한 진리'로 인식하는 순간, 다른 종교의 주장은 '진리가 아닌 것'이 되어 버리기 때문이다. 게다가, 이런 인식은 자신의 신념체계를 위협하는 외부 요인에 대해 물리적인 저항을 만들어 내기도 한다.

한국에서 종교 갈등과 관련하여, 자주 언급되는 종교는 개신교이다. 그와 관련하여, 전성표는 1991년부터 2000년 사이의 신문기사를 분석하면서

Multireligious America, Univ. of North Carolina Pr., 2006; Jerald D. Gort, Henry Jansen & Vroom edt., *Probing The Depths Of Evil And Good: Multireligious Views and Case Studies*, Lightning Source Inc., 2007.

33) 전성표, 「우리 사회 종교갈등의 실태와 잠재력: 1991-2000」, 『한국사회학회 사회학대회 논문집』, 한국사회학회, 2001, 2-11쪽.

34) 위의 글, 13-15쪽.

"신문의 검색결과는 지난 10여 년에 걸친 우리 나라 종교 갈등의 상당수가 개신교나 천주교 등 기독교로부터 유발되었다는 사실을 보여준다. … 많은 연구에서 일관성 있게 발견되는 것은 근본주의적인 기독교 신념이 다른 집단에 대한 편견과 높은 상관관계를 우리고 있다는 점이다."라고 지적한 바 있다.[35] 그리고 한국 개신교가 종교 갈등을 일으키는 주요 당사자가 된 이유에 대해, 신재식은 한국 개신교가 종교 다원적인 한국적 상황에 아직 제대로 적응하지 못했기 때문이라고 진단한 바 있다.[36] 이런 진단은 다종교사회의 함의를 수용하지 못할 때 어떤 종교라도 갈등의 요인이 될 수 있음을 시사하고 있다.

다섯째, 종교의 공존을 지향한다는 의미이다. 이는 다종교사회라는 표현 뒤에 대체로 종교간 대화나 협력이나 평화 등이 언급되고 있는 데에서 확인할 수 있다. 종교간 갈등 요인을 해소하고 종교의 공존을 지향하는 노력은 크게 종교계 내부의 노력, 정부 차원의 노력으로 구분된다.

우선, 종교계 내부의 노력을 보면, 세계적 차원에서는 1893년 시카고에서 열린 세계종교회의(WPR)를 계기로 종교간의 대화와 협력의 역사가 시작되고 있다. 이런 움직임은 1900년에 국제자유종교연맹(IARF), 1960년에 이해의 사원(TOU), 1970년 세계종교인평화회의(WCRP), 1976년 아시아종교인평화회의(ACRP), 1988년 세계종교의회회의(CPWR), 1993년 국제초종파신앙센터(IIC), 1996년 종교연합추진회(URI), 2000년에 천년세계평화정상회담(MWPS) 등 국제적 종교연합기구로 이어지고 있다.[37]

---

35) 위의 글, 14쪽.
36) 신재식, 「한국사회의 종교 갈등의 현황과 구조 탐구 -한국 개신교 요인을 중심으로-」, 『종교연구』 63, 2011, 28쪽. 신재식에 따르면, 한국교회의 종교 갈등의 개신교적 구조는 배타주의적인 근본주의적 신앙담론과 '개교회주의'를 기반으로 대형교회를 지향하는 것이 서로 맞물려 형성된 것이다(같은 글, 52쪽).
37) 박광수, 「종교협력운동의 세계적 동향과 과제」, 『종교연구』 31, 2003, 2-3쪽. 한국에서도 1965년에 크리스챤 아카데미에서 개최한 용당산 호텔 모임 이후 이런 움직임이 시작되고 있다.

한국에서는 1965년에 크리스챤 아카데미가 세미나('한국 제종교의 공동과제')를 개최한 후, 다른 종교를 대상으로 한 종교간 대화 움직임이 활성화되었다고 할 수 있다. 그 이후, 1965년 12월에는 범종교단체인 한국종교연구협회가 창립되었고,[38] 1966년 5월에는 청년종교인의 대화,[39] 1966년 11월에는 기독교와 다른 종교간의 대화[40] 등이 진행되었다.[41] 1970년 2월에는 한국종교협의회가 창립되어 '종교 간 대화의 길을 튼 최초의 단체'라는 평가를 받기도 하였다.[42] 그리고 1980년대 크리스챤 아카데미에서 주관한 종교간 대화 모임,[43] 1990년 12월 크리스마스에 불교방송에서 진행한 기독교 찬송가 합창 등[44] 최근까지 종교 간 대화의 움직임은 지속되고 있다. 그리고 이런 종교 간 대화는 다른 종교를 이해하고 동시에 자기를 이해하면서 종교 갈등을 극복할 수 있는 유일한 수단으로 강조되고 있다.[45]

정부 차원에서는 법률을 통해 특정 종교를 조장하는 행위를 지양하고 있다. <헌법> 제11조의 종교차별 금지, 제20조의 종교의 자유권, 국교 불인정 및 정교분리 등이 여기에 해당한다. 이 조항들은 <헌법> 상에서 국민의 권리와 의무에 속해 있다. 또한, <교육기본법> 제4조에는 교육에서 종교차별 금지, 제6조에는 국공립학교에서 특정한 종교를 위한 종교교육 금지가 명시되어 있다. 이런 법률 내용을 보면 다음과 같다.

---

38) 「摸索하는 韓國 宗敎界 (5), 他宗敎와의 對話」, 『동아일보』, 1966.11.15.5면.
39) 「宗敎·宗派間의 對話, 23日부터 圓光大學서 '大學宗敎祭'」, 『경향신문』, 1966.05.09.5면.
40) 「'對話의 廣場' 마련 '아카데미·하우스' 개관」, 『경향신문』, 1966.11.16.5면.
41) 「論壇, 宗敎들의 対話」, 『경향신문』, 1967.12.06.4면.
42) 「한국宗敎協議會 창립」, 『동아일보』, 1970.02.24.5면.
43) 「크리스천 아카데미, '宗敎間 대화' 토론」, 『경향신문』, 1982.12.17.7면.
44) 「'기쁘다 예수 오셨네', 佛敎放送 합창 축하」, 『동아일보』, 1990.12.26.8면.
45) 김화종, 「종교협력운동의 지속성 요인에 대한 연구-한국종교인평화회의(KCRP)를 중심으로-」, 『원불교사상과 종교문화』 52, 2012, 80쪽.

<헌법> 제11조 ① 모든 국민은 법 앞에 평등하다. 누구든지 성별·종교 또는 사회적 신분에 의하여 정치적·경제적·사회적·문화적 생활의 모든 영역에 있어서 차별을 받지 아니한다.

<헌법> 제20조 ① 모든 국민은 종교의 자유를 가진다. ②국교는 인정되지 아니하며, 종교와 정치는 분리된다.

<교육기본법> 제4조(교육의 기회균등) ① 모든 국민은 성별, 종교, 신념, 인종, 사회적 신분, 경제적 지위 또는 신체적 조건 등을 이유로 교육에서 차별을 받지 아니한다.

<교육기본법> 제6조(교육의 중립성) ① 교육은 교육 본래의 목적에 따라 그 기능을 다하도록 운영되어야 하며, 정치적·파당적 또는 개인적 편견을 전파하기 위한 방편으로 이용되어서는 아니 된다. ② 국가와 지방자치단체가 설립한 학교에서는 특정한 종교를 위한 종교교육을 하여서는 아니 된다.[46]

정부는 종교의 교류와 협력을 위한 정책도 전개하고 있다. 노태우정부 중반인 1990년 1월부터 문화부 종무실에는 북한 및 공산권과의 종교교류 지원 업무, 해외 국제종교단체와의 교류 및 지원 업무가 신설된 바 있다. 이 업무는 김영삼정부 중반인 1996년 3월부터 남북 종교교류의 지원 업무, 국제 종교교류의 지원 업무로 이어졌다. 김대중정부 초기인 1998년 2월부터는 연합종교단체 관련 업무의 지원, 연합종교 관련 법인의 설립허가 및 활동 지원 업무가 신설되었다. 연합종교단체 관련 업무 지원은 노무현정부 초기인 2004년 11월에 '종교간 협력 및 연합활동 지원 업무'로 바뀐 바 있다.[47] 그리고 '종교 교류 및 협력 지원' 업무는 2014년 2월 현재까지 지속되고 있다.[48]

---

46) <대한민국헌법>(헌법 제10호, 전부개정 1987.10.29. 시행 1988.2.25.); <교육기본법>(법률 제11690호, 타법개정·시행 2013.3.23.).

47) 고병철, 「한국 종무행정의 역사적 경향과 전망」, 『종교문화비평』 14, 2008 203-219쪽.

48) <문화체육관광부와 그 소속기관 직제>(대통령령 제24952호, 일부개정 2013. 12.11. 시행 2013.12.12.) 제12조(종무실).

여섯째, 종교 편향과 낙인찍기(stigmatization) 현상을 성찰해야 한다는 의미이다. 종교에 대한 인식의 편향과 낙인찍기 현상은 일제강점기부터 빈번해졌다고 할 수 있다. 일제강점기에 종교 공인 정책이 시행되었고, 과학-미신의 구도에 입각한 미신 담론이 유행하였기 때문이다. 즉 비공인 종교단체들은 조선총독부의 종교 공인 정책으로 말미암아 '종교유사단체'나 '사이비종교' 등 부정적 의미의 범주로 이해되었고, 미신 담론 속에서 무속과 마찬가지로 '비과학적인' 현상으로 간주되었다.[49]

해방 이후에도 특정 종교 관련 공휴일 지정, 특정 종교 중심의 군종제도 등의 종교 공인 정책이 지속되었다. 미신 담론도 사교(邪敎) 담론이나 유사종교 담론과 함께 지속되었다.[50] 예를 들어, 1960년대는 계룡산 신도안에 있던 여러 종교단체가 '유사종교'로 표현되었고,[51] 1970년대에 '유사종교'를 정비하라는 요청이 있었을 정도였다.[52]

이런 종교 편향과 낙인찍기 현상이 가져오는 문제는 무엇일까? 그것은 소외감의 증폭이라는 심리적 차원의 문제뿐 아니라 종교 차별이라는 사회적 차원의 문제이다. 예를 들어, 인사권자는 신종교인이거나 다른 종교인이라는 이유로 누군가의 취업을 거부할 수 있다. 국가가 제도적으로 특정 종교를 조장(助長)할 수 없음에도, 국가의 종무행정 담당자나 사회복지시

---

49) 「迷信을 打破하라」, 『동아일보』, 1925.08.06.1면; 「不運에서도 迷信을 버리자」, 『동아일보』, 1929.06.07.1면; 「迷信의 弊害, 科學的教育 普及의 必要」, 『동아일보』, 1929.07.25.1면; 「迷信의 慘禍」, 『동아일보』, 1933.06.09.1면; 「무당이야기 (一), 迷信을 팔아 사는 무리들」, 『동아일보』, 1934.07.20.6면; 「民衆을 愚弄하는 宗敎類似團體, 全朝鮮에 百卄七敎」, 『동아일보』, 1935.01.17.2면; 「迷信의 弊害」, 『동아일보』, 1935.12.23.1면; 「迷信과 女性」, 『동아일보』, 1938.07.14.1면.
50) 「迷信과 虛禮를 打破하자」, 『동아일보』, 1952.09.27.1면; 「迷信을 退治하라」, 『경향신문』, 1957.09.25.1면; 「宗敎와 迷信의 差」, 『동아일보』, 1957.09.25.1면; 「邪敎와 迷信」, 『경향신문』, 1958.07.22.1면; 「宗敎와 迷信(完)」, 『경향신문』, 1958.08.02.4면.
51) 「鷄龍山에 類似宗敎 50餘」, 『동아일보』, 1963.08.08.5면.
52) 「類似宗敎의 整備를 바람」, 『경향신문』, 1974.06.05.2면.

설의 위탁 등의 업무를 맡은 지방자치단체의 담당자가 소수 종교들은 배제할 수도 있다.

게다가, 특정 종교에 가해지는 '사이비', '이단', '유사' 등의 낙인을 찍는 현상은 서로 다른 종교의 공존을 불가능하게 만들 수 있다. 이런 현상은 특정인에게 일탈자의 낙인을 찍으면 결국 그 사람이 일탈자가 된다는 낙인효과 이론도 있지만, 종교를 사회통합의 저해 요소로 만들게 된다. 이런 맥락을 고려할 때, 다종교사회의 사회통합을 위해서는 종교에 대한 편향된 인식과 낙인찍기 현상을 지속적으로 성찰하는 노력이 필요하다고 할 수 있다.

이상의 내용을 종합할 때 다종교사회에 필요한 부분은 무엇일까? 바로 다종교사회의 함의를 토대로 종교 일반의 이해를 추구하는 종교교과교육이다. 여기서 종교 일반의 이해는 여러 종교에 관한 이해뿐만 아니라 다양한 종교현상에 관한 객관적인 안목을 의미한다. 그리고 이런 종교교과교육이 가능하려면 종교교과서에 다종교사회의 함의를 충분히 포함시킬 필요가 있다.

물론 종교교과교육뿐 아니라 시민 대상의 교육에도 다종교사회의 함의가 반영된 프로그램이 필요하다. 그와 관련하여, 2002년도에는 인문정책과 관련하여 다종교사회에서 인문학적 사회교육의 활성화 방안으로 '종교의 이해 교육' 프로그램 개발이 제안된 바 있다.

> 우리 사회는 다종교사회다. 다종교사회에서는 **국민이 다양한 종교들에 대해 이해하고 관용하는 것이** 사회의 안정과 균형 있는 발전을 위해 절실하게 요구된다. 특히 세계적으로 문명의 충돌과 종교전쟁이 심각해지고 있는 상황에서 **종교를 주제로 한 시민교육이 활성화될 필요**가 있다. **대학의 사회교육기관은 물론 공공도서관을 비롯한 공공 사회교육기관은 종교를 주제로 한 사회교육 프로그램을 개발하여 추진할 필요**가 있다.[53]　　　　　(강조-필자)

---

53) 홍덕률, ≪인문학적 소양의 함양을 위한 사회교육 활성화 방안 연구≫(인문정

다종교사회의 함의가 포함된 종교교과교육은 제도적으로 정착한 학교교육에서 시작될 때 그 효과가 장기적으로 이어질 수 있다. 그렇지만 종교교과가 국가 교육과정에서 교양선택교과임에도, 아직까지 종교교과교육은 사립 중등학교에 국한되어 있다. 그 이유는 무엇일까? 주된 이유는 무엇보다 정부가 종교교과교육을 교양교육과 신앙교육으로 모두 인정하고 있다는 데에서 찾을 수 있다. 정부가 종교교과의 존재 이유를 신앙교육에 두는 한, 국·공립 중등학교에서는 원칙적으로 종교교과교육이 불가능하기 때문이다. 정부가 종교교과교육의 성격을 명확히 규정하지 않는다면, 앞으로 사립 중등학교의 종교교과교육을 둘러싼 공공성과 자율성의 논쟁도 지속될 것으로 보인다.[54] 이런 문제를 해소하려면 정부는 종교교과서에 다종교사회의 함의를 충분히 반영하여, 종교교과교육이 교양교육의 차원에서 이루어질 수 있도록 종교 교육과정의 내용을 명확하게 설정할 필요가 있다.

② 다문화사회와 종교

(1) 다문화사회의 전개

한국 사회는 2000년대부터 다문화사회로 '진입'했다는 평가를 받고 있다.[55] 이런 평가는 아직까지 외국인의 비율이 경제협력개발기구(OECD)

책연구총서 2002-22, 보고서번호: RS2002-22), 인문사회연구회·한국교육개발원, 2002, 36쪽.

54) 고병철, 「한국의 종교교육 - 중등 종립학교를 중심으로 -」, 『종교연구』 46, 2007, 1-35쪽; 고병철, 「종립사학과 종교교과교육의 공공성과 자율성」, 『정신문화연구』 117, 2009, 83-112쪽.

55) 김혜순, 「결혼이주여성과 한국의 다문화사회 실험: 최근 다문화담론의 사회학」, 『한국사회학』 42-2, 2008; 이정선·최영순·김정우·이경학·임철현·최만·유현석, 『초등학교 다문화교육의 이해-이론과 실제』, 동문사, 2010, 53쪽.

의 다문화사회 기준인 전체 인구의 5% 이상에 미치지 않기 때문이다.[56] 여기서 외국인은 '대한민국의 국적을 가지지 아니한 사람'이며, 크게 외국 인근로자, 결혼이민자[57], 유학생, 외국국적동포 등 네 가지 유형을 말한 다.[58]

2010년 6월경의 조사에 따르면, 한국인의 10명 중 7명은 한국을 단일민 족 국가가 아니라 다문화사회로 인식하고 있다고 한다.[59] 그 이유는 그 만큼 주변에서 외국인을 자주 볼 수 있는 환경이 만들어졌고, 정책적·사 회적으로 다문화가족[60], '외국인주민'[61], '다문화가정'[62] 등의 용어가 유

---

56) 경제협력개발기구(http://www.oecd.org/).

57) <재한외국인 처우 기본법>(법률 제11298호, 타법개정 2012.2.10. 시행 2013. 7.1.) 제2조(정의)에 따르면, '결혼이민자'는 대한민국 국민과 혼인한 적이 있거 나 혼인관계에 있는 재한외국인이다. 여기서 '재한외국인'은 대한민국의 국적 을 가지지 아니한 자로서 대한민국에 거주할 목적을 가지고 합법적으로 체류 하고 있는 자를 말한다. <다문화가족지원법>(법률 제12079호, 일부개정 2013.8.13. 시행 2014.1.1.) 제2조에 따르면, 결혼이민자 가정은 '국제결혼가정' 으로 불리며, 법적으로 다문화가족에 해당하여 지원 대상이다.

58) <출입국관리법>(법률 제12195호, 일부개정·시행 2014.1.7.) 제2조(정의); <외 국인근로자의 고용 등에 관한 법률>(법률 제12371호, 일부개정·시행 2014.1. 28.) 제2조(외국인근로자의 정의). 외국인의 유형 가운데 외국인근로자는, 이주 노동자, 이주근로자, 이주민 등과 혼용되고 있지만, <외국인근로자의 고용 등 에 관한 법률>에 근거한 법률 용어이다. 한편, 불법체류자는 외국인근로자 가 운데 출입국관리법상 체류자격외 취업 활동을 하는 자, 체류기간 초과 취업자, 밀입국취업자, 구직활동 중인 실업자 등의 미등록외국인근로자를 말한다. 이 런 미등록외국근로자와 그 가족은 법적으로 재한외국인과 다문화가족이 아니 므로 지원 대상에서 제외된다(노재철, 「미등록외국인근로자의 문제점과 해결 방안」, 『노동법논총』, 18, 한국비교노동법학회, 2010, 40쪽.).

59) <당신의 다문화 인식은…>, 『동아일보』, 2010.10.16.

60) <다문화가족지원법>(법률 제12079호, 일부개정 2013.8.13. 시행 2014.1.1.) 제2 조(정의). 다문화가족은 출생시부터 한국 국적을 취득한 자와 결혼이민자 또는 귀화를 통한 국적 취득자로 이루어진 가족을 의미한다.

61) 안전행정부, ≪지방자치단체 외국인주민 지원 업무편람≫, 2010, 1쪽. 안전행정 부는 '거주외국인'(2006년)과 '이주민'(2008년) 대신에 '외국인주민'이라는 용 어를 사용하고 있다.

62) <교육부와 그 소속기관 직제>(대통령령 제24944호, 일부개정 2013.12.11. 시행

행하고 있다는 데에서 찾을 수 있다.

한국 사회는 언제부터 다문화에 관심을 보였을까? 다문화와 연관된 표현은 '다문화중심주의'[63], "아시아만큼 多人種, 多文化, 多言語, 多宗敎, 多이데올로기로 구성된 대륙은 없을 것"[64] 등의 표현처럼 1980년대 중반부터 언론에 소개되기 시작하였다. 1990년대에는 다문화주의·다인종주의, 국제이해교육, 다문화시대의 글쓰기, 다문화이해라는 교과목, 문화 융합과 다문화주의의 구별 등에 관한 내용이 본격적으로 소개되기 시작하였다.[65]

2013.12.12.) 제10조(교육정책실), <문화체육관광부와 그 소속기관 직제 시행규칙>(문화체육관광부령 제158호, 일부개정·시행 2013.12.12.) 제10조(문화정책국) ④항, <여성가족부 직제 시행규칙>(여성가족부령 제49호, 일부개정·시행 2014.1.23.) 제7조(청소년가족정책실) ⑥항. 교육부, 문화체육관광부, 여성가족부에서는 '다문화가정'이라는 용어를 사용하고 있는데, 여기서 다문화가정은 다른 민족·문화적 배경을 가진 가정으로 다문화가족과 외국인근로자 가족을 의미한다(안전행정부, ≪지방자치단체 외국인주민 지원 업무편람≫, 1쪽.). 한편, <월남귀순용사특별보상법>(법률 제3156호, 제정 1978.12.6.)과 <귀순북한동포보호법>(법률 제4568호, 전문개정 1993.6.11. / 법률 제5259호, 폐지 1997.1.13.)이 폐지되고, <북한이탈주민의보호및정착지원에관한법률>(제5259호, 제정 1997.1.13)이 제정되면서 월남귀순용사와 귀순북한동포 등의 표현은 북한이탈주민으로 정착되었다. 그리고 국적 취득 과정이 별도로 없는 '북한이탈주민'을 다문화가정에 포함시켜야 한다는 주장도 나오고 있다.

63) 「國樂 교육 國校때부터」, 『경향신문』, 1986.06.17.10면. '다문화(多文化)'는 1960년대 중반부터 언론 기사에 등장했지만, '세계의 다문화 물결'이라는 표현처럼 한국이 아니라 세계 또는 특정 외국의 상황을 지칭한 표현이었다(「轉換點에 설 '유엔' 性格 變質과 中共의 進出」, 『경향신문』, 1964.10.24.4면.).

64) 「'아시아 時代'의 主導國」, 『경향신문』, 1986.09.24.3면.

65) 「多元的 문화, 詩 속에 결합」, 『동아일보』, 1992.10.09.13면; 「동서양 53개국 문화차이 실증비교」, 『한겨레』, 1995.10.11.12면; 「21세기와 '국제이해교육'」, 『한겨레』, 1996.05.13.16면; 「위첼의 '미국, 젊음, 1996'(10), 캠퍼스에 부는 '다문화주의' 바람」, 『경향신문』, 1996.08.26.27면; 「다문화시대의 글쓰기」, 『동아일보』, 1997.07.08.31면; 「'문화 융합' 대신 '다문화주의'로 21세기 민족주의 전망」, 『경향신문』, 1999.08.02.15면. 당시 다문화주의는 '다인종사회'를 의미하는 표현이었다(「차별하지 않는 사회」, 『경향신문』, 1999.10.15.7면.).

학계에서는 1980년대에 미국의 다문화교육에 관한 연구가 시작으로,[66] 1990년대부터 다문화사회, 다문화주의, 다문화교육 등을 한국의 상황에 적용한 연구를 진행하기 시작하였다.[67] 또한, 동양과 서양 약 50개국의 문화 차이를 비교한 호프슈테더(Geert Hofstede)의 저서를 포함한 서적이 번역되었고,[68] 사이드(Edward W. Said, 1935-2003)를 초청하여 '다문화주의'에 관한 강의가 열리기도 하였다.[69]

한국 사회에서 1990년대부터 다문화사회에 대한 관심이 높아진 이유는 무엇일까? 바로 1990년대부터 외국인의 비율이 증가 추세를 보였기 때문이다.[70] 실제로 외국인 등록인구 수는 1992년을 기준(65,673명)으로 하면,

---

66) 김종석, 「미국 다문화교육(Multicultural Education)의 이론적 고찰」, 『미국학논문집』 5, 충남대학교 미국학연구소, 1984.
67) 황규호, 「다문화사회에서의 자유교육의 성격」, 『교육이론』 7・8-1, 서울대학교 사범대학 교육학과, 1994; 김태호, 「다문화주의 상담의 동향과 한국사회에서의 발전과제」, 『교육연구』 14, 원광대학교 교육문제연구소, 1995; 김비환, 「포스트모던 시대에 있어 합리성, 다문화주의 그리고 정치」, 『사회과학』 35-1, 성균관대학교 사회과학연구소, 1996; 김기홍, 「다문화사회에서 간문화학습의 의미에 관한 고찰」, 『교육연구』 4-1, 한남대학교 교육연구소, 1996; 이경호, 「다문화사회의 대두와 시민교육의 과제: 관용성을 중심으로」, 『시민교육연구』 25-1, 한국사회과교육학회, 1997; 정상준, 「미국 문화의 단일성과 다양성 : 포스트모더니즘, 실용주의, 그리고 다문화주의」, 『미국학』 20, 서울대학교 미국학연구소, 1997; 강신임, 「한국사회의 다문화화와 교육의 과제」, 『대학원연구논집』 28, 동국대학교 대학원, 1998 등.
68) Geert Hofstede, 『세계의 문화와 조직(Cultures and organizations)』(차재호 역), 학지사, 1995; 김용주・김재웅・정두용・천세영, 『21세기 교육을 위한 새로운 관점과 전망 : 유네스코 21세기 세계교육위원회 종합보고서(Learning, the treasure within : report to UNESCO of the International Commission on Education for the Twenty-first Century)』(유네스코 21세기 세계교육위원회 편), 오름, 1997 등.
69) 「문화비평가 사이드교수 서울대서 공개 강연, 문명충돌론은 인종편견 내포」, 『동아일보』, 1995.05.28.16면. 사이드의 주된 주장은 헌팅턴(Samuel Phillips Huntington, 1927-2008)의 문명충돌론을 비판하면서 제국주의가 세계문화의 혼합을 가져왔지만, 이제는 상대방의 문화를 적대시하는 편협한 문화주의에서 탈피하여, 상호 공존하는 '다문화주의'를 추구해야 한다는 것이었다.
70) 국가통계포탈(http://www.kosis.kr/). <체류외국인통계>.

2006년에는 약 10배(632,490명), 2011년에는 약 15배로 증가하였다. 그리고 2012년에 약간 감소했지만(932,983명), 2013년에는 다시 증가하였다.[71] 구체적으로 2013년 말의 등록외국인의 수는 총 985,923명이다. 그 가운데 한국계 중국인 329,835명으로 가장 많다. 국적별로는 중국, 베트남, 필리핀, 인도네시아, 우즈베키스탄, 캄보디아, 타이, 미국, 일본, 스리랑카, 타이완, 네팔, 몽골, 미얀마, 방글라데시 순으로 많다.[72]

1990년대부터 외국인 비율이 증가 추세를 보인 이유는 무엇일까? 그 이유는 무엇보다 외국인근로자의 입국 허용 폭을 확대한 정부 정책에서 찾을 수 있다. 정부는 1980년대 후반, 특히 88서울올림픽 이후부터 외국인 관광비자의 발급을 확대한 바 있지만, 1991년 10월부터 해외의 한국 기업이 현지 노동자를 연수생으로 들여와 훈련시킬 수 있는 '해외투자업체 연수제'를 시행하였다. 그리고 1993년 11월부터는 국내에 있는 기업이 외국인력을 산업연수생으로 데려올 수 있도록 '외국인 산업연수제'를 도입하였다. 이런 정책으로 말미암아 외국인근로자의 비율은 증가 추세를 보일 수 있었다.[73] 이후 정부는 2003년 8월에 <외국인근로자의 고용 등에 관한

---

71) 국가통계포털(http://kosis.kr/)의 '국내통계→ 주제별 통계→ 인구·가구→ 체류외국인통계→ 시군구별 외국인등록인구'; 《출입국·외국인정책 통계월보(2013년 12월호)》, 법무부 출입국·외국인정책본부, 2014, 10쪽.

72) 출입국·외국인정책본부(http://www.immigration.go.kr/) <등록외국인 현황(지역별, 국적별, 2013.12.31. 기준)>

73) <외국인산업기술연수사증발급등에관한업무처리지침>(법무부 훈령 제255호, 제정 1991.10.); 법무부 훈령 제294호, 개정 1993.12.); 박종희·강선희, 「이주근로자 인권보호에 관한 법제도 운영과 개선방안」, 『고려법학』, 50, 고려대학교 법학연구원, 2008, 405-410쪽. 이런 제도는 개발도상국의 유휴 인력에게 기술 연수를 제공하면서 국내 인력으로 대체가 곤란한 분야에 투입시켜 1990년대 이후 극심해진 인력난을 해소하는 데에 기여했다고 할 수 있다. 그렇지만 이 과정에서 여러 문제가 발생하기도 했다. 예를 들어, 연수생 신분인 외국인노동자들은 장시간의 노동과 저임금, 인권 침해 등의 문제에 직면하였다. 그리고 외국인근로자의 편법 활용과 불법 취업 등도 사회 문제가 되었다(「잘린 손가락, 낯선 한국말, 자살을 시도했다」, 『프레시안』, 2010.08.09; 「외국인 근로자

법률>74)을 제정하여, 2004년 8월부터 고용허가제를 도입하여 산업연수제와 병행하였다.75) 그리고 2007년 6월부터 외국인근로자의 인권 문제 등을 해결하기 위해 산업연수제를 폐지하고, 고용허가제로 외국인 인력제도를 일원화하였다.76)

이런 정책은 외국인근로자 수를 증가시켜, 결과적으로 한국 사회가 다문화사회로 진입하는 데에 중요한 계기가 되었다. 특히 미식축구리그 (NFL) 선수 하인즈 워드(Hines E. Ward Jr.)의 2006년 4월 방한을 계기로77) 언론에서 '다인종·다문화사회로 들어선 한국의 모습'을 연속으로 보도한 것은 정부가 다문화정책에 관심을 기울이는 계기가 되었다.78) 그 이후, 정부는 2006년 제1회 외국인정책회의(5월)에서 외국인정책 기본방향 및 추진체계를 수립하고, 동년 5월에 외국인정책위원회와 2007년 5월에 출입국·외국인정책본부를 출범시킨 바 있다. 또한, 국회입법조사처에서도 2009년에 ≪다문화정책의 추진실태와 개선방향≫이라는 연구 용역을 추진한 바 있다.79)

구체적으로 정부는 외국인근로자 정책을 위해 2007년 3월에 조선족의 합법적인 방문과 취업을 가능하게 만든 방문취업제를 시행하였고,80) 동년

떠난다…제조업 내년 인력대란」, 『매일신문』, 2011.12.22.).

74) <외국인근로자의고용등에관한법률>(법률 제6967호, 제정 2003.08.16.); 동법 <시행령>(대통령령 제18314호 신규제정 2004.03.17. 시행 2004.08.17); 동법 <시행규칙>(노동부령 제221호, 일부개정 2005.03.12.).

75) <외국인근로자의고용등에관한법률>(법률 제6967호, 제정 2003.08.16.); 동법 <시행령>(대통령령 제18314호, 제정 2004.03.17. 시행 2004.08.17); 동법 <시행규칙>(노동부령 제221호, 일부개정 2005.03.12.).

76) 박종희·강선희, 「이주근로자 인권보호에 관한 법제도 운영과 개선방안」, 『고려법학』, 50, 고려대학교 법학연구원, 2008, 410-414쪽.

77) 「소수차별 일깨운 하인스 워드 방한」, 『연합뉴스』, 2006.04.11.

78) 「이제는 다인종 시대, 14%가 국제결혼」, 『MBC TV』, 2006.04.03.

79) 국회입법조사처, ≪다문화정책의 추진실태와 개선방향≫, NARS 정책보고서 제2호, 2009, 2쪽.

80) 중국조선족문화통신(http://www.koreancc.com/xxy.asp?idx=4266)

5월과 7월에 각각 <재한외국인처우기본법>과 <시행령>을 제정하였다.[81) 동년 6월부터는 산업연수제를 폐지하고 근로자 송출 관련 협정(MOU, 양해각서) 체결 국가의 근로자와 근로계약을 하는 고용허가제를 시행하였다.[82) 동년 10월에는 제2회 외국인정책회의를 개최하여 중장기 외국인정책 기본방향과 중점추진과제를 심의·확정하였다.[83) 동년 12월에는 국제결혼중개업자의 관할을 위해 <결혼중개업의 관리에 관한 법률>을 제정하였다.[84)

북한이탈주민 정책과 관련해서는 1997년 1월과 7월에 <북한이탈주민의 보호 및 정착지원에 관한 법률>과 <시행령>, 1999년 4월에 <시행규칙>을 제정한 후,[85) 그 보호와 정착 지원을 위해 1999년 12월에 거주지 보호기간 연장(5년), 2년간 취업보호 실시 등의 조치를 시행하였다.[86) 2007년 1월에는 정착지원시설 보호기간의 조정(1년→1년 이내), 전문자격 인정과 취업보호기간 확대 등 북한이탈주민의 지원 방향을 보호에서 자립·자활 중심으로 전환하였다.[87) 2009년 1월에는 북한이탈주민의 효과적인 정착을 위해 북한이탈주민의 실태파악, 보호자 없는 북한이탈청소년 보호, 북한이탈주민 자녀의 초·중등학교 운영경비 지원, 북한이탈주민후원회 사

---

81) <재한외국인처우기본법>(법률 제8442호, 제정 2007.05.17.); <재한외국인처우 기본법시행령>(대통령령 제20170호, 제정 2007.07.18.)
82) 박종희·강선희, 앞의 글, 410-414.
83) 2007년 10월 25일 <법무부(외국인정책위원회) 보도자료>와 <별첨 자료>
84) <결혼중개업의관리에관한법률>(법률 제8688호, 제정 2007.12.14.)
85) <북한이탈주민의보호및정착지원에관한법률>(법률 제5259호, 제정 1997.1.13.); 동법 <시행령>(대통령령 제15436호, 제정 1997.7.14.); 동법 <시행규칙>(통일부령 제7호, 제정 1999.4.13.).
86) <북한이탈주민의보호및정착지원에관한법률>(제6056호, 일부개정 1999.12.28.) 제5조 제2항, 제17조 제1항 및 법 제17조의2, 제17조의3, 제26조의2 및 법 부칙 제3항, 제26조의3, 제30조, 부칙 제2항.
87) <북한이탈주민의보호및정착지원에관한법률>(제8269호, 일부개정 2007. 01. 26.) 제5조 제3항.

업에 북한이탈주민에 대한 장학사업 추가 등을 진행하였다.[88]

다문화가족 정책과 관련해서는 2008년 3월과 9월에 각각 <다문화가족 지원법>과 <시행령>을 제정하였다.[89] 2009년 9월에는 다문화가족의 사회통합과 삶의 질 향상에 관한 사항의 심의·조정을 위해 국무총리 소속으로 다문화가족정책위원회를 설치했고, 국무총리 훈령으로 <다문화가족정책위원회 규정>을 제정하였다.[90] 당시 대통령도 2010년 10월의 국회 시정연설을 통해 '국민의 일원이며, 글로벌 시대의 인적 자원'이라는 논리를 토대로 30만 명이 넘는 결혼이민자와 그 자녀를 위해 다문화가족의 보육료 전액을 국가가 부담하고, 우리말 교육에 필요한 비용을 지원해야 한다는 등의 다문화가족 지원 정책을 강조하였다.[91]

다문화사회를 대비한 외국인근로자, 결혼이민자, 북한이탈주민, 다문화가족 등에 대한 정책적 노력은 현재도 진행되고 있다. 다만, 이런 정책적 노력에 대해 주로 '지원·관리'에 초점을 맞추는 경향이 있다는 점, 중앙부처의 다문화지원사업이 중복되어 비효율적이라는 점, 유형별 맞춤 정책이 부족하다는 점 등의 문제점이 지적되고 있다.[92]

최근까지 다문화사회를 대비한 정부의 정책적 노력은 어떻게 변했을

---

88) <북한이탈주민의보호및정착지원에관한법률>(제9358호, 일부개정 2009. 01. 30.) 제4조 제4항, 제20조 제4항, 제24조 제2항, 제30조 제1항 제3호.
89) <다문화가족지원법><제8937호, 신규 2008. 03. 21.); <다문화가족지원법>(제9932호, 일부개정 2010. 01. 18.); 동법 <시행령>(대통령령 제21022호, 신규 2008. 09. 22.); 동법 <시행규칙>(보건복지가족부령 제62호, 신규 2008. 09. 22.)
90) <다문화가족정책위원회규정>(국무총리훈령 제540호, 신규 2009. 09. 17.)
91) 「李대통령, 엄정, 투명하게 공정한 법 집행할 것」, 『폴리뉴스』, 2010-10-25; 「다문화가족지원법 개정안 탄력받는다」, 『데일리안』, 2010-09-28.
92) 「다문화가족 유형별 맞춤 정책 펼쳐야」, 『농민신문』, 2013.10.07; 「"부처 다문화지원사업 중복돼 비효율적"」, 『서울신문』, 2013.11.11; 「다문화가정, 가족정책틀에 편입… 지원 패러다임 전환」, 『세계일보』, 2014.01.15; 「중구난방 다문화가족 유사·중복사업 통폐합」, 『뉴스1』, 2014.01.15; 「다문화가족 정책 중복 사업 없애고 개선」, 『KBS TV』, 2014.01.15.

까? 정부 정책의 변화는 2008년을 기점으로 설명할 수 있다. 2008년 이전까지 다문화사회를 대비한 정부의 정책은 중앙 부처별로 시행되었다. 예를 들어, 보건복지부는 주로 다문화가족 구성원인 외국인근로자(등록·미등록)와 그 자녀, 결혼이민자와 그 자녀의 적응과 정착을 지원하였다. 교육과학기술부(현, 교육부)는 다문화가정 자녀의 학교교육, 그리고 국가 교육과정에 다문화교육을 포함시키는 데에 주로 관심을 보였다.[93] 통일부는 1997년에 제정된 <북한이탈주민의 보호 및 정착지원에 관한 법률>에 근거하여 북한이탈주민[탈북자; 새터민]의 적응과 정착에 관심을 보였다.[94]

2008년도부터 정부의 외국인정책은 법무부를 중심으로 체계화되기 시작하였다. 그 이유는 2007년에 제정된 <재한외국인 처우 기본법>에 따라 법무부장관이 관계 중앙행정기관의 장과 협의하여 5년마다 외국인정책에 관한 기본계획을 수립하고 외국인정책위원회의 심의를 거쳐 확정해야 했기 때문이다. 그리고 이 기본계획에 따라 관계된 중앙행정기관의 장은 소관별로 연도별 시행계획을 수립·시행하고, 지방자치단체의 장은 중앙행정기관의 장이 법령에 따라 위임한 사무에 관해 지방자치단체의 연도별 시행계획을 수립·시행해야 했다.[95]

정부는 이 법령에 따라 2008년 12월에 제1차 외국인정책 기본계획(2008~2012),[96] 2012년 11월에 제2차 외국인정책 기본계획(2013~2017)을 발표한

---

93) 교육부는 제7차 교육과정에 국제이해교육, 2007년 교육과정에 다문화교육을 포함시킨 바 있다.

94) <북한이탈주민의보호및정착지원에관한법률>(제정 1997.1.13 법률 제5259호) 제2조(정의); 동법 <시행령>(제정 1997.7.14 대통령령 제15436호); 동법 <시행규칙>(제정 1999.4.13 통일부령 제7호).

95) <재한외국인 처우 기본법>(법률 제8442호, 제정 2007.5.17. 시행 2007.7.18.) 제5조(외국인정책의 기본계획), 제6조(연도별 시행계획), 제8조 (외국인정책위원회).

96) 당시 정부는 제1차 외국인정책 기본계획에 대해 그 동안 '각 부처가 개별적으로 추진해온 외국인정책을 중장기적 관점에서 종합적·체계적으로 추진할 수 있는 기틀을 마련하는 데 의의'가 있다고 평가한 바 있다(법무부 출입국·외국인 정책본부 정책기획평가팀, 위의 글, 6쪽.). 그렇지만 이 기본계획이 '종합적·체

바 있다. 당시 제1차 외국인정책 기본계획에는 '외국인과 함께 하는 세계 일류국가'라는 비전, '적극적인 개방을 통한 국가경쟁력 강화, 질 높은 사회통합, 질서 있는 이민행정 구현, 외국인 인권옹호라는 4대 정책목표, 그리고 이를 위한 13대 중점과제가 포함되었다. 제2차 외국인정책 기본계획에는 "세계인과 더불어 성장하는 활기찬 대한민국"이라는 비전, 개방·통합·인권·안전·협력 등 5대 핵심가치에 따른 정책 목표, 그리고 이를 위해 17개 부처에서 분담할 146개의 세부추진과제가 포함되었다. 이 가운데 2012년에 확정된 기본계획의 내용은 다음과 같다.[97]

<표 76> <재한외국인 처우 기본법>에 근거한 5개년 국가계획

제2차 외국인정책 기본계획(2013~2017)	
5대 정책목표	추진과제(146개)
[개방] 경제활성화 지원과 인재 유치	의료관광 등의 활성화 및 자동출입국 심사기반 확대, 우수 인재 온라인 비자 발급 등 29개 과제
[통합] 대한민국의 공동가치가 존중되는 사회통합	영주자격 전치주의 도입, 이민자 사회통합 기금(가칭) 마련 추진, 사회통합 프로그램과 각종 지원시책의 연계 등 40개 과제
[인권] 차별방지와 문화다양성 존중	차별금지 기본법(가칭) 제정, 방송 등 미디어를 활용한 문화 다양성 이해 증진 등 29개 과제
[안전] 국민과 외국인이 안전한 사회구현	기초 질서 위반 외국인에 대한 실효적 제재, 단속 사전예고제·광역단속 등 불법체류자 단속 체제 다변화 등 26개 과제
[협력] 국제사회와의 공동발전	국제개발협력 사업(ODA) 등의 직업훈련 교육을 이수한 개도국 우수인재에 대한 취업 연계, 재정착희망난민 제도 도입 등 22개 과제

계적 추진 기틀의 마련'에 그치지 않기 위해서는 목표의 현실성 확보, 실질적인 성과를 위한 통합지표의 개발 등을 보완해야 한다는 지적도 나온 바 있다(손기호, 「'질 높은 사회통합' 정책목표와 성과평가에 관한 연구 -제1차 외국인정책 기본계획(2008~2012)을 중심으로-」, ≪한국지방정부학회 학술대회자료집≫ 2010-3, 2010, 1-25쪽.).

97) 법무부 출입국·외국인정책본부 정책기획평가팀, <'제1차 외국인정책 기본계획' 심의·확정 - '외국인과 함께 하는 세계 일류국가' 추진을 위한 5개년 계획 ->, 2008.12.17, 6쪽; 법무부 외국인정책과, <국가 미래를 위한 균형잡힌 외국인 정책 추진 - '제2차 외국인정책 기본계획' 확정> 보도자료, 2012.11.28.

다문화사회를 대비한 정부 정책에 지속적으로 필요한 물음은 '어떤 다문화사회를 지향하는가?'이다. 이런 물음은 다문화사회를 설명하는 이론이나 메타포, 즉 용광로(theory of melting pot) 이론, 문화적 모자이크(theory of mosaic) 또는 조각보(cultural patchwork) 이론, 샐러드 이론(theory of salad bowl), 문화생태 이론(theory of eco-cultures) 등이 각각 다른 다문화사회의 모습을 지향하고 있다는 점에서 필요하다.[98) 즉 정부가 5개년마다 외국인정책 기본계획을 확정·발표한다면 정부 정책이 어떤 이론적 입장에 가까운지, 즉 정부가 어떤 다문화사회를 지향하고 있는지에 대해 지속적으로 물음을 던질 필요가 있다.

(2) 종교와 다문화사회의 연관성

한국 사회가 다문화사회로 진입했다면, 그 과정에서 종교의 역할은 무엇이었을까? 이 물음은 선행연구[99)나 여러 연구 보고서[100) 등을 통해 짐작할 수 있지만, 두 가지 측면으로 구분할 수 있다. 하나는 다문화사회의 진입 과정에서 종교의 역할을 묻는 일이다. 다른 하나는 다문화사회의 진입이 종교지형에 미치는 영향을 파악하는 일이다. 이 두 가지 물음에는 다종교사회와 다문화사회가 서로 연결되어 있다는 관점이 반영되어 있다고 할 수 있다.[101)

---

98) 서종남, 『다문화교육 - 이론과 실제』, 학지사, 2010, 21-25쪽.
99) 2010년, 『종교연구』 59집에 실린 2편은 「다문화사회와 종교」(신광철), 「문(文)-화(化), 그리고 "적(的)의 논리"」(이찬수)이다. 2010년 6월, 『종교문화연구』 14집에 실린 4편은 「한국사회 이주민 종교공동체의 실태와 성격」(엄한진), 「필리핀 이주노동자 공동체의 형성과정」(김선임), 「다문화현상에 대한 한국개신교의 인식과 대응」(박종수), 「다민족사회의 종교갈등과 정체성의 정치」(한건수)이다.
100) 사단법인 국경없는마을 다문화사회교육원, ≪이주민 공동체의 문화다양성에 대한 조사연구≫, 2007.12.
101) 이 부분은 고병철, 「국가 교육과정 내의 다문화교육과 종교교과교육 - 다문화사회와 다종교사회의 연관성과 함의를 중심으로」, 『종교연구』 61, 2010, 102-

첫 번째 물음에 대해서는 종교가 다문화사회의 진입을 촉진하고 있다고 답변할 수 있다. 특정 종교를 가진 외국인이 이주하여 종교를 중심으로 모이는 경우, 종교계에서 외국인과 결혼을 주선하는 경우, 종교계에서 외국인근로자, 결혼이민자, 북한이탈주민의 이주와 정착을 돕는 경우 등이 여기에 해당한다.

물론 종교인이나 종교단체는 특정 신념체계를 기준으로 다른 종교를 비판하거나 사회통합을 거부하는 모습을 취하기도 한다. 이는 종교가 다문화사회의 통합을 저해하는 요인이 되는 사례이다. 예를 들어, 종교의 자유를 확보하기 위해 '불법체류자'가 되는 외국인의 수는 적지 않다.[102] 해외의 경우, 2006년 2월 프랑스·독일·이탈리아 등의 7개 신문에 무함마드 풍자 만평이 게재된 후 무슬림의 폭력 시위로 다수의 기독교인 희생자가 발생한 바 있다.[103]

한국 사회에서 종교적인 갈등 문제로 이주민 문제가 사회문제로 부각된 경우는 거의 없다. 앞으로 이런 종교간 갈등이 발생하지 않을 것이라는 보장은 없지만, 아직까지 종교는 다문화사회의 진입에 촉진제 역할을 하고 있다. 이런 역할은 국제결혼의 추진, 국내 외국인의 생활에 대한 지원 활동, 외국인의 인권 침해 문제의 해소, 북한이탈주민과 그 자녀의 적응과 정착 지원 활동 등에서 확인할 수 있다.

109쪽 참조.

102) 「축제 라마단이 괴로운 국내 이슬람 이주노동자들/ '기계 도는 시간에 기도한다고 미워해요'」, 『한국일보』, 2010-08-25. 매년 8~9월 라마단 기간의 금식, 매일 5번의 기도 등으로 이슬람권 출신 이주노동자(약5만~6만 명)가 직장에서 갈등을 겪고, 일부가 이탈한다고 한다. 대부분이 외국인 고용허가제를 통해 취업비자로 입국하였기 때문에 고용주의 허락이 없으면 직장을 마음대로 바꿀 수가 없는 상황이라고 한다.

103) 「마호메트 만평과 이슬람의 이해」, 『세계일보』, 2006.03.02. 2006년 2월 1일자 프랑스·독일·이탈리아 등의 7개 신문에 무함마드 풍자 만평이 게재된 후 무슬림의 폭력 시위로 기독교인 희생자가 발생한 사건은 '표현의 자유(언론)와 종교적 금기(이슬람)의 충돌'로 보도된다.

첫째, 종교의 국제결혼 추진이다. 국제결혼 사례는 1980년대부터 점차 증가 추세를 보이고 있다. 국가별로 보면, 1980년대에는 주로 일본 여성이 통일교를 통해 한국 남성과 결혼하는 사례가 많았다. 1990년대 초에 체결된 한·중수교 이후에는 조선족이나 한족이 한국 남성과 결혼하는 사례가 많아졌다. 그리고 1990년대 중반 이후에는 국제결혼자의 국적이 필리핀, 태국, 몽골, 베트남, 러시아 등으로 확대되었다.[104] 2005년부터 2012년까지 국제결혼 현황을 보면,[105] 전반적으로 한국 남성과 외국 여성의 국제결혼 건수가 많은 편이다. 그렇지만 중국과 베트남 등과 달리, 일본과 미국 등은 그 반대 추세를 보이고 있다. 그리고 어떤 형태든지 국제결혼 건수는 2005년 이후에 점차 감소 추세를 보이고 있다. 그렇지만 2012년의 경우를 보면, 국제결혼 건수가 총 28,325건에 달하고 있으므로 여전히 국제결혼이 적지 않다고 할 수 있다.

국제결혼에 관심을 보이는 종교는 특히 통일교이다. 통일교는 1960년대부터 합동결혼식을 진행한 바 있다. 그리고 1980년대부터 6,000쌍, 6500쌍 등의 국제합동결혼식을 본격화하기 시작하였다.[106] 1990년대에도 1992년, 1995년, 1997년, 1998년, 1999년에 각각 수만 명의 국제합동결혼식을 진행하였다.[107] 2000년대에도 2000년, 2001년, 2002년, 2003년, 2004년,

---

104) 최일·김병석·안정희, 『다문화교육의 이론과 실제』, 학지사, 2009, 24쪽.
105) e-나라지표 (http://www.index.go.kr/potal/main/EachDtlPageDetail.do?idx_cd=2430).
106) 「"국경·인종 초월 참사랑으로 하나되길"」, 『세계일보』, 2010.02.18; 「통일교 국제합동 축복결혼식 현장」, 『세계일보』, 2009.10.15; 「가정의 화목과 평화 통해 인류의 평화·행복 추구」, 『천지일보』, 2010.01.05. 다만 1960년의 3쌍, 1960년의 36쌍, 1961년의 33쌍 등 결혼 커플 수는 보도에 따라 차이를 보인다.
107) 「통일교 문화체육대전 개막/1백38개국 3만쌍 합동결혼식도 치러」, 『한겨레』, 1992.08.23; 「통일교 합동결혼식/3만6백25쌍 사상 최대/6개국은 위성중계로」, 『동아일보』, 1992.08.25; 「통일교 3만6천쌍 합동결혼식」, 『한겨레』, 1995.08.26; 「통일교 합동결혼식/워싱턴서 2천5백쌍/기혼자 3만여쌍도 함께」, 『국민일보』, 1997.12.01; 「워싱턴 세계문화체육대전 합동결혼식」, 『세계일보』, 1997.12.01; 「통일교, 뉴욕서 오늘 7,000쌍 합동결혼식」, 『경향신문』 1998.06.13; 「세계평화통

2005년, 2007년, 2009년에 각각 적게는 수천 명에서 많게는 수만 명을 대상으로 국제합동결혼식을 진행하였다.[108) 2010년대에도 2010년, 2011년, 2013년에 국제합동결혼식을 진행한 바 있다.[109)

통일교가 국제결혼에 관심을 갖는 근거는 이상가정에 기초하여 인류대가족사회라는 이상사회를 실현하려는 '참가정실천운동'에 있다. 참가정실천운동은 국제결혼에서 국가 간 개인을 대상으로 하는 '교차축복결혼'과 국가 간 단체를 대상으로 하는 '교체축복결혼'으로 나타나고 있다.[110)

둘째, 종교의 외국인 지원 활동이다. 2008년 당시의 총564개 국내 외국인 지원단체 가운데 종교단체는 121개(21.45%)로 순수 민간단체의 341개보다 적지만 공공기관 102개보다 많다.[111) 또한, 2008년 당시에 여성 결혼이민자(총4,060명)를 대상으로 진행된 한국생활 적응교육(1,039명, 26%)의 공간은 다문화가족지원센터 27%, 사회·종교단체 22%, 주민자치센터 8% 등이었다.[112) 이는 종교계가 외국인에 대한 지원문제에 높은 관심을 보이고 있음을 의미한다.

일가정聯 4만쌍 합동결혼식」, 『문화일보』 1999.02.08.
108) 「세계 45만쌍 합동축복 결혼식/잠실 축복식 이모저모」, 『세계일보』, 2000.02.14; 「종교-인종 극복한 '참가정의 날'/뉴욕 합동결혼식」, 『세계일보』, 2001.05.29; 「3500쌍 국제합동결혼식」, 『문화일보』, 2002.02.16; 「3만여쌍 국제합동결혼식」, 『세계일보』, 2003.07.14; 「전세계 3만쌍 합동결혼식/천안서 4000쌍 예식,문선명 총재가 주례」, 『세계일보』, 2004.07.27; 「186개국 3만쌍 합동결혼식」, 『세계일보』, 2005.08.02; 「186개국 1634쌍 합동 축복결혼식」, 『세계일보』, 2007.07.06; 「통일교 7500쌍 합동결혼식」, 『경향신문』, 2009.10.15.
109) 「"국경·인종 초월 참사랑으로 하나되길"」, 『세계일보』, 2010.02.18; 「통일교 5200쌍 국제합동축복결혼식 올려」, 『천지일보』, 2012.03.26; 「세계평화통일가정연합 3천500쌍 합동결혼식 펼쳐」, 『연합뉴스』, 2013.02.17.
110) 김항제, 「세계화 시대의 통일교」, 『신종교연구』 25, 2011, 93-94쪽.
111) 「중앙 따로 지자체 따로…다문화 정책 '중구난방'」, 『세계일보』, 2008.10.22.
112) 「여성결혼이민자 10명 중 7명 '한국생활 적응교육 못받았다'/인천시 실태조사」, 『세계일보』, 2008.11.12.10면. 2008년 5월 20일부터 2개월 동안 인천지역 여성 결혼이민자 4,060명을 면담조사.

국적별로 보면, 주로 인도네시아인은 개신교, 태국인은 불교, 베트남인은 불교와 천주교, 네팔인은 불교와 개신교(개종자), 필리핀인은 천주교, 방글라데시인은 이슬람, 중국인은 개신교, 몽골인은 불교와 개신교, 미얀마인은 불교의 지원을 받고 있다.[113] 여기서 지원은 재정 지원에 국한되는 것이 아니라, 종교 공간의 제공, 인적 네트워크 형성 등을 포함한 다양한 지원을 의미한다.

종교별로 보면, 원불교는 서울외국인교당과 서울외국인센터(2000년 설립) 등, 천주교는 파주다문화가정지원센터와 서울대교구 외국인노동자상담소(1992년 설립) 등을 운영하면서 각종 지원 활동을 하고 있다. 그 가운데 천주교는 2003년에 주교회의 산하 이주사목위원회 내에 이주노동자사목 담당부서를 설치한 후, 여러 단체와 여성이주노동자 쉼터 등을 운영하고 있다. 개신교계의 경우는 한국기독교교회협의회(NCCK)의 한국교회외국인노동자선교위원회(1992년 11월 설립), 한국교회외국인노동자선교협의회(1993년 9월 결성), (사)지구촌사랑나눔 등의 단체에서 외국인 지원 문제에 관심을 보이고 있다. 교단별로는 대한예수교장로회 통합 측과 한국기독교장로회의 지원 활동이 활발한 편이다. 불교계의 경우는 명락사가 '다문화사찰'을 표방하고 있고, 2007년 8월에 여러 불교계 이주민지원단체가 마하이주민지원단체협의회를 구성하여 지원네트워크를 형성한 바 있다.[114] 이 협의회는 2010년 8월에 종로경찰서의 '외국인 도움센터'로

---

113) 사단법인 국경없는마을 다문화사회교육원, 앞의 책, 2007, 37쪽, 126-128쪽, 139-141쪽, 159-160쪽, 178쪽, 184쪽, 190-191쪽, 204쪽, 223쪽, 227쪽, 230쪽, 240쪽, 313-314쪽, 327쪽, 329쪽, 332-333쪽. 기독교인으로 개종하는 네팔 이주민은 증가 추세지만, 힌두교를 주어진 문화, 기독교를 자신의 의지로 선택한 종교로 이해하여 스스로도 '완전한 개종'으로 이해하지 않는다고 한다.
114) 「마하이주민지원단체協 신임 대표 지관스님」, 『불교신문』, 2010-3-17. 2010년 3월경, 소속 단체는 구미 꿈을 이루는 사람들 마하붓다센터, 김천시 다문화가족지원센터, 김포 방글라데시법당 지원 사찰 김포 용화사, 광주 해뜨는다문화가족복지센터, 인천 외국인종합상담소, 불교여성개발원 불교여성다문화봉사단

지정되기도 하였다.115)

셋째, 외국인 인권 침해 문제의 해소 활동이다. 1991년 해외투자업체 연수제의 도입 이후, 외국인 인권 침해 문제는 1994년 경실련과 1995년 명동성당의 농성에서 사회적으로 이미 주목된 바 있다. 그 주요 내용은 연수업체에서 이탈한 미등록근로자의 신분증 압류, 외출금지 및 인신구금, 임금체불과 폭행 등 지정연수업체의 인권 침해 등에 관한 것이다.116) 그 이후 외국인의 인권 침해 문제는 여러 단체의 주목을 받고 있다.

인권 침해 문제에 주목하는 종교계의 주요 인권단체로는 개신교계의 지구촌사랑나눔(사단), 천주교계의 천주교인권위원회, 불교계의 좋은벗들(사단) 등을 들 수 있다.117) 또한, 청주노동인권센터(개원 2010.7.),118) 2010년 10월의 공동성명서에 인권 문제를 포함시킨 '한국기독교교회협의회(NCCK) 정의와 평화위원회'와 '일본그리스도교협의회(NCCJ) 도시농어촌선교위원회' 등도 종교계 인권단체에 포함시킬 수 있다.119)

넷째, 북한이탈주민과 그 자녀의 적응과 정착을 위한 지원 활동이다.

등 22개이다.

115) 「정부인가 목표…공동사업-재정독립 추진, 이주민지원協, 22일 운영위원회 구성」,『법보신문』, 2007-8-28; 「마하이주민지원단체협의회 '외국인 도움센터' 지정」,『불교포커스』, 2010-8-16. '외국인 도움센터'는 외국인의 각종 피해 사례나 민원, 범죄 등을 경찰에 전달해 외국인 인권보호와 범죄를 예방하는 역할을 한다. 마하이주민지원단체협의회 (http://cafe.daum.net/migrantbuddha)

116) 박종희·강선희, 앞의 글, 2008, 405-410쪽.

117) 개신교계의 사단법인 지구촌사랑나눔(성남 외국인 노동자의 집, http://www.g4w.net), 천주교계의 천주교 인권위원회(http://www.cathrights.or.kr), 불교계의 사단법인 좋은벗들 (http://www.goodfriends.or.kr/) 등이 국가인권위원회의 국내 인권단체 명단에 포함된다. 또한, 이주민지원단체들 가운데 종교 관련 단체의 정보는 '이주민과 실무자를 위한 네트워크'(http://migrant.kr/support) 참조.

118) 「'청주노동인권센터' 세운 정의구현사제단 김인국 신부」,『한겨레』, 2010.08.05.

119) 「NCCK-NCCJ 도시농촌선교협의회 개최 "日 과거사 사죄 촉구-도·농간 신앙 연대 협력"」,『국민일보』, 2010-10-08. 그 성명서의 내용은 외국인 노동자를 경제의 소모품으로 이용하는 법과 제도를 반대하고, 자유와 평등의 관점에서 모든 외국인 노동자의 인권과 생활을 지켜 내자는 것이다.

북한이탈주민에게 관심을 보이고 있는 종교는 주로 개신교와 원불교이다. 원불교는 북한이탈주민이 입국하여 합동조사를 거쳐 '보호 대상' 판정을 받은 후 하나원에서 교육을 받게 될 때,[120] 특히 그 자녀의 학교교육에 관심을 보이고 있다. 대표적인 사례가 원불교에서 운영하는 한겨레 중·고등학교이다.[121]

개신교계는 제3국에서 북한이탈주민과 접촉하여 한국 입국을 돕는 역할을 하고 있다.[122] 또한, 2007년 1월과 9월에는 각각 서울 묵1동 영안교회와 용인 수지의 지구촌교회에서, 2008년 9월에는 영안교회에서 '탈북자 합동결혼식' 등을 진행하기도 하였다.[123] 원불교의 경우처럼 학교교육에도 관심을 보이고 있다. 대표적인 사례가 하늘꿈학교(개교 2003년)[124], '탈북청소년 대상 대안학교'로 분류되는 여명학교(개교 2004년)[125], (사)사랑의나눔공동체의 한민족렘넌트학교(개교 2010년)[126] 등이다. 그 외에 한꿈학교[127], 탈북청년크리스천연합[128] 등도 운영하고 있다.

종교계가 외국인과 북한이탈주민의 지원과 정착에 관심을 보이는 이유

---

120) 「국정원 직원, '몹쓸 짓' 했나」, 『시사저널』, 2010.09.09. 북한이탈주민의 정착 절차는 다음과 같다. 첫째, 입국 후 통상 1~2개월 동안 국정원, 기무사, 경찰 등의 유관 부처 관계자가 참여한 합동 심문팀에서 합동조사를 받고, 위장 탈북자, 조선족, 화교 등이 걸러진다. 둘째, 합동심문에서 별 문제가 없어 '보호 대상' 판정을 받으면 하나원에서 총 12주 동안 교육을 받은 후 초기 정착지원금과 주택을 받는다. 특별한 문제가 없으면 4~5개월 정도 조사와 교육을 받고 사회에 진출하는 셈이다.

121) 한겨레중고등학교(경기도 안성시 죽산면 칠장리 10-1, http://www.han.hs.kr/)

122) 「탈북자 입국, 전진기지 중국」, 『연합뉴스』, 2004.07.27.

123) 「영안교회 탈북자 합동결혼식」, 『국민일보』, 2007.01.17; 「새터민 4쌍 합동결혼식」, 『국민일보』, 2007.08.30; 「영안교회, 새터민 8쌍 합동결혼식 개최」, 『국민일보』, 2008.09.22.

124) 하늘꿈학교(서울캠퍼스, 천안캠퍼스, http://www.hdschool.org/)

125) 여명학교(서울시 중구 남산2동 위치, http://www.ymschool.org/)

126) 한민족렘넌트학교(인천광역시 옹진군 영흥면 내리 61 http://www.sarang22.or.kr/)

127) 한꿈학교(사랑의교회 청년부 09-2학기 카페 내, http://cafe.naver.com/sarang092/7)

128) 탈북청년크리스천연합(http://cafe.naver.com/kryca; http://club.cyworld.com/kryca)

는 무엇일까? 그 배경에 관한 설명은 종교계 외부와 내부 관점에 다를 수 있다. 외부에서는 종교계의 선·포교 의도를 지적할 수 있다. 즉 이런 지원 활동이 선·포교 활동이라는 인식이다. 그와 관련하여, 종교 내부에서도 선교와 외국근로자나 국제결혼가정을 연결하려는 '이주민선교'가 화두가 되고 있다.129) 국제합동축복결혼식도 '오색인종을 한 가족으로 만들기 위한 프로젝트'130)의 일환, 즉 종교적인 목적으로 진행된다고 할 수 있다.

종교 내부 관점에서는 이런 지원 활동을 종교계의 사회참여 또는 사회적 역할이라고 주장할 수 있다. 실제로 다문화시설의 운영, 결혼이주여성·이주노동자 등에 대한 편견과 차별 폐지 등이 다문화시대에 종교가 해야 할 역할이라는 주장도 있고,131) 불교계에는 이런 보시행이 '깨달음을 구하는 행위'인 수행의 근본이며, 결과적으로 깨달음의 방법이라는 주장도 있다.132)

그렇다면, 앞서 제기한 두 번째 물음, 즉 다문화사회의 진입이 종교지형에 미치는 영향은 무엇일까? 전반적으로 다문화사회의 진입 과정이 기존의 종교지형을 복잡하게 만들고 있다고 답변할 수 있다. 종교지형의 차원에서 보면, 외국근로자나 결혼이민자의 유입과 정착은 한국 사회에 낯선 종교인의 유입과 정착을 의미한다. 실제로 외국인의 수가 증가되면서 종교 중심의 새로운 공동체가 형성되기도 하고, 다양한 종교 모임이 만들어지기도 한다. 새로운 종교 모임을 주도하기 위해 종교비자로 입국하는 외국인의 수도 많아지고 있다.133)

---

129) 「이주민 선교 이렇게, 한 국가 출신에 초점, 문화 적응 교육 우선, 경기 광주 세상의 빛선교교회·경북 상주교회」, 『국민일보』, 2009.12.18.
130) 「186개국 1634쌍 합동 축복결혼식」, 『세계일보』, 2007.07.06
131) 「은둔·호국불교 벗어나 '사회성' 찾자」, 『경향신문』, 2009.11.19.
132) 「30년간 복지사업 실천 무원 서울 명락사 주지스님」, 『서울신문』, 2009.11.06.
133) 「탈레반 테러, 한국은 안전한가, (2)구멍 뚫린 출입국관리」, 『한국일보』,

외국인의 증가 추세는 한국의 종교계에도 변화를 주고 있다. 한국의 종교시설에서 외국인을 위한 모임이 생기고 있고, 외국인에 대한 선교·포교 모임이나 활동도 전개되고 있다. 그리고 외국인을 대상으로 하는 새로운 선교·포교 방법도 모색되고 있다. 예를 들어, 개신교계에서는 외국인 선교 방법으로 '하나님의 형상'을 지닌 동일한 자녀라는 인식, 다문화 정책 연구와 개발 지원을 통한 선교의 효율성 극대화, 개별 문화집단의 이해, 이주민을 사회통합 주체로 인정하기, 다문화가정을 위한 프로그램 개발, 기독교적·다문화도서관 운영 등의 방법이 제시되고 있다.134)

정부도 2010년에 외국인전담교도소를 설립할 때 수감자의 종교 활동을 보장하기 위해 종교별 의례 공간을 설치하고,135) 그 외에 종교 관련 기관에 다문화 시설의 운영을 위탁하는 방식으로 종교지형 변화의 한 몫을 담당하고 있다. 다만, 정부가 정책적 차원에서 종교 변수를 고려하지 않고 있으므로 다문화정책과 종교의 직접적인 연관성을 찾기는 아직 어렵다.136)

이상의 논의를 종합해보면, 종교는 국제결혼의 추진, 외국인 지원, 인권 침해 문제의 해소, 북한이탈주민 지원 등을 통해 외국인과 북한이탈주민의 국내 유입, 적응, 정착을 지원하고 있고, 이런 활동은 한국 사회가 다문

2010.05.11. 이맘의 경우, 한국정부의 종교비자를 받기 위해서는 한국 신도의 초청장과 현지 이슬람 종교학교(마드라사) 졸업증명서가 필요하며, 해당국의 담당(종교)장관 등의 보증을 받을 필요가 없다고 한다.

134) 「다문화사회를 위한 교회의 사명」, 『국민일보』, 2010.05.26. 다문화사회 관련 프로그램 개발로, 이주민 언어별 교회와 이주민종합안내센터 운영, 언어별 성경과 찬송 지원, 소그룹 교재 개발, 다문화사회를 위한 선교콘텐츠 개발(한국어 성경 쓰기), 교인들과 다문화사회 체험 등이 제시된다.

135) 「천안에 국내 첫 외국인전담교도소」, 『동아일보』, 2010.02.24.

136) 정부는 국내 외국인의 종교분포와 종교 모임, 외국인 지원 관련 종교단체 등의 실태를 파악하기 위한 노력을 기울이지 않고 있다. 이는 다문화정책의 목표가 국가 이미지의 재고와 사회통합의 차원에서 외국인의 '표면적인 적응과 정착을 포함한 경제적 지원과 관리'에 치중하고 있기 때문이다.

화사회로 진입하는 촉진제가 되고 있다. 천주교 서울대교구의 다문화가정 지원센터와 다문화가정센터, 대한불교조계종의 마하보디이주민센터와 석왕사 등 종교계의 외국인 소통·지원 프로그램이 정부나 지자체의 다문 화사업보다 더 활발하다고 지적될 정도이다.137)

동시에 다문화사회의 진입은 기존의 종교지형을 서서히 변화시키고 있다. 외국인의 유입 과정에서 이전에 보기 어려웠던 새로운 종교, 종교공동 체, 종교 활동, 종교 의례 등이 등장하고 있다. 그리고 종교계도 종교 활동을 새로운 다문화 상황에 맞추기 위해 노력하고 있다.

③ 다문화사회의 함의

한국 사회가 다문화사회로 진입하는 과정에서 다문화교육 연구자와 그 성과가 소개되고 있다. 워싱턴대학 다문화교육센터 소장인 뱅크스(James A. Banks), 베넷(Christine I. Bennett), 전 하버드대학 교수인 글래이저(Nathan Glazer), 인류학자 홀(Edward T. Hall), 유네스코(UNESCO), 캘리포니아 주립대학 석좌교수인 슬리터(Christine E. Sleeter)와 위스콘신대학 석좌교수 그랜트(Carl A. Grant), 메이어(A. Meyer), 니에토(S. Nieto) 등과 그 연구가 여기에 해당한다.138)

---

137) 「<5>종교갈등 해소 어떻게」, 『동아일보』, 2009.10.14.
138) 서종남, 앞의 책, 25-35쪽; James A. Banks, 『다문화교육입문』(모경환·최충옥·김명정·임정수 공역), 아카데미프레스, 2009; Christine I. Bennett, 『다문화교육 이론과 실제』(김옥순·김진호·신인순 공역), 학지사, 2009; 유네스코아시아, 『다문화 사회와 국제이해교육』, 동녘, 2009; Nathan Glazer, 『우리는 이제 모두 다문화인이다』(서종남·최현미 공역), 미래를소유한사람들, 2009; Edward T. Hall, 『생명의 춤』(최효선 역), 한길사, 2000; Christine E. Sleeter & Carl A. Grant, 『다문화교육의 탐구: 다섯 가지 방법들』(문승호·김영천·정정훈 공역), 아카데미프레스, 2009; 박성혁·성상환·곽한영, ≪우리나라 다문화교육정책

다문화교육에 관한 연구도 증가하고 있다. 주요 내용은 사회통합의 관점에서 다문화교육이 필요하다는 것, 다문화가정 자녀와 한국인 가정의 자녀를 동시에 대상으로 삼는 교육이 필요하다는 것, 다문화교육과 국제이해교육을 구분해야 한다는 것, 학교교육에서 다문화교육이 중요하다는 것 등이다.

그렇지만 선행연구에서 다문화사회의 구체적인 함의 분석에 주목한 경우는 적은 편이다. 한국 사회가 다문화사회로 진입한다고 할 때 다문화사회 개념에 함축된 의미는 무엇일까? 다문화사회 개념을 외국인의 비율을 기준으로 설명하는 것은 단순하고 피상적이다. 다문화사회 개념을 구성하고 있는 문화의 다양성과 그 상호 연관성이 빚어내는 다양한 의미를 놓칠 수 있기 때문이다.

다문화사회 개념의 함의는 다종교사회 개념의 함의를 통해 어느 정도 파악할 수 있다. 다종교사회의 함의를 다문화사회의 함의에 적용하는 근거는 종교와 문화의 연관성에서 찾을 수 있다. 이런 연관성은 문화를 '인식, 가치판단, 행동 등의 총칭하는 개념'[139]으로 볼 때 문화에 종교가 포함된다거나 종교가 문화의 핵심이라는 식으로 설명될 수 있다. 이런 설명은 종교를 문화체계로 설명한 기어츠(Clifford Geertz, 1926-2006)의 경우,[140]

추진현황, 과제 및 성과 분석 연구≫, 교육인적자원부 연구용역보고서, 2007, 31-33쪽; 윤인진, 「한국의 다문화교육에 대한 평가와 향후 과제」, 『외국어로서의 한국어교육』, 연세대학교 한국어학당, 2009, 70쪽.

139) 이정선·최영순·김정우·이경학·임철현·최만·유현석, 앞의 책, 25-28쪽. 정신문화와 물질문화를 포함한 타일러(Tylor)의 종합적 정의, 굿이너프(Goodenough)의 사회 경험으로 마음에 형성된 공유한 인지구조(cognitive code or map), 기어츠(Geertz)나 상징적 상호작용론자의 역사적 전수로 공유된 상징과 의미체계 등이 서술된다.

140) Clifford Geertz, Religion as a cultural system. in *The interpretation of cultures: selected essays*, Fontana Press, 1993, pp.87-125. 기어츠의 종교 개념 문제는 "조현범, 「의미추구의 해석학으로서의 문화 연구 -『문화의 해석』(클리포드 기어츠 지음, 까치, 1998)에 대한 서평-」, 『종교문화연구』 1, 1999, 283-295쪽." 참조.

종교와 문화(religion and culture)나 종교적 문화(religious culture)라는 용어를 사용하는 영어권의 경우[141]에서 확인할 수 있다.

다종교사회의 함의를 대입하면, 다문화사회 개념에는 이질적이고 다양한 구성원과 문화의 공존, 사회 구성원의 중층적인 자기정체성, 다른 문화에 대한 배타적인 태도와 사회적 갈등의 가능성, 문화 간 공존의 요청, 문화 차별 금지, 낙인찍기용 용어와 인식의 재고 등의 함의가 있다. 그리고 이런 함의를 반영하기 위해 학교교육에서 다문화교육이 필요하고, 시민 대상의 다문화교육[142]이 필요하다는 의미가 있다.[143] 또한, 문화의 차이 인정, 이주민을 위한 정책적 노력, 문화적 갈등 지점의 형성, 차별적 요소의 해소와 상호 공존, 인정 담론과 정의기획(justice project) 사이의 관계 설정 등의 함의도 찾아볼 수 있다.

이런 여러 종류의 함의를 정리하면, 다문화사회 개념의 함의는 낯선 문화의 인정, 갈등 지점의 형성, 상호 공존 정책의 필요성, 인정담론과 정의기획의 관계 설정, 다문화교육의 필요성 등 다섯 가지로 구분할 수 있다. 그 구체적인 내용은 다음과 같다.[144]

첫 번째 함의는 낯선 문화의 차이 인정이다. 다문화사회에서는 외국인이 유입될수록 문화의 다양성과 이질성이 나타난다. 특정 국가의 종교와 관습이 이주 자체에 영향을 미쳐 해당 국가의 문화적 다양성과 이질성을

---

141) 강돈구, 「"종교문화"의 의미」, 『종교연구』 61, 2010, 33-62쪽. 이 글에 따르면, 한국에서 '종교문화'라는 용어가 자주 사용되고 있지만 그 의미는 분명하지 않다(같은 글, 62쪽.).

142) James A. Banks, 『다문화 시민교육론』(김용신·김형기 옮김), 교육과학사, 2009 참조.

143) 고병철, 「국가 교육과정 내의 다문화교육과 종교교과교육 -다문화사회와 다종교사회의 연관성과 함의를 중심으로」, 112-116쪽.

144) 다문화사회의 의미 부분은 "김철주·고병철, 「중등학교 다문화교육 교과의 활성화 방향 -교육정책과 학교교육을 중심으로-」, 『한국학연구』 36, 고려대학교 한국학연구소, 2011 112-119쪽." 참조.

형성하는 사례도 있다. 예를 들어, 방글라데시의 경우에는 국가 노동자의 80%가 여성이지만, 무슬림 여성이 비이슬람권으로 이주하는 것을 금기시하는 무슬림 계율에 근거한 관습 때문에 남성 이주민의 수가 더 많은 편이다.145)

이주에 성공한 외국인은 대체로 정착 과정에서 자신들만의 문화 공동체를 형성하기도 한다. 이런 공동체는 자기 정체성을 확인하는 수단이면서 새로운 사회에 정착하기 위해 도움을 받는 수단이 되고 있다. 예를 들어, 인도네시아 무슬림의 모임(IKMI: Ikatan Muslim Indonesia), 보문선원(안산)·마하보디사(양주), 스리랑카선원(구미) 등에서 진행되는 태국인의 종교 모임, 네팔 이주민의 네팔불자모임(Nepal Buddhist Family, 1996년), 원곡동성당(안산)·혜화동성당(서울) 등 필리핀 이주민의 종교 모임, 다와툴 이슬람(이슬람으로의 초대)과 BSR(Buddhist Solidarity for Reform) 등의 방글라데시 이주민의 종교 모임, 중국인교회 모임, 재한몽골인불자회와 각종 몽골인 예배 모임, 미얀마전법사원(부평) 등이 여기에 해당한다.

그렇지만 이주민이 문화 공동체를 형성한다고 해도, 문화 정체성의 혼란을 겪지 않는 것은 아니다. 예를 들어, 외국인근로자는 언젠가 귀국할 것을 알지만, 한국에 있는 동안 한국인처럼 지내야 하는 측면에서 문화 정체성의 혼란을 경험하고 있다. 국제결혼이민자는 기존의 문화 정체성을 가진 채 한국인의 문화 정체성을 지향해야 한다는 측면에서 문화 정체성의 혼란을 경험하고 있다. 이런 사례는 외국인근로자나 국제결혼이민자가 다중정체성을 형성할 수밖에 없다는 것을 의미한다. 북한이탈주민도 한국에 적응하는 과정에서 다중정체성 문제를 경험하고 있다고 한다.146)

문화 정체성의 혼란 문제는 이주민의 문화가 해당 사회에서 용인되지

---

145) 사단법인 국경없는마을 다문화사회교육원, 앞의 책, 2007, 262쪽.
146) 고병철, 「국가 교육과정 내의 다문화교육과 종교교과교육 -다문화사회와 다종교사회의 연관성과 함의를 중심으로」, 112-113쪽.

못할 때 심해질 수 있다. 이주민의 문화가 해당 사회에서 용인되지 않는다는 것은 이주민을 문화의 주체로 인정하지 않는다는 의미가 될 수 있기 때문이다. 그렇지만 다문화사회가 자국민과 다양한 외국인으로 구성된다는 점, 그리고 이주민의 수가 많아질수록 국가별, 성별, 종교별, 취향별 등에 따른 낯선 문화의 종류가 높아질 수밖에 없다는 점을 고려했을 때, 다문화사회에는 문화의 다름을 '틀림'이 아니라 '차이 있음'으로 인식하고 인정하려는 태도가 요청된다.

두 번째 함의는 이주민과 그 문화를 둘러싼 갈등 지점의 형성이다. 다문화사회에서 만들어지는 갈등의 지점은 다양하다. 심지어, 정부의 다문화정책에서 '다문화가정'과 같은 용어가 구별짓기 전략으로 소수자를 역차별한다는 지적도 있고, 이주민 근로 정책이나 다문화가정자녀의 방과 후 수업 등 소수자를 대상으로 하는 정책이 자국민을 역차별 한다는 문제도 제기되고 있다.147) 정부가 사용하는 외국인근로자라는 표현도 국적 여부에 의한 차별 개념이 내포되어 국제조약이나 국제간 관례에서 지양되고 있다는 지적도 있다.148) 이런 지적은 다문화와 관련된 용어가 구별짓기 또는 낙인찍기의 효과를 일으켜, 모종의 차별을 유도하고 있다는 주장이다.

국내에 거주하는 외국인의 범죄율 증가 등을 근거로 정부의 다문화정책에 반대하는 움직임도 있다.149) 예를 들어, 다문화정책반대, 외국인노동자대책시민연대, 대한민국을 사랑하는 국민들의 모임, 아고라 청원운동 등은 정부의 다문화정책에 대해 '잘못된 다문화를 선동'하고, '후진국에서

---

147) 다문화척결(http://gall.dcinside.com/list.php?id=figureskating&no=1008574); 점입가경, 파괴력을 더해 가는 다문화(http://blog.daum.net/_tao_/56); 매우 불공평한 그들만의 다문화사회(http://duizilland.egloos.com/1904266); <다문화가정 아이들만 교육하면 '다문화교육'>, 『일다』, 2010-04-13.
148) 박종희·강선희, 앞의 글, 2008, 403-403쪽.
149) <외국인 범죄율 서울최고-국적은 중국>, 『프라임경제』, 2009-09-16; <강원도, 외국인 범죄율 가장 높아>, 『노컷뉴스』, 2009.10.01.

값싼 인력을 대량으로 끌어들이려는 자본의 논리'라고 비판하고 있다.[150]

기존 사회구성원의 배타적 인식이 새로운 구성원과 갈등을 빚기도 한다. 여기서 배타적 인식은 다른 인종·종교·문화에 대해 단일민족을 우선하는 인식, 국제결혼 이주여성·탈북자보다 외국인 사업가·투자가·유학생, 개발도상국보다 선진국 출신, 생산기능직 이주노동자보다 전문기술직 이주노동자를 선호하는 인식 등을 말한다.[151] 2009년 11월에는 국내 사법 사상 최초로 인종차별적 발언자에게 형법상 모욕죄와 벌금 100만원의 약식명령이 내려진 일도 있다.[152]

외국인의 종교 활동에 대한 배타적 인식으로 노동 현장에서 외국인근로자가 차별과 불평등을 겪고 '불법체류자'가 되기도 한다. 특히 무슬림의 경우는 종교의 자유가 보장되지 않는 사업체에 적응하기 어렵지만, 한국의 중소 사업체에서는 주로 업무에 방해되지 않는 한에서 종교의 자유를 인정하려는 풍토가 강하다고 한다.[153]

---

150) 대한민국을 사랑하는 국민들의 모임(http://cafe.daum.net/upgradehanryu); 파키·방글라 외국인 노동자에 의한 피해자 모임(http://cafe.daum.net/leavingpakista); 다문화정책반대(http://cafe.daum.net/dacultureNO); 아고라 청원(http://agora.media.daum.net/petition/view?id=96354); 외국인노동자대책시민연대(http://njustice.org) 등.

151) 「다문화사회 다양성 국가에 도움, 단일민족 혈통 유지 자랑스러워」, 『동아일보』 2009.01.28. 이 내용은 고려대 사회학과 BK21갈등사회교육연구단(단장 윤인진)과 아시아인권센터(이사장 윤현)는 2008년 12월 전국 성인 1200명을 대상으로 일대일 심층면접을 통해 조사한 '외국인 이주노동자와 다문화사회에 관한 한국인 의식조사' 보고서의 내용이다.

152) 「백인 우대, 他인종은 깔보는 한국인」, 『국민일보』, 2009.11.28. 2009년 7월 10일, 피고는 버스 안에서 인도인 보노짓 후세인 성공회대 연구교수에게 "아랍인은 더럽다" "냄새 난다" 등의 모욕적 발언으로 약식 기소된다.

153) 「<5>종교갈등 해소 어떻게」, 『동아일보』, 2009.10.14. 우즈베키스탄 출신 결혼이민여성(29)이 하루에 두 번씩의 기도를 쉬지 않을 정도로 독실한 무슬림이고, 고향에서 대학을 나오고 한국어도 유창하지만 무슬림이라는 사실이 알려지면서 퇴사했다는 내용, 필리핀 출신으로 경기 시흥시에 거주하는 천주교 신자(38)가 주위의 눈을 의식해 집 근처가 아니라 일요일마다 지하철을 타고 혜화동 성당의 미사에 참석한다는 내용 등이 소개된다.

이주민 사이에 만들어지는 갈등의 지점도 있다. 예를 들어, 2010년 10월에 파키스탄에서 인도계 이주민과 파키스탄 북서부 출신 이주민 사이의 집단 충돌로 하루에 24명이 사망한 사건 등이 있다.[154] 한국의 경우에는 종교가 이주민들 사이의 주된 갈등 요인이 되고 있다. 종교가 개인과 공동체에서 중요할수록 이주민들은 직장 모임, 외국인근로자센터의 한국어교실 수업을 포함한 다국적 공동체 모임의 참여 과정에서 종교 갈등을 겪고 있다. 또한, 인도네시아처럼 지역별로 종교가 다른 국가에서 이주한 경우에도 이런 종교 갈등이 나타나고 있다.[155]

세 번째 함의는 상호 공존의 필요성이다. 사회 갈등의 요소를 인식할수록 사회적·정책적으로 갈등의 예방과 상호 공존을 위한 담론이 유행하게된다. 국회에서도 이주민에 대한 사회적 편견을 버리고 국민의 일원으로 인정해야 하고, 상호 공존을 위해 문화적 다양성의 장점을 인정·수용하면서 문화의 다양성과 동등한 기회를 강조해야 한다고 밝힌 바 있다.[156] 이는 정책적으로 이주민에 대한 차별 요소를 해소하기 위해 정부가 노력해야 한다는 주장이다.

실제로, <재한외국인처우기본법>(2007), <다문화가족지원법>(2008), <다문화가족정책위원회 규정>(2009), <국적법>(2010)의 개정 등은 이주민에 대한 차별 요소를 해소하기 위한 정책적 노력에 해당한다. 그리고 이런 노력은 '사회통합 차원의 상호 공존'을 지향하고 있다.

다만, 아직까지 정부 차원의 사회통합은 '사회 내 문화적 다양성에 대한 차이의 인정과 존중이 이루어지는 공동체적 삶을 위한 통합'이라는 다문화주의에 머물러 있다는 지적을 받고 있다.[157] 이런 사회통합 개념에는

154) <파키스탄 카라치에서 이주민 간 유혈충돌>, 『MBC TV 세계』, 2010.10.18.
155) 사단법인 국경없는마을 다문화사회교육원, 앞의 책, 2007, 60-63쪽, 66쪽, 126쪽, 285쪽.
156) 국회입법조사처, 앞의 책, 83쪽.
157) 박성혁·성상환·곽한영, 앞의 글, 15쪽

사회 유지를 전제로 다양성을 인정하는(diversity in unity or within unity[158]) 흡수·동화의 태도를 포함하고 있다.[159] 그렇다면 앞으로 사회통합 개념은 문화의 다양성을 전제로 일치를 모색하는(unity in diversity), 즉 문화적 다양성의 연결 고리에 맞추어 사회통합의 수위를 바꿀 수 있는 '변화 지향의 사회통합' 개념으로 전환될 필요가 있다고 할 수 있다.

네 번째 함의는 인정 담론과 정의기획 사이의 관계 설정이다. 다문화사회에서는 다양성으로 말미암아 서로의 차이를 인정해야 한다는 담론이 만들어지게 된다. 마치 과거에 다양한 종교 간의 갈등을 중재하기 위해 유행한 '차이의 인정' 담론과 마찬가지이다. 이런 담론이 만들어지는 이유는 이질적인 부분이 많을수록 차이를 인정해야 공존이 가능해지기 때문이다.

다문화사회에서 차이의 인정 담론은 다문화주의 기획과 결합되어 편견에 반대하고 사회적 이상을 담은 관용을 강조한다. 그에 따라 시대적 문제도 지배·착취·불평등·부정의라는 관점보다 불관용의 문제라는 관점에서 조명되는 경향이 있다. 다만, 그 다양한 차이를 '우리 자신의 안전을 보장받는 한에서만' 견딜 수 있는 관용 또는 인정의 대상으로 만드는 경향을 보이기도 한다.

정의기획에서 볼 때, 차이의 인정 담론에서 강조하는 관용은 초월적·보편적 개념·원리·원칙·미덕이라기보다 목적과 내용, 행위주체와 대상에 따라 다양한 역사적·지리적 변형태를 가진 정치적 담론이자 통치성의 실천일 뿐이다. 그리고 이런 관용에 대해, 다양한 차이를 '사소하게' 만들어 그 차이에서 생기는 적대 행위를 줄이면서 기존의 지배와 우월성을 안전하게 보존하려는 시도, 즉 정의기획의 탈정치화를 초래한다고 본다. 이는 관용 담론이 사회 구성원을 불평등·배제·갈등의 구조의 해결

---

158) 워싱턴대학교(http://education.washington.edu/cme/DiversityUnity.pdf)
159) 조영달 외, ≪학교 다문화교육 프로그램 운영실태 분석 연구≫, 교육과학기술부, 2009, 7-8쪽; James A. Banks, 앞의 책, 2009, 186쪽.

에 참여하지 못하도록 탈정치화시키고, 특정한 차이를 생산하는 규범적·물질적 힘을 간과하게 만들고, 사회적·역사적인 차이를 자연화[본질화]시켜 운명론적으로 수용하게 만들고, 이를 통해 관용적 문명사회와 불관용적 야만사회의 구도 등의 낳고 있다는 관점이다.160)

두 담론의 차이를 보면, 차이의 인정 담론은 다양성의 차이를 인정하여 상호 공존을 지향하는 경향이 있다. 그에 비해 정의기획 담론은 다양한 차이를 발생시키는 사회 구조적인 지점을 인식하고 이를 관용이라는 이름으로 덮어두기보다 개선해야 한다고 주장하는 경향이 있다. 다양한 차이가 특정인이나 단체에 이익이나 불이익을 주는 차별로 연결될 때 다양한 차이를 발생시키는 사회 구조적인 지점을 개선하지 않으면 이런 차별 현상이 지속되어 오히려 다문화사회를 불가능하게 만들 수 있다고 보기 때문이다.

그렇지만 다문화사회에서 차이의 인정 담론보다 정의기획 담론만이 필요하다고 보기는 어렵다. 서로의 차이를 인정하고 관용의 태도를 취할 때 문화의 다양성이 유지되고, 이로 인해 갈등의 소지가 적어질 수 있기 때문이다. 이런 면에서 다문화사회에는 차이의 인정 담론이 필요하다고 할 수 있다. 그렇지만 이런 차이가 차별로 연결되는 지점에서는 차이를 인정하기보다 차별을 만들어 내는 사회 구조적 지점을 인식하고 그 지점을 없애기 위한 정의기획 담론이 필요하다. 따라서 다문화사회에서는 차이의 인정 담론과 정의기획이 적절하게 균형을 이루어 유지될 필요가 있다.

다섯 번째 함의는 다문화교육의 필요성이다. 대체로 연구자들은 다문화사회에서 다문화교육이 중요하다는 데에 암묵적으로 동의하고 있다. 그 이유는 문화 간 갈등의 결과가 무엇으로 나타나든지 거기에는 교육이라는

---

160) Wendy Brown, *Regulation Aversion: Tolerance in the Age of Identity and Empire*, Princeton University Press, 2006; 웬디 브라운, 『관용-다문화제국의 새로운 통치 전략』(이승철 옮김), 갈무리, 2010, 8-9쪽, 18-28쪽, 329-340쪽.

행위가 필요하다고 보기 때문이다.161)

그렇지만 다문화교육에 대한 관점은 연구자에 따라 다르다. 예를 들어, 어떤 연구자는 다문화교육을 문화적 다원주의를 기초로 사람들의 다양한 문화적 배경과 관심, 요구와 필요 등을 존중하고 인정하는 교육, 그리고 다양한 문화의 학습기회 제공, 상호존중, 폭넓은 상호 작용과 의사소통 등이 목표와 지도 방법까지 포함하는 교육으로 이해한다.162) 다른 연구자는 다문화교육을 다양한 문화 집단에 속한 사람들의 상호 이해와 평등관계를 중시하고, 인종·성별·학습능력·언어·종교의 차이 등 서로 다른 집단들의 문화가 동등하게 가치 있는 것으로 인식하며, 다른 문화에 대한 편견을 줄이고 다양한 문화를 올바로 이해시키려는 지식, 태도, 가치교육으로 이해한다.163)

다문화교육의 유형도 연구자에 따라 다르다. 그 유형은 동화를 위한 소수자 적응 교육, 소수 집단에게 문화적 정체성의 유지·보존과 다수 집단에게 주류 문화의 성찰 계기를 제공하는 소수자 정체성 교육, 소수자와 다수자 모두를 대상으로 상호 갈등의 해소에 필요한 상호 이해와 편견의 극복을 핵심 과제로 설정하는 '상호이해 증진 교육' 등으로 분류되고 있다.164) 또한, 동화를 위한 교육, 융합을 위한 교육, 다원성 증진을 위한 교육, 비주류 집단의 권력 신장을 위한 교육, 사회변혁과 정의를 위한 교육 등으로 구분되기도 한다.165)

---

161) 정석환, 「포스트모더니즘에 근거 한 한국 다문화교육의 재개념화」, 『한국교육학연구』 18-2, 2012, 26-27쪽.
162) 「'다문화교육'이 필요한 때다/차경수 서울대 교수(시론)」, 『세계일보』, 1998.02.06.07면.
163) 김선미, 「다문화 교육의 개념과 사회과 적용에 따른 문제」, 『사회과교육학연구』 4, 한국사회과교육연구회, 2000, 63쪽.
164) 황규호·양영자, 「한국 다문화교육의 교육내용 쟁점 분석」, 『교육과정연구』 26-2, 2008, 148-150쪽.
165) 나장함, 「다문화 교육 관련 다양한 접근법에 대한 분석 : 이론과 교육과정 변형

국외의 경우에 비해 한국에서 다문화교육은 대체로 차이의 인정 담론 내에 있다는 경향을 보이고 있다. 이런 경향은 다문화교육 개념을 규정할 때 대체로 '존중, 인정, 상호 이해, 동등한 가치, 편견 감소' 등이 포함되고 있다는 데에서 확인할 수 있다. 다만, 그 동안의 다문화교육이 진정한 '차이의 인정'이 아니라 '차이의 인정을 가장한 폭력'이었고, 그에 따라 다문화교육의 재개념화가 필요하다는 지적도 있다. 여기서 재개념화는 차이의 인정에 '차이를 인정하고 차이로 두기'와 '차이를 인정하지만 그 차이를 최소화하기'의 두 유형이 있는데 한국에서는 후자에 치중하였다는 점, 그리고 차이를 최소화하기 위해 '옳은 것과 나쁜 것', '지속과 변화', '상위문화와 하위문화', '우월과 열등' 등의 이분법적 사고를 개입시켜, 다문화교육에서도 소수와 열등으로 분류된 문화에 관용적 시각을 적용하여 하위문화의 상위문화 수용, 즉 자연스러운 동화를 전제했다는 문제의식에서 시작되고 있다.[166]

다문화사회에서 다문화교육은 다문화사회 개념의 함의를 구현하여 중장기적으로 사회통합을 만들어 가는 통로라고 할 수 있다. 여기서 사회통합은 '변화 가능한 사회통합'이다. 그렇다면 다문화교육에는 문화적 차이를 인식하고 관용하되, 차별 지점을 해소하려는 노력, 즉 차이의 인정 담론과 정의기획 담론이 동시에 요청된다. 그리고 이런 맥락에서 다문화교육은 문화적 다양성과 차이를 인식하고, 각종 차별이 발생하지 않도록 다양한 편견을 성찰하면서 차별 지점을 정의·인권의 관점에서 인식·개선하는 태도를 익히는 교육[167]으로 재개념화될 필요가 있다.

을 중심으로」,『사회과교육』49-4, 2010, 100-101쪽.
166) 정석환, 앞의 글, 44쪽. 이 글에 따르면, '차이를 차이 그대로 두는 것이 오히려 차이를 줄이는 것'이다(같은 글, 45쪽.).
167) 김철주·고병철, 앞의 글, 119쪽.

2. 종교교과의
공공성, 교양교육, 통합성

1 종교교과의 공공성 확보

(1) 학교교육의 공공성 : 공유, 개방, 공익

정부가 국가 교육과정을 제정한 의도는 무엇일까? 어떤 관점을 갖고 있느냐에 따라 다양한 설명이 가능하다. 예를 들어, 정부가 국가 발전을 위해 인재를 양성하려는 것, 국가 체제에 순응하는 국민을 만들기 위해 특정한 이데올로기를 담은 기본 지식을 제공하려는 것 등처럼 이질적인 설명도 나올 수 있다.[168] 그렇지만 법률적 측면에서 보면, 국가 교육과정의 제정 의도는 국민의 권리와 의무에 해당하는 '교육권의 실현'이라고 할 수 있다.

교육권의 실현 의도는 <헌법>에서 확인할 수 있다. 여기서 교육권은 1948년 <헌법>의 제16조, 즉 모든 국민이 '균등하게 교육을 받을 권리',[169]

---

168) 연구소자료, 「교육철학의 최근 동향 : 국가는 교육을 통제해야 하는가?」, 『교육 연구』 33, 전남대학교 교육문제연구소, 2010; 홍신기 · 윤순종, 「초등학교 아동에 대한 주요국의 훈육 규정 사례 연구」, 『비교교육연구』 21-1, 한국비교교육학회, 2011.

169) <대한민국헌법>(헌법 제1호, 제정 · 시행 1948.7.17.) 제16조; <대한민국헌법>(헌법 제2호, 일부개정 · 시행 1952.7.7.) 제16조; <대한민국헌법>(헌법 제3호, 일부개정 · 시행 1954.11.29.) 제16조; <대한민국헌법>(헌법 제4호, 일부개정 · 시행 1960.6.15.) 제16조; <대한민국헌법>(헌법 제5호, 일부개정 · 시행 1960.11.29.) 제

1962년 12월 <헌법>의 제27조에 명시된 '능력에 따라 균등하게 교육을 받을 권리'를 의미한다.[170) '능력에 따라 균등하게 교육을 받을 권리'라는 표현은 1980년 <헌법>의 제29조,[171) 1987년 <헌법>의 제31조[172)에 명시되어 현재까지 지속되고 있다.

1949년에 '홍익인간의 이념 아래 민주국가발전에 대한 봉사와 인류공영의 이념실현에 대한 기여'를 목적으로 제정된 <교육법>도 1948년의 <헌법>에 담긴 교육권을 실현하기 위한 것이었다고 할 수 있다. 당시 <교육법>에 따르면, 학교교육에서 중요한 부분은 '인격 존중, 개성 중시, 능력의 최대 발휘', '차별 없이 능력에 따라 수학할 기회의 균등 보장' 등이었다. 그리고 학교교육은 본래의 목적 이외의 정치적·파당적·개인적 편견의 선전 도구로 이용될 수 없었고, 국·공립학교의 경우에 특정 종교를 위한 종교교육을 할 수 없었다.[173)

1949년에 제정된 <교육법>은 1997년 이전까지 국가 교육과정의 제·개정 근거였다. 그리고 1997년 이후 국가 교육과정의 제·개정 근거는 <초·중등교육법> 제23조였다.[174) 따라서 국가 교육과정의 근거가 <교육법>

16조.

170) <대한민국헌법>(헌법 제6호, 전부개정 1962.12.26. 시행 1963.12.17.) 제27조; >(헌법 제7호, 일부개정·시행 1969.10.21.) 제27조; >(헌법 제8호, 전부개정·시행 1972.12.27.) 제27조.

171) <대한민국헌법>(헌법 제9호, 전부개정·시행 1980.10.27.) 제29조. "제29조

172) <대한민국헌법>(헌법 제10호, 전부개정 1987.10.29. 시행 1988.2.25.) 제31조.

173) <교육법>(법률 제86호, 제정·시행 1949.12.31.). 제1조, 제4조, 제5조, 제9조, 제81조. "제5조 교육은 교육본래의 목적에 기하여 운영 실시되어야 하며 어떠한 정치적, 파당적 기타 개인적 편견의 선전을 위한 방편으로 이용되어서는 아니 된다. 국립 또는 공립의 학교는 어느 종교를 위한 종교교육을 하여서는 아니 된다."

174) <초·중등교육법>(법률 제12338호, 일부개정 2014.1.28. 시행 2014.4.29.) 제23조(교육과정 등). "① 학교는 교육과정을 운영하여야 한다. ② 교육부장관은 제1항에 따른 교육과정의 기준과 내용에 관한 기본적인 사항을 정하며, 교육감은 교육부장관이 정한 교육과정의 범위에서 지역의 실정에 맞는 기준과 내용

과 <초·중등교육법>이고, 이 법률의 근거가 <헌법>이었다는 점을 고려했을 때, 국가 교육과정의 제정 의도는 <헌법>에서 의도한 교육권의 실현이었다고 할 수 있다. 물론 정부가 국가 교육과정을 통해 학교교육을 통제하는 측면이나, 정부가 국가 교육과정을 설계·확정해서 일괄적으로 모든 중등학교에 적용시키는 방식이 국민의 교육권 실현에 어느 정도 유효한지에 관해서는 별도의 논의가 필요하다.

교육권 실현을 위한 핵심 공간은 학교이다. 학교는 제도적으로 국민이 '능력에 따라 균등하게 또는 차별 없이 국가 교육과정에서 정해진 교육을 받을 수 있는' 공간이다. 학교교육은 모든 국민을 대상으로 하므로 국민 모두에게 공적 이익이나 영향을 주어야 한다는 특성을 수반하고 있다. 이런 특성을 '학교의 공공성'이라고 할 수 있다.

학교가 공공성을 가져야 한다는 내용은 여러 법률에서 언급되고 있다. 예를 들어, 1963년의 <사립학교법> 제정 목적은 "사립학교의 특수성에 비추어 그 자주성을 확보하고 공공성을 앙양함으로써 사립학교의 건전한 발달을 도모함"(제1조)이었다.[175] 다만, 이 법은 일본의 <사립학교법>을 모방하면서,[176] 사립학교의 특수성·자주성과 공공성을 동시에 인정하고 있어, 사립학교가 특수성·자주성과 공공성을 어떻게 조율해야 하는지에 관한 논쟁의 소지를 갖고 있었다.

1997년의 <교육기본법>에도 학교가 공공성을 가져야 한다는 점이 언급되고 있다. <교육기본법>은 1997년 12월에 정부가 교육개혁을 위해 약 50년 동안 지속된 <교육법>을 <교육기본법>, <초·중등교육법>, <고등교육법> 등 3개 법률로 구분하면서 새로 제정된 법률이다.[177] 그 가운데 <초·

을 정할 수 있다. ③ 학교의 교과(敎科)는 대통령령으로 정한다."
175) <사립학교법>(법률 제1362호, 제정 1963.6.26. 시행 1963.7.27.).
176) 신현직, 「사립학교의 법적지위」, 『사회과학논총』 8, 계명대학교 사회과학연구소, 1989, 90쪽.
177) <교육기본법>(법률 제5437호, 제정 1997.12.13. 시행 1998.3.1.); <초·중등교육

중등교육법>과 <고등교육법>에는 학교가 공공성을 갖는다는 내용이 없었지만, <교육기본법> 제9조 제2항에 "학교는 공공성을 가지며"라는 표현이 명시되었다.[178]

학교가 공공성을 갖는다고 했을 때 공공성 개념은 어떤 의미일까? 바로 학교의 설립이나 경영이 특정인이나 단체를 위한 것이 아니라는 의미이다. 학교교육에 공공성이 있어야 한다는 의미도 담겨 있다. 예를 들어, 1997년 <교육기본법>에서 언급된 능력과 적성에 따라 교육받을 권리(학습권), 차별 없는 교육의 기회균등, 교육의 중립성, 교육재정의 안정적 확보, 초등학교·중학교의 의무교육, 유아·초·중등교육을 위한 학교 설치, 국가 및 지방자치단체와 법인 또는 사인의 학교 설립·경영 등의 내용은 학교교육의 공공성을 구현하기 위한 조건이다.[179]

국민의 교육권 실현이라는 차원에서 볼 때 학교의 공공성에서 핵심은 학교교육의 공공성이라고 할 수 있다. 학교교육의 공공성 개념에는 학교의 공공성 개념과 마찬가지로 학교교육이 특정인과 특정 단체를 위한 교육이 아니라는 전제가 들어 있다. 이런 전제는 <교육기본법> 제6조에 명시된 '교육의 중립성' 부분, 즉 교육이 어떤 정치적·파당적·개인적 편견의 전파를 위한 방편으로 이용되거나, 국가·지방자치단체가 설립한 학교에서 특정한 종교를 위한 종교교육을 할 수 없다는 내용에서 확인할 수 있다.[180]

법>(법률 제5438호, 제정 1997.12.13. 시행 1998.3.1.); <고등교육법>(법률 제5439호, 제정 1997.12.13. 시행 1998.3.1.). 이 가운데 <교육기본법>은 학교교육과 사회교육을 포괄하는 교육에 관한 기본적인 사항을 규정하여 모든 교육관계법의 기본법으로 제정된 것이다.
178) <교육기본법>(법률 제5437호, 제정 1997.12.13. 시행 1998.3.1.) 제9조(학교교육).
179) <교육기본법>(법률 제5437호, 제정 1997.12.13. 시행 1998.3.1.) 제3조(학습권); 제4조(교육의 기회균등); 제5조(교육의 자주성 등); 제6조(교육의 중립성); 제7조(교육재정); 제8조(의무교육); 제9조(학교교육).
180) <교육기본법>(법률 제5437호, 제정 1997.12.13. 시행 1998.3.1.) 제6조(교육의 중

이런 맥락을 좀 더 확장한다면, 학교교육의 공공성 개념에는 최소한 세 가지의 의미가 담겨 있다고 할 수 있다. 첫째는 '목표의 공유성'이다. 이는 특정한 단체나 개인이 아니라 국민 모두가 학교교육의 목표를 공유할 수 있어야 한다는 의미이다. 둘째는 '내용의 개방성'이다. 이는 학교교육의 내용이 국민 모두에게 개방되어도 특정한 편견에 치우치지 않도록 선정되고 조직되어야 한다는 것을 의미한다. 셋째는 '교육 결과의 공익성'이다. 이는 학교교육의 결과가 국민 모두의 이익에 기여할 수 있어야 한다는 것을 의미한다.[181]

(2) 종립 중등학교의 공공성과 자율성

정부는 <사립학교법> 제1조를 통해 사립학교의 특수성을 인정하면서 사립학교가 특수성에 비추어 자주성을 확보하고, 동시에 공공성을 앙양해야 한다는 입장을 견지해오고 있다.[182] 그렇지만 이런 입장은 학교교육의 공공성을 확대하기 위한 정부 정책이 사립학교의 자주성을 침해한다고 인식될 때 문제를 일으킬 소지가 있다. 학교교육의 공공성을 둘러싼 이런 논쟁의 가능성은 은 사립학교, 그리고 특히 종립학교의 경우에서 확인할 수 있다.

사립학교의 경우에는 자율성(특수성·자주성)과 공공성의 관계 설정 문제를 두고 두 가지의 상황이 발생할 수 있다.[183] 하나는 공공성과 자율

립성).

181) 학교의 공공성에 초점을 맞춘다면 학교 운영의 절차가 민주적이어야 한다는 내용이 포함될 수 있다. 이를 '절차적 민주성'이라고 할 수 있다.

182) <사립학교법>(법률 제11622호, 일부개정 2013.1.23. 시행 2013.7.24.) 제1조(목적). "이 법은 사립학교의 특수성에 비추어 그 자주성을 확보하고 공공성을 앙양함으로써 사립학교의 건전한 발달을 도모함을 목적으로 한다."

183) 이 부분은 고병철, 「종립사학과 종교교과교육의 공공성과 자율성」, 『정신문화연구』 117, 2009, 85-86쪽 참조. 여기서 자율성은 <사립학교법> 제1조에 명시된 사학의 특수성과 자주성을 통칭하는 개념으로, 자주성은 교육의 자주성을 지

성 가운데 어느 하나를 강조하고 다른 하나를 배제하는 극단적인 경우이다. 그렇지만 교육적·정치적·법리적 측면 등을 고려할 때 공공성이나 자율성 가운데 어느 한쪽을 완전히 부인하는 논리를 만들기는 쉽지 않다. 따라서 공공성의 확대를 주장하는 측에서는 자율성을, 자율성의 확대를 주장하는 측에서는 공공성을 완전히 배제하지 않고 있다.

다른 하나는 공공성과 자율성의 균형론이 모호한 경우이다. 여기서 균형론은 사립학교가 공공성과 자율성을 절반씩 가져야 한다는 것을 의미하지 않는다. 공공성과 자율성의 '균형 지점'은 여러 상황을 포함한 '변수'에 따라 달라질 수 있고, 적용되는 변수에 따라 공공성과 자율성 가운데 어느 한쪽이 강조될 뿐이다. 따라서 공공성과 자율성이 균형을 이루어야 하는 지점은 문제 상황에 따라 다르게 나타날 수 있다.[184]

종립 중등학교의 경우에는 종교교과교육에서 공공성과 자율성의 관계가 논쟁이 되고 있다. 종립 중등학교는 법률상 사립학교에 해당하므로 학교교육에서 자율성과 함께 공공성을 앙양할 입장에 있다. 그리고 다른 사립학교와 마찬가지로 제2차 교육과정(1963-1972) 시기에 도입된 중학교 무시험제도,[185] 제3차 교육과정(1973-1981) 초기에 확정되어 순차적으로

칭하는 개념으로 사용된다.

184) 조석훈, 「사립학교의 책무성: 자주성과 공공성의 조화」, 『교육법학연구』 16-2, 대한교육법학회, 2004, 277-278쪽. 조석훈은 1995년 5월 31일 교육개혁위원회의 신교육체제 구상에서 공급자 위주의 교육에서 수요자 중심의 교육으로 전환한다는 논리가 제시된 이후 새롭게 부각된 책무성(accountability) 개념으로 양자의 조화를 설명한다.

185) 양철문, 『한국 근·현대 중등교육 100년사』, 교학연구사, 1998, 286-287쪽; 교육과학기술부 홈페이지의 "교육50년사 제3장 초·중등교육 부분"(http://www.mest.go.kr/me_kor/intro/publicrelation/history/index.html). 정부는 1968년 7월 15일에 국민학교의 중학교 입시준비 교육을 지양하기 위해 중학교 무시험제도 도입을 골자로 '7·15입시개혁' 방안을 발표한다. 중학교 무시험 제도는 1969년부터 서울특별시 1970년도부터 부산·대구·광주·인천·전주·대전·춘천·청주·제주 등의 도시에 적용되고, 1971년부터 전국으로 확대 실시된다.

실시된 고교평준화 정책, 제3차 교육과정 후반에 발표되어 제4차 교육과정(1981-1987) 시기인 1985년부터 순차적으로 실시된 중학교 의무교육 정책186)의 적용 대상이 되었다. 또한, 제2차 교육과정 후반인 1971년부터 시작된 사립 중학교에 대한 국고 보조 정책, 제3차 교육과정 중반인 1977년부터 시작된 사립 고등학교에 대한 국고 보조 정책187)의 적용 대상이 되었다.

정부의 교육 정책이 교육의 공공성 실현을 위한 것이었다면, 이 정책을 수용한 종립 중등학교도 교육의 공공성에 기여했다고 볼 수 있다. 그렇지만 이런 교육 정책은 종립 중등학교의 재정 문제에 도움을 주면서도, 그만큼 종립 중등학교의 운영이나 종교교과교육에 관여할 수 있는, 즉 종립 중등학교의 자율성을 제한할 수 있는 근거가 되기도 한다.

그렇다면 종립 중등학교는 그 동안 어느 부분에서 자율성을 실현했을까? 바로 종교교육이다. 여기서 종교교육은 특정 종교를 위한 활동과 종교교과교육 모두를 포함하는 개념이다. 특히 종교 활동은 국・공립학교나 일반 사립 중등학교에서 진행하기 어려운 부분임을 고려할 때 종립 중등학교의 차별성을 부각시키는 역할을 했다고 할 수 있다. 그렇지만 종교교과교육도 대체로 특정 종교를 위한 교육으로 진행되었으므로 종교 활동과 마찬가지의 역할을 했다고 볼 수 있다. 그 내용을 좀 더 구체적으로 보면 다음과 같다.

먼저, 신앙교육 위주의 종교교과교육은 종립 중등학교와 국・공립학교

---

186) <교육법>(법률 제3739호, 일부개정 1984.8.2. 시행 1985.3.1.). 제8조(의무교육)에는 6년의 초등교육과 3년의 중등교육을 받을 권리와 자녀에게 6년과 3년간의 교육을 받게 할 의무, 국가의 의무교육 실시와 시설 확보 조치 의무 등이 규정된다. 그리고 제8조의2(중등교육에 대한 의무교육)에 3년의 중등교육이 순차적으로 실시되도록 규정된다. 실제로 중학교 의무교육은 1985년부터 순차적으로 실시되고, 이후 전국적으로 확대되어 현재에 이른다(김형구, 「한국 중등 사학의 성장」, 『교육학연구』 41-2, 한국교육학회, 2003, 341-342쪽.).
187) 양철문, 앞의 책, 286-287쪽, 318-319쪽.

의 구별 지점이다. 국·공립학교에서는 <교육법>이 제정된 1949년부터 현재까지 법적으로 특정한 종교를 위한 교육이 허용되지 않고 있다.[188] 국·공립학교에서 '어느 종교를 위한 종교교육'이 허용되지 않는다는 조항은 <교육법>이 폐지된 1997년 12월까지 지속되다가 <교육기본법> 제6조로 이어졌다. 당시 <교육기본법> 제6조에는 국가 및 지방자치단체가 설립한 학교에서 '특정한 종교를 위한 종교교육'을 불허한다고 명시되었는데 이 조항은 현재까지 지속되고 있다.[189]

물론 국·공립학교에서도 교사가 특정 종교인인 경우, 수업 내용을 특정 종교를 위한 교육과 연계하는 경우가 있을 수 있다. 비록 대학이기는 하지만 국립대학에서 교육과정에 특정 종교와 관련된 교과목을 설치하고 신학자 또는 교학자를 강사로 채용한 경우도 있었다.[190] 그렇지만 법적으로 볼 때 국·공립학교에서는 정교분리와 교육-종교분리 원칙을 준수해야 하므로 특정 종교를 위한 교육을 실시할 수 없었고, 따라서 신앙교육 위주의 종교교과교육으로 학교의 자율성을 추구할 수도 없었다.

신앙교육 위주의 종교교과교육은 종립 중등학교와 일반 사립 중등학교의 구별 지점이기도 하다. 일반 사립 중등학교에도 국·공립학교와 다른 건학 이념이 존재한다. 그렇지만 일반 사립 중등학교의 건학 이념을 실현할 수 있는 교과목이 국가 교육과정 안에 배치된 사례는 찾아보기 어렵다.

---

188) <교육법 제정 1949.12.31 법률 제86호> 제5조 "교육은 교육본래의 목적에 기하여 운영 실시되어야 하며 어떠한 정치적, 파당적 기타 개인적 편견의 선전을 위한 방편으로 이용되어서는 아니 된다. 국립 또는 공립의 학교는 어느 종교를 위한 종교교육을 하여서는 아니 된다."

189) <교육법 폐지 1997.12.13 법률 제5437호>; <교육기본법 제정 1997.12.13 법률 제5437호> "제6조 (교육의 중립성) ①교육은 교육 본래의 목적에 따라 그 기능을 다하도록 운영되어야 하며, 어떠한 정치적·파당적 또는 개인적 편견의 전파를 위한 방편으로 이용되어서는 아니 된다. ②국가 및 지방자치단체가 설립한 학교에서는 특정한 종교를 위한 종교교육을 하여서는 아니 된다."

190) 강돈구·윤용복·이혜정·송현주·류성민, 『종교교육 비교연구』, 한국학중앙연구원 문화와 종교연구소, 2009, 39쪽.

상대적으로 종립 중등학교는 종교교과교육을 통해 건학 이념을 실현할수 있었다. 이런 맥락을 고려할 때 일반 중등학교와 종립 중등학교가 자율성을 확보하는 통로에는 차이가 있다고 할 수 있다.[191]

결과적으로 그동안 신앙교육 위주의 종교교과교육은 국·공립학교나 일반 사립 중등학교의 경우와 달리 종립 중등학교의 자율성 확보를 위한 합법적 통로가 될 수 있었다고 할 수 있다. 만약 종교교과교육의 중점이 '종교선전'의 자유와 '종교교육의 자유' 등 종교의 자유를 실현하는 것에 있다면,[192] 종립 중등학교는 종교교과교육을 통해 공공성보다 자율성을 추구했다고 할 수 있다.

(3) 종교교과교육 : 공공성 내의 자율성

종교교과교육이 진행되는 종립 중등학교의 현실은 어떠한가? 정교분리 원칙, 교육과 종교의 분리 원칙, 그리고 사립학교가 국고 보조를 받고 있는 상황이지만, 종립 중등학교의 종교교과교육은 대체로 '특정한 종교를 위한 종교교육'으로 진행되고 있다. 그 이유는 국가 교육과정에 특정 종교를 위한 교육에 해당하는 부분이 포함되어 왔기 때문이다.[193] 법적으로도 종

---

191) <대법원 1998.11.10. 선고 96다37268 【학위수여이행】[공98.12.15.[72], 2830]>. 종립대학교도 종교교육을 통해 자율성을 추구할 수 있다. 가령 종립대학은 교육시설의 질서 유지와 재학관계의 명확성을 위해 법률상 금지된 것이 아니면, 종교교육 내지 종교선전을 위해 학생의 신앙을 가지지 않을 자유를 침해하지 않는 범위 내에서 재학생이 일정한 내용의 종교교육을 받을 것을 졸업요건으로 하는 학칙을 제정할 수 있다. 물론 종립대학교와 일반 사립대학교의 경우는 중등학교의 경우와 다른 점이 있다.

192) 황준성·박재윤·정일환·문성모·신지수, 「종교교육의 자유의 법리 및 관련 법령 판례 분석」, 『교육법학연구』 19-2, 대한교육법학회, 2007, 183-191쪽.

193) 이후 서술은 다음의 글 참조. 고병철, 「한국의 종교교육 -중등 종립학교를 중심으로-」, 20-30쪽; 제4차 교육과정(문교부고시 제442호, 1981.12.31. 유치원·국민학교·중학교·고등학교 교육과정); 제5차 교육과정(문교부고시 제87-7호. 1987.3.31. 중학교 교육과정, 제88-7호 고등학교 교육과정); 제6차 교육과정(문교부고시 제1992-11호. 1992.6.30. 중학교 교육과정, 제1992-17호 1992.10.30. 고

립 중등학교를 포함한 사립학교에서는 '종교선전' 차원에서 이루어지는 '어느 종교를 위한 종교교육' 또는 '특정한 종교를 위한 종교교육'이 허용되는 것으로 해석되는 측면이 있다.

종교교과교육이 진행되는 종립 중등학교의 현실은 개신교계 학교 상황을 지적한 2008년 7월의 한 언론 기사,[194] 2013년 6월에 교육부가 전국 시도교육청에 학생의 종교자유 보장을 위한 지원 계획을 수립하라는 내용의 공문을 보냈다는 언론 보도를 통해 짐작할 수 있다.[195] 학교에서 종교교과교육을 특정 종교를 선전하기 위한 교육으로 진행하고 있고, 종교 관련 행사를 진행하는 과정에서 일부 학생이 종교의 자유를 침해당할 수 있다는 우려도 지적된 바 있다.[196] 이런 우려에는 종립 중등학교의 종교교과교육이 최소한 학생의 신앙 또는 무신앙의 자유를 침해하지 않는 범위에서 이루어져야 한다는 인식이 전제되어 있다.

종립 중등학교의 종교교사도 대체로 종교교과교육을 특정 종교를 위한 교육으로 진행하고 있다. 예를 들어, 개신교계 학교에서 종교교과교육은 대체로 성서를 통해 교리를 가르치는 교육이다. 따라서 이런 상황에서 학생의 과목 선택권을 위해 복수 과목을 개설하라는 조치,[197] 법조계에서 종교의 자유 가운데 내심의 자유로서의 신앙 또는 무신앙의 자유를 외현적 자유로서의 종교교육의 자유보다 우선시하는 경향, 국가 교육과정에서

등학교 교육과정); 제7차 교육과정(문교부고시 제1997-15호. 1997.12.30. 초·중등학교 교육과정)

194) <52개교 94% 전교생 예배, 감리회 교목세미나, 종교교육 현황 발표>, 『기독교 타임즈』, 2008.7.17.

195) 「교육부, 종교재단 중고교에 "소수 학생 종교자유 보장하라"」, 『민중의소리』, 2013.06.24.

196) 「'학교는 교회가 아니다', 도 넘은 중학교 입학식 논란」, 『뉴스한국』, 2013.03.08; 「의사불문 학교 종교행사, 자유 침해」, 『내일신문』, 2013.04.15.

197) 학생의 묵인 하에 서류상으로 복수과목 개설이 이루어지고 실제로 종교과목만 개설되는 경우도 있다.

종교교과교육의 일차적 목적으로 교양인 양성이 강조되는 경향 등은 교사에게 부담으로 작용하고 있다.

종교교사에게 종교의 자유 가운데 신앙 또는 무신앙의 자유가 종교교육의 자유보다 우선시되는 경향은 난제라고 할 수 있다.[198] 신앙 또는 무신앙의 자유를 강조할수록 특정 종교를 위한 교육이 어려워진다고 인식하기 때문이다. 그렇다고 평준화정책의 폐지를 주장하는 것도 근본적인 해결책이 될 수 없다. 신앙 또는 무신앙의 자유가 침해되는 상황이 비평준화 지역에서도 발생할 수 있기 때문이다.[199] 또한, 학교선택권과 학생선발권의 확보도 신앙 또는 무신앙의 변화 가능성을 감안하면 근본적인 해결책이 되지 못하고 있다.

그렇다면 종립 중등학교가 정치와 종교의 분리 원칙, 교육과 종교의 분리 원칙에 입각한 교육정책의 적용을 받고 있는 상황, 국고 지원을 받는 준공립학교로 인식되고 있는 상황에서 어떤 종교교과교육이 이루어져야 할까? 이런 상황에서 종교교과교육을 특정 종교를 위한 교육으로 진행할 수 있을까? 이런 물음은 종립 중등학교가 공공성과 자율성의 관계를 어떻게 조율할 것인가의 문제이다.

국가 교육과정에서 본다면, 종교교과교육의 상위 범주는 '교양인의 양성'을 목표로 하는 교양교육이다. 이 점에 비추어본다면, 그 동안 정부가 국가 교육과정에 속한 종교 교육과정에 '신앙인의 양성'이라는 목표와 특정 종교를 위한 교육에 해당하는 교육 내용을 동시에 포함시켰다고 할지

---

198) 송기춘, 「판례분석: 사학의 종교교육의 자유와 학생의 종교 자유 -서울고등법원 2008. 5. 8. 선고, 2007나102476 판결 비판-」, 『민주법학』 37, 민주주의법학연구회, 2008, 409-441쪽.
199) 김유환, 「초·중등학교 종교교육의 문제점과 해결방향」, 『공법학연구』 9-1, 한국비교공법학회, 2008, 310-311쪽. 김유환은 평준화정책을 당시의 권위주의적인 문교정책에서 나온 비민주적 제도화의 전형으로 보고 민주적 재편성을 요구한다.

라도, 종교교과교육의 최종 목표는 '교양인의 양성'이다. 그와 관련하여, 국고 보조와 함께 사립학교에 공공성이 요구되었던 제4차 교육과정 시기에 종교교과가 국가 교육과정에 포함된 것도 당시 정부가 종립 중등학교의 자율성만을 인정하기 위한 조치였다고 보기 어렵다. 오히려 당시까지 비공식적으로 진행되던 종교교과교육을 공적 영역에 편입시켜 종립 중등학교의 공공성을 유도한 측면도 있었을 것으로 보인다.

결과적으로, <헌법>을 포함한 여러 법률, 국가 교육과정, 준공립학교로 인식되는 종립 중등학교의 위상 등을 감안했을 때, 종교교과교육에서 공공성과 자율성의 관계는 '공공성 속의 자율성'으로 조율될 수 있다. 종립 중등학교도 국고 보조의 현실, 종교교육의 자유보다 학생의 신앙의 자유가 기본적 인권으로 강조되는 경향 등을 포함하여 교육기관의 공공성을 지녀야 하는 현실에 놓여 있기 때문이다. 따라서 학교라는 교육기관에서 이루어지는 한, 종교선전으로서의 종교교과교육의 목표는 '성숙한 신앙인의 양성'보다 '지적 성찰을 거친 교양인의 양성'을 우선으로 삼을 필요가 있다.[200]

학교와 학교교육의 공공성 차원을 고려하면, 종교교과교육의 일차적인 목적을 영성교육으로 간주하는 것에도 문제가 있다. 영성교육에서 말하는 영성 개념에는 검증되지 않는 형이상학적 전제가 있어, 특정 종교를 위한 호교론과 결합될 수 있기 때문이다. 게다가, 특정 신앙교육을 받은 교사가 진행하는 영성교육이 '범종교적인 영성'이 될 수 있을지, 국·공립학교에서 영성교육을 어느 정도나 수용할 수 있을지도 의문이다. 이런 점을 고려하면, 영성교육을 지향하는 종교교과교육이 종립 중등학교의 자율성, 그리고 종교교과교육의 공공성에 기여할 수 있다고 보기는 어렵다고 할 수 있다.

---

200) 여기서 교양인과 신앙인 개념은 공공성과 자율성의 관계 설정에 따라 분석적 차원에서만 구분되며, 현실적으로 명확히 분리·구분되기 어렵다.

2 종교 교육과정의 교양교육 지향

(1) 교양 교과의 변화

종교교과는 교양선택교과에 속해 있지만 그 위상에 몇 차례의 변화가 있었다. 종교교과는 1981년 12월에 고시된 제4차 교육과정에서 자유선택교과가 되어 비공인 교과에서 공인 교과로 전환될 수 있었다. 그로 말미암아 비로소 종교교과교육이 시작될 수 있었다. 이런 면에서 종교교과의 역사에서 제4차 교육과정의 비중은 크다고 할 수 있다.

종교교과의 위상은 제4차 교육과정에 이어 제6차 교육과정 시기에도 변화되었다. 종교 교육과정이 처음 제시되었기 때문이다. 종교 교육과정은 당시 정부가 제6차 교육과정에서 '철학, 논리학, 심리학, 교육학, 생활경제, 종교, 환경과학' 등 교양선택교과에 속한 '과정별 선택 과목'의 교육과정을 마련하는 과정에서 이루어진 것이다. 여기서 중요한 부분은 종교교과가 교양선택교과에 속한 '과정별 선택 과목'으로 제시되었다는 것이다. 즉 당시 정부가 종교 과목을 '철학, 논리학, 심리학, 교육학, 생활경제, 환경과학' 등의 과목과 함께 '교양교육'을 위한 과목으로 인식하고, 교양교육 차원에서 종교교과에 관한 교육과정을 마련했다고 할 수 있다.

종교교과의 위상 변화는 제7차 교육과정에서도 이루어졌다. 정부는 제7차 교육과정에서 교양선택교과의 범위를 8종으로 확대하고,[201] 교양선택교과를 초등학교 1학년부터 고등학교 1학년에 걸쳐 10년 동안 적용되는 국민공통기본교과가 아니라 고등학교 2학년부터 3학년까지 적용되는 선택 과목 가운데 '일반 선택 과목'에 배치시켰다. 그리고 이런 과목의 교육

---

[201] 제6차 교육과정에서 교양선택교과의 종류는 '철학, 논리학, 심리학, 교육학, 생활경제, 종교, 환경과학' 등 7종이었다. 그에 비해 제7차 교육과정에서 교양교과의 종류는 '철학, 논리학, 심리학, 교육학, 생활 경제, 종교, 생태와 환경, 진로와 직업' 등 8종이었다. 환경과학이 '생태와 환경' 교과로 대체되고, '진로와 직업' 교과가 신설된 것이다.

과정을 체계화하였다. 따라서 종교교과도 제7차 종교 교육과정에서 좀 더 체계화된 교육과정을 갖게 되었다.

교양선택교과의 범위는 2007년 교육과정에서 9종으로 확대되었다.[202] 이 교육과정에서는 '생활'이 강조되면서 교양선택교과에 속한 일부 과목 명에 변화가 있었다. 종교 과목의 명칭도 철학, 논리, 심리, 교육의 경우처럼 '생활과 종교'로 변화되었다. 과목 명칭에 '생활'이 붙은 이유는 '과목 간의 위계성을 확보하고, 문제해결력을 강화하는 방향으로 개정'한다는 취지 때문이다.[203]

교양선택교과의 범위는 2009년 교육과정에서 10종으로 확대되었다.[204] 그리고 2007년 교육과정과 비교했을 때 중요한 변화는 국민공통교육과정이 초등학교 1학년부터 중학교 3학년까지에 걸쳐 9년으로 축소되고, 선택교육과정이 고등학교 1학년부터 3학년까지에 걸쳐 3년으로 확대·편성되었다는 데에 있었다.[205] 고등학교 2학년과 3학년에만 적용되던 선택 교육

---

202) 교육과학기술부, ≪(교육인적자원부 고시 제2007-79호에 따른) 고등학교 교육과정 해설-총론, 재량활동, 특별활동≫, 2009. 2007년 개정교육과정에서 교양교과의 종류는 '생활과 철학, 생활과 논리, 생활과 심리, 생활과 교육, 생활과 종교, 생활 경제, 안전과 건강, 진로와 직업, 환경' 등 9종이었다. 제7차 교육과정의 경우와 비교했을 때 '생태와 환경'이 '환경' 교과로 대체되었고, '안정과 건강' 교과가 신설되었다.

203) 교육부 교육과정교과서정보서비스(http://cutis.moe.go.kr/): '교육과정·교과서 발전협의회 제5차 회의자료'(2007.5.1.); 교육인적자원부 고시 제2007-79호, 2007. 2.28. 초·중등학교 교육과정 개정안은 영어와 수학을 제외하면 2010년 3월에 중1, 2011년 3월에 중2·고1, 2012년 3월에 중3·고2, 2013년 3월에 고3 등 순차적으로 적용된다.

204) 2009년 교육과정에서 교양 교과의 종류는 '생활과 철학, 생활과 논리, 생활과 심리, 생활과 교육, 생활과 종교, 생활 경제, 안전과 건강, 진로와 직업, 보건, 환경과 녹색성장' 등 10종이다. 2007년 개정교육과정의 경우에 비해 '환경' 교과가 '환경과 녹색성장' 교과로 대체되었고, '보건' 교과가 신설되었다.

205) 교육과학기술부, ≪2009 개정 교육과정≫(교육과학기술부 고시 제2009-41호), 2009, 1-23쪽. 2009년 12월 23일에 교육과정이 '2009 개정 교육과정'이라는 명칭으로 새로 고시된다. 개정 방향은 학기당 이수 교과목 수의 축소, 특별활동과

과정이 고등학교 1학년부터 3학년으로 확대되었다는 것은 공식적으로 고등학교 전 학년에게 종교교과교육이 가능하다는 것을 의미했기 때문이다. 다만, '생활과 종교'라는 교과 명칭은 철학, 논리, 심리, 교육의 경우처럼 그대로 유지되었다.

그렇지만 2011년 교육과정에서 교양선택교과의 범위는 9종으로 축소되었다. 그리고 '생활과 철학, 생활과 논리, 생활과 심리, 생활과 교육, 생활과 종교'라는 교과명이 각각 '철학, 논리학, 심리학, 교육학, 종교학'으로 바뀌는 변화가 있었다.206) 종래의 교육과정과 달리 신앙교육 차원에서 특정 종교를 설명한 부분이 하나의 사례연구로 간주되었기 때문이다. 이는 종교교과가 교양인 양성과 신앙인 양성이라는 이중적 목표보다 교양인 양성이라는 목표에 좀 더 다가선 것이었다고 볼 수 있다.

그 후, 교양선택교과의 범위는 2012년 교육과정에서 9종을 유지하다가207), 2013년 12월에 고시되어 2014년 3월 신입생부터 시행된 2013년 교육과정에서 '논술' 교과가 새로 만들어져 10종으로 확대되었다.208) 이런

창의적 재량활동을 합한 창의적 체험활동 도입(자율·동아리·봉사·진로활동), 고교 교과의 재구조화, 과목별 20% 자율증감 운영을 포함한 교육과정 자율화 등이다. 주요 개정 내용은 학년군·교과군 도입을 통한 집중이수제 유도, 창의적 체험활동(비교과활동) 도입, 교육과정 자율권 확대, 다문화가정 자녀와 학습부진아 등에 대한 특별 배려와 지원 등이다. 한편, 고등학교의 경우, 고교 1학년이 국민공통교육과정에서 제외되고, 고교 전 과정이 선택교육과정으로 운영된다.
206) 교육과학기술부, 《고등학교 교육과정》(교육과학기술부 고시 제2011-361호 [별책 4]), 2011, 14쪽. 2011년 교양 교과의 범위는 '철학, 논리학, 심리학, 교육학, 종교학, 진로와 직업, 보건, 환경과 녹색성장, 실용 경제' 등 9종이다.
207) 교육과학기술부, 《초·중등학교 교육과정 총론》(교육과학기술부 고시 제2012- 31호 [별책 1]), 2012. 2012년 개정 교육과정에서 교양 교과의 범위는 '철학, 논리학, 심리학, 교육학, 종교학, 실용 경제, 진로와 직업, 보건, 환경과 녹색성장' 등 9종이다.
208) 교육부, 《초·중등학교 교육과정(교육과학기술부 고시 제2012-31호, 2012. 12.13) 총론 일부 개정》(교육부 제 2013-7호, 고시 2013년 12월 18일). 다만, 중학교 '학교스포츠클럽활동' 일부를 체육으로 대체하는 내용과 고등학교 '논

교양선택교과의 변화에서 확인할 수 있는 부분은 국가 교육과정에서 교양의 증진에 관심을 쏟고 있고, 종교교과도 교양선택교과로서 지속되고 있다는 점이다.

(2) 교양교육을 위한 종교교과

종교교과의 역사를 보면, 종교교과는 제4차 교육과정에서부터 국가 교육과정에 포함되어 2013년 종교학 교육과정에 이르기까지 지속되고 있고, 국가 교육과정에서 '교양교육을 위한 교과'로 인정을 받고 있다. 그리고 교양교육과 신앙교육의 사이에서 좀 더 교양교육으로 변화되고 있다. 이런 변화는 특히 2011년부터 종교교과의 명칭이 '종교학'으로 바뀐 부분, 특정 종교에 관한 서술 내용을 사례연구로 간주한 부분에서 확인할 수 있다.

종교교과교육이 국가 교육과정에서 신앙교육과 교양교육으로 규정되다가 점차 교양교육으로 전환된 맥락은 무엇일까?[209] 이는 교양교육 개념에 들어 있는 인문학적 전제, 정치와 종교의 분리라는 원칙과 공공성, 다종교·다문화사회의 함의 실현 등 세 가지 차원에서 설명될 수 있다.

첫째, 역사적으로 교양교육은 인문교육을 지향한 인문학(the humanities)의 일환이다. 여기서 인문학은 고대 로마의 정치가·웅변가·철학자인 키케로(Marcus Tullius Cicero, B.C.E. 106-43)가 사용한 바 있는 '스투디아 후마니타티스(studia humanitatis)'를 르네상스 시기에 영어로 번역한 용어이다.[210]

술' 과목 편성은 여건이 허용되는 학교의 경우에 2014년 3월 1일부터 전 학년에서 시행할 수 있다. 2013년 교육과정에서 교양 교과의 종류는 '철학, 논리학, 심리학, 교육학, 종교학, 실용 경제, 진로와 직업, 보건, 환경과 녹색성장, 논술' 등 10종이다.

209) 이 부분은 고병철, 「한국의 종교교육 -중등 종립학교를 중심으로-」, 『종교연구』 46, 2007, 30-33쪽 참조.

210) 인문학 개념의 어원과 맥락은 R. E. Proctor, *Education's Great Amnesia*, Indiana University Press, 1988(Part one, 'The Birth of the Humanities in the Renaissance'

르네상스 시기에 번역된 인문학이라는 용어는 고대 그리스도교 교부들의 사상과 철학(patristic philosophy)을 학문적으로 체계화하여 이성적인 논증을 시도했던 중세 스콜라철학의 '스투디아 디비니타스(studia divinitas)' 개념을 염두에 둔 것이다.211)

물론 인문학은 직업교육과 대비된 교양교육(general education) 개념으로도 사용되고 있다. 그렇지만 역사적으로 볼 때, 교양교육 개념에는 신에 관한 연구가 아니라 인간에 관한 연구라는 의미가 반영되어 있다. 이를 적용해본다면, 인문학 차원에서 진행되는 종교 연구, 그리고 교양교육 차원에서 진행되는 종교교과교육에는 이미 '특정 신앙교육에 대한 탈피'가 전제되어 있다. 따라서 교양교육이 인문학의 일환이고, 국가가 교육과정에서 종교교과를 교양 교과에 포함시켰다면, 종교교과교육의 성격은 기본적으로 초월적 존재에 관한 교육이 아니라 인간에 관한 교육이라고 정리할 수 있다.

둘째, 학교에서 특정 종교를 위한 교육이 진행되는 상황은 정부에도 부담이 되고 있다. 정부가 정치와 종교의 분리 원칙과 함께 국·공립학교를 대상으로 종교와 교육의 분리 원칙을 가지고 있기 때문이다. 물론 종교와 교육의 분리 원칙은 국가의 지원을 받지 않는 사립 중등학교에 해당하지 않을 수 있다. 그렇지만 한국의 경우에는 대부분의 사립 중등학교가 국가의 지원을 받고 있고, 국가 교육과정의 적용을 받고 있어 공립학교에 준하는 '준공립학교'로 인식되고 있다.

참조). 다만, 고대 그리스·로마시대를 의미하는 고전고대(classical antiquity)의 '스투디아 후마니타티스' 개념은 노예가 아니라 재산을 가지고 연구에 전념할 수 있는 여가와 자유시간을 가진 '자유시민'의 비직업적 교양교육을 의미하는 것이기 때문에 그 대상의 측면에서 르네상스 시기의 개념과 다른 맥락을 지닌다.
211) G. R. Elton ed., *Renaissance and Reformation, 1300-1648*, New York: Macmillan, 1976; 나일수, 「르네상스 인문학과 인문교육」, 『교육철학』 28집, 교육철학회, 2002, 30쪽, 33쪽.

특히 정교분리를 준수해야 하는 정부가 국가 교육과정에 특정 종교를 위한 교육을 인정한다는 내용을 포함시켜 국립·공립·사립학교에 적용한다는 것은 논리적으로 적절하지 않을 수 있다. 법률에 종교와 교육의 분리 원칙이 명시되어 있기 때문이다. 이런 법률상의 원칙이 있는 한, 정부는 종립학교의 현실과 요청을 감안하여 종교 교육과정에 특정 종교를 위한 교육 내용을 포함시켰다고 할지라도 점차 교양인의 양성교육을 강조할 수밖에 없다고 할 수 있다.

셋째, 다종교·다문화사회의 함의를 고려해도 국가 교육과정에 특정 종교를 위한 교육이 포함되는 것은 문제가 있다. 학교교육이 국가나 사회의 상황과 무관한 것이 아니라 이 상황에 대한 성찰적 노력이라면,[212] 종교교과교육도 다종교 현실과 다문화 현실을 성찰할 수 있는 지점이 되어야 하기 때문이다.

다종교·다문화사회의 함의를 고려한다면, 국가 교육과정에 포함된 종교교과교육은 특정 종교의 우월성을 강조하는 배타적인 교육이 되기 어렵다. 예를 들어, 다양한 종교가 공존하지만 갈등의 소지가 잠재되어 있는 상황을 고려하면, 종교교과교육에는 특정 종교의 우월성에 편향되는 것이 아니라 다종교 상황에 대한 역사적·문화적 배경, 특정 사회와 종교 현상의 연관성, 다양한 종교문화에 관한 이해와 성찰 등이 필요하다고 할 수 있다.

종교교과교육에 다종교·다문화사회의 함의가 반영되어야 한다는 주장이 특정 종교의 진리 인식 또는 다른 종교의 진리 인식을 긍정하게 만드는 종교교과교육을 해야 한다는 의미는 아니다.[213] 종교교사가 특정 종교

---

212) 최성환, 「삶의 형식으로서의 학문-교양교육을 중심으로」, 『철학탐구』 15집, 중앙대학교 중앙철학연구소, 2003, 271-272쪽, 281쪽.
213) 종교다원주의는 특정 신앙인-신학자가 타종교에 대하여 적어도 그 도덕적 가치를 적극적으로 인정하거나, 더 나아가서 그 진리 인식까지도 긍정하는 자세를 말한다(길희성, 「종교다원주의-역사적 배경, 이론, 실천」, 『종교연구』 28, 2002, 7쪽). 그러나 본고에서는 종교다원주의보다 종교다원적 상황에 주목한다.

의 진리 인식에 호감을 가지고 있다고 해도 특정 종교의 진리 인식을 학생에게 강요할 수는 없다. 종교교사의 역할은 학생이 종교 현상에 대해 넓고 객관적으로 사유할 수 있도록 도와주는 데에 있고, 종교 현상에 관한 안목을 가지고 사유하고 판단하는 몫은 학생에게 있기 때문이다.

그렇지만 국가 교육과정에서 종교교과교육이 특정 종교를 위한 교육에서 교양교육으로 전환되는 경향이 있음에도, 중등 종립학교에는 이런 경향이 거의 반영되어 있지 않다. 중등 종립학교에서는 대체로 '①학교선택권과 학생선발권이 주어지지 않는 평준화 상황에서 ②특정 신앙교육을 받아온 종교교사가 ③특정 신앙 위주의 교과를 토대로 ④신자와 비신자로 구성된 학생에게 ⑤특정 신앙을 강조하려는 교육'이 진행되고 있다.214) 이는 종교교과교육이 종립 중등학교에서 여전히 특정 종교를 위한 교육이 되고 있다는 것을 의미한다.

국가 교육과정에서 종교교과교육의 성격을 교양교육으로 확정하고, 이를 종교교과서의 인정 기준에 반영한다면, 종립학교에서도 종교교과교육이 특정 종교를 위한 교육에서 교양교육으로 전환되는 경향을 수용할 것으로 보인다. 물론 종립학교에서 학교의 설립 취지와 사학의 자율성 등을 근거로 다양한 반론이 제기될 수 있지만, 종립학교가 준공립학교로서 국가 교육과정의 적용을 받는 한, 국가 교육과정을 배제할 수 없기 때문이다.

(3) 성찰적 종교교과교육

종교교과교육이 교양교육을 위한 교과라고 한다면 어떤 방식의 교양교육이 될 수 있을까? 이 물음에 대한 대답은 국가 교육과정에서 제시한 교양교육이 인문학에 속해 있고 인문학 개념 자체에 초월적 존재가 아니

---

214) 고병철, 「한국 종교교육의 정황과 방향 - 종립 고등학교의 경우를 중심으로」, 『종교교육학연구』 21, 한국종교교육학회, 2005, 113쪽; 고병철, 「한국의 종교교육-중등 종립학교를 중심으로-」, 『종교연구』 46, 2007, 19쪽.

라 인간에 관한 연구가 전제되어 있다는 점, 그리고 지식이 정서나 의지와 연결되어 있다는 점을 인식하는 데에서 시작될 수 있다. 이는 종교교과교육이 인간에게 초월적 존재나 그에 관한 지식을 강요하는 데에 있지 않다는 것을 시사한다. 이 내용을 구체적으로 살펴보면 다음과 같다.

먼저, 종교교과교육은 교양교육의 개념에 비추어볼 때 특정 종교를 위한 교육으로부터 탈피할 필요가 있다. 특정 종교 지식을 주입하거나 초월적 존재에 관한 인식을 전달하는 순간, 종교교과교육은 더 이상 '스투디아 후마니타티스'의 의미를 담은 교양교육이 될 수 없다고 할 수 있다. 물론 특정 종교 지식에 대해 그 지식이 어떤 맥락에서 만들어졌고, 어떤 의미 변화를 거쳤고, 인간에게 어떤 영향을 미쳤는지 등처럼 '대상화'하여 논의하는 것은 충분히 가능하다. 특정 종교 지식을 대상화하는 것은 교양교육에서 말하는 인간의 사유에 관한 연구에 해당하기 때문이다.

두 번째로, 종교교과교육은 종교 범주에 포함될 수 있거나 종교 범주와 연관된 다양한 문화 지식을 교수·학습의 대상으로 삼을 필요가 있다. 문화에 관한 지식과 교양교육의 연관성은 교양의 영어 표현이 'culture'라는 점에서 짐작할 수 있다. 이처럼 종교에 관한 지식교육, 즉 종교를 이해할 수 있는 지식과 능력을 종교 문해(religious literacy) 교육이라고 할 수 있다. 이는 학생이 다양한 종교 현상에 관해 기본 지식을 토대로 이해할 수 있고, 자신뿐 아니라 제3자에게 그 현상의 의미에 관해 설명할 수 있는 능력을 키우는 교육이다.

지식이 정서나 의지와 연결된다는 점을 감안하면, 종교교과교육에서 다양한 종교 지식을 강조하는 것이 단순히 '지식만을 전달하는 교육'이라고 비판하는 것은 의미가 없다. 오히려 학생은 종교 지식을 배우면서 다양한 종교 현상과 신앙에 대한 다양한 시선을 끊임없이 지적으로 반추하고, 그 과정에서 자신의 정서와 의지와 가치 등에 변화를 일으키게 된다. 이미 지식에는 그 지식이 만들어진 특수한 맥락과 가치 등이 포함되어 있기 때문이다. 따라서 지식교육은 기본적으로 정서교육이나 가치교육 등과 동시에 이루어질 수밖에 없다. 특히 지식과 가치의 연관성은 특정 언어나 명칭이 갖고 있는 고유의 의미론적 역사를 추적하고 그 언어나 명칭이 적용된 역사 등을 탐구하는 개념사 연구를 통해 확인할 수 있다.[215]

세 번째로, 종교교과교육을 관통하는 핵심적인 개념으로 '성찰'에 주목할 필요가 있다. 종교교과교육에서 다양한 종교 현상을 이해할 수 있는 지식과 능력이 중요하지만 그에 못지않게 종교 현상을 이해하기 위한 지식과 가치에 대해 다양한 관점에서 성찰하는 일도 중요하다고 할 수 있다. 이런 지식이나 가치에 관한 성찰 과정이 빠지면, 종교교과교육은 종교와 관련된 지식을 탐색하거나 주입하는 교육 또는 종교 자료를 이해하고 설명하는 차원에 머물 수 있기 때문이다.

이미 종교교과교육을 '성찰적 종교교육(reflexive education about religions)'으로 명명한 경우도 있다. 여기서 '성찰적'이란 종교와 관련된 다양한 지식과 가치 등에 관해 끊임없이 다양한 관점에서 반추(反芻)하고, 이를 통해 자신의 종교 지식과 인식과 태도, 동시에 자신을 둘러싼 외부 환경에 관해 성찰하여 종교에 관한 지적 안목을 넓혀야 한다는 의미이다. 이런 교육에서 추구하는 인간상은 여러 종교 지식을 가진 교양인이라기보다 '성찰적 교양인'이다.

성찰적 종교교육은 특정 지식과 그 지식에 내포된 가치를 강요하는 주입식 교육,[216] 그리고 종교와 관련된 특정 인식을 가르치거나 명상 등을 통해 내면적 통찰과 자각이 포함된 모종의 '영성'을 끌어내려는 교육과 대비된다. 성찰적 종교교육에서는 특정한 종교 지식과 가치를 주입하지 않고 오히려 특정한 종교 지식과 그 지식의 주입 현상을 성찰의 대상으로

---

215) 이진일, 「개념사의 학문적 구성과 사전적 기획 사이에서 -『코젤렉의 개념사 사전』을 중심으로-」, 『개념과 소통』 7, 2011, 136-137쪽.
216) 존 실리, 『종교교육이론』(강돈구 외 역), 서광사, 1992 참조.

삼는다. 또한, 성찰적 종교교육에서는 선험적으로 영성을 가정한 채 내면적 통찰과 자각을 교육 목표로 설정하여 다양한 종교 체험을 제공하는 것이 아니라 그런 교육 목표와 가정을 성찰의 대상으로 삼는다.

성찰적 종교교육에서 말하는 성찰의 주체는 종교교사와 학생이다. 종교교사는 수업을 준비하면서 자신이 준비한 수업 내용과 수업 방식, 수업 내용에 담긴 전제와 인식, 수업 내용을 구성하고 있는 주요 개념의 의미 변천 등에 관해 다양한 관점에서 성찰을 거쳐야 한다. 그리고 그 성찰의 내용이 수업 과정에서 학생과 공유될 수 있어야 한다. 그리고 이를 통해 학생에게 성찰할 수 있는 능력을 제공할 수 있어야 한다. 물론 수업 내용에 관한 판단의 몫은 성찰의 주체로서 학생에게 주어져야 할 것이다.

이런 성찰적 종교교육은 배려와 정의가 필요한 사회, 특히 소수 문화를 일방적으로 폄하하거나 차별하는 지점을 인식하고 변화시키려는, 동시에 소수 문화를 배려의 대상으로 삼으려는 다종교사회와 다문화사회에서 요청된다고 할 수 있다. 이런 사회에서 종교교과교육은 공유성, 개방성, 공익성 등의 내용으로 구성된 학교교육의 공공성을 확보할 수 있는 지점이기도 하다.

3 종교교과교육의 통합성 확대

(1) 범교과학습 주제와 연계

종교 교육과정에서 종교교과의 내용은 종교학이나 신학·교학에서 다루어지는 내용을 중심으로 구성되어 있다. 이런 내용은 제6차 종교 교육과정부터 시작해서 제7차 종교 교육과정, 2007년 종교 교육과정을 거쳐 2011년 종교학 교육과정으로 이어지고 있다. 그렇지만 종교 교육과정에 근거한 종교교과서에는 대체로 종교학보다 신학·교학에서 다루어지는 내용이 실려 있다. 이는 특정 종교단체와 연관된 연구자나 현직 교사가 종교교과서를 편찬하고 있기 때문이다.

구체적으로 2011년 종교학 교육과정을 보면, 내용 영역은 '인간과 종교(제1영역), 종교 현상의 이해(제2영역), 종교의 다양성과 차이(제3영역), 종교적 인간관·사회관·자연관(제4영역), 세계의 종교와 문화(제5영역), 한국의 종교와 문화(제6영역), 개별 종교들의 이해(제7영역)'으로 구성되어 있다. 종래의 종교 교육과정에 비해 내용 영역에 다소의 변화가 있지만 종교교과의 내용 영역이 종교학이나 신학·교학에서 다루어지는 내용을 중심으로 구성되어 있는 점은 마찬가지이다.

종교교과의 내용 영역이 종교학이나 신학·교학과 연계된 부분은 두 가지 지점에서 확인할 수 있다. 하나는 종교 교육과정에 있는 각 영역별 주요 내용이다. 2011년 종교학 교육과정의 영역별 주요 내용을 보면, 제1영역(인간과 종교)에서는 궁극적인 물음과 종교의 의미, 제2영역(종교 현상의 이해)에서는 종교적 세계관, 경전, 의례, 종교공동체, 제3영역(종교의 다양성과 차이)에서는 종교적 차이와 태도, 종교 간의 대화, 세속 사회, 제4영역(종교적 인간관, 사회관, 자연관)에서는 종교적 인간관, 종교의 사회적 기능, 종교적 자연관, 제5영역(세계의 종교와 문화)에서는 동양 종교, 서양 종교, 기타 종교, 제6영역(한국의 종교와 문화)에서는 한국의 고유 종교와 전통 종교와 근·현대 종교, 제7영역(개별 종교들의 이해)에서는 경전과 교리, 종교 생활, 사회적·문화적 역할, 종교관 등이 주요 내용으로 다루어지고 있다.

다른 하나는 종교 교육과정의 내용 체계이다. 2011년 종교학 교육과정의 내용 영역 체계를 보면, 종교학 교육과정은 종교에 관한 일반적인 이해에서 시작해서 그 이해를 구체적인 사례에 적용해보는 방향으로 구성되어 있다. 구체적으로, 제1영역과 제2영역은 '종교학 이론에 입각하여 종교에 대한 일반적 이해를 도모하는 영역들', 제3영역과 제4영역은 '사회적, 문화적 맥락의 차이에 따른 종교들의 다양성을 이해하는 영역들', 제5영역과 제6영역은 '다양한 종교의 세계를 직접적으로 이해하는 영역들', 그리고 제7영역은 '개별 종교들의 사례를 통해 종교 일반에 대한 이해를 종합하고 심화하는 영역'이라고 명시되어 있다.[217]

종교학이나 신학·교학과 관련된 내용을 중심으로 종교 교육과정의 영역을 구성하는 방식에는 종교교과의 독자성을 확보할 수 있다는 장점이 있다. 다른 교과에서 보기 어려운 전문적인 내용을 종교교과에 담을 수 있기 때문이다. 그렇지만 이런 방식에는 종교교과와 다른 교과의 연계성 또는 통합성이 약하다는 단점도 있다. 종교교과의 내용이 전문성을 띨수록 종교교과가 국가 교육과정에 포함된 다른 교과의 내용과 조화되는 데에 어려움이 있기 때문이다.

국가 교육과정에서 종교교과와 다른 교과의 연계성을 높이려면 어떤 노력이 필요할까? 바로 종교교과의 내용 영역을 국가 교육과정에 있는 다양한 학습 주제와 연계시키는 노력이다. 이는 종교가 다양한 영역에 개입하는 현상을 성찰할 수 있는, 그리고 이를 통해 종교에 관한 지적 안목을 기를 수 있는 방법이기도 하다.

종교교과와 다른 교과의 연계성을 높이기 위해 주목할 부분은 국가 교육과정에서 제시하고 있는 범교과학습(cross-curricular themes) 주제이다. 범교과학습 주제는 제7차 교육과정을 초등학교 1학년부터 고등학교 1학년까지 적용하는 국민공통 기본교육과정(교과, 특별활동, 재량활동)과 고등학교 2·3학년에 적용하는 선택중심교육과정(교과, 특별활동)으로 구분했을 때, 국민공통 기본교육과정의 재량활동 가운데 창의적 재량활동에 속했던 내용이다. 제7차 교육과정의 교육과정 시간(단위) 배당 기준에서 창의적 재량활동의 내용은 다음과 같다.[218]

---

217) ≪초·중등학교 교육과정 총론≫(교육과학기술부 고시 제2011-361 호, 2011년 8월 9일), 92쪽.

<표 77> 국민공통 기본교육과정 시간(단위) 배당 기준

구분	학년	초등학교						중학교			고등학교		
		1	2	3	4	5	6	7	8	9	10	11	12
교과	국어	국어 210	238	238	204	204	204	170	136	136	136	선택 과목	
	도덕			34	34	34	34	68	68	34	34		
	사회	수학 120	136	102	102	102	102	102	102	136	170 (국사 68)		
	수학			136	136	136	136	136	136	102	136		
	과학	바른 생활 60	68	102	102	102	102	102	136	136	102		
	실과	슬기로운 생활 90	68	·	·	68	68	기술·가정 68	102	102	102		
	체육	즐거운 생활 180	204	102	102	102	102	102	102	68	68		
	음악			68	68	68	68	68	34	34	34		
	미술			68	68	68	68	34	34	68	34		
	외국어 (영어)	우리들은 1학년 80	·	34	34	68	68	102	102	136	136		
재량 활동		60	68	68	68	68	68	136	136	136	204		
특별 활동		30	34	34	68	68	68	68	68	68	68	8 단위	
연간 수업시간 수		830	850	986	986	1,088	1,088	1,156	1,156	1,156	1,224	144 단위	

　　제7차 교육과정에서 창의적 재량활동은 학교의 독특한 교육적 필요, 학생의 요구 등에 따른 범교과학습과 자기주도적 학습을 위해 신설된 것이다.219) 그리고 제7차 교육과정에서는 범교과학습 주제를 유관 교과, 재량

---

218) 교육부, ≪초·중등학교 교육 과정 -국민공통 기본교육과정-≫(교육부 고시 제1997-15호[별책 1]), 1997.12.30. ① 이 표의 국민공통 기본교육 기간에 제시된 시간 수는 34주를 기준으로 한 연간 최소 수업 시간 수이다. ② 1학년의 교과, 재량 활동, 특별 활동에 배당된 시간 수는 30주를 기준으로 한 것이며, '우리들은 1학년'에 배당된 시간 수는 3월 한 달 동안의 수업 시간 수를 제시한 것이다. ③ 1시간의 수업은 초등학교 40분, 중학교 45분, 고등학교 50분을 원칙으로 한다. 다만, 기후, 계절, 학생의 발달 정도, 학습 내용의 성격 등을 고려하여 실정에 알맞도록 조절할 수 있다. ④ 11, 12학년의 특별 활동과 연간 수업 시간 수에 제시된 숫자는 2년 동안 이수하여야 할 단위 수이다.
219) 제7차 교육과정에서 국민공통 기본교육과정에 속한 재량활동은 교과 재량활동과 창의적 재량활동으로 구성되었다. 교과 재량활동은 선택과목과 국민공통 기본교과에 대한 보충·심화학습, 창의적 재량활동은 범교과학습과 자기주도적 학습을 위한 것이었다.

활동, 특별 활동 등 학교교육 활동 전반에 걸쳐 '통합적으로 다루어지도록' 유도하고 있다.

범교과학습 주제의 종류는 국가 교육과정에서 지속적으로 증가되고 있다. 구체적으로, 제7차 교육과정에서는 16개 주제가 제시되었지만, 2007년 교육과정에서는 다시 19개 주제가 추가되었다. 그리고 2009년 교육과정에서는 3개 주제, 2011년 교육과정에는 1개 주제가 추가로 신설되었다. 2009년 교육과정에서부터는 기존의 재량활동과 특별활동을 통합하여 '배려와 나눔의 실천을 위한 창의적 체험활동'이 신설되었지만, 범교과학습 주제는 다음과 같이 총 39개에 달하고 있다.[220]

<표 78> 범교과학습 주제의 변화

교육과정	범교과학습 주제
1997년 제7차 교육과정	○ 16개 주제 신설 - 민주 시민 교육, 인성 교육, 환경 교육, 경제 교육, - 에너지 교육, 근로 정신 함양 교육, 보건 교육, 안전 교육, - 성 교육, 소비자 교육, 진로 교육, 통일 교육, - 한국 문화 정체성 교육, 국제 이해 교육, 해양 교육, 정보화 및 정보 윤리 교육
2007년 교육과정	○ 1997년 제7차 교육과정에 신설된 16개 주제 + 19개 주제 신설 - 청렴·반부패 교육, 물 보호 교육, 지속 가능 발전 교육, 양성 평등 교육, - 장애인 이해 교육, 인권 교육, 안전·재해 대비 교육, 저출산·고령 사회 대비 교육, - 여가 활용 교육, 호국·보훈 교육, 효도·경로·전통 윤리 교육, 아동·청소년 보호 교육, - 다문화 교육, 문화 예술 교육, 농업·농촌 이해 교육, 지적 재산권 교육, - 미디어 교육, 의사소통·토론 중심 교육, 논술 교육

---

220) 교육부, ≪초·중등학교 교육 과정 -국민공통 기본교육과정-≫(교육부 고시 제1997-15호[별책 1], 1997.12.30.); ≪초·중등학교 교육과정≫(교육인적자원부 고시 제2007-79 호, 2007년 2월 28일); ≪초·중등학교 교육과정≫(교육과학기술부 고시 제2009-41호, 2009년 12월 23일); ≪초·중등학교 교육과정 총론≫(교육과학기술부 고시 제2011-361 호, 2011년 8월 9일). '창의적 체험활동'은 재량활동과 특별활동의 형식적 운영과 중복 문제를 해소한다는 명분으로 두 가지를 결합하여 도입된 것이다(교육과학기술부, ≪교육과학기술부 고시 제2009-41호에 따른 초·중·고 창의적 체험활동 교육과정 해설≫, 2010, 4쪽.).

교육과정	범교과학습 주제
2009년 교육과정	○ 1997년 제7차 교육과정에 신설된 16개 주제 + 2007년 교육과정에 신설된 19개 주제 + 3개 주제 신설 - 한국 문화사 교육, 한자 교육, 녹색 교육
2011년 교육과정	○ 1997년 제7차 교육과정에 신설된 16개 주제 + 2007년 교육과정에 신설된 19개 주제 + 2009 교육과정에 신설된 3개 주제 + 1개 주제 신설 - 독도 교육

종교교과와 이런 다양한 범교과학습 주제를 어떻게 연관시킬 수 있을 까? 이는 종교교과와 관련된 범교과학습 주제가 무엇인지에 관한 물음이 다. 그렇지만 이런 물음은 광범위한 물음일 수 있다. 연구자가 어떤 관점을 갖고 있느냐에 따라 39개의 범교과학습 주제와 종교의 연관성이 만들어질 수 있기 때문이다. 예를 들어, 범교과학습 주제 가운데 민주 시민 교육은 종교와 민주화, 인성 교육은 종교와 인성, 경제 교육은 종교와 경제, 근로 정신 함양 교육은 종교와 소명 의식, 양성 평등 교육은 종교와 젠더 등의 주제와 연결될 수 있다. 그리고 종교 영역과 무관하게 보이는 보건 교육이 나 안전 교육 등도 '종교와 생명', 해양 교육이나 에너지 교육이나 환경 교육 등도 '종교와 생태'라는 주제와 연관될 수 있다.

종교교과의 내용과 범교과학습 주제를 연계시키는 방식으로는 범교과 학습 주제를 종교교과의 내용 영역으로 만드는 방식, 개별 영역(단원)에서 범교과학습 주제를 주요 내용으로 서술하는 방식 등이 있을 수 있다. 어떤 방식을 선택하든지간에 중요한 부분은 이런 노력이 다른 교과와 연계성을 높이면서도 종교교과의 내용을 선정하고 조직하는 새로운 방향이 될 수 있다는 점이다.

특히 범교과학습 주제 가운데 종교교과와 연관시킬 수 있는 주요 주제 는 한국 정체성 교육이나 국제 이해 교육 등을 포함한 다문화교육, 그리고 장애인 이해 교육을 포함한 인권교육이다. 다종교사회나 다문화사회의 함 의를 고려할 때 앞으로 다문화교육과 인권 문제가 중요하게 대두될 것이기 때문이다. 이하에서는 종교교과와 연계성을 염두에 두면서 다문화교육과 인권교육에 관해 살펴보고자 한다.

(2) 다문화교육과의 연계

다문화교육은 2007년 교육과정에서 범교과학습 주제에 포함된 후, 초등학교 교과서를 중심으로 주요 주제로 등장하기 시작했다고 할 수 있다. 2007년 교육과정에 다문화교육이 포함된 것은 국가 교육과정에서 기존의 단일민족주의적 관점이 지양되었다는 의의를 지니므로[221] 중요한 변화였다고 할 수 있다.

종교교과와 다문화교육의 연관성은, '종교교육을 통한 다문화 이해의 문제'가 중요하다는 지적도 있지만,[222] 종교와 다문화사회의 연관성, 다종교사회와 다문화사회 개념에 담긴 함의의 유사성에 토대를 두고 있다. 다문화사회로 진입하는 과정에서 문화적으로 낯선 종교인이 유입되고, 재미교포나 재일교포 사회에서처럼 종교가 이주민에게 삶의 구심점이 되고, 이주민 사이에 또는 이주민과 한국인 사이에 종교 갈등이 나타나는 현상 등의 지속성을 고려할 때 앞으로 종교와 다문화사회의 연관성은 높아지고, 다종교 현상도 심화될 것으로 보인다.

종교교과와 다문화교육의 연관성은 다문화교육의 이론적 정체성 부분에서도 찾아볼 수 있다. 다문화교육의 이론적 정체성은 용광로 이론에서부터 문화생태 이론까지 다양하다.[223] 이런 다문화교육에 관한 다양한 이

---

221) 이정선·최영순·김정우·이경학·임철현·최만·유현석, 앞의 책, 159-161쪽. 초등학교의 경우, 도덕과에서는 북한 동포 및 새터민의 삶 이해(5학년), 편견 극복과 관용, 타문화에 대한 이해와 편견 극복(6학년), 그리고 사회과에서는 다양한 삶의 모습들(3학년), 세계 여러 지역의 자연과 문화(6학년), 지역마다 다른 문화(7학년) 등이 다루어졌다.
222) 신광철, 「다문화사회와 종교」, 『종교연구』 59, 2010, 2쪽, 14쪽.
223) 서종남, 앞의 책, 21-25쪽.

론은 종교교과교육의 학문정체성을 정립하는 데에 도움이 될 수 있다. 이런 이론을 적용한다면, 종교교과교육은 용광로 이론처럼 학생을 특정 종교인으로 만드는 교육, 모자이크나 조각보 이론처럼 특정 종교를 배경으로 서로 다른 학생의 존재와 가치의 연관성을 강조하는 교육, 특정 샐러드를 부으면 샐러드 종류가 달라지듯이 학생 개개인의 종교를 인정하는 것처럼 보이지만 결과적으로 특정 종교 색채를 지향하는 교육, 문화생태 이론처럼 학생 개개인의 종교를 인정하면서 그 위에서 상호 연계성을 강조하는 교육 등으로 구분될 수 있다. 이런 분류는 종교교과교육이 지향할 이론적 정체성을 모색하는 데에 도움이 될 수 있다.

종교교과와 다문화교육의 다양한 연관성을 고려할 때 종교 교육과정이나 종교교과교재에는 다문화교육과 관련된 내용을 포함시킬 필요가 있다. 다문화교육 교과교재에도 다종교 상황의 함의 부분이 포함될 필요가 있다. 물론 다문화교육 교과교재에 종교 관련 서술이 없는 것은 아니지만, 주요 내용이 세계의 종교 분포와 종교 분쟁에 관한 서술 수준에 그치고 있다.224) 게다가, 종교 관련 서술이 거의 이루어지지 않는 경우도 있다.225)

종교교과교재와 다문화교육 교과교재를 관통하는 주제로는 다문화사회의 구성과 종교, 종교와 편견, 종교와 차별, 종교와 인권 문제, 다종교사회와 다문화사회의 함의 등이 있을 수 있다. 문화적 차이에 관한 인정 담론과 정의기획의 문제도 다문화교육과 종교교과교육에서 중요 주제가 될 수 있다. 다문화사회에서는 문화적 차이를 '틀림'보다 '다름'으로 인식하거나 수직적 구조보다 수평적 구조에 배치시켜 차별로 연결시키지 않으려는 다문화주의의 관점, 동시에 차별이 발생하거나 발생될 수 있는 지점을

---

224) 김은영 외 4인,『한 권으로 끝내는 창의적 재량활동』, 삼양미디어, 2009, 105-112쪽.
225) 조영달 외, ≪다문화교육의 이해를 위한 교양 교재 저술≫, 교육인적자원부, 2008. 이 보고서에는 종교 부분에 대한 서술이 거의 보이지 않는다.

개선하려는 노력이 요청되고 있다. 문화적 차이에 대한 인정 담론과 정의 기획이 동시에 필요한 셈이다. 종교교과교육에서도 아직까지 인정 담론에 비해 정의기획 담론이 약한 편이지만, 종교 간의 차이와 차별 지점에 관해 인정 담론과 정의기획 담론에서 조망할 필요가 있다.

물론 종교 교육과정이나 종교교과교재에 다문화교육 관련 주제를 담기 이전에 종교교과의 자기정체성에 관한 입장 정리가 필요하다. 종교교과교 육이 신앙교육으로 이해되는 상황이 지속된다면 종교교과교재의 다문화 교육 관련 내용도 특정 신앙의 관점에서 서술될 수 있기 때문이다. 이를 위해서는 이주민에 대한 종교계의 활동이 '인권에 기초한 운동인가, 선교 의 모습인가, 아니면 두 가지의 공존인가?'[226]라는 물음, 그리고 다문화사 회에서 도덕적 정당성을 부여받는 다문화주의와 다종교사회에서 말하는 종교다원주의의 연관성을 정리할 필요가 있다.

(3) 인권교육과의 연계

학교의 인권교육에 관한 관심은 1990년대부터 있었지만,[227] 인권교육 은 다문화교육과 마찬가지로 2007년 교육과정에서부터 범교과학습 주제 에 포함되고 있다. 이는 한국에서 정부의 인권정책과 인권운동단체의 활 동이 1960년대부터 나타났고,[228] 1970년대에 이어 1980년대의 '부산 산업

---

226) 박진균, <다문화가정, 이주노동자 그리고 종교>, 샐러드TV다문화방송국(http:// saladtv.kr/?mid=ko_focus). 현재의 수많은 이주자를 위한 종교단체들은 이 질문 에서 서로 뭉치기도 하고 갈리기도 한다. 그러나 공통점은 가진 권리를 실현 못시키는 존재, 구원의 교리를 모르는 존재 등 이주자를 결핍된 존재로 보는 시선이며, 종교가 새로운 '우리'인 이주자의 변화보다 기존의 '우리'의 변화에 초점을 두어야 한다고 지적된다.

227) 이용교·이희길, 「한국 청소년을 위한 인권교육의 모색」, 『아동과 권리』 1-1, 1997; 고전, 「학교법규상 기본적 인권 보장제도와 과제」, 『교육법학연구』 11-1, 1999; 이 용교, 「청소년 인권교육의 실태와 과제」, 『한국청소년연구』 10-1, 1999 등.

228) 인권정책과 관련하여, 정부는 1962년에 법무부 검찰국 인권옹호과와 각 지방검 찰청 및 동 지청에서 인권침해사건에 대한 정보수집 및 조사와 법률상담을 위

대 박상은 살해사건'(1981.9.), '부천경찰서 성고문사건'(1986.6.), '박종철 고문치사사건(1987.1.)' 등, 그리고 1990년대의 강경대 사건(1991.5.) 등 일련의 사건을 거치면서 인권운동단체의 수가 늘어나고, 인권 문제에 관심이 높아진 사회적 상황을 반영한 것이다.[229]

2000년대에는 정부가 2001년에 <국가인권위원회법>, 2002년에 <국가인권위원회와 그 소속기관 직제>를 제정하면서 인권정책이 본격적으로 시행되었다. 당시 <국가인권위원회법>은 '국가인권위원회를 설립하여 모든 개인이 가지는 불가침의 기본적 인권을 보호하고 그 수준을 향상시킴으로써 인간으로서의 존엄과 가치를 구현하고 민주적 기본질서의 확립에 이바지함'(제1조)을 목적으로, <국가인권위원회와 그 소속기관 직제>는 국가인권위원회의 조직과 직무범위 등을 규정하기 위해 제정된 것이다.[230] 그 후, 국가인권위원회에서는 노동 인권 문제, 여군 인권 문제, 사회복지사 인권 문제, 이주노동자 인권 문제, 장애인 인권 문제, 보육교사 인권 문제 등을 조사하고, 인권지수를 개발하는 등의 다양한 활동을 전개하고 있다.[231]

국가인권위원회뿐 아니라 법무부에서도 인권정책을 시행하고 있다. 법무부는 직무에 '인권 옹호'를 포함시키고 있고, 하부조직에 인권국을 두고 있다. 인권국에서는 국가 인권정책 수립·총괄·조정, 인권옹호에 관한 중앙행정기관 간의 협력 및 인권옹호단체에 관한 사항, 인권 관련 국제조

해 <인권침해사건처리규정>(법무부령 제48호, 제정 1962.9.21. 시행 1962.10.1.)을 제정했고, 법무부장관 허가로 설립된 인권옹호단체(법인)의 감독과 사업의 지도·육성을 목적으로 <인권옹호단체감독규정>(법무부령 제101호, 제정·시행 1967.8.1.)을 제정한 바 있다.

229) 이정은, 「한국에서의 인권개념 형성 과정」, 『민주주의와 인권』 1-2, 2001, 439-442쪽.

230) <국가인권위원회법>(법률 제6481호, 제정 2001.5.24. 시행 2001.11.25.); <국가인권위원회와그소속기관직제>(대통령령 제17512호, 제정·시행 2002.2.4.).

231) 국가인권위원회 홈페이지(http://www.humanrights.go.kr/00_main/main.jsp).

약·법령에 관한 조사·연구 및 행사·홍보에 관한 사항, 국가인권위원회와의 협력 등에 관한 사항, 국제인권규약에 따른 정부보고서 및 답변서의 작성, 수사·교정·보호·출입국·외국인정책 등 법무행정 분야의 인권침해 예방과 제도 개선, 인권침해 사건의 자체 조사 및 인권교육에 관한 사항 등의 직무를 맡고 있다.[232] 그렇지만 법무부 소속 공무원이나 관련 직원을 대상으로 인권교육이 필요하다는 지적도 나오고 있다.[233]

법률상 인권은 '대한민국헌법 및 법률에서 보장하거나 대한민국이 가입·비준한 국제인권조약 및 국제관습법에서 인정하는 인간으로서의 존엄과 가치 및 자유와 권리'라고 명시되어 있다.[234] 그렇지만 인권 개념은 역사적·사회적 상황 속에서 지속적으로 변화되고 있다. 역사적·사회적으로 인권 문제를 유발하는 지점이 바뀌고 있기 때문이다. 그와 관련하여, 한국의 경우에는 아직까지 인권 문제가 국가에 의한 폭력과 신체 및 사상의 자유 침해에 한정되어 있고, 여러 인권운동단체가 '인권'이라는 가치를 어떻게 '권리'의 개념으로 확장시켜 나아갈 것인지에 관해 고민하고 있는 상황이라는 지적이 나오고 있다.[235]

인권교육에서 주목할 부분은 인권 개념과 종교의 연관성이라고 할 수 있다.[236] 그 연관성은 크게 두 가지로 구분할 수 있다. 하나는 종교가 인권의 근거를 부여하는 장치가 되고 있다는 점이다. 이런 부분은 18세기 유럽에서 시민계급이 대두되면서 계몽적 자연법사상에서 제창된 '천부인권설(theory of natural rights)'이라는 표현에서 짐작할 수 있다.[237] 천부인권설

---

232) <법무부와 그 소속기관 직제>(대통령령 제24949호, 일부개정 2013.12.11. 시행 2013.12.12.) 제3조(직무), 제4조(하부조직), 제11조의2(인권국).
233) 나달숙, 「인권교육의 국내외적 현황과 지향 과제」, 『교육법학연구』 23-1, 2011, 97-98쪽.
234) <국가인권위원회법>(법률 제11690호, 타법개정·시행 2013.3.23.) 제2조(정의).
235) 이정은, 앞의 글, 422쪽, 458쪽.
236) 장석만, 「인권 담론의 성격과 종교적 연관성」, 『시대와 민중신학』 10, 2008, 85-101쪽.

은 인간이 존엄과 가치와 행복 추구권을 가지며 국가가 인권을 보장해야 한다는 이론으로 한국의 <헌법> 제10조에 반영되어 있다.[238]

인권 개념에 관한 그리스도교의 영향력을 인정하는 측에서는 인간이 초월적 존재의 형상을 가지고 있으므로 인간의 존엄과 가치가 초월적 존재로부터 온다는 주장을 통해 종교를 인권의 근거로 설명하고 있다.[239] 반면, 불교에서는 인권의 근거를 '인간 모두에게 내재된 도덕적 가능성'에서 찾고 있다.[240] 양자는 인권 개념과 종교의 연관성을 설명하는 방식에 다소의 차이를 보이지만 인권 개념이 종교와 밀접하게 연관되어 있다는 점을 공유하고 있다.

다른 하나는 종교계가 인권운동에 적극적으로 참여하고 있다는 점이다. 예를 들어, 1970년대에는 1972년에 국제엠네스티 한국지부가 설립되어 인권운동을 시작한 바 있지만,[241] 한국기독교교회협의회(KNCC)에서도 1974년에 인권위원회를 만들었고, 천주교 내에서도 '천주교정의구현전국사제단'이 결성되어 인권운동을 전개한 바 있다. 불교계에서도 1990년에 불교인권위원회를 만들어 인권운동을 전개하고 있다.[242] 종교계가 1970년대부터 전개한 인권운동은 한국의 인권운동 역사의 주요 내용을 이루고 있다.

종교교과교육과 인권의 연관성에 관한 논의는, 인권 담론이 1960년대부터 형성되었음에도, 2000년대 중반 전후부터 이루어지고 있다.[243] 특히

---

237) 황우여, 「천부인권사상의 전개」, 『법조』 33-10, 법조협회, 1984, 21-33쪽.
238) <대한민국헌법>(헌법 제10호, 전부개정 1987.10.29. 시행 1988.2.25.) 제10조.
239) 인권 개념과 종교의 연관성에 대해서는 "김용해, 「인간 존엄성과 인권을 근거 짓는 작업에서의 문제들」, 『사회와 철학』 6, 2003, 217-249쪽." 참조.
240) 안옥선, 「불교의 '인권': 성립, 옹호, 실현」, 『용봉논총』 30, 전남대학교인문과학연구소, 2001, 215-242쪽.
241) 국제엠네스티 한국지부(http://amnesty.or.kr/).
242) 「불교 인권위원회 발족 2년, 종단 '재야'서 '얼굴'로 발돋움」, 『한겨레』, 1992. 11.25.9면.
243) 성열관, 「종교 교육과정과 바우처 제도에 관한 일 고찰: 종교-시장-인권의 삼각법(trigonometry)」, 『경희대학교 교육문제연구소 논문집』 20-2, 2004; 임지봉, 「

2012년에 한국종교교육학회에서 개신교, 가톨릭, 통일교, 원불교의 종교교육과 인권 문제를 집중적으로 다룬 시도는 앞으로 종교교과교육에서 인권 문제를 고려할 소지를 남기고 있어 주목된다. 여기서 다루어진 주요 내용은 각 종교교육에 인권 문제가 어떻게 반영되어 있고, 인권 차원에서 종교교육이 어떤 방향을 취해야 하는지에 관한 것이다.[244] 그 외에 다른 연구 논문에서 대순진리회의 종교교육과 인권의 문제, 특정 종교 창시자의 인권 사상이 다루어지고 있다.[245]

인권 개념이나 인권 문제와 종교의 연관성을 고려했을 때 양자의 연관성에 관한 학계의 논의가 충분한 것은 아니다. 양자의 연관성에 관한 이론적 논의가 시작되는 단계이고, 구체적인 사례 연구도 병행되지 못하고 있기 때문이다. 또한, 종교와 인권 문제는 아직까지 종교 교육과정이나 종교교과교재에 본격적으로 서술되고 있지 않다.

종교교과교육과 관련하여 인권 개념이나 인권 문제가 다루어진 시기가 늦고, 종교 교육과정과 종교교과교재에 인권 개념이나 인권 문제가 담기지 않은 상황은 다른 교과의 상황과 대비했을 때 쉽게 확인될 수 있다. 다른 교과들 가운데 특히 사회과교육에서 인권 문제는 1990년대부터 다루어졌고, 사회과교육이나 도덕과교육을 위한 교과서에 인권 개념이나 인권 문제가 이미 담겨 있기 때문이다.[246]

사립고등학교에서의 종교교육과 학생의 인권」, 『세계헌법연구』 17-2, 2011.
244) 손성현, 「프로테스탄트 교육은 인권의 파트너가 될 수 있는가? - 개신교 종교교육과 인권의 불화 혹은 연대의 맥락에 관한 성찰」, 『종교교육학연구』 39, 2012; 구본만, 「가톨릭 학교의 학생인권 개념 모형과 실천 방향 모색」, 『종교교육학연구』 39, 2012; 김항제, 「통일교의 종교교육과 인권」, 『종교교육학연구』 39, 2012; 박희종, 「원불교에서의 종교교육과 인권」, 『종교교육학연구』 39, 2012.
245) 윤기봉, 「증산 강일순의 인권사상」, 『종교교육학연구』 32, 2010; 윤재근, 「대순사상에서의 종교교육과 인권」, 『신종교연구』 27, 2012; 박희종, 「소태산 박중빈의 인권사상」, 『원불교사상과 종교문화』 54, 2012.
246) 구정화, 「사회과교육에서 '인권'교육의 방향에 관한 연구: 교과서 분석을 중심으로」, 『시민교육연구』 25-1, 1997; 최현호, 「인권교육 개선을 위한 도덕과 교육

앞으로 종교 교육과정과 종교교과교재에는 담길 수 있는 인권교육의
내용은 무엇일까? 일반적으로 '인권교육과정'의 내용 범주는 '인권 존중
의 가치・태도, 인권 개념, 인권에 관한 법・제도, 인권 문제의 합리적 해
결 능력, 인권친화적 현실 참여'의 다섯 범주로 구분되지만,[247] 종교와 관
련된 주요 내용은 인권 개념과 관련 지식의 형성・변화 과정과 종교의
연관성, 종교의 자유와 인권의 관계, 종교로 인한 인권 침해 문제의 사례와
내용, 인권 문제를 해소를 위한 종교계의 참여 활동, 인권 감수성[248] 개념
을 통해 종교 문제를 조망할 수 있는 관점 등이라고 할 수 있다. 그 가운데
'사람들이 자신의 권리를 알고 이를 행사할 수 있을 때 비로소 인권은 권
리가 된다.'는 주장을 고려할 때[249] 특히 인권으로서 종교의 자유에 관한
내용은 중요하다고 볼 수 있다.

과정 및 교과서 분석 연구: 중학교 도덕교과서 분석중심으로」, 『한국교육』
32-3, 2005; 조대훈, 「침묵의 교육과정을 넘어서: 성적 소수자의 인권과 사회과
교육」, 『시민교육연구』 38-3, 2006; 이수정, 「중학교 사회과 교육과정에서의 법
과 인권교육의 과제」, 『법과인권교육연구』 2-3, 2009; 전제철, 「다문화 인권교
육의 관점에서 본 초등 사회과 교육과정」, 『시민교육연구』 45-1, 2013 등.

247) 국가인권위원회 인권용어해설(http://www.humanrights.go.kr/03_sub/body04_2.jsp); 구
정화, 「2007 및 2009 개정 교육과정 및 교과서 분석에 기초한 사회과 인권교육
의 현황」, 『법과인권교육연구』 5-1, 2012, 5-6쪽.

248) 국가인권위원회의 인권용어해설에 따르면, 인권 감수성은 일상생활에서 만나
는 다양한 자극이나 사건에 대하여 매우 작은 요소에서도 인권적인 요소를 발
견하고, 적용하면서, 인권을 고려하는 것을 말한다.

249) 구정화・설규주・송현정, 『교사를 위한 학교 인권교육의 이해』(국가인권위원
회 엮음), 도서출판 아침이슬, 2007, 17쪽.

3. 교과교육 이론의 반영과 소통

1 교육 목표의 설정과 진술

종교 교육과정에서 교육 목표를 설정하는 데에는 몇 가지 단계가 필요하다. 예를 들어, 타일러의 경우에는 교육 목표의 설정 단계를 크게 두 가지로 제시하고 있다. 첫 번째는 학습자의 관심과 수준, 학교를 둘러싸고 있는 사회적 요청, 그리고 교과 전공자의 견해를 종합하여 '잠정적 교육 목표'를 추출하는 단계이다. 두 번째는 잠정적 교육 목표를 교육철학과 학습심리학을 적용하여 다시 검토하여 '타당한 교육 목표'를 설정하는 단계이다.

교육 목표는 교육목표분류학에 따라 목표를 인지적(사고)·정의적(감정)·운동기능적(행동) 영역으로 분류할 때 좀 더 명확하게 설정될 수 있다. 이 분류 과정을 보면, 먼저, 교육 목표가 인지적(사고)·정의적(감정)·운동기능적(행동) 영역 가운데 어느 영역에 속해 있는지를 판단하게 된다. 다음으로, 인지적 영역에 속한다면, 그 목표가 지식, 이해력, 적용력, 분석력, 종합력, 평가력 가운데 어디에 속하는지를 다시 파악하게 된다. 정의적 영역에 속한다면, 감수, 반응, 가치화, 조직화, 인격화 가운데 어디에 속하는지를 다시 파악하게 된다. 판단의 기준은 학습자가 '교육을 받았을 때 그 결과로서 보여야 할 의도된 행동'이라고 할 수 있다.

　교육 목표 설정 단계와 교육목표분류학의 분류 과정을 거칠 때 교육
목표는 좀 더 명확하게 진술될 수 있다. 예를 들어, 이런 과정을 거쳐 '불교
의례에 관한 정보를 익히는 것'을 목표로 설정했다면 교육 목표 진술은
타일러가 주장한 '학습내용 +행동변화(도착점 행동)'으로, '불교 의례의
목록이 주어졌을 때 최소한 3개 이상의 의미를 파악하여 노트에 진술하는
것'을 목표로 설정했다면 메이거가 주장한 '조건 + 기준 + 끝맺음 행동'이
라는 진술 방법으로 사용될 수 있다. 또는 경우에 따라 교육 목표가 일반적
목표에 해당할 때 내재적 동사를 활용하고, 구체적 행동 목록에 해당할
때 관찰 가능한 행위동사를 사용하는 그론런드의 목표 진술 방법이 사용될
수 있다. 아니면 행위동사를 사용할 수 있는 경우와 그렇지 않은 경우를
구분하여 목표를 진술해야 한다는 아이즈너의 이론을 활용할 수도 있다.

　이런 타일러, 메이거, 그론런드의 목표 진술 방법은 다른 평가를 받기도
하지만,250) 학교교육을 가시적인 행동과 불가시적인 행동을 포함하여 행
동의 변화로 이해하는 관점을 전제하고 있다. 실제로 학교교육이 '교육과
정에 입각한 의도된 변화'를 지향한다면 의도된 행위 변화를 확인할 수
있는 목표 설정과 목표 진술이 필요하기도 하다.

　물론 학교교육에서 교육 결과의 관찰·측정이 필요하다고 해서 교육
목표가 행위동사로만 진술될 필요는 없다. 교과 내용이 특정 행동의 변화
보다 심미적인 변화를 필요로 할 경우에는 행위동사보다 비행위동사, 즉

---

250) 손충기, 「수업목표 진술에 관한 하나의 논의」, 『행동적 수업목표 진술』(Norman
　　E. Gronlund, 손충기 옮김), 문음사, 1987, 149-150쪽. 이 자료에 따르면, 손충기
　　는 블룸과 메이거와 그론런드의 수업 목표 진술의 예를 비교하면서 이들을 '일
　　반적인 목표(블룸) - 중간수준의 목표(그론런드) - 구체적인 목표(메이거)'라는
　　연속선으로 표시한다. 그리고 블룸의 경우는 너무 일반적이어서 수업 목표의
　　기능을 충실히 하기 어렵고, 메이거의 경우는 행동적 수업 목표 진술을 반대하
　　는 사람들의 비판을 면하기 어렵다는 점에서 적절히 못하며, 그론런드의 형식
　　이 적절하다는 입장이다.

아이즈너가 지적한 '표현적 목표'를 포함하여 의도하지 않은 결과를 담을 수 있는 '비행위적 목표 진술'이 필요하기 때문이다.

그럼에도, 타일러, 메이거, 그론런드의 이론은 교육 목표의 상세화를 위해 몇 가지 시사점을 주고 있다. 첫째, 수업 활동이 학생의 행동 변화를 위한 것이므로 교육 목표에는 교사의 행동이 아니라 학생에게 기대되는 행동 변화의 내용과 수준이 담겨야 한다는 점이다. 둘째, 교육 목표에서 학생에게 기대되는 행동 변화의 내용과 수준은 종착행동으로 진술되어야 한다는 점이다. 셋째, 교육 목표에는 학습내용과 기대되는 학생의 행동 수준이 함께 진술되어야 한다는 점이다. 넷째, 교육 목표는 교육의 방향과 세부 내용을 함께 알 수 있도록 일반적 수업 목표와 명세적 수업 목표의 두 수준으로 나누어 진술하는 것이 적절하다는 점이다. 다섯째, 일반적 수업 목표는 그 포괄성과 일반성을 유지하기 위해 암시적 동사를 이용하여 학생의 내재적 행동으로 진술하고, 명세적 수업 목표는 학생의 외현적 행동을 관찰·측정할 수 있도록 명시적인 행위동사로 진술되어야 한다는 점이다.[251]

좀 더 중요한 시사점은 교육 목표를 분류하고, 교육 목표의 진술 방법을 구체화하고, 행위동사를 사용하는 것이 교사와 교사, 교사와 교과, 교사와 학생, 학생과 학생, 학생과 교과 사이의 소통 가능성을 높일 수 있다는 점이다. 특히 교육 목표에서 교육의 의미가 '교육(educational), 교수(instructional), 행동(behavioral), 성취(performance)' 순으로 변화되는 흐름을 보면,[252] 교육 목표의 강조점이 점차 학생의 행동이나 성취로 옮겨지고 있다는 점, 그리고 일반적인 목표에서 점차 구체적인 목표로 옮겨지고 있다는 점을

---

251) 이종승, 「교육목표의 분류체계와 진술방식」, 『교육발전논총』 11-1, 1990, 50-51쪽.
252) 타일러가 1948년의 교육과정 논문에서 '교육 목표(educational objective)'라는 표현을 사용했지만, 여기서 목표(objective)를 수식하는 영어 표현은 'educational objective(교육 목표), instructional objective(수업/교수 목표), behavioral objective(행동목표), performance objective(성취목표)' 순으로 변해 왔다.

알 수 있다.

다만, 아이즈너의 경우에는 교육 목표(educational objective)가 교육적 결과물과 관련이 있고, 수업 목표(instructional objective)도 교육적 테두리에서 이루어지지만, 행동목표(behavioral objective)나 성취목표(performance objective)에는 '교육의 당위성'이 내포되어 있지 않으므로 교육적이지 않을 수 있다고 지적하기도 한다. 예를 들어, 행동목표만을 중시한다면 그 안에는 인종주의자나 편집광을 만드는 목표도 포함될 수 있다는 것이다.253)

아이즈너의 지적처럼, 교육 목표가 구체화될수록, 즉 행동목표나 성취목표가 강조될수록 '교육의 당위성'이 약해질 수 있다는 주장은 일반적으로 적절하다고 할 수 있다. 그렇지만 '이런 변화가 소통 가능성의 확대를 반영한다.'는 관점을 취한다면 평가는 달라질 수 있다. 행동목표나 성취목표는 교사나 학생에게 보다 직접적인 이해를 제공하므로 교육과정 전문가와 교사, 교사와 학생 사이에 소통 가능성을 높일 수 있기 때문이다. 또한, 목표 진술이 명확할수록 교사와 학생에게 불필요한 관심이나 지나친 학습범위 설정을 줄여 학습주의력과 학습밀도를 높일 수 있기 때문이다.

한국에서 종교 교육과정의 목표는 타일러가 지적한 대로 학습자의 관심과 수준, 사회적 요청, 교과 전공자의 견해를 종합하여 '잠정적 교육 목표'를 추출하고, 다시 교육철학과 학습심리학 차원에서 검토하여 '타당한 교육 목표'를 설정하는 과정을 거치고 있을까? 교육부와 한국교육과정평가원에서 연구자와 현직 교사를 참여하여 종교 교육과정을 기획하고 있지만, 이런 요인과 절차가 어떻게 고려되고 있는지는 명확하게 드러나지 않고 있다. 즉 제6차 종교 교육과정부터 2011년 종교학 교육과정까지 교육 목표를 설정하기 위해 어떤 요인을 고려했는지, 교육 목표를 어떤 절차로

---

253) 엘리어트 아이즈너, 『교육적 상상력 - 교육과정의 구성과 평가』(이해명 옮김), 단국대학교출판부, 1999, 159쪽.

설정했는지에 관한 설명이 명확하지 않다.

그렇다면 앞으로 종교교과의 교육 목표를 설정할 때 어떤 부분을 고려해야 할까? 세 가지 정도를 지적할 수 있다. 첫 번째는 교육 목표를 설정하는 과정에서 학습자의 흥미와 수준, 종교교과교육에 관한 사회적 요구, 종교교과 전문가의 견해 등의 다양한 요인을 고려할 필요가 있다. 그리고 교육목표분류학의 분류 체계를 활용하여 설정된 교육 목표의 타당성을 검토할 필요가 있다. 교육목표분류학의 활용은 교육학적 검토에 해당한다.

두 번째는 교육학적 검토를 거친 이후 교육 목표를 학문적·사회적 현실과 연관시켜 재검토하는 절차를 거칠 필요가 있다. 종교교과교육을 통해 종교 현상을 성찰하는 안목을 키우려면 종교와 주변 현실의 관계, 즉 종교와 다문화사회, 인권, 복지, 환경, 교정, 노동, 정치 등 여러 현실의 관계가 교육 목표에 충분히 반영되어야 하기 때문이다.

세 번째는 교육 목표의 설정 요인, 그리고 그 설정 과정을 종교 교육과정의 해설서에 명확하게 제시할 필요가 있다. 그 이유는 교육 목표를 설정할 때 필요한 요인이 제외되지 않았는지, 교육 목표의 설정 과정에 필요한 관련자가 적절하게 배정되었는지, 교육 목표의 설정 과정이 적절했는지 등을 파악하기 위해서이다. 교육 목표의 설정 요인과 과정이 명확하게 제시된다면, 종교교과에 설정된 교육 목표의 타당성도 재확인할 수 있고, 동시에 향후의 교육 목표를 설정하는 데에도 기본 자료로 활용될 수 있을 것이다.

2 교육 내용의 선정과 조직

(1) 내용의 선정·조직 문제
종교교과의 내용 영역은 제6차 종교 교육과정에서 처음 제시된 후, 교육과정의 변화에 따라 조금씩 달라지고 있다. 제6차 종교 교육과정에서는 '인간과 종교, 세계 문화와 종교, 한국 문화와 종교, 종교경험의 이해, 현대 사회와 종교, 특정 종교의 교리와 역사' 등 여섯 개의 내용 영역이 제시되고 있다. 그에 비해 제7차 종교 교육과정에서는 '현대 사회와 종교' 영역이 없어지고 '서로 다른 종교적 전통, 인간과 자연에 대한 종교적 이해, 종교 공동체' 영역을 신설되어 여덟 개의 내용 영역이 제시되고 있다. 2007년 종교 교육과정에서는 내용 영역의 배치가 약간 달라졌을 뿐 제7차 종교 교육과정과 마찬가지로 여덟 개의 내용 영역이 제시되고 있다. 그리고 2011년 종교학 교육과정에서는 일곱 개의 내용 영역이 제시되고 있다.

종교 교육과정의 내용 영역은 어떤 내용 선정 기준에 따라 변화된 것일까? 이 물음에 답변하려면 제7차 종교 교육과정과 2007년 종교 교육과정에 주목할 필요가 있다. 우선, 제7차 종교 교육과정에서는 각 내용 영역이 네 가지로 범주화되었다. 이 범주는 종교 교육과정에서 제시한 여덟 개의 내용 영역을 묶는 기준이었고 동시에 내용 영역의 선정 근거였다고 할 수 있다. 따라서 이런 네 가지 범주는 최초의 내용 선정 근거였다는 면에서 제6차 종교 교육과정과 차이를 보여주고 있다. 그리고 2007년 종교 교육과정과 2011년 종교학 교육과정의 내용 선정 근거로 활용되고 있다.

다음으로, 2007년 종교 교육과정에서는 기존 교육과정의 내용 영역을 재배치하면서 그 이유를 '종교에 대한 일반적인 이해에서 개별 종교에 대한 구체적 이해로 나아가는 방향성'에서 찾은 바 있다. 이런 방향성은 2007년 종교 교육과정에서 나름대로 내용 조직의 원칙이 있었음을 보여주고 있다. 물론 내용 영역의 재배치 이유를 '종교와 관련된 인간·자연·공동체의 문제를 이해하기 위한 범주'가 '좀 더 구체적으로 다양한 종교 전통을 이해하기 위한 범주'로 달라졌다는 데에서 찾을 수도 있다. 그렇지만 2011년 종교학 교육과정에도 이런 내용 영역 배치의 방향성이 그대로 유지되고 있다는 점을 고려할 때 이런 방향은 내용 조직의 원칙에 해당한다고 볼 수 있다.

종교 교육과정에는 교육 내용의 선정·조직과 관련하여 어떤 문제가 있을까? 두 가지 문제를 지적할 수 있다. 첫 번째는 교육 내용의 선정 기준이 명확하지 않다는 문제이다. 이는 종교 교육과정에서 각 내용 영역이 어떤 기준으로 선정되었는지가 분명하지 않다는 의미이다. 비록 네 가지 범주가 제7차 종교 교육과정 이후부터 내용 선정 기준이 되고 있지만, 이런 범주가 어떤 기준으로 설정되었는지는 명확하지 않다. 또한, 범주 설정에도 이질적인 내용이 담겨 있다. 예를 들어, '종교학적인 이론에 입각한 종교 일반의 이해, 사회·문화적 맥락에 근거한 다양한 종교 모습의 이해, 종교와 관련된 인간·자연·공동체 문제의 이해, 종립학교의 현실을 고려한 특정 종교의 소개'라는 네 가지 범주에서 '종립학교의 현실을 고려한 특정 종교의 소개'라는 마지막 범주는 앞의 세 가지 범주와 내용 면에서 이질적이라고 할 수 있다.

두 번째는 교육 내용의 조직 원리가 반영되지 않고 있다는 문제이다. 이는 종교 교육과정에서 각 내용 영역이 어떤 원리로 배치되고 있는지가 명확하지 않다는 의미이다. 예를 들어, 2011년 종교학 교육과정에서도 '종교에 대한 일반적인 이해에서 개별 종교에 대한 구체적 이해로 나아가는 방향성'이 유지되고 있지만, 동시에 종교 교육과정에 제시된 모든 내용 영역들은 그 자체의 독립성을 가지고 수평적인 관계로 밀접하게 얽혀 있고, 서로가 교과 전체의 유기적 맥락 속에서 나름의 위치를 차지하고 있다고 한다.[254] 그렇지만 이런 서술은 각 내용 영역의 배치에 계열성이나 통합성 등의 조직 원리가 반영되지 않고 있다는 것을 보여주고 있다.

이런 두 가지 문제는 비교적 최근에 고시된 2011년 종교학 교육과정에서 확인할 수 있다. 이 종교 교육과정에서도 일곱 개의 내용 영역이 어떤

---

254) 김재복, 「교육과정의 내용조직 유형에 관한 연구」, 『교육과정연구』 14-3, 1996, 93쪽.

기준으로 선정되었는지가 분명하지 않다. 범주의 이질성 문제도 지속되고 있다. 그리고 각 내용 영역의 조직 원리도 분명하지 않다.

종교 교육과정에서 각 내용 영역과 그 영역을 묶는 네 가지 범주가 설정되고, 내용 영역의 배치 순서가 바뀌는 배경에는 사회 현실과 학문적 경향이 있다. 그렇다면 종교 교육과정에서 교육 내용을 선정하여 내용 영역을 만들고 배치하는 기준이 분명하지 않다는 지적은 종교 교육과정에 사회 현실과 학문적 경향이 체계적으로 반영되지 않고 있다는 것을 의미할 수 있다.

그렇다면 교육 내용의 선정·조직 차원에서 앞으로 종교 교육과정에 필요한 부분이 무엇일까? 그것은, 교육 내용을 선정한 후에 다시 범주화하든, 범주를 설정한 후에 교육 내용을 선정하든, 교육 내용의 선정 기준과 조직 원리를 반영하는 일이다. 교육 내용의 선정 근거와 기준을 명확하게 제시하는 일은 종교교과에 핵심 내용을 담으려는 노력이다. 그리고 교육 내용의 조직 과정에서 반복성·계열성·통합성을 고려하는 일은 종교교과의 핵심 내용을 좀 더 체계적으로 이해하려는 노력이다. 따라서 이 부분은 향후의 종교 교육과정에서 반드시 고려될 필요가 있다.

(2) 내용의 선정 기준과 조직 원리의 반영

종교 교육과정에서 교육 내용을 선정하고 조직할 때에는 논리적으로 조직하든지 심리적 차원에서 조직하든지 간에 계속성(반복성), 계열성, 통합성의 원리를 활용할 필요가 있다. 이 원리들은 학문 중심 교육과정에서 흔히 사용하는 나선형 교육과정에서 자주 언급되고 있다.

종교 교육과정에 이런 원리를 적용하기 위해서는 나선형 교육과정에서 지적되는 두 가지 문제를 고려할 필요가 있다. 하나는 종교교과에서 기본 개념과 원리 또는 핵심 아이디어가 무엇인가를 확인하는 일이다. 다른 하나는 핵심적인 개념·원리·아이디어 등을 각 학년별 수준과 학생 수준을 고려하여 적절하게 번역해서 제시하는 일이다. 종교교과에서 핵심적인 개념·원리·아이디어를 찾는 것은 주로 교육 내용의 선정 문제, 핵심적인 개념·원리·아이디어를 학습자 수준에 맞추어 제시하는 일은 주로 교육 내용의 조직 문제에 해당한다.[255]

종교교과교육을 통해 종교 현상을 분석하고 이해하고 성찰하는 안목을 가지려면, 특히 핵심적인 내용을 선정하여 계속 반복하되 점차 심화시키는 과정이 필요하다. 동시에 그 내용을 동일한 학년의 다른 교과나 다른 학년의 유사한 교과와 연결시키는 과정이 필요하다. 전자의 경우를 계속성(반복성)과 계열성, 후자의 경우를 통합성이라고 한다. 이 세 가지 기준의 연관성을 그림으로 정리하면 다음과 같다.

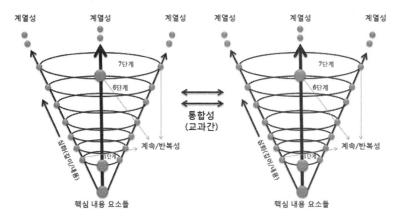

<그림 13> 종교교과교재 내용의 조직 기준들

종교교과교재의 내용을 선정하고 조직하는 과정에도 다양한 요인을 고려하여 여러 핵심 내용 요소를 도출하려는 노력, 그리고 그 내용에 계속성(반복성), 계열성, 통합성의 원리를 적용하여 조직하려는 노력이 필요하다. 이 내용을 구체적으로 살펴보면 다음과 같다.

---

255) 위의 글, 84쪽.

첫 번째는 종교교과교재의 내용에 들어갈 핵심 내용 요소를 도출하는 일이다. 이런 핵심 내용 요소들은 1987년에 허슈(E. D. Hirsch)가 미국인이 알아야 할 것으로 제시한 '문화적 문해(cultural literacy)'처럼,[256] 기본적으로 한국인의 종교적 문해 능력을 키우기 위해 요청된다고 할 수 있다. 허슈의 문화적 문해 개념을 수용한 보스턴대학 종교학부의 스테판 프로데로(Stephen Prothero)에 따르면, 종교적 문해는 세계화가 강조되고 이주 현상이 빈번해져 서로 다른 신앙과 문화가 교차하는 상황에서 사회적 응집력을 위해 공교육에 요청되는 '종교 현상을 이해하는 지식과 능력'을 의미한다.[257]

종교교과교재의 핵심 내용 요소를 도출하는 것과 관련하여, 타일러가 이미 그 필요성에 대해 언급한 바 있다. 타일러는 핵심 내용 요소를 도출하는 기준에 대해 자세히 밝히지 않고 있지만, 핵심 내용 요소를 도출하는 기준은 크게 내재적 기준과 외재적 기준으로 구분될 수 있다. 내재적 기준은 종교학의 핵심 가치를 담고 있는 지식을 도출해야 한다는 의미이며, 외재적 기준은 학습자 개인과 공동체를 둘러싼 환경에서 요청되는 요구들을 수용해야 한다는 의미이다.

내재적 기준을 활용할 때는 학교가 '일반 시민이나 교양인 양성을 지향하는 교육 공간'임을 고려하여, 객관적인 종교 연구를 지탱해줄 수 있는

---

256) E. D. Jr. Hirsch, *Cultural Literacy: what every American needs to know*, Boston, MA: Houghton Mifflin, 1987.

257) Stephen Prothero, *Religious Literacy: What Every American Needs to Know―And Doesn't*, New York: HaperCollins Publishers, 2007, pp.1-7. 이 책은 전체 3부와 부록으로 구성된다. 제1부(The Problem)는 문제, 제2부(The Past)는 에덴(Eden)과 지옥(the fall), 제3부(The Proposal)는 구속(redemption)과 종교적 문화 사전에 대해, 부록은 종교적 문화 퀴즈 등에 대해 서술하고 있다. '종교적 문해'는 프로데로가 미국의 학생들에게 '이해 없는 신앙'(faith without understanding)이 표준이고, 종교적 무지(religious ignorance)가 더 없는 즐거움(bliss)이 되고 있다는 현실 진단 아래 유럽과 미국의 종교적 차이를 서술하면서 사용된 표현이다.

일반 원리를 도출해야 한다고 할 수 있다. 예를 들어, 세계 종교학 연구사에서 볼 때 호교론적 주장 또는 독단론에 대한 배제, '하나의 종교만 아는 것은 아무 것도 모르는 것', 다양한 종교 현상을 관통하는 논리적 차원의 안목' 등은 종교 연구의 중요한 가치를 드러내므로 핵심 내용 요소가 될 수 있다. 특히 '호교론적 주장에 대한 배제' 부분이나 다양한 종교에 대한 연구 부분은 종교학자의 연구를 신학적 또는 교학적 연구와 구별시키는 지점이기도 하다.

반면, 외재적 기준에는 개인적 차원의 기준과 공동체적 차원의 기준이 있다. 개인적 차원의 기준으로는 학습자의 발달심리학적 과제를 지적할 수 있다. 공동체적 차원의 기준은 가족적, 사회적, 국가적 차원의 기준으로 세분화될 수 있다. 공동체의 소단위인 가족적 차원에서는 가족 관계에서 종교로 말미암아 발생하는 과제들, 사회적 차원에서는 다종교사회나 다문화사회에서 요청되는 심성과 태도 등, 국가적 차원에서는 세계화를 고려하여 한국뿐 아니라 세계의 종교 문화에 관한 안목과 종교 문제에 관한 이해력 등이 종교교과교재의 내용을 조직할 때 활용될 수 있는 기준이다.

두 번째는 핵심 내용 요소를 얼마나, 어떤 지점에서, 어떻게 반복시켜야 하는지를 결정하는 일이다. 반복성의 원리를 적용하기 위해서는 먼저 이미 도출된 주요한 핵심 내용 사항이 어떤 차원에서 타당한지를 재검토해야 한다. 그리고 재검토를 거친 이후에 그 중요도에 따라 반복시킬 핵심 내용 요소의 우선순위를 결정하고, 반복 지점과 반복의 형태를 결정해야 한다.

이 반복성의 기준을 적용해보면, 앞에서 언급한 '호교론적 주장에 대한 배제'는 '다양한 종교 현상을 관통하는 지적 안목'이라는 내용 요소의 하위 수준이 된다. 전자는 후자의 전제가 되는 내용 요소가 되기 때문이다. 그럼에도, '다양한 종교 현상을 관통하는 지적 안목'보다 '호교론적 주장에 대한 배제'라는 내용 요소를 지속적으로 더 반복시켜 강조한다면 종교

교과교육의 본말이 전도되는 현상이 발생할 수 있다.

세 번째는 핵심 내용 요소를 반복시킬 때 어떤 지점에서, 어느 정도의 폭과 넓이를 갖추어야 하는지를 결정하는 일이다. 이는 계열성의 원리를 적용하는 것으로, 핵심 내용 요소들에 관한 학습자의 이해를 종교 현상에 연결시켜 어느 정도 심화할 것인지를 결정하는 일이다. '호교론적 주장에 대한 배제'를 예로 든다면, 초기 단원에서는 하나의 종교 내에서, 다음 단원에서는 둘 이상의 종교 사이에서, 그 다음 단원에서는 인간과 인간 사이에서 호교론적 태도가 발생할 수 있는 위험성을 지적할 수 있다.

특히 계열성은 교육과정 학자들에게 교과 내용의 조직 원리로 주목을 받고 있다. 그리고 계열성의 내용도 다섯 가지의 계열화 원리로 제시되고 있다. 그 구체적인 내용은 다음과 같다.[258]

첫째, 각 단원과 세계의 사건·인간·물건 사이에 있는 관련성·일치성을 감안하여 단원 순서를 결정하는 '세계 관련 계열성'이다. 이런 계열성에는 단원의 순서를 물리적 배열 상태나 주요 현상의 위치에 따라 정하는 공간적 관련성에 기초한 계열화, 사상·사건의 결과와 그 선행 원인에 따라 순서를 정하는 시간적 관련성에 기초한 계열화, 관심 있는 현상의 크기·연령·경험의 복잡성 등 물리적(혹은 화학적) 특성에 기초하여 순서를 정하는 물리적 속성에 기초한 계열화가 있다.

둘째, 개념 세계의 조직에 따라 단원 순서를 정하는 '개념 관련 계열성'이다. 이런 계열성에서는 일련의 사상이나 사건을 공통 속성에 따라 동일한 부류의 사례로 묶는 '부류 개념', 어떤 주장을 담고 있는 개념과 개념의 결합체인 명제관계, 브루너(Bruner)의 나선형 교육과정처럼 점차 더 높은 수준의 기본 개념에 이르도록 주기적으로 되풀이하는 정교성, 어떤 개념이나 명제의 논리적 전제를 감안한 논리적 선행요건 등이 고려된다.

---

258) 이홍우, 『교육과정의 이해와 개발』, 문음사, 2002, 317-330쪽.

셋째, 지식을 생성·발견·검증하는 과정을 감안하여 단원 순서를 정하는 '탐구 관련 계열성'이다. 여기에는 타당한 추론 과정에 관한 견해가 반영된 탐구 논리, 구체적인 문제로부터 연구를 시작하기 이전에 하나의 문제 영역을 탐색하는 탐구 경험 등이 포함된다.

넷째, 주로 학습심리학 지식에 의존해서 단원 순서를 정하는 '학습 관련 계열성'이다. 여기에는 어느 기능 학습이 경험적으로 이후의 기능 학습을 촉진할 수 있다는 경험적 선행 요건, 접하는 빈도가 흔하여 가장 친숙하게 느껴지는 단원에서부터 가장 낯선 단원의 순서로 계열화하는 친숙성, 어려운 내용을 가르치기 이전에 더 쉬운 내용을 가르치는 곤란성, 학생의 흥미를 잘 유발시킬 수 있는 자극에서부터 출발하는 흥미, 발달심리학자의 견해처럼 발달 수준에 따른 최적의 경험을 감안하는 발달, 내면화의 정도가 깊어지도록 단원 순서를 정하는 내면화 등이 포함된다.

다섯째, 학습자가 지식이나 기능을 사회적·개인적·직업적 맥락 속에서 이용할 수 있는 정도를 고려하여 단원 순서를 정하는 '활용 관련 계열성'이다. 여기에는 절차 훈련이 필요할 때 그 단계의 순서를 반영하는 절차, 학생이 가장 빈번하게 부딪힐 내용부터 앞쪽에 배치하는 '예상되는 활용 빈도' 등이 포함된다. 이러한 계열성은 '중핵 교육과정(core curriculum)'의 주창자들이 개인적·사회적 필요를 중심으로 단원을 조직해야 한다고 강조한 것과 유사하다.

이처럼 계열성은 시간적·공간적·물리적 속성, 개념, 탐구, 학습, 맥락적 활용 등에 따라 계열성을 세분화되고 있다. 이는 종교교과교재의 내용을 조직할 때에도 이런 구체적인 계열성에 관심을 가져야 한다는 점을 시사한다. 이런 계열화 원리들은 문제제기, 본문 내용, 본문 이후의 학습문제 형태 등 다양하게 적용될 수 있다.

네 번째는 종교교과교재의 핵심 내용 요소가 다른 교과교재의 종교 관련 서술과 어떤 연관성을 가져야 하는지를 결정하는 일이다. 이는 통합성을 높이려는 노력이다. 종교교과교재의 통합성을 높이려면 종교교과교재의 내용을 주제별·학년별로 구분하여 면밀하게 검토할 필요가 있다. 이를 위해 두 가지 부분에 관심을 가질 필요가 있다.

하나는 교과목별 교육과정 시안이 확정·공포되기 이전에 각 교과목별 교육과정 개발 담당자와 전문가가 모여 상호 관련된 내용을 검토하는 과정이다. 이는 다른 교과교재에 담긴 종교 관련 내용을 검토하는 과정이다. 이 과정에서 종교 교육과정의 개발자와 전문가는 교과별 종교 관련 내용과 맥락, 교과별 종교 관련 내용의 서술 방식, 교과별 종교 관련 내용과 학습 시기(학년·학기)의 연관성 등을 파악하는 노력을 시도해야 한다. 물론 이런 통합성의 원리는 교과목별 교과교재에 실린 종교 관련 내용 분석뿐 아니라 종교교과교재에 있는 내용 영역(단원)의 배치에도 적용될 수 있다.

다른 하나는 국가 교육과정에서 종교교과교재의 내용 범위를 확대하는 과정이다. 이를 위해서는 종교교과교재에 국가 교육과정에 있는 범교과학습 주제를 포함시키려는 노력이 필요하다고 할 수 있다. 범교과학습 주제는 시의(時宜)를 반영하여 선정된 것이므로 이런 주제를 포함시키는 일은 종교교과교재의 현실성과 매력성을 높이는 일에 해당한다. 이런 노력을 기울인다면 종교교과교재에는 다문화사회와 종교, 인권과 종교, 복지와 종교, 생태와 종교 등 다양한 주제가 포함될 수 있다.

③ 종교교과의 교수·학습 방법

그 동안 종교교과교육에서 특히 미진했던 부분은 교수·학습 방법이었다고 할 수 있다. 제7차 종교 교육과정부터 '시청각 자료를 활용한 토의학습' 정도만이 제시되고 있다. 그렇지만 학교교육의 질이 교사의 수준뿐 아니라 '전달 방식의 차이'에 따라 달라질 수 있으므로 종교교과교육에서 다양한 교수·학습 방법에 관심을 갖는 일은 중요하다.

다양한 교수·학습 방법이 종교교과교육에서 필요한 이유는 무엇보다 학습자의 학습동기 유발(motivations for learning)을 위해서라고 할 수 있다. 이런 면에서 보면, 교수·학습 방법의 모색은 교수·학습 방법과 동기이론을 결합시키는, 즉 교수설계와 동기설계를 조화시키는 일이라고 할 수 있다. 이를 위한 구체적인 내용은 다음과 같다.259)

학교교육에서 학습동기 수준은 수업의 매력성(attractiveness), 즉 수업이 학생에게 어느 정도의 매력을 발산하느냐에 따라 달라질 수 있다. 종교수업의 경우에도 마찬가지이다. 종교수업의 매력성을 증진하기 위해서는 켈러(J. M. Keller)의 ARCS이론에 주목할 필요가 있다. 이 이론은 대부분의 교수설계 모델이 인지적 목표 달성을 위해 수업의 효과성·효율성만 강조하여 수업의 매력성을 높이는 부분을 간과했고, 학습동기를 '설계(design)' 대상으로 여기지 않았으며, 수업설계와 동기설계를 결합하는 데에 관심이 부족했다는 문제의식을 전제로 제시되고 있다.260)

이런 문제의식에 근거해서 켈러는 1979년에 학습동기 유발 이론으로 IRES이론을 제시한 바 있다. 이것은 흥미(Interest), 관련성(Relevance), 기대감(Expectancy), 만족감(Satisfaction)이 학습동기를 유발하는 조건이라는 내용이다.261) 그렇지만 1983년 이후에는 흥미와 기대감을 각각 주의집중

---

259) 이 부분은 고병철, 「중등학교 종교교과의 교수·학습 방식」, 『교육연구』 43, 성신여자대학교 교육문제연구소, 2008, 84-94쪽을 수정·보완한 것임.
260) J. M. 켈러·송상호, 『매력적인 수업 설계』, 교육과학사, 2005, 31-32쪽. 이 이론에서 정의되는 학습동기는 '주의집중(A), 관련성(R), 자신감(C), 만족감(S)이라는 측면에서 설명되는 학습행동의 방향과 세기'이다(같은 책, 5-9쪽, 27쪽.).
261) J. M. Keller, Motivation and instructional design: A theoretical perspective, *Journal of Instructional Development*, 2(4), 1979, pp.26-34; J. M. Keller, Motivational design of instruction. In C. M. Reigeluth(Ed.), *Instructional-Design Theories and Models: An Overview of their Current Status*, New York: Lawrence Erlbaum

(Attention)과 자신감(Confidence)로 바꾼 ARCS이론을 제시하고 있다. 그 이유는 응용 설계 모델(applied-design model) 차원에서 'ARCS'가 영어권 교수자에게 쉽게 기억될 수 있다는 것이다.262)

ARCS이론을 구성하는 네 가지 범주는 주의집중(Attention, 흥미), 관련성(Relevance), 자신감(Confidence, 기대감), 만족감(Satisfaction)이다. 그렇지만 이런 범주에는 각각 세 가지의 하위 범주가 포함되어 있다. 각 범주의 주요 내용을 살펴보면 다음과 같다.

주의집중은 '지각적 각성, 탐구적 각성, 변화성'을 구성요건으로 해서 수업 내용에 관한 실마리와 자극을 제공하는 것이다. 이는 단순한 흥미 유발이 아니라 '지각적 각성, 탐구적 각성, 변화성'과 관련된 수업 내용의 실마리와 자극을 제공해야 한다는 의미이다.

관련성은 '목적 지향성, 모티브 일치, 친밀성'을 구성요건으로 해서 수업 내용과 학습자의 가치를 연관시켜야 한다는 것이다. 이는 학생이 이 수업이 어떤 면에서 자신에게 유용한지, 그리고 이 수업에 참여해야 하는 이유가 무엇인지, 그리고 이 수업과 관련된 교과교재의 내용과 주요 개념이 자신의 경험과 어떻게 연관되어 있는지를 인식할 수 있어야 한다는 것을 의미한다.

자신감은 '학습요건, 성공기회, 개인적 통제'를 구성요건으로 해서 학생이 자기 통제 하에서 성공적으로 수업에 참여할 수 있다는 느낌을 가질 수 있도록 하는 것이다. 이는 학생에게 수업에 참여하기 위한 요건과 수업

Associates, 1983a, pp.383-434.

262) J. M. Keller, The use of the ARCS model of motivation in teacher training, In K. Shaw & A. J. Trott(eds.), *Aspects of Educational Technology*(Vol. ⅩⅦ:). London: Kogan Page, 1983b; J. M. Keller & T. W. Kopp, An application of the ARCS model of motivational design, In C. M. Reigeluth(ed.), *Instructional theories in action: Lessons illustrating selected theories and models*, Hillsdale, NJ: Lawrence Erlbaum Associates, 1987, p.291.

의 평가기준에 대한 긍정적인 믿음과 기대감을 주어야 하고, 학생 자신이 수업에 참여할 충분한 역량을 가지고 있고, 자신의 노력 여하에 따라 수업에서 자신이 무엇인가를 충분히 얻어낼 수 있다는 느낌을 가질 수 있어야 한다는 것을 의미한다.

만족감은 '내재적 강화, 외재적 보상, 공정성'을 구성요건으로 해서 학습 경험과 결과에 만족하도록 하여 관련된 학습 욕구를 유지할 수 있도록 해야 하는 것이다. 이는 학생의 노력에 대해 적절한 피드백과 보상을 제공하고, 모든 학습 과제와 성취에 대해 일관성 있는 측정 기준을 사용해야 한다는 것을 의미한다.

켈러는 ARCS이론의 네 가지 범주로 속한 하위 범주를 질문 형태로 표현하고 있다. 그리고 각 하위 범주마다 주요 지원 전술의 내용을 제안하고 있다. ARCS이론의 네 가지 범주와 각 하위 범주에 따른 주요 점검 사항과 지원 전술의 내용은 아래의 표와 같다.[263]

<표 79> ARCS 이론의 하위 범주별 주요 질문과 지원 전술

주요 범주	하위범주와 주요 질문	주요 지원 전술
주의 집중	지각적 각성(perceptual arousal): 무엇으로 학생들의 흥미를 끌 수 있을까?	새로운 접근을 사용하거나 개인적, 감각적 내용을 넣어 호기심과 놀라움을 만들기
	탐구적 각성(inquiry arousal): 어떻게 학생들의 탐구 태도를 유발할 수 있을까?	질문, 역설, 탐구, 도전적 사고를 양성함으로서 호기심을 증진시키기
	변화성(variability): 어떻게 학생들의 주의집중을 유지할 수 있을까?	자료제시 형식, 구체적 비유, 흥미있는 인간적인 실례, 예기치 못했던 사건들의 변화를 통해 흥미를 지속하기
관련성	목적 지향성(goal orientation): 어떻게 학습자의 요구를 가장 잘 충족시킬 수 있을까?(내가 학생들의 요구를 아는가?)	수업의 유용성에 대한 진술문이나 실례를 제공하고, 목적을 제시하거나 학습자에게 목적을 정의해보라고 하기
	모티브 연결(motive matching):	개인적인 성공기회, 협동학습, 지도자적 책임감, 긍정

263) J. M. Keller, The systematic process of motivational design, *Performance & Instruction*, 26(9/10), 1987, p.2; J. M. 켈러·송상호, 앞의 책, 56-84쪽; J. M. Keller & T. W. Kopp, *Op. cit.*, p.292.

주요 범주	하위범주와 주요 질문	주요 지원 전술
	어떻게 그리고 언제 학습자에게 적절한 선택 과 책임과 영향을 제공할 수 있을까?	적인 역할 모델 등의 제공을 통해 학습자 동기와 가 치에 민감하게 반응하는 수업을 만들기
자 신 감	친밀성(familiarity): 어떻게 수업을 학습자의 경험에 연결할 수 있 을까?	구체적인 실례와 학습자의 학습이나 환경과 관련된 비유를 제공하여 교재와 개념들을 친밀하게 만들기
	학습요건(learning requirements): 어떻게 성공에 대한 긍정적인 기대를 만들도 록 도울 수 있을까?	성공요건과 평가준거에 대해 설명하여 믿음과 긍정 적 기대감을 확립하기
	성공기회(success opportunities): 어떻게 자기 능력에 대한 믿음을 향상시킬 수 있을까?	학습의 성공을 증가시키는 많은 다양한 도전적인 경 험을 제공하여 역량에 대한 신념을 증가시켜주기
	개인적 통제(personal control): 어떻게 학습자가 성공이 자기의 노력과 능력 때문이라는 것을 명확히 알 것인가?	개인적인 통제(가능할 때마다)를 제공하는 기법을 사 용하고, 개인적 노력 때문에 성공했다는 것에 대해 피드백을 제공하기
만 족 감	내재적 강화(natural consequences): 어떻게 학습자가 새롭게 획득한 지식/기술을 사 용할 의미있는 기회를 제공할 수 있을까?	개인적 노력과 성취에 대한 긍정적 느낌을 제공할 수 있는 피드백이나 정보를 제공하기
	외재적 보상(positive consequences): 무엇이 학습자의 성공에 대한 보상으로 제공 할까?	언어적 칭찬, 실제적이거나 추상적인 보상, 인센티브 를 사용하거나 학습자에게 그들의 성공에 대한 보상 을 제시하도록 하기
	공정성(Equity): 어떻게 학생들이 성취에 대해 긍정적인 느낌 을 갖도록 도울 수 있을까?	진술된 기대와 수행요건을 일치시키고, 모든 학습자의 과제와 성취에서 일관성 있는 측정기준을 사용하기

켈러는 ARCS 이론을 구체적으로 적용하기 위해 10단계의 동기설계 과정을 제시하고 있다. 이 과정은 ①코스 정보 획득(Obtain course information), ②대상자 정보 획득(Obtain audience information), ③대상자 분석(analyze audience), ④기존 교재 분석(analyze existing materials), ⑤목표 및 측정방법 나열(list objectives & assessments), ⑥예비 전략 나열(list potential tactic), ⑦전략의 선택과 설계(select and design tactics), ⑧교수와 통합(integrate with instruction), ⑨매체의 선택과 개발(select & development materials), ⑩ 평가와 수정(evaluate & revise) 등으로 구성되어 있다.264)

---

264) J. M. Keller, Motivational design and multimedia: Beyond the novelty effect, *Strategic Human Resource Development Review*, 1(1), 1997, pp.188-203; J. M. Keller, Motivation in Cyber Learning Environments, *International Journal of*

켈러는 초보 교사를 위해 10단계의 동기설계 과정을 좀 더 단순한 모델 (simpler model)로 만들어 활용하도록 권유하기도 한다.[265] 켈러의 권유에 따른다면, 10단계의 동기설계 과정은 자료 수집(1-2단계), 분석과 문제 발굴(3-4단계), 목표 설정과 검증 방법(5단계), 해결책 수립(6-8단계), 수정과 평가(9-10단계)로 재구성될 수 있다. 그리고 다음과 같이 10단계의 동기설계 과정을 좀 더 단순화하여 교수설계모델로 사용할 수도 있다.[266]

<표 80> 10단계 동기설계 과정과 Dick & Carey의 교수설계모델

일반적 단계	교수설계모델 (Dick & Carey 모델)	동기설계 과정 (ARCS 모델)	ARCS 모델의 세부과정
분석	①수업목적 확인, ②출발점행동, 특성 확인	1.코스 정보 획득	1. 코스기술, 2. 코스의 정당화, 3. 맥락, 4. 교사 정보
		2.대상자 정보 획득	
		3.대상자 동기분석	
	③수업분석	4.기존 교재 분석	
설계	④수업 목표 진술, ⑤준거지향검사 개발	5.동기목표 설정 및 측정방법 열거	
	⑥교수전략 개발	6.예비전략 열거	
		7.최종 전략 선택 및 설계	
		8.교수전략에 통합	
개발	⑦교재 선택 및 개발	9.교재 선택 및 개발	
시험 평가	⑧형성평가 설계 및 실시, ⑨수업개정 10. 총괄평가 설계 및 실시	10.평가 및 수정	

종교교과교육에서 종교수업의 매력성을 증진하기 위해 ARCS이론에

Educational Technology, 1(1), 1999, pp.15-19; J. M. 켈러 · 송상호, 앞의 책, 92-132쪽.
265) J. M. Keller, *Op. cit.*, 1999, pp.18-19.
266) J. M. 켈러 · 송상호, 앞의 책, 18쪽, 89쪽(내용 재구성). Dick & Carey의 저서는 『체제적 교수설계』(김형립 외 옮김, 교육과학사, 1996)와 『체제적 교수 설계』(최수영 외 옮김, 아카데미프레스, 2003) 참조.

주목해야 하는 이유는 제III장에서 언급한 2005년의 종교교육 설문조사 결과에서 확인할 수 있다. 당시의 설문조사 결과는 종교교사가 선택한 주의집중 방식이 일상적이고, 학생이 종교수업의 내용과 자신의 관련성, 즉 자신이 종교수업을 왜 받아야 하는지를 인식하지 못하고 있고, 종교수업의 내용에 대해 만족감이 크지 않았음을 보여주고 있다. 그리고 대다수의 학생이 동기유발을 위해 종교수업에서 새로운 교수 방식이 필요하다고 인식하고 있음을 보여주고 있다.267)

물론 2005년의 설문조사 결과가 종교교사의 노력을 폄하하는 일로 이어질 수는 없다. 종교교사는 나름대로 사명감을 가지고 나름대로 열심히 종교수업을 준비하고 있고, 학생의 수업 참여도를 높이기 위해 다양한 방식의 종교수업을 실험하고 있다. 어떤 경우에는 심리적으로 편안한 분위기, 어떤 경우에는 새로운 자극을 제공하려고 노력하고 있다. 학생에게는 이런 편안한 분위기가 지루함으로, 새로운 자극이 당황이나 불안으로 다가올 수 있지만, 앞으로도 종교수업을 준비하기 위한 종교교사의 노력은 지속될 것으로 보인다.

2005년의 설문조사 결과에서 드러나는 문제는 종교교사의 다양한 노력에도 불구하고, 적지 않은 학생이 종교수업에 적극적으로 참여하지 않고 있고, 종교교사가 자신의 요구 수준에 민감하지 않다고 여긴다는 점이다. 이는 학생이 종교수업에서 동기유발을 경험하지 못하고 있는 상황, 또는 종교교사가 종교수업을 진행할 때 동기유발을 위한 설계를 등한시하고 있는 상황을 보여주는 것이기도 하다.

종교교사가 '잘 가르친다고 해도' 학생의 인식과 요구를 점검하고 분석하여 적합한 동기유발 전략을 구사하지 않는다면 어떤 상황이 벌어질 수 있을까? 켈러의 이론을 반영해본다면, 학생이 종교교과의 내용이나 종교

---

267) 강돈구 외, 『종교교육의 현황과 개선방안』, 문화관광부 · 한국학중앙연구원, 2005, 34-54쪽

수업에 집중하지 못하고, 종교수업의 내용과 자신의 관련성을 인식하지 못하고, 종교수업에 적극적으로 참여할 자신감을 상실하고, 종교수업에 관해 충분한 만족감을 느끼지 못하는 상황이 생길 수 있다.

종교교사는 교수설계와 함께 학습동기를 설계하는, 즉 동기설계에 주목할 필요가 있다. 동기설계는 수업을 설계하고 가르치는 데에 개념, 아이디어, 전술의 풍부한 기초를 제공하고 있어[268] 종교수업의 매력성을 증진시킬 수 있기 때문이다. 동기설계를 통해 종교수업의 매력성이 증진될 수 있다면 이는 다시 종교수업의 효과성과 효율성의 증진으로 이어지는 계기가 될 수 있다. 학생이 수업에 적극적으로 참여하게 되면, 핵심 개념 위주의 수업 내용도 가능하고, 교육 목표의 달성도가 높아질 수 있기 때문이다.

종교교사가 ARCS이론과 10단계의 동기설계 과정을 이해하고 응용한다면 새로운 종교수업 스타일을 만들어 낼 수 있다. 종교교사가 자신만의 종교수업 스타일을 만들기 위해 필요한 노력은 무엇일까?[269]

먼저, 학습자의 제반 사항을 파악하려는 노력이다. 이는 ARCS이론의 10단계 가운데 대상자 정보 획득(2단계)과 대상자 동기분석(3단계)에 해당한다. 학습자의 적성에 따라 교수 처치의 효과가 달라진다는 적성-처치 상호작용(aptitude-treatment interaction, ATI) 이론이 시사를 하듯, 학습자의 상황을 고려하지 않는 수업은 실패할 가능성이 높다. 학습자의 제반 사항을 파악하기 위해 종교교사는 학습자를 개인별, 소그룹별 등으로, 다시 성별, 취향별, 계층별 등으로 분류할 수 있다. 그리고 종교수업의 외적 자료와 내적 자료를 구분하여, 전자에 학습자와 주변 인물의 종교, 존경하는 종교가와 그 이유, 호감 있는 종교와 그 이유 등, 후자에 수업과 교사에 대한 학습자의 요구와 변화 등을 담을 수 있다. 특히 종교교사가 학습자의

---

268) J. M. 켈러·송상호, 앞의 책, 51쪽.
269) 김철주·고병철, 「종교수업에서 동기유발의 필요성과 전략 - J. M. Keller의 ARCS 이론을 중심으로 -」 참조.

개인적인 고민까지 파악할 수 있다면 종교교사와 학습자의 친밀감, 나아가 학습자의 수업 참여도가 상승될 것이다.

이 부분에서 학습자의 젠더(genger) 문제도 고려 대상이 된다고 할 수 있다. 수업 내용이 동일해도 젠더의 차이에 의해 다르게 경험되고 해석될 수 있기 때문이다. 그와 관련하여, 콜버그(Lawrence Kohlberg, 1927-1987)와 논쟁을 벌였던 길리건(Carol Gilligan, 1938-현재)에 의하면, 남성은 정의의 윤리, 여성은 돌봄의 윤리(ethics of care)를 지향하는 차이를 보인다고 한다.270)

다음으로, 종교수업 내용의 검토하고 수업의 흐름을 분절하여 단계를 설정한 후 교수설계 모형과 대비하려는 노력이다. 이는 ARCS이론의 10단계 가운데 수업 코스 정보 획득(1단계), 기존 교재 분석(4단계), 교재 선택 및 개발(9단계), 수업 평가 및 수정(10단계)에 해당하며, 종교교사가 수업 흐름을 인지하면서 보완하고 수정하기 위한 것이다. 동시에 이는 수업의 '줄거리' 또는 '내적 인과관계'를 명확하게 만드는 과정이므로 기억의 장기화에 도움이 될 수 있다. 그리고 전체 학기의 종교수업과 차수별 종교수업 흐름에 대해 학생의 평가를 받고, 평가 내용을 적극적으로 반영한다면, 차후에 종교수업을 설계하는 데에도 유용할 수 있다.

다음으로, 수업 내용의 흐름을 분절시킨 각 단계와 내용에 ARCS이론의 범주별 세부 전략을 처방하려는 노력이다. 이는 ARCS이론의 10단계 가운데 동기 목표 설정 및 측정방법 열거(5단계), 예비 교수 전략 열거(6단계), 최종 교수 전략 선택 및 설계(7단계), 그리고 교수 전략 통합(8단계)에 해당한다. 이 내용을 네 가지로 좀 더 구체화할 수 있다.

첫째, 주의집중의 전략이 필요한 부분에는 희귀하거나 역설적인 사건,

---

270) Gilligan, C., *In a Different Voice: Psychological Theory and Women's Development*, Cambridge: Harvard University press, 1982;『다른 목소리로』(허란주 옮김, 동녘, 1997). 길리건도 남성 범주와 여성 범주의 내용을 동질화한 측면이 있다.

종교교과교육과 종교교과교재론

개인적·감정적 요소가 삽입된 일화, 낯선 것을 친근하게 만들고 친근한 것을 낯설게 만들 수 있는 비유, 질문과 탐구 과정 안내 등을 배치할 수 있다.[271] 시청각 자료 제공 등 각종 제반 장치들은 모종의 정신적 자극을 제공하기 위한 '낯설게 하기' 전략과 연계할 수 있다. 딜레마 형식의 문제를 제공하는 것도 모종의 자극을 전달하고 성찰의 계기를 만드는 데에 유용할 수 있다.

둘째, 학습자의 목적, 과거·현재·미래의 관심사, 현재와 미래의 생활, 취업이나 미래의 학업성취 등과 수업의 관련성이 자각되어야 하는 부분에는 모의사항, 비유, 사례연구, 실례 등을 배치할 수 있다. 이는 종교수업을 학습자의 개인적-동기 가치, 도구적 가치, 문화적 가치 등과 관련시키는 전략이다.[272] 그렇지만 이런 전략을 사용하려면 종교교사가 종교수업 내용의 정당화, 즉 '왜 우리가 이런 내용을 공부해야 하는지'에 관해 설득력 있는 명확한 입장을 정리하고 있어야 한다. 이런 입장이 정리되어야 종교교사가 종교수업의 내용과 학습자의 다양한 가치를 연결시키는 데에 어려움이 적어지기 때문이다.

셋째, 종교수업에 대한 자신감이 필요한 부분에는 다양한 성공 경험, 성공에 필요한 요구사항들, 성공에 대한 개인적 통제 기법, 귀인 피드백[273] 및 개인적 노력과 성공의 연결 방안 등을 배치할 수 있다.[274] 이외

---

271) J. M. Keller, *Op. cit.*, 1983a, pp.400-406.
272) *Ibid.*, pp.406-415.
273) 귀인이론(attribution theory)은 동기유발의 요인과 학업성취 및 학습된 무기력의 관계를 규명하고 개선하려는 시도 가운데 하나이다. 인간이 특정한 행동의 성공·실패 원인을 따지면서 그 행동의 인과관계를 추리하는 과정을 귀인이라고 한다. 어떠한 사건이나 행동의 결과에 대한 원인은 자신의 능력이나 노력 등의 내적 요인과 우연이나 행운 등의 외적 요인으로 구분된다. 이런 귀인성향은 고정된 것이 아니라 경험을 통해 수정 가능하다는 점에서 '비교적 지속적인 경향'이다. 이 가운데 '귀인 피드백' 학습전략은 언어적 설득을 통해 개인의 귀인 지각을 변화시켜 동기유발을 조장하려는 것으로, 학습 과제의 성공을 노력과 결부시킬 수 있으므로 교실 내의 수업장면에서 쉽게 적용할 수 있어 긍정

에도 과제 및 수업의 분량을 수업 초기에 학습자 수준에 맞추어 최소화하되 점차 확대시키는 전략도 유용하다. 동시에 학생에게 무한한 가능성이 잠재되어 있고, 노력 여하에 따라 성공적인 학습이 가능하다는 기대감을 제공하는 것도 하나의 학습 전략이다. 이런 전략의 효과성은 인간이 타인의 시선·기대·예측에 맞추어 행동하려는 경향을 보인다고 전제하는 자기충족 예언(self-fulfilling prophecy), 인간이 누군가의 사랑으로 새롭게 태어날 수 있다는 피그말리언 효과(Pygmalian effect), 인간이 암시 작용만으로도 치유될 수 있다는 플라시보 효과(placebo effect) 등에서 확인할 수 있다.

넷째, 만족감이 필요한 부분에는 과제-내재적 보상, 예측 가능하고 비일시적인 보상, 칭찬과 정보 제공의 피드백, 과제 수행의 양을 유지할 수 있는 동기유발적 피드백, 과제 수행의 질을 개선하는 교정용 피드백 등을 배치할 수 있다.[275] 이 부분에서 유의할 점은 학습자가 높은 보상을 기대하고 있고, 동료의 경우를 보면서 보상의 공정성을 인식하게 되고, 이런 인식이 현재 수업에 대한 만족감, 나아가 이후의 수업에 대한 만족감에 영향을 미치게 된다는 것이다. 따라서 종교교사는 보상을 할 때 적절성과 함께 학습자가 편파적이었다고 느끼지 않도록 공정성을 보여주어야 한다.[276] 보상의 적절성과 공정성을 위해 전략적으로 학습자가 스스로 보상 정도를 기대할 수 있도록 체크리스트를 직접 제시하는 것도 하나의 전략이다.

종교수업 전반에서 유념해야 할 부분은 학습자가 종교수업 내용이나

적인 평가를 받고 있다(김영한, 「귀인피드백 학습전략이 수업장면에서의 뇌성마비아의 학습된 무력감과 자기효능감에 미치는 효과」, 『특수교육저널 : 이론과 실천』 5-4, 2004, 298-299쪽.).

275) *Ibid.*, pp.422-429.

274) J. M. Keller, *Op. cit.*, 1983a, pp.415-422.

276) J. M. 켈러·송상호, 앞의 책, 14쪽.

교과교재에 친밀감을 느끼지 못할 때 학습자의 수업 몰입도가 낮아진다는 점이다. 따라서 종교교사는 학습자의 수업 몰입도를 향상시키기 위해 수업설계의 각 단계별 처방 과정에서 학습자의 친밀도를 고려할 필요가 있다. 이를 위해서는 동기유발을 위한 각각의 처방 요소를 학습자의 입장에서 친밀도가 높은 것에서 낮은 것으로 배열할 수 있다. 수업 초기부터 친밀도가 낮은 내용이나 수업 방식이 제시된다면 학습자는 그 수업에 흥미를 느끼지 못할 것이기 때문이다.

물론 수업 효과를 높이기 위해서는 학습동기의 향상이 학업성취도의 증가로 이어진다는 고정 관념을 재고할 필요가 있다. 학업성취도에 영향을 미치는 변수에는 학습동기 이외에 지능, 선행지식 등의 여러 요인이 있기 때문이다. 학습동기가 유발된다는 것은 학습자가 특정한 방향을 위해 실제로 노력을 기울이는 양, 즉 인내, 선택적 주의집중, 인지적 몰두의 세기가 커진다는 의미이므로,[277] 수업 효과를 높이려면 학습동기 외의 변수도 고려해야 한다고 할 수 있다.

향후에 전면적이든 부분적이든 종교 교육과정이 개정된다면, 종교교과의 교수·학습 부분에는 종교교과교육의 효율성을 높이는 차원에서 토의학습만이 아니라 다양한 교수·학습 방법이 제시될 필요가 있다. 그리고 교수·학습과 동기이론이 결합된 수업설계를 염두에 두고 서술될 필요가 있다. 교수설계와 동기설계의 결합에 관심을 가질 때 수업의 효과성, 효율성, 매력성이 증진될 수 있고, 종교교과의 교육 목표가 보다 쉽게 달성될 수 있기 때문이다. 그리고 교수설계와 동기설계를 결합할 때 켈러의 '동기유발 전달 체크리스트(motivational delivery checklist)' 항목은 유용하다고 할 수 있다.[278]

---

277) 위의 책, 28쪽.
278) 위의 책, 223-225쪽.

<표 81> 교수자의 동기 전달 체크리스트

수업	범주	교수자의 동기 전술 체크리스트(Motivational Tactics Checklist) 내용
수업 초기	주의 집중	1. 하나의 '고리'를 사용하기. 예) 학습자에게 흥미 있는 문제나 역설을 제시하기 2. 수업을 대상학습자에게 매력적일 만한 요인과 관련시키기
	관련성	3. 사전에 학습자 분석을 할 수 없다면 학습자의 경험, 흥미, 목적을 알아내기 위해 icebreaker 사용하기 4. 목표가 학습자의 직업과 전문적 역할에 어떤 관련이 있는지 설명하기 5. 목표가 학습자의 개인적인 흥미, 경험, 목적에 어떤 관련이 있는지 설명하기
	자신감	6. 학습자가 서로를 잘 모르거나, 다양한 집단에서 왔다면 icebreaker 사용하기 7. 학습자가 신경이 날카롭거나 불편함을 느낄 것 같으면 개인별이 아닌 소집단으로서 icebreaker 하기 8. 수업 과정에서 무엇이 일어날지, 무엇을 해야 하는지를 이해하도록 '학습지도(roadmaps)' 를 제공하기 9. 교실에서의 규칙들을 설명하기
수업 전체	주의 집중	10. 생동감 있고, 활발한 움직임을 사용하기 11. 열정을 전달하는 언어와 얼굴표현을 사용하기 12. 학습자를 향해 공정한 눈 맞추기를 지속하기 13. 주요 부분을 강조하기 위해 목소리의 어조를 변화하기 14. 모든 학습자가 들을 수 있도록 충분히 크고, 흥미를 유발할 수 있도록 변화 있는 성량 사용하기 15. 말의 속도를 변화하기 16. 정확한 발음을 사용하고, 명확하게 발음하기
	관련성	17. 수업 전체나 특별한 시기에 학습자가 코멘트하거나 질문할 수 있는 시간을 허락하기 18. 현재 직업이나 미래 직업과 관련이 있는 예들을 사용하기 19. 학습자와 그들의 상황에 적합한 언어와 전문용어를 사용하기
	자신감	20. 학습자의 이름을 사용하기 21. 학습자의 코멘트나 질문을 적극적으로 경청하기 22. 다정하게 바라보고, 열린 행동과 자세를 취하면서 긍정적인 바디랭귀지를 사용하기 23. 심지어 틀렸더라도, 학습자의 반응을 확인하거나 수정하기 위해 친근한 얼굴표정을 사용하기 24. 질문을 한 후에, 학습자가 반응할 수 있도록 충분히 기다려 주기 25. 학습자가 코멘트를 하거나 질문을 할 때 지속적으로 눈을 맞추기 26. 모든 학습자에게 정기적으로 눈을 맞추기 27. 학습자의 반응이나 코멘트 중에서 정확한 부분들을 강조해 주기 28. 학습자의 잘못을 지적하고자 할 때는 중립적이고, 과제지향적인 단어를 사용하기 29. 교정을 받는 학습자에게 명확성을 위하여 질문을 하도록 허락하고, 그에 대해 적절하게 대답하기 30. 수행에 대한 피드백을 신속하게 제공하기
	만족감	31. 적절한 때에 학습자에게 크레딧과 인정을 주는 말하기 32. 학습자의 성공이 그의 노력 때문이라고 말하기 33. 지겹고, 반복적이고, 길고, 복잡한 부분의 끝에 구체적 보상 제공하기, 예를 들면, 강의 후 휴식주기 34. 필요하다면, 반원들 전체의 노력과 성취를 인정하는 코멘트하기

수업	범주	교수자의 동기 전술 체크리스트(Motivational Tactics Checklist) 내용
간헐적으로	주의집중	35. 문제나 역설을 제공하는 질문하기 36. 학습자의 관점이나 감정을 이끌어 내는 질문하기 37. 학습자의 경험, 흥미, 또는 목적을 실례, 이야기, 문제에 통합하기 38. 시청각적 자료들을 적절하게 사용하기
	관련성	39. 구체적인 학습자의 경험, 흥미, 또는 목적을 실례에 통합하기
	자신감	40. 피드백을 요구하고, 친근한 얼굴표정과 감사하는 단어를 사용하여 피드백을 받기 41. 학습자가 혼란스러운지, 화가 났는지, 고민이 있는지, 흥미가 없는지를 구체적이고 분명하게 질문하기 42. 필요하다면 피드백을 멈추기 43. 설명이나 합리화 없이 피드백을 받아들이기 44. 교사는 학습자가 성공할 수 있다는 것을 믿고, 그들을 도와주기 위해 존재한다고 말하기 45. 학습자의 성공이 그의 노력 때문이라고 말하기
수업마무리	만족감	46. 수업 마무리에 성공에 대한 인정을 제공하기. 예) 언어적 인정이나 성공에 대한 증명서 47. 학습자의 노력과 성취에 감사를 표하기.

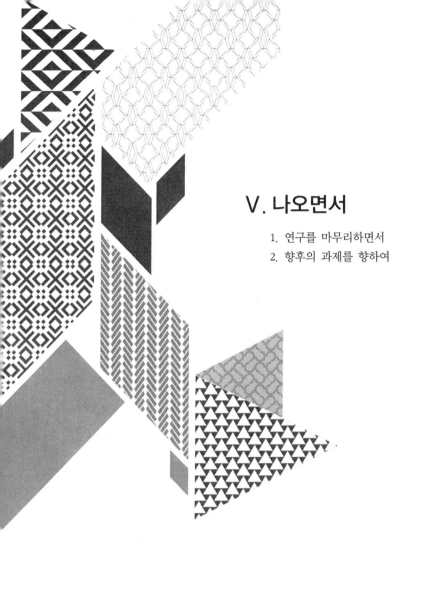

V. 나오면서

| 종교교과교육과 종교교과교재론 |

1. 연구를 마무리하면서

제4차 교육과정 시기는 종교교과의 국가 공인이 이루어지고, 1983년 10월에 교직과정이 바뀌면서 대학에서는 교과교육 영역에 속한 '종교교과교육론'과 '종교교과교재 연구 및 지도법'이 필수 과목으로 개설되었다. 이런 과목은 2007년부터 전공과목으로 전환되었지만, 여전히 종교교사 지망생에게 필수 이수 과목이 되고 있다.

그렇다면 1983년 이후에 종교교과교육이나 종교교과교재에 관한 연구가 얼마나 활성화되었을까? 아쉽게도 대학에서 '종교교과교육론'과 '종교교과교재 연구 및 지도법'이 개설된 지 약 30년이 지나도록 학교의 종교교육 문제에 관심을 가진 연구자가 많지 않고, 연구도 미진한 상황이다. 교과교육론과 종교교과교육론을 연계한 논의도 거의 이루어지지 않고 있다. 대학 강의에서 활용할 수 있는 교재나 연구서도 비교적 최근에서야 발간되고 있다.[1]

이런 상황을 고려하여 연구자는 교육학계의 교과교육론을 적용 또는 응용하여 종교교과교육에 관한 논의의 틀을 제시하고, 종교교과교재에 해당하는 종교 교육과정과 종교교과서의 내용을 분석하고, 종교교과교육을 위한 종교교과교재의 구성 방향을 제시하고자 하였다. 교과교재의 구성

---

[1] 김귀성, 『학교에서 종교교육의 이해』, 문음사, 2010; 고병철, 『한국 중등학교의 종교교과교육론』, 박문사, 2012.

방향은 다종교·다문화사회의 함의 반영, 종교교과의 공공성·교양교육·통합성 증진, 소통 차원의 교과교육 이론 반영 등 세 가지 차원에서 설정하였다.

이 연구 내용을 요약하여 정리하면 다음과 같다. 제Ⅰ장의 내용은 크게 연구의 배경, 연구의 목적과 주요 내용, 그리고 선행 연구 경향으로 구성되어 있다. 제Ⅰ장의 주요 내용을 다음과 같이 정리할 수 있다.

연구의 배경 부분에서는 학교교육이 개별 교과 중심으로 진행되고 있다는 점을 지적하고, 그 배경으로 개별 교과 중심으로 구성된 국가 교육과정의 내용을 살펴보았다. 그리고 정부가 1983년 10월에 <교원자격검정령시행규칙>을 개정하여 교직과정의 영역을 바꾸고, 교과교육 전문가 양성 방침을 발표한 이후에 교과교육에 관심이 높아졌다는 점을 지적하였다. 동시에 제4차 교육과정 시기인 1983년 10월의 교직과정 변화 이후에 '종교교과교육론'과 '종교교과교재 연구 및 지도법'이 필수 이수 과목이 되었음에도, 그에 관한 다양한 학문적 관심과 연구가 미진했다는 점을 지적하였다. 이런 상황은 교육학계의 교과교육론과 연계하여 종교교과교육의 학문정체성을 검토하고, 주요 종교교과교재(종교 교육과정, 종교교과서)를 분석하고, 종교교과교재의 구성 방향을 모색한 이 연구의 배경이 되었다고 할 수 있다.

제Ⅱ장의 내용은 교과교육의 제도사적 전환과 학문정체성, 교과교육의 주요 내용인 교육 목표의 설정·진술과 교육 내용의 선정·조직, 그리고 종교교과교육의 학문정체성 부분으로 구성되어 있다. 이런 구성은 교육학계에서 논의되고 있는 교과교육의 학문정체성과 주요 내용을 검토하여 종교교과교육의 학문정체성을 모색하기 위한 것이라고 할 수 있다. 제Ⅱ장의 주요 내용을 다음과 같이 정리할 수 있다.

교과교육의 제도사적 전환과 학문정체성 부분에서는 제도사 차원에서 교과교육의 역사적 전환점을 제2차 교육과정이 확정·고시된 직후인 1964

년, 제4차 교육과정 시기인 1983년, 2007년 교육과정이 고시된 2007년 세 지점으로 구분하고, 세 지점에서 발생한 현상을 검토하였다.[2] 그리고 교과교육의 탐구 영역이 주로 방법론에 국한되다가 1983년 이후부터 '교과교육은 방법학이 아니라 내용학(학문)이어야 하고, 이를 위해 교육 내용에 관한 메타적 이해가 핵심이어야 한다.'고 강조하는 흐름이 나타났고, 2007년의 교직과정 변화를 전후로 교과교육의 학문정체성에 관한 논의가 활발해졌다는 점을 지적하였다.

교과교육의 주요 내용 부분에서는 교육과정이나 수업설계의 구성 요소에 해당하는 교육 목표의 설정·진술 이론, 교과 내용의 선정 기준과 조직 원리를 검토하였다. 그 내용은 타일러의 이론을 중심으로 교육 목표를 설계하는 방법, 블룸의 이론을 중심으로 교육 목표를 분류하고 구성하는 방법, 타일러·메이거·그론런드·아이즈너의 이론을 중심으로 교육 목표를 진술하는 방법을 검토하였다. 그리고 교육 내용의 선정 과정에서 활용되는 기회·만족·가능성·동(同)경험 다(多)목표·동목표 다경험·성취·흥미·학습가능성·타당성·유의미성 등의 일반 원리와 내재적·외재적 기준, 또한, 교육 내용의 조직 원리로 활용되는 수직적·수평적·논리적·심리적 조직 원리 등을 검토하였다.

종교교과의 학문정체성 부분에서는 종교교사 자격증의 획득 조건이 지속적으로 변화했지만 여전히 종교교과교육이 중시되고 있는 상황, 그럼에도 불구하고 '종교교육론, 종교교과교육론, 종교교과교재연구 및 지도법'에 관한 이해가 일치하고 있지 않은 상황을 대학별 종교교과교육 관련 과

---

2) 교과교육의 제도사적 흐름을 이렇게 구분한 이유는 여러 가지지만, 1964년에 <교원자격검정령>(2월)과 동 법률의 <시행규칙>(4월)이 제정·시행되었고, 1983년 10월에 <교원자격검정령시행규칙>이 일부 개정되어 교직과정 영역에 '교과교육' 부분이 신설되었고, 2007년에 <교원자격검정령>과 동 법률의 <시행규칙>이 일부 개정되어 교직과정의 세부 영역에서 교과교육 부분이 제외되고 '교직소양' 부분이 신설되었기 때문이다.

목의 개설 사례를 통해 검토하였다. 그리고 이런 상황이 조성된 이유를 종교교과의 학문정체성이 정립되지 않은 현실에 있다고 보고, 종교교과교육의 학문정체성을 정립하기 위해 종교교과교육이 종교학과 교육학과 어떤 차이를 가지고 있는지를 분석하였다.

종교교과교육의 학문정체성과 관련하여 제시한 내용은 세 가지이다. 하나는 종교학의 제반 내용에 대한 교육학적 변환의 강조이다. 다른 하나는 교육 내용의 교육학적 변환 과정에서 필요한 교육 내용에 관한 메타적 이해와 교수·학습 설계에 대한 강조이다. 그리고 나머지 하나는 학제적 연구에 대한 강조이다. 이런 내용들은 종교교과교육의 학문정체성을 정립하는 데에 출발점이 될 수 있을 것으로 사료된다.

제Ⅲ장의 내용은 교육과정의 제정·개정 주체와 종교 교육과정의 역사, 종교 교육과정의 목표와 내용 분석, 교과서 제도와 종교교과서의 연관성, 종교교과서의 내용 분석 부분으로 구성되어 있다. 이 연구에서 종교교과교재의 범위에는 종교 교육과정과 종교교과서를 모두 포함하였다. 종교 교육과정을 종교교과교재의 범위에 포함시킨 이유는 종교 교육과정도 종교교과서처럼 종교교과교육을 위한 수업 자료로 활용될 수 있기 때문이다. 실제로 '교과교재 연구 및 지도법'에 관한 여러 저서에는 국가 교육과정의 내용이 포함되어 있고, 오히려 교과서와 관련된 내용이 적은 편이다.3) 제Ⅲ장의 주요 내용을 다음과 같이 정리할 수 있다.

---

3) 예를 들어, 교육학 관련 교과교재 연구 및 지도법의 경우에는 교과교재 연구 부분에 교과와 교재 개념, 교과교육, 과목별 교육과정, 지도법 부분에 교과 지도법과 교과지도의 '실제'가 포함된다(배장오, 『교육학 교과 교재연구 및 지도법』, 서현사, 2011.). 특수교육 관련 저서의 경우에는 교수이론과 학습자 이해, 교육과정과 수업설계, 교수·학습 지도의 실제로 구성된다(권순황·박재국·조홍중·한경임·박상희, 『특수교육 교과교재 연구 및 지도법』, 일문사, 2013.). 유아교육 관련 저서의 경우에는 교재 교구에 관한 이론과, 건강·사회·표현·언어·탐구생활 학습을 위한 실제로 구성된다(김정규·이광자·조정숙, 『교과교재 연구 및 지도법』, 정민사, 2010.).

교육과정의 제·개정 주체와 종교 교육과정의 역사 부분에서는 교육과정의 제·개정 절차와 주체를 교육부·교육과정심의회·한국교육과정평가원을 중심으로 검토하였다. 그리고 종교 교육과정의 내용 설계가 처음 제시된 제6차 교육과정에서부터 2013년에 고시된 ≪초·중등학교 교육과정 총론≫(교육부 제2013-7호)에 이르기까지 종교 교육과정의 변화 과정을 검토하였다.

종교 교육과정의 목표와 내용 분석 부분에서는 우선, 제6차 종교 교육과정, 제7차 종교 교육과정, 2007년 종교 교육과정, 2011년 종교학 교육과정을 제Ⅱ장에서 서술한 교육 목표의 설정·진술, 교육 내용의 선정·조직으로 구분하여 검토하였다. 다음으로, 종교 교육과정에서 제시된 교수·학습 방법의 문제를 검토하면서, 특히 학습자의 동기유발을 위해 다양한 교수·학습 설계가 필요하다는 점을 지적하였다.

그 과정에서 종교 교육과정의 주요 문제로 교양인과 신앙인이라는 이질적인 교육 목표의 중복성, 종교와 인간에 관한 인식의 편향성, 다른 교과와 차별화되지 않는 종교교과의 정당성 또는 정체성, 특정 종교의 조장, 서술 내용의 비논리적 배치, 서술 논리의 생략이나 초월 등의 문제를 지적하였다. 종교 교육과정의 내용 선정과 관련해서는 종교학 개념의 모호성, 특정 종교의 조장, 내용 선정 기준의 불명확성, 그리고 교육 내용의 조직과 관련해서는 계속성(반복성)·계열성·통합성 등의 내용 조직 원리의 미고려 등의 문제를 지적하였다. 이런 문제들은 제6차 종교 교육과정에서부터 2011년 종교학 교육과정에 이르기까지 대체로 이어지고 있다.

교과서 제도와 종교교과서의 연관성 부분에서는 국정제·검정제·인정제·자유발행제 등의 교과서 발행 제도의 역사와 유형, 검·인정 교과서의 심사기준, 종교교과서의 인정 과정과 시기별 발행 상황을 검토하였다.

종교별 교과서 분석 부분에서는 종교별로 발행된 종교교과서를 분석하였다. 그 과정에서 다소의 차이는 있지만, 대체로 종교교과서의 편찬 주체가 특정 종교인들로 구성되었다는 점, 교육 내용이 특정 종교를 중심으로 선정·조직되었다는 점, 교과서의 편찬 목표가 특정 종교인의 양성을 지향하고 있고 목표 진술문에 추상적인 서술어가 제시되고 있다는 점, 교과서에 선정된 내용 영역과 그 조직이 교과서 편찬 근거인 국가 교육과정과 다소의 차이를 보인다는 점, 이미지 자료가 특정 종교를 중심으로 배치되어 있다는 점, 단원별 내용의 서술 비중이 특정 종교에 치우쳐 있다는 점을 지적하였다. 그리고 동시에 종교별 교과서의 편집 체제의 차이를 지적하였다.

제IV장의 내용은 다종교·다문화사회의 함의, 종교교과의 공공성·교양교육·통합성, 교과교육 이론의 반영과 소통 부분으로 구성되어 있다. 이는 다종교·다문화사회의 함의를 고려하여 종교교과교육과 종교교과교재에서 공공성과 통합성을 높이고, 교양교육의 성격을 명확히 하고, 교육과정과 교사, 교사와 학생 사이의 소통을 위해 교과교육에 관한 교육학계의 논의를 수용해야 한다는 내용이다. 제IV장의 주요 내용을 다음과 같이 정리할 수 있다.

다종교·다문화사회의 함의 부분에서는 다종교사회의 전개 과정을 검토한 후에 그 함의로 ①이질적인 종교인과 종교단체의 공존, ②종교의 상대화, ③여러 종교적 가치관의 중층적 수용과 종교단체의 교류 필요성, ④종교 갈등의 확대, ⑤종교의 공존 필요성, ⑥종교에 대한 낙인찍기와 편향된 인식의 재고 등 여섯 가지를 제시하였다. 그리고 이런 함의가 종교교과교육에 반영되어야 한다는 점을 지적하였다. 또한, 다문화사회의 전개 과정을 검토한 후, 종교가 다문화사회의 진입 통로가 되고 있고 다문화사회가 다종교 상황을 더욱 복잡하게 만드는 역할을 하고 있다는 점을 지적하였다. 그리고 다종교사회의 함의를 대입하여 다문화사회의 함의를 분석한 후에 ①낯선 문화의 인정, ②갈등 지점의 형성, ③상호 공존 정책의 필요성, ④인정담론과 정의기획의 관계 설정, ⑤다문화교육의 필요성 등에 관해 검토하였다.

종교교과의 공공성·교양교육·통합성 부분에서는 종립 중등학교가 사립학교에 해당하므로 공공성과 함께 자율성을 인정받고 있지만, 학교교육의 공공성을 고려했을 때 종교교과교육이 '공공성 내의 자율성'의 구도에서 이해되어야 한다는 점을 지적하였다. 그리고 이런 학교교육의 공공성뿐 아니라 종교교과교육과 교양교육의 연관성을 고려했을 때 종교교과에서 교양교육의 특성이 강조되어야 한다고 지적하였다. 또한, 다종교·다문화사회의 함의를 반영한 범교과학습 주제를 종교 교육과정과 종교교과교재와 연관시켜 종교교과의 통합성을 높여야 한다고 지적하였다. 그리고 그 주요 사례로 특히 종교교과교육과 다문화교육, 종교교과교육과 인권교육의 연관성을 검토하였다.

그리고 교과교육 이론의 반영과 소통 부분에서는 종교교과의 교육 목표를 설정하고 진술할 때 교과교육에 관한 교육학계의 논의를 수용하여 타당성이 높은 교육 목표를 설정하고, 가능한 한 학습 결과를 측정할 수 있도록 목표를 진술해야 한다고 지적하였다. 그리고 교육 내용을 선정할 때 그 기준을 명확히 하고, 교육 내용을 조직할 때에도 계속성(반복성)·계열성·통합성을 높여야 한다고 지적하였다. 또한, 종교교과교육을 진행하거나 교육과정을 포함하여 종교교과교재를 구성하는 과정에서 교수·학습 방법을 위해 필요한 동기유발 이론의 내용을 검토하였다.

2. 향후의 과제를 향하여

　지금까지 서술한 내용을 토대로 종교교과교육과 종교교과교재의 문제 상황을 다시 한 번 점검하면 다음과 같다. 종교 범주의 설정에 따라 차이가 있다고 해도, 인류의 역사에서 종교의 역사는 오래되었다고 할 수 있다. 그리고 역사적으로 종교는 인간에게 중요한 문화였고, 여전히 인간의 삶에 크고 작은 영향을 미치고 있다. 그렇지만 우리가 주변의 종교 현상을 낯설다고 느낄 정도로 종교의 종류가 다양하다.

　이 상황에서 우리에게 무엇보다 필요한 것은 종교 일반을 객관적으로 성찰할 수 있는 지적 안목이다. 이런 지적 안목을 가질 때 주변의 다양한 종교 현상, 그리고 인간과 종교, 사회와 종교, 국가와 종교, 세계와 종교의 연관성을 이해하고 분석하고 평가할 수 있는 능력을 발휘할 수 있기 때문이다.

　우리의 경우, 제4차 교육과정 이전까지 도덕이나 윤리나 역사나 사회 교과의 내용을 통해 종교와 관련된 지식과 현상과 의미를 간접적으로 경험했다고 할 수 있다. 그렇지만 이런 교과목만으로는 종교 관련 내용이 소략하고 단편적이어서 종교에 관한 지적 안목을 키우는 데에 어려움이 있었다. 그러다가 제4차 교육과정 시기에 '종교교과의 국가 공인 현상'이 있었다. 따라서 제4차 교육과정이 중등학교에 적용되는 순간부터 우리에게는 제도적으로 중등학교에서 종교교과교육을 통해 종교에 관한 지적 안목을 키울 수 있는 기회가 주어졌다고 할 수 있다.

'종교교과의 국가 공인 현상'의 배경에는 '특정 종교를 위한 교육'을 실시하던 종립학교와 종교계의 노력이 있었다. 당시 정부는 종교계의 지속적인 요청을 수용하여 종교교과를 국가 교육과정에 포함시켰다. 그리고 종립학교의 현실을 감안하여, 종교 교육과정에서 교양교육과 함께 '특정 종교를 위한 교육'이라는 지향성을 공인하였다. 따라서 종립학교에서는 제4차 교육과정 이후에도 종래와 마찬가지로 종교교과교육을 '특정 종교를 위한 교육'으로 진행하였다. 그렇지만 이런 상황은 결과적으로 정교분리 원칙, 교육과 종교의 분리 원칙, 그리고 '준공립학교'라는 종립학교의 위상을 무색하게 만들었다고 할 수 있다.

이런 상황으로 말미암아 학교라는 교육 공간에서 종교교과교육을 통해 종교 일반에 관한 지적 안목을 키울 수 있는 기회는 일반화될 수 없었다. 국·공립학교에서는 '특정 종교를 위한 교육'의 법적 금지 원칙을 근거로 종교교과를 개설하지 않았다. 일반 사립학교에서도 종교 과목에 관한 이중 개설 원칙, 그리고 종교교과교육이 '특정 종교를 위한 교육'으로 인식되는 상황이 부담으로 작용하면서 종교교과를 개설하지 않았다. 그리고 제4차 교육과정 이후에 종종 학생의 종교 자유 침해 문제가 발생하고 있지만, 지금까지 종교교과교육은 여전히 종립학교에서 '특정 종교를 위한 교육'으로 진행되고 있다.

또한, 종교계나 종립학교에서는 제6차 교육과정 이후부터 국가 교육과정에 준해 종교교과서를 편찬하여 시·도 교육감의 인정을 받고 있다. 학교의 종교교과교육을 위해서는 교육 목표와 내용이 담긴 종교교과교재가 필요했기 때문이다. 그렇지만 이런 종교교과서의 공통된 특징은 특정 종교에 관한 서술 비중이 높았다는 점이다. 이런 특징은 '시·도 교육감 인정'을 거쳤다고 해도 일반 사립학교나 다른 종립학교에서 종교교과서를 사용할 수 없었다는 것을 의미한다. 국·공립학교나 일반 사립학교에서 특정 종교를 옹호하는 종교교과서를 채택할 이유가 없었기 때문이다. 이런 상황은 현재까지도 진행되고 있다.

이런 상황을 종합해보면, 종교교과교육과 종교교과교재는 아직까지 특정 종교를 위한 교육을 위해 존재하고 있다고 할 수 있다. 그렇다면 여전히 "법적으로 정치와 종교의 분리 원칙뿐 아니라 교육과 종교의 분리 원칙을 고수하고 있는 국가에서 교육과정에 종교교과를 포함시키고 있는 이유는 무엇일까?"라는 근본적인 문제가 다시 제기될 수 있다. 국가가 법적으로 정교분리 원칙과 교육-종교 분리 원칙을 고수하면서 동시에 '특정 종교를 위한 교육'을 공인한다는 것이 논리적 또는 합리적인 현상으로 보이지 않기 때문이다.

이상의 내용을 고려할 때, 우리는 국가의 인정을 받고 있는 종교교과교육과 종교교과교재에 대해 '학생 일반에게 종교에 관한 지적 안목을 제공하기 위해서가 아니라 여전히 특정 종교를 옹호하기 위해 존재하고 있다.'는 문제 상황을 설정할 수 있다. 이런 문제 상황은 종교교과교육과 종교교과교재가 국가의 공인을 받고 있음에도 불구하고 다종교·다문화사회의 함의를 반영하지도, 학교교육의 공공성 증진에 기여하지도 못하고 있음을 의미하고 있다.

이런 문제 상황에서 향후의 주요 과제는 무엇일까? 바로 종교교과교육을 학생 일반에게 종교에 관한 지적 안목을 제공할 수 있는 교육으로 만들고, 종교교과교재도 그에 맞게 구성하는 일이다. 이를 위해서 가장 먼저 개선할 부분은 국가 교육과정이다. 그 이유는 국가 교육과정이 학교의 종교교과교육에 관한 종합적인 계획이고, 종교교과서의 편찬과 종교교과교육의 제도적인 근거이기 때문이다.

국가 교육과정에 주목할 때 먼저 필요한 부분은 종교교과가 국·공립학교와 일반 사립학교에서도 채택될 수 있도록 국가 교육과정에 설정된 종교교과의 교육 목표와 내용을 재정비하는 일이다. 이는 종교교과교육 차원에서 학교교육의 공공성을 높이는 일이기도 하다.

이와 관련하여 고민해야 할 부분은 두 가지이다. 하나는 교양교육과 특정 종교를 위한 교육을 동시에 지향하게 만드는 이중적 교육 목표를 재설정해야 하는 문제이다. 이 부분은 종교교과교육의 학문정체성을 정립하는 문제와 직결되어 있다. 다른 하나는 특정 종교를 옹호하는 내용 영역의 처리 문제이다. 이미 2011년 종교학 교육과정에서 특정 종교를 위한 교육에 해당하는 내용 영역이 '개별 종교의 사례를 통해 종교 일반에 대한 이해를 종합하고 심화하는 영역'으로 간주된 바 있지만, 세부 내용에는 별다른 변화가 없는 실정이다. 이런 두 가지 문제는 교육 목표를 어떻게 설정하느냐에 따라 교육 내용의 선정과 조직 방식이 달라질 수 있으므로 서로 연관된다고 할 수 있다.

다음으로 필요한 부분은 종교 교육과정의 내용 영역을 사회 상황에 맞게 재정비하여 학생 일반에게 도움이 될 수 있도록 만드는 일이다. 그와 관련하여, 교육부는 경북교육청을 통해 2014년 3월 1일부터 고등학교에 적용되는 '종교학' 교과서를 개발한 바 있다. 이 종교학 교과서의 의의는 주로 종교학 연구자가 집필하고 현직 교사가 감수하여 특정 종교계와 무관하게 발행되었다는 점에서 찾을 수 있다. 그렇지만 이 교과서도 교과 내용과 범교과학습 주제의 연관성이 높지 않다는 점을 고려할 때 사회 상황을 제대로 반영하고 있다고 보기는 어렵다.

종교 교육과정에서 사회 상황의 반영도를 높이는 데에는 어떤 방법이 있을까? 여러 방법이 있을 수 있다. 예를 들어, 국가 교육과정의 수시개정 체제를 바꾸거나 국가 교육과정을 확정·고시한 시점과 적용 시점의 격차를 줄이는 것도 방법이 될 수 있다. 또한, 종교교과교재를 편찬할 때 내용 영역에 대해 선택과 집중이 이루어질 수 있도록 종교 교육과정의 내용 영역을 아예 넓게 제시하는 방법도 있을 수 있다. 만약 내용 영역을 확대한다면 이 연구의 제IV장에서 제안한 범교과학습 주제와 연계하는 작업이 필요할 것이다.

다음으로 필요한 부분은 학교의 종교교과교육 현장에 관해 주기적으로 실태조사를 진행하여 학생에게 충분한 동기유발이 가능한 종교교과교재를 개발하는 일이다. 그리고 실태조사의 진행과 종교교과교재의 개발을 위해서는 종교학 연구자, 현직 종교교사, 교육학 연구자가 공동으로 관심을 갖고 참여하는 학제적 연구 과정이 필요하다.

이런 학제적 연구가 진행된다면, 종교교과교재 내용의 명확성, 교육성, 현실성이 높아질 수 있다. 종교교과교재의 개발 과정에서 종교학자는 종교교과의 목표를 설정하고 내용 영역을 선정하는 데에, 교육학자는 선정된 목표와 내용의 교육학적 변환, 그리고 교수설계와 동기설계 과정에 기여할 수 있다. 그리고 현직 종교교사는 종교교과교재의 현실적인 적용 가능성을 높이는 데에 기여할 수 있다.

끝으로, 이 연구가 종교교과교육의 학문정체성 논의, 그리고 종교교과교재의 내용 분석과 그 구성 방향에 관한 논의의 확장에 기여하기를 기대해 본다. 이런 논의는 다종교·다문화사회에서 필요한 종교교과교육과 종교교과교재의 모습을 논의하는 일이라고 할 수 있다.

참고문헌

가영희·성낙돈·김수현·장청옥, 『교과교육론』, 동문사, 2011.
강돈구·윤용복·이혜정·송현주·류성민, 『종교교육 비교연구』, 한국학중앙연구원 문화와 종교연구소, 2009.
강돈구 외, 『종교교육의 현황과 개선방안』, 문화관광부·한국학중앙연구원, 2005.
강돈구, 「"종교문화"의 의미」, 『종교연구』 61, 2010.
_____, 「미군정의 종교정책」, 『종교학연구』 12, 1993.
강신임, 「한국사회의 다문화화와 교육의 과제」, 『대학원연구논집』 28, 동국대학교 대학원, 1998.
강현석·정재임·최윤경, 「Bloom의 교육목표분류학에 대한 비판과 그 대안 탐구」, 『중등교육연구』 53-1, 2005.
고 전, 「학교법규상 기본적 인권 보장제도와 과제」, 『교육법학연구』 11-1, 1999.
고범서, 『狀況과 宗敎』, 汎和社, 1983.
고병철, 「국가 교육과정 내의 다문화교육과 '종교'교과교육 - 다문화사회와 다종교사회의 연관성과 함의를 중심으로」, 『종교연구』 61, 2010.
_____, 「종교교과교육의 목표 진술과 소통가능성 -국가 수준의 교육과정을 중심으로-」, 『종교연구』 67, 2012.
_____, 「종립사학과 종교교과교육의 공공성과 자율성」, 『정신문화연구』 117, 2009.
_____, 「중등학교 종교교과의 교수·학습 방식」, 『교육연구』 43, 성신여자대학교 교육문제연구소, 2008.
_____, 「한국 종교교육의 정황과 방향 - 종립 고등학교의 경우를 중심으로」, 『종교교육학연구』 21, 한국종교교육학회, 2005.
_____, 「한국 종무행정의 역사적 경향과 전망」, 『종교문화비평』 14, 2008.
_____, 「한국의 종교교육 - 중등 종립학교를 중심으로 -」, 『종교연구』 46, 2007.
_____, 『한국 중등학교의 종교교과교육론』, 박문사, 2012.

고원국, 「원불교 종립학교 종교교재의 분석과 평가」, 『종교교육학연구』 22, 2006.

곽병선·이혜영, ≪교과서와 교과서 정책≫(연구보고 RR 86-6), 한국교육개발원, 1986.

곽병선 외 5인, ≪현행 교과서 제도 개선 방안≫, 한국교육개발원, 1994.

곽병선 외, ≪교과서 발행제의 다양화에 따른 자유발행제 도입 방안 연구≫(연구보고서 2004-6), 한국교과서연구재단, 2004.

_____, 『교과교육원리』, 갑을출판사, 1988.

곽병선, 「교과서 자유 발행 빠를수록 좋다」, 『교과서연구』 34, 2000.

_____, 「교과에 대한 한 설명적 모형의 탐색」, 『한국교육』 14-2, 1987.

곽상만, 「교과서 편찬·발행-급격한 변혁은 금물」, 『교과서연구』 41, 2003.

광주교육대학교초등교육연구소 편, ≪21세기를 대비한 초등 교과 교육학의 정립과 교수학습방법의 탐색≫, 광주교육대학교, 1995.

교육과학기술부 교원양성연수팀, 『2013년도 교원자격검정 실무편람』, 2013.

교육과학기술부 외, ≪인정도서 업무 매뉴얼≫, 교육과학기술부, 2011.

교육과학기술부(교과서기획팀), ≪검·인정 교과용도서 선정 매뉴얼≫, 2012.

교육과학기술부, ≪고등학교 교육과정 해설 - 교양≫(교육인적자원부 고시 제2007-79호), 2007.

_____, ≪ 2009 개정 교육과정≫(교육과학기술부 고시 제2009-41호), 2009.

_____, ≪고등학교 교육과정≫(교육과학기술부 고시 제2011-361호 [별책 4]), 2011.

_____, ≪초·중등학교 교육과정 총론≫(교육과학기술부 고시 제2012- 31호 [별책 1]), 2012.

_____, ≪초·중등학교 교육과정 총론≫(교육부 제2013-7호, 2013.12.18.), 2013.

_____, ≪고등학교 교양 교과 교육과정≫(교육과학기술부 고시 제2011-361호 [별책 19]), 2011.

_____, ≪고등학교 교양 교과 교육과정≫(교육과학기술부 고시 제2012-3호 [별책 19]), 2012.

_____, ≪고등학교 교육과정 해설 - 교양≫(교육인적자원부 고시 제2007-79호), 2007.

_____, ≪초·중등학교 교육과정 총론≫(교육과학기술부 고시 제2011-361호), 2011.

_____, ≪초·중등학교 교육과정(교육과학기술부 고시 제2012-31호, 2012.12.13) 【별책 1】 총론 일부 개정≫(<교육부 제 2013-7호>), 2012.

_____, ≪(교육인적자원부 고시 제2007-79호에 따른) 고등학교 교육과정 해설 -총론, 재량활동, 특별활동≫, 2009.

_____, 『2009년도 교원자격검정 실무편람』, 2009.

_____, 『2011년도 교원자격검정 실무편람』, 2011.

_____, ≪교육과학기술부 고시 제 2009-41호에 따른 초·중·고 창의적 체험 활동 교육과정 해설≫, 2010.

교육부, ≪고등학교 교육과정(Ⅰ)≫(교육부 고시 제1997-15호[별책 4]), 1997.

_____, ≪고등학교 교육과정(Ⅰ)≫(교육부 고시 제1992-19호), 1992.

_____, ≪고등학교 교육과정(Ⅰ)≫(교육인적자원부 고시 제2007-79호 [별책 4]), 2007.

_____, ≪검·인정 교과용 도서 선정 매뉴얼≫, 교육부 교과서기획과, 2013.

_____, ≪고등학교 교양선택 교육과정 해설≫(교육부 고시 제1992-19호), 1995.

_____, ≪고등학교 교육과정 해설 - 교양≫(교육부 고시 1997-15호), 1997.

_____, ≪고등학교 교육과정 해설 - 교양≫, 2001.

_____, ≪교육과학기술부 고시 제2009-41호에 따른 고등학교 교육과정 해설 - 총론≫, 2009.

_____, ≪교육인적자원부 고시 제2007-79호에 따른 고등학교 교육과정 해설 - 교양≫, 2008.

_____, ≪초·중등 학교 교육 과정 -국민공통 기본교육과정-≫(교육부 고시 제 1997-15호[별책 1]), 1997.

_____, ≪초·중등학교 교육과정 총론≫(교육과학기술부 고시 제2011-361호), 2011.

_____, ≪초·중등학교 교육과정≫(교육과학기술부 고시 제2009-41호), 2009.

_____, ≪초·중등학교 교육과정≫(교육인적자원부 고시 제2007-79호), 2007.

_____, ≪고등학교 교육과정 해설 -교양-≫, 교육부, 1997.

구본만, 「공교육에서 가톨릭 학교의 종교교육 방향 모색」, 『기독교교육정보』 30, 2011.

_____, 「가톨릭 학교의 학생인권 개념 모형과 실천 방향 모색」, 『종교교육학연구』 39, 2012.

구정화·설규주·송현정, 『교사를 위한 학교 인권교육의 이해』(국가인권위원회 엮음), 도서출판 아침이슬, 2007.

구정화, 「2007 및 2009 개정 교육과정 및 교과서 분석에 기초한 사회과 인권교육의 현황」, 『법과인권교육연구』 5-1, 2012.

_____, 「사회과교육에서 '인권'교육의 방향에 관한 연구: 교과서 분석을 중심으로」, 『시민교육연구』 25-1, 1997.

국회입법조사처, ≪다문화정책의 추진실태와 개선방향≫, NARS 정책보고서 제2호, 2009.

권건일 외, 『(교과교육과)실기교육방법의 이해』, 문음사, 1996.

권순황·박재국·조홍중·한경임·박상희, 『특수교육 교과교재 연구 및 지도법』, 일문사, 2013.

권영례, 『교과교육론』, 양서원, 2010.

권영민, 「국가수준 교육과정 평가 체제의 구축 방안」, 『교육과정연구』 22-1, 2004.

길희성, 「종교다원주의-역사적 배경, 이론, 실천」, 『종교연구』 28, 2002.

김경배·김재건·이홍숙, 『교과교육론』, 학지사, 2005.

김귀성,「공교육에서 종교교육의 개념모형 탐색」,『종교교육학연구』21, 2005.

_____,「'종교' 교재 개발의 과제와 전망」,『종교교육학연구』22, 2006.

_____,「원불교 중등학교 종교교과서 개발」,≪2011년 추계학술대회 자료집≫, 한국종
　　교교육학회, 2011.

_____,「종교과 교수-학습 원리와 교수법 사례」,≪2010년 추계학술대회 자료집≫, 한
　　국종교교육학회, 2010.

_____,『학교에서 종교교육의 이해』, 문음사, 2010.

김기홍,「다문화사회에서 간문화학습의 의미에 관한 고찰」,『교육연구』4-1, 한남대학
　　교 교육연구소, 1996.

김남희,「가톨릭 중등학교 종교교과서 개발」,≪2011년 추계학술대회 자료집≫, 한국종
　　교교육학회, 2011.

김덕근,「교과서 정책 국제 비교 연구」,『교육행정학연구』30-1, 2012.

김두성·주호수,「교과 교육학의 발전 방안 모색-교원양성을 중심으로」,『초등교육학연
　　구』6-1, 1998.

김두정,「학교 교육과정 이론의 다양성과 한국적 선택」,『교육과정연구』31-2, 2013.

김비환,「포스트모던 시대에 있어 합리성, 다문화주의 그리고 정치」,『사회과학』35-1,
　　성균관대학교 사회과학연구소, 1996.

김선미,「다문화 교육의 개념과 사회과 적용에 따른 문제」,『사회과교육학연구』4, 한
　　국사회과교육연구회, 2000.

김선임,「필리핀 이주노동자 공동체의 형성과정」,『종교문화연구』14, 2010.

김성학,『서구 교육학 도입과정 연구』, 연세대학교 박사학위논문, 1996.

김순자,「교과교육학의 연구영역 및 과제」,『원우총론』5, 숙명여자대학교 대학원원우
　　회, 1987.

김승호,「교과교육론 서설」,『교육과정연구』27-3, 2009.

김영석,「교과교육학의 위상과 교원양성대학의 구조」,『사회과교육연구』15-2, 2008.

김영한,「귀인피드백 학습전략이 수업장면에서의 뇌성마비아의 학습된 무력감과 자기
　　효능감에 미치는 효과」,『특수교육저널 : 이론과 실천』5-4, 2004.

김용주·김재웅·정두용·천세영,『21세기 교육을 위한 새로운 관점과 전망 : 유네스
　　코 21세기 세계교육위원회 종합보고서』(유네스코 21세기 세계교육위원회 편),
　　오름, 1997.

김용해,「인간 존엄성과 인권을 근거 짓는 작업에서의 문제들」,『사회와 철학』6, 2003.

김유환,「교과서 국정 및 검·인정제도의 법적 문제」,『한국교육법연구』8-1, 2005.

_____,「초·중등학교 종교교육의 문제점과 해결방향」,『공법학연구』9-1, 한국비교공
　　법학회, 2008.

김은영 외 4인,『한 권으로 끝내는 창의적 재량활동』, 삼양미디어, 2009.

김재복,「교육과정의 내용조직 유형에 관한 연구」,『교육과정연구』14-3, 1996.

김재영,「종교교과서 인정제도의 변화와 종교교과서 개발」,≪2011년 추계학술대회 자

　　　료집≫, 한국종교교육학회, 2011.
김재춘・김재현, 「교과서 자유발행제의 의미 탐색」, 『한국교육』 31-2, 2004.
김재춘, 「교과서 자유발행제의 의미 탐색」, 『한국교육』 31-2, 2004.
_____, 「미국의 교과서 인정 제도 분석: 캘리포니아 주 사례를 중심으로」, 『비교교육
　　　연구』 22-5, 2012.
김정규・이광자・조정숙, 『교과교재 연구 및 지도법』, 정민사, 2010.
김정호, 「교과서 자유 발행제의 의의와 전제 조건」, 『교과서연구』 34, 2000.
김종건, 「국가 수준 교육과정 개정 과정에 대한 비판적 성찰」, 『통합교육과정연구』 1,
　　　2007.
김종서・이영덕・정원식, 『최신 교육학개론』, 교육과학사, 1988.
김종서, 「종교교육 실태분석 - 종교교육의 이론적 체계화」, 『철학 종교사상의 제 문제
　　　(VI)』(한국정신문화연구원), 1990.
_____, 「한국 종교교육의 과제와 전망」, 『종교학연구』 20, 2001.
김종석, 「미국 다문화교육(Multicultural Education)의 이론적 고찰」, 『미국학논문집』 5,
　　　충남대학교 미국학연구소, 1984.
김진규, 『교과교육론』, 학이당, 2009.
김진영・이건재・이혜영・조난심, ≪교과용도서 국・검・인정 구분 준거 및 절차에 관
　　　한 연구≫(연구보고서 2010-2), 사단법인 한국검정교과서, 2010.
김철주・고병철, 「종교수업에서 동기유발의 필요성과 전략 - J. M. Keller의 ARCS 이론
　　　을 중심으로 -」, 『종교연구』 47, 2007.
_____, 「중등학교 다문화교육 교과의 활성화 방향 -교육정책과 학교교육을
　　　중심으로-」, 『한국학연구』 36, 고려대학교 한국학연구소, 2011.
김철주, 『교육공학의 동향과 새로운 교육』, 지샘, 2001, 103-111쪽.
김춘일, 「예술 분야 교과서의 자유 발행제」, 『교과서연구』 34, 2000.
김태호, 「다문화주의 상담의 동향과 한국사회에서의 발전과제」, 『교육연구』 14, 원광대
　　　학교 교육문제연구소, 1995.
김한종, 「조선총독부의 교육정책과 교과서 발행」, 『역사교육연구』 9, 2009.
김항제, 「세계화 시대의 통일교」, 『신종교연구』 25, 2011.
_____, 「통일교의 종교교육과 인권」, 『종교교육학연구』 39, 2012.
김현숙, 「미국의 교과서 발행 제도와 그 문제점」, 『내일을 여는 역사』 35, 2009.
김형구, 「한국 중등사학의 성장」, 『교육학연구』 41-2, 한국교육학회, 2003.
김형래, 「제7차 고등학교 교육과정에 따른 프랑스어 교과서 어휘 검정 기준과 교과서
　　　자유 발행제」, 『중등교육연구』 47, 2001.
김형철, <2009 개정 교육과정에 따른 인정도서 개발 관련>, ≪인정도서 감수・심의・
　　　개발진 공동워크숍≫, 2013.
김혜순, 「결혼이주여성과 한국의 다문화사회 실험: 최근 다문화담론의 사회학」, 『한국
　　　사회학』 42-2, 2008.

김화종, 「종교협력운동의 지속성 요인에 대한 연구 -한국종교인평화회의(KCRP)를 중심으로-」, 『원불교사상과 종교문화』 52, 2012.

나달숙, 「인권교육의 국내외적 현황과 지향 과제」, 『교육법학연구』 23-1, 2011.

나일수, 「르네상스 인문학과 인문교육」, 『교육철학』 28, 교육철학회, 2002.

나장함, 「다문화 교육 관련 다양한 접근법에 대한 분석 : 이론과 교육과정 변형을 중심으로」, 『사회과교육』 49-4, 2010.

노재철, 「미등록외국인근로자의 문제점과 해결방안」, 『노동법논총』, 18, 한국비교노동법학회, 2010.

대창고등학교 편, 『('97 교과 교육 연구 중심학교운영을 위한)성취 수준별 이동 수업의 효율적인 방법 연구』, 대창고등학교, 1997.

마이클 W. 애플, 제프 위티, 나가오 아키오, 『비판적 교육학과 공교육의 미래 - 신자유주의 교육개혁을 재검토한다』(정영애 외 옮김), 원미사, 2011.

마이클 W. 애플 외, 『문화 정치학과 교육』(김미숙 외 옮김), 우리교육, 2004.

_____, 『학교지식의 정치학 - 보수주의시대의 민주적교육』(박부권 외 옮김), 우리교육, 2001.

문화체육관광부, 『한국의 종교현황』, 2008.

_____, 『한국의 종교현황』, 2012.

박광수, 「종교협력운동의 세계적 동향과 과제」, 『종교연구』 31, 2003.

박남화, 「교과서 자유 발행제의 허와 실」, 『교과서연구』 43, 2004.

박범석, 「종교학교 종교교재의 구성과 활용에 관한 연구」, ≪2010년 추계학술대회 자료집≫, 한국종교교육학회, 2010.

박상선, 「초등 사회과에서 교과 목표달성을 위한 교과내용학의 역할 - 경제영역을 중심으로」, 『초등사회과교육』 11, 1999.

박성혁·성상환·곽한영, ≪우리나라 다문화교육정책 추진현황, 과제 및 성과 분석 연구≫, 교육인적자원부 연구용역보고서, 2007.

박순경, 「교과교육학 논의에 대한 반성적 고찰」, 『교과교육학신론』(허경철·이화진·박순경·소경희·조덕주), 문음사, 2001.

_____, 「교과의 개념과 성립 과정」, 『교과교육학신론』(허경철·이화진·박순경·소경희·조덕주), 문음사, 2001.

박승배, 『교육비평-엘리어트 아이즈너의 질적연구방법론』, 교육과학사, 2006.

박영목, 「교과 교육학의 학문적 발전 방향과 과제」, 『교육연구논총』 20, 홍익대 교육연구소, 2003.

박인기, 「교과교육학의 학문 위상과 현 단계 도전 과업」, 『교과교육학연구』 10-1, 2006.

박일삼, 「일본의 교과서 제도와 교육 통제 정책: 교과서 검정제도의 성립과 전개를 중심으로」, 『사회과교육학연구』 5, 2001.

박종석·정병훈·박승재, 「1895년부터 1915년까지 과학 교과서의 발행 , 검정 및 사용에 관련된 법적 근거와 사용 승인 실태」, 『한국과학교육학회지』 18-3, 1998.

박종수, 「다문화현상에 대한 한국개신교의 인식과 대응」, 『종교문화연구』 14, 2010.

박종희·강선희, 「이주근로자 인권보호에 관한 법제도 운영과 개선방안」, 『고려법학』, 50, 고려대학교 법학연구원, 2008

박주신, 「브루너(J. S. Bruner)의 교육이론 연구」, 『교육문화연구』 5, 1999.

박진균, <다문화가정, 이주노동자 그리고 종교>, 샐러드TV다문화방송국(http://saladtv.kr /?mid=ko_focus).

박창언, 「교육과정심의회의 법적 성격과 역할」, 『교육과정연구』 25-4, 2007.

박채형, 「타일러의 교육과정 모형 : 매력과 함정」, 『도덕교육연구』 20-1, 2008.

_____, 「허스트의 전·후기 교육과정이론: 교과와 삶의 관련」, 『도덕교육연구』 17-2, 2006.

박헌욱, 「일본의 공교육에 있어서 기독교교육의 의의와 역할」, 『기독교교육논총』 12, 2006.

박희종, 「소태산 박중빈의 인권사상」, 『원불교사상과 종교문화』 54, 2012.

_____, 「원불교에서의 종교교육과 인권」, 『종교교육학연구』 39, 2012.

방인옥 외, 『유아 교과 교육론』, 창지사, 1997.

방인옥, 「유치원의 교육목적설정에 대한 듀이와 타바의 이론 비교」, 『인문사회과학연구』 13, 장안대학 인문사회과학연구소, 2004.

배장오, 『교과교육론』, 서현사, 2005.

_____, 『교육학 교과 교재연구 및 지도법』, 서현사, 2011.

법무부 출입국·외국인정책본부 정책기획평가팀, <'제1차 외국인정책 기본계획' 심의·확정 - '외국인과 함께 하는 세계 일류국가' 추진을 위한 5개년 계획>, 2008.

불교교육연합회 편저, 『종교(불교)』, 대한불교조계종 출판사, 2002.

사단법인 국경없는마을 다문화사회교육원, ≪이주민 공동체의 문화다양성에 대한 조사연구≫, 2007.

서영미, 「교과내용학으로서의 영어학과 영어 교육학의 연계성 연구」, 『영어학 연구』 7, 2002.

서울교육대학 국어과교육교재편찬위원회 편, 『국어과 교과교육학』, 교학연구사, 1991.

서종남, 『다문화교육-이론과 실제』, 학지사, 2010.

서중석, 『한국현대사』, 웅진지식하우스, 2011.

성열관, 「종교 교육과정과 바우처 제도에 관한 일 고찰: 종교-시장-인권의 삼각법 (trigonometry)」, 『경희대학교 교육문제연구소 논문집』 20-2, 2004.

손기호, 「'질 높은 사회통합' 정책목표와 성과평가에 관한 연구 -제1차 외국인정책 기본계획(2008~2012)을 중심으로-」, ≪한국지방정부학회 학술대회자료집≫ 2010-3, 2010.

손성현, 「프로테스탄트 교육은 인권의 파트너가 될 수 있는가? - 개신교 종교교육과 인권의 불화 혹은 연대의 맥락에 관한 성찰」, 『종교교육학연구』 39, 2012.

손원영, 「종교교재의 영성지향 평가 모형」, ≪2010년 추계학술대회 자료집≫, 한국종교

교육학회, 2010.

손충기, 「수업목표 진술에 관한 하나의 논의」, 『행동적 수업목표 진술』(Norman E. Gronlund, 손충기 옮김), 문음사, 1987.

손태근, 『교과교육론』, 자유출판사, 1991.

_____, 『교과교육론』, 지성문화사, 1986.

송기춘, 「판례분석: 사학의 종교교육의 자유와 학생의 종교의 자유 -서울고등법원 2008. 5. 8. 선고, 2007나102476 판결 비판-」, 『민주법학』 37, 민주주의법학연구회, 2008.

신광철, 「다문화사회와 종교」, 『종교연구』 59, 2010.

_____, 「종교교과서 개발의 현황과 과제」, ≪2011년 추계학술대회 자료집≫, 한국종교 교육학회, 2011.

_____, 「종교교과서 개발의 현황과 과제 -교육과정의 영향을 중심으로-」, 『종교교육학 연구』 37, 2011.

신세호, 『교과교육평가의 실제』, 교육과학사, 1977.

신재식, 「한국사회의 종교 갈등의 현황과 구조 탐구 -한국 개신교 요인을 중심으로-」, 『종교연구』 63, 2011.

신재한, 「교과지식 영역에 따른 대안적 수업목표 분류 방안 탐색」, 『한국교육논단』 4-2, 한국교육포럼(아시아태평양교육학회), 2005.

신현직, 「사립학교의 법적지위」, 『사회과학논총』 8, 계명대학교 사회과학연구소, 1989.

안병우, 「국정제 폐지와 미래 지향 발행제로 전환」, 『교과서연구』 43, 2004.

안병초·이종범·김낙용·박찬복, 『생활과 종교』, 마리아회유지재단 출판사, 2012.

안병초·한동성·이종범·송향숙, 『고등학교 종교교과서 지침서』, 가톨릭교육재단협의 회, 2003.

안옥선, 「불교의 '인권': 성립, 옹호, 실현」, 『용봉논총』 30, 전남대학교인문과학연구소, 2001.

안전행정부, ≪지방자치단체 외국인주민 지원 업무편람≫, 2010.

안정수, 「교육목표의 개념·목적·기능」, 『경희대학교 교육문제연구소 논문집』 17, 2001.

양미경, 「미국의 교과서 정책 및 활용 방식 연구」, 『비교교육연구』 13-1, 2003.

양철문, 『한국 근·현대 중등교육 100년사』, 교학연구사, 1998.

엄주정, 『각과 지도를 위한 교과교육론』, 재동문화사, 1988.

엄한진, 「한국사회 이주민 종교공동체의 실태와 성격」, 『종교문화연구』 14, 2010.

엘리어트 아이즈너, 『교육적 상상력 - 교육과정의 구성과 평가』(이해명 옮김), 단국대학 교출판부, 1999.

연구소자료, 「교육철학의 최근 동향 : 국가는 교육을 통제해야 하는가?」, 『교육연구』 33, 전남대학교 교육문제연구소, 2010.

연세대학교 교육연구소 편, ≪교육의 경쟁력 제고를 위한 교과교육의 진단과 개혁과제≫, 연세대학교 교육연구소, 1995.

예상진, 「교수-학습과정에서의 수업목표진술에 관한 이론적 접근」, 『경북전문대학 논문집』 8, 1989.

원불교 교육부, 『종교(원불교)』, 원불교출판사, 2001.

웬디 브라운, 『관용-다문화제국의 새로운 통치전략』(이승철 옮김), 갈무리, 2010.

유광석, 「Limitations of Religious Economy Model in Korean Religious Market」, 『종교와 문화』 23, 2012.

유네스코아시아, 『다문화 사회와 국제이해교육』, 동녘, 2009.

유의준, 『초·중등학교 교육과정정책 형성과정에 관한 연구』, 한국교원대학교 대학원 박사학위논문, 2002.

유재봉, 「피터스와 허스트의 교육사상 비교」, 『한국교육사학』 22-2, 2000.

_____, 「허스트의 실천적 이성과 교육」, 『교육철학』 36, 2006.

유한구, 「교육내용 선정의 두 기준: 교육내용 선정의 문제와 발전과제」, 『교육과정연구』 16-1, 1998.

_____, 『(초등학교) 통합교과 교육론』, 교육과학사, 1998.

윤기봉, 「증산 강일순의 인권사상」, 『종교교육학연구』 32, 2010.

윤이흠, 「다종교문화 속에서의 종교 교육」, 『종교연구』 2, 1986.

_____, <多宗敎 상황, 혼돈을 넘어 개방 사회로>, 『해방40년: 민족지성의 회고와 전망』(김병익·김주연 共編), 文學과知性社, 1985.

_____, 「종교 다원문화속에서의 종교교육」, 『종교연구』 2, 1986.

_____, 『한국종교연구(권 1)』, 집문당, 1986.

윤인진, 「한국의 다문화교육에 대한 평가와 향후 과제」, 『외국어로서의 한국어교육』, 연세대학교 한국어학당, 2009.

윤재근, 「대순사상에서의 종교교육과 인권」, 『신종교연구』 27, 2012.

_____, 「종립학교 종교교육의 다원적 접근」, ≪2010년 추계학술대회 자료집≫, 한국종교교육학회, 2010.

윤정일·신득렬·이성호·이용남·허형, 『교육의 이해』, 학지사, 1997.

윤종영, 「국사교과서 발행제도에 대한 고찰」, 『문명연지』 1-2, 2000.

이경호, 「다문화사회의 대두와 시민교육의 과제: 관용성을 중심으로」, 『시민교육연구』 25-1, 한국사회과교육학회, 1997.

이계수, 「교과서 국정제 및 검인정제에 대한 재검토: 1992.11.12.,89헌마88 결정에 대한 비판을 중심으로」, 『사회과학논집』 9-2, 울산대학교, 1999.

이길상, 「교과서 제도 국제비교」, 『중등교육연구』 57-2, 2009.

이대길, 「개신교 중등학교 종교교과서 개발」, ≪2011년 추계학술대회 자료집≫, 한국종교교육학회, 2011.

이돈희·박순경, ≪교과학 기초 연구≫, 한국교육개발원연구보고서 RR97-16(교과학 연구총서 1), 1997.

이돈희 외, 『교과교육학 탐구』, 교육과학사, 1994.

이돈희, 「교과학의 성격과 교사의 전문성 -세계화, 정보화의 시대에 임하여」, 『교육・생활과학논총-교육연구편』, 창간호, 1998.

_____, 「사회과교육의 성격과 지향」, 『교과교육학탐구』, 교육과학사, 1994.

_____, 『교육적 경험의 이해』, 교육과학사, 1993.

이동한, 「정보화 사회의 종교적 성찰」, 『종교교육학연구』 6-1, 1998.

이미숙, 「학교 교육과정의 교육내용 선정시 고려되어야 할 지식의 성격」, 『교육과학연구』 33-1, 이화여자대학교 교육과학연구소, 2002.

이병희, 「국사교과서 국정제도의 검토」, 『역사교육』 91, 2004.

이소영, 「외국어 교육에서의 교과서 자유 발행 제도」, 『교과서연구』 34, 2000.

이수정, 「중학교 사회과 교육과정에서의 법과 인권교육의 과제」, 『법과인권교육연구』 2-3, 2009.

이신철, 「한국사 교과서 발행의 과거와 현재」, 『내일을 여는 역사』 35, 2009.

이용교・이희길, 「한국 청소년을 위한 인권교육의 모색」, 『아동과 권리』 1-1, 1997.

이용교, 「청소년 인권교육의 실태와 과제」, 『한국청소년연구』 10-1, 1999.

이용재, 「유럽의 교과서 발행 제도 - 영국・프랑스・독일의 사례를 중심으로」, 『내일을 여는 역사』 35, 2009.

이용환, 「교육목표 분류학 비판」, 『교육연구』 8, 1982.

이은봉, 「학교에서의 종교교육의 필요성」, 『학문과 종교』(국제크리스찬교수협의회 편), 도서출판 주류, 1987.

이재일, 「종교교과 수업모형에 따른 수업사례연구」, ≪2010년 추계학술대회 자료집≫, 한국종교교육학회, 2010.

_____, 「통일교 종립학교의 종교교과서 분석과 평가」, 『종교교육학연구』 22, 2006.

_____, 「통일교 중등학교 종교교과서 개발」, ≪2011년 추계학술대회 자료집≫, 한국종교교육학회, 2011.

이정복, 「교육과정의 유형 분류」, 『교육발전』 22-1, 서원대학교 교육연구소, 2003.

이정선・최영순・김정우・이경학・임철현・최만・유현석, 『초등학교 다문화교육의 이해-이론과 실제』, 동문사, 2010.

이정은, 「한국에서의 인권개념 형성 과정」, 『민주주의와 인권』 1-2, 2001.

이종승, 「교육목표의 분류체계와 진술방식」, 『교육발전논총』 11-1, 1990.

이진구, 「일제의 종교/교육 정책과 종교자유의 문제 - 기독교학교를 중심으로」, 『종교연구』 38, 2005.

_____, 「한국신종교사의 자리에서 바라본 통일교 -종교시장 진출 전략을 중심으로-」, 『한국기독교역사연구소소식』 58, 2003.

이진일, 「개념사의 학문적 구성과 사전적 기획 사이에서 -『코젤렉의 개념사 사전』을 중심으로-」, 『개념과 소통』 7, 2011.

이찬수, 「문(文)-화(化), 그리고 "적(的)의 논리"」, 『종교연구』 59, 2010.

이태욱, 『컴퓨터 교과교육학』, 형설출판사, 1998.

이학주, 「불교 중등학교 종교교과서 개발」, ≪2011년 추계학술대회 자료집≫, 한국종교
　　교육학회, 2011.
이해명(편역), 『교육과정 이론』, 교육과학사, 2000.
이혜영, 「개방적이고 공정한 교과서 발행 제도 확립」, 『교과서연구』 43, 2004.
이홍우, 『교육과정의 이해와 개발』, 문음사, 2002.
임지봉, 「사립고등학교에서의 종교교육과 학생의 인권」, 『세계헌법연구』 17-2, 2011.
임채식・이경희・임은숙・신순식, 『교과교육론』, 태영출판사, 2008.
장　신, 「조선총독부 학무국 편집과와 교과서 편찬」, 『역사문제연구』 16, 2006.
장상호, 「당신은 교육학자인가?」, 『교육원리연구』 10-2, 2005.
장석만, 「인권 담론의 성격과 종교적 연관성」, 『시대와 민중신학』 10, 2008.
장언효, 「행동적 수업목표에 대한 소고」, 『교육논총』 2, 국민대학교 교육연구소, 1983.
전국열린교실연구응용학회 편, 『열린 교과 교육 연구』, 열린교실, 1997.
전성표, 「우리 사회 종교갈등의 실태와 잠재력: 1991-2000」, 『한국사회학회 사회학대회
　　논문집』, 한국사회학회, 2001.
전정태, 「행동적 수업목표 설정에 관한 소고」, 『교육연구』 9, 조선대학교 교육연구소,
　　1986.
전제철, 「다문화 인권교육의 관점에서 본 초등 사회과 교육과정」, 『시민교육연구』 45-1,
　　2013.
정범모, 『교육과 교육학』, 배영사, 1993.
정상준, 「미국 문화의 단일성과 다양성 : 포스트모더니즘, 실용주의, 그리고 다문화주의」,
　　『미국학』 20, 서울대학교 미국학연구소, 1997.
정석환, 「포스트모더니즘에 근거 한 한국 다문화교육의 재개념화」, 『한국교육학연구』
　　18-2, 2012.
정영근, 『고등학교 교양 선택과목 교육과정 개정 시안 연구 개발』, 한국교육과정평가
　　원, 2006.
정원식・정범모・이응백・박한식・강우철・이원순・이찬・정연태・윤양석・나현성・
　　이맹성・박태식・현기순, 『교과교육전서』, 한국능력개발사, 1975.
정인석, 『(新刊)敎科敎育論』, 敎育出版社, 1987.
정재영, 「개종의 사회 문화적 요인」, 『신학과 실천』 14, 한국실천신학회, 2008.
정진홍, 「공교육과 종교교육: 초, 중, 고교 도덕교육과정 개발과의 관련에서」, 『종교연
　　구』 2, 1986.
_____, 「한국에서의 종교교육의 제문제-고등학교 교육과정을 중심으로」, 『학술원논문
　　집』 41, 2002.
정태범, 「교과교육학의 개념적 모형」, 『교원교육』 1-1, 한국교원대학교 교육연구원, 1985.
정혜진, 「교육과정의 심성함양모형은 가능한가 」, 『도덕교육연구』 18-2, 2007.
조대훈, 「침묵의 교육과정을 넘어서: 성적 소수자의 인권과 사회과교육」, 『시민교육연
　　구』 38-3, 2006.

조석훈, 「사립학교의 책무성: 자주성과 공공성의 조화」, 『교육법학연구』 16-2, 대한교육 법학회, 2004.

조영달 외, ≪다문화교육의 이해를 위한 교양 교재 저술≫, 교육인적자원부, 2008.

_____, ≪학교 다문화교육 프로그램 운영실태 분석 연구≫, 교육과학기술부, 2009.

조은하, 「개신교 종립학교의 종교교과서 분석」, 『종교교육학연구』 22, 2006.

조현범, 「의미추구의 해석학으로서의 문화 연구 -『문화의 해석』(클리포드 기어츠 지음, 까치, 1998)에 대한 서평-」, 『종교문화연구』 1, 1999.

조희형, 「Bloom 등의 교육목표 분류론의 본질과 그 문제점」, 『과학교육논총』 9, 1984.

존 듀이, 『사고하는 방법』(박한영 역), 법문사, 1979.

존 실리, 『종교교육이론』(강돈구 외 역), 서광사, 1992.

최미정, 「교육내용 선정 원리에 비추어 본 제 7차 특별행동 교육과정: 적응활동과 봉사 활동을 중심으로」, 『학습자중심교과교육연구』 5-1, 2005.

최성욱, 「교과교육학 논의의 반성적 이해와 대안적 접근 -교육본위 교과교육학의 가능 성 검토」, 『교육원리연구』 1-1, 서울대학교 교육원리연구회, 1996.

_____, 「교과교육학의 학문적 조건과 실과교육」, 『실과교육연구』 16-4, 2010,

최성환, 「삶의 형식으로서의 학문-교양교육을 중심으로」, 『철학탐구』 15집, 중앙대학교 중앙철학연구소, 2003.

최원형, 「폴 허스트의 '사회적 실제'와 존 듀이의 '기본적 삶의 활동' 개념 비교」, 『교육 과정연구』 26-4, 2008.

최 일·김병석·안정희, 『다문화교육의 이론과 실제』, 학지사, 2009.

최현호, 「인권교육 개선을 위한 도덕과 교육과정 및 교과서 분석 연구: 중학교 도덕교 과서 분석중심으로」, 『한국교육』 32-3, 2005.

추정훈, 『교과교육론』, 청목출판사, 2010.

충청북도교육청, ≪2010. 인정도서 업무 처리 지침≫, 충청북도교육청[학교정책과], 2010.

푸른솔편집부 편저, 『교과교육론』, 푸른솔, 1995/1997.

학교법인 선문학원 편찬, 『생활과 종교』, 성화출판사, 2011.

한건수, 「다민족사회의 종교갈등과 정체성의 정치」, 『종교문화연구』 14, 2010.

한국교원대학교부설교과교육공동연구소 편, 『교과교육 연구 실태 조사 연구』, 한국교 원대학교부설교과교육공동연구소, 1997.

_____, 『교과교육을 통한 인성교육 방안』, 한국교 원대학교부설교과교육공동연구소, 1998.

_____, 『교원양성대학의 교과교육학 교재 개발 연구』, 한국교원대학교부설교과교육공동연구소, 1998.

한국교육과정평가원, ≪2011 고등학교 교양 영역 교육과정 개정 시안 연구 개발≫(연구 보고 CRC 2011-7), 2011.

_____, ≪초·중등학교 교육과정 개정 고시(제2011-361호, '11.08.09)에 따른 초·중등학교 검정 교과용도서 편찬상의 유의점 및 검정기준≫, 2011.8.

한국기독교학교연맹, 『생활과 종교(상)』, 2012.

한기철, 「프랙티스: 허스트 교육이론의 재조명」, 『초등교육연구』 24-2, 2011.

한미라, 「공교육에서 개신교학교 종교교육의 희생」, 『기독교교육정보』 30, 2011.

홍덕률, ≪인문학적 소양의 함양을 위한 사회교육 활성화 방안 연구≫(인문정책연구총서 2002-22, 보고서번호: RS2002-22), 인문사회연구회·한국교육개발원, 2002.

홍신기·윤순종, 「초등학교 아동에 대한 주요국의 훈육 규정 사례 연구」, 『비교교육연구』 21-1, 한국비교교육학회, 2011.

홍원표, 「듀이와 피터즈 논의의 비판적 재검토」, 『교육원리연구』 3-1, 1998.

홍은숙, 「후기 허스트의 도덕교육론 고찰: '실천전통에의 입문으로서의 교육관'에서의 도덕교육」, 『도덕교육연구』 17-2, 2006.

홍후조·백경선, ≪교과서 발행 제도 개선 방안에 관한 연구 - 교과서 가격 및 검정 도서 책별 이익금 배분제와 발행제도를 중심으로≫(연구 보고서 2007-3), 한국교과서연구재단, 2008,

황규호·양영자, 「한국 다문화교육의 교육내용 쟁점 분석」, 『교육과정연구』 26-2, 2008.

황규호, 「다문화사회에서의 자유교육의 성격」, 『교육이론』 7·8-1, 서울대학교 사범대학 교육학과, 1994.

황우여, 「천부인권사상의 전개」, 『법조』 33-10, 법조협회, 1984.

황준성·박재윤·정일환·문성모·신지수, 「종교교육의 자유의 법리 및 관련 법령 판례 분석」, 『교육법학연구』 19-2, 대한교육법학회, 2007.

황필호, 『서양 종교철학 산책: 기독교·해방신학·비트겐슈타인·분석철학』, 집문당, 1996.

_____, 『수필로 쓴 수필론』, 수필과비평사, 2007.

Arthru K. Ellis, 『교육과정이론과 실천 패러다임』(김복영 옮김), 아카데미프레스, 2012.

B. S. Bloom 편저, 『교육목표분류학: (Ⅰ) 지적 영역』(임희도·고종렬·신세호 공역, 정범모 감수), 배영사, 1972.

C. Gilligan, 『다른 목소리로』(허란주 옮김), 동녘, 1997.

Christine E. Sleeter & Carl A. Grant, 『다문화교육의 탐구: 다섯 가지 방법들』(문승호·김영천·정정훈 공역), 아카데미프레스, 2009.

Christine I. Bennett, 『다문화교육 이론과 실제』(김옥순·김진호·신인순 공역), 학지사, 2009.

David R. Krathwohl, Benjamin S. Bloom & Bertram B. Masia, 『교육목표분류학: (Ⅱ) 정의적 영역』(신세호 외 3인 공역), 익문사, 1978.

Dick & Carey, 『체제적 교수설계』(김형립 외 옮김), 교육과학사, 1996.

_____, 『체제적 교수설계』(최수영 외 옮김), 아카데미프레스, 2003.

Edward T. Hall, 『생명의 춤』(최효선 역), 한길사, 2000.

Geert Hofstede, 『세계의 문화와 조직(Cultures and organizations)』(차재호 역), 학지사,

1995.

Gene D. Shepherd & William B. Ragan, 『초등교과교육론』(송용의 역), 성원사, 1988.

J. M. 켈러·송상호, 『매력적인 수업 설계』, 교육과학사, 2005.

J. S. 브루너, 『교육의 과정』(이홍우 역), 배영사, 1979.

James A. Banks, 『다문화 시민교육론』(김용신·김형기 옮김), 교육과학사, 2009.

_____, 『다문화교육입문』(모경환·최충옥·김명정·임정수 공역), 아카데미 프레스, 2009.

Marteen Peter Meijer, 「The Role of Religion in Contemporary Education」, ≪2010년 추계 학술대회 자료집≫, 한국종교교육학회, 2010.

Nathan Glazer, 『우리는 이제 모두 다문화인이다』(서종남·최현미 공역), 미래를소유한 사람들, 2009.

Norman E. Gronlund, 『행동적 수업목표 진술』(손충기 옮김), 문음사, 1987.

R. S. 피터즈, 『윤리학과 교육』(이홍우 역), 교육과학사, 2003.

Ralph Tyler, 『교육과정과 학습지도의 기본원리』(이해명 역), 교육과학사, 1998.

Robert F. Mager, 『학습지도를 위한 행동적 수업목표의 설정(Preparing Instructional Objectives)』(정우현 역), 교육과학사, 1983.

Apple, Michael W., *Official knowledge: Democratic education in a conservative age*, New York: Routledge, 1993.

_____, *The Politics of the textbook*, New York: Routledge, 1991.

Bloom, B. S., M. D. Englehart, M. D. Furst, E. J. Hill, and D. R. Krathwohl, *Taxonomy of Educational Objectives: The Classificational Objectives. Handbook I: Cognitive Domain*, New York: David McKay, 1956.

Bloom, B. S., et. al., *Taxonomy of educational objectives(I), The cognitive domain,* New York: David McKay & Co.(With D. Krathwohl et al.), 1956.

Boydston, Jo Ann & Fredson Bowers eds., *The Early Works of John Dewey 1882-1898*, London: South Illinois University Press, 1975.

Brady, L., *Curriculum Development*, NY: Prentice Hall, 1987; L. Brady, *Curriculum development*(fourth edition), Sydney: Prentice Hall, 1992.

_____, School based curriculum development and the national curriculum: can they coexist?, *Curriculum and teaching*, 10(1), 1995.

Brown, Wendy, *Regulation Aversion: Tolerance in the Age of Identity and Empire*, Princeton University Press, 2006.

Bruner, Jerome. S., The Process of Education, Harvard University Press, 1977/1978.

Eisner, Elliot W., 'Benjamin Bloom, 1913-99'(http://www.ibe.unesco.org/publications/Thinkers Pdf/bloome.pdf).

Elton, G. R., ed., *Renaissance and Reformation, 1300-1648*, New York: Macmillan, 1976.

Geertz, Clifford, Religion as a cultural system, *The interpretation of cultures: selected essays*, Fontana Press, 1993.

Gilligan, C., *In a Different Voice: Psychological Theory and Women's Development*, Cambridge: Harvard University press, 1982.

Gort, Jerald D., Henry Jansen & Vroom edt., *Probing The Depths Of Evil And Good: Multireligious Views and Case Studies*, Lightning Source Inc., 2007.

Hirsch, E. D. Jr., *Cultural Literacy: what every American needs to know*, Boston, MA: Houghton Mifflin, 1987.

Hirst, P. H. & R. S. Peters, *The Logic of Education*, London: Routledge & Kegan Paul, 1970.

Hirst, P. H., Education, Knowledge and Practices, *Beyond Liberal Education: Essays in honour of Paul H. Hirst*, eds. by R. Barrow and P. White, 1993.

_____, The Logical and Aspects of Teaching a Subject of Education, *The Concept of Education*, R. S. Peters (ed.), London: Routledge & Kegan Paul, 1970.

_____, *Knowledge and Curriculum: A collection of philosophical papers*, London: RKP, 1978.

History-Social Science Curriculum Framework and Criteria Committee, *History-Social Science Framework for California Public Schools Kindergarten Through Grade Twelve*, California Department of Education, 2005.

Issitt, John, Reflections on the study of textbooks, *History of Education* 33-6, 2004.

Keller, J. M. & T. W. Kopp, An application of the ARCS model of motivational design, In C. M. Reigeluth(ed.), *Instructional theories in action: Lessons illustrating selected theories and models*, Hillsdale, NJ: Lawrence Erlbaum Associates, 1987.

Keller, J. M., The use of the ARCS model of motivation in teacher training, In K. Shaw & A. J. Trott(eds.), *Aspects of Educational Technology*(Vol. ⅩⅦ:). London: Kogan Page, 1983b

_____, Motivation and instructional design: A theoretical perspective, *Journal of Instructional Development*, 2(4), 1979.

_____, Motivation in Cyber Learning Environments, *International Journal of Educational Technology*, 1(1), 1999.

_____, Motivational design and multimedia: Beyond the novelty effect, *Strategic Human Resource Development Review*, 1(1), 1997.

_____, Motivational design of instruction. In C. M. Reigeluth(Ed.), *Instructional-Design Theories and Models: An Overview of their Current Status*, New York: Lawrence Erlbaum Associates, 1983a.

_____, The systematic process of motivational design, *Performance & Instruction*, 26(9/10), 1987.

Kelly, A. V., *The Curriculum: Theory and Practice*(second edition), London: Harper & Row Ltd., 1982.

Krathwohl, D. R., B. S. Bloom, and B. Masia, *Taxonomy of Educational Objectives: The Classificational Goals. Handbook II: The Affective Domain,* New York: David McKay, 1964.

Lawton, Denis, Stenhouse, Lawrence Alexander (1926–1982), *Oxford Dictionary of National Biography,* Oxford University Press, 2004.

MacIntyre, A., *After Virtue: A study in moral theory*(2nd ed.), University of Notre Dame Press, 1984.

Mager, R. F., *Instructional Intend, Palo Alto,* Calif.: Fearson, 1962.

_____, *Preparing Instructional Objectives*(Third Edition), Atlanta, GA: Center for Effective Performance Press, 1997.

Peters, R. S., "Education as initiation"(1964), in R. D. Archambault (Ed.), *Philosophical analysis and education,* Routledge & Kegan Paul, London, 1965.

_____, *Ethics and Education,* London: George Allen & Unwin, 1966.

Pinar, William F., William M. Reynolds, Patrick Slattery, Peter M. Taubman, *Understanding Curriculum,* Peter Lang Pub Inc., 2007.

Proctor, R. E., *Education's Great Amnesia,* Indiana University Press, 1988.

Prothero, Stephen(edt.), *A Nation of Religions: The Politics of Pluralism in Multireligious America,* Univ. of North Carolina Pr., 2006.

_____, *Religious Literacy: What Every American Needs to Know—And Doesn't,* New York: HaperCollins Publishers, 2007.

Taba, H., *Curriculum Development: Theory and Practice,* NY: Harcourt Brace Jovanovich, 1962.

Tanner, Daniel & Laurel N. Tanner, Curriculum Development: Theory into Practice(second edition), New York: Macmillan Publishing CO., 1980.

Tyler, R. W., *Basic Principles of Curriculum and Instruction,* Chicago: The University of Chicago Press, 1969.

Wragg, Ted (ed.), Lawrence Stenhouse: A Memorable Man, *British Educational Research Journal,* Vol. 9, No. 1, 1983.

高橋濱吉, 『朝鮮敎育史考』, 帝國地方行政學會朝鮮本部, 1937.
具野宮雄 外 2人, 『21世紀に求められる敎科敎育の在り方』, 東洋館出版社, 1995.
森分孝治, 「敎科敎育の 硏究」, 『敎科敎育學 I』(廣島大學ㅌ敎科敎育學硏究會 編.), 1986.
佐島群巳 外 2人, 『敎科敎育學の 成立條件』, 東洋館出版社, 1995.

『KBS TV』, 『MBC TV 세계』, 『MBC TV』, 『경북일보』, 『경향신문』, 『국민일보』, 『기독교타임즈』, 『내일신문』, 『노컷뉴스』, 『농민신문』, 『뉴스1』, 『뉴스한국』, 『뉴시스』, 『데일

リ안』,『동아일보』,『매일경제』,『매일신문』,『문화일보』,『민중의소리』,『법보신문』,『불교신문』,『불교포커스』,『서울신문』,『서울신문』,『세계일보』,『시사저널』,『연합뉴스』,『오마이뉴스』,『중부매일』,『천지일보』,『충청일보』,『크리스천투데이』,『폴리뉴스』,『프라임경제』,『프레시안』,『한겨레』,『한국경제』,『한국일보』,『헤럴드 생생뉴스』,『헤럴드경제』

e-나라지표 (http://www.index.go.kr/potal/main/EachDtlPageDetail.do?idx_cd=2430)

IARTEM (http://www.iartem.org/)

강남대학교(http://web.kangnam.ac.kr/) 신학과

경제협력개발기구(http://www.oecd.org/)

교과서민원바로처리센터(www.textbook114.com)

교육과학기술부 (http://www.mest.go.kr/)

교육부 교육과정교과서정보서비스(http://cutis.moe.go.kr/)

교육부(http://www.moe.go.kr/)

국가기록원(http://www.archives.go.kr/)

국가인권위원회 인권용어해설(http://www.humanrights.go.kr/03_sub/body04_2.jsp)

국가인권위원회(http://www.humanrights.go.kr/00_main/main.jsp)

국가통계포탈(http://www.kosis.kr/)

국제엠네스티 한국지부(http://amnesty.or.kr/)

마하이주민지원단체협의회 (http://cafe.daum.net/migrantbuddha)

사단법인 한국검인정교과서(http://www.ktbook.com)

서울신학대학교(http://www.stu.ac.kr/) 기독교교육과

서울특별시교육연구정보원(http://www.serii.re.kr)

연세대학교 신과대학(http://yonshin.yonsei.ac.kr/bbs/zboard.php?id=3_3_ulectu)

워싱턴대학교(http://education.washington.edu/cme/DiversityUnity.pdf)

정책브리핑(http://www.korea.kr/policy/pressReleaseView.do?newsId=155934038)

중국조선족문화통신(http://www.koreancc.com/xxy.asp?idx=4266)

출입국·외국인정책본부(http://www.immigration.go.kr/)

탈북청년크리스천연합(http://cafe.naver.com/kryca; http://club.cyworld.com/kryca)

탈북청소년교육지원센터(http://www.hub4u.or.kr)

한국교과서연구재단 (http://www.textbook.ac/index.jsp)

한국교육개발원(https://www.kedi.re.kr/khome/main/intro/history.do)

한국교육과정평가원(http://www.kice.re.kr)

한국기독교학교연맹(http://www.kfcs.or.kr/index_history.htm)

한신대학교(http://www.hs.ac.kr/200912/academics/curriculum_02.php)

http://www.gold.ac.uk/staff/staffnews/1/professoravkelly25february1931-21july2010/

http://www.cepworldwide.com/Bios/mager.htm

| 종교교과교육과 종교교과교재론 |

고병철 강남대학교에서 교육학을, 한국학중앙연구원 한국학대학원에서 종교학을 공부했다. 그 덕분에 종교정책과 한국종교사에 관한 연구뿐 아니라 교육학과 종교학을 접목시켜 '학교의 종교교육'에 관한 연구를 수행하고 있다. 이 가운데 필자가 최근까지 발표한 종교교육 관련 논문과 서서 목록은 다음과 같다.

「제7차 교육과정 개편에 따른 종교교육론의 결점과 새로운 방향」, 『종교교육학연구』 17, 2003
「종교교사의 양성 및 연수프로그램에 대한 연구」, 『한국교원교육연구』 21-2, 2004(2인)
「한국 종교교육의 성찰과 방향 - 중립고등학교의 경우를 중심으로」, 『종교교육학연구』 21, 2005
「한국의 종교교육 - 중등 중립학교를 중심으로」, 『종교연구』 46, 2007
「종교수업에서 동기유발의 필요성과 전략 - J. M. Keller의 ARCS이론을 중심으로」, 『종교연구』 47, 2007(2인)
「중등학교 종교 교과의 교수학습 방식」, 『교육연구』 43, 2008
「중립시학과 종교교과교육의 공공 넓과 자율성」, 『정신문화연구』 117, 2009
「공직자 종교 편향(차별 예방 교육의 방향」, 『종교교육학연구』 31, 2009
「한국교육시 교과교재의 종교 서술과 방향」, 『종교연구』 58, 2010(2인)
「국가 교육과정 내의 다문화교육과 '종교'교과교육」, 『종교연구』 61, 2010
「중등학교 다문화교육 교과의 활성화방향 - 교육정책과 학교교육을 중심으로」, 『한국학연구』 36, 2011(2인)
「대한불교조계종 교육의 특징과 전망」, 『종교연구』 62, 2011
「한국 종립 대안학교의 종교교육과 대안성」, 『정신문화연구』 124, 2011(2인)
「종교 교과교육의 목표 진술과 소통가능성 - 국가 교육과정을 중심으로」, 『종교연구』 67, 2012
「한국의 종립 대안학교와 대안교육 - 현황과 과제를 중심으로」, 『종교교육학연구』 40, 2012(2인)
「한국 중등학교의 종교교과교육론」, 박문사, 2012
「한국 공립학교의 종교교육과 쟁점: 공립 고등학교의 종교 교과교육을 중심으로」, 『종교문화연구』 20, 2013

종교교과교육과 종교교과교재론

초판인쇄   2014년 08월 22일
초판발행   2014년 09월 05일

저   자   고병철
발 행 인   윤석현
발 행 처   도서출판 박문사
책임편집   이신
마 케 팅   권석동
등록번호   제2009-11호

우편주소   서울시 도봉구 창동 624-1 북한산현대홈시티 102-1106
대표전화   (02)992-3253
전   송   (02)991-1285
전자우편   bakmunsa@daum.net
홈페이지   http://www.jncbms.co.kr

ISBN 978-89-98468-33-0   93210   정가 29,000원

* 이 책의 내용을 사전 허가 없이 전재하거나 복제할 경우 법적인 제재를 받게 됨을 알려드립니다.
** 잘못된 책은 구입하신 서점이나 본사에서 교환해 드립니다.

"이 저서는 2011년 정부(교육부)의 재원으로 한국연구재단의 지원을 받아 수행된 연구임(NRF-2011-812-B00081). 당초 연구과제명은 <'종교'교과교육론과 '종교'교과교재의 재구성>이었음."